U0567417

侯建新 主编

THE EVOLUTION OF EUROPEAN CIVILIZATION

欧洲文明进程

市场经济 卷

谢丰斋 著

创于1897
The Commercial Press

图书在版编目（CIP）数据

欧洲文明进程.市场经济卷 / 侯建新主编；谢丰斋
著 .—北京：商务印书馆，2024
ISBN 978-7-100-23024-7

Ⅰ. ①欧…　Ⅱ. ①侯…②谢…　Ⅲ. ①欧洲—历史②
欧洲经济—市场经济—经济史　Ⅳ. ①K500②F150.9

中国国家版本馆 CIP 数据核字（2023）第 175996 号

权利保留，侵权必究。

本卷系国家社会科学基金重大招标项目
"欧洲文明进程研究"（批准文号：12&ZD185）最终成果之一

"十三五"国家重点图书出版规划项目

侯建新　主编
欧洲文明进程
市场经济 卷
谢丰斋　著

商 务 印 书 馆 出 版
（北京王府井大街 36 号　邮政编码 100710）
商 务 印 书 馆 发 行
北京市十月印刷有限公司印刷
ISBN 978 - 7 - 100 - 23024 - 7

2024 年 4 月第 1 版　　　开本 710×1000　1/16
2024 年 4 月北京第 1 次印刷　印张 42¼
定价：198.00 元

《欧洲文明进程》
编 委 会

主　编　侯建新　天津师范大学　南京大学　教授

编　委（以姓氏笔画为序）

王加丰　浙江师范大学　教授

王亚平　天津师范大学　教授

龙秀清　中山大学　教授

刘景华　天津师范大学　教授

沈　坚　华东师范大学　教授

张殿清　河北大学　教授

陈日华　南京大学　教授

陈晓律　南京大学　教授

赵文洪　中国社会科学院　研究员

顾銮斋　山东大学　教授

钱乘旦　北京大学　教授

徐　浩　中国人民大学　教授

徐　滨　天津师范大学　教授

程汉大　山东师范大学　教授

谢丰斋　天津师范大学　教授

R. N. Swanson　英国伯明翰大学　教授

总　序

侯建新

在课题组全体成员孜孜不倦的努力下，春风夏雨，十年一剑，《欧洲文明进程》（16卷本）终于面世了。这部多卷本著作，通过追溯欧洲文明诞生以来的历史进程，旨在探索回答几代中国人的问题——何谓欧洲文明？它从不同的侧面描述和阐释，跨语境地感知和感悟，希冀离真相再近一步！作为课题主持者，也是分卷作者，回顾走过的这段路程，我有如释重负的快乐且怀有由衷的期望，但愿我们不负前贤无愧来者，交上一份合格的答卷。

历史上的欧洲文明即于今的西方文明，又称北大西洋文明，是当今世界主要文明之一，也是我们必须与之打交道的重要文明。这部书已从16个方面对欧洲文明做了专题性论述；"总序"则力图横纵结合、通达遂晓，从总体上探讨它——诸如欧洲文明的时空维度；欧洲文明形成的条件；欧洲文明确立的标志，即"文明元规则"的生成；还有，欧洲文明对现代世界深刻而复杂的影响等。希望"总序"对这部书的完整性有所助益；同时方便读者阅读和理解全书。末了，再介绍一下这个课题的来龙去脉。

何为西方文明的核心内涵，或者说西方文明是什么？这是本序也是本部书要回答的主题。在开始我们的主题前，暂且把目光收回，回首一下近代中国人对西方文明的认知变化。对欧洲文明的认识，总有一个循序渐进、由浅入深、由表及里的过程。无论如何，前人的经验、认识及研究成果，是我们继续研究的基础；况且，中国命运始终是我们探索欧洲文明的动力。

一、回首：近代国人欧洲观嬗变

从16世纪到18世纪，以利玛窦（Matteo Ricci）、汤若望（Johann Adam Schall von Bell）、南怀仁（Ferdinand Verbiest）等为代表的耶稣会士来华传教，同时扮演了欧洲文明传播者的角色。虽然他们带来的欧洲历算知识、火炮技术等，曾经被明朝和清朝政府部分接纳，不过未能触动传统的华夷文明观。以鸦片战争为节点进入近代后，国人对欧洲的认知大致可以分为三个阶段：

从鸦片战争到甲午战争。1840年的鸦片战争，是中国与西方世界碰撞的开始，也是国人了解欧洲文明的标志性起点。战争失败后，魏源的《海国图志》、徐继畬的《瀛寰志略》等一批海外舆地著作相继出现。作者介绍了欧洲各国的经济、社会、文化及民情风俗等，并强调欧洲在世界文明格局中的中心位置。魏源对欧洲文明印象强烈，"欧列国万民之慧智才能高大，纬武经文，故新地日开，遍于四海焉"①；徐继畬《瀛寰志略》亦有积极评价。两次战争的失败，使中国人意识到欧洲并非中国周边的"蛮夷"可比，尤其关注西洋船坚炮利之"长技"。因此，不久洋务运动启动，一批军工企业开始建立，声光化电等西学著作相继出版，使中国人进一步认识到欧洲科技和物质成就。

国门逐渐打开，动摇了部分士大夫的华夷文明观，一部分人开始承认欧洲文明的先进性。冯桂芬是洋务派代表人物之一，可他对西方的认知不止于"器物"，他说，"人无弃材不如夷，地无遗利不如夷，君民不隔不如夷，名实必符不如夷"，故应"惟善是从"。②19世纪70、80年代，近代第一位驻外公使郭嵩焘和广东青年士子康

---

① 魏源撰、陈华等点校注释：《海国图志》，岳麓书社1998年版，第1103页。
② 冯桂芬：《校邠庐抗议》，上海书店出版社2002年版，第49页。

有为，也体会到这一点。康有为1879年游历香港后"乃始知西人治国有法度"。不过他们的看法总体上未突破中体西用的框架。

对欧洲文明的认识，也存在明显误读，甚至不无荒诞。一部分人承认欧洲文明的可取之处，可是认为所谓"西学"不过源自古代中国而已：西洋人的技术发明，其原理早已由中国上古圣人阐发，诸如电线、西医、火轮汽机等，都能在经典古籍中找到，或者出于《易经》，或者出于《墨子》等。西洋政教风俗同样源于中国，即所谓"泰西近古"说，诸如"在上下之情通，君民之分亲……实有三代以上之遗意焉"。①

从甲午战争到五四运动。 甲午战争的失败，对中国知识界是一次前所未有的打击，也引发了中国人学习西方的热潮。不少人认为，洋务运动只学了西学的皮毛，策中国于富强，非"西政"不可。这一时期，以进化论为代表的新哲学，以及自由、平等、主权在民、男女平权等新观念，政治、法律等社会科学知识，以及小说、音乐等文学艺术，都开始进入中国。来自海外的各种信息空前丰富，推动中国思想改良，中国人对欧洲文明也有了新认识。严复称，西方社会"身贵自由，国贵自主"。他说："中国最重三纲，而西人首明平等；中国亲亲，而西人尚贤；中国以孝治天下，而西人以公治天下；中国尊主，而西人隆民。"②1900年，梁启超发表《立宪法议》，将欧洲君主立宪制度视为最合理的制度，强调宪法的根本法地位，"盖谓宪法者，一国之元气也"。

总之，在追求制度变革的背景下，欧洲文明和中国文明的地位出现反转，孙中山《三民主义》一书指出：义和团失败后，中国人"便明白欧美的新文明的确是比中国的旧文明好得多……要中国强盛，要中国能够昭雪北京城下之盟的那种大耻辱，事事便非仿效外国不可，不但是物质科学要学外国，就是一切政治社会上的事都要学外国"。

---

① 王韬：《弢园文录外编》，上海书店出版社2002年版，第89页。
② 严复："原强""论世变之亟"，王栻主编：《严复集》第1册，中华书局1986年版，第17、3页。

民国初年新文化运动，给予西方文明前所未有的肯定，具有一定的理论色彩。新文化运动的先进知识分子赞扬西方社会的价值观，号召个性解放，建立自主自由的人格。陈独秀将欧洲文明特征概括为"人权说""生物进化论"和"社会主义"，他说："科学之兴，其功不在人权说下，若舟车之有两轮焉。"[①]后来人们将西方文明归纳为科学与民主。李大钊《东西文明根本之异点》认为，东西方道德区别在于，"个性灭却"和"个性解放"，"东方想望英雄，结果为专制政治，……西方倚重国民，结果为民主政治"。

五四运动后到抗日战争。第一次世界大战爆发并使欧洲经济凋敝，引起西方世界的文化反思和悲观情绪，斯宾格勒《西方的没落》即在这个时期面世。与此同时，东方文明救世论在国内兴起，直接影响了国人的欧洲观。1920年，梁启超游历欧洲归国后，出版《欧游心影录》一书，态度大变，他不再说"中国与欧洲之文明，相去不啻霄壤"[②]，而是认为西方物质文明没有给人类带来幸福，却将人类带入深渊，因此西洋文明已经破产，需要东方文明来拯救。当年曾高歌"欧西文明"的梁氏尚且如此，何况一般人乎？国人对西方认知基础之脆弱，不言而喻。1935年，王新命等人发表《中国本位的文化建设宣言》，倡导新儒家的文化立场，虽然承认学习西方的必要性，但比照以前大打折扣，强调西方文明为物质文明，中国文明为精神文明。

与新儒家相对立的，是坚持全面学习西方的人物，他们继续抱有清末以来一些知识人士对西方的热情。1926年胡适指出，不能将中西文明概括为精神文明和物质文明，凡一种文明必有物质和精神两个因子，而且西方精神发展程度，"远非东洋旧文明所能梦见"[③]。同时胡适也提倡"整理国故"，他解释说他不是主张"全盘西化"，

---

①　陈独秀："法兰西人与近世文明""敬告青年"，陈独秀著、王观泉导读：《〈独秀文存〉选》，贵州教育出版社2005年版，第45、44页。

②　梁启超："论中国与欧洲国体异同"，张品兴主编：《梁启超全集》第1册，北京出版社1999年版，第312页。

③　参见欧阳哲生编：《胡适文集》（4），北京大学出版社1998年版，第6、10页。

而是充分现代化。另一位代表人物陈序经在《中国文化的出路》一书中认为，西洋文化是现代的基础文化，是现代化的主体。西方文化并非尽善尽美，但中国文化在根本上不如西洋。[①]

我们力求客观、简约地表述近代国人欧洲文明观的大致轨迹，难免挂一漏万。近代中国人对西方文明的认识经过了一个不断丰富和深化的过程，有高潮也有低谷。他们出于济世救国情怀而关注和评说西方文明，时有切中要害的智慧点评，也出现了一些专业性研究成果。例如，陈衡哲的《新学制高级中学教科书·西洋史》（1924年），被称为一部开山之作；还有高一涵的《欧洲政治思想史》（1926年）、蒋百里的《欧洲文艺复兴史》（1921年）、雷通群的《西洋教育史》（1935年）等。不过，总体来讲，一直到20世纪中期，中国大学很少设置世界史、欧洲史课程，教育基础薄弱，研究机构几近于无。其次，即使一般的认知也限于知识精英，与普通民众几乎无关，而且，知识精英层对西方的认识也没有达成广泛的共识。但无论如何，近代中国人关于西方文明的心路历程，于今仍具有重要价值。

19世纪中叶，当中国首次与西方世界交手并初识这个陌生文明的时候，西方却正在重新审视自己：欧洲文明如何创生，肇始于何时，其本质特征是什么？整个20世纪都是这一认识不断深化的过程，至今没有结束；令人遗憾的是，长期以来国内学界对这些动态信息所知极不充分。

二、欧洲文明的时空维度

先从西方文明的时间维度说起。

历史学家认为，最初的文明诞生于5000年到6000年之前，自此人类历史上曾先后出现数十种文明形态，上古时代基本独立形成的文明被称为"原生型文明"。随着时光的流逝，一些文明凋零了，

[①]　以上参阅了田涛教授"近代中国对西方文明的认识"授课讲义，谨致谢忱。

一些文明得以延续或再生，当今世界的主要文明不过七八家，其中再生文明居多，它们又被称为"次生型文明"。次生型文明采纳一种或若干种原生型文明的某些成分，但已然是不同质的文明。笔者认为西方文明是次生型文明，与古希腊罗马文明有本质不同，尽管与它们有着某种联系。

然而，西方学界长期将西方文明与古典文明混为一谈。欧洲人何以形成这样的观念，需要回放一下当时的历史画面。

15世纪初叶，处于中世纪晚期的欧洲人，一方面对强势的基督教教会及其文化深感压抑，希望获得更自由的空间；另一方面随着更多希腊罗马古籍的发现，被其典雅富丽的文风所吸引，希望早已衰败湮没的古典文化得以"复兴"，"文艺复兴"（Renaissance）因此得名。殊不知，此时已届中世纪的历史转捩点，面临着划时代的重要突破，岂是古典世界可比？！"他（但丁）是中世纪的最后一位诗人，同时又是新时代的最初一位诗人"[①]，正是指的这一特殊历史时期。远方地平线透出丝丝明亮，人们渴望更多的光明与自由。罗素说，他们不过企图用古典人的威信替代教会的威信而已。[②]这些一心改善现状的人文主义者，无限美化遥远的古典世界，认为罗马帝国崩溃后的历史进入千年愚昧与沉睡，直到现在理性精神才重新被唤醒，因此"黑暗时代"（Dark Ages）、"中世纪"（Medieval, Middle Ages）等话语，一时大行其道，形成一整套话语体系。"中世纪"概念，最先出现在15世纪意大利历史学家比昂多的著作中，其含义不难发现，指两个文化高峰之间的停滞期、低谷期，带有明显的贬义。另一方面，将人文主义者与古典文明绑定，结果自然而然地将中世纪以来的欧洲文明与古典文明并为一谈，似成不刊之论。

三百年后，当18世纪爱德华·吉本撰写巨著《罗马帝国衰亡史》时，他仍然拜倒在古典文明脚下，将中世纪史看成一部衰亡、

---

① 《马克思恩格斯选集》（第1卷），中共中央马克思、恩格斯、列宁、斯大林著作编译局编，人民出版社1972年版，第249页。

② 参见〔英〕罗素：《西方哲学史》（下卷），马元德译，商务印书馆1982年版，第7页。

阴暗的历史。一直到19世纪中后期，不乏欧洲历史学家仍认为中世纪理智处于昏睡状态中，称之为"死海之岸"。①

文艺复兴时期的话语高调持续数百年，临近20世纪才出现拐点，因此对西方自身以及对全球学界的影响不可小觑。中国史学界亦不能幸免。地理和文化相距越是遥远，越是容易留住对方长时段、高分贝释放的声音。例如，翻开几年前我国中学历史教科书，历时千年的中世纪史内容聊胜于无，寥寥几笔便进入文艺复兴话题。也有不同的声音。据我所知，国内学者最早提出不同观点的是雷海宗先生，他在20世纪30年代即指出：欧西文化自公元5世纪酝酿期开始直至今日，是"外表希罗内质全新之新兴文化"。②近年也有学者明确指出，欧洲文明不是古典文明主体的延伸，而是新生文明。③当下国际学界，传统看法依然存在，然而文艺复兴时期的话语不断被刷新，被颠覆！尤其进入20世纪后，越来越多的学者认为，欧洲文明与古典文明具有本质性区别。

对传统看法最先提出挑战的代表性人物，是活跃在19世纪中后期的基佐。弗朗索瓦·皮埃尔·基佐（1787—1874年），是法国著名历史学家和政治人物，他在《欧洲文明史》一书中，明确区别了欧洲文明与古典文明，而且做了不失深刻的分析。基佐敏锐地发现欧洲文明有着"独特的面貌"，不同于古典文明，也不同于世界上的其他文明。他认为，大多数古代文明都有一种明显的单一性，例如在古希腊，社会原则的单一性导致了一种迅速惊人的发展。"但是这种惊人的腾飞之后，希腊似乎突然耗竭了。"在埃及和印度，这种单一性使社会陷入一种停滞状态。社会继续存在，"但一动也不动，仿佛冻僵了"。欧洲不一样，它存在着多样性，各种势力处于不断斗争

① Philip Lee Ralph, *The Renaissance in Perspective*, New York: St. Martin's Press, 1973, p. 5.
② 雷海宗：《西洋文化史纲要》，王敦书整理导读，上海古籍出版社2001年版。
③ 参见侯建新："欧洲文明不是古典文明的简单延伸"，《史学理论研究》2014年第2期；侯建新："交融与创生：欧洲文明的三个来源"，《世界历史》2011年第4期；侯树栋："断裂，还是连续：中世纪早期文明与罗马文明之关系研究的新动向"，《史学月刊》2011年第1期；田薇："关于中世纪的'误解'和'正名'"，《清华大学学报》（哲学社会科学版）2001年第4期。

的状态，神权政治的、君主政治的、贵族政治的和平民政治的信条相互阻挠，相互限制和相互修正。基佐认为，欧洲的多样性为欧洲带来无限的发展机会。①

大约同时代的黑格尔，也表达了相近的观点。黑格尔认为，世界精神的太阳最早在东方升起，古希腊罗马文明是它的青壮年，最后，"太阳"降落在体现"成熟和力量"的日耳曼民族身上，实现了世界精神的终极目的。他特别指出，"在表面上，日耳曼世界只是罗马世界的一种继续。然而其中有着一个崭新的精神，世界由之而必须更生"②。黑格尔的"日耳曼世界"显然指中世纪开始的欧洲文明。不久，马克思在《经济学手稿》中，也将欧洲文明和古典文明明确作了区分。③

最早将这样的历史观引进职业历史学领域的，当数斯宾格勒（1880—1936年）和汤因比（1889—1975年），他们的作品《西方的没落》和《历史研究》，具有广泛的影响。斯宾格勒认为人类历史上主要有八种文明，其中"古典文明"和"西方文明"，都是独特的、等值的、自我本位的，都有不能抗拒的生命周期，虽然西方文明是最年轻的文明。这样的观点同样体现在汤因比的《历史研究》中，汤因比指出，古希腊罗马文明无疑已经完结，被两个接替者所取代，一个是西方文明，另一个是拜占庭文明。他特别指出，所谓神圣罗马帝国不过是一个幽灵，没有什么作用，不能因此便将西方历史视为罗马史的延伸。

对文艺复兴话语的致命冲击，来自20世纪以来中世纪研究的新成就。本来，从一定意义上讲，文艺复兴话语建立在贬损和虚无中世纪的基础上，人文主义者极力赞美的人文主义好像是从地下突然冒出来的，而不是中世纪发展的结果。随着原始文献解读和考古学

① 参见〔法〕基佐:《欧洲文明史》，程洪逵、沅芷译，商务印书馆1998年版，第20—40页。

② 〔德〕黑格尔:《历史哲学》，王造时译，上海书店出版社2001年版，第339—340页。

③ 参见《马克思恩格斯全集》（第30卷），中共中央马克思、恩格斯、列宁、斯大林著作编译局译，人民出版社1995年版，第465—510页。

发展，中世纪研究逐步深入，人们越来越不相信"黑暗中世纪"的传统描述；恰恰相反，中世纪是最不安分的、充满创生力的时代。

　　一批杰出的中世纪史学家，从实证到理论彻底颠覆了人们关于中世纪的认知。例如，梅特兰《英国宪制史》（1908年）、亨利·皮雷纳《中世纪的城市》（1925年）、费尔南·布罗代尔《地中海与菲利普二世时代的地中海世界》（1972年）、贝内特《英国庄园生活》（1938年）、马克·布洛赫《封建社会》（1935—1940年）、奥尔特"共同同意的村规"（1954年）、杜泰利斯《中世纪法国公社》（1978年）、雷诺兹《西欧王国与共同体，900—1300年》（1984年）、麦克法兰《英国个人主义的起源》（1978年）、弗朗西斯等《中世纪乡村生活》（1990年）、戴尔《转型的时代：英国中世纪晚期的经济与社会》（2005年）等。①这些作品极大更新了人们头脑中中世纪生活的历史画面，令人震撼不已！

　　皮雷纳力主西方文明产生于中世纪，而且经历了漫长的过程。亨利·皮雷纳（1862—1935年）是著名中世纪学者，然而最终以其欧洲文明研究闻名于世，其论断被表述为"皮雷纳命题"（the Pirenne Thesis）。这位比利时学者认为古典文明是地中海文明，西

---

　　① F. W. Maitland, *The Constitutional History of England: A Course of Lectures*, Cambridge: Cambridge University Press, 1908; Henri Pirenne, *Medieval Cities: Their Origins and the Revival of Trade*, Princeton: Princeton University Press, First Printing, 1925; Fernand Braudel, *The Mediterranean and the Mediterranean World in the Age of Philip II*, Translated from the French by Siân Reynolds, New York: Harper and Row, First published in English, 1972; H. S. Bennett, *Life on the English Manor: A Study of Peasant Conditions, 1150–1400*, Cambridge: Cambridge University Press, 1938; Marc Bloch, *Feudal Society,* Translated from the French by L. A. Manyon, London and New York: Routledge, English translation, 1961, 1962; Warren O. Ault, "Village By-laws by Common Consent", *Speculum*, Vol. 29, No. 2 (Apr., 1954); C. E. Petit-Dutaillis, *The French Communes in the Middle Ages*, Amsterdam: North-Holland, 1978;Susan Reynolds, *Kingdoms and Communities in Western Europe, 900–1300*, Oxford: Oxford University Press, 1984; A. Macfarlane, *The Origins of English Individualism*, Oxford: Basil Blackwell, 1978; Frances and Joseph Gies, *Life in a Medieval Village*, New York: Harper and Row, 1990; Christopher Dyer, *An Age of Transition? Economy and Society in England in the Later Middle Ages*, Oxford: Clarendon Press, 2005. 20世纪上半叶中世纪史研究的经典作品还有：Norman Scott Brien Gras and Ethel Culbert Gras, *The Economic and Social History of an English Village, Crawley, Hampshire, A.D. 909–1928*, Cambridge: Harvard University Press, 1930; G. G. Coulton, *The Medieval Village*, Cambridge: Cambridge University Press, 1925; R. H. Tawney, *The Agrarian Problem in the Sixteenth Century*, London: Longmans, 1912, 等等。

方文明终结了古典文明，不过文明交替并非随罗马帝国崩溃而实现，而是及至750年到800年，欧洲文明才逐渐确立。[①]皮雷纳格外关注伊斯兰扩张对西方文明形成的影响，甚至说"没有穆罕默德，就根本无法想象查理曼"云云[②]，似乎有些夸张了，不过他从更广阔的视野分析罗马帝国与西方文明的消长，将历史时间要素和空间要素有机结合，颇富学术魅力。不止皮雷纳，不少学者都看到了伊斯兰世界对西方文明形成的刺激作用，如《西方文明简史》作者杰克逊·斯皮瓦格尔指出："在700年到1500年之间，与伊斯兰世界的冲突帮助西方文明界定自身。"[③]

哈佛大学法学家伯尔曼（1918—2007年）史论并茂地论证了西方文明诞生于中世纪。他集四十年心血写成的《法律与革命》，是一部探究西方法律传统形成的鸿篇巨制，明确界定了西方文明内涵和外延。伯尔曼指出，人们习惯上将西方文明与古典文明视作一脉相承，实为一种误读：西方作为一种文明，不仅区别于东方，而且区别于以色列、古希腊和古罗马。它们是不同质的文明。西方文明与它们之间存在着某些联系，然而，主要的不是通过一个保存或继承的过程，而是通过采纳的过程，它有选择地采用了它们，在不同时期采用了不同部分。他认为西方文明成形于11世纪到12世纪，"虽然直到美国革命时才贡献了'宪政'一词，但自12世纪起，所有西方国家，……法律高于政治这种思想一直被广泛讲述和经常得到承认"[④]。

在当代政治学家中，塞缪尔·亨廷顿（1927—2008年）因其世界文明研究而名动一时，他阐述了相似观点：随着罗马帝国崩溃，古典文明"已不复存在"，如同美索不达米亚文明、埃及文明、克里特文明、

---

① 参见 Henri Pirenne, *Mohammed and Charlemagne*, New York: Meridian Books, 1959, pp. 17, 144, 285。

② Henri Pirenne, *Mohammed and Charlemagne*, p. 234.

③ Jackson J. Spielvogel, *Western Civilization: A Brief History*, Vol. I, Wadsworth: Cengage Learning, 2010, preface, p. xxiv.

④ 参见〔美〕哈罗德·J. 伯尔曼：《法律与革命》（第一卷）：西方法律传统的形成，贺卫方等译，法律出版社2008年版，第2—3、9页。

拜占庭文明、中美洲文明、安第斯文明等文明一样不复存在。他认为西方文明成形于8世纪和9世纪，是次生型文明。①

20世纪中叶以后，这样的观念走进历史教科书，这是一个标志性的转变，1963年布罗代尔推出的《文明史纲》是代表作。费尔南·布罗代尔（1902—1985年），法国年鉴学派即20世纪最重要史学流派的集大成者，以其一系列奠基性研究成果蜚声世界。他指出，欧洲文明发展成形于5—13世纪，其中封建制确立和推行对欧洲文明形成意义重大，以至可称早期欧洲为"封建文明"。他认为：封建主义（Feudalism）打造了欧洲。11、12世纪，"欧洲达到了它的第一个青春期，达到了它的第一个富有活力的阶段"。这种统治是一种"原创性的政治、社会和经济秩序"。②关于封建制与欧洲文明内涵的关系，年鉴学派的另一位代表人物布洛赫在其享誉世界的名著《封建社会》中也做过经典论述。

问世于20世纪中叶亦广受欢迎的教科书《欧洲中世纪史》，开篇标题醒目而明确："欧洲的诞生，500—1000年"。作者认为新的欧洲文明在公元1000年左右臻于成熟，西方"是中世纪的产品"，欧洲文明与古罗马文明有着亲属关系，然而却是"迥然不同"的文明。③该书由美国历史学会主席C.沃伦·霍利斯特等著，至2006年该书已再版10次，成为美国数百所大学的通用教材。

布莱恩·蒂尔尼等在其六次再版的大学教材中指出，中世纪欧洲与罗马时期的社会图景完全不同，"'罗马帝国的衰亡'不仅仅可以被视为一种古代文明的终结，而且还可以视为一种新文明的开端"，"在11和12世纪，一种新的、独特的西方文化开始萌芽"。④

---

① 参见〔美〕塞缪尔·亨廷顿：《文明的冲突与世界秩序的重建》，周琪等译，新华出版社1998年版，第29、35页。
② 参见〔法〕费尔南·布罗代尔：《文明史纲》，肖昶等译，广西师范大学出版社2003年版，第294、296页。
③ 参见〔美〕朱迪斯·M.本内特、C.沃伦·霍利斯特：《欧洲中世纪史》（第10版），杨宁、李韵译，上海社会科学院出版社2007年版，第5—7页。
④ 参见〔美〕布莱恩·蒂尔尼、西德尼·佩因特：《西欧中世纪史》（第六版），袁传伟译，北京大学出版社2011年版，第2、131页。

正如广为中国读者熟知的《全球通史》的作者斯塔夫里阿诺斯强调，欧洲中世纪是崭新独特的生活方式，有几种新的罗曼语取代了拉丁语，服装、宗教、谋生之道等都发生深刻变化。他说，古典文明被永久湮没，被一种崭新的东西所代替。

至于"欧洲"一词进入欧洲人的实际生活，已到中世纪末期，此前只见于零星记载。据奥地利历史学家弗里德里希·希尔考证，"欧洲"这个概念在罗马帝国后期开始形成，"最初，它只是用以表明一种区别"。人们发现在罗马皇帝的军队中，来自帝国西部的"欧罗巴人"与东方的"叙利亚人"有显著不同。甚至到5世纪初，历史学家还交替使用"欧罗巴人"和"欧罗巴人军队"这两个词。据悉，这是"欧洲"一词能查阅到的最早的文字记载。[①]随着蛮族入侵，先后出现了一系列蛮族王国，法兰克是蛮族王国的主要代表，其加洛林王朝开始正式使用"欧洲"这个概念。

布罗代尔认为，751年建立的加洛林王朝就是第一个"欧洲"，标示为"欧罗巴，加洛林王朝统治"（Europa, vel regnum Caroli）。加洛林王朝的著名统治者查理大帝，被其后的宫廷诗人赞誉为"欧洲之父"（pater Europae）。后来十字军东征，在与阿拉伯穆斯林的冲突中，"欧洲"概念也曾浮出水面。不过，总的看，这个词在中世纪很少被使用，到文艺复兴时期，在但丁笔下还难得见到，不过彼特拉克、薄伽丘等人已一再地使用它。"欧洲"一词进入欧洲人的实际生活并且较频繁地出现在欧洲所有的语言中，则是15、16世纪的事情了。

显然，一个多世纪以来，西方学界关于欧洲文明时间维度的认知，取得了显著进展。可惜，对于这一不断变化的、内容丰盛的百年学术史，国内的介绍既不及时也不充分，更缺乏深入的研讨和分享。

欧洲文明的空间维度，似乎更加复杂。所谓欧洲，基本是文化意义上的欧洲，所以伯尔曼说，西方是不能借助罗盘找到的。地理上的边界有助于确定它的位置，但是这种边界时常变动，依从文化

---

① 〔奥地利〕弗里德里希·希尔：《欧洲思想史》，赵复三译，广西师范大学出版社2007年版，第1页。

内涵而具有时间性。这里说的欧洲是以西欧为代表的，中世纪以来即如此。南欧、中欧和北欧也属于这个文明圈，其地理与文化是重叠的，涵括大约从英格兰到中欧和从丹麦到西西里的诸民族。一部分东欧国家以及俄罗斯，虽然地处欧洲却不被认为属于这个意义上的欧洲国家。西欧某个特定时期的个别地区也是这样，罗伯特·罗伊指出，中世纪的西班牙被穆斯林统治了七百多年，其间西班牙的穆斯林统治者从不认为自己是欧洲人。①

显然，所谓欧洲，有一条看不见的文化边界，近代以来更加明显。"大航海"后欧洲移民在美洲和大洋洲建立起来的国家，如美国、加拿大、澳大利亚和新西兰等被认为是西方国家，虽远离欧洲本土，依然同根相连，叶枝相牵。西方文明的空间维度有一定的时间性和迁动性，未必与自然地理上的欧洲合一。

三、欧洲文明的形成：采纳、改造与创生

以往，我们习惯于将欧洲近代思想之源头，一则上溯于古希腊罗马，二则归因于17世纪自然权利观的出现，竟至低估了中世纪的贡献，低估了日耳曼人关键性的突破。欧洲文明诞生于中世纪，它与古典文明之间不是衣钵传承关系，而是拣选、采纳为其所用的过程。而且，欧洲文明采纳和改造的对象不单单是古典文明，还有日耳曼（Germanic）文化、基督宗教（Christian）、以色列文化等。事实上，入主欧洲的日耳曼人是创生欧洲文明的主体，对该文明形成具有能动的主导作用。所以萨拜因指出："在6世纪和9世纪之间，欧洲的政治命运永远地转移到了日耳曼侵略者之手。"②

日耳曼人是征服者，他们带着其世世代代生活方式的记忆，以

---

① 参见 Robert Royal, "Who Put the West in Western Civilization?", *Intercollegiate Review* (Spring, 1998), p. 5.

② 〔美〕乔治·霍兰·萨拜因著、托马斯·兰敦·索尔森修订：《政治学说史》（上册），盛葵阳等译，商务印书馆1986年版，第242页。

不同程度的部落形式整体进入欧洲，开创新生活。在这样的过程中，他们与不同的文化相遇，并从不同的文明中吸取"灵感"，然而日耳曼诸蛮族没有变成吸取对象本身。他们与采纳对象之间的位格也不一样。如果说欧洲文明是一座大厦，古典文明、以色列文明和基督宗教等文化元素不过是石块、砂砾等建材，西欧民族才是建筑师。关于中世纪政治经济制度，人们总是争论罗马因素还是日耳曼因素更多，而忽视谁是创造欧洲文明的主体。后者是有意志、有能动性的人，他们不是古罗马人，更不是古希腊人，而是中世纪西欧诸民族。12世纪罗马法复兴运动中，意大利波隆那大学是重要策源地，那里的罗马法学家们不是古罗马人；文艺复兴运动的代表人物伊拉斯谟不是古希腊人。

西方文明并非由古典世界一直延续下来。相反，罗马文明在西罗马帝国灭亡前就已经被蛮族文明替代，高度发达、极其精致的罗马法律体系与日耳曼民俗法差异极大，距罗马最后一位皇帝被废黜很早以前，罗马文明在西部就已经被哥特人、汪达尔人、法兰克人、萨克森人以及其他日耳曼人的原始部落文明所取代。伯尔曼平实而贴切地描述了这种状况，他说，西方文明与古典文明的关系，"主要的不是通过一个保存或继承的过程，而是通过采纳的过程，即：西方把它们作为原型加以采纳。除此，它有选择地采用了它们，在不同时期采用了不同部分"[①]。

即使日耳曼传统文化本身，也要经过拣选和改造。显然，欧洲文明不是任何一个文明的复制品，它所采纳的其他文明有关部分也不是如法炮制，而是经过极其复杂的交汇、嫁接和改造，所以文明创生的主体性作用不可忽视。从这个意义上讲，"罗马因素"和"日耳曼因素"这样陈旧的话语模式可以被超越，也应该被超越。

日耳曼人来自欧洲北部多雾的海边，分为不同的部落，却有大致相近的传统、惯例和制度，最重要的是马尔克（Mark）村庄共同

[①]〔美〕哈罗德·J. 伯尔曼：《法律与革命》（第一卷）：西方法律传统的形成，贺卫方等译，第2—3页。

体制度。如何理解他们的共同体（Community）呢？一方面日耳曼人的个体不够强大，不得不依附部落群体；另一方面，他们有着共同的观念，通过共同的行为来追求共同的目的。比较罗马法和日耳曼法就会发现，罗马家长权主要取决于一家之主的"意志"（will），相对应的日耳曼家庭父权制度主要取决于"关系"（relation），作为基本概念，指的是一种保护和依从关系。[①]因此，成员之间没有根本的隶属和支配关系，识别他们的标准是自治和自律。

村民大会和协作轮耕制是其典型标识。马尔克传统在日耳曼人的全部生活里扎下了根，不少学者认为，在整个中世纪里，在大部分欧洲土地上，它是一切社会制度的基础和典范，浸透了全部的公共生活，这并非溢美之词。村社组织并非"残余形式"，而是实际的存在，乡村实行庄园－村庄混合管理结构。[②]即使在农奴制下，村庄也没有丧失集体行为，一些村庄共同体还有自己的印章，甚至有旗帜。中世纪的庄园法庭，明显地保留了日耳曼村民大会的古老遗风。一切重大的安排、村民诉讼以及与领主的争端，都要由这样的法庭裁决。在乡村公共生活中，"村规"（by-laws）享有很高的权威，长期保持旺盛的生命力，受到乡村社会的高度认同。[③]再一个标志性遗产是著名的"敞田制"，强制性轮耕制和放牧制带有明显的"均平"主义色彩。

村民带着这种观念建立的中世纪城市，就是一个城市共同体。他们有自己的法律和法庭，享有一定自治权。一些法兰西和意大利城镇还自称为"城市公社"。城市手工业行会，简直就是村庄组织的翻版，商会亦然。大学被称为"中世纪最美丽的花朵"，人们仍然可以从其教师行会身上看到马尔克共同体的影子。

---

① 参见 Roscoe Pound, *The Spirit of the Common Law*, Francestown: Marshall Jones Company, 1921, pp. 26-27。

② 参见侯建新："西欧中世纪乡村组织双重结构论"，《历史研究》2018年第3期。

③ 参见 Zvi Razi, "The Struggles between the Abbots of Halesowen and Their Tenants in the 13th and 14th Centuries", in T. H. Astonetal., eds., *Social Relations and Ideas: Essays in Honour of R. H. Hilton*, Oxford: Oxford University Press, 1983, pp. 151-167。

上层统治架构也深受日耳曼传统的影响。按照日耳曼人的观念，政府的唯一目标就是保障现存的法律和权利，地方习惯法往往成为王国法律的基础。德国学者科恩指出，中世纪的政治思想与其说是中世纪的，不如说是古代日耳曼的，后者也是欧洲封建制得以创建的重要政治资源。[①] 即使法律本身也导源于日耳曼传统，生活中的惯例在法律中具有排他性和独占性。不难发现，不论是乡、镇基层还是上层政治架构，日耳曼的法律、制度与传统文化为早期西方提供了社会组织胚胎。

基督教是塑造欧洲文明的重要力量，欧洲文明甚至被称为基督教文明，其实基督教本身也必须经过中世纪的过滤和演化。一个平凡的事实是，同为基督宗教，在这边是天主教和改革后的加尔文新教，在拜占庭和俄罗斯等地就变成颇有差异的东正教。经过中世纪的采纳与认同，基督教潜在要素才得以显现。首先，它以统一的一神信仰，凝聚了基督教世界所有人的精神，这一点对于欧洲人统一的身份意识、统一的精神归属意识，具有无可替代、空前重要的意义。而这样的统一意识，对于欧洲人的身份自觉、文明自觉，又发挥了重大作用。布罗代尔指出，在欧洲的整个历史上，基督教一直是其文明的中心，它赋予文明以生命。

其次，它为欧洲人提供了完整的、具有显著的文明高度的伦理体系。基督教早期是穷人的宗教，其博爱观念在理论上（在实际上受很多局限）突破了家庭、地域、身份、种族、国家的界限。耶稣的殉难，以及他在殉难时对迫害他、杀死他的人的宽恕，成为博爱精神极富感染力的象征。博爱精神既为信徒追求大的超越、神圣，实现人生价值、生命意义提供了舞台，也为信徒践行日常生活中的道德规范提供了守则。当基督教出现之后，千百年来折磨人、迫害人、摧残人、杀戮人的许多暴虐传统，才遭遇了从理论到实践的系统的反对、谴责和抵制，以对苦难的同情为内容的人道主义才开始

---

① 参见 Fritz Kern, *Kingship and Law in the Middle Ages*, New York: Praeger Publishers, 1956, Introduction, p. xviii。

流行。它广泛分布的教会组织，对中世纪动荡、战乱的欧洲社会秩序重建，对于无数穷苦人苦难的减缓，起过无可替代的作用。

最后，它关于上帝面前人人平等的观念，无论高贵者还是低贱者皆有"原罪"的理念，导致对世俗权力的怀疑，为以后的代议制度孕育预留了空间。权力制衡权力的实践在罗马时代已出现，但基督教的原罪说才提供了坚实的理论依据，开辟了真正广阔的前景。在上帝救世说中，个人是"原罪"的承担者，而灵魂得救也完全是个人行为，与种族、身份、团体无关；个人的宗教和道德体验超越政治权威，无疑助益个体和个体观念的发展。这是古典世界所不曾发生的。

中世纪基督教会的消极影响也无可讳言，它在相当长的时间里、相当严重的程度上用愚昧的乌云遮蔽了理性的阳光，诸如猎杀女巫运动，对"异端"的不宽容，对"地心说"的顽固坚持，等等。更为严重的问题是，随着教会世俗权力的膨胀，教会也不能幸免自身的腐败。作为近代早期欧洲宗教改革的重要成果，基督教会逐渐淡出世俗，完全回归到心性与精神领域。

古希腊罗马文明是欧洲文明选择、采纳其元素为己所用的另一个重要对象，当然它也要以自己的方式予以改造。古典文明的理性思考，对中世纪神学、经院哲学和对自然科学产生深刻影响。雅典无疑开创了多数人民主的先河，不过我们也应清楚地看到，雅典民主有以众暴寡的倾向，不具备现代民主的气质。说到底，古典时代没有独立的个体，缺乏现代民主的基础。

古罗马对于欧洲文明最重要的贡献是罗马法。罗马法法律体系最初不为蛮族所接受，随着蛮族的成长，12世纪他们重新发现罗马法，采纳了罗马法一些"概念"和"范式"，并重新诠释，结果气质大变，与其说罗马法复兴，不如说再造。人们可能看到，12世纪意大利比萨自由市的法律制度，采用了许多罗马法的规则，可是，相同的准则具有极不同的含义。教会法学家们热衷于解读罗马法，表面上他们在不停地辨析和考证罗马法，试图厘清本意；实际上在不断输入当时的社会共识，表达一种全新的见解。中世纪法学家最杰出的贡献，甚至是唯一成就，就是他们对罗马法中"IUS"概念的重新解读和改造，逐渐彰显自然权利和个体权利，开拓了一种新的文明源泉，为建构欧洲文明框架提供了基本元素。

　　倘若对中世纪与古典文明有较为深入的把握，就不难发现二者基本气质如此不同，人们对国家和权力的心理，对超自然力量的态度，还有社会组织方式、城乡布局等，都不一样。古典时代没有独立个体或半独立个体，看不到个人权利成长的轨迹，个人融于城邦整体中，最终融于帝国体制中；城邦公民的自由限于参政的积极自由而没有抵御公权侵犯的消极自由。梅因指出，"古代法律"几乎全然不知"个人"，它所关心的不是个人而是家族，不是单独的人而是集团。①在这种情况下，他们只得依附于城邦，当庞大帝国形成时则依附于帝国，如同基佐指出，臣民那么容易地接受帝国的专制政治信仰和感情，对此我们不应感到惊奇。②尽管古典文明达到相当的高度，但是最终还是与其他古代文明一样，未能摆脱谋求强大王朝和帝国的宿命。

　　无论如何，罗马帝国覆亡以后，不同文明诸种元素熔于一炉，或者一拍即合，或者冲撞不已，更多则是改造和嫁接，形成了一种新的文明源泉。8世纪封建制的确立进一步推进了这一历程。欧洲文明形成要比通常认为的时间晚得多，其过程也漫长得多，正是在这看似无序的过程中，文明元素逐渐更生，至中世纪中期，欧洲文明的内核基本孕育成形。

　　学者们试图对西方文明核心内涵做出概括性阐释。例如，亨廷顿认为西方文明的主要特征是：古典文明的遗产、天主教和新教、欧洲语言、精神权威和世俗权威的分离、法治、社会多元主义、代议机构和个人主义。西方文明所有重要的方面，他几乎都涉及了，不过这些"特征"没有逻辑关系，甚至因果混淆，未能揭示西方何

---

① 〔英〕梅因：《古代法》，沈景一译，商务印书馆1996年版，第146页。
② 参见〔法〕基佐：《欧洲文明史》，程洪逵、沅芷译，第27—28页。

以成为西方的根本所在。

梅因的研究值得关注。他的目光回溯到文明早期，他承认每一种文明都有其不变的根本，他称之为"胚种"，一旦成形，它的规定性是穿越时空的。他发现当下控制着人们行为的道德规范形式，都可以从这些"胚种"中找到根由。[①]也就是说，虽然欧洲文明不断变化，然而也有不变的东西，它所具有的原始特征，从初始到现今，反复出现，万变不离其宗。

无独有偶，著名的欧洲思想史学家希尔指出了同样的道理，他称不变的东西是欧洲精神版图上铺开的"重叠光环"。这些主题在欧洲历史中反复出现，直到今天还未失去它们的意义。下句话说得更明了：如果哪位读者首次看到它们时，它们已经穿着现代服装，那么我们不难辨认它们在历史上早已存在，虽然穿着那时的服装。[②]不论希尔的"重叠光环"，还是梅因的"胚种"，这些杰出学者的文明研究，都在探求特定文明的原始、不变的根本元素，颇似中华先贤屈原上下求索中发出的"人穷则返本"之呼唤！

四、欧洲文明确立的标志："元规则"生成

笔者认为，12—14世纪形成的自然权利，标志着欧洲文明的确立，它是欧洲文明不变的内核，大概也就是梅因所说的"胚种"。自然权利在一定意义上相当于主体权利，[③]只是角度不同而已。关于自然权利的起源，人们通常认为自然权利观念如同内燃机一样，是现代社会的产物。所幸国际学界近几十年的研究成果不断刷新传统结论，越来越多的学者认为，自然权利观念起源于中世纪，而且逐渐在西方学术界占据了主流地位。

欧美学者将自然权利观追溯至中世纪教会法学家的贡献固然重

---

① 〔法〕梅因：《古代法》，沈景一译，第69页。
② 〔奥地利〕弗里德里希·希尔：《欧洲思想史》，赵复三译，"前言"，第1页。
③ 参见侯建新："主体权利与西欧中古社会演进"，《历史教学问题》2004年第1期。

要，不过还应同时关注观念背后的社会生活，关注 12 世纪社会条件的变化。一种文明的诞生不会凭空而降，必须具备与之相应的个体与群体，特定的社会共识，相应的社会环境。再好的种子落在石板上，也不会发芽成长。

不难发现，到中世纪中期，个体发展与社会发展已经超越了古典时代，本质上不同于古希腊罗马。早在 8 世纪，欧洲封建制确立，创建一种原创性的政治社会秩序；同时，也是欧洲个体成长的一个重要节点。领主附庸关系蕴藏的信息相当丰富复杂：一方面领主与附庸关系是等级关系，是一种人身依附关系；另一方面领主与附庸双方都必须履行相应的权利和义务，并受到封建法保护。倘若一方没有履约，另一方可以解除关系，也就是说，领主可以抛弃违约附庸，附庸也可以离弃恶劣的领主，因此封建关系中的契约因素不言而喻。这不是说低贱者不受压迫和奴役，这里仅仅是说，他已根据某个法律体系取得了一种不可剥夺的权利——尽管是一种等级权利、低级权利，他却有条件坚持这种权利，从而获得某种程度的保护。耐人寻味的是，这样的法律条款也是封建法的一部分，几乎同时为统治者和被统治者承认，达到相当程度的社会共识。

封建法中的"准契约关系"，深刻影响了中世纪的经济社会生活。在社会上层，按照规定，附庸服军役责无旁贷，然而服役的天数受到严格限制，否则会遭到附庸质疑和抵抗。英国大宪章运动的根本起因，是男爵们不能忍受约翰王破坏封建法，一再额外征召兵役。在社会下层，在采邑里，领主不能随意提高地租，即使在通货膨胀的情况下也很难，所以"习惯地租"几乎成了固定地租的代名词。可见，不论封臣还是普通农民，虽然等级不同权利也不同，然而都有不可剥夺的权利，一种保护自己不被过分压迫和侵夺的权利。正是因为臣民手里有权利，才有维护权利的法庭博弈。

因此人们不难看到，因某个采邑的归属，一个伯爵可以与国王对簿公堂，理直气壮，声称是为了正义和法律的荣誉。同理，一个佃农，即使农奴，为了他的土地权利也可以依据习惯法与领主周旋于庄园法庭。所以中世纪很少发现农民保有地被无故侵夺的案例。实际上，一个农民同时具有三种身份，他是领主的佃户，同时也是村庄共同体成员和教会的教民，这种多元身份也是农民权利保障的重要条件。中世纪城市是封建领地的一部分，市民也有不可剥夺的权利，而且更多一些，颇有吸引力。如果农奴被迫逃亡城市，有被领主追回的危险，但是度过101天后，依据城市法逃亡者便成为一个合法市民，任何人不能威胁他，他在一个新的共同体里再次获得一种权利。

中世纪的乡、镇居民固然不是现代社会意义上的独立个体，然而与其以前世界中的自我相比，与其他文明如古典文明中的自我相比，已经发生了突破性的变化。是否称之为"准独立个体"，才能更恰当、更充分地解释他们呢？这样的个体是中世纪走向现代社会不可或缺的角色，其中坚力量注定是最不安分的、最富有创新精神的人，是不竭动力的源泉。

"准独立个体"出现的历史意义不可低估。一个具有不可剥夺权利的人，一个不可任意奴役的人，一个能够依法自卫的人，一定会产生新的观念和新的语言，炼出新的品质，创造出新的社会关系和一个新的天地。古典世界是杰出的，但是毕竟没能做出本质性的突破，走向现代世界的突破是西欧民族做出的。个体和个体权利的成长，是欧洲千年发展史的一条主线，整个中世纪都可以理解为个体及个体权利成长的历史。正是在这个意义上，弗兰克·梅耶指出，在人类过去数千年的诸多伟大文明中，西方文明是独特的，不仅与古典文明有所区别，与其他所有文明都有所区别，而且是一种本质性的区别。[①]个体以及个体成长史，是欧洲观念、规则等产生的原点，也是欧洲文明产生的原点。

与古典文明及其他古代文明一样，欧洲中世纪不曾有独立个体（individual）；不过，还须看到变化的一面，大约中世纪中期，欧洲

[①]　参见Franks S. Meyer, "Western Civilization: The Problem of Political Freedom", *Modern Age* (Spring, 1968), p. 120。

已然出现形成中的独立个体，发展中的独立个体——"准独立个体"。历史从这里分流。

　　实际上，已经有学者用实证的方式描述这种个体的发展足迹。剑桥大学人类学家艾伦·麦克法兰将英国个人主义（Individualism）追溯到1200年；戴尔则认为英国自中世纪中期就启动了社会转型，开始从共同体本位逐渐转向个人本位。[①] 正如布洛赫所描述的那样，在12世纪，"自我意识的成长的确从独立的个人扩展到了社会本身。……从民众心灵深处产生的观念，与神职人员虔诚追求交汇在一起"[②]。基于多元的文化交流和灵动的现实生活，在上至教皇、教会法学家、中世纪思想家，下至乡镇普通教士踊跃参与的讨论中，欧洲社会形成了颇有系统的权利话语及其语境，阐明了一系列权利观念，其中自然权利概念应运而生，被称为一场"语义学革命"（semantic revolution）。[③] 一扇现代社会之窗被悄悄地打开。

　　欧洲学者首先将自然权利的渊源追溯到14世纪，这主要是法国哲学家米歇尔·维利（Michel Villey）等人的贡献，半个世纪后，即20世纪中叶，以布赖恩·蒂尔尼为代表的历史学家则追溯得更远，认为自然权利观念产生于12世纪。[④] 彼时，一位意大利教会法学家格拉提安（Gratian），将罗马法学家注释学成果以及数千条教会法规汇编成书。为了纪念他的杰出贡献，后人称该书为《格拉提安教令集》（Decretum of Gratian，简称《教令集》）。在这部《教令集》中，格拉提安重新解释了罗马法中ius的概念，启动了这一概念中主体、主观的含义。继而，12世纪若干教会法学家不断推进，鲁菲努斯（Rufinus）是自然权利概念发展的关键人物，他指出，"ius

---

　　① 分别参见 A. Macfarlane, *The Origins of English Individualism*; Christopher Dyer, *An Age of Transition? Economy and Society in England in the Later Middle Ages*。

　　② Marc Bloch, *Feudal Society: The Growth of Ties of Dependence*, Vol. I, London and New York: Routledge, 1989, pp. 106-107.

　　③ Takashi Shogimen, *Ockham and Political Discourse in the Late Middle Ages*, Cambridge: Cambridge University Press, 2007, p. 154.

　　④ 参见 Brian Tierney, *The Idea of Natural Rights: Studies on Natural Rights, Natural Law and Church Law, 1150-1625*, Cambridge: Scholars Press, 1997。

naturale"是一种由自然灌输给个人的力量，使其趋善避恶。另一位学者休格西奥（Huguccio），被称为12世纪最伟大的教会法学家，也指出 ius naturale 是一种行为准则，其最初的意义始终是个人的一种属性，"一种灵魂的力量"，与人类的理性相联系。至此，自然权利概念逐渐清晰起来。

进入14世纪，著名学者奥卡姆的威廉（William of Ockham）明确将罗马法中的 ius 阐释为个体的权能（potestas），并将这种源于自然的权利归结于个体，正是在这个意义上，自然权利又称为主体权利，奥卡姆被誉为"主体权利之父"。他说，这种权利永远不能被放弃，实际上它是维持生命之必须。[①]自然权利（nature rights）和主体权利（subjective rights）的出现，第一次确认了在实在法权利（positive rights）之外还有位阶更高的权利，突破了以往单一的法律体系。它们不是法庭上实际运用的权利，而是"天赋权利"，是所有时候都应该承认的权利，具有极其重要的引导和感召作用，成为欧洲深层次的社会规则系统生成的思想源泉。

生活中的实际存在，反复出现的个体与群体的行为，以及观念与话语，必须上升到抽象、系统的概念和理论表述，才能沉淀下来，存续下去，从而成为社会秩序的灵魂，也就是文明的核心要素。自然权利如同欧洲文明之胚种，埋下胚种，就要生根发芽、开枝散叶，12、13世纪的法学家们创造出许多源于自然权利的权利，发展出一种强有力的权利话语体系，衍化成相应的元规则，构成欧洲文明内核。

"元规则"（meta-rules）的定义是：某种特定文明首要、起始和关键的规则，决定规则的"规则"，被社会广泛认同并被明确定义，成为社会生活的基本准则。欧洲文明元规则内涵高度稳定，以至于渗入法律和政治制度层面，从而奠定西方文明基础，使西方成为西方。这个体系大致包括五个方面的基本内容，即"财产权利""同意权利""程序权利""自卫权利"和"生命权利"。它们源自自然，不

---

① 参见 Brian Tierney, *The Idea of Natural Rights: Studies on Natural Rights, Natural Law and Church Law, 1150-1625*, p. 122。

可剥夺，也不可让渡；它们是应然权利，是消极自由权利，却深刻影响着社会走向。五项元规则简述如下：①

1. 财产权利（rights to property）。 随着罗马法复兴，教会和法学界人士掀起了一场财产权讨论，而方济各会"使徒贫困"的争论第一次将财产权与自然权利概念联系在一起。

方济各会创建于1209年，宣称放弃一切财产，效仿基督，衣麻跣足，托钵行乞，受到历届教宗的鼓励。可教宗约翰二十二世在位时，却公开挑战"使徒贫困"论的合理性，他认为方济各标榜放弃一切所有权是不可能的。显然，教宗只是从实在法权利角度评判"使徒贫困"，而放弃了自然权利意义上的财产权。奥卡姆从"人法""神法"以及"自然权利"等大量权利概念分析入手，结合基督教经典教义，论证了他的复杂的主体权利思想。

奥卡姆承认方济各会士没有财物的实在法权利，然而他们来自福音的自然权利却不可剥夺，是无需任何契约认定的权利，而且位阶高于实在法权利。② 结果，奥卡姆彰显了财产观中的自然权利，从而成功地捍卫了方济各会的合法性。

中世纪自然权利观念深刻地影响到社会的财产权利观。《爱德华三世统治镜鉴》（*Speculum Regis Edwardi III*）强调这样一个原则：财产权是每个人都应当享有的权利，任何人不能违背他的意志夺走其物品，这是"一条普遍的原则"，即使贵为国王也不能违反。社会底层人的财产权最易受到侵害，所以王室官员强买贫苦老农妇的母鸡是更严重的犯罪，"必将受到现世和来世的惩罚"。作者排除侵权行为的任何华丽借口，"不存在基于共同福祉就可以违反个人主体权利的特殊情况"。③

---

① 关于欧洲文明元规则论述，详见侯建新："中世纪与欧洲文明元规则"，《历史研究》2020年第3期。

② 参见 Brian Tierney, *The Idea of Natural Rights: Studies on Natural Rights, Natural Law and Church Law, 1150-1625*, pp. 121-122。

③ Cary J. Nederman, "Property and Protest: Political Theory and Subjective Rights in Fourteenth-Century England", *The Review of Politics*, Vol. 58, No. 2 (1996), pp. 332, 343.

13世纪初叶《大宪章》的大部分内容，都关涉到臣民的财产权利。依附佃农的财产权利也并非缺位，他们依照惯例拥有一定的土地权利并受到习惯法保护，权利是有限的却是很难剥夺的。有一定保障的臣民财产权，有利于社会财富的普遍积累。

2.同意权利（rights to consent）。"同意"作为罗马法的私法原则，出现在罗马帝国晚期，进入中世纪，"同意"概念被广泛引申到公法领域，发生了质的变化，成为欧洲文明极为重要的元规则之一。

首先，"同意"概念进入了日常生活话语。按照日耳曼传统，合法的婚姻首先要经过父母同意，但至12世纪中期，年轻男女双方同意更为重要，并且成为一条基督教教义。同意原则甚至冲破了蛮族法的传统禁令，可见日耳曼传统也要经过中世纪社会过滤，此乃明证。教会婚姻法规定只要男女双方同意，即使奴隶与自由人之间的婚姻也是有效的，奴隶之间的婚姻亦然。

其次，同意原则成为公权合法性的重要基础。教会法学家认为，上帝授予人类拥有财产和选择统治者的双重权利，因此，不论世俗君主还是教宗，都要经过一定范围人士同意，才能具有足够的权威和足够的合法性。日耳曼诸蛮族入主欧洲，无论王国颁布新法典，还是国王加冕，无不经过一定范围的协商或同意。英王亨利一世加冕后写给安塞姆主教的信中说："承蒙你和其他人的忠告，我已经向自己与英格兰王国人民做出承诺，我是经过男爵们普遍同意而加冕的。"[①]

乡村基层社会亦如此，庄园领主不能独断专行，必须借助乡村共同体和村规，否则很难实行统治。这些"村规"被认为是"共同同意的村规"（Village By-laws by Common Consent）。庄园领主宣布决定或法庭判决时，一定宣明业已经过佃户全体同意，以彰显权威，而这些过程确实有佃户的参与。

最后，值得关注的是，在确立同意原则的同时，提出对"多数

---

① Austin Lane Poole, *From Domesday Book to Magna Carta 1087-1216*, Oxford: Oxford University Press, 1993, p. 10.

人同意"的限制。多数人的表决不是天然合理。其表述相当明确：民众的整体权利不比其个体成员的权利更高，对个人权利的威胁可能来自统治者，也可能就来自共同体内的多数派。显然他们已然意识到并直接排拒"多数人暴政"，中世纪即发出这样的警示难能可贵。13世纪初，特鲁瓦教堂多数派教士发动一场"财政政变"，试图强占少数派的葡萄园，结果，多数派的这一做法遭到教宗英诺森三世的否定，他的批示是：多数票决不能剥夺教士共同体中少数派的个人权利。可见，同意原则与古典时代判然不同，是民主程序，更是个人自然权利，后者不可让渡。同意原则不仅在观念上被广泛接受，在实践上也得到一定范围、一定程度的实施。

3. 程序权利（rights to procedure justice）。 中世纪法学家把坚持正当程序看作一个具有独立价值的要素，在他们的各种权利法案中，程序性条款占据了法律的中心地位，法律程序地位的高低被认为是法治与人治之间的基本区别。正当审判程序原则最早见于1215年英国《大宪章》：对于封臣，如未经审判，皆不得逮捕、监禁、没收财产、流放或加以任何其他损害。还决定推举25名贵族组成委员会，监督国王恪守《大宪章》并对其违规行为实施制裁。这些高度权威性的法条，从程序上明确规约政府公权力，使臣民免于被随意抓捕、监禁的恐惧，体现了程序正义的本质，筑起法治的基石。

实行陪审制的英国普通法，更有利于"程序正义"要素的落实，他们认为刑事审判属于"不完全的程序正义的场合"，即刑事审判的正当程序不一定每次都导致正当的结果，于是，"一种拟制的所谓半纯粹的程序正义"陪审制成为必要的弥补。陪审团由12人组成，与被告人身份相当，即"同侪审判"；犯罪性质全凭陪审团判定，且须陪审员一致通过，陪审团是真正的法官。判决后的案例（case）即成为此后类似案件审理的依据，所以他们不仅是法官而且还是创造律条的法学家！陪审制使得一部分司法权保留在社会手中，减少了司法权的官僚化和法律的僵硬化。

在欧洲大陆，审判程序也趋向严格和理性化，强调规范的诉答和完整证据，即纠问制（inquisitorial system）。13世纪以后逐渐产生了代表国王行使公诉权的检察官制度，理由是刑事犯罪侵害个人同时威胁公共安全。另一个重要发展是，不断出台强化程序的种种限定，以防止逮捕、惩罚等权力的滥用。如遇重要犯罪判决，还要征求庭外一些资深人士意见。由于僵硬的证据要求，为获取口供以弥补证据不足，刑讯逼供往往成为法官的重要选项，纠问制法庭的暴力倾向明显。

近代以后，英国普通法法系与大陆法系有逐渐接近的趋向。"程序正义"从程序上排拒权力的恣意，强调"看得见的正义""最低限度的正义"以及"时效的正义"等；对当事人而言则是最基本的、不可让渡的权利。人们往往热衷于结果的正义，而真正的问题在于如何实现正义以及实现正义的过程。

4. 自卫权利（rights to self-defense）。又称为抵抗权（rights to resist），即防御强权侵害的权利，在中世纪，指臣民弱势一方依据某种法律或契约而抵抗的权利。抵抗权观念主要萌芽于日耳曼人传统中，那时人们就认为，他们有权利拒绝和抗拒违规的部落首领。进入中世纪，他们认为，国王和日耳曼村社首领之间没有天壤之别，仅仅是程度上的差异。抵抗权利观念可谓中世纪最有光彩的思想之一。欧洲封建制的领主附庸关系，被认为是一种准契约关系，这不是说欧洲封建制没有奴役和压迫，而是说奴役和压迫受到了一定的限制。倘若一方没有履约，另一方可以解除关系，即"撤回忠诚"（diffidatio）。"撤回忠诚"是从11世纪开始的西方封建关系的法律特性的一个关键。

由于抵抗权的确立，国王难以掠夺贵族，贵族领主也难以掠夺农民，从而有利于生产和经营，有利于社会财富的良性积累，成为英国、荷兰等西欧国家农业经济突破性发展的秘密。人们不难发现，国王与某贵族对簿公堂，国王未必胜诉。在一桩土地权利诉讼案中，被告席上的伯爵这样表示："如果我屈从于国王意志而违背了理性，……我将为人们树立一个坏的榜样：为了国王的罪恶而抛弃法律和正义。"①可见，如果受到不公正的对待，附庸可以反抗，理直气壮地反抗！

　　同时，国王不能侵害封臣领地，封臣完成规定的义务外，国王不能从封臣采邑中拿走一个便士。"国王靠自己生活"，即国王只能依靠王室领地收入维持王室生活和政府日常开支，只有在战争时期才能向全国臣民征税。在相当长一段时期内，西欧的国王或皇帝没有固定的驻地，他们终年在其所管辖的领地之间巡行，称为"巡行就食"，因为把食物运到驻地的成本过于昂贵。法兰克国王、盎格鲁－撒克逊国王、诺曼诸王、金雀花诸王无不如此。欧洲没有、也不可能有中国那样的"漕运"②。德皇康拉德二世1033年的行程是：从勃艮第巡行到波兰边境，然后返回，穿过香槟，最后回到卢萨提亚。直线距离竟达1 500英里左右！即使在王室领地上，国王的消费——所收缴租税的折合，也受到习惯法限制，国王随行人员数量、停留天数等都有具体规定。

　　同理，不论在王室庄园还是一般领主庄园，佃农的习惯地租基本是不变的。地租固定可以保证领主的收入，另一方面防止领主的过分侵夺。习惯地租被称为保护农民经济的"防波堤"（dyke），有助于土地增值部分流进农民口袋，促进小农经济繁荣。以英国为例，有证据显示，农业资本主义的成功是以小农经济的普遍繁荣为基础的。在二三百年的时间里，地租基本不变，佃户个体可以积累资金、扩大土地和经营规模，形成富裕农民群体（well-to-do peasantry），从中产生租地农场主或新型地产主，从而改变乡村社会结构。

　　人们普遍接受这样的理念——领主不能为所欲为，许多表面看来似乎只是偶然的起义，其实基于一条传统深厚的原则：在国王或领主逆法律而行时，人们可以抗拒之，甚至暴力抵抗之，这并不违背封建道德。附庸的权利得到法律认定，逻辑上势必导致合法自卫

---

① Fritz Kern, *Kingship and Law in the Middle Ages*, pp. 88-89.
② 漕运，指中国皇权时代从内陆河流和海运将征缴的官粮送到朝廷和运送军粮到军区的系统。漕运被认为是王朝运转的命脉，因此中国历代皇权都开凿运河，以通漕运。

权。附庸可以离弃恶劣的领主，是欧洲著名"抵抗权"的最初表达，被认为是个人基本权利的起点。自卫权没有终结社会等级之间的对抗，然而却突破了单一的暴力抗争模式，出现了政治谈判和法庭博弈，从而有利于避免"零和游戏"的社会灾难，有利于社会良性积累和制度更新。

英国贵族抵抗王权的大宪章斗争，最终导致第一次议会召开，开创政治协商制度的先河。近代美国1776年《独立宣言》、法国《人权宣言》等欧洲重要国家宪法文件，都不断重申抵抗的权利。人们不断地溯源，因为在这里可以发现欧洲文明的原始特征，布洛赫说："西方封建主义虽然压迫穷人，但它确实留给我们西方文明某些至今仍然渴望拥有的东西。"①

5.生命权利（rights to life）。生命权之不可剥夺是近代启蒙学者的重要议题，然而该命题同样产生于中世纪。教宗英诺森四世和尼古拉斯三世等，都同情方济各会士放弃法定财产权利的修为，同时支持会士们继续获得维持生命的必需品。他们同声相应，都在为生命权利观背书。进入14世纪，教会法学家更加明确指出，人们可以放弃实在法权利，但不可放弃源自上帝的自然权利，这是人人皆应享有的权利，方济各会士有权利消费生活必需品，不管是否属于他所有。②

出于上帝面前人人平等的理念，基督教对待穷人有一种特殊的礼遇。无论多么边缘化的人，在上帝的眼中，没有什么根本区别。甚至，可以原谅因贫穷而犯下的过错。他劝诫富者捐赠穷人，提倡财物分享，那样才是"完全人"。③12世纪《格拉提安教令集》就有多篇文章为穷人权利声张，法学家休格西奥宣称，根据自然法，我们除保留必需之物外，余裕的部分应由需要的人分享，以帮助他人

---

①　Marc Bloch, *Feudal Society: Social Classes and Political Organization*, Vol. II, London and New York: Routledge, 1989, p. 452.

②　参见Brian Tierney, *The Idea of Natural Rights: Studies on Natural Rights, Natural Law, and Church Law, 1150–1625*, pp. 121–122。

③　《新约·马太福音》19：21。

度过饥荒，维持生命。当近代洛克写下"慈善救济使每个人都有权利获得别人的物品以解燃眉之急"的时候，生命权观念在欧洲已经走过了若干世纪，并且为社会捐献和贫困救济提供了最广泛的思想基础。

1601年，欧洲出台了现代历史上第一部《济贫法》，它不是教会也不是其他民间组织的慈善行为，而是政府颁布的法律文件，不仅济贫而且扶助失业劳动者。生命权元规则已外化为政府职能和政策，普遍、系统的社会福利制度得到极大发展，没有广泛和深入的社会共识是不可想象的。而它肇始于中世纪，其基本规则也确立于中世纪，被认为是中世纪向现代国家馈赠的最重要的遗产。

在极端需要的情况下穷人可以拿走富人余裕的物品，此之谓"穷人的权利"，由此生命权也是穷人革命的温床。13世纪教会法学家提出穷人在必要时有偷窃或抢劫粮食的"权利"，同时提出穷人索取不能超过必需的限度，否则即为"暴力掠夺"。在极端饥寒交迫的情况下，蒙难者采取非常手段获得维持生命的物品，如果腹的面包，或者几块取暖的木头是可以原谅的。可是，在实践中如何分辨"必要索取"与"暴力掠夺"？另一个悖论是，穷人的权利主张在现实生活中未必行得通，因为它们往往与法庭法律发生冲突。穷人为生存可以抢劫，这是自然权利使然；但按照实在法他们就是犯罪，要受到法庭制裁。中世纪法学家似乎给予自然权利更神圣的地位，他们认为，在法官眼里抢劫者是一个盗贼，可能被绞死，但在上帝眼里他仍然可以被原谅，如果他因生活所迫。

也就是说，即使法律禁止，主体权利本身仍然不可剥夺。①生命权利内含的平等观竟如此坚韧！欧洲是资本主义的策源地，殊不知它也是社会主义的故乡，发源于欧洲的空想社会主义思想的核心就是平等。不难看出，"元规则"对西方文明的影响既深远又复杂。

以上，并未详尽无遗地列出西方文明的所有元规则，这些元规

---

① 参见 Bede Jarrett, *Social Theories of the Middle Ages 1200-1500*, Westminster: The Newman bookshop, 1942, p. 123。

则也并非无一出现于其他文明之中，不过每个元规则皆植根于自然权利，而且自成体系，约束公权，笃定个体，激发社会活力，的确赋予西方文明以独有的秉性。自然权利、主体权利是欧洲文明之魂。越来越多的学者认识到，西方文明是独特的，不是普遍的，正是这些独特的内在规定性，使该文明有别于世界其他文明。经过几百年的发展，欧洲率先进入现代社会：英国1688年发生政权更迭，史称"光荣革命"，确立了君主立宪制；接着，美国、法国、意大利、德意志等也先后发生政治转型。经济上，欧洲培育出人类历史上第一个以工业为主要生产方式、城市为主要生活舞台的文明，彻底地改变了整个人类生产和生活模式。

"元规则"还有一个显著特征，它保持了足够的开放性。我们发现，欧洲文明是一条大河，在西欧诸民族主导下，凝聚了基督教世界所有人的基督教信仰，古典文明和以色列文明元素，还有他们自己的颇具个性的日耳曼传统文化，不断为它注入丰沛的水量，到中世纪中期形成了一种新的文明源泉。中世纪绝非"空档期"，恰恰相反，它是不同文化的汇通期、凿空期，更是开拓期，孕育确立新文明，循序趋近新纪元。正是在这样的基础之上，西方文明才形成近代以来浩瀚汹涌、汪洋恣肆、奔腾向前的大河景象。西方文明的发展历程雄辩地证明，一个文明要有伟大、持久的生命力，就要不断地从不同文明吸收营养，不断地自我革命，不断地开拓创新。

列出欧洲文明初创期确立的五项元规则，不意味着这些元规则总是存在并总是通行于西方社会。实际上，一些元规则所涵盖的基本权利最初只在有限的人群范围内和有限的程度上实行，虽然享有这些基本权利的人群范围在不断扩大。中世纪有农奴制，大部分农民丧失了一定的人身自由，那是领主对佃农的奴役。还有国王对臣民的奴役，基督教信徒对非基督教信徒的奴役，男人对女人的奴役，无论其范围大小、程度轻重，作为曾经长期存在于西方历史上的现象，无疑是消极、阴暗的。进入近代，还有殖民者对殖民地人民的暴行和奴役等等，不一而足。显然，欧洲文明元规则没有使西方变成一片净土。

此外，这些元规则本身也存在深刻的内在矛盾。例如，多数人权利与个人权利的关系、平等与自由的关系等，长期得不到妥善解决，反而随着民粹主义和民族主义的泛滥而更加复杂化。又如，依照"生命权"元规则，政府建立健全社会福利制度，全民温饱无虞而广受褒奖；另一方面，低效率、高成本的"欧洲病"[①]等问题又随之产生。生命权与财产权的抵牾之处也是显而易见的。欧洲文明其他元规则也出现不少新情况、新问题，它们的积极作用同样不是无条件的。"生活之树长青"，即使"天赋人权"旗帜下的主体权利，也不是推之百世而不悖的信条，历史证明，过度放纵的社会和过度压抑的社会，同样是有害的。

五、关于本书：《欧洲文明进程》（16卷本）

一个时期以来，有关"文明"的研究受到国内外学界的广泛关注，进入21世纪该因素越发凸显出来。欧洲文明是世界文明的重要组成部分，是欧美等发达国家的核心文化，是我们不可回避的一种外来文明。分析、评估欧洲文明利弊得失并消化其积极因素，乃是鸦片战争以来我国几代人的夙愿，也是我国学界不可推卸的一份责任。

"周虽旧邦，其命维新。"中华文明自古以来就以海纳百川、兼容并蓄的胸怀闻名于世，正是由于不断地汲取其他文明的精华才使我们得以生生不息，文脉永续。走自己的路，却一刻不能忘怀先贤"开眼看世界"的遗训。我们相信，西方文明是一个必须直面的文明，也是一个值得花气力研究的文明，无论这个文明之花结出的累累硕果，还是其行进过程中吞下的历史苦果，都值得切磋琢磨，化作我们"为往圣继绝学，为万世开太平"的有益资源。

就地域和文化差异而言，欧洲文明是距离我们较远的异质文明，

---

① "欧洲病"，指西方国家由于过度发达的社会福利而患上的一种社会病，其结果是经济主体积极性不足，经济低增长、低效率、高成本，缺乏活力。

是经过第二次或第三次发酵的再生文明，一种相当复杂的文明，理解、研究起来有一定难度，绝非朝夕之功。需要笃定不移的专业精神，代代相承的学术积淀，因此还需要长期安定、宽容、鼓励创新精神的社会环境。可惜，相当长一个时期，这些条件的供应并不充分，甚至短缺。鸦片战争以后的漫长岁月里，中国多灾多难，饱受内忧外患和战乱之苦，后来又有各种政治冲击，以至于"偌大国土放不下一张平静的书桌"。

前辈先贤的筚路蓝缕之功不能忘怀。令人欣慰的是，欧洲史乃至世界史研究，自20世纪80年代已有明显起色。在改革开放春风吹拂下，国门渐开，社会宽松，思想活跃，人心向上，尽管生活清贫，还是让老一代学者回归学术，更是吸引了一代年轻学人，追寻真知，潜心向学。经过改革开放四十年，他们已经成为这个领域承上启下的中坚力量。由于他们特殊的经历，对社会环境有着特殊的体验，因此他们格外感恩自己生命的际遇。毫不溢美地说，经过几十年的积累，我国的欧洲文明史研究取得了突破性进步，开土拓荒，正本清源，极大更新了以往的知识体系。为了夯实继续前行的基础，薪火相传，是否应该及时梳理和小结一下？

新世纪初年，我产生这个念头，并与学界和出版界几位朋友讨论，大家的看法竟是出乎意料地一致。更令人欣喜的是，当按照理想人选组成课题组时，所邀之士无不欣然允诺。当时没有什么经费，也没有任何项目名头，所邀者大多是繁忙非常的一线教授，可是他们义无反顾，一拍即合。本课题组成员以改革开放后成长起来的学人为主体，大多为"50后"和"60后"。雁过留声，用中国人自己的话语和方式，留下这一代人对欧洲文明的认知记录，以学术反哺社会是我们共同的梦想。2008年这个课题已经启动，2012年全国社科规划办公室批准为国家重大招标项目，则是四年以后的事了。

我们的学术团队是令人骄傲的，主要成员都是欧洲史研究不同领域的优秀学者。以天津师范大学欧洲文明研究院为依托，集中了国内外12个高校和学术机构的力量，他们来自北京大学、中国社会科学院、中国人民大学、南京大学、山东大学、山东师范大学、华东师范大学、浙江师范大学、中山大学、河北大学和英国伯明翰大学。这个项目颇具挑战性，因为每卷即是一个专题，承担者要打通传统断代分野，呈现来龙去脉，所以被称作"自讨苦吃"的项目。每个子课题大纲（即每个分卷大纲），在数次召开的课题组全体会议上，都要反复质疑和讨论方得通过。从每卷的主旨目标、框架结构，到重要概念，时常争论得面红耳赤，此情此景，令人难忘。"一年好景君须记，最是橙黄橘绿时"，此时此刻，我谨向团队学人同道致以由衷的敬意和感谢！

《欧洲文明进程》（16卷本）是中国学者撰写的第一部多卷本欧洲文明研究著作，分为16个专题，涵盖了政治、法律、经济、宗教、产权、教育以及乡村和城市等欧洲文明的主要方面。我们试图突破一般文明史的叙述方式，采纳专题史与年代史相结合的编写体例。每一卷就是一个专题，每个专题都要连贯地从欧洲文明肇始期讲到近现代；同时，各个专题之间相互补充，相辅相成，让读者通过不同的侧面逐渐丰富和加深对欧洲文明的总体认知。我们的原则是局部与整体结合，特定时段与历史长时段结合，历史细节与文明元规则结合。这是我们的愿望，效果还有待于读者诸君检验。

16个专题，也是欧洲文明16个重大问题，它们是：

1. 欧洲文明进程·民族源流 卷

2. 欧洲文明进程·农民地权 卷

3. 欧洲文明进程·司法与法治 卷

4. 欧洲文明进程·政府 卷

5. 欧洲文明进程·赋税 卷

6. 欧洲文明进程·基督教 卷

7. 欧洲文明进程·自由观念 卷

8. 欧洲文明进程·大学 卷

9. 欧洲文明进程·大众信仰 卷

10. 欧洲文明进程·地方自治 卷

11.欧洲文明进程·生活水平 卷

12.欧洲文明进程·贫困与社会保障 卷

13.欧洲文明进程·市场经济 卷

14.欧洲文明进程·城市与城市化 卷

15.欧洲文明进程·工业化 卷

16.欧洲文明进程·贸易与扩张 卷

　　2008年着手课题论证、体系策划和组建队伍，这样算来我们走过了十几个年头。自立项伊始，朝斯夕斯，念兹在兹，投入了可能投入的全部精力和时间，半日不得闲。蓦然回首，年华逝去，多少青丝变白发。眼下，课题结项，全部书稿杀青，《欧洲文明进程》（16卷本）即将由商务印书馆出版。感谢张椿年先生，他是中国社会科学院荣誉学部委员、世界历史研究所原所长，他满腔热忱地鼓励本课题的论证和立项，时常关心课题的进展。可惜椿年先生不幸溘然离世，未看到该成果面世。我们永远怀念他。感谢著名前辈学者、中国社会科学院原常务副院长、德高望重的丁伟志先生，他老人家数次与我长谈，提出许多宝贵的指导性意见，那几年常有书信电话往来，受益良多，至为感激。感谢天津师范大学原校长高玉葆教授，他信任我们并最早资助了我们，使本项目得以提前启动。感谢三联书店原副总编潘振平先生，他参加了本课题早期创意和策划。感谢商务印书馆原总经理于殿利的支持，感谢郑殿华主任、陈洁主任和杜廷广等编辑人员；感谢天津师范大学陈太宝博士以及欧洲文明研究院的其他同仁，他们为本成果的出版付出了辛勤的劳动。还有许多为本成果问世默默奉献的人士，我们心存感激，恕不一一。

2021年，春季，于天津

目　录

前　言

市场经济的发育、演变和成长在西方世界到底经历了怎样一个进程？它是如何兴起的？欧洲为什么会出现这样一种经济？它又是如何演进的？我们能够对它进行道德评价吗？这些问题构成本卷论述的主题。在进入正题以前，我想我们有必要对"市场经济"的概念、学术界对于"市场经济史"的一般研究以及笔者对欧洲市场经济发展史的总体看法做一个澄清、回顾和交代。

一、什么是"市场经济"？

何谓市场经济？无疑，它首先是一种有市场的经济。什么是"市场"？希克斯[①]说过："在一片自给自足的汪洋大海中，市场缓慢地浮出水面。"[②]我们看下面的例子——"明代农村妇女翠莲"。

> 翠莲是明代中国农村的一个妇女，家中有一台织布机，但是翠莲织完一匹布之后，她就停下来，不再织了，她走出门外，逗孩子玩，晒太阳，和乡亲聊家常，一蹲就是一整天。为什么翠莲只织了一匹布就不再织了呢？因为翠莲认为：这一匹布，已经足够全家人做一年的衣裳了，明年的布，明年再织。

---

① 约翰·希克斯（John Richard Hicks，1904—1989年），1972年诺贝尔经济学奖获得者，一般均衡理论模式的创建者。

② 〔英〕约翰·希克斯：《经济史理论》，厉以平译，商务印书馆1987年版，转引自何帆："市场经济的起源：读希克斯的《经济史理论》"，《国际经济评论》1997年第1期。

　　翠莲这样做是吸取了去年的教训，去年翠莲多织了一匹布，找人借了一头毛驴、驮到集市上去卖，但是她家有布，别人家也有布，所以不好出手，翠莲和她的毛驴驮着那匹布，在集市上转悠了一整天，都卖不出去，最终好歹和别人换了三斤大米，骑着毛驴回到村里，翠莲已经筋疲力尽。又织布又借驴又赶集的，折腾死人，最终所得只有三斤大米，翠莲显然亏了。所以她吸取了教训：以后织布只须织够自家人做一年衣裳就可以了，除此之外再多一寸她也不织。所以翠莲就在村里晒太阳了，最近不是农忙时节，翠莲也只能在村里晒太阳，她不是不勤快，而是找不到别的事情可做，这种情况，我们叫作劳动力荒置，富余劳动力没能转化成财富。[①]

　　这就是自给自足的自然经济。在这样的经济模式下，靠汗水换得的劳动成果可以满足人们的日常需要（一匹布足够全家人做一年的衣裳），人们也只能有这样的需要。在自然经济处于饱和的状态下，市场的缝隙很小，更多的生产很可能得不偿失（多织了一匹布，所得只有三斤大米）。所以，多余的劳动力只能被荒置。

　　但是第二天，邻村臭名远扬的、唯利是图的、投机倒把的贩子（生意人）旺财来了。旺财对翠莲说："你家有织布机，你闲着也是闲着，这样中不？我认识马六甲的客商，我有销路，从今天开始，你尽管织布，我出一两银子收购你织的每一匹布！"

　　翠莲听了旺财的话，就像打了鸡血一样，一头就扎进了织布房，开动手脚，啪啪啪地织起新布了，一匹、两匹、三匹……几天后，旺财果然来收购布匹，然后旺财将这些布匹转售给马六甲客商。

　　翠莲挣到了白花花的银子，她心里发红了，于是果断购置

---

① 水木然："一个误导了国人5000年的词：勤劳致富"，http://finance.qq.com/a/20160317/013611.htm，2016-3-17。

了新的织布机，然后雇了几个穷乡亲帮忙织布，生意越做越大，后来翠莲为了进一步提高生产率，她和工匠们一起琢磨，甚至发明了新的纺纱机，刷新了人类织布效率的纪录，财富开始了爆炸式的增长。

翠莲挣钱之后，决心盖新房，于是她委托施工队盖房，施工队接到活很高兴，新房子很快就盖好了。施工队挣钱之后，买了一头猪，杀猪开荤，养猪户卖猪挣了钱，也很高兴，赶紧购置了几头小猪苗，期望今后能卖更多的猪……于是，布有了，房子有了，猪也有了，这些都是凭空创造出来的，它就是我们平时所说的"财富"。①

这个故事告诉我们，市场就是自给之外的交换。翠莲是一个勤劳的人，可是，如果她固守自给自足，就不能致富，以至于"宁愿空闲着晒太阳也不织布"。因为没有市场，就没有交易。一个人、一个民族是否勤劳，对他们能否致富，其实是一件无关紧要的事情；关键不在于他们是否勤劳，而在于是否存在一个容许自由贸易的商品市场，只要存在一个容人致富的市场，那么再懒的人也能变得勤快起来，而一旦市场消失，无利可图了，那么再勤快的人，也选择"晒太阳"，最终财富就无法生产出来。因此，"在最抽象的形式上，人们把对一种商品的供给与需求的共同作用，理解为一个市场"。②市场与财富的积累是分不开的。一直以来，存在着这样一种说法：财富是汗滴禾下土的"劳动人民"创造的，商人只是附着于劳动人民身上的寄生虫，是剥削者。从翠莲的例子看，实际情况显然不是这样，它提出了自然经济中可能存在的市场交换问题。因此，所谓市场，就是交换活动的总和。

---

① 水木然："一个误导了国人5000年的词：勤劳致富"，http://finance.qq.com/a/20160317/013611.htm，2016-3-17。

② 〔德〕海茵茨·笛特·哈德斯等：《市场经济与经济理论——针对现实问题的经济学》，刘军译，中国经济出版社1993年版，第5页。

那么，什么是市场经济？市场经济无疑是围绕市场展开的经济，是经济的市场化。它意味着在经济背后隐藏着"一只看不见的手"，开始由暗至明，指挥倜傥，支配并调度经济系统中各种角色的运行。这个时期的市场开始形成一种机制，一朝登临，经济活动必然沸腾而起，一举取代"庄严的宗教、喧嚣的政治和亲密的家族"，成为"公众注意的焦点、社会运转的动力源泉"。用卡尔·波兰尼（Karl Polanyi, 1886—1964 年）的话说，这是一次"大转折"，这种转折的过程中充满波折和起伏。[1]希克斯说，这种转变是渐进的，"不是就出现一次，有些社会在成为交换经济时倒退回去，而在倒退以后又将这同一的故事从头经历一次"。[2]

为了更好地理解什么是市场经济？我们再看下面的例子——"济南抢购'活人墓'"。

济南抢购"活人墓"，以防涨价。某些网友以为这是闹剧，其实不然。这在一定程度上反映了老百姓投资意识的觉醒。只要和土地沾边的，价格都看涨。有人会认为等××成为产业再下手就晚了，因为它比房子还"刚需"。既然是市场经济行为，它肯定有"深刻的市场机制作用机理"。首先，供求关系的基本状况决定了墓价。近年来，土地供应日趋紧张，可供"开发"的土地逐年减少。这产生了两方面后果。一方面，客观上造成以后墓地供给增长放缓。另一方面，这也让"消费者"（如果死人也算消费者的话）可能形成涨价预期。当预期被短线，就形成了需求的短期冲击。需求曲线右移，产出 Y 增加，价格 P 上涨。这是短期的结果。长期就不一样了，因为长期来看，一个萝卜一个坑，一个死人一个墓，墓地的供给会稳定在人口死亡率上。供给曲线垂直。其次，"墓地期货"似乎提高了资源配置效率。这也是造成一些人抢购的原因。有人甚至强烈建议建立"墓地期货综合指数"（简称"墓地期指"），提高墓地价格的可

---

[1] 〔德〕海茵茨·笛特·哈德斯等：《市场经济与经济理论——针对现实问题的经济学》，刘军译，第5页。
[2] 〔英〕约翰·希克斯：《经济史理论》，厉以平译，第10页。

预见性。同时，强烈建议国家建立墓地交易规范，提高交易成本的透明度，规范交易市场，打击囤积居奇。如果有人短线频繁换手操作，扰乱市场价格，就必须予以进一步规范，给出适当的解决办法，如开征"印花税"和"墓产税"（因为它兼具金融商品和普通商品的特性）。最后，作为政策建议，提出以下几条：（1）墓地彻底市场化。彻底市场化能够提高墓地使用效率。充分发挥价格机制的作用。"一价一墓"能充分反映资源配置的效率。（2）建立墓地宏观调控体系。为了保障人民对墓地的基本需求，限制墓地价格的过快畸形上涨，出台相应的调控体系具有重要作用。在保证资源利用效率的基础上，兼顾基本需求。防止出现墓地规模、豪华程度的两极分化。（3）将墓地纳入社保范围。为了满足一些人对墓地的基本需求，防止有人买不起墓地，可适当在社会保障政策中对这类需求予以保障，如增设一项相关的公积金。（4）加大对经济墓、公共墓的建设。为了充分满足人们对墓地的需求，也为了打击投机，规定非本市居民原则上不得在本地购墓，除非能够提供一年以上纳税证明。通过上述措施，不仅能规范墓地买卖的市场行为，也能满足人们购墓的需求。①

　　比较上述两个案例的不同，我们看到，前一个案例中所说的"市场"实际上是指日常生活中新添加的一个元素；而后一个案例中所说的"市场经济"则是围绕市场形成的一套规则和机制。也就是说，前者只是"量"的增加，后者则发生"质"的改变。为了建立或完善一套市场机制，需要动用包括行政改革在内的多方面措施。因此，市场经济不只是新增加市场而已，而是使某经济行为市场化。

　　现实生活中，市场经济更多是相对于"计划经济"而言的。二者构成矛盾的统一体。一般说来，市场经济意味着"自由放任"，产品和服务的生产及销售完全由市场通过价格自由调节和引导。它是

---

① 参见"怕涨价，市民购买'活人墓'"，《山东商报》2011年3月27日。

一种自由市场经济或自由企业经济。它不是以习俗、习惯或行政命令为主来配置资源的，而是使市场成为整个社会经济联系的纽带，成为资源配置的主要方式。在经济运行中，社会各种资源都直接或间接地进入市场，由市场供求形成价格，进而引导资源在各个部门和企业之间自由流动，使社会资源得到合理配置。而计划经济则明确指向"国家计划"，由中央政府按照拟定好的生产销售计划，分别划拨到各个地方或各个单位，实行统分统销。二者比较，市场经济的运作没有一个统一的中央协调的体制和机制，产品和服务的供给与需求会透过市场产生复杂的相互作用，达成自我组织的效果。其支持者的逻辑是：人们所追求的私利其实是一个社会最好的利益。因此，在理论上市场经济是自由的、公平的和产权明晰的，但需要根据市场需求状态不断做出强制性的调整，所以在实际操作过程中缺陷还是非常大的。德国著名经济学家海茵茨·笛特·哈德斯（Heinz-Dieter Hardes）在研究市场经济模型时，从买卖双方的分类、总供给和总需求、需求的价格－数量图式以及供需的价格－数量函数关系等方面出发，对市场经济进行了描绘，提出市场经济是经济主体、市场机制与收入分配之间构成的一个协调系统。这个模型与"中央计划管理模型"存在着根本性的差异。[①]约翰·迪则认为，市场经济的主要特征在于经济的货币化。[②]还有学者表示，市场经济是商品经济的高度社会化。

从各方面的研究看，市场经济一般具有以下特征：

第一，平等性。经济活动参加者在市场上的关系是平等的。这种平等性从根本上看是由价值规律的作用决定的。价值规律既是商品经济的基本规律，也是市场经济的基本规律。等价交换原则决定了交换当事人双方地位平等。

第二，竞争性。经济活动参加者之间存在着广泛的竞争。价值

---

① 〔德〕海茵茨·笛特·哈德斯等：《市场经济与经济理论——针对现实问题的经济学》，刘军译，第5—12页。

② John Day, *The Medieval Market Economy*, New York: Basil Blackwell, 1987, contents.

规律中的"优胜劣汰"显示：竞争是商品经济的必然产物，也是市场经济的基本特征，竞争是市场经济有效运行的必要条件。它具体体现在以下方面：首先，竞争是商品交换得以进行的前提。其次，竞争会促使商品生产者和经营者不断改进技术、提高劳动生产率，实现优胜劣汰。最后，竞争可以保证价格变化的灵敏性，使供求关系尽快得到调整，促进资源优化配置的实现。它要求商品生产者和经营者必须严格遵守公平竞争的原则。当然，竞争原则也有很大的不足，比如，盲目竞争可能造成社会资源的浪费；竞争可能会导致垄断，从而不利于资源的优化配置。

第三，法制性。社会经济的运行有健全的法制基础，生产者和经营者的经济活动必须依据有关市场经济的法规进行。在市场经济运行中，健全的法制是协调和处理矛盾、体现公正平等的依据和准则，是维护市场秩序的重要手段。它要求每个经济活动的参加者必须学法、懂法、守法、用法。

第四，开放性。市场经济中的市场不是相互封闭的，而是全国统一的，并且同世界市场连在一起，它是一个真正的大市场。

第五，联系性。市场经济的各个特征之间相互联系。比如，如果没有平等性，竞争就不能展开；相反，不能开展竞争，就无平等可言。法制既是平等和竞争的保证，也是平等的体现。开放是平等和竞争充分展开的前提，也是法制发挥作用的社会条件。

以上特征表明，市场经济可以通过市场有效调节社会资源的分配，引导企业按照社会需要组织生产和经营，并且可以对商品生产者实行"优胜劣汰"。市场经济之所以能够对经济发挥调节作用实际上是价值规律在起作用，在市场上，价值规律通过价格、供求、竞争的变化和相互作用，支配人们的经济活动；市场对资源的优化配置，实际上是价值规律的调节作用、刺激作用和优胜劣汰作用的表现。

一切社会生产都需要劳动力与社会资源相结合，才能形成生产力。因此，任何社会经济的展开都是以资源配置为前提的。市场经济就是由市场实现对资源的有效配置。这种配置方式与自然经济和计划经济有着本质的区别。自然经济以一家一户、一个族群为单位，使有限的人力、物力，服从于家长式首领的意志，通过资源组合形成生产能力，显然有极大的局限性。而计划经济则要求全社会的资源配置皆听命于政府系统或权力部门，其庞大而相对单一的组织、协调、指挥系统又难以驾驭复杂多变的经济活动内容。只有市场这个包含千百万人参与、蕴藏无限商机的有机体，给资源配置提供着广阔空间和无穷动力。随着市场的不断扩大和丰富，不断演变和发展，其规律性日益显现并被人类所掌握，从而成为推动经济发展和社会进步的一只"无形的手"。而且，市场经济在外延上具有扩张性，不仅全国构成了一个统一的大市场，且同世界市场有机联系在一起。在市场经济条件下，生产者和经营者为满足市场需要进行生产和经营，由此带来了社会大分工和生产的专业化，并最终通过市场实现社会资源的优化配置。此外，市场经济不仅可以优化国内资源，充分调动和发挥经济活动参加者的各自优势，还可以充分利用国际资源，广泛利用他人先进的生产和科技成果。

二、学术界关于"市场经济史"的一般性研究

20世纪早期，一些西方学者认为欧洲市场经济现象并不是出现在工业革命时期，也不是诞生于15、16世纪的"大转型"时期，而是发源于12、13世纪的中世纪盛期。

比利时历史学家亨利·皮朗（Henri Pirenne）曾断言："从商业资本主义在12世纪发展的气势和相对速度看来，拿它与19世纪的工业革命相比拟，并无夸张之处"。[①]1937年，波斯坦（M. M. Postan）也表示："没有一个研究13世纪的学者不会注意到，这个时期不仅农业生产全面增加，而且更加注重为销售而生产，大地产上或多或

[①]〔比〕亨利·皮朗：《中世纪欧洲经济社会史》，乐文译，上海人民出版社2001年版，第46页。

少带有资本主义性质的农业正在扩展，城镇、市场和商人阶级随之发展起来"。[1]"二战"结束以后，随着对中世纪研究的一步步深入，对市场经济发源的研究也变得清晰。B. H. 斯利彻·范·巴思（B. H. Slicher van Bath）强调中世纪盛期，西欧的消费结构发生了重大改变，"大约从1150年起，西欧的粮食生产已经从'直接消费'阶段转入'间接消费'阶段"。[2]费尔南·布罗代尔（Fernand Braudel）认为，甚至从13世纪起，在西欧广大地区，"家庭经济向市场经济的决定性过渡逐渐完成"。[3]诺贝尔经济学奖获得者道格拉斯·C. 诺思（Douglass C. North，1920—2015年）表示，13世纪，一个"简单而兴旺的市场经济"已经存在。[4]他认为："中世纪盛世乃是变革的时代"，"这样到一二〇〇年，十世纪时的典型的庄园已经变成一种不合乎时代潮流的现象"。[5]爱德华·米勒（Edward Miller）的研究则指出：12世纪的最后四分之一世纪至14世纪的第一个四分之一世纪，"一般被看成是一个表示很多繁荣条件已经具备、中世纪的钟摆已经摆动到一个极端位置的世纪"。[6]到了20世纪90年代，布里特纳尔（R. H. Britnell）已经明确表态："1086—1300年间，英国的商业化经济已经构成现代市场经济如何形成这一复杂故事中的一个令人注目的阶段。"[7]"1000—1300年间的商业发展，并不是简单的人

---

[1]　M. M. Postan, "The Rise of a Money Economy", *The Economic History Review*, Vol. 14, 1944, p. 128.

[2]　B. H. Slicher van Bath, *The Agrarian History of Western Europe, A.D.500–1850*, New York: St. Martin's Press,1963, p. 24.

[3]　〔法〕费尔南·布罗代尔：《15至18世纪的物质文明、经济和资本主义》（第三卷），顾良、施康强译，生活·读书·新知三联书店1992年版，第89页。

[4]　〔美〕道格拉斯·诺思、罗伯斯·托马斯：《西方世界的兴起》，厉以平等译，华夏出版社1999年版，第72—73页。

[5]　同上书，第48页。

[6]　Edward Miller, "The English Economy in the Thirteenth Century: Implication of Recent Research", *Past and Present*, No. 28, 1964, pp. 27–28.

[7]　R. H. Britnell, "Commercialisation and Economic Development in England, 1000–1300", R. H. Britnell , B. M. S. Campbell, eds., *A Commericialising Economy, England 1086 to c.1300*, Manchester: Manchester University Press, 1995, pp. 24–25.

口与资源之间的关系发生变化，而是一种新的经济地理、新的谋生方式和新的社会体制的发明。"[1]进入21世纪以后，克里斯托弗·戴尔（C. Dyer）最终给出了一个归纳性的结论：英国的社会转型并不是启于大航海前后，而是可以逆时针地往回追溯到1250年左右。[2]

当然，也有一部分西方学者认为，欧洲市场经济并不是诞生于中世纪，而是出现在大航海之后，乃至出现在工业革命之后。

著名经济人类学巨匠卡尔·波兰尼曾表示：市场经济是与资本主义联系在一起的，它是资本主义时期特有的经济现象，其出现是开始让社会屈服于市场经济规律，与资本主义以前所存在的经济臣服于社会相比完全不同。在第二次世界大战接近尾声时，波兰尼在所著的《大转型：我们时代的政治与经济起源》中对"人类向何处去"提出了深刻反思。他对经济学家们所认定的人们行为的根本动机就是"逐利"的观点表达了最鲜明的反对。通过细致地研究人类学提供的材料，波兰尼提出著名的"嵌入"学说（Embedded Theory）。他认为，人类社会的维系虽然离不开物质资源的获取，以及这些资源在社会中的流动，但是，在多数情况下，完成这一切，并不需要人们拥有明确的"物质动机"；人们的物质生产和交换活动，其实是在"嵌入"责任感、荣誉感等"社会动机"之后自发地完成的。也就是说，物质满足其实是社会性行为的附带效果；与之相应，从结构上看，物质资源的获取与分配，也是亲属制度、政治制度或者宗教制度等所附带的功能，即经济制度"嵌入"诸种社会制度之中。[3]那么，隐没在社会行为和社会性制度中的物质资源流动，能否用一种分析的方式进行考察呢？答案是能。波兰尼撇开必须依赖

---

[1]　R. H. Britnell, "Commercialisation and Economic Development in England, 1000−1300", R. H. Britnell , B. M. S. Campbell, eds., *A Commericialising Economy, England 1086 to c.1300*, p. 26.

[2]　C. Dyer, *An Age of Transition? Economy and Society in England in the Later Middle Ages*, Oxford: Oxford University Press, 2005, 转引自徐浩："戴尔新说：'英国社会转型起于13世纪'"，侯建新主编：《经济−社会史评论》（第四辑），生活·读书·新知三联书店2008年版，第177页。

[3]　刘阳："突破限制，重新探索人类生活的可能性——卡尔·波兰尼的《大转型》"，《中国社会科学报》2010年12月14日。

市场机制作用的现代经济分析法（他称之为"形式经济学"），根据物质资源流动路径的差别，提出"互惠"和"再分配"两个概念，来描述前市场社会中的经济运行方式（他称之为"实质经济学"）：在一个相对大的共同体中，小的社会单位被分成两类，物品在这两类单位之间相互流动，就是"互惠"；如果共同体有一个中心，物品先向这个中心集中，再从中心分发出去，即"再分配"。例如，在以血缘及伙伴关系结成的共同体中，作为义务而发生的"赠予"关系，就是"互惠"，它具有"礼仪价值"。在非洲的达荷美王国，在每年举行的贡租大祭中，各村村民携带财物来到王宫前，在种种礼仪行为中将这些财物献给国王，国王则按照惯例把作为返还礼品的报酬分赐每一个人，就是"再分配"。①波兰尼认为，在这两种属于传统社会中起支配性作用的经济运行方式中，市场交换即使存在，也处于附属地位。

在对传统经济与社会进行分析性考察后，波兰尼批评了19世纪西方的"市场经济社会"。他认为，这种社会在社会性动机之外存在着一种获利的动机，它构造了一种独立的经济制度，即市场体系，使经济关系"脱嵌"于社会，并反过来使社会关系附属于经济运转。这种"倒错"，使人们的生活时刻处于巨大的风险之中，最终酿成了法西斯主义和第二次世界大战。②这里所说的"脱嵌"的经济就是市场经济。

波兰尼的研究始终坚持"政治经济学"一起研究，而不是纯粹的"经济学"研究，认为经济总是嵌入在社会之中，这个思路符合马克思的态度。与过于专业化的经济学研究相比，波兰尼反对把经济作为一个独立的领域来对待，而倾向于在社会整体中来研究经济。按照他的思路，自我调节的市场经济无法作为任何社会的基础，国家的干预是必需的，资本主义和社会主义作为现代社会对市场经济的两种干预体系，在本质上并没有通常所认为的那样迥异。

---

① 〔日〕栗本慎一郎：《经济人类学》，王名等译，商务印书馆1997年版，第55页。
② 刘阳："突破限制，重新探索人类生活的可能性——卡尔·波兰尼的《大转型》"，《中国社会科学报》2010年12月14日。

与波兰尼的看法相得益彰的是约翰·希克斯的研究。1969年，约翰·希克斯写成《经济史理论》一书。他在这部一生中最得意的作品中，开宗明义即提出该著的中心思想就是要讨论市场经济的起源。在希克斯看来，市场经济从隐约出现到大兴于世，贯穿了整个世界经济史。他由部落时代的缅远岁月一直追踪到工业革命以来。他认为，古往今来所有的经济放在一起无非三种类型，即习俗经济、指令经济和市场经济，先于交易经济或市场经济出现的是指令经济与习俗经济。

希克斯认为，世界经济史可以被看成是"一个单一的过程"，"具有一个可以认识的趋势"，即由习俗经济和指令经济过渡到市场经济。新石器时代和中世纪初期的村社经济都是依靠习俗的支配来运行的，酋长或国王只是习俗本身，波兰尼所说的"互惠"与"再分配"在很大程度上是习俗经济的体现。但是，在部落转变为国家的过程中，产生于征税需要的"岁入经济"导致了需求的集中，从而发生专业化的分工，尤其是技艺上的分工，最为明显的例子是古埃及的手工艺人和中国东周时期专为天子"礼乐征伐"服务的匠户。为王室服务的工匠是最早的手工业生产者，是先于市场出现的。这就是指令经济或命令经济，是由军事统治建立的，但由官僚制度来完成，具有支配性的作用。中世纪的封建主义经济实际上是习俗与指令这两种经济的混合。但是，由习俗经济、指令经济向市场经济的转换是渐进的、各地区不同步的，因而也是曲折乃至有反复的，但总要发生。这种转变的起点是商业的专门化，即专业商人的出现。这些专业商人要求保护他们的财产权和维护合同，这是旧制度无能为力的。于是，重商主义时期在欧洲出现城邦制度。城邦和商业竞争导致殖民主义扩张，接下去就是"市场渗透"。希克斯从四个方面详述了这种"渗透"的表现，即适应市场经济的货币、法律、信用制度的确立；政府财政和行政管理的改造；领主制破坏、货币地租和农业的商业化；自由劳动代替奴隶劳动、劳动力市场的出现。所有这一切，最终导致工业革命。希克斯在理论上首次全面论述市场经济的形成，他还在《价值与资本》一书中提出解释工业革命的理论，那就是"资本在由商业和手工业的流动状态进入到固定状态"。

不可否认，与波兰尼和希克斯的研究路径不同的人也大有人在。这些学者不是将经济看成整个社会不可分割的一部分，而是将经济完全从社会大环境中剥离出来，变成一种不带任何社会性、政治性和阶级性的工具性的存在。那么，这样的市场经济是一种什么样的风格呢？我们看美籍奥地利经济学家约瑟夫·阿洛伊斯·熊彼特（Joseph Alois Schumpeter，1883—1950年）提出的"创新理论"。

1912年，熊彼特在完成《经济发展理论》一书之后，又相继撰有《经济周期》和《资本主义、社会主义和民主》两部著作，最终形成其关于"创新理论"的独特思想体系。其理论的最大特色就是强调生产技术的革新和生产方法的变革，认为它们在市场经济即资本主义经济发展过程中具有至高无上的作用。他在分析过程中抽掉了资本主义的生产关系，掩盖了资本家对工人的剥削这个实质。根据熊彼特分析，所谓"创新"就是建立一种新的生产函数，把一种从来没有出现过的关于生产要素和生产条件的新组合引入生产体系当中。在熊彼特看来，作为资本主义"灵魂"的企业家的职能，就是实现创新，引进"新组合"，具体包括以下方面的内容：（1）引进新产品或产品的新质量；（2）引进新技术或采用新的生产方法；（3）开辟新市场；（4）控制原材料供应的新来源；（5）实现企业的新组织。[①] 不过，创新和科学发明是两码事，发明是增加新知识，"创新"则是生产要素和生产条件的"新组合"。[②] 所谓经济发展就是指资本主义社会不断地实现新组合。资本主义就是这种"经济变动的一种形式或方法"，即所谓"不断地从内部革新经济结构"的"一种创造性的破坏过程"。因此，在创新理论中，人们只能看到生产技术和企业组织的变化，而市场经济即资本主义的基本矛盾和剥削关系

---

① 金国利、李静江编著：《西方经济学说史》，东方出版社1997年版，第269页。
② 《经济学动态》编辑部编：《当代外国著名经济学家》，中国社会科学出版社1984年版，第511页。

则完全看不见了。"什么时候人们才会意识到人类社会现象的海洋具有无数不同的侧面，需要许多不同的方法来加以探讨呢？"①这样建立的关于市场经济的认识几乎是非历史的。

中外学者在研究市场经济史时还会提出，为什么欧洲历史能够孕育出市场经济而中国历史却不能呢？我们看另外一些学者的研究。

波兰尼的"交易理论"使我们看到，中国与西欧的市场兴起并无明显不同。波兰尼把所有社会的交易形式划分为"互惠式交易""再分配式交易"和"市场交易"，这种分类其实非常符合中国历史上的交易类型。例如，在中国春秋时期，各诸侯国礼仪上都有向周天子"岁贡"的义务，周天子也对各诸侯进行赏赐，这种往来就是一种"互惠式交易"。有时，贡品的价值可能"轻如鸿毛"，据《东周列国志》记载，楚国的贡品只是"十车青茅"。而大寺庙的"散福"活动可以看作一种兼具礼仪特征的"再分配式交易"。中国传统的集市贸易往往采用"庙会"的形式进行，其渊源恐怕正是伴随着祭神贡品的交换而生发出来的。"市场交易"则与宗教节日相伴而生，定期的贸易及随之而来的富有农民向"坐商"转变，导致专业化的商人出现，这是习俗交易向市场交易转变的一条主要途径，这一点也可以在中国得到验证。市场交易还有另外一条途径就是国家指令。国家的出现使王室和军队的供养必须依赖税收，从而使与征税、军事采购和物资运输相关的大规模交换发展起来。例如，战国时期，赵国的大商人乌氏倮几乎垄断了整个国家的军马供应。②

在"面对面"的市场交换中，战国以后，中国甚至比西欧更加

---

① 转引自《经济学动态》编辑部编：《当代外国著名经济学家》，第509—510页。

② 《史记·货殖列传》提到一个叫"乌氏倮"的富人说："乌氏倮畜牧，及众，斥卖，求奇缯物，间献遗戎王。戎王什倍其偿，与之畜，畜至用谷量牛马。秦始皇帝令倮比封君，以时与列臣朝请。"乌氏倮显然是乌氏部落中的戎狄之人，他善于贿赂酋长，得以便利，畜牧致富，而得到秦始皇的重视；一介牧夫竟与列臣朝请，一起议论国事。于是看来，秦王室可能是用戎汉双语进行沟通的；而秦始皇自己则可能用蒙古语与乌氏倮交谈的。

先进。就交易"网点"的密集度来说，中国战国时期的农村集市已为数不少，"方六里命之曰暴，五暴命之曰部，五部命之曰聚，聚者有市，无市则民乏"。①另据估计，战国时，中国已有800至900个城镇。据《汉书·地理志下》记载，至汉代，全国分130个郡国，1587个县、道、国、邑，6622个乡，乡村一级都有定期集市，称"市邑"，当时的市邑已数以万计。每方圆100里的范围内平均就有24个乡村集市。布罗代尔的研究曾指出："总之，互相联结的、皆受监督的定期集市所组成的网络布满了并活跃在中国大地"。②与乡村集市相平行的还有大量的工商业市镇。到宋代，全国共有1106个县、1644个镇，平均每县1.5个镇。这些市镇大部分都具有贸易功能，是综合性的农副手工业产品的交易中心。著名的粮市有苏州枫桥、吴江平望、湖州南浔、山西静乐、湖北襄阳、四川新津；棉花和棉布市镇有嘉定新泾、太仓鹤王市、山东夏津等；丝绸市镇则有乌程南浔、吴江盛泽、湖州乌青、嘉兴濮院等。此外还有生产铁器的佛山镇、瓷都景德镇、盐都自贡镇等专业化市镇。其次是市场、店铺的种类繁多。以城市为例，延至唐代，"市坊"一直是城市内的一个专门区域。西汉首都长安有九市，唐代长安城内有东西两市，东市内有220行。到了宋代，取消了市坊制，市场散布在了城市的各个角落。③

但是，在中国这片土地上，为什么一直没有生长出类似于西欧那样复杂的商业制度和信用机制、进而引发商业革命并产生资本主义的生产方式？为什么没有真正的市场经济出现？水木然在"一个误导了中国人5000年的词：勤劳致富"一文中有这样一段描述：

> 如果没有贸易和商业，财富就实现不了增值。我们每个人

---

① 《管子·乘马》。

② 〔法〕费尔南·布罗代尔：《资本主义的动力》，杨起译，生活·读书·新知三联书店1997年版，第21页。

③ 转引自梁正："大陆文明、市场经济与资本主义"，《社会科学战线》2000年第2期。

只能原地踏步走，此时劳动的意义就只是在于生存，这也就是为什么中国即使遇到了近代发展的契机，依然只是一个落后的农业国。

乾隆时期的中国经济总量占到全球的三分之一，但是清王朝是一个封闭的国度，它极尽所能地自我完善，完全意识不到一个严峻的事实：此时世界正在一体化，正在变成一个开放的平台。

所有的不合理，都会被改变。只是要么主动改变，要么被改变。于是1840年，英国派遣舰队和4000人的远征军，从广州一直打到天津大沽口，才强制打开了中国的广州、厦门、福州、宁波、上海等五处通商口岸。

闭关锁国的失误让我们落后了整整200年！

美国为什么独立之后迅速成为世界霸主呢？我们举个例子你就明白了：1787年美国13个州在一起搞了个约定：州和州之间不允许有贸易壁垒。这个规定今天已经不算什么，但你知道吗？1787年的法国，从里昂到马赛不到1000公里，运一车货物过去要交50次以上的税负。所以美国一旦建国，就以最快的速度超越了欧洲！就是因为自由贸易经济体制促进了物资、人才和资金的迅捷交换，美国成为国际贸易中的头号大国，霸主地位从此确立。

财富确实是劳动创造出来的，但是真正使财富呈现数量级增长的却是健康而完善的商业体系，它将财富进行流通和分配，确保财富可以有条不紊地增长，并带动更多的人劳动，从而进入一个良性循环。

只要有了这个完善的商业体系，身处其中的每一个劳动者都会激发起劳动积极性。而一旦我们发现所处的商业体系是不合理的，比如交易不公平，或者财富分配不合理，那势必伤害一部分人的劳动积极性。

再升华一个层次：一个社会的架构越不合理，铤而走险的人就越多，极端行为的人就越多、无所事事的人也就越多，活不明白的人也就越多。

　　因此，财富不只是"勤劳"创造的，更是由"制度"激发出来的！

　　中国，从来就不缺勤劳智慧，缺的只是一个配得上这种勤劳智慧的"好制度"！ ①

　　那么，中西方市场制度的分离到底是从哪里开始的？马克斯·韦伯（Max Weber，1864—1920年）曾认为："市场经济得以存在和发展，其根本基础在于分工的普遍化。"②希克斯对此的点评是："从亚当·斯密以来，我们一直习惯于把分工与市场发展联系起来，所以当人们认识到这不是它的起源时，便大吃一惊。"③

　　其实，布罗代尔的解释是颇具启发性的。他认为市场交换实际上存在着两种形式，第一种是"透明的交换"，发生在公开市场之上，我们所熟悉的市集、零售商，近距离贸易等都是这种形式。在这种交易中，买主和卖主之间不时会有中间商出现，但一个中间商所能做的充其量也就是囤积居奇，或违反惯例去市镇外迎堵农民和小商人，贱买贵卖以获利。中国历史上，作为中间人存在的"牙纪"使用的就是这种手段。但是，除了这种"透明的交换"之外，还有一种"不透明的交易"存在，它不是发生在公开市场，而是出现在私下市场，布罗代尔称之为"反向市场"（inverted market）。这是另一种全然不同的交换形式。在这种交易中，流动商人、上门收购者会径入生产者家中，直接向农民收购农产品，甚至预订剪毛之前的羊毛和还在地里生长着的小麦。他们拿出一张便条，只要签字就成了合同。这种不透明交易的威力是多么巨大，它斩断了生

---

　　①　水木然："一个误导了国人5000年的词：勤劳致富"，http://finance.qq.com/a/20160317/013611.htm，2016-3-17.

　　②　〔德〕马克斯·韦伯：《世界经济史纲》，胡长明译，人民日报出版社2007年版，第187页。

　　③　〔英〕约翰·希克斯：《经济史理论》，厉以平译，第23页。

产者和消费者之间的联系，导致大批发商阶层的出现！这些大批发商与小商人不同，小商人必须面对竞争，而大批发商则谋求垄断，小商人日益专业化，而大批发商则淡化分工。他们经营的是金钱，而不再是某种商品。布罗代尔说，这是一种"上层市场"（upper transaction market），在这种市场上，商人与商人之间的交易变得更为重要。希克斯指出，几乎所有的商业惯例都产生于商人之间的内部市场，大规模的信用展开如担保、金融中介与保险等，也只可能发生在大商人之间。大批发商为控制生产可采用"先贷制"或"外放制"，其出发点就是为了谋求商业上的垄断，但一个未预料到的后果却是伴随市场扩展而来的劳动分工和技术水平的提高，因为在商业"边际利润"递减的情况下，包买商会向工场主转变，最终导致资本主义生产方式的出现。可见，没有上层市场，就没有资本主义。①

难道中国历史上就没有这种上层市场吗？我们看到，在大宗商品的长程交易中，中国曾经出现过富甲天下的盐商、粮商，甚至出现过具有更大背景的官商，如汉代的东郭咸阳、清代的胡雪岩等，但是，除极少数专卖品之外，中国商人从来没有建立起能够控制生产的反向市场。明清时期，中国一度出现包买商和外放包工制，出现了"汇通天下"的山西票号，表面上似乎同样存在着上层市场。但是，中国社会缺少西方社会的两样东西：其一，中国缺少西欧社会的"契约精神"，因此，即便有个别人或少数人致富，也不能带来整个社会的普遍致富；其二，中国没有创造出西欧那样的反向市场。正因为如此，中国也不可能出现独立的上层市场，也就不可能进行西欧那样的商业革命。

上层市场来源于城邦文明，②而上层市场又带来了重商主义。希克斯说，古希腊时期，西方文明进入"第一城邦阶段"，当时的雅典、科林斯等虽然不是专门的商业城市，但多数不能自给，必须严重依赖交换。它们要从外地大量输入粮食、木材，同时输出酒类和

① 梁正："大陆文明、市场经济与资本主义"，《社会科学战线》2000年第2期。
② 顾准：《顾准文集》，贵州人民出版社1994年版，第282页。

18

鱼类，从而维持城邦的生存。欧洲最早的商业惯例与商业制度均源于城邦间的交换，城邦间的竞争、城邦统治者对商业的支持，都是商业得以扩展的重要条件。中世纪时期的独立城市是"第二城邦阶段"，这个时期的重商主义体现得更为明显。黄仁宇在详尽考察了威尼斯之后，认为威尼斯的突出特点是商业资本垄断了政府职能，"提供资本的人操纵了工业的很多部门，而主要提供资本的人则是经商的贵族"。[①] 这个城市发明了很多现代商业设施，如复式簿记（double-entry bookkeeping）、"康门达"（Comment）、造船工厂、高利贷、"合股"、代替民法的商法、以政治权力推动商业扩张等，最终成为上层市场的典范。它构成了一个经济世界，14世纪80年代，这个经济世界的中心是威尼斯，1500年前后，其中心是安特卫普，1500—1560年，中心又转移到热那亚，17世纪，中心则是阿姆斯特丹。因此，布罗代尔强调，资本主义并不是从天而降的，它是上层市场发展的必然产物。黄仁宇认为，如果把资本主义的产生看作一种"技术"现象，那么，其技术性格可归纳为三点：资金广泛的流通，剩余资本通过私人贷款方式彼此往来；经理人才不顾人身关系的雇用，因而企业扩大得以超过所有者本人耳目监视之域；技术上之支持因素通盘使用，如交通通信、律师事务及保险业务等，因而企业活动范围得以超过本身力之能及。而"以上三个条件全靠信用，而信用必赖法治维持，所以资本主义之成立必受政治体系的约束，行之于国界之外则赖治外法权，反而言之，资本家的地位必在政治体系中占特殊比重"。[②]

希克斯认为，西方商业经济的发展也经历了三个阶段：第一个阶段是商业对政权的"逃避"，农奴逃亡和自由城市的出现是其特征；第二个阶段是商业对政权的"渗透"，货币租的出现是采邑解体、商业经济瓦解封建制的标志；第三个阶段则是商业对政权的"结盟"。在第三阶段，诸多相互竞争的小国为筹措军费与财源，纷

---

① 黄仁宇：《资本主义与二十一世纪》，生活·读书·新知三联书店1997年版，第65页。
② 同上书，第32页。

纷与大财团、大商人达成联盟，政府保护其有效产权，以交换财团的税收和贷款。国家代替城市和商人团体，以政治权力提供商业扩张所需要的一系列制度工具，如民商法、衡平法庭、统一度量衡、统一货币、中央银行等，大大降低了交易成本，促成了市场的扩张。曾经盛极一时的法国香槟集市，北海沿岸的汉萨同盟，还有热那亚的金融交易会等，到18世纪时，其职能便完全为遍地开花的商场和证券交易所而代替。从此，国家政权、下层市场和上层市场三者之间走向"合辙"。大商人之所以在这个时期变成了资本家，只不过是因为到17世纪时商业扩张已经达到顶点，时代要求他们必须开辟新的财源。在这种压力下，因为有了商业革命所建立起来的金融市场，有了"专利权"刺激下的科学与技术的结盟，以大规模固定资产投资为特征的工业工场自然就成了"资本家"们新的金钱游戏所追逐的猎物，从而使产业革命的兴起只是水到渠成的事情。[1] 布罗代尔指出："当资本主义与国家趋同，当它即是国家之时，便是它得胜之日。"[2] 这便是西方兴起的全部秘密，也是市场经济兴起的全部秘密。

与西方社会不同的是，中国明清时期虽然出现了"两淮盐商""山西票号"等所谓的"财团"，但政府的财源并不是建立在财团之上，而是建立在财团之外的农业之上，因此，上层市场所必需的制度基础一直得不到发展。同时，私有产权得不到政权的保护，律例的解释和执行带有很大的主观性，虽然官员私下入股经商的现象屡见不鲜，但与民争利者居多，官民互惠者稀少。由于缺乏政权的有力支持，民间信用大多具"人格化"而不是"理性化"的特点，从而使信用的高级化和大规模化始终不能实现。尽管有"汇通天下"的山西票号，但最终也未能产生出一个证券交易所。与中央集权相适应的是"长幼有序，尊卑有别"的秩序哲学，人情世故、礼法规矩是行为的准则，"金钱交易"所需要的"认钱不认人"的

---

① 梁正："大陆文明、市场经济与资本主义"，《社会科学战线》2000年第2期。
② 〔法〕费尔南·布罗代尔：《资本主义的动力》，杨起译，第43页。

技术性格从来就为主流文化、宗族礼法所不齿。在这里，我们看到，政权、下层市场和上层组织三者之间不是形成合辙，而是相互掣肘，最终导致市场只能在平面上扩展，以市场经济为核心的资本主义成长不起来。

三、笔者对欧洲市场经济发展史的总体看法

虽然交换或市场原本是存在于整个人类历史上的一种普遍现象，但是完全由交换或市场主导经济的行为仅仅发生在欧洲。欧洲为什么会出现这样一种经济类型？笔者认为，有地理、政治和文化等诸多方面因素的影响。

就地理因素来说，欧洲土地贫瘠，完全封闭性的生活难以自给，必须通过交换从外部取得补充。作为一个经济体，它必须是开放的。首先，作为文明最初起源地的爱琴海和巴尔干地区土层浅，只能种植葡萄、橄榄和少量的小麦，居民生活必须通过交换来满足，因此，欧洲最初出现的城邦多为沿爱琴海分布的商业城邦。而且，迫于生活的压力，欧洲人原生的氏族制度早在古希腊时期就趋向解体。在文明继续向西部内陆推进以后，欧洲的农业条件还是没有得到根本的改善，因为其陆地的大部分土层都是冰期结束以后形成的，冰川消融后留下的冰碛使土质变得较薄，作物不易生长。同时，受海洋性气候影响，其雨季不是在作物生长的夏季来临，而是在冬季到来，因此，农作物得不到充足的水分，产量必然很低。据《克路美拉农书》记载，罗马时代欧洲农作物的收获量只有播种量的4—5倍，而6世纪时中国粟的收获量却达到播种量的24—200倍，麦类为44—200倍。[①]因此，古罗马时期的欧洲粮食必须通过大规模的贸易才能解决。进入中世纪以后，农作物产量更低。据《亨利农书》记述，

---

① 李根蟠：《中国古代农业》，商务印书馆1998年版，第117页。另见李根蟠、吴舒致："古籍中的稷是粟非穄的确证"，《中国农业科学》2000年第5期。

13世纪，英国麦类收获量只有种子量的3倍。这样的环境条件迫使欧洲人必须进行大面积的耕作，一旦人口增多，就要依赖交换。这是市场因素在欧洲变得格外重要的地理原因。

再看政治因素。氏族制度解体以后，欧洲出现以地域为基础的公社制度，即"马尔克"（Mark）。在这个组织里，人与人之间的关系是"契约"，而不是"血缘"。西罗马帝国灭亡以后，西欧出现地理分割和权力分割，契约关系成为社会关系的主要形态，从而诞生了很多拥有"主体权利"（subject right）的个体和团体，而没有形成一个定格于大一统的国家组织，整个社会始终培养不出来能够操控市场的"看得见的手"。教宗充当不了这个角色，因为教会和教宗本质上是反财富的；一旦世俗化，距离"被抛弃"就不远了。

正是因为契约关系的存在，进入中世纪以后，西欧社会不是安于"统一"，而是安于"分封"。人们把"分"看成"常态"，而把"合"视为"非常态"。从中世纪的查理大帝，到近代的拿破仑，再到现代的欧盟，企图推动欧洲统一的任何尝试，都很难获得成功。领地与领地之间、地方与地方之间、国与国之间虽时有矛盾和冲突发生，但相互之间恪守着契约规则，其"分"不是中国传统意义上的"乱"，也不是中国传闻中的"鸡犬之声相闻，老死不相往来"，而是一种秩序化的"你争我夺、互争雄长"。这是一个"竞争性的"社会。正是这样一种政治建构，造就了市场经济孕育和生长的温床。

最后看文化因素的作用。中世纪开始以后，欧洲人需要面对的是"上帝"，而不是"人"；"对上帝负责"是精神上的，也是归根到底的或永恒的；"对人负责"只是世俗上的，也是暂时的。市场超越了权力，作为一只"看不见的手"终于被培育起来，开始对经济发挥主导作用。

我们看到，中世纪时期，西欧的世俗权力受到教会权力的限制，整个社会已经没有一个统一的世俗权力存在。在这个社会中，最基础的农业经济因得不到保护而变得不稳定，其变化主要是随市场供求状况的变化而出现相应的兴盛或衰退，商业实际上变成主业，成为日常生活中最活跃的因素。在这种形势下，中国传统社会中那种农业支配商业的情形在西欧社会中是不存在的，而是出现商业支配农业的情形。农业不再是自给自足用来谋生的产业，而是变成商业性的用于谋利的"实业"，商业可以无限制地延伸，甚至反过来规范农业。这又是市场经济在欧洲落脚生根并最终不断向前发展的最根本的内在动因。

市场经济的生长发育经历了一个漫长的过程。市场经济的萌芽首先在西欧内部产生，等到其早期规则在西欧内部生成以后，又一步步向西欧以外的地区扩散，乃至扩展全球，最终带来世界经济的市场化。其整个发育生长的全过程可以分为四个阶段，即"萌芽""发育""成年"和"成熟"。这个过程基本上对应着欧洲经济发展的四个时代，即"领地化"时代、"中农化"时代、"重商化"时代和"工业化"时代。

12、13世纪期间，随着大垦荒和十字军东征的进行，欧洲出现商品经济的大爆发，以自足为主的领地经济受到冲击。随着农产品价格上涨的到来，领地经济的商品化趋势形成。它包括中世纪盛期的"货币化""市场化"和"城镇化"。尽管基督教告诫人们"富人进入天堂就像骆驼要穿过针孔一样困难"，但是，当人们变得富有之后，就很容易忘记神是他们财富的源头。[①]因此，中世纪商业对领地的渗透在西欧没有遭遇什么阻力，任何一个领地不会为了保持领地的原貌而拒绝商业侵入。以英格兰为代表，封建领地在商品经济大潮中积极投身于追逐利益的角逐当中，其结果导致早期的经济形态发生变化，领地经济不再是以自给为主，而是以商品货币的交换为主，租贷经营普遍转入直领经营，经济运行在很大程度上受到市场的支配，特别是受农产品价格的支配。由于整个经济运营都受到市场的制约，因此，我们称这个阶段的西欧经济为"前市场经济"，即市场经济的早期形态。

---

①　参见《旧约·申命记》6：10—12。

进入14世纪早期，市场化的领地效益发挥到了极致，英国乃至整个西欧的生产开始下降，"封建主义危机"出现。至1348年黑死病暴发以后，处于危机状态下的西欧领地经济进一步受到重创，西欧人口数量大减，劳动力严重不足，领地经营很难再维持下去，庄园纷纷解体，农奴或者死亡，或者从庄园上离开，领地经济衰落，西欧开始进入"大萧条"状态。但是，"大萧条"并没有动摇西欧潜在的市场经济的本性。一方面，放弃领地的领主开始主动与以前的农奴签订契约，让农奴租种领主的领地，向领主交纳固定地租，农奴由此变成西欧历史上的"公簿农"或"小农"，西欧的"中农化"时代到来（又称"后领地时代"）；[①]另一方面，因人力不足，西欧大部分土地上的农业种植消失，代之以随意放养的畜牧业经济。英格兰因牧草丰盛，开始从尼德兰吸收织布工匠，其织布业即呢绒业开始发展起来，出现所谓"原工业化"。原工业化在一片"萧条"当中又带动了小规模的城镇化，英格兰部分沿海地区的商业经济又兴盛起来，并出现新的交易规则。因此，英格兰市场经济成长的脚步并没有停歇下来。整个欧洲在这个时期也出现了新的市场整合。

中世纪后期，随着领地的不断消失，西欧的政治、宗教形势都发生了重大变化，旧的"小共同体"不断整合为新的"大共同体"，西欧的民族国家开始出现，新君主诞生。过去领地之间的冲突开始上升为民族国家之间的冲突，民族矛盾、宗教矛盾空前上升，战争规模加大，战争耗费加剧。为增加财政收入，由王室推动的重商主义在西欧各国出现。所谓"重商"就是要重视商业，扩大对外贸易，因此，大航海正式启动。大航海的成功改变了欧洲历史。随着新航路的开辟，欧洲再次出现价格的普遍上涨。为了争夺新航路和海外市场带来的利益，西欧特别是大西洋沿岸各国进行长期的商业战争。

---

① 西欧在这个时期出现的"小农"享有很大的人身自由，可以自由迁徙，自由择业，要么经营由租地变成的家庭农场，要么迁徙到更能够赚钱的地区，因此多变成"富农"。他们不像中国农民那样"安土重迁"。

正是在这个过程中，以英国为代表，西欧近代资本主义农业、制造业、商业和金融业发展起来，资产阶级古典政治经济学随之诞生。一个新的时代来临，市场经济进入发育发展的"成年"期，即资本主义时代开始建立。

但是，从世界市场的角度看，近代早期的东西方贸易是世界贸易或全球贸易的主流。这个时期，西欧能够供应世界市场的商品并不多，处于早期资本主义农场和手工工场阶段的英国乃至西欧均不足以平衡世界市场所需要的商品与货币，欧洲只能将从美洲掠夺的大量贵金属销往亚洲，然后从亚洲换取欧洲所缺乏的商品。这种世界性的"大三角"贸易严重违背了欧洲的重商主义宗旨，即通过贸易获得更多的贵金属。为此，生产问题便上升为欧洲贸易的首要问题。欧洲迫切需要改进生产技术，以便生产出更多用于贸易的商品。进入18世纪下半叶，英国已经在战争中成为主导全球贸易的海上强国，从棉花入手的生产问题便正式提上日程，工业革命爆发。这是人类自农业革命以来的又一次生产技术革命，西欧的生产率大幅度提高，世界贸易的天平开始由东方偏向西方。西欧市场经济的发展开始进入"成熟"期。

工业革命之后，包括美利坚合众国在内的西方世界获得了远远超出东方世界的生产能力，世界经济的发展开始出现"西方压倒东方"的态势。西方世界对东方世界的军事扩张进一步加剧，由沿海向内陆腹地不断推进，并开始将欧美以外世界的大部分地区，特别是古老的东方文明区纷纷变成西方国家的殖民地或半殖民地。西方通过工业化生产出来的商品不断向东方推进，西方的经济模式——市场经济也随之一步步向东方世界推广，从而差不多变成了世界经济模式，市场经济的全球化格局最终形成。这就是笔者所看到的欧洲市场经济发育及演进的基本历程。其中，英格兰在这个过程中发挥着最重要的引领示范作用。

无疑，这样的问题是一个备受经济史界关注的体系庞大而复杂异常的问题。要完成这样一个课题，单靠个人之力几乎是不敢想象的。记得彭慕兰（Kenneth Pomeranz）先生说过："要想全面描述过去六百年整个世界贸易的发展，是根本不可能的。"①今天，要笔者去完成这样一个超越彭慕兰先生设想的课题更是不可思议。然千里之行，始于足下，笔者浸淫"英国中世纪市场"二十余载，前有马克垚先生的悉心栽培，后有侯建新先生的精心指教，虽然对市场经济史这样的大问题隐隐有"望尘"之感，但抛砖引玉，诚望可以权充一块供后继者踩踏的"垫脚石"吧！

---

① 〔美〕彭慕兰、史蒂夫·托皮克：《贸易打造的世界》，黄中宪译，陕西师范大学出版社2008年版，第8页。

第一编　欧洲市场经济的萌芽

——12—13世纪的"领地化"时代

欧洲市场经济发轫于中世纪盛期。12—13世纪是西欧领地经济兴盛的时代，也是市场经济萌生的时期。

以契约性封建为基础的西欧领地经济，与中国传统社会的小农经济有着根本性的区别。小农经济的运行受大一统的中央集权的调控，突出表现为自给自足，并厉行重农抑商。在这样的社会里，商业只是农业的延伸，其发展归根到底取决于农业的后劲，因而没有真正意义上的主动权，最终只能服从于农业。而领地经济是在罗马帝国解体以后出现的，西欧已经不存在可以调控和主导经济的中央集权，用于调控的"看得见的手"没有了。当然，西欧的领地分封也不是一种绝对无序化的乱世割据，人们遵守契约原则，因而表现为一种相对有序化的土地分封，领主享有"主体权利"，领地与领地之间实际上存在着一种以"法"（源于契约）为基准的竞争。这种背景下存在的经济不是"抑商"，而是"促商"。

12—13世纪，因农产品价格大幅上涨，领地经营发生了根本变化，开始由租贷为主转向以"直领"为主，农业商品化的趋势出现。决定生产效益的是市场，而不是习俗。市场越活跃，生产越兴盛。因而，从这个时期起，西欧经济开始进入以市场为中心的时代，农业在很大程度上表现为一种"实业"。

第一章　契约原则与西欧社会的领地化

　　西罗马帝国灭亡之后，欧洲分崩离析，偌大的版图变得支离破碎。今天，在面积近似中国的欧洲大地上存在着多达44个主权国家；①若前推至1640年，欧洲更有多达1500个"邦国"。②中世纪时期，中国治下的一个县、一个乡甚至一个村，可能就是欧洲社会中的一个"邦"。中西方之间之所以出现如此大的差异，更多不是因为地理方面的缘故，单就地形地貌而言，欧洲比中国更容易趋向一体。所以更多是社会政治方面的原因。古典时代的欧洲不是产生了面积超过500万平方公里、存在时间长达近五个世纪的大帝国吗？可是，在帝国灭亡之后，统一的局面就丧失了，由西部罗马转化而来的西欧不再是一个统一的国度，而是变成了一个被分封的离散世界。它们相互之间的关系不是以血缘为基础，而是以契约为基础，由此造成西欧中世纪特有的封建主义。这就是西欧社会的领地化。它是西欧市场经济的源头。

---

　　① 今天中国的国土面积约为960万平方千米，欧洲以乌拉尔山为界，其面积约为1060万平方千米。两者面积近似。

　　② 〔美〕约翰·梅里曼（John Merriman）:《欧洲文明》（耶鲁大学公开课）2011年，第3集:"荷兰和英国的例外论"。

一、中世纪的契约原则

日耳曼民族取代拉丁民族占领西罗马帝国以后，欧洲历史出现了倒退，从古典的文明状态退化到中世纪的野蛮状态。旧的规则被打破，新的规则尚未确立，最终契约规则受到重视。所谓契约，就是由当事人双方共同遵守的一种正式约定，具有"法"的效用。依据契约建立起来的关系不是一种统治性关系，而是一种契约性关系。中世纪社会就是在这样一种关系中建立起来的。

欧洲契约原则的源头

欧洲文明源于古希腊的海洋文明，而海洋文明形成的基础是商业城邦，这是欧洲契约原则的源头。希克斯曾经认为，商业城邦"这一事实是欧洲历史与亚洲历史迥异的重要关键"；[①]它是重商主义的初始阶段。[②]城邦的核心是专门从事对外贸易的商人，在收益递减规律的支配下，这些商人会不断地向外寻找新的贸易对象和贸易渠道，由此带动的殖民向地中海沿岸散播，从而建立了许多新的贸易据点，形成新的城邦。在这类殖民城邦中更容易产生以契约为基础的政体。它们相互之间需要进行跨海贸易。汤因比在描述这段历史时曾写道："跨海迁移的苦难所产生的一个后果……是在政治方面……他们在海洋上的'同舟共济'的合作关系，在他们登陆以后好不容易占据了一块地方要对付大陆上的敌人的时候，他们一定还和在船上的时候一样要把那种关系保存下来。这时……同伙的感情会超过血族的感情，而选择一个可靠领袖的办法也会代替习惯传统。"[③]在大海上航行，需要船上的所有人同舟共济、以诚相待，用互

---

① 转引自何帆："市场经济的起源：读希克斯的《经济史理论》"，《国际经济评论》1997年第1期。

② 〔英〕约翰·希克斯：《经济史理论》，厉以平译，第40页。

③ 转引自顾准：《希腊城邦制度——读希腊史笔记》，中国社会科学出版社1982年版，第62页。

相协调的形式确定彼此的权利和义务，通过彼此利益交换达到双赢的结果。最后，在这些或新或旧的城邦之间，就像市场上寡头垄断者组成卡特尔一样，互相签订协约，共同维护地中海世界的贸易秩序。契约关系就此产生。

但中世纪的契约原则更多源于作为西欧统治性族群的日耳曼民族。据记载，进入西罗马帝国之前的日耳曼人不是一个习惯于群居的民族。他们主要生活在边境以外的莱茵河以西和多瑙河以北的蛮荒地带，"喜欢离群索居，不容许住宅彼此毗连，而是零星散落地逐水草或树林而居"。①他们"野蛮而好战"，每每以"自由人"自居，无视土地和财产。朱理亚·恺撒的《高卢战记》有这样的记载：

> 他们完全没有土地所有权，任何人也不能在一个地方停留一年以上从事耕种。他们吃的东西，谷类较少，主要的是自己牲畜的奶和肉。此外，他们的很多时间是在狩猎中度过的。由于特殊的食物和每天的锻炼以及充分自由的缘故，狩猎就不断地发展他们的体力，使他们长得身材高大；因为从童年起就没有使他们养成顺从和守纪律的习惯，所以他们只做自己喜欢的事情。他们终于锻炼了自己，甚至在最寒冷的地方，也只穿着短短的兽皮，让身体的大部分露在外面，而常常在河里游泳。②
>
> 日耳曼人不务农耕；大多数人以奶子、干酪和肉过生活；没有人有土地，更没有属于自己的土地界限；各民族的君主和官吏随意把某一地方的某一块土地划给私人，并强制他在第二年迁移到别的地方去。③

① 侯建新："思想和话语的积淀：近代以前西欧财产观的嬗变"，《世界历史》2016年第1期。
② 〔古罗马〕恺撒：《高卢战记》，转引自〔苏联〕波德纳尔斯基编：《古代的地理学》，梁昭锡译，商务印书馆1997年版，第132页。
③ 〔古罗马〕凯撒：《高卢战争》，转引自〔法〕孟德斯鸠：《论法的精神》（下册），张雁深译，商务印书馆1976年版，第304页。

继恺撒之后，塔西佗对日耳曼人也有一段描述。他说：

> 每一个君主有一群人拱卫、随从。……即所谓的"侍从"。这个名称和他们的地位是有关系的。他们彼此之间存在着一种奇怪的争胜心，要在君主身旁，超类拔萃；君主们彼此之间也存在着同样奇怪的争胜心，要使自己侍从的数目和勇敢超过别人。经常有一群精选的年轻人拱卫着，就是尊严，就是权力；他们是太平时期的装饰，是战争时期的堡垒。如果一个君主的侍从的数目和勇敢超过其他君主，这就将使他在国内和在邻近民族间声名卓著；他将收到礼品；各地将遣使来朝。声名常常决定战争的命运。在战争中，君主的勇敢不如人，是可耻的；侍从如果没有君主的这种品德，也是可耻的；在君主死后而仍然活着的话，是永世的羞耻。最神圣的义务就是保卫君主。如果城市太平无事，君主们就到那些有战事的城市去；他们就这样保持许多朋友。这些朋友从他们（那里）得到战马和可怕的标枪。他们享受到味素并不佳美但却丰盛的餐膳。君主们单凭战争和劫掠来维持他们的广施博给。你劝他向敌人挑战、经受危险，要比劝他们耕种土地、等候岁时的收成容易些。他们对能够用鲜血获得的东西，就不愿用汗珠去换取。[1]

可见，原始的日耳曼人"是只有封臣而没有采地的，什么采地也没有，因为没有土地可给。要是说采地，毋宁说就是些战马、武器和餐膳"。[2]这样的种族进入西欧以后，高压性的"统治"是不可能被接受的，只能羁縻于契约。因此，日耳曼人进入西罗马帝国之后，契约成为被普遍接受的规则。

---

① 〔古罗马〕塔西佗：《日耳曼人的风俗》，转引自〔法〕孟德斯鸠：《论法的精神》（下册），张雁深译，第304—305页。
② 〔法〕孟德斯鸠：《论法的精神》（下册），张雁深译，第305页。

契约原则的社会化

因日耳曼人是统治性民族，契约规则又普遍成为整个西欧社会奉行的规则。关于这一点，我们可以从"国王与贵族""贵族与贵族""贵族与平民"以及"自由民与非自由民"等诸多关系中得到验证。

1. 国王与贵族之间的契约

首先，西欧的国王与贵族之间的关系并不是一种统治与被统治的关系，而是一种近似"伙伴"（companion）的关系。

国王虽然名义上是国家的最高统治者，实际上只是贵族的一员。他之所以成为国王，是因为得到了贵族的集体拥戴。像其他贵族一样，他也有自己的领地，称"王领"。例如，800年，查理大帝颁布的《庄园敕令》不是针对整个帝国颁发的庄园管理条令，只是针对王领颁发的庄园管理条例。[1] 国王征税一般仅限于王领，不波及其他领地。对于其他贵族，国王只能征集"赞助费"（subsidy）。英格兰国王享有统领全国的"统制权"，具有国税性质的"丹麦金"和"卡路卡奇税"（carucage）一度被保留下来，但是到了1224年也基本被废止，14世纪末15世纪初，土地税不再成为常税，因为在15世纪末的文献中，"已极少见到土地税的记录，综合各方面情况考察，很可能已经从税制中消失"。[2] 英格兰议会曾不止一次地要求国王"自己养活自己"。[3] 法国国王查理八世（Charles Ⅷ，1470—1498年）因试图依靠自己的领地生活曾经大受赞扬。[4] 很多中世纪的王室只有"糊口财政"（hand-to-mouth），因为"赞助费"不是随便可以征收的，一旦过头就可能遭到反弹。1215年，英格兰失地王约翰（1199—1216年）因征集不当，便遭到贵族的武装抗争，被迫与贵族签订

---

[1] 朱寰主编：《世界上古中古史参考资料》，高等教育出版社1987年版，第167—169页。

[2] 顾銮斋："中西中古社会赋税结构演变的比较研究"，《世界历史》2003年第4期。

[3] 〔英〕M. M. 波斯坦等主编：《剑桥欧洲经济史》（第三卷），周荣国等译，经济科学出版社2002年版，第269页。

[4] 同上。

《大宪章》。因此，国王与贵族之间的关系是一种契约关系。贝克（Baker）说："如同财产税的征收一样，中央政府从来没有在地方上得到真正可以控制的代理人。"[①]

契约的存在使西欧王权相对弱小，史称"有限王权"。国王甚至没有足够的财力维持一支军队，只能由贵族分别提供不同数量的骑士。当时，一个男爵可能拥有40至50名骑士；[②]而一个伯爵则可能拥有多达千名的骑士。12世纪，罗伯特伯爵拥有1000名骑士[③]，香槟伯爵拥有2000名骑士。[④]国王对贵族的统治力往往很弱。英格兰的王权比较强，可是在1389年时，理查二世（Richard Ⅱ,1367—1400年）因没有征询诺森伯兰伯爵的私人意见，即任命托马斯·莫布雷（Thomas Mowbray）为该郡"东部边区"（the East March）的区长，结果引得伯爵对国王表示"狂怒"。[⑤]可见，国王对贵族没有绝对的统治权。

王权易位在中世纪算不上是一件大事，一般不会引发"天下大乱"。无论是卡佩王朝取代加洛林王朝，还是诺曼底的威廉杀死哈罗德，抑或"七大选侯"推举新的德意志皇帝，民众生活受到的影响都不大。因为贵族与国王的关系相对疏淡，远没有中国的君臣关系那样紧密。贵族晋见国王不需要"三跪九叩"，更不需要"山呼万岁"，只需要"单腿下跪"就可以了。改朝换代也只是换一个家族当政，对于拥有领地的贵族来说，不过是换一个主管罢了。因此，中世纪的贵族具有"强烈的主人翁意识"和"强烈的社会责任感"，"他比较轻视王权"；"在贵族眼里，国王是他们的兄弟而非父亲，国

---

① G. V. Scammell, "Reviews to E. M. Carus-Wilson and Olive Coleman, *England's Export Trade, 1275-1547*", *The Economic History Review*, Vol. 16, 1964, p. 561.

② 訾殿："中世纪历史资料：贵族的起源和中世纪的贵族"，http://www.jjwxc.net/onebook.php?novelid=411720&chapterid=5, 2008-12-25。

③ J. F. Verbruggen, *The Art of Warfare in Western Europe during the Middle Ages*, Amsterdam: Boydell press, 1977, pp. 26-27.

④〔美〕布莱恩·蒂尔尼、西德尼·佩因特：《西欧中世纪史》，袁传伟译，北京大学出版社2011年版，第188页。

⑤ J. F. Verbruggen, *The Art of Warfare in Western Europe during the Middle Ages*, pp. 26-27.

家则是一个贵族联邦"。①贵族反对国王虽然犯了叛逆罪，但一般也不会累及家人，封号和财产仍可以由亲属或下辈继承。②

当然，受"封君－封臣"关系的影响，贵族反叛国王的案例也不多。因为贵族本人就是一方土地的"土皇帝"，领地就是"家国"（family country），如果没有大的仇怨，又何必去招惹国王呢？国王也不会随便欺压贵族，只有贵族在没有子嗣或子嗣年幼的情况下，国王才会对贵族的领地实行"监护"。

贵族与国王之间的实力对比实际上存在着"拉锯"。国王的个人能力强，对贵族的约束力就大。例如，查理大帝拥有超强的个人能力，便可以将封土制推广到法兰克以外的其他地区，并将个人权力作为"公权力"来行使，查理曼帝国因此建立。诺曼底公爵威廉征服英格兰，要求每一个骑士都要向他宣誓效忠，英格兰因此成为一个"统制型"国家。若国王的个人能力弱，对贵族的约束力就小。以波兰为例，贵族的势力坐大以后，国王的权力甚至小到连个人的婚姻也要受贵族的暗箱操纵；在讨论议案时，只要一个贵族提出反对，议案就不能通过。③匈牙利国王的势力也被贵族削弱，国王要开

---

① 汪兰丽："中世纪英国贵族政治文化——从诺曼征服到玫瑰战争"，中国政法大学2007年硕士论文，第1页。

② 阎照祥："英格兰世袭贵族的兴衰"，http://www.chinamedhis.com/article.asp? articleid=489, 2009-8-15。例如1460年12月的最后两天，在西约克郡的韦克菲尔德，忠于英王亨利六世的兰开斯特家族和支持约克公爵的军队在悬殊两倍兵力（18,000 VS 9000）的情况下开战了。在真实历史中，约克公爵的军队并没有创造奇迹，惨败的约克公爵方不仅连约克公爵自己（理查·金雀花）和次子拉特兰伯爵的人头被兰开斯特家族挂在了约克城城墙上，甚至连其重要的盟友沃里克伯爵的父亲和弟弟也战死了，可谓损失惨重，这就是韦克菲尔德战役。该战之后，老公爵理查·金雀花年仅十几岁的儿子爱德华·金雀花扛起了约克王朝的事业，成为新一任的约克公爵。历史上，爱德华对阵兰开斯特家族接连获胜，是一名非常优秀的军事家。1461年，年仅十八岁的爱德华打赢陶顿战役后，于西敏寺加冕，史称爱德华四世，并开创了短暂的约克王朝。

③ 从某种角度看，西欧的教宗与国王之间也存在着契约关系。例如，作为封君的教宗可以向作为封臣的国王征收"什一税"，国王若违背教宗的意旨，最高处罚是受到教宗的"绝罚"，即解除教籍，相当于现代社会没收了一个人的"身份证"，这个人就不具有合法的社会身份了。但身处罗马的教宗却没有任何世俗的力量如军队给予保护，人身随时可能受到攻击，必须由强大的国王（如查理大帝、奥托一世等）提供支持和保护。

矿，必须先买下矿藏所在的那块地。①

2.贵族与贵族之间的契约

既然国王与贵族之间的关系是契约关系，那么，贵族与贵族之间的关系更是建立在契约的基础上。没有契约，就谈不上服从。世界史教科书曾经把中世纪社会描绘成"金字塔式"的等级关系，最高是国王，其次是公、侯、伯爵等大贵族，再次是子、男爵等一般贵族，更次是骑士等小贵族，然后是平民和市民，最后是农奴。实际上这种简单的分层很容易引起误判。只要我们认识到契约的存在，就会看到大、小贵族之间形成主仆关系是需要契约的，没有契约，便没有任何关系。西欧大陆流行一句格言："我的封臣的封臣不是我的封臣"，就是对契约最好的诠释。

贵族把领地视为"家产"或"家国"。②克里斯·吉文-威尔逊说："每一个大领主都有自己的家国"。③贵族与贵族之间相互保持独立性，一旦出现纷争，可以通过法律、决斗或战斗等方式来解决，总之，要求的核心规则是平等。在英格兰，享有统制权的国王是纷争的最高裁决者，领地与领地之间如发生冲突，可以向"王室法庭"提起诉讼。比如，在市场或城镇设立问题上，或者在道路或桥梁的修筑问题上发生争执，都可以上诉到王室法庭。正因为如此，我们看到，中世纪时期，英格兰和西欧各地所留下的诉讼案卷非常之多。

即便进入中世纪晚期，大领地已基本消失，民族国家开始形成，英格兰贵族对契约所赋予的家国仍念念不忘：

他指望他和他的家族在当地拥有令人自豪的社会地位；指望当地居民继续向他交纳费用，为他享有的生活提供保障；指望当地能够就重大事务（包括涉及其所在郡的事务）向他咨询，

① 〔德〕马克斯·韦伯：《世界经济史纲》，胡长明译，第130页。
② Chris Given-Wilson, *The English Nobility in the Later Middle Ages*, London and New York: Routledge, 1996, p. 165.
③ Ibid., p. 160.

因为他的"家国"是整个国家的一部分。尤为特殊的是，他还指望当地能够在他参加作战时，继续为他提供人力作为随从，他之所以保留在当地的权力很可能是为了这一目的；他指望在他与邻人发生纠葛或卷入某种危机时，能够在家乡得到政治上或军事上的支持；他还指望在他需要用钱时，能够很快在当地筹集到款子，或者能够像"黑王子"在柴郡那样用征税的办法资助战争，要么能够向当地的城镇、教会机构和土地持有人贷款；当然，他也指望国王或者等级比他更高的领主承认他在当地的地位，而不做那种蓄意地或暗地里损害他在当地享有权威的事。①

圈地运动兴起后，贵族因对公簿农保有的土地拥有所有权，仍可以大量圈围土地。

3. 贵族与平民之间的契约

平民是指那些没有上升为贵族的自由民，包括乡村自由农民和城镇新兴市民。贵族与平民之间的关系实际上也是契约关系。

中世纪西欧有大量的自由农民存在。马克斯·韦伯曾发现："在挪威、北海的沼泽地——弗里西尼和迪特马什、阿尔卑斯山脉的某些地区、蒂罗尔和瑞士的散布地区，以及英格兰的部分地区，封建制度始终没有发展起来，几乎没有出现过拥有大量土地的领主，只有自主土地的保有者。他们是自由的农民。"②理查德·克伯纳（Richard Koebner）对英格兰的调查也看到：在英格兰的约克郡、林肯郡和"五城区"（the Five Boroughs）等这些由斯堪的纳维亚人占主导的"丹麦区"，"古老的条顿法在这里得到了最好的保存"，11世纪，这里产生了一个独立的农民阶层，其佃户使用土地的期限很自由。③在自由农民所组成的村子里，通常住着一位"村邑领主"，他

---

① Chris Given-Wilson, *The English Nobility in the Later Middle Ages*, pp. 160-161.
② 〔德〕马克斯·韦伯：《世界经济史纲》，胡长明译，第54—55页。
③ 〔英〕M. M. 波斯坦等主编：《剑桥欧洲经济史》（第一卷），王春法等译，第50页。

是早期开拓者的后裔，在恢复对拓荒地的耕作之后，又逐渐吸引其他的开拓者进村，给后来者一些耕地或荒地，让他们在上面耕种。在这样的村子里，是没有庄园存在的。[①]在英格兰于1086年颁布的《末日审判书》里，自由人（libcri homines）和"索克曼"（sokemen）共计3.7万人，占全部统计人口的14%。[②]"普通法"形成后，自由民的比例在提高。1279年的《百户区卷档》显示，在亨廷登、剑桥、贝德福德、白金汉和牛津等五郡，在所有"可探明身份的农户"当中，自由农户占全部农户的42%，[③]东部地区的自由佃户更是高达70%。[④]因此，中世纪的自由农民占据相当大的比例，劳动者并不全部都是农奴。

市民是城镇化的产物，又称"布尔乔亚"（bourgeoisie），属新兴阶层。他们是怎样形成的呢？我们看一个例子。"埃文河上的斯特拉福"（Stratford-upon-Avon）是英格兰的一座小镇，位于伍斯特郡，1182年建成。当时，领有该地的主教约翰·德·科坦斯（John de Coutances）从王室申领了一张特许状，在该地设立市场。1196年，他又给该市场授予"市民特权"（burghal privileges），1252年，这里便发展成为一个拥有约300名"市民佃户"（burgage tenants）的核心小镇。[⑤]"城市的空气使人自由"[⑥]，农奴进入城市一旦满"一年零一天"，便成为市民，就变成了自由人。

自由农民与贵族可能没有交集。在挪威、北海沼泽地和阿尔卑斯山一带，"几乎没有出现过拥有大量土地的领主"。英格兰的自由农民需要向国王纳税。另外，他们在占地不足的情况下，可能会向

① 〔英〕M. M. 波斯坦等主编：《剑桥欧洲经济史》（第一卷），王春法等译，第70页。

② R. Lennard, *Rural England, 1086-1135: A Study of Social and Agrarian Conditions* , Oxford: Clarendon Press, 1959, p. 349.

③ E. A. Kosminsky, *Studies in the Agrarian History of England in the Thirteenth Century*, Oxford: Basil Blackwell, 1956, p. 205.

④ Ibid., pp. 205-206, 228.

⑤ E. M. Carus-Wilson, "The First Half-Century of the Borough of Stratford-upon-Avon", *The Economic History Review*, Vol. 18, 1965, pp. 49-50.

⑥ 〔比〕亨利·皮朗：《中世纪欧洲经济社会史》，乐文译，第49页。

贵族领主租种土地，须负担地租，不需要负担劳役；如果向富裕的"维兰"租种惯例土地，则需要负担维兰承担的惯例劳役。由此可见，自由农民一旦与贵族发生交集，相应的利益关系便出现了。

市民是被解放的农奴。在脱离庄园以后，按照"习惯法"规定，只要在城市住满"一年零一天"，领主就无权将其追回。因此，亨利·皮朗说，市民"是一个与城墙以外所有人完全不同的人"，"一离开了城门和壕沟，就是另一种法律的领域"。① 城市和市民群体同样享有"主体权利"，可以通过赎买或交纳租金的方式，向当地领主要求自治权。例如，13世纪时，小城海威科姆（High Wycombe）为获得自治权，每年须向领主阿兰·巴萨特（Alan Bassett）交纳30英镑的租金。② 因此，贵族与市民的关系也是一种契约关系。

4. 自由民与非自由民之间的"准契约"

国王、贵族和平民构成了自由民群体，他们之间的相互关系被证明是契约关系。那么，自由民与非自由民之间又是一种什么关系呢？表面上看是一种奴役与被奴役的关系，但是仔细分析，这种奴役还是来源于契约，因此，我们不妨称之为准契约（Quasi-contract）关系。

从法律上看，非自由人没有社会地位，谈不上任何"权利或义务"。12世纪的《正义之鉴》规定："主人可随意捆绑、囚禁、拷打、严惩他们，只要不危及其生命和肢体。只要主人供给他们生活之需，他们就不能从主人处逃跑；未经主人同意，任何人不得接受他们。未经主人同意，他们不能反对任何人，除了罪犯。如果这样的农奴从他们主人处拥有土地，必须明白，他们是按主人的意志、通过服不确定的劳役而拥有的。"③

但是，这种纸面上的条文与现实生活有很大的出入。首先，农

---

① 〔比〕亨利·皮朗：《中世纪欧洲经济社会史》，乐文译，第53页。

② R. H. Hilton, *English and French Towns in Feudal Society: A Comparative Study*, Cambridge, New York and Oakleigh: Cambridge University Press, 1992, p. 40.

③ J. Hatcher, "English Serfdom and Villeinage: Towards a Reassessment", *Past and Present*, Vol. 90, 1981, p. 8.

奴身份并不是固定的，例如，一个农奴如果进入某个城市，只要住满"一年零一天"，就变成了一个自由人。

此外，在农奴问题上，英格兰与西欧大陆有所不同。西欧大陆的早期农户有两类，一类是在领主庄园上服役的佃户；另一类是在村庄居住的自由民。自由民的处境比佃户好很多。但随着时间的推移，两者的处境逐渐靠近，均沦为依附民。因为随着人口的增加，自由民不再有更多的土地可供开垦，继承的土地越来越小，只能去租种领主的份地，于是很多农民变成了农奴。[①]但英格兰的情况有所不同。其一，征服的时间比较晚，直到11世纪中后期才发生，西欧大陆的封建主义发展得已经很成熟。其二，征服者与英格兰的盎格鲁－撒克逊人及丹麦人同宗同源。其三，征服者人数只有5000人，要统治一个120万人的地区，力量不足。因此，诺曼人对英格兰人的统治比较缓和，被征服者不是被称作"农奴"（serf），而是被称作"村民"（villager）；其原有的村社组织和村社习俗，如"共同体""敞田制""共耕制"等均被保留下来；领主一般不会随意践踏农田及庄稼；在庄园法庭里，维兰可以充当"陪审员"。[②]13世纪法学家布劳克顿表示，维兰只是相对于他的领主而言是不自由的，但他可以起诉他的领主之外的任何人。[③]因此，道格拉斯·诺思认为，"有诱因激励领主去遵守包括庄园惯例里的契约规定，并以'谨慎'的态度解释这些规定。如果领主不这样做，他的农奴就会以逃离他的方式撕毁契约。"[④]

14世纪中叶，庄园制解体以后，英国的农奴制即告结束，领主开始与公簿农正式签订契约。

---

① 〔英〕M. M. 波斯坦等主编：《剑桥欧洲经济史》（第一卷），王春法等译，第34—35页。

② 顾銮斋："西欧封建社会农奴的法律地位与实际状况"，《齐鲁学刊》1991年第4期。

③ Paul R. Hyams, *Kings, Lords and Peasants in Medieval England*, Oxford: Clarendon Press, 1980, p. 95.

④ 〔美〕道格拉斯·C. 诺思：《经济史中的结构与变迁》，陈郁、罗华平等译，上海三联书店、上海人民出版社1994年版，第147页。

契约原则的基本特性

总结中世纪的契约原则，不难发现，它具备以下三个方面的特性：

其一，广泛的"联系性"。无论是在"我的封臣的封臣不是我的封臣"的法兰西，还是在"所有的封臣均是我的封臣"的英格兰，人与人之间的关系都是契约关系。契约成为联系整个社会的核心。国王与贵族之间有契约、贵族与贵族之间有契约、贵族与平民之间有契约、自由民与非自由民之间还是有契约。

其二，普遍的"流动性"。契约关系虽然强调"忠诚"，但不是"愚忠"，这种关系并不是牢不可破的或一成不变的。契约双方中的一方一旦感到有换位的必要，就会寻找另一个封君或封臣。布洛赫说："附庸的臣服是一种名副其实的契约，而且是双向契约。如果领主不履行诺言，他便丧失其享有的权利。"[1]

其三，无限的"交错性"。形成封君-封臣关系的契约双方，并不是单线的，任何一方都可以不受限制地发展第三方、第四方乃至更多次序的一方。从理论上讲，这种封君-封臣关系的延长线可以无限交错或延续下去。例如，英国爱德华一世时期，"罗杰持有罗伯特在亨廷登郡的土地，罗伯特持有理查德的土地，理查德持有阿兰的土地，阿兰持有威廉的土地，威廉持有吉尔伯特的土地，吉尔伯特持有戴沃吉尔的土地，戴沃吉尔持有苏格兰国王的土地，苏格兰国王持有英格兰国王的土地。"[2]

因此，契约关系的存在打破了西欧的社会分层，除了在一个封建单位内部可以看到严格的等级分层之外，整个社会是不存在明显的"官方"与"民间"之分的。贵族可以与国王签订《大宪章》，伍斯特主教罗杰（Bishop Roger，1164—1179年在位）也可以与承租人杰罗德（Girold）签订《伍斯特郡红皮书》（*The Red Book of*

---

[1]　Marc Bloch, *Feudal Society: Social Classes and Political Organization*, London: Routledge, 2005, Vol. 2, p. 172.

[2]　F. Pollock and F. W. Maitland, *The History of English Law before the Time of Edward Ⅰ*, Cambridge: Cambridge University Press, 1978, Vol. Ⅱ, p. 233.

Worcester)。[①]西欧社会的身份意识被淡化。

正是契约的存在，造就了中世纪西欧社会的领地化。

二、西欧土地的领地化

因契约的存在，西欧再也没有出现过统一。取而代之的是土地的地方领主所有制，即封建主义。所谓"封建"，就是"封邦建国"或"封土建领"的意思。无论邦、国、城或领地，实际上都是大小不同的封土。中世纪时期，一个以领地为基层的社会在西欧出现。这个社会的主体是领有封地的贵族，即领主。领主与农奴之间的矛盾是这个社会的主要矛盾。

封建主义的形成

西欧封建主义的形成经历了"赐地""采邑"和"封土"三个阶段，由此形成封建主义的社会形态。它与世界其他地区的封建形态比较，存在着很大不同。

1. 赐地

"大迁徙"发生后，日耳曼族群"沿河流向前推进"[②]，很多战士因劳苦功高，获得首领的赏赐，被授予土地，这是征服者得到的第一块私人土地，称"赐地"或"恩地"（Precorium）。

但是，刚刚进入西罗马帝国的日耳曼人还处在原始社会末期的农村公社阶段，即马尔克阶段。它要求公社对土地平均分配，然后以家庭为单位组织生产。但分化已经开始，日耳曼人当中出现《撒利克法典》《勃艮第法典》《埃克伯特法典》《伊尼法典》等早期法典，"自由民""自由民的土地""自由民的权利"等概念已经被写

---

① 〔英〕W. G. 霍斯金斯：《英格兰景观的形成》，梅雪芹、刘梦霏译，商务印书馆2018年版，第88—89页。

② "对法国西南部的研究表明，日耳曼人村落沿河流地带分布，其地名词尾带'-ingas'，其村庄位置几个世纪以来变动很慢。"见 N. J. G. Pounds, *An Historical Geography of Europe, 450 B.C.–A.D. 1330*, Cambridge: Cambridge University Press, 1973, p. 199。

入法典，每一个成年日耳曼人既是农民，又是民兵，他们须随时听候国王或首领召唤，时刻准备出征和战斗。在战斗中，日耳曼战士挥舞盾牌和战斧，"就像耍游戏一样，可以扔出战斧，远远地飞砍敌人，常常百发百中"①。那些在战斗中立有战功的士兵或近臣往往能够得到国王的赐地。例如，7世纪，墨洛温王朝的国王经常以赐地的方式奖赏伯爵和公爵。②虔诚者路易曾经将意大利赐封给侄子伯纳德。③英格兰的古德汶一开始投奔挪威国王，后投奔克努特，被授予伯爵的封号，并被赐予最富庶的威塞克斯郡。④一些教会人士也得到大量的赐地。不过，这些赐地的所有权是不可靠的，主君一旦不高兴，就可能被收回。例如，817年，赐予伯纳德的意大利一转手又被路易转赐给长子罗退尔。⑤古德汶也在克努特死后，于1050年遭到流放。⑥此外，在大约10世纪以前，西欧的"长子继承制"还没有形成，土地常常被分割。例如，511年，克洛维死后，法兰克王国即被瓜分，至6世纪下半叶，出现了奥斯特拉西亚、纽斯特里亚及勃艮第三部分，阿基坦公爵领则由三国共管。⑦768年，矮子丕平死后，加洛林帝国由查理与弟弟卡洛曼共治；843年，虔诚者路易死后，查理曼帝国则被罗退尔、日耳曼路易和秃头查理等三人瓜分。因此，早期的封地并没有稳定的土地权。

---

① 《图说天下·世界历史系列》编委会编：《血与火的统一——德国》，吉林出版集团有限责任公司2008年版，第10页。

② 〔美〕爱德华·麦克诺尔·伯恩斯、菲利普·李·拉尔夫：《世界文明史》，罗经国等译，商务印书馆1987年版，第8页。

③ 《图说天下·世界历史系列》编委会编：《革命的浪潮——法国》，吉林出版集团有限责任公司2008年版，第24页。

④ 古德汶地产的总价值在当时高达4000英镑，与王室岁入相比，仅少12%。参见〔美〕迈克尔·V. C. 亚历山大：《英国早期历史中的三次危机——诺曼征服、约翰治下及玫瑰战争时期的人物与政治》，林达丰译，北京大学出版社2008年版，第3—4页。

⑤ 《图说天下·世界历史系列》编委会编：《革命的浪潮——法国》，第24页。

⑥ 〔美〕迈克尔·V. C. 亚历山大：《英国早期历史中的三次危机——诺曼征服、约翰治下及玫瑰战争时期的人物与政治》，林达丰译，第5页。

⑦ 《图说天下·世界历史系列》编委会编：《革命的浪潮——法国》，第18页。

　　日耳曼人在高卢学会了"奴役"，①这是日耳曼人的又一个变化。高卢人保留了罗马时代的"奴役制度"和"田庄制度"，成为中世纪庄园制度和农奴制度的序曲。孟德斯鸠在《论法的精神》一书中曾指出："我们能够在《撒利克法》和《勃艮第法》中，看到那么多和人类的一般性奴役相矛盾的条款。"②道格拉斯·诺思亦承认：西欧的兴起"基本上是以承袭希腊-罗马文化为条件的"，希腊-罗马文化"被保留、继承、改造"，最终塑造了"在6世纪到10世纪间出现的许多制度安排。"③受罗马人影响，从大约8世纪起，部分日耳曼人开始将土地寄托给有势力的家族，名之曰"委身"，自由民即变成依附民。布洛赫说："在墨洛温的高卢就像在罗马一样，人们继续谈着他要对之负责的、他因此变成下属的赞助人的那个主人。所谓下属，就是他要把他自己托付给他，也就是说，委托给他的保护人。这样被接受的义务就一般性地称作'服役'（servitium）。就在此前不久，这个词还吓坏了自由人，因为在古典拉丁文里，它只在奴隶制的意义上才使用。"④孟德斯鸠也谈道："法兰克人之间还有一种特殊的事情，就是这个君主国的许多分领区不断产生兄弟或侄甥间的内战；在这些战争里，这条国际法规是经常被适用的；因此，奴役在法国就变得比其他国家更为普遍了。"⑤

　　因此，在赐地出现之际，奴役制度也随之出现。

---

　　① 根据马克·布洛赫对9世纪初法兰克的土地调查发现：在圣杰曼-德斯-普雷斯（St Germain-des-Pres）地产上，1430块份地当中，仅191块地是奴役性份地；在奥格斯堡（Augsburg）主教地产上，1004块份地当中，仅421块地是奴役性份地〔法〕马克·布洛赫：《依附耕种的兴起与庄园制度》，转引自〔英〕M. M. 波斯坦等主编：《剑桥欧洲经济史》（第一卷），第212页）。因此，被征服地区的原居民并不是被奴役的人，而是二等自由民，拥有法兰克人一半的损害赔偿金。（转引自同上书，第34页）。

　　② 〔法〕孟德斯鸠：《论法的精神》（上册），张雁深译，第400页。

　　③ 〔美〕道格拉斯·C. 诺思：《经济史中的结构与变迁》，转见北大历史学系世界古代史教研室编：《封建社会比较研究参考资料选辑》，第221页。

　　④ Marc Bloch, *Feudal Society: Social Classes and Political Organization*, XI, Vassal Homage, 转引自北大历史学系世界古代史教研室编：《封建社会比较研究参考资料选辑》，第85—86页。

　　⑤ 同上书，第400—401页。

2.采邑

采邑（Beneficium）制度是赐地制度的发展，它的出现是与骑士制度联系在一起的。

骑士是民兵的蜕变。哈罗德·J.伯尔曼（Harold J. Berman）说："8世纪在西班牙和法兰西南部进行的各次战争中阿拉伯敌人所作出的榜样就是一个因素。从东部的欧亚部落进口马镫和马蹄铁看来也起到了某种重要作用……渐渐地，在8、9和10世纪，一个被称之为骑士的武士阶级出现于法兰克帝国"，他们的"唯一职业就是在战斗中为他们的领主服务"。[①]骑士出现以后，民兵的地位降低。"农民的军事价值日益减小……终于有那么一天，数量巨大的多数人越来越觉得自己是农民而不是士兵。"[②]

促成骑士制度诞生的主要事件是普瓦提埃战役。8世纪初，高卢境内出现了三个日耳曼王国，即北部的法兰克，东部的勃艮第和南部的西哥特。西哥特王国兼领伊比利亚半岛，隔直布罗陀海峡与阿拉伯帝国相望。709年，新继任的西哥特国王内遭权臣掣肘，外遭法兰克王国压境，只好向北非的摩尔人求援，不料引狼入室。710年，摩尔骑兵长驱直入，一路北上，荡平了西哥特王国，法兰克王国变成了与穆斯林交接的战争前沿。720年，倭马亚王朝的北非总督阿卜杜勒·拉赫曼越过比利牛斯山，占据了菩提美尼亚和纳尔榜，732年，兵锋直指卢瓦尔河畔的普瓦提埃。在面临生死存亡之际，有"铁锤"之称的法兰克宫相查理·马特（Charles Martel, 715—741年在位）迅速组织民兵进行抵抗。这年十月，经历七天对峙之后，一场恶战在草原上爆发。法兰克士兵"披着狼皮，乱蓬蓬的头发垂在肩上，肩并肩构成严密方阵，用大刀一次次把阿拉伯骑兵冲锋者砍倒"，战斗持续了一整天，夜幕降临时才停歇，次日拂晓，摩尔人阵地一片寂静，法兰克人派兵侦察才发现，摩尔人趁着夜色已

[①] 〔美〕哈罗德·J.伯尔曼：《法律与革命——西方法律传统的形成》，贺卫方等译，中国大百科全书出版社1993年版，第368—369页。

[②] 同上书，第368页。

经悄悄撤走了。①法兰克人因此大获全胜。原来拉赫曼已经战死在沙场。这次战役对查理·马特和法兰克人的触动很大，他们意识到，法兰克人尽管获得了胜利，但阿拉伯骑兵的威力是不可思议的。要想与阿拉伯人对抗，必须学习骑兵战术。于是，欧洲的骑士时代到来了。

　　骑士与民兵的不同主要在装备。战马是一笔很大的花费。据研究，755年，法国米兰购买一个男孩的价格是12索里达，而购买一匹马的价格则需要15索里达。②《利普里安法》（the Ripuarian Law）规定：一匹马的价值是一头母牛的六倍。761年，阿勒曼尼亚（Alemannia）有一个小土地所有者，他用祖传的土地换了一匹马和一支剑，自己却变成了奴隶。③对骑士来说，一匹战马又是不够的，在战斗过程中需要更换。12世纪的罗伯特伯爵拥有1000名骑士，每人平均拥有3匹战马。④这些战马需要侍从养护。此外，骑士要装备头盔、胸甲、防卫肩和肘部的铁板、剑、长矛、帐篷、各种餐具如水壶、深底锅、盘子，以及负载这些物品的动物等。1181年，英王亨利二世在颁布军队条例时，第一条即规定：凡占有一处骑士采邑者，应置备一副链甲、一顶头盔、一面盾牌和一支长矛；每个骑士置备多少链甲、头盔、盾牌和长矛，应以自己所在领地内占有骑士采邑的多少为基准。⑤因此，骑士登场以后，早期的马尔克制度被打破了，因为公社对土地的分配远远不能满足骑士对装备的需要。于是，专门供应骑士的土地——采邑出现。⑥查理·马特初封骑士时，王室掌握的土地不多，开始动用教会的地产授

---

　　①　胡孝文、徐波主编：《永远的"西域"——古代中国与世界的互动》，时代出版传媒股份有限公司2011年版，第17—18页。

　　②　乔治·杜比（Georges Duby）：《欧洲经济的早期发展》，第32页，转引自马克垚：《西欧封建经济形态研究》，人民出版社2001年版，第40页。

　　③　Marc Bloch, *Feudal Society: Social Classes and Political Organization*, XI, Vassal Homage, 转引自北大历史学系世界古代史教研室编：《封建社会比较研究参考资料选辑》，第88页。

　　④　同上。

　　⑤　郭守田主编：《世界通史资料选辑》（中古部分），商务印书馆1974年版，第178页。

　　⑥　Susan Reynolds, *Fiefs and Vassals: the Medieval Evidence Reinterpreted*, Oxford, New York: Clarendon Press, 1996, 转引自黄春高："封土与封臣"，http://www.lib.pku.cn/chtml/hsf/99spl/hcg.htm, 2000-10-29。

封骑士，①出现"教产还俗"运动。②最初的地产有多大规模呢？据哈罗德计算："在11世纪一个骑士家庭拥有大约相当于15到30户农民家庭的财产。"③当然，这个地产是与服役联系在一起的，一旦服役期满或服役者死亡，地产就会被收回。

采邑制度是西欧封建主义的雏形。其出现加强了西欧的人身依附，加洛林家族的势力得到强化，751年，矮子丕平废除了墨洛温王朝的末代国王，在教宗默许下，开创了加洛林王朝。这个王朝盛行骑士之风。年轻骑士要兼具"勇敢、忠诚和冒险"的品格，崇尚骑士式的爱情，产生了属于这个时代的"骑士精神"，骑士文学也开始在西欧各地陆续问世，如法兰克的《罗兰之歌》，英格兰的《亚瑟王传奇》，德意志的《尼伯龙根之歌》，西班牙的《希德之歌》等。

3.封土

采邑继续向封土过渡以后，西欧的封建主义便正式形成。

768—814年，查理曼将法兰克王国发展为加洛林帝国。其版图西起大西洋，东至多瑙河，南到地中海，北抵波罗的海，几乎重新恢复了当年的西罗马帝国版图。为了统治这样一个广大的区域，查理曼将帝国划分为98个郡，委任伯爵进行治理。从表面上看，他在帝国范围内似乎开始实行"公权制度"④，将伯爵的权力作为一种公共权力来实施⑤，实际上为确保其属下的忠诚，查理曼不得不将土地和官职作为采邑授封给有功人士，使之成为封臣，这些封臣再向查理曼宣誓"效忠"（homage）。据记载，"从8世纪下半

---

① 马克垚：《西欧封建经济形态研究》，第62页。

② 〔德〕马克斯·韦伯：《世界经济史纲》，胡长明译，第51页。

③ 〔美〕哈罗德·J.伯尔曼：《法律与革命——西方法律传统的形成》，贺卫方等译，第369页。

④ 杜比在有关马孔地区的名著中提出加洛林王朝瓦解之后，其公共司法行政机制并未立即消失。参见李云飞："欧美学界对法国封建主义形成的讨论"，《中国社会科学报》2013年3月20日。

⑤ 多米尼克·巴特勒米（Dominique Barthélemy）在研究了11—14世纪法国旺多姆地区的历史后指出，加洛林公共权力机构的名称延续到了1000年左右，但其运作早已不再是"公共的"了。参见上引李云飞文章。

叶开始，文件开始提到'把手放在一起'（the joined hands）的仪式。"①这个时期，采邑制已经从骑士扩大到整个教俗阶层，"封君-封臣"（vassalage）关系确立，采邑由早期的服役期领有变成终身领有。

843年，加洛林帝国消失以后，采邑制开始扩展到所有自由人当中。847年，西法兰克国王秃头查理颁布《墨尔森法令》（Meerssen Act），规定"任何自由人都必须选择一主人，或是国王，或是国王的臣属"。877年，他又推出《克尔西敕令》（Keerxi Edict），承认采邑和特权可以世袭享用，正式将采邑改称封土；同时规定，不仅封土可以世袭，封土之外的"一切职务或地位"也可以世袭，甚至"桥头征税权、铸造钱币权、开辟市场权等"均可以世袭。②从此，王国范围内的一切土地和公权都是可以封授和世袭的，由此打破了查理·马特时期封邑不能传承的初衷。贵族开始变得胆大妄为，不断将土地据为己有，变成私产。

9、10世纪之交，诺曼人、萨拉丁人和马扎尔人对西欧发起第二次蛮族入侵，又进一步加速了采邑升格为封土的进程。这些蛮族集团溯河而上，不断袭扰内地，法兰克人只能筑堡自卫，造成加洛林王朝的权威一步步丧失，而地方领主则设法维护并加强自身的防护。885年，诺曼人将西法兰克国王胖子查理围困在巴黎城，查理惊吓过度，一些贵族只好推举巴黎伯爵埃德为新国王，西法兰克进入"双王统治"时期，这个局面持续了百年之久。987年，埃德的后裔休·卡佩结束了加洛林王朝的统治，开创了卡佩王朝。但新王朝鉴于形势，只能向贵族集团表示妥协，地方领主封号

① Marc Bloch, *Feudal Society: Social Classes and Political Organization*, XI, Vassal Homage, 转引自北大历史学系世界古代史教研室编：《封建社会比较研究参考资料选辑》，第87页。

② 〔美〕爱德华·麦克诺尔·伯恩斯、菲利普·李·拉尔夫：《世界文明史》，罗经国等译，第10页。

前面的"奉诏"二字被去掉，变成了领地的真正持有人。①特别是在"1050年至1150年"之间，"封臣对封君各种形式的人身依附转变为征税，这实质上是给封臣留下了更多的人身自由和经济自由；"这种朝着增大封臣人身自由和经济自主性方向的发展，尤其表现在"使封君－封臣关系中的互惠性因素的合法性上"。②封君－封臣关系的仪式更加经常化和正规化。授封时，封君将象征封土的土块递交给封臣，封臣单腿下跪接过封君递过的土块，然后宣誓效忠；仪式结束时，双方在一份拟定好的契约上签字画押，至此，一桩"主仆关系"或"封君－封臣关系"的立案就完成了。这里的"封土"（fief）指被授封的土地，可以世袭继承。这个词是"封建"（feudal）一词的词根，从此，"封建主义"（feudalism）在西欧正式形成。

4.封建主义形态

但是，封建主义一词并不是在中世纪出现的，而是在意大利文艺复兴之后，特别是在16、17世纪才开始见诸文献的。中世纪只有"封土""封君""封臣"等这些词，多为法律用语。"从16世纪的法国法律学者的研究，到17世纪英格兰学者的研究，再到19世纪德国历史学派的研究"，封建主义所建立的诸多概念和范畴才为学术界甚至普通大众所熟悉和接受。③

今天，一些学者不愿意承认中世纪存在普遍的封建性。如19世纪的法学家曾认为：封建主义作为一种社会形态，仅仅存在于9—12世纪的罗亚尔河至莱茵河之间的狭小地区。④著名的欧洲地理史专家庞兹（N. J. G. Pounds）也表示："这种以封臣制和农奴劳役制相

---

① 〔法〕菲利普·阿利埃斯、乔治·杜比主编：《私人生活史——中世纪》，洪庆明等译，北方文艺出版社2007年版，第356页。

② 〔美〕哈罗德·J.伯尔曼：《法律与革命——西方法律传统的形成》，贺卫方等译，第299—300页。

③ 黄春高："封土与封臣"，http://www.lib.pku.edu.cn/chtml/hsf/99spl/hcg.htm，2000-10-29。

④ 马克垚："说封建社会形态"，《历史研究》2000年第2期。

结合为特征的封建主义，其覆盖面到底有多大？尚待考证。"①1996
年，美国学者苏珊·雷诺兹（Susan Reynolds）的《封土与封
臣：中世纪史实再诠释》(*Fiefs and Vassals:the Medieval Evidence
Reintepreted*) 一书出版，其中对古雅司、霍尔特曼、斯佩尔曼、布
洛赫、冈绍夫、福尔昆和赫尔里希等诸多西方大家所建构的古典封
建主义学说提出了全面挑战。她认为在12世纪之前的西欧，贵族和
自由人拥有的地产大都是"自由持有地产"（freehold property），而
不是所谓的"封建地产"（feudal property），因而西欧封建主义是否
普遍存在，值得怀疑。

然而，我们看到，无论如何，我们不能把中世纪社会称之为
"自由民"社会吧？自查理·马特以降，封建在西欧已经成为一种趋
势，自由民也处在被封建化之中，封建主义已经是不以人的意志为
转移的历史取向。虽然封建主义作为一种概念在中世纪没有被提出
来，但是，作为封建主义实际内容的封土、封君、封臣等有效行为
已经被普遍采用，难道我们因此就要否认封建主义的存在吗？诚所
谓"不识庐山真面目，只缘身在此山中"，中世纪没有封建主义这个
概念，只能说当时的人们还置身"山"中，看不清全貌。至于说中
世纪的"自由持有地产"占优势，"封建地产"仅存在于"罗亚尔
河至莱茵河之间的狭小地区"，这种认识是非历史的。因为，随着
加洛林帝国的扩张，封土制度无疑向邻近的德意志、意大利和西
班牙等地扩散。1066年，诺曼底的威廉征服不列颠之后，这种制
度又被完整地输入到英格兰。我们又怎么能质疑中世纪存在封建主
义呢？

总之，封建主义在西欧经历了"前封建主义""盛期封建主义"
和"后封建主义"三个阶段。它们分别对应于中世纪的"早期""中
期"和"后期"，或者对应于中世纪的"前期""盛期"和"晚期"。
盛期封建主义在西欧大陆上迄于9世纪，下止于14世纪中叶；在英

① N. J. G. Pounds, *An Historical Geography of Europe, 450 B.C.– A.D. 1330*, p. 253.

格兰则存在于1086—1348年之间。这是我们研究中提到的中世纪的典型时期。[1]

5.西欧封建主义的独特性

虽然封建主义不是西欧所特有的，但是以契约为基础的封建主义仅存于西欧。在此，我们需要对西欧的封建主义与世界其他地区的封建主义做一个对比。

第一，西欧的封建不同于中国西周时期的封建。中国西周"封建亲戚，以藩屏周"，其基础不是契约，而是宗法。何谓宗法？即"以宗为法"，"宗"是"血缘"的层级放大，所谓"非我族类，其心必异"，"同宗"即"同根"，这是分封的基础；"法"者，"法则"也；所以，"宗法"的意思就是按照血缘关系的远近来确定分封的等级次序。整个西周以"天子"为核心，形成了不同层级的等级圈。周天子是天下至宗，拥有天下，其兄弟相对来说是小宗，只能被封为"诸侯"；在诸侯国当中，诸侯的长子是大宗，拥有封国，其他庶子是小宗，只能被封为"卿"；在卿的封地当中，卿长子为大宗，拥有"封邑"，其他庶子为小宗，被封为"大夫"；在大夫的封地当中，大夫的长子为大宗，拥有封土，其他庶子为小宗，被封为"士"。这就是所谓的"胙土分茅"[2]。它是一种以血缘为基础的严格的等级分封，不仅整个家族的长幼被照顾到了，而且与家族关系距离远近的亲戚也被照顾到了。那么，距离家族关系以外的人群即毫无血缘关系的人群怎么办？中国还有一个"义结金兰"的习俗，即可以通过结拜形成"准血缘"，同样可以进入到这个宗法体系当中。因此，这

---

[1]　以英法为代表的西欧封建社会在15、16世纪开始向近代社会转型。有人说，英格兰玫瑰战争结束即1485年可以视作封建主义的终结，那么，封建主义在西欧存在的时间自732年算起，延续了大约750年的时间；在英格兰存在的时间如果自1066年诺曼征服算起，延续了大约400年的时间。

[2]　胙土分茅，指古代帝王分封诸侯的仪式，即分封爵位和土地。见《春芜记》："分茅胙土，赖周天子宠缓；右佛左紫，凭项庄王余烈。"

是一个开放包容的分封系统。①但契约关系被排除到这个血缘系统之外，已经被边缘化。秦汉大一统政权建立之后，契约关系又退居到民间。

第二，西欧的封建亦不同于日本"大化改新"以后出现的封建。日本的封建正式形成于幕藩体制建立以后，这个体制与当时的天皇体制是平行的，但后者已经名存实亡。幕府统治藩，但藩与藩之间不能有任何联系。将军和作为藩主的大名都有家臣，家臣就是我们常说的武士。整个社会被划分为"士、农、工、商"四大阶层，士是最高阶层，但"不能拥有领地和农奴"。②士的职责就是对大名表达"忠"，这样的忠"既藐视死亡，也藐视痛苦"，是"勇的私生子"。因此，日本封建时代的主-仆关系是一种绝对的忠诚关系，毫无契约可言。

第三，西欧的封建亦不同于伊斯兰教形成以后中亚地区出现的

---

① 另言：周的地方行政制度是"分土封侯"制，或谓之"封诸侯，建藩卫"，简称"分封制"。所封诸侯都在王畿以外，各建邦国。受封者有三种：一为周王的同姓（姬姓）亲属，二为功臣，三为古帝王之后。《荀子·儒效篇》曰："周初立七十一国，姬姓独居五十三人。"诸侯对天子有隶属关系，有镇守疆土、捍卫王室、交纳贡税、朝觐述职的义务。诸侯在封国内是君主，初封时就是半独立状态，在封国内亦实行分封制。国内土地的一部分归诸侯直辖，一部分土地作为采邑分封给他的卿大夫，卿大夫又以同样情况分土地给士，士直接统治、剥削庶民。封国内的层层分封制也是与宗法制度相结合的，就是嫡长子世袭制。这样的层层分封，形成一座政治宝塔。参见"西周封建领主制的主要特点是什么"，http://wenda.so.com/q/1367979853068911，2013-5-7。

另外，西周可以派遣官吏对诸侯国进行监督，而西欧国王则无此权力。西周统治者制定了繁缛的礼乐制度，以配合等级制度，用以对诸侯进行严格控制。当时天子之所以能够控制诸侯，除了有武力做保证外，还有以下的因素：诸侯的卿出于周王的派遣、选拔和任命，《礼记·王制》说："大国之卿皆命于天子"，次国三卿，二卿命于天子，一卿命于其君。同时天子通过任命诸侯国的军事官员和司法官员来控制军事和司法。祝佗在讲到周公分封唐国的情况时，"翼、晋旧都也，唐叔始封，受怀姓九宗，职官五正，遂世为晋强家"。五正，即五官之长，九宗，一姓为九族也。周公长子伯禽分封鲁国时，受赐"祝、宗、卜、史，备物典策，官司彝器"，其中祝、宗、卜、史同样是世袭官职的贵族。而西欧则相反，国王是名义上的最高政治权威和土地所有权的来源，事实上国王的权力很小，国王对大封建主的领地是不能干涉的，既不能派遣官吏管理，也不能对其领地征收赋税。因此，分封制之下的国王地位是非常可怜的。

② 〔美〕鲁思·本尼迪克特：《菊与刀》，吕万和等译，商务印书馆2005年版，第44页。

封建。中亚最有代表性的封建制度是扎吉达尔制度。它的特点是不允许封臣在同一个地点长期滞留，以免扎根形成割据，基本上"三年一轮换"。受扎吉达尔制影响，领主一般没有时间关注封地人民的生活，只能采取"包税"的形式把封地承租给包税人，由包税人先垫付税款，然后任其对封地进行竭泽而渔式的掠夺。据多桑的《蒙古史》记载，这是一种极不稳定的封地及税收制度，契约精神已经被某种残忍和极不信任所代替。①

第四，西欧的封建也不同于蒙古人建立帝国以后形成的"领户分封"。成吉思汗统一蒙古草原后，大封功臣和宗室，创立了一套军政合一的千户制度，任命一批千户官、万户官和宗室诸王，建立了一个层层隶属、指挥灵活、便于统治、能征善战的军政组织。②这是一种集军事、政治、经济为一体的分封制度，标志着部落氏族制度瓦解，蒙古汗国的统治初步形成，以成吉思汗为首的那颜阶层成为"黄金家族"。但是，这种分封制是与户口联系在一起的，而没有与领地结合在一起，并且更关注血缘，因此与契约原则也没有任何关系。

第五，西欧的封建也不同于中古时期印度出现的封建。印度虽然存在封建关系，但是，印度社会更加注重流传已久的种姓制度。这种制度将全体居民划分为婆罗门、刹帝利、吠舍和首陀罗四个等级，并且将这种划分看成是神的旨意，因此，封建关系在印度形成

---

① 据多桑《蒙古史》记载："纳税人……以石堵塞家门，从屋顶出入。收税人势须觅一熟悉本地情形之无赖为导，求纳税人于其藏伏之所。脱不能得其人，则捕其妇女，驱之若羊群，至征税所，倒悬击之，痛苦之声达于户外。吾人曾见有一居民见收税人登其屋顶，畏甚奔逃，致折其足。"参见多桑《蒙古史》（下册），第6卷，第9章，冯承钧译，中华书局1962年版，第331—332页。

② 据记载，成吉思汗共设立95个千户，《史集》和《蒙古秘史》列举了这些千户官的姓名、出身和主要经历，其中包括78位功臣，10位驸马，这就是蒙古汗国历史上著名的88功臣。

后，几乎是一种"走过场"，主要存在于刹帝利阶层。①12世纪以后，扎吉达尔制度进入印度，与印度当地的柴明达尔制度合在一起，成为印度封建的主要形式。但这种封建很快被神格化，看不到世俗的契约原则的踪迹。

第六，西欧的封建也不同于10世纪前后拜占庭出现的普洛尼亚（pronia）制度。拜占庭帝国继承了罗马帝国的官僚制度，但在10世纪前后，政府不再支付官吏的薪俸，改由官吏本人直接从辖地租税中收取，于是，辖地变成了监领地，官吏变成了监领主。这样的制度在希腊语中被称作"普洛尼亚"，即监领制度。但监领地不是领地，监领主只享有任期内的税收，离任之后即停止，更谈不上继承。因此，监领制是官僚制的变种，可以被视为与政府之间的一种短期契约，与西欧的封建不可同日而语。

正因为存在着以上方面的不同，我们看到，西欧封建是一种特例。因为这个原因，严复在翻译《原富》时没有将"feudalism"直接译成我们中国人所熟悉的"封建主义"，而是音译为"拂特之制"。他已经觉察到西欧封建的独特之处。

西欧土地的领地化

西欧的领地化是随着封建主义的形成而到来的。进入封建状态以后，西欧统一的帝国没有了，西罗马分解成各据一方的蛮族王国；不仅如此，蛮族王国也不是铁板一块，而是裂变成大大小小、支离破碎的领地。领地是这个社会的人们最渴求的需要，"只要有领地，

---

① 曷利沙大王曾发布命令："……把这个村庄（士拉瓦斯塔省昆达丹那县苏马昆达卡村——引者注）按原来的边界，作为对婆罗门僧侣的施舍，并附有获得村民的土地税，以及诸侯家族能要求的一切收入的权利，作为脱离县管辖的部分而免除一切义务，并附有传给子孙的权利，直至天长地久，根据赠地惯例，赐给出身于瓦尔那族并属于娑摩吠陀派的婆罗门僧侣瓦塔斯瓦明和出身于吠舍奴弗利达族并属于梨俱吠陀派的婆罗门僧侣西瓦提帕斯瓦明。此事既已通知，尔等即应承认这一赠赐，而愿服从我的命令的［村中］居民就应把收获物份额、货币税和可能实行的其他［税］向这两人交纳，并且必须为他们服役。"原文见《印度金石文集》（卷7），第1902—1903页，又见《中世纪史文献》（卷1），莫斯科1961年版，第150—151页，中译本见朱寰主编：《世界上古中古史参考资料》，第331—332页。

一个国王也乐意做他臣子的封臣"。①

1.罗马帝国的分裂

西罗马帝国灭亡后，西欧再也没有出现过与之并立的大帝国。所有曾经存在过的所谓"帝国"不过是昙花一现，或者只是一个名号而已。建立于800年的查理曼帝国被称为"神圣罗马帝国"，仅仅存在了43年，"既不神圣，也不是帝国。"建立于962年的"德意志神圣罗马帝国"，虽然把帝国缩小到德意志境内，但是也只有帝国之名，没有帝国之实。西欧已经陷入永久的分裂之中。罗马城虽然被奉为西欧基督教世界的中心，但只是人们信仰上的中心地，世俗的约束力非常有限。西欧境内出现了日耳曼人建立的多个蛮族王国。高卢境内曾经有法兰克王国、勃艮第王国和西哥特王国；意大利境内曾经有西西里王国、教宗国、威尼斯共和国、热那亚共和国、佛罗伦萨共和国、锡耶纳共和国、萨伏依公国、米兰公国等；西班牙境内曾经有莱昂王国、卡斯蒂利亚王国、纳瓦尔王国、阿拉贡王国、巴塞罗那伯国，还有后来的西大食国；英格兰境内先有七个小王国，829年才整合为英吉利王国。

2.蛮族王国的碎片化

随着封建制的形成，蛮族王国也处在裂变当中。在西法兰克即后来的法兰西，秃头查理从众多亲信当中选拔"强人罗伯特"（Robert the Strong）为巴黎伯爵，抵御维京人。这个选择改变了西法兰克。罗伯特因抵御有功，陆续获得包括昂热、图尔、布卢瓦、奥尔良、沙特尔、巴黎及其他地区在内的众多封地，②由此形成著名的卡佩家族，西法兰克陷入分裂。然而，在休·卡佩成为国王之后，该家族仅拥有从巴黎到奥尔良之间的"法兰西岛"，整个国家也因此称法兰西。10世纪末，法兰西分裂为55个小国和采邑地。③

---

① 文聘元：《中世纪的故事——中世纪的历史与文化》，上海社会科学院出版社2009年版，第11页。

② 〔美〕布莱恩·蒂尔尼、西德尼·佩因特：《西欧中世纪史》，袁传伟译，第186页。

③ 〔法〕基佐：《法国文明史》（第二册），沅芷、伊信译，商务印书馆1998年版，第214页。

休·卡佩的继任者对贵族割据毫无办法，甚至连皇家领地也难以维持。巴黎周围的封臣如普赛特（Puiset）、库西（Coucy）、蒙马雷瑟（Montmorency）等，开始建造堡垒，公然与国王形成对抗。国王出访奥尔良，须得到普赛特的许可。普赛特在艾特姆佩斯（Etampes）设置了一座大要塞，控制了巴黎通往奥尔良的道路。[1]至腓力一世统治时期（1060—1108年），法兰西土地上出现了以下众多的大领地：佛兰德斯伯爵领、阿图瓦伯爵领、下洛林公爵领、上洛林公爵领、巴黎大区、香槟伯爵领、诺曼底公爵领、美因兹伯爵领、安茹伯爵领、布列塔尼公爵领、图尔伯爵领、普瓦图伯爵领、奥弗涅伯爵领、勃艮第公爵领、图卢兹伯爵领、阿基坦公爵领、加斯科尼公爵领和勃艮第王国等。[2]"法兰西国王只是该领土不足二十分之一部分的主人。"[3]

在东法兰克王国即德意志，封建制度"并没扩展到洛林和法兰克尼亚以外的地方"[4]，萨克森"还是一片贵族与非贵族的自由农民的土地"[5]，也没有出现庄园。应该说，早期的萨克森、法兰克尼亚、洛林、士瓦本和巴伐利亚是一些由自称公爵的人把持的土地，这些公爵不能对作为皇家代表的伯爵们发号施令，也无权过问主教和修道院的事务，其权限非常小。奥托一世在被教宗加冕为皇帝以后，开始利用教区为政权服务，他将主教区变成采邑。这是德意志境内最早出现的封地。从此，主教可以像官员一样，拥有一切世俗权力，并领有大片封地。

在英格兰，因诺曼征服输入了完整的封建主义，并出现更加细致的领地分封。首先，大约25%的土地成为王领，其余土地分封给了1400个"主佃户"（tenants-in-chief），其中，12人是伯爵，40—50人

---

[1] 〔美〕布莱恩·蒂尔尼、西德尼·佩因特：《西欧中世纪史》，袁传伟译，第189页。

[2] 同上书，第190页。

[3] 〔美〕哈罗德·J.伯曼：《法律与革命——西方法律传统的形成》，贺卫方等译，第449页。

[4] 〔美〕布莱恩·蒂尔尼、西德尼·佩因特：《西欧中世纪史》，袁传伟译，第200页。

[5] 同上书，第201页。

是"大男爵"。据统计，10人领有全部封地的一半，[1]教会领有全部封地的四分之一。威廉的弟弟贝克尤斯主教领有439处庄园，相当于王领的三分之一。[2]然后由"主佃户"授封"次封佃户"（sub-tenants）。次封佃户一开始多为骑士。他们先是生活在主君的城堡里，因开销大，且多有不便，于是纷纷申请生活到自己的领地上，于是，主佃户开始授封采邑。如1086年时，坎特伯雷大主教授封了土地总价值的15%，温切斯特主教授封的比例为20%，彼得伯勒修道院授封的比例为40%，王室重臣尤多·达皮福（Eudo Dapifer）授封的比例为38%。[3]接受封地的骑士一般持有一海德（hide）领地，或平均拥有"一张半犁的地产及对八户维兰的领主权"，[4]被称为"小贵族"（mesne barons）或小领主。除骑士外，地方警务官也可能成为小领主。"大空位"时期（the Anarchy of Stephen's Reign, 1135—1154年），因国王缺位，政府瘫痪，郡一级的警官变得嚣张，常使用强制手段夺取他人地产。彼得伯勒修道院就因此丢失一个村庄，再也没有恢复。[5]

马克思评价中世纪的领地分封，把它说成是"土地的等级占有"和"武装扈从"。[6]封君与封臣到底处于一种什么样的关系？实际上取决于双方的实力对比。封君的实力大，控制力强，封臣的离心力就弱，封土主要表现为领地，这种情况以英格兰最典型。封君的实力弱，控制力小，封臣的离心力就大，封地则主要表现邦国，这种情况以德意志、意大利等地最典型。

领地经济的基本特征

领地形成以后，领地经济出现。在具体探讨领地经济运行以前，

---

[1]　Edward P. Cheyney, *A Short History of England*, Boston: Ginn and Company, 1904, p. 104.
[2]　G. B. Adams, *Constitutional History of England*, London: Jonathan Cape, 1935, p. 56.
[3]　J. L. Bolton, *The Medieval English Economy, 1150–1500*, London: J. M. Dent & Sons Ltd. and New York: Rowman & Littlefield Totowa, 1980, pp. 38–39.
[4]　Ibid.
[5]　Ibid., p. 39.
[6]　原文是："土地占有的等级结构以及与此相联系的武装扈从制度"。见《马克思恩格斯选集》（第1卷），人民出版社1972年版，第70页。

我们先看一下领地经济的一般性特征。

首先，领地经济的出现标志着国家经济的消亡。随着中世纪的到来，不仅罗马时代的政府、官僚不见了，罗马时代的城市、道路、公共设施也没有了，罗马时代的"普通话"——拉丁语也退避到仅为教会人士所使用，西欧再也看不到罗马时代所拥有的那种繁荣、吵闹、人流熙攘的大都会。这里没有中国式的"万里长城"，没有中国式的"京杭大运河"，没有中国式的驿道或驿站，没有中国式的人口近百万的大都城，只有遍布各地的人口不过数千的小城或人口不过数百的小镇，然后就是星罗棋布的庄园和山村。即便作为首都的伦敦或巴黎，人口也不过数万而已。罗马时代的通衢变成封闭的地方性小道。在核心庄园，不时有突兀的堡垒隆起。可以想见，那些孤立存在的地方"小共同体"无法承建和维护国家所承建与维护的超级"公共工程"。

不过，相对于拥有国家做靠山的小农经济来说，领地经济有它的优势。因为小农经济是一种家庭经济，一般以谋生为主；而领地经济基本上以庄园为单位，非常容易走向谋利，因为庄园的面积广大，资源拥有量丰富，容易与市场结合在一起。10世纪前后，长子继承制度开始在西欧形成，继承下来的领地不再被分割，变成单一的经济体，更加享有不可剥夺的主体权利，完全实现了自主经营。这是领地经济的优势。

关于领地的长子继承问题，这里有必要做一下解释。亚当·斯密曾经说：长子继承法"是随着时间的推移逐渐产生的"。[①]"在同一个家庭的众多子女中，唯一可以没有争议的区别就是性别和年龄。男性普遍被认为要优于女性，而当所有其他的方面都是相同的时候，年长的任何一个又都被认为要优于年幼的。这就是长子继承权的来源，也是所谓直系继承权的来源。"[②]长子继承权的最早案例可能来源于休·卡佩的王位继承。为确保卡佩家族对王位的世袭，休·卡佩

---

① 〔英〕亚当·斯密：《国富论》，谢祖钧译，商务印书馆2007年版，第249页。
② 同上书，第249—250页。

在即位之初便宣称，王室职责由一个人来承担太沉重，必须选举其长子作为君主候选人，一起参与执政。贵族们听到这个消息后尽管怨声载道，最后还是服从了。[①]因为，它表明其他贵族也可以这样做。长子继承制就这样开始了。"这种只使家庭中一个子女变富而所有其他子女变穷的权利是最违反一个大家庭的实际利益的。"[②]它给中世纪社会带来的变化是：贵族家庭的庶子不能继承财产，只能被扫地出门，要么成为教士，要么成为骑士；要想拥有领地，必须进行战争，因此，长子继承加剧了西欧社会的侵略性。十字军的出现，集教俗势力，是长子继承的直接后果之一。

总之，领地兴起以后，西欧的土地上开始寨堡林立，各居一方。这些石制堡垒既能保护自身安全，又能相互监视对方。西欧社会进入稳定的封建状态。领地与领地之间可能时常出现纠纷和摩擦，以致教会不得不强行规定了"四十天休战日"。这样的经济就早期来说与其说是"自然经济"，不如说是"自给经济"，因为它强调"自卫"。进入11、12世纪之后，因大垦荒和十字军东征出现，领地的自给经济因谋利的需要而迅速向商品货币经济转型。

三、英格兰领地制度的最优化

领地制度在中世纪西欧实际上存在着三种形态，这三种形态揭示了国王与贵族之间的权力对比。第一种形态：权力的天平偏向贵族一方，如中世纪的法兰西、德意志和波兰等；第二种形态：权力的天平偏向国王一方，主要发生在诺曼征服早期的英格兰；第三种形态：权力的天平居中平衡，它是斗争的结果，发生在13世纪早期的英格兰。英格兰因此实现了中世纪领地制度的最优化，对于欧洲市场经济的产生也最具示范效应。我们看这个制度建立的过程。

---

① 〔美〕布莱恩·蒂尔尼、西德尼·佩因特：《西欧中世纪史》，袁传伟译，第187页。
② 同上书，第250页。

"至尊"王权的出现

1066年，诺曼底的威廉在威斯敏斯特教堂加冕以后，称威廉一世，英格兰历史上第一个封建王朝——诺曼王朝（1066—1135年）建立。为加强对英格兰的控制，威廉一改大陆盛行的"我的封臣的封臣不是我的封臣"的习俗，要求所有参战骑士均向他本人宣誓效忠，因此，英格兰的封建形态与西欧大陆有所不同。马克思曾经评论："被导入的英格兰封建主义，按照其形式而言，比按照自由形式形成的法国封建主义还要完备。"[1]征服王朝在英格兰建立"至尊"王权，王权远远强于大陆国家。

第一，全面加强对地方贵族的控制，防止贵族坐大。为此，在分封土地时，威廉尽可能使贵族的封地处于分散状态。据研究，英格兰只在边境地带拥有管理大片封地的大领主，目的是保障边境安全。比如，靠近苏格兰东部边境位于海岸地带的诺森伯兰郡，被封赐给一位诺曼大领主，拥有"诺森伯兰伯爵"的封号；沿威尔士边境有三个集中的大领地分布，即"切斯特伯爵领""什鲁斯伯里伯爵领"和"赫里福德伯爵领"。这些领地因毗邻苏格兰，并与威尔士连成一片，在防范入侵和保障国家安全方面负有重大使命。[2]边境以内的贵族领地差不多都是以分散的形式分布。[3]从《末日审判书》的记载看，默朗伯爵的地产多达793个庄园，分布在康沃尔、白金汉、德文、多塞特、北安普敦、萨默塞特、萨塞克斯和约克等8个郡境内，从英格兰的东北角跨越中部，一直延伸到英格兰的西南边角。格洛斯特的卡莱尔伯爵的"全权领地"（honour）位于格洛斯特、卡莱尔和汤布里奇，还有难以计数的其他庄园分散在20个郡境内。[4]蒙哥马利的罗吉尔伯爵拥有544个庄园，中心地产位于什罗普郡，

---

[1] 〔德〕马克思：《资本主义生产以前各形态》，日知译，人民出版社1956年版，第26页。

[2] 同上书，第197—198页。

[3] 同上书，第199页。

[4] R. H. Hilton, *English and French Towns in Feudal Society: A Comparative Study*, pp. 22–23.

其他庄园则零星分布在11个郡境内。①威廉·费兹·安斯卡尔夫（William Fitz Ansculf）的核心领地是达德勒（Dudley）城堡周围的一组村庄，同时在其余12个郡境内又各有一块"全权领地"。拉姆齐或彼得伯勒修道院的地产集中在修道院周边各郡，但并不是连成一片，距离远者有多达60至100英里。②1086年，威廉召集包括下级封臣在内的全体贵族参加会议，要求所有封臣向他宣誓效忠，不仅要求服军役，还要交纳赋税，并阻止因私仇发生冲突。通过采取这样一些强硬措施，英格兰变成了一个"安定而有秩序的国家"。③

第二，对全国的土地、人口和财产展开调查，建立国王对国家资源的全面控制。1086年，威廉把全国划分为七至八个区，每区分若干个郡，然后按郡、百户区、村的行政序列开展调查。他成立了专门的皇家委员会，将成员分派到郡法庭举行听证会，参加者除陪审团外，各村派一名代表列席。调查内容包括当地属于国王的领地有多少？属于领主或教会的领地有多少？每个领主有多少下属？每个庄园有多少土地、牲畜、依附民、奴隶和自由民？有多少森林、草地、牧场、池沼、磨坊以及手工业？每个世袭领地大约有多少货币收入？等等。所有调查结果被收集汇总，整理以后编定成册，取名为《土地赋税调查书》，又名《温切斯特书》或《最终税册》。整个调查过程中，由于派出的官员个个神情严厉，问到的内容又极为细致，使得被调查者如同接受"末日审判"一样，故而这次调查又被称作"末日审判"。④土地调查工程的实施使威廉一世摸清了整个英格兰的土地财产情况，从而为以后的征税及财政管理工作打下了良好基础。"拥有这样翔实的国民纳税资料"，在西欧各王国当中，

① R. H. Hilton, *English and French Towns in Feudal Society: A Comparative Study*, pp. 22-23.
② J. L. Bolton, *The Medieval English Economy, 1150-1500*, pp. 37-38.
③ 〔美〕布莱恩·蒂尔尼、西德尼·佩因特：《西欧中世纪史》，袁传伟译，第199页。
④ 据2006年8月6日"央视国际"（www.cctv.com）报道：英国国家档案馆的"镇馆之宝"——《末日审判书》，现在有兴趣的人只要上网就能欣赏到它的真面目。这份英格兰最古老的档案共分为两卷，一卷760页，另一卷900页。原版是用拉丁文写在羊皮纸上的，但博物馆的工作人员给羊皮卷装上了英格兰橡树制成的封壳，封壳有一定的分量，合上后可以保持羊皮纸平滑不起皱。

英格兰是唯一的例外。①

第三，将国家七分之一至三分之一的森林和耕地划作王室领地，制定森林法，设置森林法庭和森林法官，禁止任何人向森林地带移民。②威廉之后的英格兰国王在执行森林法方面更加严苛，使王室领地的外围已经扩展到被开垦的乡村地带，许多农田和村庄因此被毁。"整个埃塞克斯郡"，还有"从林肯郡的斯坦福桥向西南到牛津桥，全长80英里的整个中部地区"都在森林法的管辖范围内。13世纪，"一条宽阔的御林从靠近温莎城堡的泰晤士河开始，穿过伯克郡和汉普郡，一直延伸至南部海岸。""亨利二世治下，王室森林达到最大规模，可能覆盖了全部国土的三分之一。"③这样的措施使英格兰王室成为英格兰境内无可争议的最大领主。相比之下，卡佩王室的直属领地只有法国面积的不到二十分之一。为加强控制，英格兰国王还以伦敦为中心建立联结全国各主要城市的道路网即"王家大道"（the King's Road），可以不受任何阻碍地巡视全国，特别是英格兰的中部、东南部、西南部及北方地区。④英格兰的贵族领地基本上呈分散状态，无法与王权形成抗衡。

第四，派遣"巡回法庭"，定期在全国范围内进行巡视和查访。当时的司法习惯是：贵族滋生的案件由王室法庭、郡法庭进行审理，贵族领地滋生的案件由庄园法庭进行审理，百户区的领主法庭可以审理自由民的案件。为保证审案的合理性，威廉二世组建了巡回法庭，对各地的自由民案件进行查访。亨利二世又进一步实行司法改革，规定骑士、市民和自由民有权越过领主法庭，直接向王室法庭申诉；同时废除"神裁法"，代之以"誓证法"；设立陪审团，陪审员成员（12人）从当地骑士和富裕自由民当中遴选。随着普通法的形成，领主法庭的作用减弱，骑士、市民和富裕农民开始脱离领主

---

① 〔美〕布莱恩·蒂尔尼、西德尼·佩因特：《西欧中世纪史》，袁传伟译，第200页。
② Edward Miller and John Hatcher, *Medieval England-Rural Society and Economic Change, 1086-1348*, London and New York: Longman, pp. 33-35.
③ 〔英〕W. G. 霍斯金斯：《英格兰景观的形成》，梅雪芹、刘梦霏译，第90页。
④ 谢丰斋："中古时期英国的水陆交通"，《东南文化》2006年第6期。

司法权的约束，倒向王权。不过，作为非自由人的维兰的案件仍被局限于庄园法庭。此外，教会案件须在以坎特伯雷大主教为首的不同层次的教会法庭中受审。

第五，取消贵族服役的封建习俗，改由国王本人建立和掌管招募的禁卫军或常备军。威廉一世曾对教俗贵族规定：大男爵提供40—60名骑士，中小男爵提供10—40名骑士，其余1200个领有一块封邑的人则承担1名骑士的义务。教会贵族如坎特伯雷主教、温切斯特主教、林肯主教和伍斯特修道院院长所拥有的地产和大男爵相当，需要提供60名骑士，其他中小教士以份地大小来决定其军事义务。① 进入"大空位"时期之后，贵族势力坐大，骑士役的履行越来越不到位，因为"在国王力求维护并尽可能扩大王室及其代理人即郡守势力的同时，男爵们总是试图侵犯其势力"②。亨利二世建立金雀花王朝以后终止了骑士服役的习惯，改收"盾牍钱"，然后由国王利用征收的盾牍钱招募雇佣军。这次大胆的军事改革产生了两方面的重要后果：第一，国王减少了对地方贵族的依赖；第二，确保国王拥有一支属于自己的常备军。英国王权明显加强。

英格兰国王除了拥有以上诸多方面的控制权之外，还拥有其他方面的特权。比如，王室颁发的"特许状"（Charter）具有明显的法律效力，相当于中国古代社会中皇帝的圣旨。地方领主设立"市场""市集"，修建桥梁，征收"过桥税""过路税"等，都要向王室申领特许状，以便取得合法地位。对于管理国家重大事务，国王可以随时发布"令状"（Writ），庄园有专门的信使传示和发布这样的令状。此外，英格兰虽然到处都是地方领地，但是在领地之外，还存在着一套由王室、郡、百户区和村所组成的国家行政区划，这套行政区划与由大主教区、主教区和教区所组成的教会区划均凌驾于地方领主权之上。因此，英格兰的情况完全不像法兰西，法兰西国王的权力仅局限于"法兰西岛"，国王从巴黎去往奥尔良，要得到途

---

① 阎照祥：《英国贵族史》，人民出版社2000年版，第36页。
② 〔美〕布莱恩·蒂尔尼、西德尼·佩因特：《西欧中世纪史》，袁传伟译，第200页。

经诸侯的同意才能放行。因此，布莱恩·蒂尔尼认为威廉是"欧洲第一个显示了如何运用封建准则来建立一个强盛的中央集权君主政体的统治者"[①]。马克·布洛赫也认为"英格兰是大大早于任何欧陆王国的真正统一的国家"[②]。

"统制型"王权的建构

常言道：物极必反。中世纪是贵族社会，王权过分强大必然违背封建主义的一般逻辑。在权力的天平过分偏向国王一方之后，贵族迟早会表达愤怒。13世纪初，当时机来临时，贵族便要求国王必须将属于贵族的权力还给贵族。他们强迫国王签订《大宪章》，并设立由贵族代表所组成的"大会议"，对国王进行监督，杜绝国王的绝对控制权，最终将权力的天平调整到贵族与国王之间的中间位置，实现了某种权力均衡。

这次事件发生在失地王约翰统治时期。约翰在位时，专横无能，一方面英格兰对法国的战事一再失利，几乎丢失了在法国的全部领地；另一方面又对国内的领主阶层和城市阶层大量征税，同时还对罗马教宗俯首称臣，主动交纳什一税，导致王权的威信扫地，引发贵族、骑士和市民的愤怒和反抗。1215年6月15日，以坎特伯雷伯大主教为首，联合大领主和伦敦上层人士，强迫约翰签署《大宪章》。这是第一个用法律的形式限制国王权力的文件，共分63节，主要内容是保障大领主在经济、司法和政治上的特权，"规定国王在征税时必须召开大贵族参加的'大会议'，以征得贵族的同意。"[③]同时也一定程度上照顾到骑士和市民的权益。宪章强调，国王必须遵守《大宪章》，如若破坏宪章，贵族将有武装反抗的权力，从而将王

---

① 〔美〕布莱恩·蒂尔尼、西德尼·佩因特：《西欧中世纪史》，袁传伟译，第199页。

② Marc Bloch, *Feudal Society*, Chicago: 1961, p. 430，转引自崔之元："'商业化带来发展'的命题适用于英国吗？——评黄宗智教授《中国研究的规范认识危机》"，《史学理论研究》1993年第2期。

③ 林榕年主编：《外国法制史》，中国人民大学出版社1999年版，第139页。

权置于《大宪章》的约束之下。①约翰本人当然不满意这样的契约，其子亨利三世（1216—1272年在位）也同样不甘心。待亨利继位后，曾要求贵族交纳其全部收入的三分之一给他作军费，帮助他进行"西西里冒险"，再次引发贵族不满。1258年，7名伯爵又强迫亨利签署《牛津条例》，将政府权力交由15个伯爵组成的大会议决策。1261年，亨利将条例抛置脑后，罢免了贵族提名的最高法官，并驱逐反对派领袖孟福尔，最终导致内战爆发。在交战过程中，孟福尔击败了亨利三世，并俘虏王子爱德华。1265年，为筹措军费，孟福尔召开了英国历史上的第一届"议会"（parliament），参加者除教俗贵族派出的代表之外，每个郡另选派两名骑士代表，每个自由市另选派两名市民代表。这是英国议会制度的历史性开端。它是对王权"至尊"的公然挑战，表明作为平民阶层的自由民和市民也可以参加到国家事务中。

曾经被俘虏的王子爱德华（1272—1307年在位）在继任国王以后，改变了其前辈的态度和做法，开始接受既成的宪章和议会。1295年，爱德华一世再次召开议会，其规制与1265年议会完全一样，并规定以后将每四年定期召开一次，而且平民代表组成的"下议院"可以单独选择地点开会，从而把议会变成英国政治生活中的一体定制，因此被称为"模范议会"。至15世纪，"英国人已经愉快地意识到英国人享有英国议会这一优点。"②

① 《大宪章》的主要内容如下：第1条，教会根据宪章享有的自由和权利不受干扰和侵犯；第2条，贵族与领主死后，其继承人按照旧有数额或领地旧有习惯交纳继承税后即可享有遗产；第12、14条规定，在国王被俘赎身、国王长子受封骑士、长女出嫁时所征收的辅助金应适当，除此三项外，未经全国公意许可，不得征收其他辅助金与免役捐；第13条，应承认伦敦及其他城市拥有自由和习惯之权利；第16条，不得强迫骑士或其他自由保有土地的人服额外之役；第25条，除国王自己的领地庄园外，一切郡、市镇、区均按旧章征收赋税，不得有任何增加；第28、30、31条，国王之官吏除依照自由人意志外不得擅取自由人之谷物、车马、木材等动产；第39条，任何自由人，如未经其同级贵族依法裁判，或经国法判决，皆不得逮捕、监禁、流放、剥夺法律保护权，或加以任何其他损害；第61条，由二十五名大贵族组成一个委员会，监督《大宪章》的执行，国王如有违反，可采取包括剥夺其土地和财产在内的一切手段予以制裁，等等。

② P. S. Lewis, "The Failure of the French Medieval Estates", *Past and Present*, Vol. 23, 1962, p. 3.

《大宪章》和议会出现之后，英格兰的权力结构发生了重大改变。首先，至尊王权受到挑战，贵族特别是自由民首次参加到由国王专断的政治事务当中，使王权受到削弱。但是，王权只是被触动，并没有被剥离，更没有被打倒。它依然代表着英格兰王国的形象，掌管着国家的最高统辖权和最高裁决权。贵族和自由民只是在很大程度上获得了政治的参与权和对自身事务的自决权。因此，我们看到，英格兰不再是一个接近集权和专制的国家，而是一个半集权、半自治的国家。我们称这样的国家为"统制型"国家，即国王的"统治权"变成了"统制权"。

这样的政体使国王、贵族与自由民三者之间处于一种既相互依存、又相互制约的关系当中，各自享有属于自己的权利和义务，从而使整个社会的运行处于一种理性化与合理化当中，既存在着必要的约束力，又有相对宽松的发展环境，一切稳定因素和积极因素均被调动起来，使中世纪的封建主义可以朝着相对健康的方向发展下去，社会有很大的创造性和进步性，并蕴涵着进一步发展的潜力。就中世纪盛期的发展来说，英格兰的城镇化、市场化与货币化的程度表现得很充分，但是，这些表现都是在王室的直接监领下完成的。领主可以自主经营自己的领地，但王室发挥着监管和领导作用。领主设立市场，需要向王室提交申请，并交纳五马克的特许状领取费。在对外贸易方面，王室也进行统一管理，凡是出口到国外的羊毛或进口到英格兰的酒类，都必须向王室交纳关税。而且，英格兰国内再也很少发生战争或内斗。这就是英格兰制度的优越性。

艾伦·麦克法兰评论，在政治领域，13世纪以来的英格兰政治演进，为现代政治模式的确立奠定了坚实的基础。人民的参政议政、贵族的伟大而不傲慢、国王可以做好事而不可做坏事的限定，帮助英格兰在中世纪晚期和现代早期成长为代议制民主国家。在国家权力结构上，英格兰的中央化和去中央化混合，把中央与地方的政治功能合理定位。一种政治契约理念，长期指导着英格兰的王权运作。它寻求合作，绝对不夸大斗争的习性，让英格兰的统治者与人民拒绝残酷的政治机制。而便利的税收让人们在平等原则基础上，根据定制纳税。征收的税入，主要用于公共服务。①打破了家庭束缚的独立个人，对基于经验积累的普通法的信守非常自觉。这种不同于罗马法的法律定制，既避免了极端残酷的刑罚，又保证了个人权利的不受侵害。在约束与自由的关系张弛有度的基础上，整个国家显得秩序井然。社会仇怨也从不构成危害社会秩序的心理支持。②

英格兰领地的能动性

《大宪章》颁布后，英格兰的贵族和平民获得了实惠。贵族不需要再为侵占公地（王室土地）被提起诉讼。1217年，《森林章程》（the Charter of the Forest）公布，贵族垦荒得到宽恕，可以获得占用权（seisin），国王只保留发放"许可证"的权利。随着垦荒运动进入高潮，垦荒次数越来越多，国王对发放"特许证"也无暇应付，最终又放弃了对垦荒的审批，使垦荒行动变得完全合法。③因此，波尔顿说，《森林章程》与《大宪章》"同样有意义"。④道格拉斯·诺思认为，《森林章程》保障了自由人对土地的权利。⑤1285年，《威斯敏斯特法令》（亦称《赠予法》）又规定：对庄园主来说，只要为承租人留够足供使用的土地，也可以把荒地圈围起来。⑥1290年颁布的《置地法》（Quia Emptores Statutes，又称《土地完全保有权条例》），又中止了土地的再分封；⑦土地保有人过世后，其保有地可以传给直系继承人；若因没有子嗣而发生继承问题的争执，方可将

---

① 参见清华大学国学研究院主编，〔英〕艾伦·麦克法兰主讲：《现代世界的诞生》，管可秾译，上海人民出版社2013年版，第179—205页。

② 同上书，第206—227页。

③ 同上书，第71页。

④ J. L. Bolton, *The Medieval English Economy, 1150–1500*, p. 11.

⑤ 〔美〕道格拉斯·诺思、罗伯斯·托马斯：《西方世界的兴起》，厉以平等译，第81—82页。

⑥ 同上书，第81页。

⑦ B. W. Adkin, *Copyhold and Other Land Tenures of England*, London: The Estates Gazette, Ltd, 1919, p. 13. 另见〔英〕S. F. C. 密尔松：《普通法的历史基础》，李显冬等译，中国大百科全书出版社1999年版，第117页。

土地交还上级领主。①1327年，这一规定已延伸到主要承租人。②

由此可见，英格兰的领地制度正在受到侵蚀。早期土地分封的路径开始被堵塞，贵族和自由民对土地的占用权在扩大；土地可以进入市场，并自由流转。"从今以后，每个自由人随意出售其土地、寓所或其中的一部分，都是合法的。"③

英格兰的地缘优势

最后，我们还要强调一下英格兰的地缘优势。英格兰的地理位置也十分独特。它是一个岛国，与西欧大陆相隔最近距离约24英里，二者之间"若即若离"，非常易于进退。"进"可以陈兵西欧，掠取大陆的土地和财富；"退"可以迅速撤离，规避大陆存在的风险和不利。因此，这种看似边缘化的存在，对英格兰来说其实是一种"最优化"的保护。④现代海洋理论的创造者、美国军事家马汉（Alfred Thayer Mahan, 1840—1914年）认为，不列颠与欧洲大陆的距离不远不近，使英国既足以获取对抗外敌的安全保障，又便于打击敌人，换言之，进可攻退可守。⑤

---

① B. W. Adkin, *Copyhold and Other Land Tenures of England*, London: The Estates Gazette, Ltd, 1919, pp. 14-15. 另见〔英〕S. F. C. 密尔松：《普通法的历史基础》，李显东等译，第106、108页。

② 〔美〕道格拉斯·诺思、罗伯斯·托马斯：《西方世界的兴起》，厉以平等译，第81—82页。从此，英格兰的土地不再分封，但可以转让、买卖和继承，土地关系复杂化。如"爱德华一世时期，罗杰持有罗伯特在亨廷登郡的土地，罗伯特持有理查德的土地，理查德持有阿兰的土地，阿兰持有威廉的土地，威廉持有吉尔伯特的土地，吉尔伯特持有戴沃吉尔的土地，戴沃吉尔持有苏格兰国王的土地，苏格兰国王持有英格兰国王的土地"。一块土地上叠加了九重保有关系。参见 F. Pollock and F. W. Maitland, *The History of English Law before the Time of Edward I*, Vol. I, p. 233, 另见侯建新："中世纪英格兰农民的土地产权"，《历史研究》2013年第4期。

③ A. Simpson, *An Introduction to the History of the Land Law*, Oxford: Oxford University Press, p. 51.

④ D. C. Coleman, *The Economy of England, 1450-1750*, Oxford: Oxford University Press, 1977, p. 48.

⑤ 参见〔美〕艾尔弗雷德·塞耶·马汉：《海权对历史的影响，1660—1783年》，李少彦等译，海洋出版社2013年版，第四章："英国革命、1688—1697年奥格斯堡联盟战争、比奇角海战和拉乌格海战"。

　　此外，英格兰的国土面积适宜，面积近10万平方公里，不是很大，也不是很小。"从北至南距离365英里，从东至西的最宽处280英里"，这是一个非常适中的地理空间。罗斯（A. L. Rowse）说，这种不大不小的面积，非常便于英格兰国王统领全国，可以使差不多每一个国民都得到有效保护，又能够在欧洲大陆的大国当中保持自己的身份。而欧洲大陆的那些拥有大面积土地的独立王公或封建主，虽然保有自己的行为方式，却无法使小人物得到足够的保障。[①]艾利·F. 赫克舍则认为："一个像英格兰这样的国家，与其陆地面积相比，明显地有很长的海岸线；因此就比大陆国家享有达到政治统一的更大可能性。"[②]因此，英格兰在享有制度因素的优势之外，又拥有地理方面的优越性。其封建领地经济的运行在西欧各国当中格外具有典型性。

---

①　陈晓律："欧洲民族国家演进的历史趋势"，《江海学刊》2006年第2期。

②　Eli F. Heckscher, *Mercantilism*, I, London, 1931, p. 36.

第二章　大垦荒与十字军东征

封建领地形成之后，大约11世纪前后，西欧开始了"农业大垦荒"，内部的生产和经济发展起来。至12世纪前后，十字军东征又出现了，东西方之间的国际长途贸易重新开启。受两大事件的刺激，西欧领地经济的兴盛和发展获得难得一见的机遇。

一、大垦荒与英格兰经济的全面提升

理查德·莫蒂默（Richard Mortimer）指出，西方学者以为13世纪的'大飞跃'至今仍是英格兰历史上最大的一个谜，并习惯将之归结于一些次要的或偶然的因素，如佛兰德的羊毛贸易带来银币的增加，人口增长加大了粮食供应，或者约翰王的战争税扭曲了经济等。实际上，垦荒运动才是最基础的背景。[①]西方学者习惯将11—13世纪的大垦荒视为英国和西欧历史上的"内部殖民"（inward colonization），的确，其出现改变了中世纪早期的落后面貌，使西欧社会迅速走向繁荣。下面，我们看英格兰的垦荒情况。

大垦荒之前的英格兰

日耳曼人侵入西罗马帝国之后，西欧社会又重新回到"前文明"状态。在英格兰，晚至9世纪，三分之一的土地还被原始的大森林

---

① Richard Mortimer, *Angevin England, 1154-1258*, Oxford: Blackwell, 1994, p. 155.

覆盖着，即便在耕作地区，"耕地也只占到全部土地的三分之一至二分之一"。诺曼征服初期，英格兰仍然地广人稀。据《末日审判书》统计，1086年，在全部34个郡，9250个庄园，287,045个佃户和土地占有者当中，人口超过5万的郡只有6个。[①] 如果以每户5口人计算，全英格兰大约有140万人口。其中，北部地区平均每平方英里不足4人。人口相对稠密的东米德兰（East Midland），北安普敦郡、莱斯特郡和诺丁汉郡，其全部人口也不及今天凯特灵（Kettering）、科尔维尔（Coalville）或纽瓦克（Newark）等一个普通市的人口。在整个英格兰，平均每平方英里仅有25人。[②] 所以，日本学者谢世辉说，直到11世纪以前，西欧还是一个"默默无闻的畜牧社会"。[③] 英国学者庞兹也认为即使在农业已经开展的地方，西欧大多数地区还处在"游耕"阶段。[④]

英格兰的村落主要有两种形式。一种是位于平原的"核心村"（nucleated villages）。这是一种小共同体，人们集体耕作，土地分布呈敞田形式。还有一种是位于森林边缘的"独家庄"（hamlets）。其土地呈围田形式，主要存在于森林隙地。以沃里克郡为例，该郡北部是阿登森林，散布着不少新开垦的移民地，土地被篱笆和沟圈围起来，形成"独家庄"。该郡南部则是平原地带，分布着"古老的居民点"，土地呈敞地形式，村民组成了共同体，庄园已经建立起

---

① Jean Gimpel, *The Medieval Machine:The Industrial Revolution of the Middle Ages*, Penguin Books, 1976, p. 12, 转引自张娟："中世纪至近代早期西欧水力坊考察"，天津师范大学2013年硕士论文，第14页。也有观点认为，英格兰的人口大约为100万—125万。其中，诺福克郡约有9.5万人，是全英格兰人数最多的郡，但比今天的牛津城要少。林肯郡有大约9万人，萨福克和德文郡各有约7万人，埃塞克斯郡和萨默塞特郡各有5万— 6万人。南部四郡——肯特郡、汉普郡、萨塞克斯郡和威尔特郡——每郡人口约4万—5万。约克郡从诺曼征服起就经历了一系列灾难，据说人口尚不足3万，大致相当于今天的雷德卡（Redcar）的人口，约为今威克菲尔德（Wakefield）人口的一半。参见〔英〕W. G. 霍斯金斯：《英格兰景观的形成》，梅雪芹、刘梦霏译，第75页。

② 〔英〕W. G. 霍斯金斯：《英格兰景观的形成》，梅雪芹、刘梦霏译，第85页。

③ 〔日〕谢世辉：《世界历史的变革——向欧洲中心论挑战》，蒋立峰译，人民出版社1989年版，第12页。

④ N. J. G. Pounds, *An Historical Geography of Europe, 450 B.C.- A.D. 1330*, p. 253.

来。^① W. G. 霍斯金斯认为，直到《末日审判书》出现以前，英格兰一半的教区还是"郁郁荒野"，"几乎每座村落的周围都有敞田延伸，数量两三块不等，每一块都有几百英亩，但无论什么地方，这些田地都未能抵达村落领地的边界。如果人们从村落向外走，走上半英里，最多一英里，就会到达荒野的边缘，遇到一大片构成一道临时屏障的高地或沼泽地，或大量尚待斧砍的原始森林的树干。"^②敞田一般由条田和块田组成。人们"在犁上固定一块板子"，能犁出"长而窄的条状田"，称弗隆；还有一种"单向的圆盘犁"，装有"可以移动的把手或旋转装置"，可以犁出条状田和块状田。^③11世纪以前，所有村落都十分原始，铁农具非常少见。^④例如，在一个叫安娜普斯的庄园里，虽然有多达200头以上的牛，但铁农具只有"4把小镰刀和2把铲子"^⑤。村民劳动基本上都使用木制农具。磨坊和教堂是村庄的公用设施。1086年，大约每50户有一座水磨，整个英格兰大概有6000座。^⑥在西部和北部等缺少水源的地区，人们还在使用手推磨。6世纪，教堂已在英格兰出现。至1086年，全英格兰有几百至上千座教堂。大多数教堂只是一些"不显眼的小木屋，用茅草铺顶"^⑦。

城或镇是"一圈防御土墙环绕或半环绕"的地方。1086年，英格兰有5个城镇的居民数量超过1000人，分别是伦敦、诺里奇、约克、林肯和温切斯特。其他被称为城或镇的地方很小，如圣奥尔本斯（St Albans）只有46个自由民，珀肖尔（Pershore）有28个自由

---

① R. H. Hilton, "A Study in the pre-history of English Enclosure in the Fifteenth Century", *The English Peasantry in the Later Middle Ages: The Ford Lectures for 1973 and Related Studies*, Oxford: Clarendon Press, 1975, p. 163.

② 〔英〕W. G. 霍斯金斯：《英格兰景观的形成》，梅雪芹、刘梦霏译，第82页。

③ 同上书，第83页。

④ Thorlac Turville-Petre, "The Earliest English Manorial Survey", *Speculum*, Vol. 73, 1998, pp. 58-79.

⑤ G. Duby, *Rural Economy and Country Life in the Medieval West*, London, 1968, pp. 20-21.

⑥ 〔英〕W. G. 霍斯金斯：《英格兰景观的形成》，梅雪芹、刘梦霏译，第81页。

⑦ 同上书，第82页。

民，阿什维尔（Ashwell）仅有14个自由民。[①]这些城镇很多方面还是"半乡村式的"（half-rural），从未发展出城市生活。当时的埃克塞特城虽保留了罗马时代的城墙和大教堂，但人们看到的只有"土墙所围的茅屋和大宅"。诺曼人到来之后新建了一些城，如伯克郡的纽伯里（Newbury）在1080年为人所知，德文郡的奥克汉普顿（Okehampton）在1086年时有四个自由民和一个市场。除这些城之外，其他所有城或镇，如北部的赫尔、利物浦，东部的波士顿、金斯林，南部的朴次茅斯、索尔兹伯里，西部的普利茅斯、拉德洛（Ludlow）等在1086年时还"空空荡荡"，在1086年以前，著名的小镇如埃文河上的斯特拉福、特伦特河上的伯顿还只是农业村落，伍德斯托克、马基特哈伯勒（Market Harborough）、纽马基特等大量的小市镇还未出现。[②]

总之，1086年以前的英格兰十分落后。据估测，其1086年的国内生产总值（GDP）大约只有40万英镑[③]，还抵不上今天的一个"百万富翁"。

11—13世纪的大垦荒

道格拉斯·诺思说："在公元后的第二个一千年的头三个世纪里，拓殖边界的延伸，注定使西欧从广袤的荒野变成良好的移民区。"[④]诺曼征服完成之后，英格兰出现全民性的大垦荒。

1. 领地制度的拉动

11世纪的西欧大垦荒无疑受到封建领地制度的拉动。1086年，

---

① 〔英〕W. G. 霍斯金斯：《英格兰景观的形成》，梅雪芹、刘梦霏译，第84—85页。

② 同上书，第85页。

③ R. H. Britnell, *The Commercialisation of English Society, 1000-1500*, Manchester and New York: Manchester University Press, 1996, p. 229. 梅林（Mayhew）估计只有30万英镑；斯洛克斯（Snooks）估计只有13.7万英镑，参见 R. H. Britnell and Bruce M. S. Campbell, eds., *A Commercialising Economy: England 1086 to c.1300*, p. 2.

④ 〔美〕道格拉斯·诺思、罗伯斯·托马斯：《西方世界的兴起》，厉以平等译，第46页。

英格兰的高地地区、森林地、林地、石南原、沿海及内河的谷地、湿地、沼地等都还荒无人烟。约克郡、兰开夏郡、柴郡、德比郡、什罗普郡、斯塔福德郡等地"也储备着大量未开垦的土地"①。东南部的莱切斯特郡、北安普敦郡的西部、埃塞克斯南部的伦敦黏土区、威尔德（Weald）、白马谷（Vale of White Horse）、伍斯特平原东南部的厚土地带，也等待着人们去拓垦。②到了1160年前后，因农产品价格上涨，土地价值上升，为了能够从粮价上涨中获得收益，③世俗领主、主教和修道院纷纷投身到拓垦的大潮之中。特别是在英格兰的沼泽地区发现了很多这样的证据。有学者说："大规模的垦荒都是在领主认可的情况下进行的"④。一些大地产新增耕地数百至上千英亩。⑤

在领主大规模垦荒的同时，农民的垦荒也在悄无声息地进行。他们"向边地进发"（journey to the margin），在村庄边缘的森林地带和石南荒原，清理出无数的小块耕地。这些耕地仅有几英亩、一英亩甚至不足一英亩。⑥1150年，一名骑士向诺丁汉的沃灵威尔（Wallingwells）小修院捐赠了四块由荒地组成的新耕地，这些新垦地都是以垦地农民的名字命名的。⑦农民在庄园的垦荒一旦被领主察觉，要向领主缴纳什一税，并承担相应的封建义务。如果农民的新垦地触及国王的森林地，则要向国王交纳12便士，最多1马克，或更少的罚金。⑧

---

① Edward Miller and John Hatcher, *Medieval England-Rural Society and Economic Change, 1086-1348*, p. 31.

② 〔英〕M. M. 波斯坦等主编：《剑桥欧洲经济史》（第一卷），王春法等译，第470—471页。

③ J. L. Bolton, *The Medieval English Economy, 1150-1500*, pp. 87-88.

④ Edward Miller and John Hatcher, *Medieval England-Rural Society and Economic Change, 1086-1348*, pp. 78-81.

⑤ H. C. Darby, ed., *A New Historical Geography of England before 1600*, Cambridge: Cambridge University Press, 1973, p. 99.

⑥ Edward Miller and John Hatcher, *Medieval England-Rural Society and Economic Change, 1086-1348*, pp. 33-35.

⑦ 〔英〕M. M. 波斯坦等主编：《剑桥欧洲经济史》（第一卷），王春法等译，第70页。

⑧ 同上。

2.大垦荒的进程

大垦荒一般分三种形式展开，即森林拓垦、沼泽拓垦和荒漠拓垦。

森林垦荒是影响最大的垦荒。英格兰拥有大片皇家林场或皇家猎场，任何人不得随意侵入。但是，随着时间的推移，森林法的禁令可以用罚款来抵消。12世纪末，"原来森林的很大一部分被垦殖的村庄和村民侵入，国王和私有地所有者开始从垦殖者和各种类型的擅自占地者那里获得了可观的收益。"① 1199年，莫安特伯爵因开垦森林，向国王交付了200马克的罚款，并赔付了10匹军马。②1204年，一位康沃尔的领主因开垦森林，向亨利支付了2200马克，外加200匹乘马。③理查一世和失地王约翰为一次性筹得现款，开始贩卖森林砍伐权。1204年，德文郡的人在付给约翰5000马克以后，将整个郡的森林清理一空。④同时，采矿业的发展也使皇家森林受到威胁。1184—1185年，犹太人蒙特索瑞尔的雅各布（Jacob of Mountsorrel）因炼锡的需要，圈围了皇家林地，被罚款12镑3先令8便士。⑤受"炼锡热"的破坏，莱斯特郡至德文郡的乡村地带"以至于直到许多个世代后才对探矿者开放"。波尔顿说："仅1250—1325年间，王室森林就减少了三分之一。"⑥拉克姆估计，从1086年到1350年，英格兰森林覆盖率从15%下降到10%。⑦伴随着林地被大量砍伐，英格兰出现许多与林地有关的新地名。如伍德科茨（Woodcotts）、伍德曼科茨（Woodmancotes）、伍德霍斯（Woodhalls）、纽兰兹（Newlands）和纽霍斯（Newhalls）等。凡

① 〔英〕M. M. 波斯坦等主编：《剑桥欧洲经济史》（第一卷），王春法等译，第472页。
② J. Z. Titow, *English Rural Society, 1200–1350*, London: George Allen and Unwin; New York: Barnes and Noble, 1969, p. 36.
③ Edward Miller and John Hatcher, *Medieval England-Rural Society and Economic Change, 1086–1348*, p. 40.
④ 〔英〕W. G. 霍斯金斯：《英格兰景观的形成》，梅雪芹、刘梦霏译，第92页。
⑤ 同上。
⑥ J. L. Bolton, *The Medieval English Economy, 1150–1500*, p. 12.
⑦ O. Rackham, *Ancient Woodland: Its History, Vegetation and Use in England*, 1980, pp. 126, 134; Cited in R. Mortimer, *Angevin England, 1154–1258*, p. 157.

含有 "wood" 或 "beare" 的地名都是新农场。①

在皇家林地被大量开垦的同时，私人林地也被围垦。1189—1194年，兰开夏郡的骑士为开垦约翰的林地，交付了500英镑。②科兹沃兹主教罗杰以一年一马克的价格，将位于比绍克利夫村（Bishops Cleeve）的一片林地，租给了一个叫杰罗德的人。③一些私人林地变成了公园。公园即公共园地，最早起源于大垦荒。例如，英格兰北部的公园——诺斯利（Knowsley）是现存最大的公园，它是罗伯特·德·拉森爵士（Sir Robert de Latham）在1292年创建的。赫特福德郡的哈特菲尔德公园亦创建于13世纪。一开始，它是威塞克斯国王埃德加赐给伊利（Ely）僧侣用来解决建筑用材的森林地，后来被圈围成两个公园，一个占地1000多英亩，另一个占地350英亩，19世纪，两者被合并，形成了今天的哈特菲尔德公园。④

沼泽和湿地的开垦是大垦荒的又一重要组成部分。11世纪，英格兰的沼泽地带还很少有村庄出现，基本上是无人区。1150至1300年间，人们在这些地带建起了水沟和堤岸，村庄开始产生。比如，在今天沃什湾附近的乡村地带，特别是在沃什湾西部和南部的林肯郡和诺福克郡，地名非常令人奇怪，那些带 "港"（Haven）字的地点——如比科港（Bicker Haven）、福利特港（Fleet Haven）等，现在都是内陆；而那些带 "海角"（Seas End）的地点——如莫尔顿海角（Mouldton Seas End）、瑟福利特海角（Surfleet Seas End）和海沟农场（Seadyke Farm）等，现在距离海岸线也都很远；还有那些带 "罗马堤"（Roman Bank）的地点，现在也在平原上蜿蜒。实际上，所有这些名称奇特的地点都是中世纪时期人们开垦沼泽和湿地所留下的遗迹。⑤而这种情况的出现与这个时期西欧经济的商品化及小间冰期是分不开的。据研究，11至14世纪，在大约三百多年的

---

① 〔英〕W. G. 霍斯金斯：《英格兰景观的形成》，梅雪芹、刘梦霏译，第88页。
② J. Z. Titow, *English Rural Society, 1200–1350*, p. 36.
③ 〔英〕W. G. 霍斯金斯：《英格兰景观的形成》，梅雪芹、刘梦霏译，第88—89页。
④ 同上书，第93页。
⑤ 同上书，第95页。

时间内地球的气温一直保持高温。英格兰的北方曾经因气候寒冷而不产葡萄，但是在诗人乔叟的故事里，因气温回暖，北方的葡萄园已变得茂盛。[①]另据克劳兰德修道院（Crowland Abbey）的编年史记载：英格兰的降雨在这个时期出现减少，导致沼泽逐渐干涸，可以大规模修筑堤防，并开辟出大片可耕地。在沃什湾南部的霍尔比齐（Holbeach）、瓦泊娄得（Whaplode）和弗里特（Fleet）等地，从1160年起，人们开始挖沟工作，陆续出现星期六沟（Saturday Dike）、汉索克沟（Hassock Dike）、阿斯加沟（Asgardike）和公共沟（the Common Dike）等。[②]同时，人们也在修筑堤道。沃什湾南岸有许多被潮汐抬高的盐碱地，当盐碱地达到一定高度时，人们就将其圈围起来，筑起堤岸防止再次被侵蚀。最终，水沟和堤坝的维护都成为不可或缺的工作。按规定，盐碱地被划分成若干个博瓦特（bovate），每一个博瓦特附加一定长度的水沟和堤坝需要维护。例如，在沃尔索根村（Walsoken），每英亩可耕地须负责4英尺海堤及1英尺坡堤的维护；在西沃尔顿（West Walton），每英亩可耕地须负责6英尺2英寸海堤及1英尺坡堤的维护。[③]堤岸和沟渠的修建终于使成百平方英里的土地被投入使用。

高地与荒漠的开发也是大垦荒的重要组成部分之一。由白垩土和石灰岩组成的丘陵地带本来只能放牧羊群，从12世纪起，以西多会为首的修道院开始开发这些地区，从此，约克郡的山谷和威尔士的荒地都变成了良田，而林肯郡和约克郡的石灰岩高地则变成了大

---

① 郎咸平："极寒天气揭穿西方全球气候变暖谎言"，http://xianpinglang.blog.sohu.com/203245138.html，2012-02-10。

作者还说："从15世纪一直到18世纪，甚至到19世纪的400年时间，叫作小冰河时期，因为当时气候非常冷。到了17世纪中叶，达到最低点，那是最冷的时候。当欧洲进入小冰河期之后，冷到什么地步呢？我们可以从泰晤士的老神父所遗留下来的很多书籍跟当时的绘画中发现，在小冰河时期的冬天，非常的艰苦，泰晤士河竟然结冰了，人们可以在泰晤士河上滑冰，甚至进行货物销售。而泰晤士河现在是不结冰的。所以，今天世界气温的上升，是从这个时候开始的。从最低点开始一直往上升，升到现在。但是，如果我们拿现在的气温和中世纪相比，你发现中世纪的气温比我们现在高得多得多。"

② 〔英〕W. G. 霍斯金斯：《英格兰景观的形成》，梅雪芹、刘梦霏译，第97页。

③ 同上书，第97—98页。

牧羊场。据记载，中世纪僧侣们放牧羊群的总数虽不及农民多，但平均数更大。如12世纪初，卡昂（Caen）"圣三位一体"修道院的修女们在米切汉普顿公地（Michinhampton Common）放牧了1700多头羊。[①]同时，无数的小块牧场也被农民家庭开发出来。在达特莫尔高地发掘的35个"老庄子"（ancient tenement）中，既有利顿（Riddon）这样的小农场，也有巴贝尼和匹兹威尔（Pizwell）这样由3个农庄聚合形成的大农场，这些农场由坚固的花岗岩围砌而成。[②]英格兰西北部高沼地的垦荒始于12世纪，其西南部高沼的拓垦则跨越整个13世纪。出现于1230年的柯克兰（Kirkland）、出现于1288年的穆尔顿（Murton）、出现于1289年的达夫顿（Dufton）都是垦荒留下的小村子。[③]当然，只有海拔不超过一定高度的高地，才值得人们去开垦。否则，只能留给鹬和山羊。当相邻山谷的人们在分水岭上相遇时，常常会指责对方穿越了荒原上一条想象中的边界，因此，海拔高的地点可能是引起争端的一个分界点。

总之，大垦荒是诺曼征服英格兰前后开始出现的大生产运动。当时，无论教俗领主，还是一般农民均趋之若鹜。垦荒之后，英格兰大片的森林、沿海湿沼和莽莽荒原及高地慢慢不见了，广泛分布的林地、河谷、荒地和石南原也变成耕地或牧场，英格兰地貌发生了根本性的变化。由此带来的后果不仅使英格兰耕地面积增多，人口大量增加，村庄及城镇数量也迅速上升。原始面貌的英格兰消失了，代之而起的是农业、牧业、手工业和商业均趋向繁荣的新英格兰。

英格兰的新变化

首先，英格兰的耕地面积大量增加。据1086年的《末日审判书》统计，被记录到的英格兰耕地共计71,785犁，1犁合100英亩，1086年，英格兰有耕地710万英亩；而1914年的英国官方统计显

---

① 〔英〕W. G. 霍普金斯：《英格兰景观的形成》，梅雪芹、刘梦霏译，第100—101页。
② 同上书，第104页。
③ 同上。

示：20世纪初，英格兰的耕地面积共计770万英亩。[1]另一种权威估计认为：1086年，英格兰耕地总数大约700万—800万英亩，到1300年，新增加耕地约100万英亩。[2]耕地增加幅度大约12%—14%之间。其实，很多零星垦荒是无法统计的，很多沼泽地被开辟出来以后又会被海水浸泡。[3]

其次，英格兰的人口大量增加。按罗塞尔（Russell）的最低估算统计，英格兰人口从1086年的114万增加到1347年的370万。[4]达比（Darby）认为，11世纪，英格兰有150万人，14世纪初增加到400万—450万人。[5]波尔顿认为，《末日审判书》发布时，英格兰有175万—225万人，黑死病来临前，英格兰有多达500万—600万人。[6]波斯坦则表示：1086年，英格兰有200万人，13、14世纪之交，可能增加到700万人。[7]哈勒姆（Hallam）也认为：1292—1294年，英格兰曾拥有多达720万人。[8]根据近些年来的统计估测，1300年前后，英格兰在人口高峰时可能拥有不超过475万人，"更多的人口得

---

[1]　J. Z. Titow, *Winchester Yields: A Study in Medieval Agricultural Productivity*, Cambridge, 1972, p. 72, 转引自马克垚：《英国封建社会研究》，北京大学出版社1992年版，第230—231页。

[2]　N. Saul, ed., *The Oxford Illustrated History of Medieval England*, Oxford; New York: Oxford University Press, 1997, p. 152.

[3]　1439年1月19日的一则记录中提到：一个叫托马斯·弗洛尔（Thomas Flower）的人丝毫不理会沟渠管理官的警告，没有维护理应由他负责的维斯海岸（Wisbeach）的一段堤坝，结果从中部地区倾泻而下的洪水冲垮堤防，大约1.2万至1.3万英亩的田地在很短的时间内被淹没，参见〔英〕W. G. 霍斯金斯：《英格兰景观的形成》，梅雪芹、刘梦霏译，第98页。

[4]　J. C. Russell, *British Medieval Population*, Albuquerque: University of New Mexico Press, 1948, p. 263.

[5]　H. C. Darby, *Domesday England*, Cambridge; New York: Cambridge University Press, 1977, p. 75.

[6]　J. L. Bolton, *The Medieval English Economy, 1150-1500*, p. 71.

[7]　Edward Miller and John Hatcher, *Medieval England-Rural Society and Economic Change 1086-1348*, p. 29.

[8]　H. E. Hallam, *Rural England, 1066-1348*, Sussex:The Harvester Press; New Jersey: Humanities Press Inc., 1981, p. 246; H. E. Hallam, ed., *The Agrarian History of England and Wales*, Cambridge: Cambridge University Press, 1988, Vol. 2, p. 536.

不到供应，600万以上的人口更是难以解释。"① 比较可信的增长范围是：1086年，英格兰有250万人，1300年达到475万。② 布里特纳尔的结论是：英格兰人口从1086年的250万增至1300年的470万。③

就区域人口来说，有些地点增长显著。例如，萨默塞特郡温切斯特主教区所属陶顿（Taunton）大庄园，曾对年满12岁的男性不分租佃与否均每年征收一便士的"百户区便士"，这项登记保持了一个多世纪，结果显示，12岁以上的男性从1209年的612人增至1311年的1448人，年增长率为0.85%，远远超过这一时期世界人口平均增长率0.01%的水平。④ 再如，1086—1287年间，林肯郡斯帕尔丁（Spalding）百户区登记的住户数增加了6倍以上，平奇伯克（Pinchbeck）百户区增加了11倍以上；更有甚者，芙里特（Fleet）百户区的住户数在1086—1315年间增加了62倍。⑤ 约克郡在黑死病暴发之后的剩余人口仍是1086年的7倍左右。⑥

英格兰的乡村面貌开始发生很大的改变。这个时期，整个西欧发生了三大农业技术革命。一是三圃制取代两圃制，土地被分成春耕地、秋耕地与休耕地，利用率大大提高。二是重犁代替爬犁，一种底部装有轮子的重型犁开始被使用，不仅犁头深，操作也更方便。过去的爬犁只能翻耕浅层的砂土，重犁不仅使耕种范围扩大，而且使土壤肥力大大增加。三是马力在农业上得到使用。早期的人们只知道把挽具套在马脖子上，但在拖拉重物时，马很容易窒息而死，

---

① Richard H. Britnell, "Commercialisation and Economic Development in England, 1000-1300", Richard H. Britnell and Bruce M. S. Campbell, eds., *A Commericialising Economy*, England 1086 to c.1300, pp. 11-12.

② Ibid.

③ Richard H. Britnell, "Commercialisation and Economic Development in England, 1000-1300", Richard H. Britnell and Bruce M. S. Campbell, eds., *A Commericialising Economy*, England 1086 to c.1300, p. 12.

④ J. Z. Titow, "Some Evidence of the Thirteenth Century Population Increase", *The Economic History Review*, Vol.14, 1961, pp. 218-224.

⑤ Edward Miller and John Hatcher, *Medieval England-Rural Society and Economic Change, 1086-1348*, p. 31.

⑥ Ibid., pp. 32-33.

这个时期的人们发明了一种套在马胸部的挽具，马力得到释放，一下子提高了4—5倍，马用于耕作的效率大大提高。同时，水车、风车等新农具也被广泛使用，不仅用于排干湿沼，灌溉农田，还用于带动水磨，给生产和生活提供了很大的方便。此外，大镰刀之类的铁农具得到普及，铁匠铺明显增多。①

生产技术的改进推动了农作物产量的提高。8、9世纪，英格兰的主要农作物即大麦、小麦、燕麦和裸麦的收获量只有种子量的2倍左右，1200—1249年，平均已增加到3.7倍，1250—1499年，又上升到4.7倍。收获量只要达到种子量的3倍，农民就有余粮可卖。②

在乡村景观方面，12世纪末，风力磨坊、水力驱动的印花布磨坊和漂洗磨坊开始在英格兰乡村出现。河流一旦被引流或者筑上堤坝之后，一个磨坊的选址就确定了。同时，大型的修道院和教堂开始建造。据估计，1150—1250年间，英格兰新建教堂总数可能达几千座。"带有尖顶的大教堂出现在13世纪初"，它从林肯郡至萨默塞特郡、以对角线的形式斜切整个英格兰的乡村地带，与附近鲕状灰岩区的建筑形成鲜明对比；在其他地方，高塔的建筑数量则远远超过尖顶的数量。这种尖顶建筑矗立于树丛之上，或直刺沼泽地区的天空，成为典型的英格兰景观。③

与此同时，英格兰的市镇景观也发生了很大变化。11世纪晚期，因诺曼人征服，英格兰出现很多城堡。这些城堡主要是用来防范苏格兰人和威尔士人威胁的要塞，军事地位重要。因城堡本身也需要后勤供应，它的周围常常聚集物流、商人和手工业者，市镇由此诞生。大垦荒时期，英格兰又出现一大批农业集镇和工商业市镇。例如，亨利二世统治时期，皇家公园的大门附近新建了伍德斯托克镇，这个小镇原是布雷顿（Bladon）教区下辖的一个小礼拜堂。1194年，

① G. Duby, *Rural Economy and Country Life in the Medieval West*, p. 108.
② 〔意〕加罗·奇波拉：《前工业革命：欧洲的社会和经济，1000—1700》，第123页，转引自朱孝远：《近代欧洲的兴起》，学林出版社1997年版，第8页。
③ 〔英〕W. G. 霍斯金斯：《英格兰景观的形成》，梅雪芹、刘梦霏译，第108页。

理查一世新建朴次茅斯城，取代淤塞的波彻斯特（Porchester）港。1196年，伍斯特主教建成"埃文河上的斯特拉福"。1207年，约翰王授予利物浦特许状，允许利物浦成为自治镇。1215年，伊恩沙姆修道院的院长划出一块边地，用于建造新市镇。13世纪中期，普林顿小修道院新建了普利茅斯等。[1]这些新创建的小市镇大部分服务于方圆3至5英里的地区，偏远地区的市镇可能辐射半径10英里的范围。更重要的是，这个时期，英格兰有很多港口出现。例如，从东海岸的阿尼克到新温切尔西之间，有赫尔、南安普敦、波士顿、林恩等著名港口问世。13世纪，它们向佛兰德输出羊毛和粮食，而这些输出产品又主要来自斯塔福德、诺福克、剑桥、亨廷登、贝德福德等新垦区。[2]据戴尔估计，1300年，英格兰存在大约600个人口在2000人以下的市镇或小镇。[3]当然，英格兰城乡之间及各地区之间的交流和联系也大大改善，道路和桥梁开始大规模建造。

希尔顿在研究大垦荒的历史作用时曾强调：大垦荒对封建经济发挥的作用早于长途贸易，"这一因素，而不是所谓国际贸易的复兴……乃是商品生产的基础"；而"国际贸易的显著增长从年代顺序上看是在农业生产力发展之后出现的"。[4]

二、十字军东征与欧洲的长距离贸易

大垦荒从内部改变了西欧和英格兰，十字军东征则从外部重塑了欧洲。11世纪晚期至13世纪，基督教的欧洲与伊斯兰教的中东之间发生"十字架"对"弯刀"的战争，这就是欧洲历史上著名的十字军东征。战争虽然在名义上是为了实现宗教目的，但实际上并没

---

[1] 〔英〕W. G. 霍斯金斯：《英格兰景观的形成》，梅雪芹、刘梦霏译，第110—111页。

[2] J. L. Bolton, *The Medieval English Economy, 1150-1500*, p. 22.

[3] C. Dyer, *Making a Living in the Middle Ages, the People of Britain, 850-1520*, New Haven: Yale University Press, 2002, p. 190.

[4] R. H. Hilton, ed., *The Transition from Feudalism to Capitalism*, London: NLB; Atlantic Highlands〔N. J.〕: Humanities Press, 1976, pp. 153-154, 116.

有增加基督教在中东的传播，也没有永久扩大欧洲在中东的领地，其最大的收获是重新打开了欧洲与东方之间的国际贸易，欧洲再次加入到东西方国际贸易的大家庭当中。国际长途贸易冲击了欧洲内部的封建领地经济，使领地经济在大垦荒的作用之外，进一步走向商品货币经济。

"东征"的启动

11世纪后期，拜占庭所属的小亚细亚受到来自中亚的信奉伊斯兰教的塞尔柱突厥人的进攻，丢失了"圣城"耶路撒冷。1095年，拜占庭皇帝向罗马教宗求援，希望罗马教宗提供军事上的援助。时任教宗乌尔班二世在法国南部的小城克勒芒举行宗教会议，发表了著名的克勒芒演说，号召基督徒拿起武器，组成"十字军"，展开圣战。从当时西欧内部的情况来看，领地制度刚刚形成，社会财富的分配严重不公，很多人愿意进行这样的战争，希望由此寻找新的土地和财富。[①]

第一，长子继承制出现以后，堵塞了贵族庶子继承家业的机会，这些庶子希望进行战争。当时，作为庶子的最大期望是成为骑士以后，荣膺战功、获得封地。例如，征服南意大利的欧特维尔家族是当时欧洲影响最大的家族之一，该家族的坦克雷德是诺曼底公国下属的一个弱势男爵，其土地和财产不足以供养两个妻子生下的12个儿子和2个女儿，其中的8个儿子便先后奔赴意大利参加战争。最早出发的是威廉和德罗戈。在参与拜占庭的战争中，两兄弟的实力坐大，威廉当选为领袖，成为阿普利亚和卡拉布利亚伯爵。威廉死后，

---

① 1095年11月，罗马教宗乌尔班二世在法国克勒芒宗教大会上说："在东方，穆斯林占领了我们基督教教徒的'圣地'（耶路撒冷），现在我代表上帝向你们下令、恳求和号召你们，迅速行动起来，把那邪恶的种族从我们兄弟的土地上消灭干净！"教宗还蛊惑人们："耶路撒冷是世界的中心，它的物产丰富无比，就像另一座天堂。在上帝的引导下，勇敢地踏上征途吧！"参见乌尔班二世的讲道，9087号法语手抄本，《远征海外的指导意见》第1455页，法国国家图书馆。

德罗戈又成为神圣罗马皇帝的直属封臣。[①] 十字军东征提供了战争的机会，对骑士来说无异于"再创业"。因此，东征开始后，骑士成为征讨的主力。第一次东征之后，这些西方骑士在小亚细亚陆续建立了"安条克伯国""爱德加伯国"和"拉丁帝国"等海外领地。为保护这些领地，骑士们又组织了"圣殿骑士团""条顿骑士团"和"医院骑士团"等，担任领地的守备。

第二，西欧的农民也变得不安分。因为领地制形成以后，领主开始加派劳役和租税，农民的负担加重。另外，"析产继承制度"使农民的份地缩小，农民也需要新的土地。货币化、商品化和城镇化的出现使农民需要更多的现金，特别是在1087—1095年间，西欧连续七年出现大饥荒，农民需要新的财源。因此，"圣战"开始后，农民也把它看成一种"转机"。1096年春，在骑士队伍未组成之前，携家带口的农民队伍就提前出发了。

第三，罗马教会也同样蠢蠢欲动。1054年，欧洲基督教会发生"大分裂"之后，以罗马为中心的西欧天主教会与以君士坦丁堡为中心的东欧东正教会开始分道扬镳，罗马教会不甘心，时刻希望将东正教纳入自己的统一管辖之下，以便建立世界教会，树立罗马教宗的无上权威。中东乱局出现以后，对教宗来说无异于天赐良机。他毫不犹豫地组织起军队，对地中海东岸发起进攻。东征开始后，很多贵族和农民家庭因急需现金，不得不将土地低价卖给教会，使教产规模迅速扩大。同时，教会的信用机构在欧洲迅速建立起来。因此，东征时期也是教会发展的黄金时期。

第四，东征对欧洲新出现的商人和城市阶层也是难得的机遇。在东征过程中，商人在从事东西方贸易的同时，还用船只把十字军运送到目的地，对东征发挥着后勤保障作用。对威尼斯和热那亚等地商人来说，东征的作用更加重要，因为它改变了地中海东部的霸权地位，东征之后，贸易霸权从拜占庭转移到威尼斯或热那亚

---

① "诺曼人如何征服南意大利？"，http://www.360doc.com/content/16/1217/22/ 16534268_615604486.shtml，2016-12-17。

的手中。

因此，当时西欧社会的几乎每一个阶层对东征都是积极支持和响应的。他们名义上是到中东参加"圣战"，实则是抢占"流着奶和蜜"的地方，具有明显的侵略性质。布罗代尔说："西方世界很早（1094年）就变得富于侵略性了。"[1]珍妮特·阿布－卢格霍德（Janet Abu-Lughod）说得更直白："如果不是为了追求东方的财富，十字军东征甚至不可能发生，至少不会有什么结果。"[2]

东西方贸易的开启

东征的目的实际上是掠夺。1240年开启的第四次东征，更是直接攻陷同属基督教的君士坦丁堡。因此，十字军东征对欧洲经济生活的影响是巨大的。

第一，它使欧亚大陆的东西两端重新开始贸易上的接触，"欧亚经济体"开始形成。该经济体的出现扩大了欧洲人的眼界，诱发欧洲人将目光转向东方，购买东方商品成为一种时尚。东征之后，东方输往欧洲的商品大大增加。

第二，随着东方商品不断输往欧洲，欧洲也需要生产新的产品与之交换。因此，东征之后，欧洲的商品生产迅速发展起来，毛纺业一马当先，佛兰德和佛罗伦萨均成为欧洲的毛纺业中心。欧洲开始与国际市场对接。

第三，欧洲内部用于自给的庄园经济开始向商业型经济转型。这个时期，欧洲的银行、汇票、合同均开始出现，小城镇之上的更大规模的城市开始兴建。在商业经济的刺激下，以土地为载体的领地经济开始受制于以货币为载体的商人阶层，起源于城市的商业、制造业、银行业和信贷业均开始向乡村和领地渗透，改变了人们关

---

① 〔法〕费尔南·布罗代尔：《法兰西的特性：人与物》（上册），顾良等译，商务印书馆1997年版，第132页。

② Janet Abu-Lughod, *Before European Hegemony: The World System, A.D.1250-1350*, New York: Oxford University Press, 1989, p. 17, 转引自〔德〕贡德·弗兰克：《白银资本——重视经济全球化中的东方》，刘北成译，中央编译出版社2000年版，第95页。

于财富的观念。财富不再仅仅是以前的土地等"不动产"，还包括金钱等"动产"，货币成为新的财富形式。农奴交纳给领主的地租也转变成货币，出现货币地租。

更重要的是，东征开启之后，欧亚之间的国际贸易开展起来。美国著名历史学家伊曼纽尔·沃勒斯坦把13世纪前后出现的"欧亚经济体"划分为五大部分，即"地中海经济体""印度洋-红海经济体""中国经济体""中亚经济体"和"波罗的海经济体"。[1]美籍阿拉伯裔学者珍妮特·阿布-卢格霍德明确提出：1250—1350年间，"欧亚经济体"的中心不是在欧洲，而是在亚洲。[2]她认为这个经济体由"欧洲亚体系""中东亚体系"和"印度洋-东亚亚体系"三个"亚体系"组成；这三个亚体系又通过"八个相互联系的、以城市为中心的地区"结合在一起，最终形成一个"统一的、13世纪的非洲-欧亚世界经济共同体"。[3]这个体系的建立至少"部分地依赖于由十字军造成的欧洲与东地中海的贸易"[4]。

当时，欧亚之间的贸易商道主要有三条。北方的商道称"丝绸之路"。[5]它从中国出发，经西域戈壁，过中亚的撒马尔罕和布哈拉，抵里海，在里海附近呈三个方向西延：一条沿西南过小亚细亚、叙利亚抵黑海和地中海；另一条北行，绕里海抵黑海；第三条更北行，

---

[1] 〔美〕伊曼纽尔·沃勒斯坦：《现代世界体系》（上册），尤来寅等译，高等教育出版社1998年版，第14页。

[2] 〔德〕贡德·弗兰克：《白银资本——重视经济全球化中的东方》，刘北成译，第5页。

[3] 〔美〕珍妮特·阿布-卢格霍德：《在欧洲霸权之前：1250—1350年间的世界体系》，1989年版，转引自〔德〕贡德·弗兰克：《白银资本——重视经济全球化中的东方》，第5、94页。

[4] Janet Abu-Lubhod, *Before European Hegemony: The World System, A. D. 1250-1350*, p. 9, 转引自〔德〕贡德·弗兰克：《白银资本——重视经济全球化中的东方》，刘北成译，第95页。

[5] 1877年，德国地理学家李希霍芬（F. von Richthofen）在《中国》一书中，首次将汉代中国和中亚南部、西部以及印度之间以丝绸贸易为主的交通路线称为"丝绸之路"（德文Seidenstrassen，英文the Silk Road）。1910年，德国历史学家赫尔曼（A.Herrmann）在《中国与叙利亚之间的古代丝绸之路》一书中，根据新发现的考古材料，进一步把丝绸之路延伸到地中海西岸和小亚细亚，确定了丝绸之路的基本内涵，即它是中国古代经由中亚通往南亚、西亚以及欧洲、北非的陆上贸易交往的通道。因为大量的丝和丝织品经由此路西传，故称为"丝绸之路"，简称"丝路"。参见荣新江："行走在丝绸之路上"，2016年北京外国语大学学术讲座。

抵俄罗斯的诺夫哥罗德。南方的商道主要是水路。它起自印度的马拉巴尔，西行穿印度洋，过红海，抵汉志和加沙，卸货后，由商队驮运至开罗和亚历山大。第三条商道同样起自马拉巴尔，沿印度洋抵波斯湾，改陆路抵黑海，再至地中海。除这三条商道之外，还有其他商道存在，"只是不太固定罢了。"①

在贸易过程中，地中海沿岸的城市如威尼斯、比萨、那不勒斯、马赛、巴塞罗那以及大西洋沿岸的波尔多等，都是东方商品的集散地。中亚地区的很多城市都有欧洲商人来往，特别是有威尼斯和热那亚的商人定居。据《马可·波罗游记》记载：在亚美尼亚，"其国海岸有一城，名剌牙思，商业茂盛，内地所有香料、丝绸、黄金及其他货物，皆辐辏于此。威尼斯、热那亚与其他各国之商人，皆来此售卖其国出产，而购其所需之物。凡商人或他种人之欲赴内地者，皆自此城发足。"②在帖必力思城（今伊朗东阿塞拜疆省首府大不里士），"帖必力思之人，实以工商为业。缘其制作种种金丝织物，方法各别，价高而奇丽也。此城位置适宜，印度、巴格达、摩苏尔、格儿墨昔儿（Guermessir）及其他不少地方之商货，皆辐辏于此。拉丁商人数人，尤其是热那亚商人，亦至其城购货，并经营他种商业。盖城中尚有宝石不少，商人于此大获其利。"③因此，马可·波罗表示："唯独遗黑海沿岸诸州，缘其地时有人往游，威尼斯人、热那亚人、皮撒人之航行此海者甚众，述之似乎累赘，人尽识之，故遗而不述。"④可见，13世纪前后，中亚一带已到处可见欧洲商人。

当时，东方输往欧洲的商品主要有香水、丝绸、染料、香料、中药和锦绣挂毯等。其中，著名商品有中国的生丝、印度的草棉、大马士革的彩缎、巴格达的神龛、摩苏尔的纱布、加沙的棉纱

---

① 《康索拉度海法》（Consulate of the Sea），黄永申译，http://www.bloglegal.com/blog/cgi/shownews.jsp?id=2550045451，2010-04-19。

② 〔意〕马可·波罗：《图释马可·波罗游记》，冯承钧译，吉林出版集团有限责任公司2009年版，第21页。

③ 同上书，第33页。

④ 同上书，第314页。

等。近东和阿拉伯输往欧洲的商品还有木材、垫毯、地毯、锦绣挂毯、精美的服装、珠宝和金属制品等。中国的瓷器在南宋时大量出口到欧洲。瓷器自泉州出发贩运至欧洲，价值与黄金相等。[①]中国还有其他商品如米、橘、杏、无花果、葡萄干、香粉、药剂、苏方、明石等也不断输往欧洲。这些商品最初出现在意大利，随后在法国南部出现。东方的棉花、水稻、西瓜、丝织、印染、制糖等亦被十字军带到欧洲。一些新词汇如棉(cotton)、沙发床 (divan)、薄棉布（muslin）等也加入到欧洲的语言里。这些商品大多作为奢侈品进入欧洲，其中绝大部分被欧洲进口以后又再出口，以获取高额利润。[②]据记载，胡椒、肉桂等香料是地中海贸易的首要商品。11至15世纪末，来自阿拉伯、印度及中国的商队把大量香料运抵叙利亚，再由威尼斯、热那亚等地的商人从叙利亚运销西欧各地。由于香料成本低、运输便利、利润高，在地中海贸易中占得头筹。不过，就贸易量来说，西欧的香料远不及中国的香料。据马可·波罗记述，中国福州所辖"刺桐"（今厦门）的胡椒贸易量相当于埃及亚历山大港的近百倍。他说："刺桐……所卸胡椒之多，若以亚历山大运赴西方诸国者衡之，则彼数实微乎其微，盖其不及此港百分之一也。此城为世界最大良港之一，商人、商货聚积之多，几难信有其事"。[③]

来自威尼斯、热那亚、比萨、巴塞罗那等地的欧洲商人开始在近东港口获得特权。他们用支付"特别费"的办法，贿赂当地官员，取得各种优惠或优先待遇。阿拉伯商人受利益驱动，甘愿充当工具，协助欧洲商人在巴格达、大马士革、亚历山大里亚等城市获取种种特权。欧洲商人在近东港口设有特区，专供欧洲人使用，他们在特区内建立不受当地官员管辖的固定货栈，并享有治外法权。随着贸易的升级，欧洲商人开始成立专门的商业管理机构，制定商业法规，

① 吴慧：《中国古代商业》，商务印书馆1998年版，第113页。
② 《康索拉度海法》，黄永申译。
③ 〔意〕马可·波罗：《图释马可·波罗游记》，冯承钧译，第212页。

然后将这些法规收集起来，编纂整理以后出版并发行，使所有欧洲商人都能够了解和执行。[1]当时的意大利城邦、法国南部城市、加泰罗尼亚、达尔马提亚等地均不断把移民送至海外，进行商业殖民。只是殖民力量过于分散，容易被本土化，没有形成大的海外势力。13世纪晚期，移民浪潮进入高峰，意大利商人势力已深入非洲内陆和亚洲腹地。[2]1497年，麦哲伦航行抵达印度卡里库特时，曾在城内找到两个出身突尼斯却说得一口流利卡斯提尔语和热那亚语的摩尔人。[3]

总之，十字军东征之后，东西方长途贸易和转运贸易已成为欧洲经济生活中不可或缺的一部分。[4]

欧洲内部的长距离贸易

十字军东征发生后，欧洲内部出现南、北两大贸易区，即地中海贸易区和波罗的海－北海贸易区。南方贸易区是以意大利城邦为中心的地中海贸易中心，北方贸易区则诞生了汉萨同盟、香槟集市和尼德兰毛纺区等诸多工商业中心和城市网络。

1. 地中海贸易区

地中海贸易的主体部分是威尼斯、热那亚和佛罗伦萨等意大利城邦。

---

[1]《康索拉度海法》，黄永申译。

[2]　M. M. Postan, H. J. Habakkuk, eds., *The Cambridge Economic History of Europe*, Vol. 1, p. 347.

[3]《中世纪史文献》卷三，第17—22页，转引自朱寰主编：《世界上古中古史参考资料》，第373页。为了与新出现的蒙古人建立联系，以便从东西两面共同夹击穆斯林，欧洲传教士包括少数商人受罗马教廷或其他王室委派，开始远涉亚洲。除1271年威尼斯商人马可·波罗出访蒙古汗廷，并长期留住中国腹地之外，出使的其他欧洲传教士及其作品还有：普兰·卡尔平尼著《蒙古史》；鲁布鲁克著《东方行纪》；热拉德、安德鲁、帕烈格里诺、鄂多力克著《中国和通往中国之路》。史料记载的元朝最后一次中欧交往发生在1338年。当时，教宗本笃十二世派遣佛罗伦萨人马尼诺里为特使，率领一支50人的使团，在意大利的那不勒斯港与元顺帝西派的使节脱孩会合，一同前往元朝。这个使团在元朝大都逗留了三至四年，然后由海道回国。他们给后人留下了《马尼诺里奉使东方录》一书。参见常宁文编著：《马可·波罗》，辽海出版社1998年版，第196—197页。

[4]　赵立行："论西欧中世纪后期庄园的商业化"，《历史教学》1999年第12期。

8世纪，伊斯兰世界兴起带来了"加洛林（贸易的）中断"，欧洲的国际贸易一度变得萧条。比利时历史学家亨利·皮朗对9世纪的欧洲商业有过一个描绘。他说："如果我们考虑到在加洛林王朝时代，铸金停止了，有偿贷款被禁止了，职业商人不再作为一个阶级而存在，东方商品（纸草、香料和丝绸）不再进口了，货币流通减少到最低限度，平民既不会读书也不会写字，不再有征税，城镇变成军事要塞，那么我们就可以毫不迟疑地说，我们的文明又退回到纯粹农耕时代，那里不再需要为维持社会存在所需的商业、信用和正常交换。"①波斯坦评介这个时期的意大利也认为：8、9世纪的"伦巴德的首都——帕维亚是一个三流的中心，米兰也是一个不起眼的竞争对手，热那亚、佛罗伦萨则几乎毫无意义可言"。②但是，进入10世纪前后，一批意大利人开始在君士坦丁堡、安提阿、耶路撒冷及其他一些近东港口建立殖民地。③威尼斯、热那亚、比萨、阿马斐那等城市还建起海上运输队，成立保护商船的武装船队，一边与拜占庭、埃及和叙利亚的口岸城市展开贸易，一边承继罗马时代的技能和工业传统，发展本地的手工业。

威尼斯是地中海贸易最活跃的城邦。该城位于亚德里亚海顶端的威内托地区，是陆路进出亚平宁半岛的必经之处，自古乃兵家必争之地。5世纪受西罗马帝国的兵燹之灾，威内托惨遭蹂躏，很多威内托人逃往附近海岛避难，这是现代威尼斯的雏形。查士丁尼"收复失地"之后，威尼斯归属拜占庭。810年，威尼斯在查理曼帝国与拜占庭帝国之间寻找平衡点，获得自治权，开始主导亚德里亚海的贸易。在"黑暗"时期的欧洲，它是第一个不依赖农业获得生存的城邦。威尼斯与君士坦丁堡和伊斯兰国家之间建立了三角贸易关系，转运的货物有香料、奴隶和日用品等三大类。亨利·皮朗评论："不

---

① Pirenne, H., *Mohammed and Charlemagne*, Allen and Unwin, 1939, p. 242.
② M. M. Postan, E. E. Rich, eds., *The Cambridge Economic History of Europe*, Vol. 2, p. 344.
③ Ibid., p. 347.

管香料贸易到达怎样快速、频繁,也绝对没有缺少买家的伤害"。①龙多·卡梅伦认为"'奴隶'贸易有如太阳初升,毫无疑问大大促进了威尼斯的蓬勃发展"。②1000 年,威尼斯是欧洲最大的奴隶市场。威尼斯又将西欧的木材、铁、铜等原材料运销东方。伊斯兰国家缺少原木,木料是造船用的主要材料,铁、铜可锻造兵器和货币。1177年,神圣罗马帝国皇帝红胡子腓特烈一世和教宗亚历山大三世,在征战多年之后选择威尼斯作复合之地,威尼斯终于在错综复杂的政教冲突中获得中立地位。

东征的发生大大拓宽了威尼斯的商业利益。至12世纪晚期,君士坦丁堡已有约一万名威尼斯居民。③1214年,随着第四次十字军东征对君士坦丁堡的占领,威尼斯船队完全取得对东地中海的商业霸权,其贸易触角一直延伸至黑海沿岸。13 至 15 世纪,威尼斯城居民达到20万人之多,拥有大商船300艘,小商船3000只,大小军舰46艘,专职海员36,000人。④其造船业、丝织业也十分发达。其铸造的货币"杜卡特"成为当时的国际通币。威尼斯城的年收入达到100万杜卡特,相当于法国的年收入,超过英国、西班牙和教廷年收入的总和。⑤1299年,威尼斯与奥斯曼土耳其人签订条约,又垄断了欧洲人进入巴勒斯坦的"朝圣之路"。14世纪初,威尼斯"大帆船"取道直布罗陀海峡,每年两次驶抵英格兰的南安普敦港和比利时的布鲁日港。同时,威尼斯商人又越过阿尔卑斯山口,开辟了连接德国城市的陆上贸易通道。这些商业措施大大压缩了法国的商业发展。布罗代尔评论,威尼斯的强势曾使法国长期被排斥在国际贸易之外。⑥14世纪初,热那亚成为威尼斯强劲的商业对手,两强

①　〔比〕亨利·皮朗:《中世纪欧洲经济社会史》,乐文译,第127页。

②　〔美〕龙多·卡梅伦:《世界经济史——从旧石器时代至今》,徐柏嘉、徐正林译,河南大学出版社1993年版,第60页。

③　M. M. Postan, E. E. Rich, eds., *The Cambridge Economic History of Europe*, Vol. 2, p. 348.

④　〔日〕高见玄一郎:"世界港口史",杨世强译,《中国港口》2004年第8期。

⑤　"西方历史研究·政治分裂长达1300多年的意大利",http://www.zzcnn.com/?a= show & c=articles&id=673,2014-02-15。

⑥　〔法〕费尔南·布罗代尔:《法兰西的特性:人与物》(上册),顾良等译,第143页。

相争近一个世纪，最终，热那亚因内乱被彻底击败，威尼斯成为地中海唯一的商业霸主，直至15世纪中叶才被新起的奥斯曼帝国压制。

热那亚是地中海贸易区仅次于威尼斯的第二大商业城邦，位于亚平宁半岛的西部。10世纪，热那亚还是一个农业中心。阿拉伯帝国兴起后，北非的穆斯林开始不断劫掠意大利，使意大利的城镇饱受攻击，大量土地被撂荒。为清剿穆斯林在地中海巢穴，1015—1016年，热那亚联合比萨，对屯驻科西嘉岛和撒丁岛的穆斯林武装展开进攻。正是在打击劫匪的过程中，热那亚人在西地中海的商业势力发展起来。他们与位于比斯牛斯半岛的加泰罗尼亚人合作，又先后打败控制西地中海的阿拉伯人和犹太人，成为地中海又一个富有竞争力的商业中心。1065年，热那亚的护航船队在黎凡特出现。1088年，热那亚人、比萨人和部分南意大利人加入教宗的军队，突袭了北非穆斯林基地——阿尔-玛哈的亚哈（al-Mahdiyyah），获得大笔赔偿金，并得到在北非地区免税经商的特权。1098年，第一次十字军东征占领巴勒斯坦和叙利亚的大片土地以后，热那亚在安提阿获得"一个市场、一座教堂和30栋房屋"的租贷权。作为回报，热那亚人同意保障安提阿与意大利之间的交通联络，并支持波赫蒙德在安提阿建立统治。从此，热那亚人（包括比萨人）的"地中海世纪"到来。当时，热那亚和比萨主要向北非沿港城市运送"亚麻、亚麻布、棉花、染料、皮革、明矾"等商品，从非洲换回的商品则主要是黄金。12世纪中叶，热那亚的贸易已经超过除威尼斯之外的所有地中海港口，12世纪末又超过威尼斯。①13世纪的一位诗人写道："热那亚人如此之多，分散的地域如此之广——无论他们出现在哪里，那里就会出现又一个热那亚"②。这个时期，热那亚和比萨建立的商业据点亦遍及地中海，并远达黑海沿岸。自威尼斯于1204年攻占拜占庭之后，热那亚又于1261年帮助拜占庭复国成功，威尼斯的

---

① M. M. Postan, E. E. Rich, eds., *The Cambridge Economic History of Europe*, Vol. 2, pp. 345-346.
② Ibid., p. 347.

商业霸权便落入热那亚之手。1282年，热那亚打败邻城比萨。1298年、1354年、1379年它又多次击败威尼斯舰队。然而，在1380年海战中，热那亚又完败于威尼斯，1383年又再败于威尼斯。至此，热那亚走向衰落，并于1396年承认法国为其宗主国。

佛罗伦萨是地中海贸易区的一个集商业、手工业和银行业为一体的重要城邦，位于意大利中部。在10世纪以前，佛罗伦萨还名不见经传。因为有来自东方的"紫色染料"，佛罗伦萨掌握了"毛织业行会的秘诀"，11世纪，印染业出现。佛罗伦萨人从尼德兰购买粗呢毛料进行染色和加工，制成一种深红色的呢绒，在欧洲颇受欢迎。14世纪初，佛罗伦萨的毛织业达到全盛，拥有手工工场200余家。在全城9万居民中，约3万人从事呢绒生产，年产呢绒10万匹，价值60万弗罗林。这些呢绒行销中东、北非及欧洲各地。除毛织业的优势之外，佛罗伦萨的银行业也取得了无与伦比的成就。[①] 这项业务来源于教宗的恩赐。教宗规定：欧洲各地的"什一税"均由佛罗伦萨统一征收。因此，该城出现了多达80家银行业家族。1338年，巴尔迪家族和佩鲁齐家族贷款给英王爱德华三世（1327—1377年在位）136万弗罗林，1345年英王赖账不还，导致两个家族和许多银行破产。14世纪初的一位历史学家写道：这些商人家族，"用他们的交易支撑着基督教世界的大部分商业和交通"。佛罗伦萨由此成为中世纪欧洲的金融业中心。

除意大利的城邦外，参与地中海贸易的港口和城市还包括位于法国及西班牙沿岸的里昂、马赛、加泰罗尼亚、达尔马提亚等。

地中海贸易不仅将东方的商品转运欧洲内地，而且改变了城市本身的城乡关系。在威尼斯、热那亚、佛罗伦萨等工商业城邦，有资格成为正式"公民"的人往往是城市贵族。他们常常聚居在一起，通过各种途径和形式货款给需要资金的人，结果使城市周边的其他人群特别是农民阶层债台高筑，不得不将土地典卖给这些城市贵族，

---

① 〔法〕费尔南·布罗代尔：《法兰西的特性：人与物》（上册），顾良等译，第143页。

使郊区农村出现了农民与土地的分离。这样，中世纪欧洲不仅普遍存在着军事贵族的土地所有权，也存在着城市贵族的土地所有权。城市贵族主要从事贸易，定居在城市；军事贵族和依附农则定居在乡村。[①]

同时，地中海贸易还严重影响着中世纪欧洲的国际格局。意大利城邦的富有深深吸引着阿尔卑斯山以北的德国皇室，德意志皇帝把主要精力投入到对意大利城邦的征服与控制当中，忽视了对内部事务的治理，造成德意志和意大利的长期分裂。

2.波罗的海－北海贸易区

波罗的海－北海贸易区又称北方贸易区。其兴起源于诺曼人在北欧的侵略和贸易。诺曼人既是掠夺者和征服者，又是贸易者和开拓者，9—11世纪，野性勃发的诺曼人环航于欧洲四面，在很大程度上促进了欧洲封建主义的最终成型。尤其在东方的俄罗斯，瓦兰吉亚人[②]的到来不仅促进了俄罗斯国家的形成，而且他们往来于拜占庭与诺夫哥罗德之间，使波罗的海不再是一个"死海"，而是通过贸易将之与拜占庭和阿拉伯联系起来。波斯坦曾指出："北方贸易的兴起更多是依赖北欧本身生产的产品，而不是东部地中海的贸易条件"。当然，北方贸易的兴盛离不开十字军东征所带来的欧洲贸易的整体发展。

佛兰德是北方地区最早的工商业中心。该地区位于法国北部，莱茵河、默兹河、斯海尔德河和瓦兹河等贯穿其间，境内河网密布，口岸繁多，既可通过北海和波罗的海进行海外贸易，又可与香槟集市和汉萨同盟形成联结。从11世纪起，大规模的农业拓垦运动已在佛兰德进行，"大农业"在佛兰德兴起，开始为新兴的城市提供粮食和原材料，并造成很多乡村剩余劳动力。与此同时，佛兰德伯爵积极发展城市经济，主持建造了伊普尔等一批新城市，给城市授予特权，允许市民自由经商，在领地内挖掘运河，疏通水道，对

---

① 〔德〕马克斯·韦伯：《世界经济史纲》，胡长明译，第48页。
② 瓦兰吉亚人，诺曼人的一支。

于从事海外贸易的商人，不仅免征关税，还免除上缴当地社团的年费。一份1066年的档案就叙述了"佛兰德商人时常前往法国各省，带着当地的毛纺品，换回法国的酒"。①佛兰德伯爵又在伊普尔、里尔、布鲁日等城市设立集市，赐予集市各种特权，保护进出集市商人的利益，保证商道畅通和商人的安全。这些集市除本地商人外，还有大量的英国商人和意大利商人到来，他们带来英国的优质羊毛和意大利的香料、丝绸和金器等。② 1104年的科不林士通行税登记表即记载了佛兰德与德意志的贸易情况。"1173年，德皇应佛兰德的请求，在亚琛和杜易斯堡成立了市场。"③圣奥梅尔城曾"控制英国羊毛的进口"，"其人口的10%—15%靠从事与英国的贸易为生。"④

十字军东征发生后，佛兰德很快成为欧洲的毛织业中心。1201年，伊普尔设立"布厅"（Cloth Hall），至14世纪，伊普尔的人口一度达到破纪录的20万人。根特是另一个毛纺业城市，1400年，专业织工就达4万人。⑤12世纪下半叶，佛兰德的呢绒已成为意大利商人首选的输入产品。13世纪，意大利商人垄断了佛兰德的呢绒出口，使香槟集市走向衰落。意大利的大商号开始在布吕赫设立代办处，专门经办佛兰德与布拉班特的呢绒销售。佛罗伦萨的商人也与佛兰德签订协议，大量购买未经整修的粗呢绒，运去佛罗伦萨的"加里马拉工艺行"进行加工和修整，然后销往东方。佛罗伦萨的呢绒因此走向世界，其内部的行会组织发生变化，出现向近代的转型，产生了欧洲最早的资本主义萌芽。

---

① 〔美〕詹姆斯·W.汤普逊：《中世纪晚期欧洲经济社会史》，徐家玲等译，商务印书馆1992年版，第80页。

② 〔意〕卡洛·M.奇波拉主编：《欧洲经济史》（第一卷），徐璇译，商务印书馆1988年版，第226—227页。

③ 〔美〕汤普逊：《中世纪经济社会史》（下册），耿淡如译，商务印书馆1962年版，第87页。

④ Nicholas, *Medieval Flanders*, Longman Inc, 1996, p. 167.

⑤ Baldwin Summerfield, *Business in the Middle Ages*, New York: Comper Square, 1937, p. 47.

但是，佛兰德的毛纺业和城市经济存在着布局上的缺陷。其原料来源严重依赖从英国进口，产品也必须行销海外，呢绒的产销基本上与内部市场脱节，导致其工商业基础脆弱，经不起外界变化的冲击。这种局面为日后佛兰德的衰落埋下伏笔。

汉萨同盟是北方地区兴起的最重要的城市贸易网络。[1]这个网络覆盖的区域包含北欧广大地区：以德意志北部的滨海口港为基地，辐射至波兰、立陶宛、爱沙尼亚、亚美尼亚、俄罗斯、芬兰、瑞典、挪威、冰岛、丹麦、尼德兰、英国和爱尔兰等国家，从吕贝克、汉堡等城市出发的商船，向东可抵但泽、里加直至诺夫哥罗德；向北可抵挪威的卑尔根；向西可达英国的伦敦；向南沿易北河可至柏林、法兰克福和马德堡，穿过阿尔卑斯山口，可抵意大利北部城市。据统计，从900年到1300年，仅波罗的海沿岸加入汉萨同盟的德意志城市就从40个增加到250个。[2]当然，在汉萨同盟建立以前，德意志已经出现过莱茵同盟和士瓦本同盟。它们各自以结盟的方式保护城市商业，防止地方贵族对商队进行劫掠，同时相互之间以协调的方式解决争端，并相互免征水路和陆路的通行税。至14世纪，两个同盟先后解散，只有汉萨同盟长久保存下来。

汉萨同盟的起源可以追溯到12世纪。1158—1159年，萨克森公爵狮子亨利从石勒苏益格-荷尔施泰因公爵手中夺取吕贝克，希望由此打开通往波罗的海的海上通道。吕贝克商人最早在瑞典的维斯比和罗斯的赫尔姆加德（即诺夫哥罗德）设立商站。至12世纪末，科隆商人因替狮心王理查一世支付赎金，获得在英格兰免税经商的特权，并获准建立侨居地。理查之后的英格兰国王相继将这项特权授予吕贝克、汉堡和不来梅等德国城市。因种族相同和共同的利益需要保护，德意志商人开始走向联合。1210年，吕贝克、汉堡两城首先使用共同的民法和刑法，并相互保护对方商人的利益。1241年，

---

[1] Paul Eric Norwood, *The Hanseatic League*, Baltimore: America Star Books, 2004.
[2] Thompson, J., "Early Trade Relation between the Germans and the Slavs", *The Journal of Political Economy*, Vol. 30, 1992, p. 227.

为抵御海盗，两城正式结盟。1259年，吕贝克、罗斯托克和维斯比亦结成联盟。1282年，伦敦、布鲁日、吕贝克、汉堡等城市的商人合并为单一的贸易联合体，汉萨同盟正式形成。在德语中，汉萨即公会、会馆的意思，汉萨同盟意即"结盟的城市"。1293年，应吕贝克要求，梅克伦堡和波美拉尼亚的商人代表在罗斯托克举行会议，决定所有与同盟有关的案件一律按吕贝克城的法律解决，26个城市参加投票并通过这一决议，吕贝克因此成为同盟的总部所在地。

同盟成立后，宗旨也发生了变化。由早期的"镇压海盗、打击掠夺、取消不合理的通行税"转变为"发展海外商业势力、垄断商业利益、压制非同盟城市的商业竞争"。入盟的条件也提出限制：凡是非沿海城市或非河流沿岸城市，还有非自主性城市，均不得加入同盟；但是，居住在同盟势力范围以外的其他国家的个别商人或商业团体可以申请加入。同盟成员的利益受到保护：首先，同盟城市的商业诉讼不受封建法庭的干预；任何一个汉萨城市的市民，在其他汉萨城市必须受到公正的审判，如审判受到阻挠或骚扰，可以向任何一个同盟城市求助；对同盟失信、私自抢夺和出售同盟商人的财物或逮捕同盟商人的行为，都会受到整个同盟的贸易抵制；在同盟集市上，禁止任何非同盟城市的商人进行交易。

为获取商业利益和保障安全，许多城市纷纷申请加入同盟。至1300年，从威悉河口的不来梅到维斯图拉河口的但泽，沿波罗的海沿岸的所有德意志港口城市都加入了汉萨同盟，普鲁士和立窝尼亚骑士团的城镇也在不久后加入。至14世纪中叶，汉萨同盟已扩展到波罗的海南岸及东岸的所有德国港口，并延伸至英国、佛兰德、丹麦、斯堪的纳维亚半岛、俄罗斯和芬兰等地的港口；一些向东扩张的德意志殖民者严格按照汉萨法律，又新建了一批汉萨城市。1356年，吕贝克召开了第一届汉萨同盟大会。因同盟的成立触犯了北欧一些国家的利益，引起丹麦和勃兰登堡的不满，为对抗军事威胁，同盟开始建造海军。于是，单一的商业同盟开始向商业与军事一体化的同盟转化。

汉萨同盟的成立大大促进了西欧各国商业经济的发展。欧洲封建经济原本建立在庄园经济的基础之上，农业是基本的生产形式。汉萨同盟出现以后，庄园既可以更高的价格将农产品和原材料销售到市场，又可以进口庄园所需要的产品。同时，汉萨商人交纳的关税还为国库增添了一笔不菲的收入。因此，西欧各国均欢迎汉萨同盟进入，并在本国开设商站。汉萨商站集市场、商宅、办公室、仲裁所、作坊、工场和库房为一体，建有防御设施，昼夜派人看守，防止当地人偷袭。设立于维斯比市的早期商站曾遭丹麦人袭击，引发同盟与丹麦之间的战争。随后，同盟在英国的伦敦、佛兰德的布鲁日、挪威的卑尔根和俄罗斯的诺夫哥罗德设立四大商站，派声誉良好的已婚商人担任驻商站的代表。伦敦商站被称"钢院"①，1282年设立，有高墙护卫，院内建有码头、塔楼、庭园和武器库等。汉萨商人向英格兰输入木材、鲱鱼、干鳕鱼、牛皮、毛皮、黄油、油脂、亚麻、铁、钢等，从英格兰输出大豆、盐、麦芽和布。②14世纪晚期至15世纪早期是汉萨同盟的全盛期，它的商站又遍布于波罗的海和北海沿岸城市。远航至法国、西班牙和葡萄牙等地的商船，将南欧的橄榄油、水果、酒和盐等商品输入北欧。这些商船的吨位曾达1000至2000吨。

3. 两大贸易区的连结

南北两大贸易区形成以后，通过进出阿尔卑斯山口、比利牛斯山口以及穿越直布罗陀海峡和英吉利海峡，欧洲又出现介于两大贸易区之间的中介贸易，即陆上中介贸易区和海上中介贸易区。

参与陆上中介贸易的商人最终在法国东北部的香槟聚集，最终形成中世纪影响极大的香槟集市。该集市地处香槟伯爵领地，地缘位置非常重要，自意大利翻越阿尔卑斯山和自西班牙翻越比利牛斯山的商人均在这个地点交汇，与来自尼德兰的商人聚集。12至14世

---

① 钢院，Steelyard，源自德文"货栈"（Stapelhof）一词。

② Edward Miller and John Hatcher, *Medieval England: Towns, Commerce and Crafts, 1086–1348*, Longman, 1995, pp. 208–209.

纪期间，香槟伯爵每年定期在特鲁瓦、普罗旺斯等地举办集市。布罗代尔对此有一个形象的描绘，他说："在一片欣欣向荣的100多年内，经济世界的中心曾停留在四个城市组成的喧闹的香槟交易会的四边形里。天平架在这一中心的两侧左右摇摆。一端的托盘是尼德兰，另一端是意大利北部，后者由威尼斯、米兰、热那亚和佛罗伦萨等城市组成，恰如当今的几个'跨国公司'。北面尼德兰是毛纺工业区，南部则是商业和银行业的聚集区。后一个托盘显然比前一个重。"[1]当时，南北商人进出阿尔卑斯山的出口有四个，即大圣伯尔拿山口、小圣伯尔拿山口、塞尼山路和日内佛尔山口。[2]这些出口曾是西北欧朝圣者去往罗马和耶路撒冷的"朝圣者之路"通过的地方，12世纪时又成为商人进出香槟集市的商人之路。此外，从12世纪早期开始，西班牙商人也穿过比利牛斯山隘口，来到法国境内，并一直行进到佛兰德的沿海岸。[3]两条商道在香槟大平原交汇，最终合并为香槟集市。13世纪后半期，香槟集市进入全盛期，至进入13世纪末，因地中海与北海之间的海上贸易开通，香槟集市逐渐式微。至1320年，"香槟交易会的信贷体系包括转期付款已无法维持。"[4]

1291年，热那亚人击败了控制直布罗陀海峡的摩洛哥舰队，开辟了欧洲南北贸易的海上通道。[5]热那亚的"大帆船"经直布罗陀海峡，可行驶至南安普敦、伦敦和布鲁日。不久，其他地中海城市的商船也相继出现在这条航道上，威尼斯的"帆桨船"于1317年首航布鲁日。[6]海上航线的出现导致欧洲的贸易格局发生变动，尼德兰取代香槟成为欧洲新的集市中心，布鲁日成为北欧最重要的商业中心

① 〔法〕费尔南·布罗代尔：《法兰西的特性：人与物》（上册），顾良等译，第143页。
② 〔美〕汤普逊：《中世纪欧洲经济社会史》（下册），耿淡如译，第9页。
③ 《康索拉度海法》，黄永申译。
④ 同上。
⑤ 〔英〕安格斯·麦迪森：《世界经济千年史》，伍晓鹰等译，北京大学出版社2003年版，第43页。
⑥ 〔法〕费尔南·布罗代尔：《法兰西的特性：人与物》（上册），顾良等译，第141页。

城市。①意大利商人大批进驻布鲁日，力图垄断佛兰德的呢绒出口。1336年，汉萨同盟亦在布鲁日设立代办处，成为佛兰德最大的呢绒经销商。同时，法国、英格兰、西班牙、葡萄牙等国的商人也汇聚布鲁日，布鲁日变得十分繁荣。1300年，菲利普四世的妻子访问该城时曾惊呼："这里至少有几百人比我本人更有王后气质"。②布鲁日、伊普尔和根特成为佛兰德最著名的三大城市，布鲁日因发展较晚，呢绒工业落后于根特和伊普尔，呢绒销售便成为其经济上的最大亮点，最终将香槟伯爵领的呢绒集市排挤下去。法国著名学者克洛德·德尔马（Claude Delmas, 1932—2016年）曾经说："无论海路还是陆路，都向布鲁日和伦敦汇聚，因为那里是地中海沿岸各国和北海、波罗的海沿岸各国会合的地方"。③这个时期，"北欧的主要产品用来交换南欧的奢侈品和制造业产品。"④

长距离贸易对欧洲商业的影响

"黑暗"时期的欧洲很少有商业可言。8世纪，法兰克王国和神圣罗马帝国的君主们开始鼓励犹太人进驻，因为犹太人善于经商，又不能拥有土地，无法对封建领主们构成威胁。9、10世纪，诺曼人的入侵给北欧带来了稀疏的贸易。12、13世纪之交，意大利各城邦，尤其威尼斯共和国借十字军东征之力，通过为十字军提供运输和供给，发展本地的手工业和商业，使城市规模扩大，人口增加。它们又通过不断打击竞争对手，扩大贸易范围，确立了欧洲在地中海的贸易霸权。最终，它们通过垄断地中海的贸易，转卖香料等东方的奢侈品，牟取暴利，建立了发达的金融系统。进入13、14世纪之交，南北两大贸易区实现了陆上和海上的联通，整个欧洲出现一

---

① J. A. Van Houtte, "The Rise and Decline of the Market of Bruges", *The Economic History Review*, Vol. 19, 1966, pp. 29-48.

② Summerfield Baldwin, *Business in the Middle Ages*, p. 47.

③〔法〕克洛德·德尔马：《欧洲文明》，郑鹿年译，上海人民出版社1988年版，第34页。

④〔美〕道格拉斯·诺思、罗伯斯·托马斯：《西方世界的兴起》，厉以平等译，第96页。

个庞大而复杂的贸易网。欧洲封建经济开始发生深刻的变化，早期的自给经济向自给与交换相结合的商品货币经济过渡。以商业为目的的道路开始建设，法制开始建立，第一批商业人才出现。庄园经济分化，商品货币因素开始渗入乡村。

首先，欧洲用于贸易的商道开始建立。中世纪早期的陆上通道多由土匪或恶霸把持，这些不良分子专事劫掠，商队为保障安全，须武装护送。此外，早期的路况恶劣，许多桥梁已经散落失修，或者只有供行人通过的便桥。由多头牲畜拉动的车载货物，经常无法通行，即便遇到能够通行的桥梁，也要向桥梁主人交付高额过桥费；实在没有桥梁通过，大车只能搭渡船过河，费用更高。[1] 在雨季和冬季不适宜通行的季节里，商队遭遇的困难更大，商人、随从和牲畜即便可以找到遮风避雨的地方，却也找不到酒馆或驿站。所以，改善道路交通成为发展贸易不可缺少的环节。诚如罗伯特所说："交通运输对于贸易而言，就如同钱币对贸易一样，是必不可少的。"[2] 随着大型交易会的展开，欧洲比较重要的商业干道开始建立。

其次，商业法规开始形成。12世纪，大的交易会通常在重要的城市举办，商人在这里可以得到保护。他们参加一次交易会常常耗时几个月，即便不发生事故和拖延，也可能整个商队有去无回，货物被抢，仆人被杀，客商则被当作奴隶卖掉，或等待大笔赎金。因此，一些强势领主或国王开始给客商签发通行证，保证商人在其领地范围内"平安交易"（peace of fair）。最初，每个城市有自己的法律、习惯和法院。为获得普遍性保护，商人需要一部可靠的一般性法典（a code of general law）和一个可以公正处理纠纷的法院。于是，那些来自各地的习惯和法令被人抄写下来，供所有参加交易的人遵守。那些获利丰厚的城市便加强该法令的执行力度，设立专门的"集市领主"（lord of the fair），主持对商业案件的公平审理。这

---

① Janet Becker, *Rochester Bridge: 1387-1856*, London: Constable & Co. Ltd., 1930.

② Robert S. Lopez, *The Commercial Revolution of the Middle Ages, 950-1350*, Cambridge University Press, 1976, p. 79.

样的法院一开始被称作"泥腿子法院"（piepoudre court），因为光顾的商人常常两脚布满泥尘。早期的法院是不正规的，只要有纠纷需要解决，随时可以开庭。应用的法律主要是商业上的习惯法，不是国王的律令。等到这些法规得到广泛认可以后，几乎所有的港口城市和交易中心都开始执行。①

海上交易出现以后，"海商法"也逐渐形成。据研究，地中海的第一部海商法典问世于1010年，称"阿马菲城市惯例"（Customs of the City of Amalfitina）；第二部法典于1063年出现于特拉尼。②北海和波罗的海在9世纪时已采用类似的法律，13、14世纪，石勒苏益格－荷尔斯泰因、里加、维斯比、汉堡、吕贝克及其他"汉萨同盟"城市对这类法律进行重申，1407年，同盟大会以"水法"（Waterrecht）的名义将其正式公布，称《维斯比法》（the Laws of Visby）。13世纪，法王路易九世颁布《奥列隆法》（the Laws of Oleron），13世纪中期,英格兰发布《海事黑皮书》（Black Book of the Admiralty），均属此类法律。但是，中世纪接受程度最高的海事法是15世纪出现的《康索拉度海法》。③阿祖尼（Azuni）在谈到该法时称："该法的权威性要高于所有其他海商法"。该法已涉及许多现代国际法问题，如海战、海上保险、安全通过、禁运货物、中立国船上的敌国货物、敌国船舶上的中立国货物以及许多其他海事问题等，至今仍频见于海洋法当中。

再次，专业性商业人才开始出现。据估计，1050年，西欧总共

---

① 《康索拉度海法》，黄永申译。该法又称"海事法"（Libre del Consolat de Mar），国外有人将它译为"航海规则"（Rules of Navigation），我国海商法学界一般将该法译为"康索拉度海法"。但若根据原意，本中文译者认为，似应译为"海事执政官法"更合适。其手抄本的内容包括三个相对独立的部分，每部分都是地中海地区从11至17世纪有关海商方面的法律、皇家公告、城市议会条例的汇编。许多专家认为，《康索拉度海法》的某些材料实际上早在1075年之前就已经存在，但它汇编的时间要晚得多。以手抄本形式汇编的最初时间为1340年。

② 〔美〕道格拉斯·诺思、罗伯斯·托马斯：《西方世界的兴起》，厉以平等译，第73—74页。

③ 《康索拉度海法》，黄永申译。

只有几千个商人，但是到1200年，商人总数便发展到几十万人。[①]
地中海贸易为意大利培育了一批新兴社团。这些社团从"合股制"
（Company）起步，最初由合股双方人员组成，一方是坐商，提供本
钱，另一方是行商，负责押运，贸易完成后，利润分成，合股散伙。
13世纪，专职的运输业出现，行商不再需要，也变成坐商。这时，
商人社团开始由合股制向"商行"（firm）或"公司"转化。公司的
主体往往是同一个家庭或亲族的成员，亦以家族的名字给公司命名。
14、15世纪，意大利出现200余家公司或商行，分号遍及西欧各主
要城市，远至巴黎、伦敦和布鲁日。

　　在德意志，汉萨同盟也造就了首批商业人才。其中最具代表性
的是福格家族。约翰·福格（Johann Fugger）是奥格斯堡的一名
编织工，1380年涉足海外贸易。在不到一个世纪的时间内，他的后
代——杰克波·福格二世就拥有了自己的船队，还控制了许多金矿、
铜矿的股份，同时经营着欧洲最大的银行。15世纪末，福格家族向
马克西米连一世（Emperor Maximilian I，1493—1519年在位）提
供巨额贷款，帮助后者竞选皇帝成功，福格家族因此在德意志获得
许多优惠。据记载，该家族在中世纪欧洲建立了一套奇特而有效的
经营设施。他们不仅在欧洲各统治家族安插间谍，获取有关"战
争、洪水、海难及其他灾难"的重要情报，还创建了一套包括"跑
步传递、快船递送、山顶信息员、信号灯"等在内的信号传递系
统，密切关注着欧洲各地的市场交易，甚至还以"战争援助"的形
式获取对自己有利的战争结果，由此垄断了欧洲的商品和金融市
场。[②]汉萨商人还普遍向欧洲王室提供借款，以此获取商业特权。
在同盟的全盛时期，汉萨商人甚至左右了丹麦和瑞典的王位继承，
英格兰王室也不止一次将王冠抵押给他们，以此换取贷款或借调舰
队与海员等。

---

　　① 〔美〕哈罗德·J. 伯尔曼：《法律与革命——西方法律传统的形成》，贺卫方等译，第
408—409页。
　　② 《康索拉度海法》，黄永申译。

在商业经营方面，支票、提货单、股份公司等原属于阿拉伯人的商业技术，已传至欧洲。欧洲人还从阿拉伯人那里借用了很多商用术语，如：贸易（traffic）、关税（tariff）、风险（risk）、支票（check）、仓库（magazine）、零（zero）、商品陈列所（bazaar）、平面战舰（corvette）等。①

总之，十字军东征之后，一种新的并主要源自中东的国际贸易体制开始在欧洲出现。亨利·皮朗认为随着十字军东征的进行，阿拉伯人的阻隔被打破，"整个地中海向西方开放，或者说重新开放了，欧洲的海运商业由此兴起。随着海运商业复兴而来的是海运商业向内地的迅速深入。不仅是农业因市场需要农产品而受刺激，及受交换经济的影响而变成交换经济的一部分，而且还产生了一种新的出口工业。"②"凝固于农业文明中的西欧，倘若没有外界的刺激和范例，是不能如此迅速地习惯于一种新的生活的。"③马克斯·韦伯认为12至14世纪，欧洲出现了三大商会，即汉萨同盟商会、威尼斯商会和热那亚商会。④三大商会通过地中海东岸的君士坦丁堡和埃及的亚历山大港与东方建立了贸易联系。英格兰处在欧亚大陆的西部尾端，一旦与覆盖欧亚大陆的这张商业网接头以后，亦可以从欧亚大陆东部尾端的中国或东南亚输入商品，从而成为欧亚大陆国际贸易的一分子。

大垦荒与十字军东征使欧洲迎来文明发展的"第一个青春期"。正是在内、外双重力量的作用下，12、13世纪，英国和西欧的领地经济进入到发展的鼎盛时期，出现中世纪的"经济起飞"。

法国著名学者皮埃尔·肖尼（Pierre Chaunu）评论："西方的起飞与中国稻米的起飞似乎出现于同一时期（11至13世纪），但是前者具有极大的革命性，在一定程度上，它宣告了伟大的地中海区域

---

① 冯作民编著：《西洋全史》（五），第10页，转引自陈佛松：《世界文化史》，华中科技大学出版社2002年版，第230页。
② 〔比〕亨利·皮朗：《中世纪欧洲经济社会史》，乐文译，第31页。
③ 同上书，第44页。
④ 〔德〕马克斯·韦伯：《世界经济史纲》，胡长明译，第106页。

征服了地球。"①黑特·马柯曾表示："12世纪下半叶，从1150年到1200年那些不为人知的年头，肯定是一个惊涛骇浪的时期。大大小小的革命此起彼伏，它大概是北欧历史上最重要的时代之一，宛如19世纪，事件似乎突然随着历史湍流飞奔疾驰"。②亨利·皮朗评价："从商业资本主义在12世纪发展的气势和相对速度来看，拿它与19世纪的工业革命相比拟，并无夸张之处。"③道格拉斯·诺思则平静地说："经济活动复苏了，地区性的和长距离的贸易增长了，城镇发展了，来自于城镇手工业者的产出增加了，货币经济扩张了。"④总之，大垦荒和十字军东征之后，"一种货币经济开始兴起"！⑤

---

① 〔法〕皮埃尔·肖尼：《欧洲的扩张——13—15世纪》（*L'expansion europe nee du 13e au 15e sie'cle*），巴黎：法国印刷大学1969年版，第338—339页，转引自〔美〕伊曼纽尔·沃勒斯坦：《现代世界体系》，尤来寅等译，第43页。

② 〔荷〕黑特·马柯：《一座城市的小传——阿姆斯特丹》，张晓红、陈小勇译，花城出版社2007年版，第23页。

③ 〔比〕亨利·皮朗：《中世纪欧洲经济社会史》，乐文译，第44页。

④ 〔美〕道格拉斯·诺思：《经济史中的结构与变迁》，转引自北大历史学系世界古代史教研室编：《封建社会比较研究参考资料选辑》，第223页。

⑤ M. M. Postan, "The Rise of a Money Economy", *The Economic History Review*, Vol. 14, 1944, p. 124.

第三章 12、13世纪领地经济的运营

——以英格兰为例

伴随着大垦荒和十字军东征的冲击，西欧中世纪经济，特别是封建领地经济发生急剧变化。这里，我们以最具典型性的英格兰为例，对西欧领地经济的运营做一个探讨。

一、12、13世纪的通货膨胀

从12世纪60年代开始，英格兰农产品价格出现大幅度上涨。这是一种历史性的变化。

10世纪以前，除少数沿海城邦之外，西欧很少有商品与货币流通。但是，发生在11—13世纪的大垦荒使西欧实体经济普遍增长，商品交换变得频繁。其间的十字军东征又打开了欧洲与中东国际贸易的大门，欧洲长途贸易和转运贸易也随之发展起来。只是欧洲缺少用来交换的商品，只能用贵金属来填补。詹姆斯·汤普逊认为在占领位于近东的黎凡特之后，"在交换方面，西方国家除了下列原料之外，再也没有什么别的东西可以出口：谷物、奴隶、羊毛、皮革和毛皮。所以，所有贸易上的差额，经常用金银出口来抵消。正是由于这种情况，12世纪中引起了现款的巨大需要，因而刺激了贵金属的流通。由于这个缘故，封建欧洲的自然经济遭受破坏；而它的地位开始被货币经济所接替；这样，在12世纪中，欧洲的整个生活

106

上发生了复杂的革命。"①

　　搜集和筹措贵金属成为欧洲经济生活中的头等大事。方式之一便是对被占领的中东地区大肆搜刮。据《耶路撒冷史》记载，十字军在占领耶路撒冷之后，"对穆斯林不分男女老幼实行了惨绝人寰的三天大屠杀"；为了掠取黄金，勇士们"剖开死人的肚皮到肠胃里去找。后来，因死人太多，干脆把死人堆架起来烧成灰烬，再在尸灰里扒寻黄金"。在攻占君士坦丁堡之后，十字军骑士烧杀抢掠更是达一星期之久，将该城的金银财宝、丝绸衣物和艺术珍品抢劫一空，使这座繁荣富庶的文明古城变成"尸山火海的废墟"。为了分赃方便，他们"把金属雕塑熔铸成块件"运回国内。法国编年史家维尔阿杜安写道："自世界创始以来，攻陷城市所获的战利品从未有如此之多"。

　　另一种方式是大力贩卖特许状，向要求自治权的城市和依附民索要贵金属。为筹措出征经费，西欧封建主纷纷向新出现的城镇出售用于购买自治权的特许状；同时，允许住在乡村的依附民用货币赎买自由。欧洲的自治城市和自由民因此数量大增。

　　当然，最重要的方式还是开采金银矿，直接将金属铸造成通币。10世纪末，德意志的哈尔茨山银矿得到开采，新铸银币开始大量流入欧洲。据研究，从9世纪中叶到14世纪初，德意志银币是欧洲最基本的货币。②布罗代尔推断，正因为德国银矿的开采导致欧洲的长途贸易向东部偏移。③12世纪，捷克的大型银矿也得到开采。

　　在上述诸多措施的作用下，欧洲首次出现货币流。我们看英格兰的货币增殖。因为有优质的羊毛倾销欧洲，货币流的很大一部分流入英格兰。据梅休研究11世纪，英格兰的年货币量只有25,000英镑，1300年便猛增到近900,000英镑；按人口增长6倍、物价上

---

　　① 〔美〕汤普逊：《中世纪经济社会史》（上册），耿淡如译，第501—502页。

　　② S. Epstein, *An Economic and Social History of Later Medieval Europe, 1000–1500*, Cambridge: Cambridge University Press, 2009, p. 93.

　　③ 〔法〕费尔南·布罗代尔：《法兰西的特性：人与物》（上册），顾良等译，第141页。

涨4倍计算，其人均货币保有量也变得足够支付。[①]另据梅特卡夫统计10世纪末，英格兰有1200万至1500万个便士，13世纪末便增加到16,800万个便士，此外还有2000万个半便士和2000万法森（farthings）。[②]当然，商品流通需要的不是货币存量，而是有实际购买力的货币流通量。[③]相关研究显示，从1000年至1300年间，英格兰的通币量从1000年前后的约2000万个流通便士[④]，增加到1086年的37,500英镑，1180年的125,000英镑。[⑤]特别在1180—1280年间，通币量"像火箭一样上升"。[⑥]13、14世纪之交，爱德华一世在伦敦重铸银便士，银便士不仅在数量上达到高峰，在纯度方面也高度保质，1299—1301年间共生产银便士约5000万个。[⑦]为了实现大宗货物的交易，英格兰还模仿意大利，开始使用货币的代用品——支票或汇票。[⑧]"金融"的概念开始在生活中出现。当然，这个时期的"信用工具"还只是一些被刻写的"符木"（notched woodentally）和"交换单"（bill of exchange），[⑨]比较原始。这个时期，西欧各国都出现了铸币潮。用于铸币的材质有金、银、铜三种。威尼斯铸造的金币——杜卡特，是中世纪通用的国际货币，其性质近似于今天的美元。英格兰铸造的金币有"皇家玫瑰"（rose

① Nicholas Mayhew, "Modelling Medieval Monetisation", R. H. Britnell and Bruce M. S. Campbell, eds., *A Commericialising Economy, England 1086 to c.1300*, pp. 62, 65.

② D. M. Metcalf, "How Large was the Anglo-Saxon Currency?", *The Economic History Review*, Vol. 18, 1965, pp. 476, 481-482.

③ 〔英〕马歇尔：《货币、信用与商业》，叶元龙、郭家麟译，商务印书馆1986年版，第52、42页。

④ R. H. Hilton, *English and French Towns in Feudal Society: A Comparative Study*, pp. 30-31.

⑤ Nigel Saul, ed., *The Oxford Illustrated History of Medieval England*, p. 146.

⑥ R. H. Britnell, "The proliferation of Markets in England, 1200-1349", *The Economic History Review*, Vol. 34, 1981, p. 209.

⑦ 当时，日用品的价格很低，日常交易中，成条的面包，成壶的淡啤，只要花费1/4便士即可成交，即一个法森（N.苏尔主编：《图解牛津中世纪英格兰史》，第160页）即便在价格高峰时期，3个便士便可以买到一只母鸡或1蒲式耳燕麦，6个便士可以买到1蒲式耳小麦，转引自〔英〕伊·拉蒙德，W. 坎宁安编：《亨莱的田庄管理》，高小斯译，商务印书馆1995年版，第46、50、57页。

⑧ 〔英〕马歇尔：《货币、信用与商业》，叶元龙、郭家麟译，第46页。

⑨ Nigel Saul, ed., *The Oxford Illustrated History of Medieval England*, pp. 159-160.

royal)、"君主"（sovereign）和 "几尼"（guine）①。银币称 "英镑"
（pound sovereign）。最初的一英镑就是一磅白银，是征税用的货币
单位，日常交易用不到这样大的大额。1英镑合20先令。此外，还
有 "半英镑"（half sovereign）的单位，又称 "两克冷"（double
crown）或 "安格尔"（angel），合0.5英镑或10先令。更小的银币
单位是 "克冷"（crown），合5先令。除此之外，还有 "弗罗林"，
合2先令；"先令"（shilling），合20便士；"4便士"（groat）以及
等于2便士的 "侏儒"（dandyprat）。2便士以下是铜币，包括 "便
士"（penny）、"半便士"（hapenny）和 "1/4便士"（farthing）。

　　19世纪后期，西方学者注意到12、13世纪的英格兰存在通货膨
胀这一事实。1866年，索纳尔多·罗格斯首先注意到：1260年之后，
英格兰庄园账目存在着很多价格上涨的证据，并用表格记录下这些
资料。②1908年，詹姆斯·拉蒙塞爵士的研究又显示，1200年以来
至亨利三世去世，英格兰的物价 "一直稳定地持续上升"。③1914年，
S. K. 米切尔的研究又得出结论："大约在1190—1250年间，价格
持续上升，但速度可能比较慢"。④1915年，格拉斯在研究英格兰谷
物市场时也注意到，13世纪，英格兰所有农产品的价格都在普遍上
涨。⑤从1927年开始，贝弗里奇爵士对这个时期英格兰的价格上涨
做了 "编年上和种类上"的统计。1940年时的普尔（A. L. Poole）、
1956—1958年时的法默（D. L. Farmer），分别利用王室卷档和温切
斯特主教地产的账目，建立了一套关于12、13世纪价格上涨的完整

　　①　来自非洲几内亚的黄金铸币。
　　②　J. E. T. Rogers, *A History of Agriculture and Price of England: from the year after the Oxford Parliament (1259) to the Commencement of the Continental War (1793)*, Oxford: Clarendon Press, Vol.1, pp. i & ii.
　　③　Sir James Ramsay, *The Dawn of the Constitution*, London: S. Sonnenschein & Co., Ltd., 1908, p. 301.
　　④　S. K. Mitchell, *Studies in Taxation under John and Henry Ⅲ*, Yale Historical Publications, Studies ii, New Haven, 1914, p. 2.
　　⑤　N. S. B. Gras, *The Evolution of the English Corn Market from the Twelfth to the Eighteenth Century*, Cambridge, Mass.: Harvard University Press, xviii, 1915, p. 42.

显示。它表明，1180年至1220年间，谷物、牲畜和其他商品的价格增加了一到两倍；1220年以后价格仍在上升，1260年以后持平。[①]

20世纪80年代的研究表明：12世纪的最后四分之一世纪，英格兰农产品价格的上升迅速。[②]如霍林斯沃思(Hollingsworth)的研究表明，1143—1173年间是英格兰人口增长最快的时间，也是谷物价格迅速攀升的时期。[③]波斯坦的研究也表示，1160—1200年间，英格兰小麦价格从每夸脱1.89先令上涨到4.33先令。[④]米勒的研究显示，英格兰小麦售价在1160年时为每夸脱1.6—1.7先令，1200年时上升到每夸脱5.7先令；或者1165年时为1.9先令，1201年时上升到6.4先令。[⑤]哈维根据皇室卷档和温切斯特教产账目的统计表明：1180—1220年间，英格兰谷物、牲畜等商品的价格上涨二至三倍。[⑥]13世纪初是价格上涨最剧烈的时期，仅10年时间，小麦和牲畜价格就翻了一倍。[⑦]威廉·贝弗里奇认为：1180—1220年间英国出现了"中世纪最令人恐慌的通货膨胀"。[⑧]波斯坦制作了一张1160—1339年间英格兰农产品价格的变化统计表，见表3-1。这个统计显示：小麦价格从1160年开始上涨，至1319年基本停止，上涨时间持续约160年。1180—1220年是上涨最快的时间，小麦价格增至二倍左右。当时，农产品价格总体上涨了二到四倍。[⑨]

[①] W. H. Beveridge, "The Yield and Price of Corn in the Middle Ages", *The Economic Journal*, Vol. 37, 1927, pp. 162-166.

[②] J. L. Bolton, *The Medieval English Economy, 1150-1500*, p. 21.

[③] John Hatcher, *Plague, Population and the English Economy, 1348-1530*, London and New York: Macmillan Publishers Ltd., 1984, p. 71.

[④] M. M. Postan, E. E. Rich, eds., *The Cambridge Economic History of Europe*, Vol. 3, p. 215.

[⑤] Edward Miller and John Hatcher, *Medieval England-Rural Society and Economic Change, 1086-1348*, p. 66.

[⑥] P. D. A. Harvey, "The English Inflation of 1180-1220", *Past and Present*, 1973, No. 61, pp. 3-4.

[⑦] R. Mortimer, *Angevin England, 1154-1258*, Oxford: Blackwell, 1994, pp. 153-155.

[⑧] 〔英〕阿萨·布里格斯：《英国社会史》，陈叔平等译，商务印书馆2015年版，第99页。

[⑨] Wilhelm M. Abel, translated by Oleve Ordish, *Agricultural Fluctuations in Europe*, New York: St. Martin's Press, 1980, p. 10.

表3-1 1160—1339年的英格兰小麦价格[①]

时间	每夸脱以先令计算	每夸脱以格令白银计算
1160—1179	1.89	534
1180—1199	2.60	744
1200—1219	4.33	1082
1220—1239	4.19	1047
1240—1259	4.58	1144
1260—1279	5.62	1404
1280—1299	5.97	1491
1300—1319	7.01	1734
1320—1339	6.27	1547

　　价格上涨到底给英格兰社会带来怎样的影响呢？1944年，波斯坦在《货币经济兴起》一文中提出："历史学家、经济学家很容易找到通过增加流通媒介而带来社会转型的例子……金银的增多在16世纪曾广为人知，并更加大众化，而类似的流通在12世纪晚期和13世纪就曾发生过"。[②]他认为价格上涨给英格兰带来了社会转型。1973年，哈维又提出："近40年来不断面世的著作进一步证实了这样的预测——现在是时候把1180—1220年与16世纪和20世纪放在一起作为有记录的英格兰历史上曾经发生的三大通货膨胀期之一了。历史学家和其他人将那种深刻而可怕的后果赋予后两次通货膨胀，难道我们还需要犹豫把同样的重要性也赋予第一次吗？"[③]由此看来，

————————
　　① M. M. Postan, E. E. Rich, eds., *The Cambridge Economic History of Europe*, Vol. 2, p. 215.
　　② M. M. Postan, "The Rise of a Money Economy", *The Economic History Review*, Vol. 14, 1944, p. 128.
　　③ P. D. A. Harvey, "The English Inflation of 1180-1220", *Past and Present*, No. 61, 1973, p. 30.

价格上涨所产生的历史影响是巨大的。

二、领地经营的商品化趋势

从租货经营转向直领经营

12世纪中叶以前，大地产的经营主要采用租贷的方式进行。波尔顿的研究显示："领主要么放弃直接管理，出租直领地，收取货币租，要么把农民的劳役折算成货币支付，二者选其一……从诺曼征服开始直到1180年以前，这种方式一直占上风。"[①]哈维也认为："12世纪，大地产的持有者通过租贷的方式把土地出租给农民以获取利润，农民则支付约定好的地租或农产品。"[②]租贷的方式主要有三种：封建租佃（feudal tenure）、庄园出租（manorial lease）和农户租佃（peasant tenure）。封建租佃是大地产的再分封，受封者提供军役或杂役，所授封地称"骑士领"或"杂役领"。庄园出租和农户租佃是分封之外的租佃形式。庄园出租由领主将整个庄园或庄园自营地的一部分出租给承租人，承租人多数是庄园吏或修道院僧侣，承租双方签订契约，承租人在接管承租地时，也同时接管包括耕畜、马、母牛、羊、猪以及农具等在内的庄园资产，返还时以承租时的财产多少归还。承租期可能延及数代，承租人每年向领主支付固定的年租金。这种租贷形式在12世纪最流行。例如，伍斯特主教产的自营地在12世纪时大部分被租出，地产的收入主要是地租，只有葡萄园有时还保留在领主手里。[③]波斯坦的研究表明，格拉斯顿伯里（Glastonbury）修道院地产所属25个庄园在1086—1201年间，自营地面积普遍下降，1135年、1176年、1189年及1201年的庄园登记

---

① J. L. Bolton, *The Medieval English Economy，1150-1500*, p. 40.

② P. D. A. Harvey, "The English Inflation of 1180-1220", *Past and Present*, No. 61, 1973, p. 4.

③ C. Dyer, *Lords and Peasants in a Changing Society: The Estates of the Bishopric of Worcester，680-1540*, pp. 63-64.

显示，犁队数量下降近40%，而农户的犁队并没有增加，也没有出现向畜牧业的转型，只能表明自营地"处在绝对的收缩当中"。[1]戴尔对温切斯特教产的研究显示：在西蒙任主教的1125—1150年间，大部分自营地处在租贷状态。[2]租贷的普遍化使英格兰小庄园的数量上升。苏联学者巴尔格认为，英格兰占地500英亩以下的小庄园比例从1086年的52.6%上升到13世纪初的75.4%。[3]农户租佃是对小块自营地的租佃，11世纪已存在。据拉夫提研究：11世纪末，英格兰东部拉姆塞修道院地产有大量的"出租持有"（leasehold）。[4]12世纪，格拉斯顿伯里修院地产亦有大批交纳地租的佃户。又据《波尔敦书》（the Bolden Book）记载，1183年，达勒姆教产所属19个庄园的大部分佃户是纳租的"莫尔曼"（molmen）。[5]可见，租贷在12世纪中叶以前非常流行。

但是，进入12世纪中叶以后，随着农产品的价格上涨，租贷经营便很快向直领经营转化。[6]英格兰迎来了直领地经营的高潮。[7]

据研究，直领经营的初创者是西多会修道院（Cistercian Abbey）。这些修道院多位居荒野，修士们边劳动、边祷告。他们或清除林木，将林地变成牧场，或排干沼泽，将沼地变成良田。约克郡的山谷、林肯郡的石灰岩高地和威尔士地区都留下了他们的足迹。西多会修道院垦荒的最大特点是采用购买或交换的办法寻求"合并"（consolidate），以便将耕地连成一片，面积通常达400英亩以

---

① J. L. Bolton, *The Medieval English Economy, 1150-1500*, p. 42.

② C. Dyer, *Lords and Peasants in a Changing Society: The Estates of the Bishopric of Worcester, 680-1540*, pp. 98-99.

③ 马克垚：《英国封建社会研究》，第174页。

④ J. A. Raftis, *The Estates of Ramsey Abbey: A Study in Economic Growth and Organization*, Toronto: Pontifical Institute of Medieval Studies, 1957, pp. 10, 17, 35-36.

⑤ J. L. Bolton, *The Medieval English Economy, 1150-1500*, p. 41.

⑥ P. D. A. Harvey, "The English Inflation of 1180-1220", *Past and Present*, No. 61, 1973, p. 4.

⑦ 马克垚主编：《中西封建社会比较研究》，学林出版社1997年版，第106页。

上。[1]耕作者除修士外，还有教友提供的帮忙或招聘雇工劳动。[2]农产品价格上涨以后，这种经营方式受到教俗界的普遍推崇。领主们也纷纷组织垦荒，建造自己经营的新农庄（grange）。例如，1246年，温切斯特主教开始将新垦地交管家经营；[3]伍斯特主教将新垦的弗拉德伯里庄园、特里丁顿庄园交管家打理。[4] 1251年，威斯贝奇（Wisbech）教产新垦土地7000英亩，其中的3000英亩留作直营地。[5]据科斯敏斯基的研究，1279年，亨廷登、剑桥、贝德福德、白金汉、牛津和沃里克等中部各郡的直营地已占到全部耕地的1/3。[6]近些年来，坎佩尔的研究显示，伦敦周边地区的直营地比例也达到了这个水平。[7]可见，价格的变化直接导致经营方式的转移。

农业结构也随之发生相应的变化。随着人口不断上升，小麦需求越来越多，小麦已变成一种"现金作物"。13世纪初，温切斯特教产的小麦种植比例大约占全部庄园作物的一半，13世纪末已占到庄园作物的66%。[8]从英格兰的整体情况看，中部和东南部地区因土壤肥沃，谷物种植普遍加大；北部、西北部和西南部地区因土地贫瘠，畜牧业占有更大的比重。

地产管理和庄园管理也在同时加强。13世纪的《田庄总管的职

---

① 另有一说，早在10世纪，至少在威塞克斯郡，"走在前面的"（go-ahead）领主，如格拉斯顿伯里修道院正在把农民集中到像希普里克（Shapwick）这样新兴的核心村庄里，用谷物农场（cereal farms）来取代他们先前分散的持有地。参见 David Palliser, "On the earlier origins of English towns", *British Archaeology*, No. 24, 1997。

② Edward Miller and John Hatcher, *Medieval England: Towns, Commerce and Crafts, 1086-1348*, p. 148.

③ 转引自毕道村："论中古西欧垦荒运动的主要动因"，《湖北师范学院学报》1993年第1期。

④ C. Dyer, *Lords and Peasants in a Changing Society: The Estates of the Bishopric of Worcester, 680-1540*, pp. 63-64.

⑤ J. L. Bolton, *The Medieval English Economy, 1150-1500*, p. 23.

⑥ E. A. Kosminsky, *Studies in the Agrarian History of England in the Thirteenth Century*, pp. 90-91.

⑦ B. M. S. Campbell, "A Medieval Capital and its Grain Supply: Agrarian Production and Distribution in the London Region c.1300", R. H. Britnell, B. M. S. Campbell, eds., *A Commericialising Economy, England 1086 to c.1300*, p. 20.

⑧ N. S. B. Gras, *The Evolution of the English Corn Market from the Twelfth to the Eighteenth Century*, p. 37.

责》规定，庄园佣工须包括"房产管理人、总管家、管家、庄头、家畜围篱管理员、会计检察官、耕田人、运货马车夫、牧牛人、牧猪人、牧羊人、奶场女工"等。^①这些员工除维持庄园生产外，更多是为领主谋取收益。其中的《格罗斯泰斯特条例》规定：房产管理员的职责是"务使全家上下、无论室内户外，为人处事都诚心诚意，不辞劳苦，保持贞节，注意整洁，老老实实，且又善于谋利。"^② 总管是大地产的总责任人，他必须"黎明即起，巡视各处庄园；管理犁队的犁耕，耕地的施肥，土壤的改良，干草的刈割、晒制和堆藏，还有种子的选购、农具的修理、谷物的打场和归仓、稻草和麦秸秆的堆垛、粮食的出卖、市场的行情，还应看管牛马役畜、大小山羊、绵羊、公猪母猪等家畜的放牧、交配、产崽等；更应该督促庄园上的大小管理人员各司其职，督促庄园上的奴仆雇工进行生产"等。管家是单个庄园的负责人，他遇事可以自己拿主意，他的能力和智慧决定着庄园经营的好坏，其中最重要的职责就是了解市场行情，"庄园里凡该外销的谁占有也不行，一律送几个地方的集市市场出售，要了解行情，要讨价还价，谁出价高就卖给谁。"^③条例的第四条规定："……估计能打多少夸脱的粮食，该留下多少夸脱做种子用和支付给雇工……还有看每周要取多少夸脱粮食作为可分与的食物用，多少夸脱的粮食做施舍用……粮食总量中扣除这笔开支后，还要按每周习惯上全家所需的啤酒数量，再减去酿酒用粮数量。注意这样一年还有多少余粮可供出售。"还告诫："各处庄园都要注意，不要过了旺季，即在市面萧条时出售粮食，也就是说，如果地租和其他收益是供你全家衣食住的开销，那么存粮就全部别动，再囤积上一年或至少半年，以坐收高价出售之利。"^④

　　为使地产和庄园的管理正规化，"地产簿记"开始出现。1218年，

---

① 〔英〕伊·拉蒙德、W. 坎宁安编：《亨莱的田庄管理》，高小斯译，第70—85页。

② 同上书，第91页。

③ 同上书，第74页。

④ 同上书，第89页。

温切斯特教产的簿记册是现存最早的地产簿记。同时，刚刚诞生不久的大学开始专门培训管家和会计，牛津大学即开设了会计课程。亨利·皮朗说："英格兰具有比大陆其他国家更为优越的经济管理制度。"[①]

庄园生产的商品化趋势

13世纪，英格兰的庄园生产发生了巨大变化。斯利彻·范·巴思认为大约从1150年起，西欧的粮食生产从"直接消费"阶段转入"间接消费"阶段。[②]格拉斯也认为12世纪以前，英格兰的庄园生产还处在"前市场"时期，剩余谷物留着不卖。但是，从12世纪起，城乡分工出现，庄园生产发生变化，谷物的种植面积扩大，开始对城镇组织粮食供应。[③]波斯坦表示，13世纪，英格兰的庄园普遍朝着"比以往更有力、更有利的商业方向运动，生产得越多，生产的东西走向市场的份额就越大"。[④]希尔顿专门研究了沃里克郡南部的凯特斯比（Catesbys）家族，发现该家族的地产经营在1279年前后发生了变化。其家族地产共两块，一块"全部由拿工资的雇工干活"，称"拉德布劳克"（Ladbrooke）；另一块放养着约400头羊，称"罗德波恩"（Radbourn）。但生产的"相当大的部分是面向市场"。[⑤]可见，商品化生产已经在庄园生产中普遍出现。

庄园账目显示，13世纪的粮食销售已成为庄园最重要的事务之一。例如，1290—1291年，库克汉姆（Cuxham）庄园的庄头17次去往亨莱市场销售粮食，1291—1292年去了20次，1293—1294年去了21次。[⑥]在温切斯特主教地产上，1208—1209年，销售谷物

① 〔比〕亨利·皮朗：《中世纪欧洲经济社会史》，乐文译，第136页。

② Van Bath, B. H. Slicher, *The Agrarian History of Western Europe, A.D.500-1850*, p. 24.

③ N. S. B. Gras, *The Evolution of the English Corn Market from the Twelfth to the Eighteenth Century*, pp. 30-31.

④ M. M. Postan, "The Rise of a Money Economy", *The Economic History Review*, Vol. 14, 1944, p. 131.

⑤ R. H. Hilton, *The English Peasantry in the Later Middle Ages: The Ford Lectures for 1973 and Related Studies*, p. 163.

⑥ Edward Miller and John Hatcher, *Medieval England-Rural Society and Economic Change, 1086-1348*, p. 140.

4000夸脱，1210—1211年，销售谷物6900夸脱；1300年，小麦收获量的3/4、裸麦收获量的2/3、大麦收获量的2/5和燕麦收获量的1/3都被卖到了市场上。[①]在该教产所属32个庄园上，进入市场的谷物平均每年多达13,000蒲式耳，接近自营地收获量的一半，扣除种子后达到收获量的80%。[②]阿贝尔（W. Abel）对13世纪英格兰直领地谷物销售的总体情况做过一个统计，见表3-2。这个统计显示：直领地的小麦销售在13世纪初占到年收获量的近一半，13世纪末，占到70%；大麦和燕麦的销售在13世纪初分别为27.9%和17.0%，在13世纪末均超过年收获量的1/3。[③]

表3-2　13世纪英格兰直领地的谷物销售比例[④]

谷物种类	年产量的销售比例	
	1208—1209	1299—1300
小麦	48.5%	70.0%
大麦	27.9%	39.6%
燕麦	17.0%	34.3%

直领地的销售收入也明显增加。在伊利主教地产上，1298—1299年，总收入是3500英镑，其中销售收入为1400英镑，地租收

---

① Edward Miller and John Hatcher, *Medieval England-Rural Society and Economic Change, 1086-1348*, p. 225.

② "公元11—13世纪西欧农业发展研究"，http://www.yhzw.com/yhzw/84/84535/3049575. htm。

③ 阿贝尔的估计可能偏高。坎佩尔提出测量庄园农产品销售率的方法较科学，他主张通过计算销售谷物的价值所占谷物总收成的比例来测量商品化的水平。在这里，他首先对谷物总收成的计算提出了三套方案：（1）扣除什一税之后的净收成，即一般总收成；（2）扣除什一税和种子之后的净收成；（3）扣除什一税、种子、饲料和雇工消耗的净收成。参照以上三种方法，他根据"FTC地产账目数据库"所提供的资料，对伦敦周围10个郡的谷物销售情况做了研究，结果显示：1288—1315年间，大地产的谷物销售占一般总收成的27%，占扣除种子后净收成的38%，占扣除种子、饲料和雇工消耗之后净收成的50%。伦敦周围是商业化程度最高的地区，谷物销售占总收成的价值比例也不可能超过50%，其他地区的农产品销售率只能在这个参数以下，参见B. M. S. Campbell, *English Seigniorial Agriculture, 1250-1450*, New York: Cambridge University Press, 2000, p. 204。

④ W. Abel, *Agricultural Fluctuations in Europe: From the thirteeth to the twentieth centuries*, p. 6.

入为1700英镑。在温切斯特主教地产上，1258年的总收入是6100英镑，其中销售收入占72%，地租收入仅28%。1288年的总收入是3600英镑，其中销售收入占47%，地租收入占53%。1317年的总收入是6400英镑，其中销售收入占65%，租金收入占35%。①在约翰·恩格（John Engaine）所属世俗地产上，1297年现金收入占41%，53%来自地租。②可见，教俗地产将近一半的收入来自农产品销售。

在牲畜业为主的地产或庄园上，管理和销售也在改变。据研究，12世纪，英格兰的羊群以"放养"为主，不需要"理性化"管理，③文献中仅偶尔提到大羊群。④13世纪，畜牧业很快发展为粮食的补充形式。到13世纪末，英格兰有超过20,000个养羊农场。⑤在克洛兰（Crowland）修道院地产上，1276—1313年间，各庄园平均拥有多达4000—7000头羊。为加强有效管理，领主建立中心牧场，集中修剪从各庄园驱赶过来的羊群，以便统一储存和销售；这里设立1名"领头的牧羊人"（a head shepherd），再配备若干助手，1277年为2人，1307年增加到24人。⑥羊毛销售经常以"合同"的方式

---

① Edward Miller and John Hatcher, *Medieval England-Rural Society and Economic Change*, *1086-1348*, pp. 201-203.

② Ibid., pp. 203、205.

③ Kathleen Biddick, *The Other Economy: Pastoral Husbandry on a Medieval Estate*, California University Press，1989，转引自R. H. Britnell, "Commercialisation and Economic Development in England, 1000-1300", R. H. Britnell , B. M. S. Campbell, *A Commercialisation Economy England 1086 to c. 1300*, p. 20。

④ R. Lennard, *Rural England, 1086-1135: A Study of Social and Agrarian Conditions*, pp. 262-264.有证据表明，从8世纪起，白垩土和石灰岩丘陵就充当了牧羊草场的角色。有少数地点，羊群可能达到比较大的规模。《英格兰景观的形成》一书的作者还相信：早在撒克逊时代晚期，科茨沃尔德高地和威尔特郡丘陵的景观就已经近似于它们今日的面貌，在《末日审判书》及更早的时代，其乡村无数的"希普顿"（Shiptons）、"希普什顿"（Shipston）和这里的高地上就有数量巨大的羊群。这些地点古语往往称"公羊田地"（Rammadene），参见〔英〕W. G. 霍斯金斯:《英格兰景观的形成》，梅雪芹、刘梦霏译，第100—101页。

⑤ A. R. Bridbury, "Before the Black Death", *The Economic History Review*, Vol. 30, 1977, p. 398.

⑥ Edward Miller and John Hatcher, *Medieval England-Rural Society and Economic Change, 1086-1348*, p. 226.

进行，领主与羊毛商直接签约。1260年代，莫克斯（Meaux）修道院向卢卡商人一次性提供了11,000只羊的羊毛量。[1]牧牛农场和牧马农场也同时创办起来。1274年，沃伦（Warenne）伯爵在索沃比（Sowerby）有一家大型养牛场，其牛群经过长途跋涉，一路放养，赶往约克郡的韦克菲尔德（Wakefield），在那里，伯爵的私人官员在牛背打上私人印戳，然后以最好的价钱卖掉。[2]

当然，庄园农业商品化的程度不可一概而论。据坎佩尔等人对伦敦周围的考察显示，在伦敦周边10郡，共136个庄园境内，1288—1315年间，销售比率占净收成60%—80%的庄园有47个，销售比率占净收成20%—40%的庄园有54个，其余35个庄园的销售比率在40%—60%之间。销售比例占净收成一半以上庄园达到2/3。[3]正是在这个意义上，一些西方学者认为，中世纪的教俗领主实际上是一些"农业家"。克拉潘表示："兰开斯特公爵、大领主、大修道院等本身就是土地资本家，或农业资本家。"[4]波斯坦认为：13世纪，"一种近代意义上的资本主义农业正在兴起"。[5]这样的农业其实是一种"实业"。

农户生产的商品化趋势

在领地农业商品化的同时，农户的生产也在走向商品化。首先，依附民交纳的地租货币化。1086年，货币租在英格兰的东部和南部已成为地租的普遍形式。从12世纪中期起，货币租发展为整个英格兰地租的主要形式。[6]科斯敏斯基说："到了1279年，货币租已经取

---

[1]　Edward Miller and John Hatcher, *Medieval England: Towns, Commerce and Crafts, 1086-1348*, p. 202.

[2]　Edward Miller and John Hatcher, *Medieval England—Rural Society and Economic Change, 1086-1348*, p 227.

[3]　B. M. S. Campbell, *English Seigniorial Agriculture, 1250-1450*, pp. 206-207.

[4]　〔英〕克拉潘·约翰：《简明不列颠经济史》，范定九译，上海译文出版社1980年版，第150—151页。

[5]　M. M. Postan, "The Rise of a Money Economy", *The Economic History Review*, Vol. 14, 1944, p. 128.

[6]　马克垚主编：《中西封建社会比较研究》，第113页。

得压倒性优势，超过了劳役租和生产性地租。"[①]道格拉斯·诺思也认为："12世纪出现的一种契约形式……领主们越来越按照自己的意愿每年把付给他们的劳役捐换成固定的货币给付，这种固定的货币给付像习惯的价格一样已经被接受。"[②]至14世纪初，货币租已在大部分庄园成为一种常态。[③]

维兰负担的地租分"正额租"和"附加租"两部分。正额租包括劳役租和年租金。劳役租分"周工"和"帮工"两种形式。从米迦勒节到八月初是周工期，惯例佃户每周为领主服役一至三天，工作有犁田、运输、修建和放牧等；从八月初到下一个米迦勒节是帮工期，也是收获季。惯例佃户每周为领主劳动三至四天。12、13世纪，随着土地的增加，直领地需要更多的人手，维兰的劳役期被延长。例如，在伯尔顿（Burton）修道院地产，维兰在12世纪中叶以货币租持有的份地到13世纪初须再负担劳役。在伊利主教地产，1222—1251年间，维兰的周工期增加了10%。[④]但是，这个时期的非劳动人口也在增多，因此劳役又被折算成货币，领主可以招收更多的短工。据克拉潘的统计，1332—1342年间，在英格兰北部、西北部和中西部的212个庄园中，除犁田和季节性工作之外，农民服劳役的情况已极少见到。[⑤]布里特纳尔也认为：到13世纪，货币租在惯例支付中已压倒劳役租，很多被保存下来的劳役实际上是以固定的货币被登记下来的。[⑥]年租金是关于份地的租金，租额不算

---

① E. A. Kosminsky, *Studies in the Agrarian History of England in the Thirteenth Century*, pp. 152–196.

② 〔美〕道格拉斯·诺思、罗伯特·托马斯：《西方世界的兴起》，厉以平等译，第53页。

③ G. Duby, *The Early Growth of the European Economy, Warriors and Peasants from the 7th to 12th century*, translated by Howard B. Clarke, New York: Cornell University Press, 1974, pp. 237–238.

④ Edward Miller and John Hatcher, *Medieval England–Rural Society and Economic Change, 1086–1348*, pp. 125–126.

⑤ 〔英〕约翰·克拉潘：《简明不列颠经济史》，范定九译，第155页。

⑥ R. H. Britnell, B. M. S. Campbell, eds., *A Commericialising Economy, England 1086 to c.1300*, p. 13.

重。12、13 世纪，每英亩地的年租金仅 6 至 8 便士。[①] 按此计算，全份地佃户即"1 维尔格特农"，每年交纳租金 8 至 10 先令，半份地佃户即"半维尔格特农"，每年交纳 4 至 5 先令。将劳役折偿与年租金合在一起就是正额租。据戴尔统计：在伍斯特主教地产上，亨伯里（Henbury）庄园的正额租最高，1299 年，其全份地惯例佃户的劳役折算为 23 先令，年租金为 10 先令，合计为 33 先令。布劳克利庄园的正额租最低，其全份地惯例佃户年劳役折算仅 2 先令又 2.5 便士，年租金仅 4 先令，合计不到 7 先令。[②] 从英格兰的情况看，按平均值计，全份地农户的年正额地租约为 18 先令，半份地农户年正额租约为 12 先令。[③] 这个数字相当于 13 世纪中叶一头公牛的价格。[④]

附加租的收费有随意性。这个地租原是庄园的各项杂税，主要指任意税（tallage）、继承税（heriot）和进入费（entry fine）等三项收费。任意税是一种"边界地租"[⑤]，乃农奴的身份标志之一。格洛斯特地产卷档显示，任意税有时按"个人土地和牲畜的数量"交付，有时以集体为单位交纳。[⑥] 但税额有时可能打破农奴财产的底线。1299 年，邓斯特布尔（Dunstable）修道院的农奴宣称，他们"宁愿下地狱，也不交任意税"。经过讨价还价以后，最后以一次交纳 60 英镑的巨款豁免。[⑦] 继承税包括向领主交纳的"遗产税"和向教会捐赠的"死手捐"（mortuary）。农民死亡时，领主从死者家中牵走一头最好的牲畜，教会牵走一头次好的牲畜。如果最好的牲畜是一头公牛，价格约 12 先令；次好的牲畜是一头母牛，价格约 10 先令，合

[①]　J. E. T. Rogers, *A History of Agriculture and Prices in England*, Vol. 1, Oxford: Clarendon Press, 1866, p. 167.

[②]　C. Dyer, *Lords and Peasants in a Changing Society: the Estates of the Bishopric of Worcester, 680–1540*, p. 101.

[③]　Ibid.

[④]　13 世纪中叶一头公牛的价格为 14 先令。James H. Ramsay, *A History of the Revenues of the Kings of England, 1066–1399*, Oxford: Clarendon Press, 1925, Vol. I, p. 362.

[⑤]　P. Vinogradoff, *Villainage in England*, Oxford: Clarendon Press, 1892, p. 182.

[⑥]　H. S. Bennett, *Life on the English Manor: A Study of Peasant Conditions, 1150–1400*, Cambridge: Cambridge University Press, 1937, p. 141.

[⑦]　Ibid., pp. 139–141.

计即22先令。进入费是对份地继承的收费。它是农民一生当中最大的负担。海尔斯（Hales）庄园的一则法庭案例显示：1278年，一农奴之子为继承份地，向领主贡献了两头牛，价值20先令；一匹母马，价值半马克（合3先令4便士）；两头猪，价值2先令。后来，他又交纳了2.5马克。[①]13世纪后期，进入费有时高达农户年收入的15倍以上。[②]

除了这些有正式名目的收费之外，庄园还有其他杂税、杂费和罚金，这里就不一一列举了。1198年，国王征收的"卡鲁卡特税"也征及维兰户，十五税一和三十税一的财产税也一律按户估产计征。[③]波斯坦曾写道："四处走动的王室税收的估税员（assessors）经常走进农民家里。"[④]1327年的"世俗赞助金"对全份地农户的征收标准是每户平均交纳1先令8便士。[⑤]

货币租迫使农户的生产必须与市场结合起来。克里斯托弗·戴尔说："1100年以前，农民只有简单的自给自足，到13世纪后期，为销售而生产的规模已经相当大"。[⑥]

当时的英格兰农户主要有"全份地"和"半份地"两种形式。全份地农户拥有1维尔格特（virgate）地，合30英亩；半份地农户拥有半维尔格特（half virgate）地，合15英亩。他们是标准农户。非标准农户指"边地农"和"茅屋农"。1086年，英格兰约40%的农户持有1维尔格特地。[⑦]13世纪，由1维尔格特农和半维尔格特农组成的标准农户占全部农户的半数以上。[⑧]他们的生产能力从罗杰斯、

---

① H. S. Bennett, *Life on the English Manor: A Study of Peasant Conditions, 1150−1400*, p. 148.

② J. L. Bolton, *The Medieval English Economy, 1150−1500*, p. 21.

③ 马克垚：《英国封建社会研究》，第211页。

④ M. M. Postan, *The Medieval Economy and Society*, p. 136.

⑤ C. Dyer, *Lords and Peasants in a Changing Society: The Estates of the Bishopric of Worcester, 680−1540*, p. 109.

⑥ C. Dyer, *Making a Living in the Middle Ages: The People of Britain, 850−1520*, p. 163.

⑦ Nigel Saul, ed. , *The Oxford Illustrated History of Medieval England*, p. 151.

⑧ E. A. Kosminsky, *Studies in the Agrarian History of England in the Thirteenth Century*, p. 228.

贝弗里奇和蒂托等人的研究及国内学者马克垚先生的研究看，一个
全份地农户一年可生产剩余谷物99蒲式耳；一个半份地农户可生产
剩余谷物16—26蒲式耳，约相当于全部净收成的2/3。[①]这些谷物都
是用来销售的。除谷物之外，即便一个"日子过得紧张"的农户，
家里也有2至3头母牛。[②]羊的数量更大。据波斯坦统计：13世纪末，
英格兰绵羊的存栏数达1500万至1800万只。[③]国内学者侯建新先生
计算：13世纪末，英格兰每个农户平均拥有绵羊22至26只。[④]这些
牲畜都是可以卖到市场的。此外，农户家庭还有各种家禽可以销售。
他们还养蜂、捕鱼和酿酒等，都可以扩大收入。1209年，一石（14
磅）羊毛价值2先令，1302年便卖到约4先令；1209年，一英亩小
麦（四分之一夸脱）价值2先令7便士，一个世纪后便涨到5—6先
令。[⑤]为获得更多的收益，农民变换耕作方式，他们一边不断用篱笆
把新垦地围起来，一边加大耕作密度，减少休耕；同时在作物生长
过程中，不断锄地、除草和种植豆类作物等，使集约化的水平普遍
提高。"很多小块地的农作变成了一种'园艺'"。[⑥]

　　在进入市场过程中，大地产的经营为市场提供了大宗的粮食、
羊毛和牲畜，占据中心市场，那么，农民的生产以小规模的出售
为主，便占据了大众市场。众多的地方性研究证实了这一点。例
如，海拉姆的研究发现：1283年，在英格兰东部的布兰克贝恩
（Blackbourne）百户区的1363个纳税农户中，每户用于出售的剩余
谷物有：不足4蒲式耳的小麦、不足1夸脱的裸麦、超过3夸脱的大

---

① W. Beveridge, "The Yield and Price of Corn in the Middle Ages", *Economic Journal*, 1927, p. 155; J. Z. Titow, *English Rural Society, 1200-1350*, p. 89; H. S. Bennett, *Life on the English Manor: A Study of Peasant Conditions, 1150-1400*, pp. 85-86；马克垚主编：《中西封建社会比较研究》，第118、232页；C. Dyer, *Standards of Living in the Later Middle Ages, Social Change in England, 1200-1520*, p. 153.

② H. S. Bennett, *Life on the English Manor: A Study of Peasant Conditions, 1150-1400*, pp. 90-91.

③ M. M. Postan, *The Medieval Wool Trade*, London; New York: Routledge, 1952, p. 4.

④ 马克垚主编：《中西封建社会比较研究》，第128页。

⑤ C. Dyer, *Making a Living in the Middle Ages: The People of Britain, 850-1520*, p. 165.

⑥ Ibid., p. 166.

麦、不足6蒲式耳的豆类、超过2蒲式耳的燕麦。[①]1297年，在贝德福德郡的巴福德（Barford）百户区，每个农户用于出售的谷物包括：不足10蒲式耳的小麦、超过1蒲式耳的大麦、不足10蒲式耳的燕麦、不足1蒲式耳的裸麦、不足4蒲式耳的荞麦和不足1蒲式耳的豆类。[②]又据贝内特计算，在正常年份里，1维尔格特农可出售小麦48蒲式耳。[③]按法默、贝弗里奇和罗杰斯提供的综合价格判断，1200—1349年间，英格兰小麦的平均价格为每夸脱5.34先令，[④]那么，全份地农户每年仅出售小麦即可净得现金约25先令。在畜牧业方面，依据海拉姆提供的价格：1210—1300年间的绵羊市价为每只0.83—1.5先令[⑤]，取平均价1.16先令，每个农户平均出售羊22—26只，可得现金约30先令。此外，每个家庭还有养殖、种植和其他副业收益等。

当然，农户参与市场的程度也不可一概而论。他们参与市场主要受"经济租"（economic rent）的制约，经济租越高，参与市场的程度越深。据戴尔对1299年伍斯特教产所属各庄园的统计显示：威特斯顿（Whitstons）庄园的半份地租金高达24先令又1.5便士，阿斯顿（Aston）庄园的四分之一地租金高达11先令又1.5便士，其土地的价值高，经济租亦高，农户参与市场的程度就大。而比伯里庄园的全份地的租金仅6先令又2.5便士，农民参与市场的程度就低。[⑥]又据坎佩尔等人对1300年前后伦敦"粮食供应带"的研究显示：越是靠近"供应带"的地点，经济租的水平高，农民受市场的影响也越大。肯特郡是当时首屈一指的高地租带，农户参与市场的程度也最

---

① H. E. Hallam, *Rural England, 1066-1348*, p. 62.

② Ibid., p. 119.

③ H. S. Bennett, *Life on the English Manor: A Study of Peasant Conditions, 1150-1400*, p. 88.

④ H. H. Hallam, ed., *The Agrarian History of England and Wales*, Vol. 2 (1042-1350), p. 785.

⑤ Ibid., p. 748.

⑥ C. Dyer, *Lords and Peasants in a Changing Society: The Estates of the Bishopric of Worcester, 680-1540*, p. 108.

深。①此外，农户参与市场的权利受到领主"超经济强制"的影响。例如，农民出售谷物必须在米迦勒节之后的几个月内进行，这时粮价低廉，获利最少；而领主的粮食压着不卖，待到来年春天粮价上升时再出售，获利最多。再者，在一个核心村落里，1维尔格特农放养的牲畜不得超过40头。②这也是乡规民约的限制。

乡村劳动分工的扩大

领地经济的变化还表现在乡村劳动分工的扩大上。就分工来说，中世纪盛期，英格兰乡村经济出现两个方面的变化，一方面，庄园内部的劳动分工加强，劳动者除农夫之外，还有牧羊人、铁匠、泥瓦匠、酿酒匠、织布匠等其他多种劳动人手，部分劳动者开始脱离庄园，向城镇转移或者向专业化方向发展；另一方面，劳动者的地区分工出现，各地存在着具有地方性特色的专业化产品。随着分工的加强和人口的增长，英格兰乡村的非农业人口增加。

先看庄园内部的分工。这个分工是与消费能力增长联系在一起的。中世纪盛期，英格兰用于消费的收入增长快于人口增长，一部分农民开始从庄园生产中脱离出来，成为非农业的职业劳动者。据研究，中世纪盛期，制衣、烤面包、酿麦酒等家庭副业开始不在家庭内部进行，改由专门的匠人来制作，乡村出现多达十至二十个不同种类的工匠，如铁匠、马具匠、皮革匠、制陶匠、面包匠、成衣匠等。这些工匠不再是传统意义上的农业劳动者，而是"小持有者"，拥有农业之外的其他职业。这些人往往将职业作为自己的姓氏。如铁匠称Smith，面包匠称Bake等，这是西方姓氏最重要的来源之一。此外，工匠制作的产品主要不在庄园内部消费，而是拿到市场上去销售，因此，这些匠人开始离开庄园，到市场集中的城镇

---

① D. Ormrod, "Feeding the Cities", Review to *A Medieval Capital and its Grain Supply: Agrarian Production and Distribution in the London Region c.1300* (Bruce M. S. Campbell, and James A. Galloway, and Derek Keene, and Margaret Murphy, 1993), *Journal of Urban History,* Vol. 23, 1997, pp. 468-473.

② C. Dyer, *Making a Living in the Middle Ages: The People of Britain, 850-1520*, p. 168.

去生活。

那些留在乡村生活的非农业劳动者也开始向机械或半机械化的方向发展。他们借助畜力或风力进行操作，给乡村带来了机械化装置。法国历史学家让·坎佩尔在《中世纪的机器——中世纪工业革命》一书中开门见山地指出："中世纪以任何文明前所未有的规模将机器引进欧洲，这是导致西方统治世界其余地区的主要因素之一。古典世界对机器已经耳熟能详，但他们使用机器却十分有限……然而，在中世纪社会，机器被制造出来，以代替以前被人力承担的劳动，且经常是艰苦的劳动。"[1]这是西方胜出的重要原因。机械化克服了单调劳动带来的辛苦。例如，用马力、风力或水力推动的普通磨坊和漂洗磨坊已遍布英格兰各地。据统计，1086年，英格兰有水力磨坊5624座[2]，12、13世纪，新添风力磨坊约4000座，主要分布在水力缺乏的西部地区，至1300年，水力、风力磨坊合在一起共计1.2万座，几乎每个村子都有磨坊，80%的面粉都由磨坊来碾磨。[3]中国古代有大量手推石磨，但石磨是人力机械，不是能源机械。英格兰领主不允许农户留存手磨，管家会定期到农户家中搜查。磨坊是领主谋利的一项事业，建在野外，一旦人们选定了一处基址，河流被引流或是被安上堤坝，这块地方就会被当作磨坊用到底，直至谷物制粉业在当地湮没。[4]以亨伯河以南地区为例，这里可以见到领地磨坊、承租人磨坊、室内磨坊和市镇磨坊，各自碾磨的谷物分别占收成的40%、20%、20%和20%。[5]乔叟的《坎特伯雷故事集》对磨坊主的贪婪有过一段描述：

---

[1] 徐浩："机械化与'中世纪工业革命'"，http://www.sohu.com/a/252524862_281966，2018-09-07。

[2] Jean Gimpel, *The Medieval Machine: The Industrial Revolution of the Middle Ages*, p. 12.

[3] 张娟："中世纪至近代早期西欧水力坊考察"，天津师范大学2013年硕士论文。

[4] 〔英〕W. G. 霍斯金斯：《英格兰景观的形成》，梅雪芹、刘梦霏译，第81页。

[5] John Ambler and John Langdon, "Lordship and Peasant Consumerism in the Milling Industry of Early Fourteenth-Century England", *Past and Present*, No. 145, 1994, p. 29，转引自张娟："中世纪至近代早期西欧水力坊考察"，天津师范大学2013年硕士论文。

在离剑桥城不远的特兰平顿，一条小溪之上架有一座桥梁，小溪边建有一座磨坊。有一个磨坊主像孔雀一样自豪而傲慢地长久居住在那里……磨坊主毫不犹豫地对来自附近所有土地上的，尤其是来自剑桥大学的小麦和麦芽征税。大学通常会把小麦或麦芽送到磨坊处碾磨。有一天负责照看此事的人生病卧床，磨坊主便大肆侵夺送入者的谷物，其数量竟是看守人之前掠夺的一百倍，把之前那种温和的掠夺变成了蛮横的直截了当的偷盗。为此，看守人狠狠地责骂了磨坊主一顿，但磨坊主并没有吐出一分钱，并发誓说事实并非如此。[①]

除磨坊外，一些不能转移到城镇的手工业也在乡村出现，如建筑业、木材加工、采掘、制陶等，这些工种仍保留在乡村，或者在城乡之间来回移动。

再看英格兰的地区分工。中世纪早期，因交通不便，农民聚集在移居地周围，以采集、狩猎为生，制造自己所需要的衣物和器具，经济基本上是地方性质的。12、13 世纪，商品交换发展起来，部分居民开始移居城镇，另外一部分居民开始开发当地资源，并用于贸易。例如，沿海地区的居民可以发展"捕鱼业和煮盐业"，沼泽地带的居民可以"抓鸟，捕鱼，收集灯芯草、芦苇、纸莎草、挖掘泥炭"等。[②]罗杰斯在《六个世纪的工作与工资》一书中描述：13 世纪中叶，沙夫茨伯里、刘易斯和艾尔舍姆以生产亚麻布见称，沃里克和布里德波特以生产绳索著名，后者还以生产大麻织物闻名。此外，威科姆、亨格福德和圣奥尔本供给精美的面包，马斯蒂特供给刀子，威尔顿供给缝针，莱斯特供给剃刀，班伯里以产饮料著名，希钦以产蜜酒名世，伊利以产麦酒著称。格洛斯特是铁器的主要产地，布里斯托尔是鞣皮的主要生产地点，考文垂是肥皂的主要产地，

---

① Geoffrey Chaucer, *The Canterbury Tales*, Oxford University Press, 1986，见《坎特伯雷故事集》，外语教学与研究出版社 1995 年版，第 99—109 页。

② C. Dyer, *Making a Living in the Middle Ages: The People of Britain, 850-1520*, p. 168.

唐克斯特是生产鞍带的主要地点，切斯特和什列斯伯里是毛皮的主要生产地点，科夫是大理石的主要供给地点，康沃尔是锡的主要产地。格里姆斯比供给干鳕，拉伊供给鳕鱼，雅茅斯供给鲱鱼，贝里克供给鲑鱼，里彭是一个马市场。[1]总之，经济的地区分工开始出现。

在英格兰东南部，13世纪晚期，伦敦城的经济需求影响并塑造了当地经济。在城镇化程度高的肯特、中萨克斯、哈特福特、埃塞克斯和东盎格利亚等地，奶制品的生产最发达，其余地区的牧羊业发展迅速，大规模的"羊谷联合农业"（a pattern of sheep-corn husbandry）已经被开发出来。在肯特郡的沿海湿沼地带，则专门生产伦敦需要的肉畜。[2]在东盎格利亚的布里克兰（Brekland）地区，谷物农场在11世纪已得到最大限度的开发，12、13世纪很难做进一步的发展，13世纪时便转向大麦种植。[3]同时，布里克兰的农民还开发了一系列为外地市场所需要的新产品，比如渔业、泥炭的开挖、芦苇的利用以及兔子的养殖，甚至小型的布匹加工等。[4]到13世纪中期，随着人口的继续上升，布里克兰越来越依赖外部市场，其用于出口的产品有小麦、奶制品、食盐、新鲜蔬果、咸鱼、木料、铁制品和沥青等。[5]

在英格兰西南部，锡矿资源和森林资源占有重要地位。康沃尔郡和德文郡的经济在很大程度上依赖锡矿贸易。1156—1160年，其锡的平均年产量为15万镑，至12世纪晚期增加了5倍之多。1301年，德文郡仅440个锡矿工提供的锡资源就相当于铸币所需要的全部锡

① 〔英〕伟·桑巴特:《现代资本主义》(第一卷)，李季译，商务印书馆1936年版，第160—161页。
② R. H. Britnell , B. M. S. Campbell, *A Commercializing Economy England, 1086 to c.1300*, p. 15.
③ C. Dyer, *Making a Living in the Middle Ages: The People of Britain, 850-1520*, p. 167.
④ 东盎格利亚的兔子贸易在某些情况下是作为这个时期的一种新的专业化被辨认出来。R. H. Britnell, "Commercialisation and Economic Development in England,1000-1300", R. H. Britnell , B. M. S. Campbell, eds., *A Commericialising Economy, England, 1086 to c.1300*, p. 14.
⑤ R. H. Britnell , B. M. S. Campbell, eds., *A Commercialising Economy England 1086 to c.1300*, pp. 15-16.

资源的1/10。^①丁恩森林（the Forest of Dean）的匠人则为来自各地的顾客锻造各种铁制品。

在英格兰的西北部，畜牧业发展最快。12、13世纪，依赖远距离市场的畜牧型农场发展起来，羊毛成为地方收入的一个主要来源。从1220年代起，坎伯里亚是英格兰最重要的羊毛出口地之一，同时，利用水力漂洗建起的布匹工业在该地区出现。此外，这里的铅、铁等矿产资源也在12世纪得到开采，食盐业在13世纪早期也出现于西北沿海。^②

地区分工扩大了地区间的交换，对集市的增加影响极大。例如，德文郡是畜牧业较发达的地区，埃克塞特和达特穆尔高地（Dartmoor）经常举办与牛有关的一系列集市。牛群经常是一边放养，一边向前方的路线移动。牛犊在秋季卖给牧牛人，待冬季来临，牛群长成，牧牛人进行拣选，挑出肥壮者卖给屠宰商。随着牛群的移动，沿线出现了一系列畜牧集市：10月份的集市安排在班普顿（Bampton），11月份的集市出现在阿什伯顿（Ashburton）和莫顿汉普斯特德（Moretonhampstead）。^③当然，分工未必一定造就集市群。丁恩森林周围的铁产区就没有与铁有关的集市群，因为矿石开采后由大商站（mart）或者"中间商"直接运出，不需要市场作中介。^④

分工的出现推动了非农业人口的大量增加。很多人变成了工资劳动者。布里特纳尔说："13世纪，英格兰依赖市场的受雇用职业比自给农场增长的数目更快。"^⑤据统计，12世纪，英格兰的家庭仆

---

① R. H. Britnell , B. M. S. Campbell, *A Commercialising Economy England, 1086 to c.1300*, pp. 15–16.

② Ibid.

③ M. Kowaleski, *Local Markets and Regional Trade in Medieval Exeter*, Cambridge; New York and Oakleigh: Cambridge University Press, 1995, pp. 45–46.

④ R. H. Britnell, "The Proliferation of Markets in England, 1200–1349", *The Economic History Review*, Vol. 34, 1981, p. 214.

⑤ R. H. Britnell, "Commercialisation and Economic Development in England,1000–1300", R. H. Britnell , B. M. S. Campbell, eds., *A Commericialising Economy England, 1086 to c.1300*, pp. 14–15.

役人数估计有15万，另有10万户小土地持有者也需要依赖短工来贴补，这些工资劳动者约占总人口的1/10。[1]13世纪，工资劳动者的队伍扩大，英格兰的工资劳动者可能占总人口的1/3以上。[2]1280年，英格兰东部至少有42%的农户需要购买食物。[3]1300年，完全没有土地或租种小块份地的家庭达60万户。[4]当时，英格兰2/5的佃户（东部大部分地区有4/5的佃户）是小土地持有者，土地收入不能满足家庭开支。此外，还有大量的二佃户、房客、无地雇工、流浪者和其他边缘人群，他们都需要挣工资谋生。因此，1300年的工资劳动者像16世纪20年代一样多。[5]13世纪后期，庄园外出谋生的农民增多，大庄园甚至超过一百人。平均每个庄园大约有20个交纳迁徙税（chevage）的农民，还有农奴不辞而别，[6]久而久之与庄园联系割断，从庄园名册中消失。领主的限制越来越无济于事，"只好要求出走者一年交纳一次很轻的迁徙税，几便士或圣诞节送来一只老母鸡，作为保持封建权力的象征。"[7]

三、市场化与城镇化趋势的出现

领地经营商品化的趋势出现以后，13世纪，英国市场化和城镇化的趋势也随之产生，特别是小市场和小集镇的增生呈现"爆发"趋势，地方教俗领主就是小市场和小城镇的最多建立者。[8]它表明英

---

① 徐浩："戴尔新说：'英格兰社会转型于13世纪'"，侯建新主编：《经济-社会史评论》（第四辑），第176页。
② 同上。
③ 同上。
④ R. H. Britnell, "Commercialisation and Economic Development in England, 1000-1300", R. H. Britnell , B. M. S. Campbell, eds., *A Commericialising Economy England 1086 to c.1300*, p. 22.
⑤ 徐浩："戴尔新说：'英格兰社会转型于13世纪'"，侯建新主编：《经济-社会史评论》（第四辑），第176页。
⑥ 侯建新：《社会转型时期的西欧与中国》（第二版），高等教育出版社2005年版，第113页。
⑦ 同上书，第112页。
⑧ R. H. Hilton, "Lords, Burgesses and Hucksters", *Past and Present*, No. 97, 1982, p. 5.

格兰的商业网点也同时大规模增加。

小市场的爆发式增生

据研究，在1086—1348年间，英格兰共建立大约2000个市场和几乎同样数量的集市，"这些交易地点大多数位于乡村"。[①]因此，英格兰出现了中世纪的市场化。1066—1200年间是英格兰的第一个市场发展期。[②]要求建立市场的人向王室申领一张特许状，即可设立新市场，但小市场的数量还很有限。1200—1349年间是新市场的第二个发展期，小市场的设立达到高潮。

1967年，阿兰·艾维里特（Alan Everitt）在《1500—1640年的农产品销售》一文中，首次提到中世纪盛期英格兰存在着数量超常的小市场（small market），其数量可能比近代早期还要多。[③]1991年，法默对所有的地方市场研究进行综合，得出结论：1200—1349年间，英格兰市场数量翻了三倍。[④]这个数字超过当时的土地增长率和人口增长率。1994年，摩尔蒂莫给出的答案是：1300年，英格兰的乡村小市场超过1200个，平均每5至6个村庄就有1个市场。[⑤]1250—1275年是小市场增长的高峰期。1981年，布里特纳尔对1200—1349年间英格兰小市场增量的数量做过一个统计：在其统计到的21个郡当中（相当于英格兰55%的面积），1250—1275年新出现的214个市场，约占全部新增市场的2/3。因此，13世纪后期是英格兰新增市场的爆发期。当时著名法学家亨利·布劳克顿

①　徐浩："戴尔新说：'英格兰社会转型于13世纪'"，侯建新主编：《经济-社会史评论》（第四辑），第167页。

②　D. Farmer, "Marketing the Produce of the Countryside,1200-1500", E. Miller, John Hatcher, eds., *The Agrarian History of England and Wales*, Vol. 3 (c.1348-1500), Cambridge: Cambridge Uneversity Press, 1991, p. 331.

③　A. Everitt, "The Marketing of Agricultural Produce,1500-1640", J. Thirsk, general ed., *Agrarian History of England and Wales*, Vol. 4, Cambridge: Cambridge University Press, 1967, pp. 466-592.

④　D. Farmer, "Marketing the Produce of the Countryside, 1200-1500", E. Miller, John Hatcher, eds., *The Agrarian History of England and Wales*, Vol. 3, p. 331.

⑤　Richard Mortimer, *Angevin England, 1154-1258*, p. 175.

（Henry Bracton）提出警告：相邻市场之间的距离不要超过六又三分之二英里。[1]这个警告是非常有道理的。因为当时的人们一天行程约20英里，赶市分三个时段：去、返、交易，20除以3正好是六又三分之二。布劳克顿的意思是市场之间不要超过这个距离，否则就会造成拥挤。[2]现代学者昂温（Tim Unwin）运用"网络理论"对中世纪诺丁汉郡的市场分布做过专门研究，他发现，13、14世纪之交，诺丁汉郡周市之间的平均距离介于5.98—18.97公里之间，这个波值取平均值大约是10公里，与布劳克顿提出的六又三分之二英里正好契合。[3]不过，从米勒研究德比郡的情况看，小市场之间的平均最近距离在一至七英里之间，[4]明显超过六又三分之二英里这个界限。可见，英格兰小市场的密度非常高。

集市的设立同样存在这种情况。集市是一种定期举办的交易会，中、小集市集中在乡村举办。据米勒和哈切尔研究，在13世纪的德比郡，集市之间的平均最短距离也在一至七英里之间，[5]同样大大超过布劳克顿设定的六又三分之二英里的极限。布罗代尔曾吃惊地发现：13世纪，英格兰的集市数量比伊丽莎白时代还要多。[6]

集镇的大量涌现

集镇又称小城镇（small town），是出现在领地上的永久的商业网点。与小市场的不同在于：小市场日出而聚，日落而散，可以满足一至数个庄园或村落的周六交易或周日交易；小集镇不仅有"市

---

① R. H. Britnell, *The Commercialisation of English Society, 1000-1500*, p. 83.

② H. C. Darby, ed., *A New History Geography of England Before 1600*, Cambridge: Cambridge University Press, 1973, pp. 116-118.

③ Tim Unwin, "Rural marketing in medieval Nottinghamshire", *Journal of Historical Geography*, Vol. 7, 1981, p. 243.

④ Edward Miller and John Hatcher, *Medieval England-Rural Society and Economic Change, 1086-1348*, p. 77.

⑤ Ibid.

⑥ 〔法〕费尔南·布罗代尔：《15至18世纪的物质文明、经济和资本主义》（第三卷），顾良、施康强译，第25页。

民"定居，且可满足一个更大区域内的居民的日常交易；它是小市场的升级版。一般说来，一个小市场只要坐落的位置合理，领主本人有意愿，就可能升级为集镇。例如，萨塞克斯郡的巴特尔（Battle）是诺曼征服后新设立的一个小市场，设立者是附近的一个修道院，12世纪后期，负责施工的教友们开始"在市场边界附近按照一定的经纬线划分出许多属于个人使用的屋场"，总共有115块，修道院随即授权：凡是租用屋场的佃户均享有市民身份，从此，一座集镇即小城镇就诞生了。[①]

据研究，从诺曼征服至黑死病暴发的200多年间是英格兰城镇兴起的"黄金时代"。[②]坎佩尔估计，1300年英格兰的城镇化水平与1600年时差不多。[③]那么，中世纪的英格兰到底兴起了多少座新城镇？历来说法不一。20世纪60年代，研究城市史的贝雷斯福德认为，1180—1310年间，英格兰城市增加的数量比1050—1180年间要多得多。[④]1980年代，波尔顿估计，从1086年的《末日审判书》到14世纪前四分之一世纪，英格兰的城市数量大约增加了一倍。1296—1336年间的"赞助金税册"曾将226个地点作为"市镇"（borough）来对待，这个数字加上柴郡、达勒姆拥有的城市和"五港口"（the Cunque），还有领地上新开辟的种植园，14世纪早期，英格兰大约有300个城市。[⑤]可是，希尔顿依据1377年"人头税卷档"（the Poll Roll）的资料统计发现，14世纪后期，英格兰城市分布呈现如下状况：首都伦敦拥有45,000—50,000个居民，拥有8000—15,000人口的城市4座；拥有5000—8000人口的城市8座；

---

① Searle, ed., *Chronicle of Battle Abbey*, pp.50-59, 76; Cited in R. H. Britnell, *The Commercialisation of English Society, 1000-1500*, p. 24.

② J. Thirsk, general ed., *Agrarian History of England and Wales*, Vol. 4, p. 467.

③ B. M. S. Campbell, et al, *A Medieval Capital and its Grain Supply: Agrarian Production and Distribution in the London Region c.1300*, 1993, p. 11; Cited in R. H. Britnell, *The Commercialisation of English Society, 1000-1500*, p. 25.

④ M. W. Beresford, *New Towns in the Middle Ages*, Lutterworth［Leicestershire］: Tynron Press, 1967, p. 330.

⑤ J. L. Bolton, *The Medieval English Economy, 1150-1500*, pp. 120-121.

拥有2000—5000人口城市27座；除此之外，还有大约500个集镇，人口在500—2000人之间。[①]这个城市数字将波尔顿估计的数字扩大了一倍。其后，越来越多的研究显示，希尔顿的统计受到支持。如保尔·M. 豪亨伯格的研究认为，英国城市数量从1086年的111座上升到1300年的大约550座，其中英格兰拥有480座，威尔士拥有70座。[②]詹姆斯·马斯切尔表示：1300年英格兰拥有大约600座城市，共计约100万市民，其中50座是"拥有各类商人的地区中心"，另外550座是较小的集镇。[③]近些年来，布里特纳尔的研究指出：11世纪，英格兰拥有人口超过1万人的城市只有伦敦，这样的城市人口不超过总人口的1%；[④]到13世纪末，人口超过1万人的城市增加到14至16座，其城市人口超过总人口的5%。[⑤]他是根据14世纪温切斯特城保留下来的税册做出的精确估测。他发现，1300年，温切斯特城拥有10,000—12,000人，然后借助王室税册中的税单排名，特别是不同城市相对于温切斯特的先后位置，再相对精确地估算出其他城市的人口数量。[⑥]布里特纳尔接着推测：13世纪，英格兰拥有人口超过2000人的城市约50至100座，其总人口超过60万，其中的37万人住在15个人口超过1万人的最大城市，12万人住在35个次一级的中心城市；另有12万人住在50个更次一级的中心城市。[⑦]但人口超过1000人的城镇比例可能更大，结果使1000—1300年间新出现的城镇数量变得相当庞大。[⑧]这就是中世纪的"城镇化"。

---

① R. H. Hilton, "Towns in English Medieval Society", R. Holt and G. Rosser, eds., *The English Medieval Town, A Reader in English Urban History*, p. 22.

② Paul M. Hohenberg, *The Making of Urban Europe, 1000−1950*, Cambridge, Massachusetts and London: Harvard University Press, 1985, p. 55.

③ Cited in R. H. Britnell, "Review to *Merchants, Peasants and Markets: Inland Trade in Medieval England, 1150−1350*", *The Economic History Review*, Vol. 52, 1999, p. 362.

④ H. C. Darby, *Domesday England*, p. 303.

⑤ R. H. Britnell, "Commercialisation and Economic Development in England,1000−1300", R. H. Britnell , B. M. S. Campbell, eds., *A Commericialising Economy, England 1086 to c.1300*, p. 10.

⑥ Ibid.

⑦ Ibid.

⑧ R. H. Britnell, "Commercialisation and Economic Development in England,1000−1300", R. H. Britnell, B. M. S. Campbell, eds., *A Commericialising Economy, England 1086 to c.1300*, p. 10.

　　中世纪城镇化的核心其实是"小城镇化"。近年来，据戴尔的研究显示：1300年，英格兰拥有人口不足2000人的小城镇达600个以上。这些小城镇聚集了很多工匠和商人，距周围农村只有10—20英里的距离，构成了城市"金字塔"的基础部分。[1]然而，在全部统计到的大约600座城市中，人口高于2000人的城市实际上不足50个，人口处于2000人的小城镇则多达550个以上，小城镇所占比例达城市总量的90%。这一比例与当时整个西欧的小城镇比例是一致的。我们看庞兹对1330年北欧城市的统计，见表3-3。这个统计显示：在统计到的全部3267座城镇中，2000人口以下的小型城镇共计3000座，占统计总数的90%以上。由此可见，中世纪盛期英格兰和西欧城镇化都是"小城镇化"。

表3-3　1330年北欧的城市等级[2]

城市规模	城市数量	总人口
特大型（25,000人以上）	9	330,000
大型（10,000—25,000）	38	570,000
中型（2000—10,000）	220	1,100,000
小型（2000以下）	3000	2,250,000
总数	3267	4,250,000

　　更进一步的研究显示：英格兰小城镇的人口底线不是1000人，而是500人，甚至500人以下。例如，德文郡的南绥尔（South Zeal）城建于1264年，1315年时只有20个市民，[3]比不上一个蔫尔村落。另外，在1377年人头税卷档统计到的德文郡的20座纳税城市中，人口不足2000人的城有18座；不足1000人的城有16座；在这16座城中，只有托特尼斯（Totnes）和克雷迪顿（Crediton）分

[1]　C. Dyer, *Making a Living in the Middle Ages: the People of Britain, 850-1520*, p. 190.

[2]　N. J. Pounds, *An Historical Geography of Europe, 450 B.C.-A.D. 1330*, p. 358.

[3]　M. W. Beresford, *New Towns in the Middle Ages*, p. 426.

别拥有540人和534人，余者皆在500人以下，其中奥克汉普顿（Okehampton）和利德福德（Lydford）甚至不到100人。^①这个情况说明，德文郡有70%的城的人口不足500人。因此，所谓"小城镇化"其实还是一种夸张，准确地说应该是"微城镇化"。霍斯金斯在《英格兰景观的形成》一书中描述："当时英格兰的'城镇'规模很小，跟村庄也很难区分开，唯一显著的不同大概是它们周围有一圈防御土墙环绕（或半环绕），正如我们在多塞特郡的韦勒姆和德文郡的利德福德所见的。"^②

这种情况是如何出现的呢？实际上与当时集镇或小城镇的形成方式有很大的关系。这些小城镇往往围绕某个"中心地"城市成批的兴起，形成所谓"小城镇群落"或"小城镇星座"。比如在西米德兰南柯茨沃孜高原的赛伦塞斯特（Cirencester）周围，就有一组小城镇群落出现。赛伦塞斯特地处泰晤士河谷和塞文河谷的羊毛出产地的交汇点上，地理位置优越，是南柯茨沃孜地区最重要的贸易中心。13世纪末，这个中心地周围很快兴起了一批卫星小城镇：往东去往泰晤士河上游方向是费尔福德（Fairford）、莱奇莱德（Lechlade）；往南去往布里斯托尔方向是明津汉普顿（Minchinhampton）、泰特伯里（Tetbury）、马什菲尔德（Marshfield）、奇平索德伯里（Chipping Sodbury）、沃里克（Warwick）、濠斯利（Horsley）；往西北去往格洛斯特方向是比斯利（Bisley）、朋斯维克（Painswick）；往北及东北是诺斯利奇（Northleach）、伯福德（Burford，牛津附近）和"荒原上的斯托"（Stow-on-the-Wold）。据希尔顿研究，这些"卫星市镇"并没有明显的城市特征，"一个个不过存在被特许状授权的市场而已"，但是，费尔福德、莱奇莱德、泰特伯里、奇平索德伯里、朋斯维克、诺斯利奇和伯福德等地点，却有"市民"或"市民租佃"存在，所以具

---

① M. Kowaleski, *Local Markets and Regional Trade in Medieval Exeter*, p. 71.
② 〔英〕W. G. 霍斯金斯：《英格兰景观的形成》，梅雪芹、刘梦霏译，第84页。

备了"城市"或"准城市"的身份，但规模都小。[①]13世纪的考文垂周围也兴起了一组小城镇群落。考文垂是西米德兰北部地区的新兴贸易中心，其快速发展超过了郡城伍斯特、沃里克和旧城温什科姆（Winchcombe）、德罗伊特威奇（Droitwich）等。随着考文垂的兴起，沿艾温河谷到伯明翰高原一带，出现了一组拱卫考文垂的"小集镇星座"，共计25个小集镇，对考文垂的兴盛发挥着"烘托"的作用。[②]这是英国小城镇或微型城镇大量兴起的奥秘所在。

据统计，1086—1348年间，英格兰领主建立的私人城镇约占城镇总数的三分之二。[③]在西米德兰的格洛斯特、伍斯特和沃里克三郡，除布里斯托尔、考文垂、格洛斯特、伍斯特、沃里克、威科姆和德罗伊特威奇等属于王室城市外，余者皆为领主城镇，约占西米德兰全部城镇的85%。[④]在领主建造的私人城镇中，以西米德兰为例，属主教建造者占4%，属修道院建造者占32%，属世俗贵族建造者占51%，属小领主建造者占13%。[⑤]在德文郡，大约70%的市镇是由世俗领主建造的。[⑥]

市、镇对领地生产的拉动

集镇是中世纪城镇化的主体。集镇的存在紧紧依附于周围农村，与农村形成共生关系。集镇的居民主要来自周围农村。如赫勒苏文的市民大部分来自半径约五英里的庄园。这些市民曾长期与庄园保持着习惯性联系，他们要么在庄园上持有土地，可使用庄园的公共权利；要么经常性地侵犯当地资源，如偷盗谷物、放牧牲畜、拔取

① R. H. Hilton, *A Medieval Society: The West Midlands at the End of the Thirteenth Century*, Cambridge: Cambridge University Press, 1983, p. 170.

② R. H. Hilton, "Lords, Burgesses and Hucksters", *Past and Present*, No. 97, 1982, p. 5.

③ Edward Miller and John Hatcher, *Medieval England: Towns, Commerce and Crafts, 1086–1348*, p. 271.

④ R. H. Hilton, "Lords, Burgesses and Hucksters", *Past and Present*, No. 97, 1982, p. 5.

⑤ R. H. Hilton, "Medieval Market Towns and Simple Commodity Production", *Past and Present*, No. 109, 1985, p. 13.

⑥ M. Kowaleski, *Local Markets and Regional Trade in Medieval Exeter*, p. 51.

庄园篱笆用作柴火或在领主地产上钓鱼等。①格拉斯认为中世纪城市在很长一段时间里是城乡一体的，城保留着乡的特色。11世纪，镇（town）处于庄园（manor）和市（borough）的过渡阶段，其经济仍然以农业为主；13世纪，城的记录中第一次出现行会这个概念，城乡经济开始分离，城的农业部分转移到农村，其非农业比重增加，真正意义上的城乡分工才开始出现。②

城乡分离后，城的生存必须依靠周围农村提供保障。据波尔顿研究：一座人口3000人的城，每年要消费大约1000吨谷物，相当于4500英亩耕地一年的收成。这个面积加上休耕地，按二田制计算，是9000英亩；按三田制计算，是7500英亩。③另据阿贝尔估算：一座人口3000人的城镇仅面包供应这一项，就需要10块平均面积8.5平方公里的土地才能满足需要。④因此，中世纪城镇的粮食供应十分紧张，甚至像布里斯托尔和考文垂这样的大城市也经常面临着粮食供给不足的问题。⑤其供应一般都是在辖区范围之内"就近购粮"。⑥

因此，小城镇是周围农村和庄园的主要粮食销售市场。例如，1296—1346年间，在威尔特郡的朗布里奇德弗里尔（Longbridge Deverill）庄园和芒克顿德弗里尔（Monkton Deverill）庄园，其谷物经常在17公里（合10.5英里）以内的范围内销售，销售点是小城亨顿（Hindon），或者是位置更重要一些的城镇弗罗姆（Frome）和沙夫茨伯里（Shaftesbury）。1189年，格拉斯顿伯里修道院院长规定：如果他要出售他的粮食，佃户必须从他那里购买，否则将被处以20

---

① R. H. Hilton, "Lords, Burgesses and Hucksters", *Past and Present*, No. 97, 1982, p. 10.

② N. S. B. Gras, *The Evolution of the English Corn Market from the Twelfth to the Eighteenth Century*, p. 33.

③ J. L. Bolton, *The Medieval English Economy, 1150−1500*, p. 119.

④ W. Abel, *Agricultural Fluctuations in England*, the third edition, trans. by Olive Ordish, New York: St. Martin's Press, 1980, p. 5.

⑤ R. H. Hilton, "Lords, Burgesses and Hucksters", *Past and Present*, No. 97, 1982, p. 7.

⑥ 〔法〕费尔南·布罗代尔：《15至18世纪的物质文明、经济和资本主义》（第一卷），顾良、施康强译，第142页。

先令的罚金。①这个规定后来变成一个惯例。远距离销售一般不超过20英里。例如，1270年代，剑桥郡的肯尼特（Kennet）庄园经常将小麦和大麦运到10英里外的圣爱德蒙兹（St Edmunds）去销售；牛津郊区的霍利韦尔（Holywell）庄园有时用大车将谷物运到14英里外的沃灵福德（Wallingford）或26英里外的雷丁（Reading）去销售。②把粮食卖到20英里以外的地方并不常见，除非是在价格比较高的年份，否则20英里就是最远的极限。

每一个城镇都有属于自己的商业辐射范围，一般以农民进城一天内能够往返的距离为限，控制着约20—30平方英里的市场区域。③如兰开夏郡的普雷斯顿，其市场区域约为半径7—12英里。④每个城镇有一个以上的交易市场。市场上的货物比较丰富，多数是来自周围乡村的农产品。例如，1322年，布尔福德城为修建桥梁而筹资的过桥税账目显示：经过该桥进入城市的货物有牲口、生皮、肉类、鱼类、木材、木炭、红酒、奶油制品以及粗细羊毛等，绝大多数是周围农村出产的农牧产品。⑤1321年，赛伦塞斯特对近40种商品征收过路税，这些商品主要是包括大麻、生皮、豆粉等在内的当地农副产品。⑥据研究，当时农民把货物卖到城里时，在很多情况下是不允许自己进城的，必须先卖给"捐客"（monger）或"截摊者"（forestaller），再由这些人转手运到城里。直到15世纪，农民才被允许进城销售。⑦在买卖过程中，城里的商人经常对农民巧取豪夺。布里斯托尔附近亨伯里百户区的一份法庭卷档记载：1274年，当地

---

① R. H. Britnell, *The Commercialisation of English Society, 1000-1500*, p. 44.

② Ibid., p. 83.

③ R. H. Hilton, *A Medieval Society: The West Midlands at the End of the Thirteenth Century*, 2nd ed., p. 168.

④ 转引自刘景华："周围农村与中世纪西欧城市的兴衰"，《华南师范大学学报》1990年第1期。

⑤ 同上。

⑥ R. H. Hilton, "Medieval Market Towns and Simple Commodity Production", *Past and Present*, No. 109, 1985, p. 8.

⑦ Ibid., p. 10.

农民抱怨，当他们带着谷物到布里斯托尔和索德伯里（Sodbury）去销售时，那些城里的收购者总是操着一种"半蒲式耳"的容器从中取巧。1275年，伍斯特郡哈夫西尔（Halfshire）百户区也起诉德罗伊特威奇和布罗姆斯格罗夫（Bromsgrove）的粮食商，指控他们总是用一种大蒲式耳的容器收购谷物，再用一种小蒲式耳的容器销售谷物。[①]城里的商人与农民之间还可能存在买卖纠纷。威斯敏斯特修道院卷档上有一条记录：在伍斯特郡的波哨城，1335年10月，约翰·德·彭多克（John de Pendock）起诉，5年前，他把布卖给了城外4公里处的布里克尔汉普顿（Bricklehampton）村的一个名叫约翰·巴里思徒恩（John Bynethetoun）的人，这个人应该交付的16便士却"迟迟不给"。[②]这些情况反映，小城镇直接拉动着庄园或领地的商品生产。

市镇获得的自治地位

城、镇出现以后，为了吸引移民到来，领主在法律上予以特殊对待，同意给居民以"市民"的地位，或者给城以"市"的地位。亨利·皮朗和马克斯·韦伯等西方自由派学者认为，中世纪的城是"封建社会中非封建的岛屿"，[③]是"外于封建的实体单位"。其实，城就是与领地平行的法律单位。但是，将城与封建完全剥离开来是不妥的。

首先，并不是只有市民才是自由的，市民之外还有很多自由人存在。如《末日审判书》统计，1086年，英格兰拥有的"自由人"和"索克曼"共计3.7万人，占统计总人口的14%。[④]"普通法"形成以后，全部人口被划分为"自由人"和"非自由人"。据科斯敏斯基统计，1279年，在亨廷登、剑桥、贝德福德、白金汉和牛津五郡，

[①] R. H. Hilton, *A Medieval Society: The West Midlands at the End of the Thirteenth Century*, 2nd ed., pp. 180-181.

[②] C. Dyer, "Market Towns and the Countryside in Late Medieval England", *Canadian Journal of History*, Vol. 31, 1996, pp. 17-35.

[③] M. M. Postan, *The Medieval Economy and Society*, p. 239.

[④] R. Lennard, *Rural England*, *1086-1135: A Study of Social and Agrarian Conditions*, p. 349.

42%"可探明身份的农户"是自由农民。[①]因此，被授予"市民"身份只代表本人摆脱了依附民的身份，不能改变整个社会的封建性。其次，一个地点被授予"市"的身份，允许其享有全部或部分自治权，这种做法说到底只是增加了一个分封的单位，是封臣制度的变种，是一种"集体化的"封臣单位，与自治的领地没有本质上的区别。正是在这个意义上，领主往往把他们领地上所出现的小城镇称之为"种植园"。我们不能因为城镇对领主权脱离，就认为它是"非封建"，其实，分封对领主来说是稀疏平常的事，一个城镇被分封不代表它就是"封建结构中非封建的实体"。

当然，城镇毕竟是"集体化的"分封单位，可以通过购买获得自治权；居住在城里的人是享有人身自由的市民，他们拥有自己可以自由支配的职业，主要是工商业。因此，不能把城乡混为一谈。韦伯说，城是"强烈地面向商品消费的市场"。[②]希尔顿给中世纪的城划分了四条标准：（1）所涉地点叫作"市"（burgus），享有特许状所授予的特殊权利，并且有"市民"（burgenses）居住。这是"城市"最普通的标志。（2）1334年"世俗协助金"（lay subsidy）划分的动产税的比例是又一个标准。属"乡村"者征税1/15，属"城市"者征税1/10。（3）出席议会的代表的性质是第三个划分标准。城市代表在议会中享有"市民"代表权。（4）租佃地的形态是第四个标准。"市民租佃"（burgage tenements）存在的地点属于城市。在四个标准当中，只要符合其中一项，就是城市。[③]后来，希尔顿又强调："关于城市身份的真实含义，最关键的一点乃是出现了与乡村腹地的分离，即从事非农业的职业走向专门化，有商人和

---

①　E. A. Kosminsky, *Studies in the Agrarian History of England in the Thirteenth Century*, p. 205.

②　M. Weter, *The City*, edited by D. Martindale and G. Neuwirth, New York: Free Press, 1958, cited in Paul M. Hohenberg, *The Making of Urban Europe, 1000–1500*, p. 28.

③　R. H. Hilton, *A Medieval Society: The West Midlands at the End of the Thirteenth Century*, 2nd ed., p. 169.

手工业者存在；而归根到底，一个市场的存在才是最根本的。"①20世纪90年代，希尔顿在《英法封建社会的城镇》一书中又特别看重"永久性市场活动的所在地"和"职业分工"（occupational hctcrogcncity），但同时又不得不承认："无论如何，基本自由权的授予常常会带来由前两个条件所蕴含的经济发展。这给城市身份提供了一个额外的指标"。②总之，中世纪的城一般都获得了自治地位。

四、本土交通运输的改进

到了中世纪盛期，随着城乡经济的发展，荒废的罗马大道重新被启用，河流运输的力度加大，新的道路和桥梁被修筑，公路上出现了专门从事运输业的公共运输人（common carrier）。正如 W. G. 霍斯金斯所说，市场和城镇的增加使许多主干道得到修复和修建，并使上百座桥梁得以修筑。主要道路将城镇和城镇相连，其中的一些道路成为国家的交通要道。③

陆路

1300年，英格兰境内出现多条全国性主干道。根据1250年绘制的马修（Matthew Paris）地图和1360年前后问世的高夫地图（Gough Map）显示，以伦敦为中心向英格兰四境辐射的"王家大道"已经出现。④

现代地理史专家欣德尔（B. P. Hindle）以高夫地图为蓝本，结合失地王约翰和爱德华一世的旅行图，绘制了14世纪英格兰的交通

---

① R. H. Hilton, *A Medieval Society: The West Midlands at the End of the Thirteenth Century*, 2nd ed., p. 169.

② R. H. Hilton, *English and French Towns in Feudal Society*, pp. 6-7.

③ 〔英〕W. G. 霍斯金斯：《英格兰景观的形成》，梅雪芹、刘梦霏译，第114页。

④ M. Aston, *Interpreting the Landscape: Landscape Archaeology and Local History*, London and New York: Routledge, 1998, p. 142; H. Rothwell, ed., *English Historical Documents, 1189-1327*, Vol. 3, pp. 824-825.

路线图，结果显示，这个时期，英格兰陆路交通的两大基本构架已经形成：其一，伦敦作为英格兰交通枢纽的地位确立；其二，联结北方各郡的"北方大道"（the Great North Road）建立起来。欣德尔说：以伦敦为出发点的交通干线通向四面八方，东面可达多佛尔，西面可通布里斯特尔，北面联结约克和纽卡斯尔。英格兰东南部的道路网非常稠密，王室经常巡视这一带。[①]当然，高夫地图中40%的主干道是罗马时代的道路。[②]波斯坦曾经说："英格兰在14世纪时的主干道与其十个世纪前即4世纪的主干道相比没有太大的差别；与其四个世纪后即18世纪的主干道相比也差别不大，都是罗马时代的遗产。"[③]不过，欣德尔的研究认为：中世纪盛期，英格兰在罗马大道之外还建了许多新的道路，新旧道路结合，使英格兰的交通"即便在寒冷的冬季，也能够满足商业运输的需要"。[④]12世纪成熟起来的"普通法"已经将所有通往港口和市场的道路列为"王家大道"，破坏和阻碍交通者被视为"反国王罪"，要受到惩处。王室还成立了专门的委员会，负责对海墙、堤堰、堤道和桥梁进行检查和维护。[⑤]

在主干道之外，地方性道路也在修建。布里特纳尔说："早期聚落之间的边界正在变成联系集镇的商业纽带"。[⑥]这些道路和桥梁受到地方领主的保护，因为领主可由此收取过路税和过桥费，通过改变道路与桥梁的走向，还可以将顾客吸引到属于自己的领地或市镇当中。13世纪，韦尔（Vale）的西多会修道院进行一项施工，征用农民的马车把石头从八英里外的爱迪斯伯里（Eddisbury）码头运到工地，一天来回运两趟，工期长达几个月，冬季湿冷天气里也没有

---

① M. Aston, *Interpreting the Landscape: Landscape Archaeology and Local History*, p. 142.

② M. Pacione, *Historical Geography: Progress and Prospect*, London and New York: Croom Helm, 1987, p. 111.

③ M. M. Postan, E. E. Rich, eds., *The Cambridge Economic History of Europe,* Vol. 2, 1987, p. 194.

④ B. P. Hindle, "The Road Network of Medieval England and Wales", *Journal of Historical Geography*, No. 2, 1976, pp. 207-221.

⑤ M. M. Postan, E. E. Rich, eds., *The Cambridge Economic History of Europe*, Vol. 2, pp. 193, 195.

⑥ R. H. Britnell, "The Proliferation of Markets in England, 1200-1349", *The Economic History Review*, Vol. 34, 1981, p. 213.

停工。^①这个例子说明，当时的路面条件有保证，否则石头的反复碾压会使道路无法通行。很多考古发掘证实：大多数现存的乡间小路和便径都有"中世纪的痕迹"。^②W. G. 霍斯金斯认为，虽然大部分城镇在很多方面是半乡村的（half-rural），但是，城镇在12—14世纪的成功发展影响了整个乡村地带的联系和交流。英格兰曾经创建了上百个小型集镇，每一个都服务于方圆3—5英里的地区；在偏远地带，集镇的辐射范围能达到10英里。城镇被若干道路连接起来。在1066—1348年之间，仍有上百条同类道路建造完工，主要用于连接已显得古旧的村际小道和在没有道路网的地方建立直接联系，以避免在原有道路上延伸出新的支线。与此同时，大多数被我们定义为"古老的桥"也在这时首次出现在记录中。^③

水路

水路是中世纪盛期最主要的交通运输方式。因为它比陆路省钱、省力，所有大宗货物的运输均离不开水路。

英格兰是一个岛国，河流的河道不长。塞文河作为最长的河流，河道仅338公里。它是西部最重要的河流，发源于威尔士中部，呈半圆形状流经中西部以后，注入布里斯托尔海湾。泰晤士河是英格兰第二大河，全长336公里，是最繁忙的河道。欣德尔说，凡沉重或大宗货物的运输，总是优先选择水路，陆路只起辅助作用。^④研究中世纪征服史的尤勒（Uhler）教授，在考察爱德华一世远征苏格兰的行军路线时发现，其征用的粮草先用大车从不同的村庄收集起来，然后运至"最靠近的可通航地点"，然后"沿河道而下，运抵沿海港口"，再"沿海岸线北上，抵达苏格兰目的地"。全程运输，无论

---

① M. M. Postan, E. E. Rich,eds., *The Cambridge Economic History of Europe*, Vol. 2, pp. 192-193, 195.

② Ibid., pp. 145, 141.

③ 〔英〕W. G. 霍斯金斯：《英格兰景观的形成》，梅雪芹、刘梦霏译，第113页。

④ B. P. Hindle, "The Road Network of Medieval England and Wales", *Journal of Historical Geography*, No. 2, 1976, pp. 207-221.

"林肯郡、约克郡、汉普郡还是诺福克郡，均离不开水路"。①

英格兰的地形"西北高、东南低"，其东南部的水运非常发达。据欣德尔和J. F. 爱德华（J. F. Edwards）研究，在可通航的140条河流当中，可通航里程共计约2400英里。②其中绝大部分河段集中在东部，最终注入亨伯湾和沃什湾。因河网密布，东部地区集中了全国八个国际性大集市当中的六个。沃什湾以南有耶尔河和泰晤士河流过，航运同样很发达，这里不仅集中了对伦敦的粮食供应，还是全国进出口贸易的大动脉。泰晤士河以南有伊钦河（the Itchen）和埃文河流经，英格兰剩下的两大国际性集市便分布在这里。西部偏南地区的水运条件也很优越，布里斯特尔航运区是另一个十分重要的贸易区，塞文河和埃文河的运输同样很繁忙。整个英格兰只有西北地区和西南半岛的可通航河流比较少，但德文郡境内仍有不少河流可以航行。③总之，中世纪英格兰的通航条件优于今天，很多可通航河流在今天已经被淤塞，变成了"涓涓细流"。④

就运输价格来说，据研究，中世纪盛期，英格兰的水运价格大约只有陆运价格的一半。马斯切尔的统计表明：亨伯湾、沃什湾、泰晤士河和塞文河流域的运价平均每英里吨只有0.7便士。⑤

桥梁

中世纪盛期，英格兰出现第一次桥梁建设的高潮。霍斯金斯说，1066—1348年间，大多数被我们定义为"古老的桥"，首次出现在

---

① S. Uhler, "The Transportation of Produce in Lincolnshire, Yorkshire, Hampshire and Norfolk during the Fourteenth Century", cited from J. F. Edwards and B. P. Hindle, "The Transportation System of Medieval England and Wales", *Journal of Historical Geography*, No. 2, 1991, p. 124.

② Ibid., p. 128.

③ M. Kowaleski, *Local Markets and Regional Trade in Medieval Mxeter*, p. 49.

④ M. Aston, *Interpreting the Landscape: Landscape Archaeology and Local History*, p. 139.

⑤ J. Masschaele, "Transport Costs in Medieval England", *The Economic History Review*, Vol. 44, 1993, pp. 272-273.

记录中。①

最早的桥梁史已不可考。撒克逊时期的桥梁大多数"跨越乡村浅滩，以厚木板铺地而成"。924年，有人在诺丁汉郡的特伦特河架起桥梁，并且把对桥梁的维护列为土地拥有者"三项必须履行的义务之一"。②到了12、13世纪，石桥仍然十分罕见，只有在出产上好石料的地点，才有石桥出现。但是，到了13世纪中期，石桥修建成为一种风尚，人们耳熟能详的古石桥大多数诞生在这个时期。例如，特伦特河几乎所有的古桥均建于12、13世纪。亨利三世统治时期，维奇诺尔（Wichnor）桥建成；1175年，巴顿桥开始为人所知；1204年，特伦特河下游几英里处出现著名的斯沃科斯顿（Swarkeston）桥；1225年，纽瓦克附近的凯勒姆（Kelham）桥面世；1301年，穆斯卡姆桥出现在文献中，当时被称作"干草桥"，"因为它能承载大量干草"。③在现存地方遗嘱档案里，经常有捐献道路和桥梁的记录留存下来，如布里姆希尔（Blymhill）堂区主持威廉·斯温纳顿（William Swynnerton）曾留出一些小麦，帮助修路工作，约翰·菲兹赫伯特则留出6先令8便士给村里修桥。④

桥梁的修建可以使当地领主收取过桥费，还可以使领主在商业竞争中改变传统的商道走向，使一个地点繁荣而使另一个地点衰落。例如，13世纪，泰晤士河上新建的阿宾顿（Abingdon）大桥直接导致多切斯特（Dorchester）走向衰落。同时期，索尔兹伯里的汉海姆（Harmham）大桥建成，也使威尔顿（Wilton）变得一蹶不振，而此前的威尔顿曾是泰晤士河流域最重要的城市之一。⑤其实，桥梁修建是中世纪商品经济发展所需要的基础设施之一。

---

① 〔英〕W. G. 霍斯金斯：《英格兰景观的形成》，梅雪芹、刘梦霏译，第113页。

② 同上书，第114页。

③ 同上书，第115页。

④ Tim Cooper, *The Last Generation of English Catholic Clergy: Parish Priests in the Diocese of Coventry and Lichfield in Early 16th Century*, Woodbridge, 1999, p. 163.

⑤ M. Aston, *Interpreting the Landscape: Landscape Archaeology and Local History*, p. 145.

公共运输人

中世纪盛期，英格兰的公共干道上出现专业的公共运输人。早期的地方性运输一般由农民组成的"苦力"（collier）来承担，农民大车是运输的主要工具。波斯坦的研究显示：无论在哪里，只要有"大宗货物的运输项目"，特别是"石头、砖、木料或木炭"的运输，都会使用村民提供的劳力和运载工具。在运送过程中，这些苦力拉着独轮车（borrow）或其他小型运载工具，奔走在商道上。有些地方会利用驮马（pack-horse）来运送；而需要捆扎包装的大宗货物则用马拉或牛拉的大车来载运。①

从庄园账簿中可以看到，长距离运送的大宗货物必须采用两轮大车（the bronnette）或四轮大车（the carrette）来运输。1327 年的一份资料记载：两轮马车能载运 13 匹捆在一起的布；四轮马车的载运量是两轮马车的二至三倍。②在某些路段上，比如从山道经过时，载畜（pack-animal）往往是唯一可资利用的运载工具。将大小和数量不同的载畜按规则排列起来，形成的车队，是中世纪随处可见的商业旅行队（trade caravan）。在货物从陆路被运至水运地点以后，再改用船运。

不过，农民的大车运输是季节性的，农忙时节不能提供，于是，一种新的职业——公共运输人兴起。这是一些专职从事运输业服务的人员，可为需要运送货物的顾客提供常规性运输。英格兰档案馆中保存着大量关于公共运输人的证据。他们在 13—15 世纪曾驰骋在英格兰的几乎每一个角落，"从南安普敦到温切斯特和牛津，从柯兹沃兹经陆路和水路到伦敦，从中部各郡到剑桥附近的斯陶尔布里奇（the Stourbridge）集市，从威斯敏斯特和牛津到约克和泰恩河上的纽卡斯尔（Newcastle-on-Tyne）"，到处都有他们的踪迹。③此外，

---

① M. M. Postan, E. E. Rich, eds., *The Cambridge Economic History of Europe*, Vol. 2, p. 191.
② Ibid.
③ Ibid., p. 192.

在伦敦等都会城市，还有一种被认可的大车经纪人（broker of cart）存在，他们是货主与车主之间的中介人，即所谓的掮客。[1]

总之，交通运输业的发展保证了中世纪盛期英格兰本土的商品流通。

五、海外贸易的同步兴盛

中世纪盛期，英格兰领地经济的运营除了在本土兴盛之外，还与海外市场形成紧密联系。

本土经济与海外市场的联结

国内研究中世纪经济的专家马克垚先生曾经说："英格兰的对外贸易自古即有其历史特点。本土地区狭小，通过海洋通道和西欧大陆及北欧诸国紧相联系，而盎格鲁－撒克逊人又来自大陆，以后维京人更不断前来，形成了北海贸易区的联系是十分自然的事。所以英格兰对外贸易一开始即相当发达，较少受国家限制。"[2]近年来的考古也证实，在英国位于北爱尔兰弗马纳郡的六个月的发掘中，"考古学家出土了航海日志的碎片、皮鞋、刀具、衣服饰针、木船和一个在底部刻有十字架的碗等。鹿角和骨头梳子的风格和设计表明，这里受到欧洲北部的文化影响，意味着弗马纳郡的这个定居地早在1000年前就已有国际联系。"[3]

十字军东征打开欧亚之间国际贸易之后，欧洲的国际劳动分工开始出现。[4]例如，法国以加斯科尼为中心，出现驰名欧洲的葡萄种

---

[1]　M. M. Postan, E. E. Rich, eds., *The Cambridge Economic History of Europe*, Vol. 2, p. 192.

[2]　马克垚：《英国封建社会研究》，第45页。

[3]　据报道，英格兰北爱尔兰恩尼斯基林市郊区的人工湖发掘的文物证实："弗马纳郡的这个定居地早在1000年前就已有国际联系"；"发掘结果显示，这里的居民住在略大于大型现代客厅的房子中，在同一个空间做饭和睡觉"；"北爱尔兰考古遗址现千年前部分家用物品和工具"，http://bbs.miercn.com/201212/thread_141045_1_3.html, 2012-12-03.

[4]　沃勒斯坦认为，13世纪，欧亚大陆出现了"统一的经济体"，参见〔美〕伊曼纽尔·沃勒斯坦：《现代世界体系》（第一卷），尤来寅等译，第14页。

植业和酿酒业；意大利成为欧洲的刀剑生产基地和银行业中心；西班牙的养羊业和甲胄生产享誉欧洲；德国和捷克的银矿开采誉满欧洲各地；佛兰德是欧洲的毛纺业和布匹业生产中心；英格兰盛产优质羊毛；北欧则变成欧洲的鱼类和木材的供应基地。分工意味着交换，在这个过程中，英格兰不可避免地卷入到整个欧洲的贸易圈当中，因此，中世纪盛期的英格兰经济不可能脱离大陆而孤立发展。爱德华·米勒在研究中指出："13世纪后期，英格兰与大陆的经济联系更加紧密，尤其英格兰与佛兰德之间的关系已经相互成为对方必不可少的一部分。要是没有英格兰人到佛兰德去，或者没有佛兰德人到英格兰来，双方都不可能进行有利可图的贸易。"[1]波斯坦也认为：在整个中世纪，英格兰是西北贸易区最主要部分，英格兰商人进出本贸易区的活动一直十分活跃。他还认为：在中世纪的大部分时间内，英格兰给高度专业化的地区供应部分欧洲国家所缺乏的食物和原材料。直到14世纪晚期，英格兰在欧洲贸易中才不再仅仅充当原材料提供者的角色。但只要英格兰还起这种作用，它就注定要吸引外贸和外资，而且规模比别的地区更大，也注定要在西方世界的商业命运中起着突出作用。[2]因此，中世纪的英格兰经济虽然是封建主义经济，但并不是封闭性的，而是西欧国际经济的一部分。

12世纪前后，欧洲内部的跨境贸易出现。当时，北欧、尼德兰、意大利和犹太裔的商人纷纷前往英格兰，英格兰的进出口贸易形成。但同时期英格兰本土商人的资本和力量还非常微弱，不能承接较大规模的海外贸易，因此，王室欢迎外商到来，给外商很多特权。直到黑死病暴发，英格兰对外贸易的主动权一直掌握在外商手里。

外商进入英格兰的目的主要是收购羊毛。佛兰德是英格兰最早的羊毛出口市场。1236年，双方签订了关于羊毛的进出口协议：英

---

[1]　Edward Miller and John Hatcher, *Medieval England: Towns, Commerce and Crafts, 1086-1348*, p. 143.

[2]　〔英〕M. M. 波斯坦等主编：《剑桥欧洲经济史》（第二卷），钟和等译，第235—236页。

格兰授予伊普尔、圣奥马尔、根特和杜埃等佛兰德城市以特许权，允许这些城市的商人从英格兰进口羊毛，"来自列日、圣奥马尔和亚眠等地的商人，在英格兰埃塞克斯郡、牛津郡收集羊毛，然后经布里斯托尔出口到佛兰德；来自伊普尔和圣奥马尔的商人则在英格兰林肯郡的路思等地收集羊毛，然后经林肯、波士顿、北科兹和文福利等港口运往佛兰德"。[1]英格兰历史上的"贸易时代"来临。这些佛兰德商人既收集来自大地产的成批羊毛，也收集零售的小捆羊毛。[2]1275年，爱德华一世开始征收羊毛出口关税，每包羊毛收税6先令8便士。14世纪30年代的税则规定，本国商人每包羊毛收税33先令4便士，外国商人每包收税66先令8便士。[3]

13世纪末，地中海连接伦敦的海上航线开通，佛兰德对英格兰的羊毛垄断随即转入意大利人之手。1297年，很多佛兰德城市因得不到英格兰的羊毛几乎变成一座座空城。[4]此后，意大利商人控制了英格兰羊毛出口的25%；卡奥尔（Cahors）、蒙彼利埃和布拉莽的商人各自控制了11%；德国商人控制了大约4%，其余部分控制在英格兰商人手里。[5]1279—1290年间，英格兰年平均出口羊毛26,750袋，变化区间为24,000—31,000袋。[6]当时，在羊毛出口问题上，本土商人与外商有分工，本地商人主要负责收集，外商主要负责外销。

当然，这个时期，英格兰的进口也在扩大。13世纪，佛兰德的成品布和加斯科尼的酒是英格兰进口的最大宗商品。据统计，1240—1269年间，英格兰王室用于购买布匹的价值近12,000英镑，其中80%以上的货源由伊普尔和杜埃的商人提供，[7]这些布商与王

---

[1]　Edward Miller and John Hatcher, *Medieval England: Towns, Commerce and Crafts, 1086-1348*, pp. 197-198.

[2]　Ibid.

[3]　〔英〕M. M. 波斯坦等主编：《剑桥欧洲经济史》（第三卷），周荣国等译，第269页。

[4]　〔英〕M. M. 波斯坦等主编：《剑桥欧洲经济史》（第二卷），钟和等译，第552页。

[5]　J. L. Bolton, *The Medieval English Economy, 1150-1500*, p. 175.

[6]　Ibid.

[7]　Edward Miller and John Hatcher, *Medieval England: Towns, Commerce and Crafts, 1086-1348*, p. 198.

室的关系密切。14世纪早期，英格兰从法国进口的酒年平均约2万大桶，占波尔多港年出口量的1/4。[1]1347年，爱德华三世扩大了进口关税的规模，不仅对葡萄酒的进口征收桶税（tunnage），对普通商品的进口也征收磅税（poundage）。[2]外商开始在英格兰建造商站，作为货栈和办事处。1282年，汉萨同盟在伦敦建立商站，称"钢院"。[3]

　　直至都铎王朝建立，英格兰实际上一直是欧洲的一个边缘国家。外商控制了其对外贸易的约40%。[4]至16世纪中期，英格兰每年出口所得货值仅7.5万英镑，其中80%以上是毛织品。其贸易仅限于北海及波罗的海沿岸，商船总吨位只有5万吨左右。[5]

　　随着外商的进入，英格兰出现八大国际性集市。它们分别是：斯坦福、圣伊文斯、波士顿、金斯林、温切斯特、威斯敏斯特的圣爱德华、北安普敦和伯里－圣爱德蒙兹（Bury St Edmunds）。这些集市按季节不同，在不同的地点轮流举办。斯坦福集市安排在封斋期（Lent），时间从11月11日至圣诞节；圣伊文斯集市安排在复活节期间，时间从每年3月份月圆之后的第一个星期日开始。其余集市的次序是：7月份是波士顿集市；7月下旬是金斯林集市；9月份是温切斯特集市；10月份是威斯敏斯特的圣爱德华集市；11月份是北安普敦集市；12月份是伯里－圣爱德蒙兹集市。[6]八大集市形成的时间是13世纪中后期。1240年，英格兰王室的令状里开始提到北安普敦、圣伊文斯、波士顿和温切斯特四个集市，王室要求外商向

　　[1]　Edward Miller and John Hatcher, *Medieval England: Towns, Commerce and Crafts, 1086-1348*, p. 204.

　　[2]　〔英〕M. M. 波斯坦等主编：《剑桥欧洲经济史》（第三卷），周荣国等译，第269页。

　　[3]　Edward Miller and John Hatcher, *Medieval England: Towns, Commerce and Crafts, 1086-1348*, pp. 208-209.

　　[4]　D. C. Coleman, *The Economy of England, 1450-1750*, Oxford University Press, 1982, p. 48.

　　[5]　Carlo M. Cipolla, *Before the Industrial Revolution: European Society and Economy, 1000-1700*, p. 204.

　　[6]　E. W. Moore, *The Fairs of Medieval England*, Toronto: Pontifical Institute of Medieval Studies, 1985, p. 10.

国王交纳赢利。^①至 1260 年代，来自低地国家的商人开始将布匹运到新出现的伯里-圣爱德蒙兹集市上销售；同时，金斯林、威斯敏斯特、大雅茅思、伊普斯威奇（Ipswich）和伊利"也能偶尔见到一些重要的商人和购买者光顾"。^②这些大集市的购买者往往是王室及大家族的商务代理。交易的商品除羊毛和布匹外，还有酒类、金属、牲畜、皮革和生皮等。^③当然，除八大集市外，英格兰还有许多地方性集市可供外国商人光顾。

13 世纪，英格兰进出口贸易的商品已经很丰富。北欧提供的进口商品有鲱鱼、毛皮、建筑用的木材、造船用的樯桅、橹、桨，猪食用饲料槲、栗，还有晶石、蜂蜡、沥青、松脂、焦油、草灰和白杨等。地中海提供的商品有明矾、染料、香料和奢侈品等。^④1297 年以后，英格兰与意大利之间的贸易兴盛起来。英格兰除直接出口羊毛和牛皮之外，还转手出口绸布、无花果和葡萄干等，进口的商品则包括布、奢侈衣料、明矾、杏仁、糖、甘草、无花果、绸布、食品杂货、皮革、铁、纱线等，此外还有昂贵的马匹和刀剑。至 14 世纪初，英格兰的对外贸易已遍及西欧大部分地区。在伦敦，来自加斯科尼、普罗旺斯和西班牙等地的商人输入皮革、香料、羊毛、纱线、山羊皮和兔皮；在布里斯托尔，来自加斯科尼和葡萄牙等地的商船带来了无花果、葡萄干、油、杏仁、胡椒、糖、大米、番红花、蜂蜡、皮革和石榴，此外，还有西班牙商人带进来的铁、水银、豆蔻、纱线、皮革和羊毛，以及普罗旺斯商人带来的各种香料；在桑威奇，来自波尔多的商人带来了明矾、甘草、杏仁、椰枣、蜂蜜、无花果和大米等。^⑤当然，英格兰与北欧的贸易仍在进行。从 1290

---

① H. Rothwell, eds., *English Historical Documents Ⅲ, 1189-1327*, Vol. 3, London and New York: Routledge, 1996, p. 855.

② Ibid., pp. 6, 10.

③ Ibid., pp. 63-69, 249-278.

④ Edward Miller and John Hatcher, *Medieval England: Towns, Commerce and Crafts, 1086-1348*, pp. 203-204, 206, 208-209.

⑤ Ibid.

年代起，以吕贝克为中心的汉萨同盟向英格兰输入木材、鲱鱼、干鳕鱼、牛皮、毛皮、黄油、油脂、亚麻、铁和钢，还带来鹰和獭皮等稀有物品。1303 年，在波士顿，来自德国的商人将波罗的海地区出产的木材、毛皮、蜂蜡等森林产品进口到英格兰，然后，从英格兰用大船运回大豆、盐、麦芽和布；与此同时，来自科隆、洛林和荷兰的商人则向波士顿进口剑、盔、炊具和莱茵出产的酒，然后从英格兰运出黄油、盐、小麦、铅、宽布和毛线等。[1]

总之，中世纪盛期，英格兰存在着广泛的国际贸易，其领地经济的发展并不是孤立的。

英格兰"中心地"城市的建立

中世纪的新兴城镇包括小微城镇和中心地城镇两部分。小城镇化主要指领地上的集镇，前文我们已经讲到。那么，中心地城镇又是如何兴起的？原来，其兴起与长途贸易有直接的关系，很多中心地城镇都是对外贸易港口，长期在国际贸易和长途贸易中扮演重要角色。

伦敦、布里斯托尔、埃克塞特、伊普斯威奇等这些大城市都是港口型城市，属于全国性的商品集散地，连结着英格兰境内众多的小集镇和核心城镇，集中担负着进出口贸易的功能。伦敦是英格兰的都城，也是英格兰最大的贸易港口。1297—1298 年，伦敦的进出口额已占到国家进出口总额的 12%，1312—1313 年又上升到 41%。[2]13 世纪初，伦敦的关税额相当于全国关税总额的 17%，14 世纪早期骤升至 41.6%，随着时间的推移，这种上升势头还在继续。[3]比德把伦敦比喻为"陆地和海洋的商业中心"。[4]由于贸易额

① Edward Miller and John Hatcher, *Medieval England: Towns, Commerce and Crafts, 1086-1348*, pp. 203-204, 206, 208-209.

② 韩久根："十四至十六世纪的英格兰商业经济研究"，北京大学 1996 年博士论文，第 27 页。

③ N. S. B. Gras, *The Evolution of the English Corn Market from the Twelfth to the Eighteenth Century*, p. 74.

④ 〔英〕克里斯托弗·丹尼尔：《周末读完英国史》，侯艳等译，上海交通大学出版社 2009 年版，第 30 页。

巨大，伦敦人口迅速增加。14世纪早期，伦敦有八万至十万人，一年吃掉粮食42万—54万蒲式耳。[①] 为满足伦敦需求，其"粮食供应带"扩及伦敦周围10个郡，面积超过4000平方英里，最远距离达到100英里。[②] 作为英格兰最大的商品集散地，伦敦商人成为全体英国人"熟悉的形象"。[③] 1276年，康希尔的斯蒂芬的伦敦商人，买下了林肯郡全部的羊毛并销售至海外。[④] 这种情况在本土商人资本还非常弱小的情况下是十分难得的。约克和布里斯托尔等也是港口型城市。这些城市的对外贸易虽然没有伦敦兴盛，但依然可以将次一级的中心地城市纳入商业腹地。例如，布里斯托尔曾经将格洛斯特、哈福德和伍斯特等郡城作为自己的商业腹地，一方面将进口的外国商品分散到这些郡城，另一方面将郡城收集到的国内商品出口到国外。[⑤] 约克与赫尔组成的联合商业区，拥有与布里斯托尔同样的功能，控制着北方的进出口贸易。

很多郡城也是港口型城市。以德文郡的埃克塞特为例，该城兼具内贸与外贸的双重功能。其地理位置非常重要，一方面，艾克斯河、卡尔姆河（Culm River）和克里德河（Creedy River）在城中交汇；另一方面，两条陆上主干道在城东汇合，伦敦大道连接着首都，布里斯托尔大道与塞文河相通。进口到埃城的外国商品通过河流与沿途的中小城镇销往内地，向东辐射超过40英里，一直深入到萨默塞特郡境内，向北、向西可达约20英里。[⑥] 因此，埃克塞特是德文郡的郡城。[⑦] 其实，一些非港口型郡城也具有对外贸易的功能。

---

① 韩久根："十四至十六世纪的英格兰商业经济研究"，北京大学1996年博士论文，第32—33页。

② B. M. S. Campbell, *A Medieval Capital and its Grain Supply: Agrarian Production and Distribution in the London Region, c.1300*, cited from David Ormrod, "Feeding the Cities", *Journal and Urban History*, Vol. 23, 1997, pp. 468–473.

③ Edward Miller and John Hatcher, *Medieval England: Towns, Commerce and Crafts, 1086-1348*, p. 166.

④ Ibid., p. 165.

⑤ Ibid., p. 206.

⑥ M. Kowaleski, *Local Markets and Regional Trade in Medieval Exeter*, pp. 274–275.

⑦ V. Harding, "Diversity and Success in the Medieval City", *Journal of Urban History*, 1998, p. 629.

以莱斯特郡的首府莱斯特城为例，该城在1086年建成时，只有6座教堂、378栋房屋和大约2000人口，进入13世纪中叶，便发展为9个教区，成为英格兰中部重要的商业城市。[①]福西大道（the Fosse way）和索尔河（Soar River）从这里经过，使该城成为东米德兰的羊毛聚集地，由此运至沿海港口，再销售到西欧大陆。没有羊毛出口，很难想象有莱斯特城。

非郡城的中心地城市亦担负着港口的功能。以伊普斯威奇城为例，该城位于英格兰东部的萨福克郡，临近奥尔韦尔河（Orwell River）河口。13世纪，"来自西班牙、诺曼底和科伦的铁，来自波罗的海的钢、鲱鱼和毛皮，来自爱尔兰和伊斯特兰的木材，还有来自加斯科尼的酒和来自地中海及地中海以外地区的香料，都集中到这里，然后分销到内地集镇；而由内地集镇运来的布匹和羊毛则又从伊城出口到国外。"[②]伊普斯威奇因此成为中心地城市之一。

现代考古证实：中心地城市的布局与小城镇的布局是明显不同的。小城镇的规划比较简单，一般只有一条街道；处于等级最低端的小集镇甚至与村落无异，只是周围多了一层土墙。而中心地城市则呈"多焦点式"布局，往往由"几个分别兴起的市区合并而成"，如剑桥、什鲁斯伯里、约克和诺里奇等，都具有这样的特征。最典型的例子是达勒姆城，其城址由五至六个社区组成，其中三个社区是用于交易的"市"。这个情况说明，这里有专职的商人居住，包括海外商人。[③]

中心地城市主要不是由地方领主建造的，而是以国王的名义建立的。当然，中心地城市并没有脱离中小城镇，而是与中心城镇有机结合在一起，共同推动着英格兰商业经济的发展。

[①] Edward Miller and John Hatcher, *Medieval England: Towns, Commerce and Crafts, 1086–1348*, p. 165.

[②] Ibid., p. 163.

[③] Palliser David, "On the Earlier Origins of English Towns", *British Archaeology*, No. 24, 1997.

对海外市场权的争夺

随着海外贸易的开展，13、14世纪，英格兰对海外市场权的争夺已经开始。

1270年代，英王爱德华一世"天才地看到了商业潜力给国库带来的收益"，开始对出口羊毛每袋收取6先令8便士的定例关税，合0.5马克，1294年又采取报复性征税办法，使每袋羊毛的关税猛升至5马克，[①]佛兰德商人的利益因此受到沉重打击，丧失了对英格兰的羊毛专卖权，英格兰本土商人由此获得30%—35%的贸易份额。[②]1297年，地中海与北海之间实现通航以后，英格兰本土商人的势力进一步发展。这个时期，欧洲其他地区的商人也纷纷前往布鲁日。为了争夺对布鲁日的商业特权，英格兰开始与汉萨同盟展开竞争。1313年，爱德华二世颁布敕令，要求"所有商人，不论是外商，还是英商，都去布拉班特、佛兰德和阿托依斯地区出口羊毛，把羊毛运往由市长和商团指定的集中地。"[③]因为"本国商人和外国商人到处出口羊毛，使国王的收入减少。"[④]这一年，英格兰在圣奥梅尔强制性地设立了羊毛集中地。1327年之后，爱德华三世又直接从佛兰德招募纺织工匠，在英格兰建立呢绒生产基地，变英格兰由单一的羊毛出口国为呢绒出口国。[⑤]佛兰德再次成为英格兰羊毛加粗呢的出口基地。1337年，为争夺佛兰德的羊毛与粗呢市场，英法之间终于爆发了百年战争。战争初期，随着军事上的节节胜利，英格兰运送羊毛的商船云集至加来港。1363年，位于圣奥梅尔的羊毛集中地转移至加莱，形成"加莱集中地公司"。

随着本土商人的崛起，英格兰开始建造自己的海上船只。13世纪，英格兰出现三种船体，一是用于内河航运的小船（boats）；

---

① E. M. Carus-Wilson and O. Coleman, *England's Export Trade, 1275-1547*, Oxford and New York: Oxford University Press, 1963, p. 3.

② J. L. Bolton, *The Medieval English Economy, 1150-1500*, p. 174.

③ 韩久根："十四至十六世纪英格兰商业经济研究"，北京大学1996年博士论文。

④ 马克垚：《英国封建社会研究》，第328页。

⑤ 刘景华：《外来因素与英格兰的崛起》，人民出版社2010年版，第155—175页。

再是用于大河航运的驳船（Barge），包括行驶在泰晤士河上带帆驳船和塞文河上的迋船（Trow）；[1]三是用于海上航运的狭长帆船（galley）。据研究，一艘大驳船的造价超过20英镑，包括一个价值2英镑10先令的绞轳、一张船帆和大约50块每块长12英尺的船板。这种大驳船可运输50夸脱的货物。[2]海船比驳船的船体更大，吃水更深，造价也更高。根据"加莱档案"研究，到14世纪末，英格兰有帆船约700艘，水手14,151人，平均每艘船有水手约20名。这些船只多是单层甲板的带桨帆船体，其载重量大者约200—300吨。[3]

海运的价格比河运更低。据马斯切尔研究，这个时期，英格兰的河运价格平均为每英里0.7便士/吨，相当于陆运价格的一半；而沿海运输的平均价格为每英里0.2便士/吨，跨海运输的平均价格为每英里0.3便士/吨。陆运、河运与海运平均运价的比值为8∶4∶1。[4]可见，当时发展海运也是有条件的。

六、英格兰的经济发展水平

据布里特纳尔估算：1086—1300年，英国GDP总量大约从40万英镑上升到466万英镑，提高了10倍以上。[5]同时期，英格兰人口数量的最低估值从1086年的大约110万人增加到1300年的大约330万人，[6]最高估值从1086年的大约200万人增加到1300年的大约700万人，[7]大约增长了2至3倍。[8]GDP的增长指数大大超过人口的增长

---

① M. Aston, *Interpreting the Landscape: Landscape Archaeology and Local History*, p. 140.

② J. Masschaele, "Transport Costs in Medieval England", *The Economic History Review*, Vol. 44, 1993, p. 272.

③ 杨跃:《海洋争霸500年——英格兰皇家海军与大英帝国的兴衰》，军事科学出版社2007年版，第12页。

④ J. Masschaele, "Transport Costs in Medieval England", *The Economic History Review*, Vol. 44, 1993, pp. 272-273.

⑤ Richard H. Britnell, *The Commercialisation of English Society, 1000-1500*, p. 229.

⑥ J. C. Russell, *British Medieval Population*, New Mexico University Press, 1948, p. 263.

⑦ Edward Miller and John Hatcher, *Medieval England-Rural Society and Economic Change, 1086-1348*, p. 29.

⑧ 谢丰斋:《英国市场发育导论》，世界知识出版社2004年版，第25—26页。

指数。

中世纪盛期以前，英格兰基本上还处在以游猎或游耕为主的自给状态；进入盛期以后，随着农产品价格的上涨，英格兰出现的不仅仅是一个相对先进的农耕经济，而且还是一个将农业纳入销售中的商业经济。这无疑是一种超出正常逻辑的发展模式。20世纪90年代，布里特纳尔在他的研究中指出："1086—1300年间，英国的商业化经济已经构成了现代市场经济如何形成这一复杂故事中的一个引人注目的阶段"。[①] 他说："1000—1300年间的商业发展，并不只是简单的人口与资源之间的关系发生变化，而是一种新的经济地理、新的谋生方式和新的社会体制的发明。"[②] 进入21世纪后，克里斯托弗·戴尔更明确地指出：英国社会转型不是开始于大航海之后，而是可以逆时针地回溯到1250年左右。[③]

[①] R. H. Britnell, "Commercialisation and Economic Development in England, 1000–1300", R. H. Britnell, B. M. S. Campbell, eds., *A Commericialising Economy, England 1086 to c.1300*, pp. 24–25.

[②] Ibid., p. 26.

[③] 转引自徐浩："戴尔新说：'英国社会转型于13世纪'"，侯建新主编：《经济–社会史评论》(第四辑)，第177页。

第四章 12、13 世纪西欧经济的基本形态

——市场经济的早期形式

这里，我们需要对 12、13 世纪英格兰领地经济的基本形态做一个结论性的认知。它到底是一种什么样的经济？作为出现在封建主义时代的经济类型，它是自然经济(natural economy)？还是自然经济与商品经济相合的二元经济（dualistic economy）？抑或某种前资本主义时代的商业化经济（commercial economy）？抑或其他类型的经济？

一、形态界定面临的困难

属于自然经济吗？

20 世纪 80 年代，大学本科的世界史教科书将中世纪西欧经济定性为自给自足的庄园经济，在这种经济形态下，除了盐、铁等少数产品之外，人们几乎不需要到庄园以外的地方去采购。这就是"自然经济论"。其实，直到 20 世纪中期以前，除苏联学者外，一些西方学者也坚持这一观点。如 1957 年，卡尔·波兰尼曾认为，在 19 世纪欧洲发生大转变之前，世界上的任何地方都没有市场关系，更

谈不上什么远距离的贸易和生产分工。[①]但是，随着考古发掘的持续进行和新史料的不断增加，人们越来越多地意识到，"自然经济论"可能只适用于12世纪以前的西欧社会。詹姆斯·汤普逊曾明确指出：自然经济作为一种"普遍采用的做法"，仅出现于12世纪以前，其特征是"王室和贵族的家庭仅为消费而组织起来"；"购买用品只是为了生计，而不是为了经牟商利"；"贪图利润"只是"个别事例"。[②]这就是说，12、13世纪的西欧经济是另外一种形态的经济。

属于二元经济吗？

那么，12、13世纪的领地经济是自然经济与商品货币经济相结合的二元经济吗？笔者曾坚持这样的看法。[③]可是，新的问题又来了。中国传统经济亦被认为是这样的二元经济。[④]难道古代中西方是同一种经济类型吗？二者之间就没有差别可言吗？

经过仔细分析，我们发现，中国的"二元"本质上仍是"一元"。因为以小农经济为基础的中国传统经济，虽然保留了商品经济的存在，但在对待商品经济的态度上是不允许它"无限"放大的；如若任由商品经济"没有底线"地向前发展，不仅会破坏大一统的既成局面，而且会毁坏中国小农经济的本性。因此，中国的二元经济归根到底还是以自然经济即小农经济为主导的。在中国，历朝历代的统治者总是时紧时松、若即若离地把握着重农抑商这根弦，目的就是限制商品经济的过分发展，使商业的前行永远不至于脱离自给自足这个既定的轨道。

而以英格兰为代表的西欧领地经济则不存在这样的情况。西欧中世纪经济从表面上看是"二元"性质的，但是其农业的发展并不

---

① 转引自〔德〕贡德·弗兰克：《白银资本——重视经济全球化中的东方》，刘北成译，第45页。

② 〔美〕詹姆斯·W.汤普逊：《中世纪晚期欧洲社会经济史》，徐家玲等译，第9页。

③ 2004年，笔者在《英国市场发育导论》一书中提出过这样的看法。

④ 叶茂："传统市场与市场经济述评"，《中国经济史研究》1994年第4期；叶茂："中国古代经济史研究综述"，《中国经济史研究》1996—1997年增刊，第4—33页。

是为了满足自身，而是为了供给城镇和其他非农业人口。这种供给不是通过纳税的办法，而是通过交换的方式来实现的；因此，其农业的自然经济的属性已经消退，一种商业或半商业性质的农业经济已经发展起来。也就是说，西欧的农业不是在向小农的方向或自给的方向发展，而是在向满足市场的方向发展。所以，我们认为，中西方的二元经济是不一样的。西方中世纪经济不能简单地被定性为二元经济。

属于商业化经济吗？

20世纪八九十年代，西方学者提出：中世纪盛期的英国经济是一种商业化经济。为什么在一个典型的农业时代里，会出现一种商业化形态的经济？对此，布里特纳尔的解释是："商业化不能简单地理解为商业的发展，而是商业的发展快于人口的增长；如果商业只是简单地与人口上升保持同步，那么，商业在日常生活中的重要性就没有什么变化了；相反，如果商业增长快于人口的增长，那么，它将表明日常生活变得越来越依赖于市场的供给。伴随着以这种方式定义的商业化，就会有其他方面的变化出现。一是用于销售的商品和服务的比例增加；再是经济专业化扩大，如家庭、居民点和地区变得日益不能自给。"[1]他是把商业化理解为商业的发展超过了人口的增长。至于这样的经济形态是如何出现的？布里特纳尔说："在1000—1300年的三个世纪内，英格兰的对内贸易和对外贸易均不断上升，新的城镇和市场在整个王国范围内普遍建立起来。日益扩张的海外贸易伴随着很多新港口的出现，如泰恩河上的纽卡斯尔、纳汶索罗（Ravenserod）、赫尔、波士顿、金斯林、哈威奇、坡尔、朴次茅斯和利物浦等。用于流通的货币也不断增加。如果这就是商业化的表现，那么，商业化的发生就很容易讨

---

[1]　R. H. Britnell, "Commercialisation and Economic Development in England ,1000-1300", R. H. Britnell, B. M. S. Campbell, eds., *A Commercialisation Economy England 1086 to c.1300*, p. 7.

论了。"① "特别是进入 1250 年代以后，农村已经被商业网点布满。"②

但是，如果就此把这个时期的英国经济理解为商业化经济，可能又简单化了。马克垚先生就表示怀疑："这样的提法可能为时过早"。③

其实，希克斯说过，除"分工"带来商业化之外，"集权"也能带来商业化。他说："从亚当·斯密以来，我们一直习惯把分工与市场发展联系起来，所以当人们认识到这不是它的起源时，便大吃一惊……专门化实际上是一个规模经济学问题；它确实有赖于需求的集中，但市场只是可以使需求集中的办法之一。还有另外一种办法，它在典型的官僚政治中早就非常有力地显示出来了。"④这就是说，在前资本主义时代，中西方或世界其他地方都有可能出现商业化经济。例如，中国南宋时期的商业化水平就非常高，其关税收入达到了国家财政收入的 20%，超过了同时期的土地收入。⑤那么，中西方的差异又趋同了。是这种情况吗？西方的不同又在哪里？

二、"前市场经济"

按照希克斯的理论推断，"实际上，在中世纪的后期，即 13 世纪和 14 世纪以降，市场经济的嫩芽就已在积雪之下悄悄冒出头了"。⑥我们认为，中世纪盛期的英国经济并不是一般意义上的商业化经济，而是市场经济的最初萌芽，可以称之为"前市场经济"。

① R. H. Britnell, "Commercialisation and Economic Development in England , 1000-1300", R. H. Britnell, B. M. S. Campbell, eds., *A Commercialisation Economy England 1086 to c.1300*, p. 7.

② R. H. Britnell, *The Commercialisation of English Society, 1000-1500*, p. 82.

③ 马克垚：《英国封建社会研究》，第 185 页。

④ 〔美〕约翰·希克斯：《经济史理论》，厉以平译，第 23 页。

⑤ 参见中央电视台 2013 年 7 月制作的宣传片《走向海洋》。

⑥ 何帆："市场经济的起源：读希克斯的《经济史理论》",《国际经济评论》1997 年第 1 期。

市场经济的现代定义

什么是市场经济？学术界虽然没有定论，但是，其内在的运行原理是清楚的。市场经济是一种"受市场调节"而不是"受权力或习俗调节"的经济。也就是说，社会资源的分配不是由政府通过指令来调度，而是由市场通过价格来调节。前者更多表现为人为操纵，后者更多体现为自发调节。市场经济的核心要素有两个，即"产权"和"法制"。"市场的有效运行离不开制度的支持。市场经济以自愿交易为基础，交易即产权的交换，交易顺利完成的前提是产权的界定和保护。"①社会必须"正式承认私产，特别是拥有私产转让权利"。②同时，市场经济需要"法制"来支撑，否则，"市场就有可能变成战场，抢劫和欺骗将取代互利的计算，成为配置资源的主要方式。若想防止暴力配置资源，社会必须保护产权和保证契约的执行，这就需要一个完善的法律体系。法律的作用是惩罚侵权者和违约者。"③

关于市场经济起源，德国学者马克斯·韦伯曾认为："一般'市场经济'是指承认并拥护私人拥有生产资料和鼓励自由贸易，通过市场交换中的价格调节供求和资源分配的经济运行体制。市场经济得以存在和发展，其根本基础在于分工的普遍化。"④韦伯强调的是"私有化""自由贸易""价格调节"和"普遍分工"等诸多方面。国内有学者认为，从市场经济形成的源头看，其实现需要具备三个方面的条件：第一，"明晰界定的产权"，可以"为市场经济的扩展提供充分激励"；第二，"完善的法律框架"，可以"为市场运行提供规范保障"；第三，"民主宪制体制"，可以"为市场经济的运作和政府

---

① 许小年："从来就没有救世主——凯恩斯主义的真相与陷阱"，《南方周末》2011年6月23日。
② 周其仁："一部未完成的产权改革史"，《经济观察报》2009年1月19日。
③ 许小年："从来就没有救世主——凯恩斯主义的真相与陷阱"，《南方周末》2011年6月23日。
④ 〔德〕马克斯·韦伯：《世界经济史纲》，胡长明译，第187页。

的宏观调控与操作构建合意的政治架构"。① 还有学者认为，市场经济体制的形成需要完成两个方面的重大建构：其一，"地方经济的市场化"，即"三农"（农业、农村、农民）普遍走向市场；其二，"地方经济的国际化"，不仅要求国内市场或本土市场与国际市场接轨，而且要求各地方市场亦与国际市场接轨。

综合国内外诸多学者的认知，可以断定，市场经济就是"市场化的经济"，或者是"被市场拉动的经济"，其运作需要形成以下机制：

第一，产权机制。这是关于财产所有权的规律性建置，即法律建置。它对财产所有权进行了明确的界定，形成了"法人"的概念，即"拥有合法权力并承担法律责任的人"，将财产的"私人所有"认定为"神圣不可侵犯的权利"。财产权被视为人的生存权之一，产权机制的确立可以确保市场进入者避免包括公共权力在内的其他权力，对市场经济活动进行不合法的干预或侵扰。这是市场经济形成的重要前提。

第二，价格机制。这是关于经济运行的规律性建置。它强调整个社会资源的配置只能通过市场价格的自发调节来实现。价格机制的确立，可以保证社会资源分配的相对合理性和有效性以及机会面前的人人均等，排除经济活动中可能存在的权力因素和其他人为因素的干预。这是市场经济形成的又一重要前提。

第三，分工机制。这是关于产品生产的规律性建置。它强调通过分工和分工的细化实现单位生产以及地区生产的专业化。分工机制排除了生产过程的自发性质，使生产与市场结合在一起，生产成为市场流通的一部分。分工机制的确立从生产的角度为市场经济的实现准备了条件。

第四，竞争机制。这是关于生产关系的规律性建置。它强调在经济运行即产品生产和交换过程中可以通过竞争，实现优化选择，实际上就是在一定程度上遵循"物竞天择，适者生存"的原理，确

---

① 陈晓律："欧洲民族国家演进的历史趋势"，《江海学刊》2006年第2期。

保经济活动中的"优胜劣汰"。竞争机制从生产关系的角度为市场经济的实现准备了条件。

第五，法律机制。这是关于社会关系的规律性建置。它强调在社会生活特别是经济运行过程当中必须通过法律，尤其要通过"民法"，实现对经济活动特别是经济活动中的交易行为进行公共监督，保证经济运行乃至整个社会生活的公正性和公平性。法律机制从社会关系的角度为市场经济的实现准备了条件。

第六，扩张机制。这是关于经济运行空间的规律性建置。它强调在经济运行过程当中必须通过各种手段实现经济空间特别是交换空间的延伸和扩展，以便不断扩大用于交换的商品扩张的范围。扩张机制从空间的角度为市场经济的扩大准备了条件。

以上诸多方面的机制是彼此呼应、相互联络的，共同构成了市场经济运行的整体环境或氛围。不能仅选择或强调其中的一种或少数几种机制，那样的话，将不会出现或难以出现有效运作的市场经济。例如，单独强调竞争机制，而不同时强调法律机制，就会形成"丛林法则"，整个社会经济将陷入一种无秩序的"打杀或挤压"之中，而不是"市场经济"环境。

领地经济与市场经济的内在联系

从中世纪盛期英格兰领地经济的运营情况看，它实际上已经具备市场经济存在的基本条件。我们可以从以下方面分析：

其一，就产权机制[①]来说，12、13世纪的法律虽然还完全没有产权的概念，但领地作为被分封的地产，具有很大的自主性乃至独

---

① 产权制度是市场经济的核心。道格拉斯·诺思所代表的制度学派在《西方世界的兴起》中提出非常有影响力的产权理论，这个理论实际上是效益理论。诺思在《西方世界的兴起》一书中开宗明义地提出："本书的中心论点是一目了然的，那就是有效率的经济组织是经济增长的关键；一个有效率的经济组织在西欧的发展正是西方兴起的原因所在。"（〔美〕道格拉斯·诺思、罗伯斯·托马斯：《西方世界的兴起》，厉以平等译，第5页）。至于这种效益是如何产生的？诺思把它归结为产权制度的确立。但是，明确的产权意识是在16世纪以后才开始建立的，而"市场拉动生产"的模式在中世纪盛期就已经形成。就封建经济的基本形态来说，我们认为它是一种市场经济的早期形式。

立性。尤其在领地被世袭化并完全由长子继承以后，就开始被视为"家国"。因此，中世纪尽管没有法人或产权的概念，但领主对领地或财产的实际"法权"已经存在。这是中西方古代社会的巨大差异之一。中国古代强调"普天之下，莫非王土；率土之滨，莫非王臣"，连人本身都没有完全意义上的自主性，谈何土地或财产的自主呢？而西欧存在的包括《大宪章》在内的法律明确规定：国王不得随意进入贵族私人领地（《大宪章》第21条）。中世纪领地流行的谚语是："风能进，雨能进，国王不能进。"[1]此外，中世纪盛期，领地或庄园上的财产已经被细化，地产清册（the extent of estate）登记的内容有财产、权利和收入三部分，属于领主权的财产登记包括：庄园自营地、房屋、磨坊、牲畜、园地、草地及公用土地等；属于领主权的农奴及佃户的登记包括：姓名、份地大小、公用地支配、货币租、劳役租、惯例交纳等；属于领主权的收入登记包括：地租收入、销售收入、从集市抽取的市场税、庄园法庭的罚金等。[2]总之，西方近代出现的产权机制的源头正是中世纪盛期，甚至更早。

其二，就价格机制来说，中世纪盛期，价格一旦上涨，就对领地经济产生了全方位的刺激作用。而且，这里所说的"价格"，实际上就是"价格上涨"。因为，在价格未上涨以前，英格兰是没有价格可言的，整个社会经济处在自给阶段，很少有交换存在。当价格上涨以后，封建地产便由"租贷"向"直领"转化，商品化经营出现。而当价格继续上涨导致土地价值超过经营价值时，封建地产又开始回转到租贷状态，因为租贷的收入超过了经营的收入。总之，中世纪盛期的领地经营方式就是由价格来支配的。

---

① 近代早期出现的《权利请愿书》和《权利法案》都是对《大宪章》精神的推进，强调财产权是不受政治权力侵犯的权利。"普遍的、平等的、个人化的财产权与专横的政治权力是完全对立的。承认每个人的财产权就意味着统治者的权力要从根本上受到节制。"因为财产权对个人生活来说是必不可少的，它既是个人权利的主要内容，又为其他个人权利提供保护，使个人自由成为可能。保护私人财产权成为日后新兴资产阶级的主要思想之一，并在此基础上形成了"私有财产权神圣不可侵犯"的原则立场。

② 〔英〕伊·拉蒙德、W.坎宁安编：《亨莱的田庄管理》，高小斯译，第57页。

其三，就分工机制来说，中世纪盛期，英格兰不仅存在着畜牧业与农业之间的分工扩大，也存在着手工业、商业与农业之间的分工扩大。整个社会由此出现很多非农业的个体小生产者和个体工商业者。例如，布里特纳尔说："1255年登录在案的有迪恩森林的漏勺制造者；1258年左右在埃塞克斯郡威斯姆的奇平山附近开有一家小店的罗伯特是一个卖油商；1279年在威尔特郡的斯坦顿·圣·玛格利特集市被判有轻罪的约翰是用大车贩盐的人；还有1296年在诺森伯兰郡的阿尔维克被收税的威廉是一个制锁匠。"[①]这些人，加上其他各类非农业生产者，几乎占到当时全部人口的四分之一至五分之一。正是依靠他们，英格兰出现了为数众多的城镇、港口和市场，出现了中世纪商品经济的大潮。据研究，13世纪，这些专门的手工业者进入城镇以后，便形成诸多手工业行会，城镇职业多达几十种。因此，分工的普遍化并不在新航路开辟以后才陆续出现，而是在中世纪就已经开始。

其四，就竞争机制和法律机制来说，中世纪盛期，英格兰迅速出现关于设立小市场、小城镇的竞争，也同时出现关于修筑道路和桥梁的竞争，这些设立或修筑以致走向"超常"状况，因此，在处理竞争的过程中，英格兰产生了有关民事诉讼的法律机制，"普通法"和民事法庭开始诞生。同时期，西欧大陆也出现相应的"罗马法"。美国著名法学家、哈佛大学教授伯尔曼指出："虽然市场和市集从7世纪或8世纪以来就存在，但它们的规模较小，也不具备一种高度发达的法律特性。然而，从11、12世纪开始，在全欧洲的许多城市和城镇中都定期举办巨大的国际集市。国际市场也四处可见，尤其在海港城镇中就更是如此。这些集市和市场具有复杂的组织形态，因而随着教会法体系和世俗法体系的发展，也形成了特定的商法概念。"[②]这是对过去时效原则和国王特许状的补充和纠正。法律机

---

① R. H. Britnell, *The Commercialisation of English Society, 1000-1500*, p. 79.

② 〔美〕哈罗德·J. 伯尔曼：《法律与革命——西方法律传统的形成》，贺卫方等译，第334页。

制建立以后，竞争机制的发挥也更加合法化和公开化。

其五，就扩张机制来说，中世纪盛期，英格兰本土的领地经济的商品化已经与海外市场联系起来，成为西欧国际市场的一部分。其争夺海外市场权的斗争已经开始，英格兰商人已经在西欧大陆建立了"羊毛集中地"。为了与法国争夺佛兰德羊毛市场，英、法之间正式展开了长达百年之久的"百年战争"。

因此，现代市场经济的六大机制在中世纪盛期都可以找到它们存在的早期痕迹。中世纪的西欧经济就是早期的市场经济。再次强调一下，市场经济不是有市场的经济，而是整个经济受到市场的支配。中国古代的公共权力即官府或政府的权力强大，经济受官府支配的程度大，受市场调节的程度小；内部的市场可能比较多，也比较发达，但经济市场化的程度则比较低，即便存在也是短时段的或区域性的。相比之下，中世纪盛期西欧的政府功能还没有完全形成，经济只是在一定程度上受到王室的调控或调节。同时，这种调控并不是"阻碍"，而是"顺应"商品经济的发展。因此，王室实际上也是推动市场经济形成的一部分。

市场经济兴起的核心要素："反向市场"的存在

人们不禁要问，英格兰或西欧的市场经济到底是如何兴起的？为什么会出现这样的经济类型？

我们先看纯粹的经济学的解释。布罗代尔认为，市场交换客观上存在两种形式。第一种是"透明的交换"，发生在公开市场之上，比如我们所熟悉的市集、零售商、近距离贸易等都是这种形式。在这种交易中，买主和卖主之间不时地会有中间商出现，但一个中间商所能做的充其量也就是囤积居奇，或违反惯例去市镇外迎堵农民和小商人，以便贱买贵卖从中获利。中国历史上，作为中间人存在的"牙纪"使用的就是这种方式。但是，除了这种"透明的交换"之外，因货币和法律的存在，还有一种"不透明的交易"存在。它不是发生在公开市场，而是出现在私下市场，布罗代尔称之为"反向市场"。这是另一种全然不同的交换形式。在这种交易中，流动商人、上门收购者会径入生产者家中，直接向生产者收购农产品，甚至预订仍然生长在地里的小麦或尚未修剪的羊毛。他们拿出一张便条，上面的文字就是合同（contract），只要预售者签字就算成交。这种交易形式发生在西欧，中国古代历史上没有。比如，13 世纪，英格兰境外的羊毛商会同大领主签订合同，预订大领主尚未修剪的羊毛。1260 年代，意大利卢卜的商人即与莫克斯修道院签约，收购了这里多达 11,000 只羊提供的尚未修剪的羊毛。[①] 1305 年，在约克郡的兰西（Lacy）地产上，庞蒂弗拉克特（Pontefract）城堡的警官也把各庄园的羊毛收集起来，整批卖给预订的商人。[②]

这种"不透明"交易的潜力非常大。它斩断了生产者和消费者之间的一般联系，导致"大批发商"阶层出现。大批发商与小商人的不同在于，小商人必须面对竞争，而大批发商则谋求垄断；小商人日益专业化，而大批发商则淡化分工。这些大批发商经营的是金钱，而不再是某种商品。布罗代尔说，这是一种"上层市场"，在这个市场上，商人与商人之间的交易变得更为重要。[③] 1969 年，希克斯在《经济史理论》一书中指出，大批发商为控制生产可采用"先贷制"或"外放制"，其出发点就是为了谋求商业上的垄断，但一个未预料到的后果却是伴随市场扩展而来的劳动分工和技术水平的提高，因为在商业边际利润递减的情况下，包买商会向工场主转变，最终导致资本主义生产方式的出现。[④]

总之，反向市场的存在无疑加深了中世纪的商业化水平，故而中世纪英格兰出现了商业化和城镇化。布里特纳尔说："1000—1300 年的商业发展已经赋予 12、13 世纪的历史以新的含义，即新的经济地理、

① Edward Miller and John Hatcher, *Medieval England : Towns, Commerce and Crafts*, *1086-1348*, p. 202.

② Edward Miller and John Hatcher, *Medieval England-Rural Society and Economic Change*, *1086-1348*, p. 226.

③ 王小鲁、樊纲："中国地区差距的变动趋势和影响因素"，《经济研究》2004 年第 1 期。

④ 梁正："大陆文明、市场经济与资本主义"，《社会科学战线》2000 年第 2 期。

新的谋生方式和新的社会机制的创立。"[1]他还说："1086—1300年英国的商业化经济已经构成了现代市场经济如何形成这一复杂故事中的一个引人注目的阶段。"[2] 当然，作为上层市场的作用更大。黄仁宇在详尽考察了威尼斯之后说，威尼斯的突出特点是商业资本垄断了政府职能，"提供资本的人操纵了工业的很多部门，而主要提供资本的人则是经商的贵族"。[3] 这个城市出现很多现代商业的发明，如复式簿记、"康门达"、造船工厂、高利贷、"合股"、代替民法的商法、以政治权力推动商业扩张等，最终成为上层市场的典范。上层市场决定着城邦文明。[4] 它构成了一个经济世界。14世纪80年代，这个经济世界的中心是威尼斯，1500年前后，它的中心是安特卫普，1500—1560年，中心又转移到热那亚，17世纪，中心则是阿姆斯特丹。

但是，透过纯粹的经济学解释，我们还会进一步发问：为什么西欧会有反向市场存在呢？为什么商人会预购生产者还未生产出来的产品呢？我们认为直接原因是西欧商人或商业活动不受任何社会经济条件的限制，根本原因是商人或商业的力量不受管制。中国古代的商人就没有这么大的力量，不可能向自耕农预订尚未生产出来的粮食，如果这样做，其罪责无疑比"囤积居奇"更大。因为它会引导中国农业走向商品化。这在传统社会里是万万不可的。而中世纪的西欧处在典型的封建主义时代，政府的力量严格说来是不存在的，所谓的"王室"也是唯利是图的，只要能够获得利益，是没有什么不可以实行的。 限于中世纪的落后状况，我们把这样的经济称作"前市场经济"。

"前市场经济"的内涵与外延

那么，如何理解"前市场经济"呢？它与后来"成型的"或

---

① R. H. Britnell, B. M. S. Campbell, eds., *A Commericialising Economy, England 1086 to c.1300*, p. 24.
② Ibid., pp. 24-25.
③ 黄仁宇：《资本主义与二十一世纪》，第65页。
④ 顾准：《顾准文集》，第282页。

"成熟的"市场经济相比，又有什么本质区别？

　　首先，从内涵上看，中世纪的市场经济还处在以"土地"为核心的时代，没有进入以"资本"为核心的时代。资本只在意大利城邦共和国、汉萨同盟等少数共同体内被运用得比较频繁，英格兰和西欧其他地区基本上处在以领地为基础谋求利益的时代。因此，英格兰的市场发展水平总体上还比较低，近代意义上的市场运行条件和运行机制还远没有具备。比如，市场运营的各技术环节还比较初级；交通运输条件还比较落后，运输效率非常低；货币信用条件明显不足；农业虽然已经面向市场，但使用的劳力主要是农奴或"帮工"（而不是"雇工"）；城市手工业还处在"手工作坊"阶段，价格、用工、用料严格受行会限制，面向市场进行生产的手工工场尚未出现。总之，工、农、商业都没有发展到因内部分工加强和外部市场扩大而带来的批量生产阶段。市场经济的规则已经初步具备，但具体经营市场经济的各种手段和机制还处在朴素和低级的状态，远远没有达到近代的水平，距离现当代更是遥远。

　　中世纪经济是领地经济，大小领主是旧式的食利阶层。他们选择性地进行一定规模的市场化经营，只是将之作为扩大收入的一种手段，没有想要从根本上改变领地型生产方式。他们不是通过利润留成来扩大再生产，而是利用庄园内部的人力、物力资源来维持庄园的自然循环。所以，正是在中世纪盛期，英国的农奴制得到进一步加强，农奴的身份认证从来没有像13世纪那样严格，原因就是领主总是要最大限度地剥夺农民的劳动力和生产所得。农民在很大程度上是被封建剥削拖向市场的，他们被迫出售更多的劳动所得，以完成封建缴纳，甚至因此丧失自己的购买力。所以，领主远远不是严格意义上的"农业家"，农民也远远不是严格意义上的自由小生产者。

　　其次，从外延上看，中世纪盛期，英格兰的市场建置还比较初级，市场空间也相对狭小。

　　就内部来说，虽然商业网点的"饱和度"进入"超常"状态，但是在中世纪的条件下，市场本身的容量和发散空间很小，多为地方性小市场或区域市场；就外部来说，国际贸易虽然已经打开，但联结外部的商业通道主要是地中海东岸，欧洲从事国际贸易的外部空间非常有限。这个时期的欧洲还处在"内部殖民"时期，远没有发展为"外部殖民"。垦荒运动只是使本土的"边疆"得到开发，等内部交换发展为国际贸易之后，也仅仅局限于地中海、波罗的海和北海周围，最多延伸至黑海沿岸及北非地区，东方市场或世界市场还远没有打开。这是市场空间的严重不足。此外，市场之间的联系性也比较弱，性质单一，资本化程度不高。因此，这个阶段的市场经济只能是初级化的市场经济。

不过，其运行正在向近代市场经济迈进。15、16世纪之交，葡萄牙人和西班牙人开启了大航海，欧洲迅速由"内部殖民"向"外部殖民"转化，市场的外延即市场空间不断扩大，生产的形式也发生改变，具有资本主义性质的大农场、手工工场、股票、银行、保险、公司、期货等近代商业的产物陆续出现，领地经济开始向"业主"经济或"法人"经济转变，一种真正意义上的市场经济时代即将到来。

布罗代尔说："据猜测和了解，从12世纪起，价格便处在波动状态，这证明'近代'市场业已建立，有时能互相结合，构成初步的市场体系。"[1]由此断言：从13世纪起，在西欧广大地区，"家庭经济向市场经济的决定性过渡逐渐完成"。[2]道格拉斯·诺思也认为：13世纪，在英格兰，"一个简单而兴旺的市场经济"已经存在。[3]

三、补证

我们已经论述了中世纪盛期英格兰的领地经济是一种前市场经

---

[1] 〔法〕费尔南·布罗代尔：《15至18世纪的物质文明、经济和资本主义》（第二卷），顾良、施康强译，第4页。

[2] 同上书，第89页。

[3] 〔美〕道格拉斯·诺思、罗伯斯·托马斯：《西方世界的兴起》，厉以平等译，第72—73页。

济，为了增强说服力，这里，我们还可以从纵向和横向两个侧面对这一观点做一个补证。

13世纪西欧经济的实际发展水平

我们都知道，中世纪的西欧社会是远远落后于同时期的中国社会的，但是，从经济的横断面看，包括英国在内的西欧，其人均GDP早在1300年前后就已经接近中国了。这是当时英国存在效益型经济的有力证据。只有提高领地经济的效益，实现效益的最大化，才能在最短的时间内赶超经济发达的中国。

学术界长期流行的一种观点认为：西方超越东方完全是1500年以后，特别是工业革命以后发生的事情。[①]从很多方面看，这个观点并没有错。西欧中世纪盛期大致对应中国历史上的两宋时期（960—1279年）。这是中国传统经济高速发展的时期。贡德·弗兰克（Gunder Frank，1929—2005年）曾在《白银资本——重视经济全球化中的东方》中指出，宋代中国在重要技术、生产、商业发展方面和总的经济发展方面尤为突出。威廉·麦克尼尔（William Hardy McNeill，1917—2016年）认为，自11世纪和12世纪的宋代以来，中国的经济在工业化、商业化、货币化和城市化方面，远远超过世界其他地方。中国是当时世界上最重要的"中心"。法国汉学家谢和耐在《蒙元入侵前夜的中国日常生活》中表示，13世纪的中国在近代化方面进展显著，比如其独特的货币经济、纸币、流通证券，其高度发达的茶盐企业。在社会生活、艺术、娱乐、制度、工艺技术诸领域，中国无疑是当时最先进的国家，具有一切理由把世界上的其他地方仅仅看作蛮夷之邦。荷兰格罗宁根大学经济史学者安格斯·麦迪森（Angus Maddison，1926—2010年）则宣称：汉朝和罗马帝国的经济发展水平差不多，人均产值都是450美元。中

---

① 这些的观点在中国史学界流行已久，最近的总结性看法可参见丛日云主编：《西方文明讲演录》，北京大学出版社2011年版。

国从汉到唐，人均产值均保持在这一水平上。宋代是一个发展的高峰，人均产值增长了 1/3。假定欧洲和中国在 1 世纪时的经济发展水平相近，到了宋朝，有充分的理由相信，欧洲已大大落后于中国的水平。一般认为宋朝是一个向纵深发展的时期，而在宋以后的五百年里，则呈横向发展。英国科学院院士李约瑟在《中国科学技术史》中认为，中国的科技发展到宋朝，已呈巅峰状态，在许多方面实际上超过了 18 世纪中叶工业革命前的英国或欧洲的水平。英国学者阿诺德·汤因比在《人类与大地母亲——一部叙事体世界历史》一书中则强调，10—12 世纪的后起蛮族，也强烈地为中国文明所吸引。除了自身采纳中国文明，他们还在自己统治的领土上传播了中国文明，而这些领土又从未纳入过中国的版图。因而，中国的收缩由于中国文明的扩张而得到了补偿，不仅在中国周边兴起的国家如此，在朝鲜和日本也是如此。[①] 一些学者甚至把两宋时期视为中国社会“从传统向现代转变的首次启动”，[②] 认为其国民生产总值甚至占到世界经济总量的 80%。[③] 对比之下，同时期的西欧社会差不多还是“世界历史的穷乡僻壤”。[④] 在这种情况下，西欧拿什么与中国进行比较？

然而，近年来的研究显示：中世纪西欧“高度落后”的结论恐怕要被打破。安格斯·麦迪森的“千年统计”表明：1300 年，中国的人均 GDP 是 600 元（1990 年国际元），西欧的人均 GDP 为 593 元，[⑤] 仅比中国人少 7 元。其描绘的 400—1998 年的中西方人均 GDP“年代变化曲线”也显示：1300 年前后，西欧的人均 GDP 开始持续性地超越中国。[⑥]

① 李蓉蓉：“国外汉学家眼中伟大宋朝：繁荣和创新的黄金时代”，《科学大观园》2013 年第 11 期。

② 葛金芳：《两宋社会经济研究》，天津古籍出版社 2010 年版，“目录”。

③ 原载《中外读点》，转引自《书刊报参考》2006 年 8 月 24 日，第 10 版。

④ 〔日〕谢世辉：《世界历史的变革——向欧洲中心论挑战》，蒋立峰译，第 12 页。

⑤ 〔英〕安格斯·麦迪森：《世界经济千年统计》，伍晓鹰、施发启译，第 256 页。

⑥ 参见〔英〕安格斯·麦迪森：《世界经济千年史》，伍晓鹰等译，第 30 页“曲线图”。

　　有人可能怀疑麦迪森统计的权威性，甚至对其嗤之以鼻。[1]先不要说麦氏是"当代最伟大的经济历史数据考证与分析专家"[2]，我们可以对他提供的数据做一个实际验证。早在麦迪森完成《世界经济千年统计》以前，中国学者侯建新先生对中英两国的前近代经济做过一个比较。他认为，16世纪，英国一般农户耕种的土地面积大约为15英亩，亩产按16蒲式耳计，合计240蒲式耳，"公制"为5007公斤。而中国明代江南地区"一夫耕10—20亩"，折中计15明亩，合14.79市亩，亩产294市斤，合计4347市斤，公制2173公斤。[3]对比之下，中国户均粮食不到英国的一半。而麦迪森的产值统计显示：1600年，英格兰的人均GDP是974元，但这里的英格兰包括威尔士、苏格兰和爱尔兰，如果单取英格兰和威尔士，则为1080元；单取英格兰，数值更高。[4]而同时期中国人均GDP仅600元，差不多是英格兰的一半。可见，麦迪森的统计是准确的。

　　按照西方其他历史学家的估计，英格兰人均GDP的增加可能更加"离谱"。如布里特纳尔估算：1086—1300年，英国GDP总量从大约40万英镑上升到466万英镑，提高了10倍以上，[5]而同时期英格兰的人口总数从最低估值的110万人增加到330万人，[6]再到最高估值的200万人

---

　　①　例如，在复旦大学，明史学者樊树志曾就这个问题询问美国著名汉学家彭慕兰（Kenneth Pomeranz），得到的回答是："麦迪森完全搞错了。"清华大学的经济学学者管汉晖、李稻葵也曾撰文指出，麦迪森的研究存在几大问题："第一，他的研究目的是从长时段出发，探讨中国经济的未来走向，由于时间长、跨度大，难免薄古厚今，对古代经济的研究过于简略；第二，他对GDP的估算，方法比较简略，总GDP是用人均水平乘以总人口得到的，这两个数据中如果有一个准确性存在问题，最后的结果就难以做到准确可靠……第三，他的估算只是包括了总GDP和人均GDP，缺乏产业结构、政府规模和资本积累方面的数据，不能算是对古代经济的整体研究……"参见管汉晖、李稻葵"明代GDP及结构试探"，北京天则经济研究所编，《2010中国经济学》，格致出版社2012年版。

　　②　〔英〕安格斯·麦迪森：《世界经济千年统计》，伍晓鹰、施发启译，封底。

　　③　侯建新：《现代化第一基石——农民个人力量与中世纪晚期社会变迁》，天津社会科学院出版社1991年版，第267—268页。

　　④　〔英〕安格斯·麦迪森：《世界经济千年史》，伍晓鹰等译，第244页。

　　⑤　R. H. Britnell, *The Commercialisation of English Society, 1000–1500*, p. 229.

　　⑥　J. C. Russell, *British Medieval Population*, p. 263.

增加到700万人,[1]人口增长率约为2至3倍;[2]GDP增加值是人口增加值的近4倍。而英格兰的1086年的人均GDP值是400元,那么,其1300年的人均GDP值达1200元以上。显然令人难以置信!根据侯建新先生计算,13—14世纪英格兰农户的粮食产量为2093公斤/户,这个数字超过了19世纪中叶中国农户的平均粮食产量。[3]

因此,我们不要简单地看待历史上中西方之间的差异。宏观上,中国可能长期走在西欧的前面,但就人均产值而言,大约1300年前后,西欧就已经向中国看齐了。其原因就在于中世纪盛期的英格兰或西欧经济是一种市场化经济,生产与市场结合,非常重视经济效益,最终带来领地效益的"最大化"。

12世纪之后的西欧经济存在周期性波动

再从纵向的方面看,英格兰或西欧的领地经济早在资本主义出现以前就已经存在周期性波动,这是市场引领经济的又一证据。只有经济紧紧依赖市场,才会因市场的波动导致经济发生相应的波动。而市场的波动是周期性的,因而经济的波动也是周期性的。我们可以对12世纪以后至资本主义出现以前的欧洲经济走势做一个考察。

1.农业经济的周期性波动

前工业时代,英国或西欧的农业存在周期性波动。这个规律是"新人口论"学派发现的。

20世纪70年代以前,以波斯坦和埃马纽埃尔·勒华拉杜里(Emmanuel Le Roy Ladurie)为代表的"新人口论"学派认为,从中世纪至近代早期,英格兰和西欧的农业经济存在着周期性波动。1086—1450年是"农业的第一周期",其中,1320—1348年是"分

---

[1] E. Miller, John Hatcher, *Medieval England: Rural Society and Economic Change 1086-1348*, p. 29.

[2] 谢丰斋:《英国市场发育导论》,第25—26页。

[3] 侯建新:《社会转型时期的西欧与中国》,第10页,注5:中国19世纪中叶农户的粮食劳动生产率为1941公斤/户。他还说,20世纪上半叶的中国冀中地区生产率为1440.5公斤/户。另见侯建新《农民、市场与社会变迁——冀中11村透视并与英国乡村比较》,社会科学文献出版社2002年版,第122页。

水岭"，此前为"兴盛期"，此后为"衰落期"。1450—1720（50）年是"农业的第二周期"，其中，1650年是"分水岭"，此前为"兴盛期"，此后为"衰落期"。[1]造成农业出现周期性变化的主要原因被认为是"人口的升降"。

"新人口论"学派的观点来源于"人口论"。马尔萨斯提出，人口的增长总是快于财富的增长。因为财富数量的增长呈数术级数，而人口数量的增长呈几何级数。因此，人口的增长最终会制约财富的增长。依据这一逻辑，波斯坦在研究英国经济时提出：在前近代社会，技术革命尚未发生，人口数量的上升和下降必然制约着农业经济的发展和衰退。人口上升，农业受到刺激会出现一定程度的兴盛，但人口继续上升达到一定规模时，由于技术条件没有得到相应的改进，生产力不可能持续向前发展，生产只能出现停滞和衰退，经济发展减缓，出现萧条。为此，他提出中世纪经济归根到底属于"停滞主义"（stagnationism）经济的看法。[2]这个理论后来被归结为"波斯坦周期"。法国年鉴学派的代表勒华拉杜里接受了这一看法，并进一步发展了波斯坦的理论。他认为波斯坦所说的周期只是英格兰或西欧的第一农业周期，15世纪中叶以后，西欧特别是法国又出现了第二农业周期。这个周期开始于黑死病之后的经济萧条，至15世纪末，人口回升，农业再次兴盛，一直到17世纪中叶发展到高峰，然后又再次衰退。

这里，我们可以检讨一个波斯坦和勒华拉杜里所提出的关于农业周期的真实性。波斯坦认为：11世纪末—12世纪初，英格兰的人口开始增长，至14世纪初达到顶峰，由1086年的大约200万人增加到13、14世纪之交的700万人。在人口增长期间，英格兰新增市镇达500个。[3]市镇人口与非农业人口需要更多的粮

---

[1]　侯建新："从新人口论、'均衡陷阱'到'过密化增长说'"，《史学理论研究》1998年第3期。

[2]　R. H. Britnell, *The Commercialisation of English Society, 1000–1500*, p. 79.

[3]　徐浩："戴尔新说：'英格兰社会转型于13世纪'"，侯建新主编：《经济－社会史评论》（第四辑），第167页。

食，导致粮食市场的需求旺盛，于是，很多荒地和闲置地被开垦出来，用作耕地，粮食耕种面积大量增加；而相应的牲畜用地必然大量减少，结果使牲畜密度下降，耕地的牲畜粪肥不足，土壤肥力下降；而人口压力又使耕地不断向贫瘠地带伸展，土质更加恶化。因此，早在黑死病发生之前，英格兰的单位面积产量已经开始下降。①1086年的《末日审判书》和1135年、1176年、1189年和1201年的庄园统计调查均显示：在农业开发的早期阶段，平均粮食产量曾普遍上升。②但是，随着人口高峰的到来，耕地肥力下降，生产的边际效益递减，农业开始走向衰退。这一趋势出现在1320年前后。1348年暴发的黑死病只是加大了这一颓势，这是对波斯坦周期的实证。再看勒华拉杜里的农业周期。勒华拉杜里认为，在波斯坦周期之后，西欧一直沉寂在萧条状态。过了大约一个半世纪，进入15世纪中期，人口重新回升，土地再次变得紧张起来，持有地价格不断上涨，自耕农的生产开始活跃，农业和农村进入繁荣时期。持续了约两个世纪之后，至17世纪中期，土地集中趋势加强，大地产的数量增多，自耕农群体遭到破坏，瘟疫又再次降临，农业衰退，最终滑向"17世纪的低谷"。尽管有很多学者不承认勒华拉杜里周期，③但笔者认为，它在西欧至少是

① M. M. Postan, E. E. Rich, eds., *The Cambridge Economic History of Europe,* Vol. 2, pp. 556-559.

② J. L. Bolton, *The Medieval English Economy, 1150-1500*, p. 42.

③ 新人口论在西方学术界曾受到严重挑战。20世纪70年代末，坎佩尔、布伦纳等人对"新人口论"的论述做过强烈批评。坎佩尔在研究了13至15世纪诺福克地区领主直领地上的农业产量变化后指出，土地产出率，即单位面积粮食产量并不是像波斯坦等人提出的那种与人口增长呈反向联系、与牲畜数量和密度呈正向联系的模式变化的。在14世纪初，人口数量最多，牲畜密度最低，粮食单位面积产量反而提高，而14世纪中叶时人口数量大幅度减少，牲畜密度大幅度上升，15世纪初比13世纪末牲畜密度提高了一倍，但粮食单位面积产量反而大幅度下降。美国加州大学教授布伦纳也认为，"人口根源说"在比较分析面前站不住脚。他说，观察12—18世纪六七百年间整个欧洲的人口趋势和社会变迁可以看到"同样的人口趋势，在不同的时间和欧洲不同的地区，产生了不同的结果"。他甚至提出"新马尔萨斯主义最后瓦解"，也就是说不适用于整个欧洲。取而代之，美国学者布伦纳提出"阶级差别"理论。他认为，不是人口，而是阶级即财产关系招致各地出现不同的发展路径。参见B. M. S. Campbell, M. Overton, eds., *Land, Labour and Livestock: Historical Studies in European Agricultural Productivity*, Manchester University Press, 1991, pp. 144-182；侯建新："从新人口论、'均衡陷阱'到'过密化增长说'"，《史学理论研究》1998年第3期。

部分事实。

2.人口变化的周期性波动

12 世纪以后,英格兰和西欧的人口变化也存在着周期性波动。一般认为,1086 年,英格兰大约有 150 万人,1340 年增加到约 450 万人,人口数量增加了 2 倍。黑死病之后,其人口大幅度下降,至 15 世纪中叶,一直处在停滞状态,人口数量保持在 220 万人左右。此后,人口开始缓慢回升,1500 年增加到 260 万人,1600 年达到 440 万人,差不多恢复到 1340 年的水平。[①]因此,如果说 1086—1340 年是英格兰人口变化的一个波动周期,那么,1340—1600 年是又一个波动周期。

下表(表 4-1)是罗塞尔的统计数据,虽然有一定的出入,但波动频率是基本相同的。统计显示,1086 年,英格兰有 110 万人,1348 年黑死病暴发前,增加到约 375 万人;1400 年是人口的低谷期,英格兰仅有 210 万人;1603 年,又恢复到 378 万人,与 1348 年基本持平。所以,如果说 1086—1348 年是一个人口周期,那么,1400—1603 年就是又一个周期。

表 4-1　英格兰的人口:1086—1603 年[②]

年份	人口	年份	人口
1086	1,100,000	1374	2,250,000
1348	3,757,500	1377	2,223,373
1350	3,127,500	1400	2,100,000
1360—1361	2,745,000	1430	2,100,000
1369	2,452,500	1603	3,780,000

再看整个西欧的情况。有关统计显示:1200 年,西欧拥有人口

---

① 侯建新:"工业革命前英格兰农业生产与消费再评析",《世界历史》2006 年第 4 期。

② J. C. Russell, *British Medieval Population*, pp. 248, 263, 269-270; 另见〔美〕道格拉斯·诺思、罗伯斯·托马斯:《西方世界的兴起》,厉以平等译,第 92 页。

约6100万人；1300年达到高峰，拥有7300万人；在1350年黑死病到来之后，人口又下降至5100万人，1400年继续下降至4500万人；1450年前后开始小步回升，1550年前后大体恢复到1300年的人口水平。具体变化见下表（表4-2）统计。从西欧整体情况看，1300年和1550年分别是中世纪人口增长的两个高峰期。

表4-2　西欧人口：1200—1550年[①]

年份	人口（百万）	年份	人口（百万）
1200	61	1400	45
1250	69	1450	60
1300	73	1500	69
1350	51	1550	78

在这里，我们看到，西欧人口的周期性波动与中国历史上人口的周期性波动是不同的。中国的人口波动是由王朝更迭引起的，而西欧的人口波动则是由高发性的传染病引发的。

3. 价格变化的周期性波动

伊曼纽尔·沃勒斯坦曾认为：12—18世纪期间，欧洲存在着价格的周期性波动。他说："欧洲价格运动存在着周期模式……对周期的日期划分意见不同，对引起周期的原因的看法更为纷繁，但这一现象的真实性是大家都同意的。"他把各种意见归纳到一起，得出了关于价格变化的周期（见表4-3）。

---

① 〔美〕M. K. 贝内特：《世界粮食》，1954年，第5页，转引自〔美〕道格拉斯·诺思、罗伯斯·托马斯：《西方世界的兴起》，厉以平等译，第92页。

表4-3 1160—1817年欧洲价格的变化周期[1]

年代	价格升降
1160—1260	迅速上升
1260—1310（1330、1380）	持续高涨
1310（1330、1380）—1480	逐渐下降
1480—1620（1650）	高
1620（1650）—1734（1755）	跌落
1734（1755）—1817	上升

实际上，欧洲前近代社会存在价格的周期性波动不是沃勒斯坦最早提出的。1927年，贝弗里奇爵士曾表示："经充分检验之后，12世纪中叶至13世纪晚期的价格上升也许被证明是历史上最具爆发性的价格革命之一，在变化的速度上，它可以比拟于16世纪的革命，尽管前者并没有引发同样的社会经济后果。"[2]1944年，波斯坦教授也认为："16世纪在金银方面存在着广为人知并日益大众化的量的增加，类似的增加可能在12世纪晚期和13世纪已经发生"。[3]其看法得到学术界的进一步认可。另外，从货币重铸的年份和数量上也可以看到欧洲前近代社会价格周期性波动的存在。

12至14世纪上半叶，因交换增加和高价格的存在，英格兰的货币重铸经常出现。据统计，除1257年之前没有被统计到之外，1257年、1279年和1299年都是货币重铸的年份。[4]但是，至14世纪中期黑死病暴发之后，英格兰货币重铸的年均量便急剧下跌，仅在1412

① 〔美〕伊曼纽尔·沃勒斯坦：《现代世界体系》，尤来寅等译，第82页。

② W. H. Beveridge, "The Yield and Price of Corn in the Middle Ages", *The Economic Journal*, 1927, p. 164；P. D. A. Harvey, "The English Inflation of 1180−1220", *Past and Present*, 1973, No. 61, p. 29.

③ M. M. Postan, "The Rise of a Money Economy", *The Economic History Review*, Vol. 14, 1944, p. 128.

④ 〔英〕约翰·F. 乔恩：《货币史——从公元800年起》，李广乾译，商务印书馆2002年版，第56页。

年与1464年出现，但1418—1460年间的重铸量与1350—1417年相比，年均下跌了50%。为此，成群的商人或经商者经常对硬币短缺发出抱怨。而且，铸币量最低的1375—1407年也是低价格的时期。①进入亨利八世统治时期（1509—1548年），英格兰的经济复苏，价格重新上涨，货币重铸再次出现。1526年、1542年、1544年、1545年、1546年、1547年和1548年存在着频繁的货币重铸。②而且，"其铸币是稳定的，具有良好的声誉"。③这个事实告诉我们，12、13世纪是高价格的时期，也是货币铸造频繁的时期；至16世纪前半期，货币重铸又重新出现。

4. 土地经营方式的周期性波动

12—18世纪，就英格兰来说，其土地经营方式存在着："出租"—"直营"—"再出租"—"再直营"的周期性波动。它实际表明，英国于16世纪出现的圈地运动如果不考虑地垄或田块的变化，与13世纪的直领经营是有很大相似性的。因此，人们将13世纪的领主称之为"农场主"也并不奇怪。他们与16世纪的贵族一样，都是将土地收归自己经营。

回顾英格兰地产经营的周期性波动，我们可以做一个时间上的整理。

在价格未形成以前即12世纪中叶以前，贵族地产主要以"租赁"的方式经营，领主以收取劳役租和实物租为主，满足于自给。12世纪中叶以后，农产品价格骤然上涨，领主便迅速放弃租贷，改行直营，土地经营首次出现重大调整。西欧的粮食生产从"直接消费"阶段转向"间接消费"阶段。④大地产上一种"或多或少带有资本主义性质的农业"正在扩展。⑤但直领经营仍以条田为单位进行

---

① John Hatcher, *Plague, Population and the English Economy 1348–1530*, pp. 51-53.

② 〔英〕约翰·F. 乔恩：《货币史——从公元800年起》，李广乾译，第56页。

③ 同上。

④ B. H. Slicher Van Bath, *The Agrarian History of Western Europe, A. D. 500–1850*, p. 24.

⑤ M. M. Postan, "The Rise of a Money Economy", *The Economic History Review*, Vol. 14, 1944, p. 128.

生产，很多维兰和佃农变成了领主的帮工。而且，"佃农的财产相当少，当然应付出的劳动也少。在收割的高峰期，还需要进行各种附加和非定期劳役。自由民、佃农和其他凡是占有地产要交付租金或承担含有自由契约的其他条件的人也参加这类活动。"[1] 这是大地产的直领经营阶段。在这个阶段，因 13、14 世纪之交的人口数量继续增长，土地需求旺盛，土地的租金非 12 世纪中叶以前可比，于是，"竞标性地租"（competitive rents）出现。领主又开始部分出租土地。

1348 年，黑死病突然暴发，人口大量死亡，劳动力变得严重不足，直领经营几乎找不到劳动力，使出租经营的趋势进一步强化。1375 年前后，农产品的价格真正走低，领主的直领地变得无人问津，于是，经济上占优势的一方又从领主转向佃农和维兰，领主被迫与佃农签订契约，佃农只要交纳固定的租金，就可以长期租种领主的直领地，领主的土地又开始大部分转向出租。1381 年，英格兰还有几万个农奴家庭，至 1500 年，直营地已降至不足 10%。[2] 直领经营被个体经营取代。戴尔说，从 1380 年到 1420 年，迫于低物价和高工资的压力，大量直营地以较大面积出租，大多数贵族领地不再为市场而生产粮食。[3] 这个时期是英国农民的黄金时期，很多富裕农民被称"约曼"，原意是"皇室侍卫"。他们的地位迅速上升。

进入 15 世纪后期，英国的土地经营又发生了新的变化。以呢绒为原材料的布匹工业正在英国兴起，羊毛价格上升，圈地养羊成为贵族新的土地经营方式。于是，圈地运动兴起，很多农民再次被赶出土地，一种规模化的面向市场的土地经营方式——资本主义大农业建立起来。

因此，从长时段来看，英国前近代的土地经营方式存在"出

---

① 〔美〕道格拉斯·诺思：《经济史中的结构与变迁》，陈郁、罗华严等译，第 225 页。

② 徐浩："戴尔新说：'英格兰社会转型于 13 世纪'"，侯建新主编：《经济-社会史评论》（第四辑），第 171—172 页。

③ 转引自〔英〕克里斯托弗·戴尔：《转型的时代——中世纪晚期英国的经济与社会》，莫玉梅译，第 93 页。

租"—"直营"—"再出租"—"再直营"的周期性波动。

5.城镇化趋势的周期性波动

关于欧洲的城市史,庞兹提出过一个"三阶段论"的看法。他说:古希腊罗马时期是欧洲城市发展的第一次高潮。这次高潮至4世纪走向衰落,很多城市被废弃。第二次城市发展高潮始于10世纪,至13世纪达到高峰,14世纪中叶走向停滞,15世纪时许多城市萎缩,而新城市的出现则更少。但是,16—19世纪期间,欧洲的城市发展处在一个小幅上升阶段。16世纪还看不到城市复兴的迹象,但少数几个大都市如安特卫普、加的斯、里斯本、巴黎、伦敦、马德里、阿姆斯特丹等则畸形发展起来;17、18世纪,普遍情况仍然停滞不前。进入19世纪,工业革命爆发,城市发展开始迈入第三次高潮,近代类型的城市出现。[①]

不过,考察英格兰的城市发展,我们看到,它与欧洲的普遍情况有所不同,城镇化自中世纪以来明显存在着周期性波动,大致经历了"前城镇化""中世纪城镇化""逆城镇化"和"二次城镇化"等四个阶段。

5—11世纪是英格兰的"前城镇化"时期。这个时期,英格兰的城镇数量还很少,只有伦敦、约克、埃克塞特等很少几个城市,规模很小,人口一般不超过1000人。所有的城市人口加在一起不到总人口的5%。

12、13世纪是英格兰的"中世纪城镇化"时期。坎佩尔曾表示:"1300年英格兰的被城市化很可能类似于1600年的被城市化"。[②]据统计,14世纪早期,英格兰拥有各类大小城镇约550个,城镇居民约占总人口的17%—18%。米勒等学者则认为:至14世纪早期,英格兰拥有5000人口以上的城市,主要是郡城计20个,2000—5000人口之间的城镇计50个,2000人口以下的小城镇更多。城镇人口合

---

① N. J. G. Pounds, *The Medieval City*, Greenwood, 2005, p. 25.

② R. H. Britnell, "Commercialisation and Economic Development in England,1000−1300", R. H. Britnell , B. M. S. Campbell, eds., *A Commericialising Economy, England 1086 to c.1300*, p. 25.

计约占总人口的15%。对此，前文已多有论述。

　　1348年黑死病暴发后，中世纪的城镇化戛然而止，取而代之的是"逆城镇化"。大量的城镇又退回到乡村，市场数量萎缩到仅为顶峰时期的37%。[①]15世纪，瘟疫变成了一种"城市现象"，城市居民纷纷逃亡乡村，英格兰出现了城市人口和资本对乡村的"回流"。1420—1485年间，伦敦城暴发了七次瘟疫。因此，在当时城市化水平最高的科茨沃尔德地区，也出现了严重的经济萎缩和城市衰退。城市史家保罗·霍恩伯格（Paul M. Hohenberg）估计，在1350—1550年间，英格兰的市镇数量减少了2/3，城市化比率由瘟疫前的15%—16%减少到10%—12%之间。[②]

　　但是，从16世纪开始，英格兰的社会经济再次发展起来，随之出现"二次城镇化"。其原因主要有两个方面：其一，圈地运动的推动；其二，乡村工业的兴起。圈地运动使许多乡村人口向城市集中。新出现的市镇人口一般在1000人左右，多者达2000人。每个郡都拥有五至六个以上这样的市镇，如肯特郡有八个，伯克郡有五个，斯塔福德郡有六个。[③]1500年，英格兰仅3%的人口居住在1万人以上的城镇，而佛兰德和布拉班特拥有同等规模的城市化比率达到21%，荷兰为16%，意大利为15%。[④]但是，英格兰小城镇化的比率则非常高。此外，乡村工业的兴起对16世纪的城镇化也发挥了重要作用。很多工业乡村成为新城镇，如托特内斯、蒂弗顿、陶顿、利兹、谢菲尔德、哈利法克斯、威克菲尔德、布雷德福、曼彻斯特、普雷斯顿、波尔顿和伯明翰等，都是由工业乡村发展而来，并进而发展成为新的大大小小的工商业中心。[⑤]据统计，1500—1640年间，

---

　　①　R. H. Hilton, *The English Peasantry in the Later Middle Ages: The Ford Lectures for 1973 and Related Studies*, p. 160.

　　②　谷延方："重评圈地运动与英国城市化"，《天津师范大学学报》2008年第4期。

　　③　J. Thirsk, ed., *The Agrarian History of England and Wales*, Cambridge University Press, Vol. 5, 1976, p. 478.

　　④　〔英〕安格斯·麦迪森：《世界经济千年史》，伍晓鹰等译，第81页。

　　⑤　章景平："前工业化时期英格兰城市的转型"，《淮南师范学院学报》2003年第5期。

英格兰的大小市镇共752个，1690年增加到801个。[1]每个市镇的平均交易范围达方圆7英里（11公里），涉及人群6000—7000人。[2]同时，新兴市镇日益专业化。每五个市镇中有两个是专业市镇；在威尔士，每三个市镇中有一个是专业市镇。这就是英格兰的"二次城镇化"。

上述趋势表明，18世纪以前的英格兰经济在农业、人口、价格、土地经营方式和市镇发展等方面均存在着周期性波动。这些波动都是由市场的兴衰或价格的升降引起的。市场兴盛，各项经济指标被拉升；市场衰退，各项经济指标又会下跌。随着市场的变动，整个经济的运行都处在相应的波动之中。这是关于自中世纪盛期以来英格兰或西欧存在市场经济的又一证据。

四、领地经济趋向市场化的原因分析

关于市场经济起源的问题，人们会考虑地理方面的因素。比如：欧洲在地缘上三面环海，海岸线漫长，多良港，易于开展对外贸易，故其商业贸易天然比较发达。再者，欧洲的土壤气候条件不理想，土质多冰碛层，农作物不易种植；而且在夏季作物生长的季节里，雨水少，作物养料不足，故其产量低。所以，欧洲的自给自足实际上比较困难，需要并易于通过贸易来解决供应不足的问题。但是，即便市场经济能够起源，却未必能够持续。从中世纪盛期的情况看，英格兰的领地经济之所以能够走向市场经济，最根本的原因是"契约"原则的存在，以及由此产生的连锁反应。

价格成为经济的主导因素

在中国小农社会里，价格受到政府的控制，通常不会引起大的经济波动。因为中国是一个大一统的中央集权制社会，小农经济虽

---

[1]　J. Thirsk, ed., *The Agrarian History of England and Wales*, Vol. 5, pp. 410-411.

[2]　Ibid., p. 552.

然是自然经济与商品经济相结合的二元经济，[1]但是，重农抑商是中国传统社会的基本国策，价格是受政府控制的。三国时代，刘备攻取益州之后，因国库空空，曾十分忧心。刘巴知道后轻松表示："易耳，但当铸直百钱，平诸物贾，令吏为官市。"意思是，铸值百钱的铜板通行全国；统一全国物价；实行公卖。刘备从之，数月之间，府库充实。[2]这就是说，国家不必担心没有财富，因为国家拥有定价权。

除了直接给商品定价之外，国家还拥有诸如"赋税""籴粜""建仓""平仓""漕运""赈济"等种种权利，都可以对物价进行调控。因此，在一个王朝存在的生命周期内，尤其在王朝的兴盛时期，物价是不会大幅涨落的。一旦属于"边际"的商业行为或市场力量发展到足以干预居民生活时，官府马上会出面加以制止，使物价回落到可接受的范围内。例如，王业键根据上海、苏州等地的米价资料，对1638—1935年间长江三角洲的米价进行整理，结果发现，除明末清初的米价有较大差距外，清代初期以后的米价均相差不大，"特别是总体趋势基本一致"。[3]另据董书城研究，尽管中国疆域和市场辽阔，但各地粮价相差大约只有30%。[4]

但是，在西欧社会里，契约关系取代了统治关系。对于契约规定之外的事务，国王或其他上级封君是无权过问的。价格不属于契约规定的范畴，因此，英格兰或西欧的价格是不受管控的。在价格上涨的背景下，领主正好可以利用价格因素，获取更大的利益。为了更多地走向卖方市场，他们纷纷改变以前以租贷为主的经营方式，变为以直领经营为主。这就是说，西欧的价格可以引起经济发生大

---

[1] 叶茂："传统市场与市场经济述评"，《中国经济史研究》1994年第4期；叶茂："中国古代经济史研究综述"，《中国经济史研究》1996—1997年增刊，第4—33页。

[2] "三国历史上令诸葛亮自叹不如的奇才是谁？"，http://bbs.mierce.com/201501/thread-410688-1，2015-1-17。

[3] 史志宏："王业键《1638—1935年间江南米价变动趋势》述要"，《中国经济史研究》1993年第3期。

[4] 刘逖："1600—1840年中国与世界GDP的核算与对比"，《经济研究》2009年第10期。

的波动。

同时，因契约的限制，西欧的国王已经没有诸如征税、籴粜或漕运等方面的权力，也不可能对价格提出限制，而只能利用自己享有的特权，主动加入到对更大利益的追求当中。所以，西欧的王权对比中国的皇权，已经变质。这是经济走向市场化的原因之一。

领主拥有不可剥夺的"主体权利"

契约使领主拥有独立的法权，这种法权又被视为"主体权利"。它是经济市场化的又一原因。

1.地方领主拥有不可剥夺的设立小市场的权利

以英格兰为例。1086年，英格兰拥有的市场不到100个。[①]进入12世纪以后，市场要想"合法化"，须得到王室颁发的特许状。1066—1154年，诺曼王室颁发的市场特许状仅19例，其中3例属伪造。在亨利二世（1154—1189年在位）和理查一世（1189—1199年在位）统治的近半个世纪内，市场特许状的数量仍"少得惊人"。[②]但是，进入12、13世纪之交，建立新市场的申请突然增多，王室开始对发放的市场特许状进行登记，建立了"市场特许状卷档"（1199年）。[③]所以，"持有一个市场显然是13世纪早期才有的特权"。[④]依照封建法权，差不多所有的领主都可以在自己的领地上建立市场。为建立"合法"的市场，领主与领主之间展开了激烈的竞争，并诉诸法律。下面是有关市场诉讼的几则案例。

查各福德村和莫顿汉普斯特德村是位于达特穆尔高地边界上的两个村庄，相距不到4英里。1220年，两个村子发生了一起关于市场权的诉讼。查各福德是被告方，莫顿汉普斯特德是控告方。本

① R. H. Britnell, *The Commercialisation of English Society, 1000-1500*, p. 31.

② R. H. Britnell, "English markets and royal administration before 1200", *The Economic History Review*, Vol. 31, 1978, pp. 189, 191-192.

③ Ibid.

④ Ibid., p. 190.

来，查各福德拥有的"周日市场"由来已久，顾客就是参加教堂礼拜的香客，后受教会法的压力，将"周日市场"改成"周六市场"。只是该村的领主休·德·查各福德并没有为此申领一张承认其"周六市场"合法性的特许状。为此，相邻的莫顿汉普斯特德领主抓住把柄，将查各福德市场诉诸公堂，因为他本人在将"周日市场"改成"周六市场"时，已经"有预见性地"申领了一张特许状。[①]

还有一则市场权的争端来自德文郡。富克·德·布鲁特（Fulk de Breaute）是哈里顿（Honiton）的一个"周六市场"的持有人，该市场曾经也是"周日市场"，在改变市日时，他申领了特许状。为此，他起诉其北面13英里处的桑普福德从西欧整体情况看，1300年和1550年分别是中世纪人口增长的两个高峰期。桑普福德·佩弗雷尔（Sampford Peverell）领主和其南面9英里处的西德茅斯（Sidmouth）领主，认为他们的"周六市场"都是在没有经过授权的情况下建立的，给他的"合法"市场带来了损害。在进行这起诉讼的同时，佩弗雷尔还受到其南面8英里处布拉德里奇（Bradninch）一个"周六市场"持有人的抱怨，因为这里的市场持有人也取得了特许状；而西德茅斯市场则受到相距15英里处的亚历敏斯特（Axminster）"周六市场"持有人威廉·布鲁尔（William Brewer）的发问，因为布鲁尔也领有市场特许状，而这个布鲁尔同时还在起诉其边界以外大约5英里处的多塞特（Dorset）领主宁姆·里吉斯（Lyme Regis），认为里吉斯也在损害其亚历敏斯特市场。以上争端均发生在两年的时间内。[②]

再有发生在格洛斯特郡和威尔特郡的市场权争端。1256年，两郡相邻的两个边界市场赫克斯伯里（Hawkesbury）和谢尔斯顿（Sherston），因争端难以解决，最终只有请求什罗普郡的法官给予

---

① M. Kowaleski, *Local Markets and Regional Trade in Medieval Exeter*, p. 54.

② Ibid.

仲裁。[1]

这些诉讼反映，中世纪盛期，英格兰的小市场之所以大量增生，主要是因为领主都有权这样做。很多领主不愿意看到其周围其他市场的存在。如1220年代后期，达勒姆主教即要求在他的领地范围内，不允许有任何其他市场同他的市场竞争，并且凭几个见证人立誓，除主教外，在泰恩河与提斯（Tees）河之间的哈里沃福尔克（the Haliwarefolc），任何人不得持有一个市场或集市。[2]再如1333年，在德文郡，一个叫约翰·德·朗福德（John de Langford）的小领主申请了一张开办为期三日的七月集市特许状，但是在差不多同一时间里，周围十英里的范围内至少有十个地点同时申领了类似的夏季集市。另一个小领主沃尔特·德·伍德兰（Walter de Wodeland），曾经是"黑太子"（the Black Prince）的随从，因功被授封德文郡境内的科克辛顿（Cockington）庄园。他向国王申领了一张特许状，准备建立一个"圣三位一体"（the Holy Trinity）的三日集市，而距该集市仅1.5英里处就是埃克塞特主教在庞顿（Paignton）设立的同日集市。在纽顿·阿伯特（Newton Abbot），曾经有一个享有盛誉的集市，每年在11月5日至7日开市，但是，1309年，纽顿·布希尔（Newton Bushel）又申领了一张特许状，准备在附近建立一个10月29日至11月2日开张的集市，摆明意图要抢走老集市的生意。[3]许多领主甚至处心积虑地把当地名人，尤其圣基督徒的纪念日安排为集市日。在德文郡，37%早期集市与圣者的庆日一致，到1220年，这个比例达到59%。1300年以后，又有28%的新建集市被安排在当地的宴庆日举办。[4]

市场权的竞争就是商业利益的竞争，新市场的设立往往导致旧市场的衰落。例如，在埃塞克斯郡境内，切姆斯福德（Chelmsford）

---

① Edward Miller and John Hatcher, *Medieval England: Towns, Commerce and Crafts, 1086-1348*, p. 160.

② R. H. Britnell, *The Commercialisation of English Society, 1000-1500*, p. 22.

③ M. Kowaleski, *Local Markets and Regional Trade in Medieval Exeter*, pp. 52, 57-58.

④ Ibid., p. 57.

的兴起，使里特尔（Writtle）走向衰落；威桑（Witham）的建立，使奇平山（Chipping Hill）走向萧条。在伯克郡境内，阿宾顿和雷丁的兴盛，则以牺牲沃宁福德（Wallingford）为代价。[①]当然，也有很多新市场不成功的例子存在。如约翰·德·朗福德是卡伦顿（Cullompton）微型庄园朗福德的领主，1333 年，他申领了一张建立一个"周二市场"和"七月集市"的特许状，可是因周边竞争太大，两个计划一个也没有实施。因为卡伦顿本身有一个活跃了近 80 年的"周二市场"，此外，在朗福德周围十英里的范围内至少有十个地点申请了夏日集市。亨利·德·拉莱（Henry de Ralegh）原是卡伦顿附近温波尔（Whimple）教区斯特拉特-拉莱（Strete Raleigh）小庄园的领主，1292 年，他申领了一张开办"五月集市"和"周二市场"的特许状，但是附近已经有纽顿、鲍伯福德（Poppelford）和卡伦顿等五个"周二市场"存在，另外还有其他几个春季集市并存，拉莱的特许状也只能无疾而终。[②]

总之，设立小市场是领主不可剥夺的"主体权利"，这个权利的存在只能给小市场的设立带来异常激烈的竞争。我们再看小城镇的设立。

2. 地方领主拥有不可剥夺的设立小城镇的权利

仍以英格兰为例。中世纪的城镇兴起有两种形式。一种是"有机"（organic）形成的城市，主要是大、中城市或"中心地"城市。[③]还有一种是人为"种植的"（planted）城市，主要是小城镇。中世纪的城镇化主要是小城镇化，小城镇的大量兴起同样是因为地方领主拥有不可剥夺设立小城镇的权利。

小城镇的形成规则是：领主利用他在领地范围内所拥有的司法权力，宣布一个他认为合适的地点为"城址"，使之先有城之"名"，

---

① R. H. Britnell, *The Commercialisation of English Society, 1000–1500*, p. 84.

② M. Kowaleski, *Local Markets and Regional Trade in Medieval Exeter*, p. 52.

③ R. H. Hilton, "Medieval Market Towns and Simple Commodity Production", *Past and Present*, No. 109, 1985, p. 13.

然后再求城之"实"。与有机形成的城市相比，这似乎是一种"反向"的城市形成过程，说到底是一种"投机"行为。西方学者称之为"风险投资"（venture）。领主可以先在这个选定的地点规划一番：建筑一些房屋、桥梁、道路、摊位等设施，然后再招引移民和商人，并宣布这些人为"市民"，于是，一座新城就诞生了。近年来的考古发掘也证实，英格兰的许多城镇"无论是作为一个整体，还是作为一个片断"，"不是成长起来的"，而是"被规划的"。[①]苏珊·雷诺兹说："我们所知的大部分新城镇，其初创似乎来源于其领主的进取心。领主建立市场，先设置适合经商者使用的小块租佃地（市民租佃），设立交易场地，给可能到来并定居下来的人提供优惠条件。"[②]大多数新城都是这样出现的。韦伯说："城市是通过皇帝赐给王公贵族或领主的特许权而建立起来的，而这些王公贵族或领主则利用城市吸纳那些受庄园束缚的手艺人，以此作为自己租税的来源"。[③]1200—1255年，温切斯特主教一人就建立了六座城市。[④]

　　领主们创建新市镇也模仿大城市的章程行事，制定城市法规。例如，布腊邦特的公爵们于1160—1251年间先后在贝兹、库格尔堡、代弗尔、库瑞尔、麦其特姆等地设立新市镇，并"按照鲁文的先例制定宪章"，使新市镇具有"明显的自由劳动"的性质。[⑤]因领主私人建立城市的情况十分普遍，英格兰领主们拥有的城市数量大大超过了王室拥有的城市数量，其比例达到了城市总数的85%。[⑥]

　　领主们建立私人城市的目的当然是为了获得更多的收益。城镇要想获得自治权，必须向领主交纳"租金"（firma）。如伯克郡的城镇海威科姆在1226年时被领主阿兰·巴萨特授予"完全自由市"身

　　① D. Palliser, "On the earlier origins of English towns", *British Archaeology*, No. 24, 1997.
　　② Susan Reynolds, *An Introduction to the History of English Medieval Towns*, Oxford: Clarendon Press, 1977, p. 53.
　　③ 〔德〕马克斯·韦伯：《世界经济史纲》，胡长明译，第106页。
　　④ E. Miller, John Hatcher, *Medieval England: Rural Society and Economic Change 1086-1348*, p. 73.
　　⑤ 〔比〕亨利·皮朗：《中世纪欧洲经济社会史》，乐文译，第65—66页。
　　⑥ R. H. Hilton, *English and French Towns in Feudal Society*, p. 34.

份时，每年须向领主交纳30英镑的租金。[①]王室城市德罗伊特威奇在13世纪时每年要上缴国库100英镑的租金。[②]除此之外，城镇还在至少三个方面给领主带来收益：第一，入境商人交付的"通行税"归领主收取，不属于市政收入；第二，城市法庭的所有收益归领主；第三，领主可以从出租在城镇所建各项设施如房产、地产、仓库、码头和摊位中获得收益。1286—1287年，德文伯爵所属小城蒂渥顿给他带来了14英镑11先令又91/4便士的年收入。其中4英镑1先令来自租金，3英镑12先令又8便士来自罚金和城市法庭收入，1英镑5先令又13/4便士来自集市通行税收入，5英镑13先令来自税收收入。另一座小城拉汶索罗德，最初在1260年代时每年获利6英镑，1270年增加到12英镑，1271年为26英镑，1287年为39英镑，1291年为48英镑，1307年达68英镑。[③]当时，城市地皮每1/4英亩的年租额为12便士，相当于农用地租的4倍。[④]所以，领主建立城镇虽是某种"风险投资"，却不失为生财之道。直到13世纪末，大规模组建新市镇的局面才逐渐消失。[⑤]

这就是说，建立小城镇也是领主不可剥夺的"主体权利"，这个权利的存在又只能给小城镇的建立带来异常激烈的竞争。最后，我们看国王的作为。

3.国王拥有不可剥夺的获取更大收益的权利

其实，就国王拥有"王领"来说，他实际上也是领主之一，可能是王国境内最大的领主。他当然有权在领地范围内最大限度地设立市场或城镇。在英格兰，13世纪，仅格洛斯特、伍斯特和沃里克三郡，其"中心地"城市如布里斯托尔、考文垂、格洛斯特、伍斯

---

① R. H. Hilton, *English and French Towns in Feudal Society*, p. 40.

② R. H. Hilton, *A Medieval Society：The West Midlands at the End of the Thirteenth Century*, 2nd ed., p. 176.

③ J. L. Bolton, *The Medieval English Economy, 1150–1500*, p. 122.

④ N. Saul, ed., *The Oxford Illustrated History of Medieval England*, p. 148.

⑤ 毕道村："论中古西欧垦荒运动的主要动因"，《湖北师范学院学报》1993年第1期。

特、沃里克、威科姆和德罗伊特威奇等都是王室城市。①国王依靠这些"中心地"城市获得收益。

不过,作为一国之主,他还有更多不可剥夺的"主体权利",比如召集议会、向外商借款和征收"关税"等。

在英格兰,13世纪末,爱德华一世为筹措对苏格兰进行战争的军费,召开了由贵族、教士、市民及绅士代表参加的"模范议会",正式向人民筹款。可是,没有人自愿从口袋里向外掏钱,所以,议会的筹款不一定能够及时到位。于是,国王开始向外商借款。当时,意大利商人的财力惊人,很快成为国王的主要借贷对象。1250年代后期,为进行"西西里冒险",亨利三世向锡耶纳商人借款5.4万英镑。为进行威尔士战争,爱德华一世在其统治的第一个七年里,就向意大利卢卡的卢卡迪家族借贷20万英镑;1272—1294年,卢卡迪家族给爱德华一世的贷款共计40万英镑。②而11世纪初,英格兰王室每年收入仅1万零725英镑,爱德华一世统治时期仅增至6万英镑。③所以,意大利商人给英格兰王室的贷款数字是惊人的。1294—1310年间,佛罗伦萨的佛兰斯科巴尔迪(Frescobaldi)商行又向英格兰王室贷款,1302年以前平均每年为4000英镑,以后增至每年1.5万英镑,总计贷款包括利息在内共计15.5万英镑。1338年,佛罗伦萨城的佛兰斯科巴尔迪家族和佩鲁齐家族总共贷给爱德华三世136万弗罗林。1345年,英格兰王室赖账不还,导致这两个家族和许多银行破产。④借贷不仅使外国商人的触角深入到英格兰境内,而且使外商在英格兰享有比本国商人更大的特权。这些权利包括出口签证、免税权和居住权等。科隆商人因为理查一世垫付赔偿金,首先在英格兰享有侨居权,此后,吕贝克和汉堡商人也获得这样的优待,于

---

① R. H. Hilton, "Lords, Burgesses and Hucksters", *Past and Present*, No. 97, 1982, p. 5.

② J. L. Bolton, *The Medieval English Economy, 1150-1500*, p. 176.

③ R. H. Britnell, B. M. S. Campbell, eds., *A Commericalising Economy, England 1086 to c.1300*, pp. 13-14.

④ R. W. Kaeuper, "The Frescobaldi and the English crown", *Studies in Medieval and Renaissance History*, Vol. 10, 1973, pp. 45-95.

是，几个在英格兰经商的德国城市商人结成了商业联盟。为支付卢卡迪商人的借款，1275年，爱德华一世又把英格兰的税收征集权授予意大利银行家，并让他们作为王室其他贷款的代理人。[①]

关税是王室收入的又一项重要来源。早期的英格兰曾经对各种进出口货物每英镑征收16便士的从价税。这笔税金的征收一开始要征得商人会议的同意，后逐渐变成王室的常规性收入，这就是custom一词的来历。在英文里，custom既指"关税"，也含"习惯""惯例"的意思。1249年，国王对羊毛的出口征收特别税，这项税收后来变成了惯例。1270年代，爱德华三世在沿海口岸设置"关卡"，正式对进出口商品征收关税。1398年，羊毛出口税称"桶税"，酒和其他商品的进口税称"磅税"，均归国王征收。[②]从爱德华三世即位到玫瑰战争爆发的100多年里，英格兰每年的关税收入在三万至四万英镑之间。[③]这项收入逐渐变成王室岁收的主要来源。英法百年战争期间，欧洲许多大大小小的贸易公司或商人联合体纷纷倒闭破产，王室的贷款变得不稳定。英格兰国王需要一套为自己提供相

---

① J. L. Bolton, *The Medieval English Economy, 1150–1500*, p. 176，当然，外商在英格兰的活动除了与王室打交道之外，亦向其他英格兰人提供借贷。如卢卡的尼卡迪家族和佛罗伦萨的佛罗斯科巴尔迪商行即向英格兰领主提供信贷服务。贷款额较大者如莱维斯小修院（Lewes Priory），1290年代初曾预支款项2800英镑，林肯伯爵预支360英镑；贷款额较少者如诺森伯兰郡的赫尔勒小修院（Hulne Priory）仅欠款1英镑6先令8便士，某个教区牧师欠款1英镑等。还有很多抵押贷款的例子。如威廉·哈沃德（William Howard）以"一只布施用的碟子和一只银杯担保"，得到13英镑6先令8便士的贷款；阿米尔·德·瓦伦斯（Aymer de Valence）将"一只银杯、一只银盘和五只金铃"用作贷款担保。（N. Denholm-Young, *Seignorial Administration in England*, London: Oxford University Press, 1937, pp. 60–66）为广泛开展金融业务，佛罗伦萨的莫里（Mori）和斯平尼（Spini）等商行在伦敦建立"票号"，债务人可以到票号缴付他们的欠款。（Edward Miller and John Hatcher, *Medieval England: Towns, Commerce and Crafts, 1086–1348*, p. 201）因此，外商在英格兰的活动已经包括广泛存在的"金融"业务。约翰·德把这种金融渗透称作"货币殖民主义"（Monetary Colonialism）。他认为，在中世纪时期，"以意大利，特别是以威尼斯为主的各种形式的'货币殖民主义'，在经济依附的情况下可能在英格兰持续了很久。"（John Day, *The Medieval Market Economy*, p. 116）

② 〔英〕尼尔·弗格森：《金钱关系》，唐颖华译，中信出版社2012年版，第2章："可恨的税收"。

③ 马克垚主编：《中西封建社会比较研究》，第394页。

对稳定收入的贷款机制，高额羊毛税变得日益重要。仅1348年，羊毛关税就达6万英镑，其数额可以用来支持国王发动战争。[1]1421年，羊毛税收占到全部税收的74％。[2]至近代早期，关税构成了英格兰财政收入的基础。[3]

基于国王收入的以上性质，我们看到，国王与其他领主一样，他可以采取诸多能够获得收益的措施。他甚至更加自行其是。因此，他不仅不可能阻止境内外正在发生的商业性竞争活动，反而对一切商业行为推波助澜，不断给予鼓励。总之，他的存在不可能抵消市场行为的发生和扩大。

贸易是用于谋利的最有效的合法手段

契约带来西欧社会的领地化以后，追求利益成为领地经济发展的普遍趋势。利益更多不是由农业或生产带来的，而是由贸易带来的。因此，贸易成为中世纪欧洲社会的普遍追求。

一切领地都可以从事贸易，特别是国际贸易，而国际贸易的引入首先与港口有关。中世纪的欧洲港口是如此的兴盛。意大利的城市共和国、尼德兰的工商业中心和汉萨同盟所属的城市大多数都是港口型城市，它们向欧洲内地拥有"主体权利"的封建领地输入商品，然后将封建领地聚集起来的土特产输出到其他地区乃至东方。因此，中世纪西欧的进出口贸易是全方位、多层次的。既有威尼斯、伦敦、布吕根这样的国际性港口城市，也有领主的私人进出口港湾。

在英格兰，几乎所有的庄园、村庄、小市场、小集镇、核心城镇和中心地城镇，都不是孤立存在的，它们原则上都是通过贸易被联系在一起的，进而形成了早期商业性的网络化社会。作为英格兰

---

① J. L. Bolton, *The Medieval English Economy, 1150–1500*, p. 295.

② E. Lipuson, *The Economic History of England*, London, 1929, p. 127.

③ M. M. Postan, E. E. Rich, eds., *The Cambridge Economic History of Europe*, Vol. 3, p. 318，与英国相比，乾隆时期中国关税仅占国家税收的3%，国家收入的主要来源是各地收缴上来的地税。

本土的网络，最大中心点是首都伦敦，最后是约克、布里斯托尔、考文垂、诺里奇等"都会型"的中心点，再是各郡的郡城，再次是地方性的"中心地"城镇，然后是分布在众多领地上的中小城镇，特别是集镇，集镇又联结着散布在各集镇周边的难以计数的庄园和乡村。而这个本土的网络又联结着海外的西欧大陆的网络。

当然，中世纪时期，英格兰的国际贸易地位还是非常"谦卑的"。波尔顿认为，13 世纪，英格兰实际上还是一个"部分发达的殖民地"。[①]它已经是北欧贸易圈中的一个轴，不过，其商业利益的大部分流到了外国人的手里。或者说，它已经是"欧亚国际贸易网络中的一分子"，但是，"它在这个贸易网络中的地位还相当谦卑，主要是原材料的提供者和制成品及奢侈品的进口者"。[②]但是，"不能排除正是这种贸易在商人中间造就了拥有大量财产的人，又在领主阶层中间造成了豪阔消费的时尚。"[③]

这就是说，中世纪社会虽然是农业社会，但是，西欧的农业并不是自给自足的职业，而是在很大程度上为贸易服务的。西欧的地权阶层已经受到货币阶层的吸引和控制。

从"价格成为经济的主导因素""领主拥有不可剥夺的主体权利""贸易是最有效的谋利手段"等三个方面看，不仅价格主导着中世纪经济的运营，本土市场的挤压和建构又在很大程度上决定着领地经济的运营，而海外市场的存在又在一定程度上决定着本土经济的运营。因此，这样的经济不是一般意义上的以商业运输为主要特征的商业化经济，它在本质上是与市场紧密联系在一起的，市场繁荣，经济就兴盛；市场萎缩，经济就衰退。它是一种早期的市场经济，我们称之为"前市场经济"。而这种经济类型出现的前提便是西欧社会的契约因素。

[①] J. L. Bolton, *The Medieval English Economy, 1150–1500*, p. 177.

[②] N. Saul, ed., *The Oxford Illustrated History of Medieval England*, p. 146.

[③] Richard Mortimer, *Angevin England, 1154–1258*, p. 193.

小结

日耳曼人的入侵导致契约原则成为中世纪社会的主导性规则，进而西欧进入封建领地时期。领主享有不可剥夺的"主体权利"，其中英格兰的领地制度在《大宪章》签订以后达到最优化，领地具有很大的能动性。10—13世纪期间，因大垦荒和十字军东征的出现，西欧领地经济进入发展的鼎盛时期，不仅实体经济有很大增长，商品货币经济，尤其东西方国际性长途贸易和欧洲规模的转运贸易也发展起来。这里，我们以英格兰为典型案例，对西欧领地经济的运营进行了具体考察，发现其商品经济的发展程度超出一般预期。因为中世纪盛期以前的英格兰经济还处于游耕或游猎阶段，但是到了12、13世纪，不仅农耕经济快速发展起来，更重要的是农业的商品化经济高比例地发展起来。它伴随着乡村劳动分工的加大，小市场、小城镇的大量增生和海外贸易的同期繁荣。经过仔细分析，我们看到，这种契约性的封建经济不是我们一般理解的自然经济、二元经济或商业化经济，而是现代市场经济的雏形，可以称之为"前市场经济"。

第二编　欧洲市场经济的成长

——14—15世纪的"中农化"时代

时间进入到14世纪中后期，随着封建主义危机和黑死病的到来，欧洲领地经济走向衰落；至15世纪末，领地经济已经处在崩溃状况，代之而起的是"中农化"经济。

在这个时代，欧洲市场经济的发育和发展出现一些新的特征。首先，代替领地经济的新经济是农民经济，但西欧的农民不同于中国传统社会的农民。他们不是以农耕为主，而是以经营畜牧业为主。此外，这些农民家庭的经营规模比中国农民大得多，故称"中农"。其次，在"城镇化"趋势衰落以后，欧洲又出现了"原工业化"趋势，以呢绒制造为主的新手工业部门在尼德兰以外的地区兴起。再次，欧洲的商业和贸易虽然在多数地区衰落了，但是在少数地区仍然繁荣地存在着。综合这些方面的表现，我们看到，欧洲市场经济的潜质仍顽强地保持下来了，并展现出一种进步性。这个时期实际上是欧洲市场经济的成长期。

第五章　领地经济的崩溃与"大萧条"

领地经济已经在很大程度上受到市场的支配，表现为一种效益型经济。至14世纪早期，领地经济所发挥的效益达到了极致，因此出现了封建主义危机。西欧的生产力开始下降，粮食供应不足，大饥荒出现。至14世纪中叶，黑死病暴发，欧洲再也经受不住这样的冲击，领地经济解体，整个西欧社会进入"大萧条"状态。

一、领地经济发挥的效益达到极致

13、14世纪之交，西欧封建主义的生产效益达到最大化，生产的边际效益下降，危机出现，史学界称之为中世纪危机或封建主义危机。

领地效益的最大化

大约在1300年前后，市场对封建领地的刺激达到顶峰。这个时期，英格兰的人均劳动生产率已进入最佳状态，其人均GDP与同时期的中国南宋相当。[①]有顶峰，必然有下坡。正是从14世纪早期开始，西欧的封建主义危机到来。英格兰同西欧其他很多地区一样，其人口开始大量过剩，经济的回报率,尤其农业的回报率开始递减。农民的持有地越来越小，生产向贫瘠的土地延伸。乡村存在着严重

---

① 〔英〕安格斯·麦迪森：《世界经济千年统计》，伍晓鹰、施发启译，第256页。

的雇用不足和失业问题。[1]

因人口不断增长，村庄和子村落开始星罗棋布，城镇也在向外拓展。农民的份地再分配使原来较大的份地慢慢被分割成小块份地，"海德"（约120英亩）变成了"维格特"（约30英亩），甚至1/2乃至1/4维格特。土地缺乏现象严重，使土地价值迅速上升，农民交纳的"进入费"也猛涨。与此同时，由于对粮食的需求不断增加，又使牧场和草地持续减少。13世纪，在温切斯特教区的一些庄园，无牲畜率达到47%。在这种情况下，庄园经营又出现一种"回归"的趋势，领主不再经营庄园或直领地，而是出租给农民或其他人经营，领主收取高额租金。1270年前后，温切斯特主教地产上的谷物销售开始下降，1297—1347年，近2000英亩的直领地消失。而农民上缴的租金收入在1253—1348年增加了7倍以上。[2]

同时，交换方面也出现了新的变化。13世纪，英格兰曾新增许多小市场，但是，至15世纪，大部分的新增市场均被淘汰，只有那些于13世纪中叶以前建立的市场得以保留，新市场往往没有生命力。马斯切尔证实：那些在15、16世纪仍发挥作用的市场，大多数是在中世纪较早时间建立的，较晚建立的市场大部分趋向消失。他认为，近代早期的市场与中世纪的市场在数量上的差距可能没有艾略特想象的那么大。那些从近代早期市场体系中消失的市场，可能只是中世纪市场体系的边缘部分，两个时期的市场体系从总体上看是接近一致的。[3]这个情况说明，英国的市场格局在13世纪中期已经基本定型，其后出现的新市场的存活率不大。科娃勒斯基对德文郡的研究证实：1200年以前建立的市场，有95%一直保存到近代早期；而1200—1349年建立的市场，只有30%保存到近代早期。1220年以前建立的集市，有65%保留到15世纪，而1349年以前建立的

① John Hatcher, *Plague, Population and the English Economy, 1348-1530*, p. 34.

② Edward Miller and John Hatcher, *Medieval England-Rural Society and Economic Change, 1086-1348*, pp. 201-202, 235.

③ J. Masschaele, "The Multiplicity of Medieval Markets Reconsidered", *Journal of Historical Geography*, Vol. 20, 1994, pp. 255-271.

集市当中，只有大约39%保存到15世纪。^①法默也承认，许多市场的生命力在大瘟疫到来之前已经减弱。^②布里特纳尔也认为，1250年代以后，新市场因大量建立尽管在数量上显得很多，但影响力越来越小，因为这个时期的农村差不多已经被商业网点占满。^③据统计，中世纪盛期，领主阶层共建立大约2000个市场，同时建立了数量大致相同的市集，截至1300年前后，商业竞争的第一个阶段结束，只有那些不被淘汰的市场能够在中世纪晚期或以后阶段继续存在。^④

13、14世纪之交，饥荒开始出现。据记载，1315—1317年间，一些城市开始买不到粮食，居民被大批饿死。例如，在佛兰德的一次饥荒中，伊普尔市人口的10%、布鲁日市人口的5.8%死于饥饿。^⑤从1316年5月起到10月中旬，伊普尔市政府下令掩埋了2794具尸体，而该市的全部居民才不过两万人。食物短缺成为这个时期的普遍威胁，没有一个地区能够幸免。^⑥英格兰有记载的饥荒年份是1315—1316年、1321年。阿斯特雷（Asterleigh）是12世纪建立的位于牛津郡榆树林边缘的一个新垦村，13世纪早期建立了教堂，可以独立处理教区事务，1316年即因为过于贫穷，不得不与邻近的肯丁顿（Kiddington）教区合并。这些早衰的村庄在英格兰有上百个，或者位于丘陵地带，或者位于边缘地区。在法国，1314年至1315年的冬天，也出现了少有的严寒，造成1315年的粮食严重歉收。^⑦1317—1318年又出现了漫长的寒冬，1325年发生旱灾，1330

---

① M. Kowaleski, *Local Markets and Regional Trade in Medieval Exeter*, p. 50 and the below note 31.

② D. Farmer, "Marketing the Produce of the Countryside,1200-1500", Miller, E. ed., *Agrarian History of England and Wales*, Vol. 3, pp. 324-430.

③ R. H. Britnell, *The Commercialisation of English Society, 1000-1500*, 2nd ed., p. 82.

④ 徐浩："中世纪英国的经济与社会"，http://isbrt.ruc.edu.cn/rwlh/html/fzhbg/index.asp?rootid=10_40&leaf_id=10_40_40&article_id=447.

⑤ 〔美〕道格拉斯·诺思、罗伯斯·托马斯：《西方世界的兴起》，厉以平等译，第93页。

⑥ I. Kershaw, "The Great Famine and Agrarian Crisis in England 1315-1322", *Past and Present*, No. 59, 1973, pp. 3-50.

⑦ 〔美〕詹姆斯·W.汤普逊：《中世纪晚期欧洲经济社会史》，徐家玲等译，第75页。

年又发生旱灾及葡萄园冻灾，1330—1334年发生饥荒，大量人口死亡，1342年塞纳河泛滥，1344年又发生饥荒。[①]

以上情况表明，13、14世纪之交，封建领地经济的边际效益开始下降，领主开始逐渐放弃对直领地的经营。"从大饥荒后开始的长期的谷物价格低落，使得农耕种植的利润减少，从而导致在1348年前就有部分自营地被分成小块进行出租。"[②]

"中世纪危机"的到来

关于中世纪危机或封建主义危机问题，西方学术界提出了三种解释。

第一种解释将中世纪危机视为中世纪经济的"周期性的产物"。这个观点认为，封建主义出现危机的根本原因是在封建主义体制本身。因为封建主义一方面要求用于耕种的土地不断向偏远而贫瘠的地点扩展，以便生产更多的粮食；另一方面因土地开垦过多，严重挤压了牲畜用地，导致粪肥大量减少，又使农作物的平均产量大大降低。因此，出现危机是必然的。随着时间的推移，封建领地经济的边际效益必然下降，经济的"递减点"来临，生产就会走向"停滞"。波斯坦"新人口论"的看法即代表这一观点。[③]他认为，人口增加导致生产的过度开发，使牲畜用地减少，土壤用肥不足，平均产量下降。同时，耕地被迫向贫瘠的地区拓展，生产的边际效益也大大降低，故而，人口增长到一定的程度就会带来危机。

第二种解释将中世纪危机视作中世纪经济"长期趋势的产物"。这个观点把封建主义生产方式的出现上溯至西罗马帝国灭亡，存在

---

① 〔美〕詹姆斯·W. 汤普逊：《中世纪晚期欧洲经济社会史》，徐家玲等译，第538页。

② Edward Miller and John Hatcher, *Medieval England-Rural Society and Economic Change, 1086-1348*, pp. 238-239, 246.

③ 这个理论是对马尔萨斯"人口论"的继承。19世纪西方学者认为农业无法供养过剩的人口。因为生活资料以算术级数增加：1，2，3，4，5……；而人口以几何级数增加：2，4，8，16，32……这就是马尔萨斯的"人口论"，"新人口论"继承了这一学说，将之应用于中世纪。

时间长达千年之久。其对剩余产品的占有在经历近千年之后，达到了收益的递减点，而封建制度又没有推动技术进行结构性变革的动力，在统治阶级开支规模过大、水平上升的情况下，剩余产品生产者的负担不断加重，可供压榨的油水告罄，最终造成危机出现。简言之，封建制度到最后既没有推动技术进行结构性改变的动力，又造成直接生产者的贫困化，是西欧封建主义出现危机的根本原因。

第三种解释认为中世纪危机是气候方面的原因造成的。树木年轮和花粉分析等技术证明，1050—1300年的250年间，欧洲的天气变化异常，年平均气温上升了几摄氏度，雨量充沛，且冬季保持温和。[①]这种气候非常有利于农业的垦殖与农作物的种植。14世纪，欧洲气候突然变冷，降低了土壤的生产能力，同时使流行病增多。这就是14—17世纪出现的小冰河期。据当代学者研究，11—14世纪的气候条件为沼泽地的开垦提供了有利时机。当时的地球气温达到一个高峰期，在大约三四百年的时间内，气温一直非常高。此前，英格兰的北方因天气太冷根本生产不出葡萄，但是著名诗人乔叟描述：在温暖的气候里，英格兰北方的葡萄园也非常繁荣。这是一个美好而富有的时代。可是，自14世纪起，北半球的气候普遍转入寒冷，冬季变得酷寒，西欧进入小冰河期，凛冽的寒冬以及无休止的降雨（1313—1314年、1317—1321年）造成了持续的减产和饥荒。"无论是东欧的谷物产区，还是普罗旺斯的橄榄园或斯堪的纳维亚各国，都被打上了它的意志的标记。"[②]中国当代著名经济学工作者郎咸平认为："从15世纪一直到18世纪，甚至到19世纪的400年时间，叫作小冰河时期，因为当时气候非常冷。到了17世纪中叶，达到最低点，那是最冷的时候。当欧洲进入小冰河期之后，冷到什么地步呢？我们可以从泰晤士的老神父所遗留下来的很多书籍跟当

---

① Clifford R. Backman, *The Worlds of Medieval Europe*, Oxford: Oxford University Press, 2003, p. 156.
② 〔法〕费尔南·布罗代尔：《15至18世纪的物质文明、经济和资本主义》（第一卷），顾良、施康强译，第52页。

时的绘画中发现，在小冰河期的冬天，非常艰苦，泰晤士河竟然结冰了，人们可以在泰晤士河上滑冰，甚至进行货物销售。而泰晤士河现在是不结冰的。所以，今天世界气温的上升，是从这个时候开始的，从最低点开始一直往上升，升到现在。但是，如果我们拿现在的气温和中世纪相比，你发现中世纪的气温比我们现在高得多得多。"①

美国"新左派"的代表沃勒斯坦认为，第二种解释可能是正确的，但缺少严格的统计学分析来佐证。所以，他认为最有可能的解释应该是第二种加上第三种，即内在必然因素与外在偶然条件的结合导致了"中世纪危机"的发生。

二、黑死病与领地经济的崩溃

中世纪危机并没有导致领地经济的崩溃，使领地经济最终走向崩溃的因素是1348年暴发的黑死病。黑死病的冲击，使领地经济遭到结构性的破坏，最终使之走向解体。

黑死病的冲击

1.黑死病的来临

黑死病是人类历史上最可怕的瘟疫之一，又称鼠疫。它是一种由老鼠传播的烈性传染病。中世纪时期，老鼠，通过身上所携带的跳蚤，将鼠疫杆菌传染给人类，最终造成人类的大量死亡。

鼠疫有两种类型，即腺鼠疫与肺鼠疫。腺鼠疫表现为淋巴结肿大溃烂；肺鼠疫由腺鼠疫转化而来，表现为剧烈的胸痛、咳嗽、吐血。腺鼠疫发展到肺鼠疫之后，已经不需要老鼠做中介，人与人之间就可以传染。当然，肺鼠疫需要在低温条件下传播，一般都是在冬天最流行。

---

① 郎咸平："极寒天气揭穿西方全球气候变暖谎言"，http://xianpinglang.blog.sohu.com/203245138.html，2012-02-10。

现代医学研究表明，老鼠可能在非洲携带了导致鼠疫的巴氏杆菌。1000年代初，老鼠在适应了城市居住环境后，开始将细菌传染给人类。[1]1338年，黑死病最初出现在中亚的一个小城，1340年左右南传至印度，随后向西沿商道传至俄罗斯东部。1340—1345年，俄罗斯大草原被死亡的阴影笼罩。1345年冬，鞑靼人在进攻热那亚领地法卡时，因久攻不下，恼羞成怒之际将黑死病患者的尸体抛入城中，使瘟疫很快在城中流行，大多数法卡居民死亡，只有极少数人逃到了地中海地区。然而，伴随他们逃难到来的也是可怕的瘟疫的传播。1347年，肆虐的黑死病传入东西方最大的中介城市——君士坦丁堡。到1348年，西班牙、希腊、意大利、法国、叙利亚、埃及和巴勒斯坦等地区都暴发了黑死病。1352年，黑死病席卷莫斯科，连莫斯科大公和东正教的教宗都相继死去。[2]

没过多久，残酷的现实开始遍及欧洲。法国马赛有5.6万人死于鼠疫；在佩皮尼昂，全城仅八名医生，只有一位从鼠疫的魔掌中幸存下来；阿维尼翁的情况更糟，城中7000所住宅，人死楼空；巴黎的一座教堂在九个月当中办理了419份遗嘱，比鼠疫暴发前增加了40倍。在比利时，主教成了鼠疫的第一个受害者。[3]从此以后，送葬的钟声不停地为死者哀鸣。英、法两国之间正在进行的百年战争，也因鼠疫而被迫停顿下来。1348年底，鼠疫传播到德国和奥地利腹地。维也纳在一天当中死亡960人；德国神职人员当中，有三分之一被鼠疫夺去生命，许多教堂和修道院因此无法维持。通过搭乘帆船，老鼠身上的跳蚤跨过英吉利海峡，使鼠疫蔓延到英格兰全境，直至最小的村落，有的庄园里的佃农甚至全部死光。

---

① 〔英〕菲利普·德·索萨：《极简海洋文明史》，施诚、张民璐译，中信出版社2016年版，第192页。

② 另有一说：黑死病，这一来自欧亚大陆内陆的疾病自从到达人口密集的城市，便展示出强大的破坏力和传染性。自从1347一艘从鞑靼人围攻的黑海港口城市撤退的热那亚商船，把沿着欧亚大陆的陆路贸易从亚洲内陆传来的瘟疫带到西西里，灾难很快沿着中世纪中期繁荣的水陆贸易路线传到欧洲每一个城市乡村，来自人烟稀少的荒原的瘟疫在人口密集地区造成极大破坏。

③ "黑死病是由什么引起的？"，http://wenda.so.com/q/1384186993060324，2013-11-10。

城镇因居住密度高，垃圾成堆，污水横流，鼠疫更容易流行。更糟糕的是，人们对传染性疾病的了解和防治几乎一无所知。当时，人们处理死者尸体的方式很简单，处理尸体的工人没有任何防护，进而又助长了疾病的蔓延。为了避免死亡，人们尝试了各种方法，如祈求上帝、吃精细的肉食、饮用好酒等；医生们用尽了各种药物，也尝试了各种治疗手段，从通便剂、催吐剂、放血疗法、烟熏房间、灼烧淋巴肿块或者把干蛤蟆放在上面，甚至用尿洗澡等，但死亡还是不断降临到人间。

一些深受宗教思想束缚的人们，认为这是人类的堕落引起神明的惩罚。他们开始游行穿过欧洲大小城镇，用镶有铁尖的鞭子彼此鞭打，口里还哼唱着："我最有罪，我最有罪！"也有人指责是犹太人向水里投毒所致。在德国，美因茨有1.2万犹太人被当作瘟疫的传播者被活活烧死，斯特拉斯堡有1.6万犹太人被杀。还有少数头脑清醒者意识到可能是动物传播所致，于是，又把仇恨的目光集中到猫狗等家畜身上。他们杀死所有的家畜，大街上满是猫狗腐败的死尸，腐臭的气味让人窒息，偶尔有一只慌乱的家猫从死尸上跳过，身后便有一群用布裹着口鼻的人提着木棍追赶。没有人怜悯这些弱小的生灵。然而，慌乱之中也并非一无所获。人们发明了"隔离"阻断瘟疫的方式。阿维尼翁教宗逃到郊外以后，开始在四周彻夜燃起火堆，教宗因此幸免于难。[①]此外，人们懂得了"消毒"的作用。

直至今天，人们一直没有停止对黑死病的研究。英国科学家的最新研究结果表明，这场灾难的起源很可能是一颗小彗星在进入地球大气层以后发生爆炸，造成的灰尘遮天蔽日，引发了全球"核冬天"，以致出现农作物绝收、大饥荒和瘟疫的大流行。利物浦大学的研究人员认为，黑死病并不是淋巴腺鼠疫，而是由一种类似埃博拉病毒引起的。它在人与人之间直接传染，感染者有可能在24小

---

① 等到300年后黑死病再次在英国暴发时，隔离手段已经发展得相当完善，这些方法有效地遏制了疾病的传播。

时内死亡，死亡率高达50%—90%。利物浦大学的邓肯教授和斯科特博士表示：黑死病可能只是暂时蛰伏下来了，有可能再次暴发。[1]

总之，这个疾病的可怕是无法形容的，许多人感到了"世界末日"的来临。"没有人再为死亡而悲伤，因为人人都在等待死亡。"[2] 瘟疫的消失至今是一个谜。

2. 黑死病的破坏

首先是人口的直线下降。1347—1349年，黑死病首次袭击欧洲，之后的几十年间又多次袭击，间隔时间不定，无法预见。有些地方，整个村庄消失，大片土地荒芜。因田地无人耕作，瘟疫伴随着饥荒一起出现，饥荒使挨饿的人更易染病丧生，而鼠疫又使饥荒更加蔓延。据估计，意大利中部丧失了三分之二的人口；西班牙北部、法国、英国、低地国家和德意志丧失了三分之一到三分之二的人口；斯堪的纳维亚和东欧各国丧失了二分之一到三分之二的人口；整个西欧大约损失了五分之二的人口。还有观点认为，1348—1351年，欧洲总共失去了6200万人。[3]一直到16世纪初，欧洲人口才再次恢复到1300年的水平。

关于英格兰人口的变化，一种估计认为，仅在1347—1348年

---

[1] 魏健："中世纪与黑死病：在疾病中诞生的现代文明"，http://www.aisixiang.com/data/101020-3.html，2016-08-17。

[2] 黑死病的暴发彻底改变了整个欧洲乃至整个世界的历史。它毫无偏倚地把死亡带到每个人面前，全家死光的贵族留下的大量土地变得荒芜。由于没有劳动力，薪水不得不提高，农民有收入来买下闲置的土地，结果他们中有很多人成了拥有土地的新贵族，农奴阶层由此瓦解。在中国，明朝的京营兵正在遭受鼠疫的侵袭，因此他们根本就无法抵挡李自成精锐之师的进攻。就生活的其他方面来说，人们由于黑死病的侵袭懂得了许多卫生习惯，这样，欧洲的下水排污系统才得到彻底的改善，一直到今天，人们还在为英国伦敦那宽敞有如隧道的下水管感叹。除此以外，火葬开始成为最重要的丧葬方式；原本位于房间中央的壁炉被移到墙边；房间也变得更加坚固，开始采用灰泥或者石头来代替木板。黑死病还彻底动摇了宗教的桎梏，人文主义的思想开始复苏，文艺复兴的萌芽开始孕育。艺术家的作品中不再是宗教形象一统天下，悲观和抑郁的情绪，赎罪和死亡的主题成为这个时期的重要题材，以致后来才发展出哥特式的风格。更重要的是，由于黑死病肆虐，大学宣布停课，政府不准人们离家远行。正是这个时期，才使一位名叫伊萨克·牛顿的年轻人由无穷等比级数的解法创立一门很重要的数学学科——微积分。

[3] 桑林等：《瘟疫——文明的代价》，广东经济出版社2003年版，第233页。

间，英格兰就有30%—45%的人口被夺走。[①]还有观点估计：1340年，英格兰有450万人，黑死病过后至15世纪中叶，人口一直呈下降趋势，1500年为260万，1600年升至440万，接近1340年的峰值。[②]康沃尔的估计显示：1430年，英国人口为210万，16世纪20年代为230万，此后进入快速增长期，1545年达到280万，16世纪中期出现短期下降，到1603年达到375万。[③]哈切尔认为，14世纪晚期至整个15世纪，英国人口一直徘徊在225万和275万之间。[④]

英格兰庄园档案的记载显示："一种持续的、长期的下降"集中出现在1370年代之后，至15世纪中期，"人口无可挽回地回到了150年前的一半左右"。[⑤]在沃里克郡南部的埃文河谷，有开普敦·渥勒、金斯顿、切斯托顿三个村庄，相距大约四至五英里。1490年，一位名叫罗斯的人留下的税单记载表明：两个世纪前，这里曾经有比这时多得多的人。开普敦·渥勒在1279年是一个拥有40户村民的村子，一半是小持有者，1332年的"税收回执"表明，这个村子没有多么大的变化。切斯托顿在13世纪晚期和14世纪早期有同等数量的农户，但是，到亨利八世统治的中期，仅剩下八个纳税人，包括领主约翰·彭图和六个"估计挣工资的人"。而开普敦·渥勒和金斯顿在亨利八世统治时再也没有被提到。[⑥]毫无疑问，15世纪中期，农村人口比60至70年前大幅减少。[⑦]人口下降最快的时期是1450—1485年的玫瑰战争时期。[⑧]当然，15世纪的前四分之一世纪所建立的编年史已不再有先前的传统，"国家编年史在很大程度上被地方

---

① 李化成："黑死病对英国人口的影响"，《史学月刊》2006年第9期。

② 侯建新："工业革命前英国农业生产与消费再评析"，《世界历史》2006年第4期。

③ 朱明："16世纪西欧'价格革命'新探"，《史学理论研究》2008年第4期。

④ 谷延方："重评圈地运动与英国城市化"，http://tieba.baidu.com/f?kz=547569500，2009-3-4。

⑤ J. A. Raftis, *The Estates of Ramsey Abbey : A Study in Economic Growth and Organization*, p. 68.

⑥ R. H. Hilton, *The English Peasantry in the Later Middle Ages : The Ford Lectures for 1973 and Related Studies*, pp. 164-165.

⑦ John Hatcher, *Plague, Population and the English Economy, 1348-1530*, p. 44.

⑧ Ibid., p. 43.

性的、对属于本城本家族事务的关心重于对属于国家事务的关心所取代。”[1]

在法国，从1348年到1700年，人口从大约1830万增加到2090万，中间跨越252年，才增长了200余万。在勃艮第的圣罗曼（Saint-Romain）四个村子，1285年记载有120户农家，约500人，到了1423年只剩下36户，1430—1460年，也只有40至50户农家。[2]

人口的大量减少带来很多村庄的消失。据统计，黑死病期间，全英格兰共有1300多个村庄遭废弃，大部分位于英格兰的中部和东部低地地区。其中，约克郡的东部有近百个，林肯郡有150个，诺福克郡有130个；中部的沃里克、莱斯特和北安普敦三郡有250多个。[3]至15世纪中后期，英格兰又有400多个大大小小的村庄不复存在。[4]在英格兰的西部和北部的高地地带，废弃的村庄明显减少，因为那里的村庄本来就不多，而废弃的小村庄与独家庄又很难区别出来。因黑死病在30年时间内夺走了100万至150万人的生命，有些村庄确实因村民死绝而被废弃，从此变得无人定居。“牛羊在田野和玉米地上游荡，竟没有剩下一个能把它们赶走的人。”[5]牛津郡的提尔加斯里村（Tilgarsley），西林肯郡的中卡顿村（Middle Carlton）和莱斯特郡西部的安姆比亚村都是这样的例子。偶尔有一个村庄因瘟疫而人去楼空，人们在不远的地方重新安居下来。牛津郡的康姆贝村（Combe）和距离它几英里远的斯蒂普尔巴顿村（Steeple Barton）便是这种情况。[6]

由于死亡率极高，边缘地带的村庄和小村子最容易遭遗弃。布雷克兰边缘有不少于28个废村，其中的大多数又小又穷，延续二

---

①　John Hatcher, *Plague, Population and the English Economy, 1348-1530*, p. 16.

②　Emmanuel Le Roy Laurie, *The French Peasantry, 1450-1660*, Aldershot: Scolar Press, 1987, p. 26.

③　〔英〕W. G. 霍斯金斯：《英格兰景观的形成》，梅雪芹、刘梦霏译，第117页。

④　〔美〕乔伊斯·阿普尔比：《无情的革命——资本主义历史》，宋非译，社会科学文献出版社2014年版，第66页。

⑤　桑林等：《瘟疫——文明的代价》，第233页。

⑥　〔英〕W. G. 霍斯金斯：《英格兰景观的形成》，梅雪芹、刘梦霏译，第119页。

至三四代人之后便遭废弃，很多村庄被离弃是在15世纪。在诺福克郡北部的考尔柯克（Colkirk），方圆四英里之内有四座损坏了的教堂，全是中世纪盛期的开拓者们修建的。林肯郡的荒野上更是布满教堂的残迹。从一英寸的林肯郡地图上，我们可以反复确认那些一度失落村庄的遗址。很多地方出现了"联合教区"，兰顿、凯斯比（Keisby）、奥斯古德比或凯尔比、奥恩比、圣威尔等地都出现了这种情况。在这种村子里，一般只保留一地作为宗教中心，其他地方只剩下孤零零的农庄。一般来说，荒村的证据可以在紧挨农庄仍被保留原名的田地中找到，也可从小小的中世纪教堂遗迹辨识出曾经的村庄，不过，更多的时候，这样的证据也会湮没，唯一可见的村庄遗存是杂草丛生的堤岸立在农庄的卵石地基之上，堤岸间的凹陷处就是曾经的街道和小径。①黑死病这场突如其来的噩梦，中止了13世纪以来的"领土扩张热"，开拓者们曾经奋勇向前，不断向更远的漠泽和更深的林区推进。它的到来减轻了人口对环境的压力，人们开始从定居地与荒野之间的边缘地带回撤，贫瘠的农田遭遗弃，以便腾出更多精力去开发其他回报丰厚的土地。新的局面不再是农民寻找土地，而是地主寻找佃农。

在村庄被废弃的同时，很多市镇也被荒废。按照庞兹的理论，欧洲城市的发展经历了三个阶段。希腊罗马古典时代是城市发展的第一个高潮，至4世纪走向衰落，很多城市被废弃。第二次城市发展高潮开始于10世纪，13世纪达到高峰；至14世纪中叶以后走向停滞；15世纪许多城市进一步萎缩，很少有新的城市出现。19世纪开始了第三次城市运动，近代城市兴起。②英国在第二次城市发展的高潮期出现过一个城市化浪潮。但是，到黑死病暴发后，农村劳动力向城镇转移的力度大大减弱，"后瘟疫"变成了一种"都市现象"，城市居民纷纷逃离城市，城市发展因而受到很大挫折。据记载："在

---

① 〔英〕W. G. 霍斯金斯：《英格兰景观的形成》，梅雪芹、刘梦霏译，第119—122页。
② 刘景华："经济社会史研究的创新者——庞兹和他的《中古欧洲经济史》、《中世纪城市》"，《世界历史》2008年第6期。

1487年和1488年之前数年中，格洛斯特300多个住宅变成了废墟"；1518年，布里斯托尔有800间坍塌房屋；16世纪20年代早期，考文垂四分之一财产空闲无主，全部人口不及1434年的二分之一，甚至在城市化水平最高的英格兰西南部的科茨沃尔德地区，也出现了城市萎缩现象，雅格布称其为"逆城市化"。保罗·霍恩伯格认为，英格兰城市在中世纪晚期出现显著衰退，1350—1550年间，英格兰市镇减少了三分之二，市镇居民的比例由瘟疫前的15%—16%开始下降，徘徊在10%—12%之间。①

乡村、城镇的减少又导致英格兰的工商业全面走向萧条。在人口减少以后，社会生产和社会需求均严重衰退，贸易随之减弱。在瘟疫过后的一个世纪内，农产品的价格变得很低，农民和商人均已无利可图。小麦的平均价格远低于黑死病以前的售价。牲畜售价亦大幅降低，一匹马在黑死病以前可以卖40先令，15世纪中叶只能卖6.5先令；一头壮实的牛在黑死病以前可以卖4先令，15世纪中叶，一头母牛值12便士，一头小牛值6便士，一只羊值3便士，一头肥猪值5便士。②农民对生产失去了兴趣。工矿业也严重衰退。德文郡的康沃尔原是典型的锡矿产区，瘟疫发生前，锡的年输出量为700吨，黑死病之后，矿工大量死亡，锡矿陷于停顿。14、15世纪的国际贸易亦遭受重创。据研究：波尔多的酒在14世纪头十年，年出口大约10万吨，至14世纪70年代已降至年出口1.3万至1.4万吨。马赛、热那亚、迪耶普（Dieppe）等城市的贸易量都在下降，至15世纪下半叶才开始复苏。威尼斯的贸易在14世纪下降，15世纪有所恢复，15世纪中叶又开始下降。佛罗伦萨的毛纺业和毛织业亦同样衰落。意大利的银行业中心从伦巴第转移到托斯卡纳之后，14世纪普遍破产，15世纪复苏，开始在佛罗伦萨振兴，其分行遍布欧洲，美第奇家族崛起。南欧在15世纪也普遍陷入衰退之中，加泰罗尼亚的

① 谷延方："重评圈地运动与英国城市化"，http://tieba.baidu.com/f?kz=547569500，2009-3-4.
② 〔美〕汤普逊：《中世纪经济社会史》，耿淡如译，第520页。

贸易量只有黑死病之前的五分之一。①英国羊毛的出口量在14世纪头十年处于顶峰状态，年平均出口36,000袋，15世纪最后十年下降至年均8000袋，②1399—1479年间下降了三分之二。15世纪中叶，其呢绒出口上升，15世纪最后25年曾大幅上升，其后又出现下降。据研究，在普遍衰退的这几个世纪中，只有低地国家的城市发展起来。布鲁日、安特卫普成为北欧的商业、金融业中心，其土生土长的商人成长起来，而意大利的行商则相形见绌。③

英格兰的市场数量开始大量减少。据阿兰·艾略特统计，黑死病以前，诺福克郡有130个市场，至都铎王朝时期，仅剩下31个；格洛斯特郡曾经有53个市场，黑死病之后仅剩下34个；兰开夏郡曾经有多达130—140个市场，到1640年只剩下不到30个；肯特、德文和其他多数郡的市场数量也都有类似程度的下降。④据此，艾略特认为，中世纪盛期的市场体系与近代早期的市场体系之间存在着某种"断裂"。⑤希尔顿对西米德兰地区的研究也表明，中世纪盛期的乡村市场的一半以上在16世纪消失了，但集镇的大多数仍然活跃。⑥布里特纳尔的统计显示：16世纪，只有大约37%的市场仍然存在。⑦随着机会越来越诱人，许多手艺人开始迁移，比如妇女们放弃家庭中存在的酿酒业，来到经营比较正规的作坊从事这个行业。这样，过去满足于乡村小土地所有者或小手工者的市场便消失了。在一个"别的地方可以谋利更多、生活可以过得更好"的时代，

---

① 〔美〕道格拉斯·诺思、罗伯斯·托马斯：《西方世界的兴起》，厉以平等译，第96—98页。

② R. H. Britnell, *The Commercialisation of English Society, 1000-1500*, p. 164.

③ 〔美〕道格拉斯·诺思、罗伯斯·托马斯：《西方世界的兴起》，厉以平等译，第96—98页。

④ J. Thirsk ed., *Agrarian History of England and Wales*, Vol. 4, p. 469.

⑤ R. H. Britnell, "The Proliferation of Markets in England, 1200-1349", *The Economic History Review*, Vol. 34, 1981, pp. 209-221.

⑥ R. H. Hilton, "Small Town Society in England before the Black Death", *Past and Present*, No. 105, 1984, p. 63.

⑦ R. H. Britnell, *The Commercialisation of English Society, 1000-1500*, p. 160.

许多市场被放弃。①

领地经济的崩溃

1. 1348年之后的30年

实际上，1348年的黑死病并没有直接导致领地经济的崩溃，中世纪的"繁荣"还持续了约30年，一直到14世纪后期才"正式落下了帷幕"。②

据研究，在1348年黑死病暴发后的30多年，农业并没有完全衰落，而是保持着某种"弹性"，甚至维系着"繁荣"。③哈彻说，14世纪后期的社会状况令历史学家感到为难，甚至陷入某种窘境。因为黑死病之后，一方面，人口规模下降了大约35%—50%，出现了诸如持有地闲置、农耕地转变成粗放的牧场、低水平的或正在下降的租金，以及进入费与租金的屡屡拖欠等现象。另一方面，人均产量和收入却有了标志性的提高。因此，一个"似是而非"的解决办法是，将1348年以前的人口过剩与人口大量减少以后新出现的人均产量提高结合起来进行考虑。似乎只有这个办法才能解释这个矛盾的现象。④

首先，人口下降导致平均亩产量不降反升。因为人口降低之后，为弥补劳动力的不足，农业中以工资和设备等形式出现的花费增加，生产率由此会出现一定程度的提升。据统计，黑死病之后的30年内，平均每英亩生产的粮食产量仍在上升。⑤由于农产品价格仍维持

---

① 例如，在科尔切斯特(Colchester)的市镇法庭上，被确认为"公共抢滩人"(Common forestaller)的人越来越少。这些人都是一些小买卖夫，其中许多是妇女，她们的谋生手段就是通过在去市场的路上买一些小批量的家禽、兔子和其他食品，然后到城市市场去零售换取一点利润。这些人的人数在14世纪前几十年比后来任何时间都高。1412年之后，市政当局不再打搅她们了，仅把她们作为一组从业人员开始做一个系统的调查。(R. H. Britnell, *The Commercialisation of English Society, 1000-1500*, pp. 165-166.)

② John Hatcher, *Plague, Population and the English Economy, 1348-1530*, p. 35.

③ Ibid., p. 32.

④ Ibid., p. 33.

⑤ Ibid.

215

在一个高水平上，直到第三个四分之一世纪末，"很大数量甚至绝大多数领主还在享有不少于瘟疫发生前的年代里所享有的收入。"①直到14世纪后期，连续不断的瘟疫打击（如1360—1362年和1368—1369年的瘟疫）才使领地的"高产农业"最终走向消亡。②

其次，人口下降带来了人均财富和人均消费的急剧增加。那些逃过黑死病打击而存活下来的人，往往选择比以前更大规模的消费来生活，这种消费需求又给农民带来了收入增加的机会。据记载，社会中、低阶层当中出现的"离谱的、过度的"开支，是这个时代最受指斥的道德主题之一。1388年，莱切斯特的一位名叫亨利·克莱顿的牧师写道："这些日子里，弱势群体在穿着和头饰上变得洋洋得意，以致仅凭一个人的华丽衣着和所有物，很难辨认他是穷人还是富人，也不能把佣人与主人分辨开来。"③1363年，议会颁布了"禁奢法"，要求人们根据职业和收入进行相应的穿戴和装饰，抑制过度开支，规范个人财产。④然而却没有获得成功。

最后，少数城镇依然存在强劲活力，为人均消费增加提供了平台。对大多数城镇来说，14世纪早期的危机已经带来消费降低，1348年的黑死病更是沉淀为长期的萧条。然而，在大瘟疫之后的十年左右的时间内，许多城镇，特别是较大的"中心地"城市，却表现出强劲的恢复征兆。一些在14世纪晚期恢复或成长的著名城市包括约克、纽卡斯尔、诺维奇、波士顿、林恩、考文垂、南安普顿和布里斯托尔等，除此之外，还有其他许多城镇都能列入这个名单。虽然个别商品的产量和贸易量存在下降的证据，但并没有出现产品"严重不足"的问题。面对人口的迅速减少，毛纺业的发展是黑死病之后生产发展的一个显著例子。英格兰毛织品的年平均出口水平从1350年代早期的不到2000匹，发展到1390—1395年的超过4万匹；

① John Hatcher, *Plague, Population and the English Economy, 1348-1530*, p. 32.
② Ibid.
③ Ibid., p. 33.
④ Ibid.

同时，国内市场的布匹供应量也在翻番。毛纺业的发展当然造成原羊毛的出口下降，但是将原羊毛与布匹的价值结合在一起，14世纪最后十年与第六个十年相比，还是达到了新的高峰。此外，铅是又一个主要的出口商品，主要被用在白蜡制成品的生产当中，这个行业也在走着一条类似于布匹贸易的不断向上的路径。黑死病对铅生产的影响是短期的，在经受前30年的挫折之后，到1380年代晚期，铅生产又上升到创记录的最高水平。[1]

有关"弹性"存在的证据还有酒的进口。尽管百年战争影响了英格兰酒的进口，但是至14、15世纪之交，英格兰又看到了与需求相适应的酒贸易的回归，进口价的陡然上升并没有对酒的进口产生多么大的影响。[2]

2. 大地产的没落

然而，"繁荣"只是局部的和暂时的，至14世纪的最后四分之一个世纪，直领地农业不可挽回地衰落。领主被迫放弃了对直领地的继续经营。因为自14世纪中期以后，因人口明显下降，劳动力短缺，工资上涨，而粮食却因为需求减少而价格下跌，庄园经营的利润下降，困难增多，领主自然不打算再保持对直领地的经营，以免承担风险。[3]当时，领主规避风险的方式大致有三种：一是出租直领地；二是把直领地转移到佃户手里；三是把直领地圈围起来，变成大牧场，然后出租。这里我们仍以希尔顿的研究为案例对直领地的变化做一个说明。

希尔顿研究了沃里克郡南部埃文河谷的三个庄园或村庄：开普敦·渥勒、金斯顿、切斯托顿。对三个村庄来说，埃文河上的斯特拉特福德、沃里克等集镇都近在咫尺。另外，它们距离考文垂、班伯里也不是很远。[4]三者相距仅四至五英里。

---

[1]　John Hatcher, *Plague, Population and the English Economy, 1348-1530*, pp. 34-35.

[2]　Ibid.

[3]　谷延方："黑死病与英国农村劳动力的转移"，《北方论丛》2005年第3期。

[4]　R. H. Hilton, *The English Peasantry in the Later Middle Ages: The Ford Lectures for 1973 and Related Studies*, p. 163.

第一种情况：直领地的出租。据开普敦庄园的庄警账目显示：1393—1395年，经济发生变化的征兆已经出现。当时，包括土地在内的庄园物业的出租虽然大多数还是惯例性质的，但定期出租已经出现，一般都是十年期的租贷，出租的产业既有包括土地在内的常规物业，也有屋宅。①

第二种情况：把直领地转移到佃户手里。据记载，在金斯顿庄园，自1393年起，惯例佃户对租金的拖欠已经比较常见，以致金斯顿的领主对庄司及其三个前任不得不表示宽宥，因为庄司的确无力收齐这些租金。1406年的一份租约曾坦白承认：在纳租的"米迦勒节"期间，每个佃户都有拖欠的数字，有的拖欠要往前追溯好几年。收租人对佃户所付租金承担的责任、交付的数目以及拖欠的数目已经搞不清楚，变得非常凌乱。不过有一个趋势是清楚的，那就是所有的佃户似乎都变成了"非常自满"的债务人。②在开普敦，1397—1401年的法庭卷档显示：一个佃户死亡，不是只有一个退佃出现，而是同时有八到十个退佃伴随。卷档证据显示：有多个维兰因为没有许可证只能住在庄园的外面，这些佃户可能租种着死亡佃户的土地，他们因付不起继承税而无法继承土地，于是只好放弃土地，向其他的地点"漂移"。③可是到1430年，重要的社会变化发生。这个时期的一份出租契约显示：佃户数量下降了近一半，其土地变得相当少，可是，其中一个佃户手中的土地却达到相当的规模，竟然由五个雅兰（每雅兰相当于120至150英亩）组成，其中三个来自直领地。④

第三种情况：把分散的直领地圈围起来，变成大片的草地或牧场，然后租出。当时，有见识的领主，都能够看到直领地正在走向消失这个趋势，一些人便顺应趋势，把所有的小块持有地都累积到

---

① R. H. Hilton, *The English Peasantry in the Later Middle Ages: The Ford Lectures for 1973 and Related Studies*, pp. 165-166.

② Ibid.

③ Ibid.

④ Ibid.

自己的手中，形成大块地，然后把它们变成牧场。1437年2月，金斯顿庄园的继承人理查德·沃勒与考文垂的约翰·利奇费尔德签订了一份租赁契约。契约显示：利奇费尔德是一个牧羊人，沃勒以十年租期把金斯顿租给利奇费尔德，年租金40马克。这项交易有以下几点值得注意：第一，承租人是一个有名的考文垂市民，常常作为"屠户"出现在该市档案中，因此签订这个契约的目的可能是通过放牧家畜来出售肉类，并不是生产或出售羊毛。第二，根据描述，被圈围起来的土地即便不是庄园土地的全部，也是其中很大的一部分。第三，承租人每年支付40马克或26英镑又23先令4便士的租金，这个数字比1395年整个庄园的全部收入（17英镑）还要多，并且很少拖欠，更比那一年庄司移交给领主的现金数（11英镑又11先令）多得多。承租人交纳的这个年金数，姑且把它最低限度地算作当年的纯收入。可见一个庄园的土地被领主圈围起来用于出租，比按常规方式经营这个庄园有价值得多。[1]

1484年之前某个时间，大切斯托顿庄园的领主约翰·彭图也采取了圈地的做法。根据一份破碎的难以辨认的文件记录：那一年，在该庄园的法庭上有一个请愿，原告是庄园的两个佃户，曾各自持有30英亩和40英亩的可耕地。他们起诉：按照庄园内部的放牧规则，每1.5英亩的可耕地，可放养一头牧畜和五只羊。可是，彭图作为领主，把耕地变成了牧场，给他们带来了损失。可见，这个庄园的圈地也在进行。[2]

无论采取上述哪一种办法，都证明在14、15世纪之交，领主已不再经营土地，而是设法将直领地或庄园处理出去。"从1380年到1420年，迫于低物价和高工资压力，大量直营地以较大面积出租，大多数贵族领地不再为了市场而生产粮食。"[3]当然，还有一部分贵族

---

[1] R. H. Hilton, *The English Peasantry in the Later Middle Ages: The Ford Lectures for 1973 and Related Studies*, pp. 169–171.

[2] Ibid., pp. 171–173.

[3] 转引自〔英〕克里斯托弗·戴尔：《转型的时代——中世纪晚期英国的经济与社会》，莫玉梅译，第93页。

因无嗣而丧失土地。据统计，在14、15世纪的200年间，受国王召唤而参加上院的贵族共计357家，每过25年就有约1/4的贵族因无嗣导致土地转移，到15世纪，仅存61户。在1455—1485年的玫瑰战争期间，英国旧贵族又大量消失，到1500年，仅剩下600个贵族和500个骑士。[1]

同一时期，领主庄园法庭的作用也在减弱，开始让位于王室法庭。庄园法庭召集的次数越来越少。在基伯沃斯庄园（Kirberworth Manor），1458—1500年的42年间，法庭才召集14次，平均每3年只有一次。[2]农民越来越不愿意到庄园法庭提起诉讼，而是把诉讼提交到百户区法庭、郡法庭，乃至王室法庭。在汉伯雷庄园和怀特斯通庄园，1420—1430年，领主想通过处理诸如债务、非法侵入、毁约等诉讼来提取罚金，但是已经变得非常困难，农民不再把此类权利交给领主。在图廷·贝克庄园（Tutin Baker Manor），一个名叫理查德·布雷德维特（Richard Bradwitt）的农民于1394年被控告违反庄园习惯法，法庭命令他下次开庭出示法庭档卷副本，以证明他的土地持有权，但他一拖就是18个月，法庭再次敦促他出示，他仍未出示。沙克波鲁格庄园的一位仆人因卷入打架斗殴和小偷小摸事件，被庄园法庭勒令离开，但其雇主——一个庄园的头面人物仍让其留在庄园。可见要执行法庭判决变得何其困难。[3]相反，陪审团的力量变得越来越大，既可以自己做出一些重要的判决，也可以经常不出席法庭的审判。如15世纪，伍斯特主教区的番西切尔庄园（Pasichel Manor）的一次庄园法庭会议，应出席的12个陪审员中，有5人缺席。[4]可见，到中世纪晚期，行使领主司法权的庄园法庭逐渐丧失其管理职能和行政司法职能。农村的政治权力开始此消彼长，领主对农民的司法权趋向瓦解，而农民在与领主的关系中变得更加

---

[1] Chris Given-Wilson, *The English Nobility in the Late Middle Ages*, p. 70.

[2] 黄春高：《西欧封建社会》，中国青年出版社1999年版，另见"11—13世纪西欧农业发展研究"，http://www.yhzw.com/yhzw/84/84535/3049575.htm。

[3] 同上。

[4] 同上。

自信。

在农奴制和庄园经济走向瓦解以后，旧的封君－封臣关系逐渐被废弛。地产的继承、分割、转让、买卖等都在冲击着封建契约，中小封建主在庄园败落后纷纷投靠国王，开始担任政府的各级官职，或在国王的军队服役。大贵族也无力同国王抗衡。国王的常备军远比旧的贵族武装正规和强大，而且主要依靠市民和农民组成，运用新式的步兵武器和战略战术，开始不断攻克贵族城堡，把贵族领地纳入国王领地之中。国王作为国家的象征，其财源比贵族广泛得多，而且随着商品经济发展和海外贸易的开展，地方贵族在国际竞争中日渐处于劣势。① 至中世纪晚期，贵族越来越无力支付高昂的开销，不得不变卖土地，关闭领地上的作坊，让农奴通过赎买获得自由。旧的劳役制已不能持久，如果领地经济无法实现自我改组，便只有把土地出租给富裕农民，依靠地租过活。在英格兰，获得自由的农奴开始以租赁的方式获得耕地，或者通过获取报酬为领主劳动。领主与替他工作的人要签订合同，合同双方将协商好的条款写在一张纸上，一式两份，双方各执其一。为防止伪造，两份文书分开时不是沿直线裁开，而是沿一条锯齿线分开——就像被"咬开"一样。贵族既然不再经营土地，与市场的关系也就不存在了，无法再得到商业方面的利益。实际地租额则固定下来，不得随意改变。历史学家 J. J. 巴格利（J. J. Bagley）指出：14 世纪"标志着真正意义上的封建制终结。强大的君主国、民族国家和民族战争开始崭露头角，并且最终在 16 世纪大行其道。很多属于 14 世纪的'中世纪精神'已经是人们刻意为之的，人们开始对它感到好奇，更多的将它看作一件古董，很少有人认为它还是行之有效的。很明显，它已经不可能作为现实世界里的一种生活方式"。②

当然，我们并不是说，贵族的势力就此消失。至 14 世纪后期，虽然封建主义遭到破坏，民族主义和国家主义兴起，但是，英国与

---

① 朱孝远：《近代欧洲的兴起》，第 129—130 页。

② "中世纪——贵族的生活"，http://bbs.xhistory.net/read.php?tid-4381.html，2007-02-11。

法国不同，贵族并没有遭受实质性的打击。玫瑰战争并没有使贵族退出历史舞台。他们在议会中还掌握着上议院的权力；其次，他们在地方上仍拥有一定的势力。贵族努力维持着自己的虚荣。此外，在旧贵族大量消失的同时，又有新贵族不断兴起。例如，在1357年入侵法国前夕，爱德华三世一天之内封了六个伯爵。克里斯·吉文－威尔逊的研究指出，在中世纪晚期的英格兰，"每一个大领主都有自己的'家国'"。[1]威尔逊也表示："以往的历史学家可能犯有一个过错，即高度强调领主对'国家'的作用，而低估了他们在地方上的作用。"[2]也有人认为：从14世纪到都铎王朝早期，英格兰实际上是一个"贵族封地的联邦"。[3]"领主的影响空间基本上是一个政治实体。"[4]或者认为，至中世纪后期，取代传统封建主义的是一种"变态的封建主义"，其主从关系是以货币而不是以土地来缔结的。[5]

三、经济"大萧条"

15世纪的"萧条"这个词，涉及的只是耕地的总面积、城市经济的总规模、工业的总产量和进出口总量等方面的变化，而不是部分地区或部门的经济以及人均产量和生活水准的下降。[6]

15世纪的经济状况

在14世纪晚期或15世纪早期，西欧的经济开始下降，到15世纪中叶，几乎每一个经济部门都出现了严重收缩。因此，一些学者认为：有理由将"发展"二字应用于14世纪后期，但绝对不能应用

---

① Chris Given-Wilson, *The English Nobility in the Later Middle Ages*, p. 160.

② Ibid., p. 175.

③ G. W. Bernard, *The Power of the Early Tudor Nobility: A Study of the Fourth and Fifth Earls of Shrewsbury*, 1985, p. 180, 转见 Chris Given-Wilson, *The English Nobility in the Later Middle Ages*, p. 179。

④ Chris Given-Wilson, *The English Nobility in the Later Middle Ages*, p. 175.

⑤ 孟广林："'宪政神话'的建构与消解——重评中世纪英国《大宪章》",《中国社会科学报》2017年4月27日。

⑥ John Hatcher, *Plague, Population and the English Economy, 1348–1530*, p. 47.

于15世纪，"萧条"这个经常被引用的符号更符合15世纪的事实。[①]
迈克尔·亚历山大说："到1450年时，英国王室已经处于破产的
边缘。"[②]

繁荣为什么在15世纪后期趋向结束呢？可以肯定，英格兰的经
济，特别是其海外贸易，受到其与法国、西班牙及汉萨同盟的战争
的巨大损害，货币的进一步短缺又加剧了衰退，而人口的继续下降
最终破坏了经济的弹性，从而使经济朝着一个相对自给自足的方向
转移。

在绝大多数乡村地产上，总租金、每英亩的租金以及耕地数量
都在下降，在这个世纪的中叶前后或稍晚达到最低点。随着15世纪
的过去，比较老的和比较大的城市中心，一个接一个地最终屈服于
经济的下降和人口的减少，很少例外。羊毛和布匹的出口，就价值
来说，是一个波动曲线，但总体上是一个向下的过程。1451—1480
年同1381—1400年相比，其出口下降了差不多三分之一。铅的生
产与出口和羊毛类似。其他货物的进出口关税的收入，在1450年代
和1460年代达到了最低点，全部相加不到这个世纪头两个十年的
50%。1450—1470年之间，酒的进口比1400—1420年平均下降50%
以上。出现这些变化的结果，即便把新工业中心的建立计算在内，
人们还是被迫得出结论：15世纪六七十年代，至少总体上，如波斯
坦所言："衰退遏制住了经济发展，降低了国民收入"，比布里德伯
里所宣称的"活力和事业恢复的惊人记载"，要客观得多。[③]

城镇和工商业

现存的资料显示，15世纪上半叶，英格兰工业和海外贸易的很
多部门都急剧下降。人口的连续损失致使整体经济紧缩，消费者减

[①] John Hatcher, *Plague, Population and the English Economy, 1348–1530*, p. 31.

[②] 〔英〕迈克尔·V. C. 亚历山大：《英国早期历史中的三次危机——诺曼征服、约翰统治下及玫瑰战争时期的人物与政治》，林达丰译，第13页。

[③] John Hatcher, *Plague, Population and the English Economy, 1348–1530*, pp. 35–36.

少了，货物的运输成本变得非常昂贵，许多贸易关系骤然中止。[①]最乐观的评论承认："黑死病之后，大多数郡城的居民比以前减少了。"比较悲观的观点把1420—1550这段时间看成"城市经济持续下滑和人口徘徊"的一个时期。[②]

实际上，比较老的中心在人口和财富方面从总体上看有一个大比例的下降。1377年，在大约40个1000—4000人的城市当中，人口和财富下降的趋势一度减缓，城市经济出现了一个新的高峰。如埃克塞特、普利茅斯、伍斯特、雷丁、伊普斯威奇等，都不能说是"落魄"的城市。但是，自14世纪后期至15世纪结束前，很少有城市不出现人口和经济活动方面的收缩。[③]甚至连城市化水平最高的科茨沃尔德地区，都出现了经济衰退和城市萎缩。

但是，工业位置的转移、工业本身的性质和产品的变化导致新的中心和乡村工业发展起来。织布业这种适合大众市场的布匹生产，为大多数抗拒普遍衰落的旧城镇提供了繁荣的基础，也激励着许多乡村成为兴旺的城镇。这样发展起来的城市在英国西南部有托特尼斯、蒂弗顿，在索福克和北埃塞克斯有哈德利、莫尔顿、拉文纳姆、内兰、朗梅尔福德、萨德伯里和科吉舍尔，在西里丁有利兹、布拉德福德、哈利法克斯和威克菲尔德，在科茨沃尔德有卡斯尔孔贝、斯特劳德沃等。此外，骑士制度衰落以后，雇佣兵的使用增加，军需的订单增多也导致少数城市兴起。[④]同时，乡绅、市民和富裕农民当中出现的"时尚的欲望"（the fashionable desires）也有助于经济的活跃。

英格兰的人口和财富分布也开始发生深刻的变化。1334—1515年英格兰诸郡纳税的对比显示，以塞文河口到沃西湾划一条线，线以南的郡比线以北的郡有明显的改善。令人印象最深刻的改善发生

---

① 〔美〕乔伊斯·阿普尔比：《无情的革命——资本主义历史》，宋非译，第66页。
② John Hatcher, *Plague, Population and the English Economy, 1348-1530*, pp. 44-45.
③ Ibid., p. 45.
④ Ibid., pp. 45-46.

在康沃尔、达汶、萨默塞特和伦敦周围的一组郡，即米德尔塞克斯、萨里、肯特和赫特福德，还有埃塞克斯、索福克等这些以织布为业的郡，农民家庭的移动令人吃惊。1377年的人头税回执与都铎时期的赞助金花名册比较显示，人口的再分布对应着财富的再分布。而更详细的研究显示，人口和财富的再分布主要发生在郡内和郡与郡之间。[①]

---

① John Hatcher, *Plague, Population and the English Economy, 1348-1530*, p. 46.

第六章 "中农化"时代的西欧经济

领地经济崩溃之后，西欧经济进入"中农化"时代。这个时代表面上存在着"大萧条"，但实际上，市场经济仍处在成长之中。这种成长主要表现在三个方面。其一，领地化时代过去以后，农民化时代到来，这些农民实际上都是富裕的中农，拥有家庭农场；其二，以呢绒业为中心的农村工业出现，新的"原工业化"趋势诞生，成为新的经济增长点；其三，商业在局部地区，尤其在少数沿海地区呈现繁荣局面。在上述变化的基础上，西欧市场出现新的整合。

一、"中农化"时代

领地经济走向崩溃以后，取而代之的是个体化的公簿农经济或小农经济；同时，生产结构发生变化，畜牧业经济取代了农耕经济，西欧经济的"中农化"时代到来。

劳动者的"中农化"

"中农"的前身是依附农。领地经济在黑死病冲击下变得奄奄一息之后，领主开始与从前的农奴签订契约，要求农奴租种领主的直领地，向领主交纳固定租金，于是，英国的农奴变成了公簿农，西欧其他地区的农奴变成了小农。由于这些农民的经济状况比较好，我们一般称之为中农。中农是领地经济之后西欧社会的主要劳动力和生产者。

农奴的消失有一个过程。布洛赫说:"农奴消失的大规模过程始于13世纪,继续到16世纪中叶。"[1]在法国,"领主裁判权衰落,农奴的地位消失。"[2]从此,"农奴的地位更多不是与人,而是与土地联系在一起,使一个农民成为农奴的,不再是他的出身,而是他占有的采地的性质和居住的土地的性质……如果没有得到主人的允许而离开的话,他就将失去其采地。"[3]在英国,据统计,1380年至1420年期间,领主的自营地开始全面用于出租,领主权衰落。1381年,英国还有几万户农奴耕种着自营地。[4]至1500年,自营地已降至不足10%。[5]新时期的英国农民包括三部分:公簿持有农、自由持有农和租地持有农。公簿持有农人数最多,约占2/3;自由持有农约占1/10;租地持有农约占1/8至1/9。[6]托尼对1600—1650年东盎格利亚的11个庄园的研究表明,自由持有农占1/9,公簿持有农占1/3。对伊丽莎白一世至詹姆斯一世时期的萨塞克斯郡的23个庄园的研究表明,321人是自由持有农,539人是公簿持有农。[7]

农奴制和庄园制消失以后,村庄共同体也在消亡。保存下来的皇家行政与财政档案以及14世纪晚期和15世纪的私人文件均清楚地表明:在大约两个世纪内,村庄发生了巨大变化。旧的租佃体系瓦解以后,多数佃户离开庄园,只有少数佃户保留下来,把离村佃户留下的持有地集中到一起,形成了家庭农场。因此,古老的村民共同体即马尔克被打破。[8]前文提到的沃里克郡南部埃文河谷的三个村庄:开普顿·沃勒、金斯敦和大切斯托顿,其村庄共同体的消失都

① 〔法〕马克·布洛赫:《法国农村史》,余中先等译,第123页。

② 同上书,第119页。

③ 同上书,第121—122页。

④ 徐浩:"戴尔新说:'英格兰社会转型于13世纪'",侯建新主编:《经济-社会史评论》(第四辑),第171—172页。

⑤ 同上。

⑥ R. H. Tawny, *The Agrarian Problem in the Sixteenth Century*, New York, 1968, p. 24.

⑦ Ibid., p. 25.

⑧ R. H. Hilton, *The English Peasantry in the later Middle Ages : The Ford Lectures for 1973 and Related Studies*, pp. 164-165.

是与直领地的消失联系在一起的。开普顿·沃勒庄园的直领地向少数佃户手里集中，其他佃户因没有许可证都住在庄园的外面，需要继承土地时又交不起继承税，最后只好向易于谋生的其他地区漂移，村社共同体就此消失。[①]在金斯敦庄园，领地的主人变了。1430年，这个庄园出现新的主人——沃勒家族。这个家族似乎起源于斯坦福德郡，其建立者约翰·沃勒是贝里顿的教士、温切斯特的副主教和林奇福尔德大修道院的院长。在这些荣誉背后存在着这样一个事实：他是沃里克伯爵理查德·比切蒙的随从。大约从1430年开始，约翰·沃勒成为比切蒙地产的租金收取人和临管人，一些地产的使用权掌握在沃勒家族的手中，金斯敦地产的掌权人就是约翰·沃勒的兄弟理查德·沃勒。这个家族将金斯敦庄园变成了牧场，出租给考文垂"市民"——利奇费尔德。[②]在大切斯托顿村，土地也没有向佃户手里集中，而是被一小块、一小块地集中到一起，甚至连牧师领有的十分之一的耕地也不例外。1520年，其领主约翰·彭图将整个村子变成了大牧场。[③]在亨利八世统治的中期，整个村子只有八个纳税人，除约翰·彭图外，其余六人是"挣工资的人"，与地产无关。[④]所以，村庄共同体的消失是绝对的。据希尔顿研究，到14世纪末，埃文河谷的持有地已完全不属于"惯例租佃"（customary terms of tenure），代之而起的更多是"绅士"家庭领有的地产。凯斯比是其中的一个典型。其地产包括一块耕种的直领地——拉德布鲁克（Ladbrooke）和一个养羊的村庄——拉德布恩（Radbourn）。直领地的劳动者几乎全部是拿工资的人，而养羊的村庄则放养着大约400头羊。其生产的相当大的一部分是面向市场。[⑤]

哈里森把当时的英国农村社会划分为四个阶层。其中，自由农

---

① R. H. Hilton, *The English Peasantry in the Later Middle Ages: The Ford Lectures for 1973 and Related Studies*, pp. 165–166.

② Ibid., pp. 168–169.

③ Ibid., pp. 171–173.

④ Ibid., pp. 164–165.

⑤ Ibid., p. 163.

民"显然在居民人口中占据大多数"①，而社会地位最低下的"小屋农"也占据了"宅基地"，获得垦荒围田的权利或机会。1500年以后，英国农村的绝大部分劳动者变成独立的自耕农或半自耕农。"不自由的农民几乎不到1%"，"这些自由农或小土地所有者生活在平均大约80英亩的土地上，这些土地每年可以为他们带来20英镑左右的收益"②。"只有极少数的人保留着真正的农奴身份。领主保有地农业中的'正统'制度至1500年时几乎全部废除了"③。据不完全统计，16世纪80年代以后，英国农村从事家庭自主经营的新农户达到农户总数的1/3以上。

与此同时，旧贵族的势力进一步衰落。原来由教会、王室或贵族垄断的大地产要么转移，要么被买卖或重新分配，"这种情况在英格兰中部的产粮区尤为盛行"，取而代之的则是家庭农业经营制度的兴起。在大领主走向消失的同时，由侍从、商人、律师或富裕农民所组成的中、小地主的数量却不断增多，这些人大多是经营性地主，他们自己主持生产，讲求效率，利用市场提供的机会，逐渐上升为乡绅阶层或"新贵族"。④据统计，玫瑰战争之后，英国新增800个士绅（esquire）和5000个穿外罩（coats farms）的授衔绅士。⑤他们使用雇佣劳动，从事养羊或粮食生产，与市场紧密联系在一起。这些新贵族的人数和社会地位正在不断上升。

与英国比较，法国农民拥有独立的土地产权，因而出现大量小农。不过，法国的小农经济与中国传统社会的小农经济不一样。法国小农拥有的土地虽然不能与后来的美国小农比较，但面积还是比较大，不仅可以生产粮食，还可以种植大量经济作物，如葡萄和薰衣草等；他们经营的家庭产业包括葡萄酒和香水的生产等。小农经

---

① 〔英〕阿萨·勃里格斯：《英国社会史》，陈叔平等译，中国人民大学出版社1991年版，第130页。

② 〔英〕P. 布瓦松纳：《中世纪欧洲生活和劳动——五至十五世纪》，潘源来译，商务印书馆1985版，第328页。

③ 〔英〕克拉潘：《简明大不列颠经济史》，范定九译，第154页。

④ 马克垚：《英国封建社会研究》，第307—309页。

⑤ Chris Given-Wilson, *The English Nobility in the Late Middle Ages*, p. 70.

济影响了法国的农业布局，以至于法国仍是当今世界最重要的农业大国之一。美国通俗作家亨德里克·威廉·房龙（Hendrik Willem Van Loon，1882—1944年）认为，法国是欧洲唯一能经得起长期围困而不断粮的国家，但这样的经济也有不好的地方，它使法国的城市发展规模偏小，无法开展密集型产业；同时也约束了法国人的思想，人们不愿移民他乡，所以在属于法国人领有的殖民地上，移民大多是意大利人、西班牙人和爱尔兰人，以至于世界上说法语的地区才如此之少。

农耕向畜牧转化

进入中农化时代以后，西欧以谷物种植为主的耕作农业开始向以放养牲畜为主的畜牧农业转化。

在旧的庄园土地上，耕作业的部分日益减少。农民越来越多地将耕地转化为放牧的地点。1393—1394年的金斯顿庄园的账目卷档显示：多于一半的庄园收入（不包括拖欠）来自佃户放牧的牲畜，其收入与持有地带来的租金收入差不多。这些放牧户使用的土地包括牧场、草地、未耕地、石南地、放牧地、圈围地、地头，甚至"地垄"[①]。从前用于耕作的条田开始作为放牧地来使用，承租人可以"持有地"的名义持有。1406年，开普敦庄园的法庭卷档显示：农民的牲畜经常侵入领主的变成了草场的领地。[②]

因谷物种植的比例大幅度下降，在中世纪结束之前，"敞田制"已经消失。例如，在温切斯特主教庄园，小麦的种植比例在1299—1300年为66.2%，1396—1397年已降为39.9%。[③]其次，劳动力短缺，耕地被闲置，也只能向牧场转化。减少后的人口不再努力维持领主自营地上的种植农业。与耕作业相比，牧业所需的劳动力大大

---

① 地垄，指开田中用于耕种的地粪。

② R. H. Hilton, *The English Peasantry in the later Middle Ages: The Ford Lectures for 1973 and Related Studies*, pp. 166-167.

③ N. S. B. Gras, *The Evolution of the English Corn Market from the Twelfth to the Eighteenth Century*, p. 37.

减少，领主也开始驱逐领地上的村庄人口，将大片的可耕地转变为草场，供放牧牛羊使用。许多搭建在卵石地基上的泥墙房屋被拆毁，其中的男人、女人和小孩被迫含着热泪离开，去其他地方寻找新的住处，一个教区的景观因此被改变。在英格兰中部山脊还能找到过去条田的踪迹，大部分已经荒草萋萋，无所遮蔽的敞田被树篱构成的圈围地所替代，这些圈围地规模巨大。据统计，英格兰总共大约有1000座以上的村庄和小村从景观中消失。余下的是一座座孤零零的农庄或牧羊人小屋。① 在法国，查理七世和路易十一统治时期，"各地都有一些村庄在几代人的时间中整个地被遗弃。继续有人的地方极为少见，而且也仅仅是很少一点人。在普雷阿尔卑斯、佩里哥尔和塞诺内，森林吞占了农田和葡萄园。计不胜数的教区一眼望去只是'牵牛花、荆棘和其他杂物'"②。人们开始食用肉、奶、蜂蜜等食物，谷物的消费量下降。同时，葡萄、亚麻、啤酒花等经济作物的种植面积增加。这是西欧农业史上一个重要转折时期，近代西欧农业的许多特点在这个时期萌芽和形成。克里斯·吉温-威尔逊说：这个时期，"一些基本的趋势不可否认。趋势之一是谷物生产长期下降，开始转向豆类作物的种植。"③ 但是，意义更大的变化是普遍出现的耕地向牧场的转变。这种转变并不仅仅发生在英国等少数国家。罗伯特-亨利·巴蒂尔（Robert-Henri Bautier）表示，养羊业的扩张"到此时为止已经是14、15世纪发生的影响整个欧洲范围的最重要的农业变化。"④ 英国的羊毛质量特别好，其变化更加引人注目。对羊毛的需求，"不论是对作为传统销售市场的布匹制造业中心佛兰德来说，还是对14世纪后期布匹工业开始高速增长的英国本身来说，都是持续的。"⑤

除畜牧业的扩张之外，英国的沿海渔业也有新的发展。1415年，

① 〔英〕W. G. 霍斯金斯：《英格兰景观的形成》，梅雪芹、刘梦霏译，第122页。
② 〔法〕马克·布洛赫：《法国农村史》，余中先等译，第131页。
③ Chris Given-Wilson, *The English Nobility in the Later Middle Ages*, p. 124.
④ Ibid., p. 125.
⑤ Ibid., pp. 124-125.

位于约克郡北岸的渔村斯泰瑟斯（Staithes）首次进入人们的视野，其村庄名称就是"登陆点"的意思。当地的"一扇巨崖上有一道小裂缝"，但是，在渔业未发展起来以前一直默默无闻。康沃尔南部的米瓦基塞村（Mevagissey）也在1410年为人知晓；还有康沃尔北岸的纽基村（New Quay）和布德村（Bude）也是在15世纪时出现在记录中。这些村庄此前只有一些农家居住，不足以拥有单独的村名。近海捕鱼的发展使更多的村民到来，从而催生了这些近海渔村。[①]

劳动者的"黄金时代"

领地经济崩溃以后，劳动者获得解放，其生活进入历史上的"黄金时代"。

西欧的人均财富拥有量开始超过中国。据麦迪森统计，大约在1300年前后，西欧的生活开始向中国看齐。[②]14、15世纪，因中世纪危机带来经济总量大幅下降，至1470年，英国的GDP由1300年的不足500万英镑下降到350万英镑左右。[③]不过，其人均财富拥有量却在上升。1300年，英国人均GDP仅0.78英镑，1470年便上升到1.53英镑，增加了近一倍。[④]

在法国，黑死病发生时，英法正处于百年战争期间。1380年，英军暂缓进攻，法国有过一段和平时期。1380—1385年，博韦地区的雇工工资较1370年上涨了10倍，朗格多克地区上涨了13.5倍，卢瓦尔河地区上涨了20倍。[⑤]此后，农民的生活水平继续提高。1450年，一个名叫佩林·伯多克（Perrin Bordebure）的农民来到

---

① 〔英〕W. G. 霍斯金斯：《英格兰景观的形成》，梅雪芹、刘梦霏译，第124—125页。

② 〔英〕安格斯·麦迪森：《世界经济千年史》，伍晓鹰等译，第30页"曲线图"。

③ N. Mayhew, "Population, Money Supply, and the Velocity of Circulation in England, 1300-1700", S. Epstein, *Freedom and Growth: The Rise of States and Markets, 1300-1750*, London, 2000, p. 10.

④ 〔英〕克里斯托弗·戴尔：《转型的时代——中世纪晚期英国的经济与社会》，莫玉梅译，第41页。

⑤ Bois Guy, *The Crisis of Feudalism: Economy and Society in Eastern Normandy, 1300-1550*, Cambridge University Press, 1984, p. 305.

拉西克尼(La Cicogne),答应当地领主耕种土地,每年付给领主30苏的回报。他清理荒地,一部分作为家畜用地,又留下一些地栽种树木,树叶用作饲料,树木可盖房和做家具。10年后,他便成为一个富裕农民。房子和谷仓粉刷一新,本人可享受一些"奢侈的消费",继承人也被确定下来:一个儿子和四个女婿。到1493年,五个家庭继承了这个"创始人"的财富。①

黑死病是欧洲的灾难,但是却有利于欧洲的成长。随着时间的推移,亚洲财富稳中有降,而欧洲财富却稳步上升。据麦迪森统计,1000年,欧洲GDP占世界总量的14%,1500年却增加到24.3%。西欧的增长更快。1000年,西欧GDP占世界总值的8.7%,1500年上升到17.9%。而亚洲GDP在1000年占世界总份额的70.3%,1500年却降为65.2%。其降幅还比较小,在中西方缺少交流的背景下,人们觉察不到欧亚之间的变化。其实,早在1300年前后,欧洲已经开始赶超亚洲。麦迪森统计显示:1000年,西欧人均GDP大约是400元(1990年国际元),亚洲是450元。②1300年前后,西欧与中国共同达到大约600元。③1500年,西欧人均GDP值是798元,④1600年是908元,1700年是1033元,1820年是1245元。⑤而亚洲的人均GDP在1500年至1820年的300多年间,始终徘徊在570—580元之间,中国稍稍高出一点,600元左右。⑥

黑死病之后,西欧农民的富裕开始冲击传统的道德感。纳兰在《码头上的农夫》一书中打开了这样一幅生活画卷,"各种各样的人、穷人和富人",正在以不同的方式"工作和犯罪"。他构建的场景是各种各样的世俗活动的画面,既有乡村的,也有城市的,还有不同

---

① Emmanuel Le Roy Laurie, *The French Peasantry, 1450–1660*, p. 26.
② 〔英〕安格斯·麦迪森:《世界经济千年史》,伍晓鹰等译,第117页。
③ 同上。
④ 〔英〕安格斯·麦迪森:《世界经济千年统计》,伍晓鹰、施发启译,第53—56页。
⑤ 同上。
⑥ 〔英〕安格斯·麦迪森:《世界经济千年史》,伍晓鹰等译,第117页;侯建新:"工业革命前英国农业生产与消费再评析",《世界历史》2006年第4期。

形式的宗教活动，但是，他所描绘的职业竟然与"犯罪"有着千丝万缕的联系。纳兰怀疑那些靠商业谋生的人缺少诚信。他把生意人、职业人士和教会人士都看成是"靠手艺和狡猾谋生"的人。这些人脱离了乡村生活的简朴，其从事的职业意味着基督徒行为的堕落。在众多的人士当中，只有"码头上的农夫"还保持着"一种旧式的、诚实辛劳的原型"。他被看成基督本人的化身。[①] 乔叟的《坎特伯雷故事集》更是当时社会的一个缩影。1387年4月中旬，在伦敦泰晤士河南岸的一家小旅店里，29个朝圣者偶然聚集到一起，准备由伦敦前往70英里外的坎特伯雷去朝拜托马斯·阿·贝克特圣祠。旅店老板哈里·贝利建议，作为沿途的消遣，香客们在来回的路上应各讲两个故事，看谁的故事讲得好，可以白吃一餐好饭。老板本人充当向导，并任裁判；乔叟也加入到他们的行列。这些朝圣者实际上代表着当时英国社会的各个阶层。其中的骑士和作为见习骑士的他们的儿子代表着贵族阶层，仍表现出贵族和骑士精神，充满荣誉感，具有高尚的德行，曾到过巴勒斯坦和俄罗斯。陪伴骑士父子的人是一位有自耕农身份的仆人，他诚实、热爱劳动。女修道院院长代表着教会阶层，以她为首是一群教会人士的小团体，对上流社会充满迷恋。侍候她的人是一名修女和三名教士，这些教士贪吃、好色又爱财。另有一位修士和一名托钵僧，"用一切手段从教徒身上攫取钱财"。还有教会法庭的差人和售卖赎罪券者，两个都是骗子，利用老百姓的愚昧骗钱。当然，还有一位地位低下的农村牧师，只有他"是虔诚的教徒，任何事都以身作则"。代表工商阶层的人是一些工商人士：一名衣帽商，威风凛凛，办事狡猾，谁也不知道他债务在身；一位粮食采购员，虽然极其粗俗，但心眼颇多，居然能从30位法学家那里占到便宜；一位田产经纪人，巧取豪夺的事干得多了；一位磨坊主，拥有自己的小磨坊，是个农村富农，满口脏话；一名巴斯城的妇女，经营织布生意，发了大财，代表新女性，有过五个

---

① C. Dyer, *Making a Living in the Middle Ages: The People of Britain, 850-1520*, pp. 171-172.

丈夫。代表城市阶层的人是五位来自伦敦的手工业者，包括一名木匠、一名纺织匠、一名染坊工、一名制毯工，他们属于同一个名声赫赫的互助协会，都是好市民；他们还带着一名厨师，这人身手灵巧，不亚于饱经风浪的水手。最后是引人注目的学者阶层：一个消瘦的学者，尊崇亚里士多德，唯一的财产是20卷书；一个律师，熟知征服者威廉以来所有的法令和判例；一位医生，博学多才，精于星象，能推测任何病痛；还有一位牛津大学学生，毕业后将成为教会僧侣，对未来充满天真的幻想，正在经受教会禁欲和俗世快乐的激烈斗争。我们看到，这个社会各阶层的组合与过去的领主制时代的景象已大不相同。这个时代已看不到特别贫穷的人，农民的代表不再是农奴或维兰，而是自耕农。只是在这个新群体当中，很多人已存在道德上的缺陷。他们名为朝圣，实际上已专注于物质层面，并普遍表现出迷恋、欺骗、狡猾、粗俗、满口脏话、巧取豪夺等特征，说明他们的心灵已经被世俗事务所占据。①

当时虽然有关于消费的社会法则存在，但劳动者和仆人已穿上昂贵的衣服。15世纪早期的一位牧师曾沮丧：一个曾经满足于一件白色短外衣和"拉塞特"礼服的农夫，现在的穿着看上去像一个绅士一样自豪。彼得·伊德利在1445—1450年的笔记里曾叽叽咕咕地写道："人们已不能把流氓同骑士分开了。"②在法国，1422年，阿兰·夏蒂埃通过一个"骑士"的口吻曾抱怨："普通老百姓得到了更多的好处，他们的钱袋就像一个蓄水池，将这个王国中所有富人的河水和溪流装了又装……因为货币的贬值缩减了他们该支付的赋税和佃租的总数量，他们自己定的出卖食品和劳力的价格却昂贵得吓人，这一价格使他们每天都能获得并积攒财富。"③

---

① C. Dyer, *Making a Living in the Middle Ages: The People of Britain, 850–1520*, p. 172.
② Ibid., pp. 168–169.
③ 〔法〕马克·布洛赫：《法国农村史》，余中先等译，第140页。

二、原工业化的兴起

在农业走向"中农化"的同时，工业也出现了新气象，那就是原工业化（Proto-industrialization）。它应该是"工业化"之前的"工业化"。

什么是原工业化？

原工业化是"二战"以后出现的新概念。1969年，一名来自美国的博士生富兰克林·门德尔斯在其学位论文《18世纪佛兰德的工业化和人口压力》一文中提出了这样的概念。在研究佛兰德经济史时，门德尔斯把工业化以前佛兰德出现的农村工业称为原工业化，并强调它是工业化的第一阶段。因此，所谓原工业化就是指以市场为导向、以农村家庭工业的迅速发展并与商品农业相共存为特征的农村家庭工业经济。这种类型的经济是以"劳动-消费平衡"为原则来运行的，主要存在于15—16世纪封建生产方式解体到18世纪末资本主义取得决定性胜利以前这段"中间"时期。新的观点把这种受欧洲农村家庭工业兴起推动的欧洲工业化浪潮称为原工业化。

该理论在提出后的第三个十年，兴起了新一轮的争论热潮。[1]大约从1980年开始，原工业化理论在经受了各种批评之后，"不是使它偃旗息鼓，而是使更多的人对它发生兴趣，投入这方面的研究，即使批评它的人也进行这种研究"[2]。"在过去十余年中，'原工业化'的研究不是衰退，而是深入，不仅在深化旧的争论，而且引出了一些新话题。"[3]

其实，原工业化主要表现为手工业方面的巨大变化。以英国为例，新的工业经济之所以在农村出现，是因为在经历14、15世纪的

---

[1] 王加丰、张卫良：《西欧原工业化的兴起》，中国社会科学出版社2004年版，第1页。
[2] 同上书，第8页。
[3] 同上书，第11页。

"大萧条"之后，不仅大部分城市走向衰落，而且城市经济深受行会限制，不能自主定价，不能自主扩大规模，不能自主向外销售，为摆脱这些限制，新的工业自然向城市以外的乡村转移。黑死病之后的乡村正好一片空旷，利用这个空间，英国的布匹工业首先发展起来。接着又带动英国的家庭、婚姻与整个社会均发生较大程度的变化。

英格兰的原工业化

黑死病之后，欧洲的工商业正经历一种新的专业化趋势。"一方面，从事工商业的人数下降，导致社会对某些商品的需求下降，雇佣劳动随之减少，这种情况对商业和职业的专门化（本来）是不利的。但是，另一方面，人口对资源的比例得到改善，允许更高水平的生产率和生活方式出现，反过来又推动了贸易和专业化。"[1]在英国，自1360年代开始至15世纪早期，对许多制造商来说，由于人均需求增加，职业专业化的范围得以提高；农村地区也出现"大量的手艺人和生意人，在生产质量好的由商人分发的制品"，如格洛斯特郡中部、西威尔特郡和北埃克塞特郡所存在的分散的纺织工人，就是这样的专业化的生产者。[2]

只要产品被大量需求，更高程度的专业化分工就会出现，这是中世纪晚期的手工业状况。以皮革业为例，人口下降提高了人均肉类消费水平，皮革供应增加，其价格相对于人们的收入水平一直保持很低，从而鼓励并保证了各种皮革产品的消费和供应。据研究，中世纪晚期的皮革业除了剥皮匠、皮匠、鞋匠、马具匠和手套工等工种之外，还出现了鞣皮匠、八宝箱制造商、做腰带的人、袋子制造商、护套制造商和剑鞘制造商等。以15世纪的约克城为例，尽管该城的人口减少了，但是，在15世纪后半期，该城制手套的人数却比14世纪多。[3]

---

[1] R. H. Britnell, *The Commercialisation of English Society, 1000–1500*, p. 156.

[2] C. Dyer, *Making a Living in the Middle Ages: The People of Britain, 850–1520*, p. 168.

[3] Ibid.

生活水平的提高是经济专业化的重要原因。这一点在伦敦和温切斯特表现得最明显。伦敦于1422年编制的111个手工业者名单中，包括羊皮纸制造工、装订工、主祷文撰写人、珠宝制造匠、元器件制造匠、奎尔特制造匠、镜子制造匠、羽毛商贩和密封雕刻匠等。1497年，一位到伦敦城访问的意大利人安德烈斯·弗朗西斯（Andres Francis）曾写道："整个城市可以看到许多被各种各样的机械工艺所装饰的手工业作坊，从而达到了这样一种程度，即几乎没有一条街不是被这样一些商店或类似商店的门市增光添彩的。"[1]这个时期，温切斯特城也有80多种手工业，包括金匠、甲胄工和装订工等。1508年，"国王大街"各类居屋的重建显示："道路两边排列着不同的工匠和生意人的住宅"。温切斯特经济"主要是以对消费的吸引为基础的"。[2]

在英国各类职业专业化当中，又以呢绒业的发展最著名。1271年，亨利三世宣布："所有男女织工，不管是佛兰德人还是他国人，均可前来我国安全织布。"并对移居者赐予五年的免税待遇。在尼德兰的呢绒匠移居英国以后，给英国带来了"乡村工业"。这种乡村工业又给英国带来了早期的圈地。其实，我们不必对最初的圈地过分夸大，其规模、范围还十分有限。黑死病之后，英格兰境内的主要变化是大农庄和直领地的大量出租，这些大领地在人口急剧减少以后，没有足够的人手去耕种，农奴制自然会解体，英国出现很多公簿持有农，即租佃农，学术界又称之为自耕农、半自耕农或中农。迈克尔·泽尔认为，英国的原工业可以追溯到14世纪，那时，乡村纺织业已经在包括英格兰西部、东盎格利亚、约克郡西部和肯特郡的威尔特地区等在内的各主要地区建立起来。至1500年之前，它们已经繁荣起来。[3]

① C. H. William, ed., *English Historical Documents*, Vol. 5, London, 1971, p. 189.

② C. Dyer, *Making a Living in the Middle Ages: The People of Britain, 850–1520*, p. 169.

③ Michael Zell, *Industry in the Countryside: Wealden Society in the Sixteenth Century*, Cambridge University Press, 1994, p. 228.

　　至15世纪，东盎格利亚、英国的西南部和北部的广大地区已发展成为重要的纺织工业区。生产的布料有三种：威尔士郡和兰开夏郡的粗原绒；约克郡、德文郡、汉普郡和肯特郡的粗绒斜纹布；主要手工业区的精纺宽布。[①]呢绒业在乡村发展比在城市更有利，"这是地理因素的重要性决定的，如原材料的供应、接近水力和运输水源、固定资本（如漂洗厂）的吸引力等。在整个家庭工业的历史中，雇主将其活动从自治城市转移，或是为了逃避拥有特权的工人团体所强加的限制，或是为了给予劳动者以自治规章而采取的躲避。就乡村纺织工业地点拥有流动资本而言，大部分无疑是由寻求廉价劳动力的供应所决定的。"[②]据研究，14世纪以后，城市对行会的控制越来越严，1330年之后颁布的大多数城市新章程是关于个体手工业者的，不是关于整个市民社区的。手工业行会不是自主的代理商，其利益冲突要通过城镇议会的干预才能得到协调或平息。行会是市政府的代理人，市政府要为更高动议的管理规则负责。1421年在考文垂，所有手工业行会的督导员要将他们的条例拿到特定的市镇委员会接受审议，没有市长和城市议会的同意，手工业者不得变更他们的规则。1415年，诺里奇市要求所有赢得选举权的市民都要成为一个手工业行会的成员，1449年又重审了这样的规则。[③]总之，中世纪晚期，城市当局比早期更加积极地插手手工业行会内部的事务。

　　英国的呢布生产开始于1350年代，最初的年出口量只有2000匹，1390—1395年曾增加到年均4万匹。[④]15世纪早期英格兰宽呢出口量年均不到1万匹，至15世纪80年代增至年均超过2万匹。统计显示（见表6-1），在1476—1482年间，英格兰的宽呢出口明显增加，出口量相当于15世纪早期的2至3倍，可见出口形势呈"陡

① 孙燕："近代早期英国海外贸易的兴起"，《史学月刊》2006年第5期。

② J. D. Chambers, *The Rural Domestic Industries during the Period of Transition to the Factory System*, with Special Reference to the Midland Counties of England, Proceedings of the Second International Congress of Economic History, Vol. 2, Aix-en-Provence, 1962, p. 431.

③ C. Dyer, *Making a Living in the Middle Ages: The People of Britain 850-1520*, p. 175.

④ John Hatcher, *Plague, Population and the English Economy, 1348-1530*, pp. 34-35.

崖式"上升。以考文垂的布匹生产为例。考文垂位于英格兰中部的米德兰地区，其布匹工业本来不像约克郡、东盎格利亚和西考文垂那么有名，但是，至15、16世纪，布匹业中心在考文垂建立起来以后，便引起埃文河上的斯特拉特福德、沃里克等一些集镇的忧虑，因为考文垂的兴起吸引了对羊毛、肉类和谷类的巨大需求。[①]由于宽呢出口量突然增加，羊毛需求变得紧迫，圈地运动正式发生。前述提到的开普敦·渥勒、切斯托顿·蒙哥罗和金斯顿三个村庄，距离考文垂不远，其呢绒业肯定也利用到这三个村庄的羊毛。

表6-1　15世纪早期与15世纪晚期英格兰宽呢出口量[②]

年代	每三年的出口量（匹）
1399—1402	27,760
1402—1405	24,502
1405—1408	29,315
1408—1411	30,718
1411—1414	25,108
1414—1417	29,488
1417—1420	28,366
1459—1462	31,933
1462—1465	25,855
1476—1479	51,889
1479—1482	62,586

据研究，在15世纪的英格兰，普遍的萧条被"惊人的成长"和"发展的例外"点缀着。乡村工业的集中在一定程度上激活了内地的经济，不过对整个国家的影响还非常有限。据估计，14世纪末，英格兰织布业雇用的人数比14世纪初多了23,000—26,000人，此后雇

---

① R. H. Hilton, *The English Peasantry in the Later Middle Ages: The Ford Lectures for 1973 and Related Studies*, p. 163.

② M. M. Postan, E. E. Rich, eds., *The Cambridge Economic History of Europe*, Vol. 2, p. 242.

用的人数最多另外加上人口总数的2%。[1]而且，在这些被雇用的人当中，很多是业余性质的，作为家庭的劳动力，其大部分时间还在从事农业。

新的工资与物价

1350—1500年之间，面对人口的长期下降，英国许多部门的工资都在上涨。无论是农业，还是建筑业，其日工资和计件工资都在攀升，1430—1460年间达到高峰。1340年代至1440年代，农业中脱粒、风选的工资虽然不能令人满意，但还是增加了50%—75%。建筑工匠工资提高了75%—100%，帮工提高了100%—125%。[2]从伦敦建筑工匠的实际工资来看，如果以1340年代为基准，至14世纪最后四分之一世纪，工资上升了大约50%，至15世纪后期又上升大约100%。这样的高工资直到19世纪后期以前，都没有出现。[3]这个情况表明，中世纪晚期英国劳动力存在严重短缺。《劳工法》的一再颁布、康尼什锡矿工人和南苏塞克斯低地雇员的抱怨也都证明了这一点。[4]当然，这个时期的英格兰主要是一个农业社会，工资对全体人口来说只代表收入的一小部分，但即便如此，也是其生活水平普遍上升的一个指标。"真实的工资是劳动边际生产率的一个尺度，它必定与大多数人口的福利紧密相连。"[5]

1349年之后，政府开始限制工资上涨。这一年的《劳工法》规定，工人不得要求超过黑死病以前的工资。同时，1349年的条例还赋予城市当局可以根据自己的判断来决定商品的价格，屠宰匠、鱼贩、旅店小老板、酿酒帅、面包师、家禽贩和所有其他类型的商贩都受到了限制，他们必须"以一个合理的价格"来销售他们的货物。1351年的《劳工法》又对皮匠、鞋匠、金匠、马具匠、铁匠、马刺

---

[1] John Hatcher, *Plague, Population and the English Economy, 1348-1530*, pp. 46-47.

[2] Ibid., pp. 48-49.

[3] Ibid., p. 50.

[4] Ibid., pp. 48-49.

[5] Ibid., p. 50.

匠、精皮匠、制革匠、硝皮匠、零售者等工匠进行限制，不允许他们过分获利。1390年的法案允许法官对支付给工人的食物补贴进行管理。1414年，法官可以传唤及审查违反规定的工资劳动者、工匠和小食品贩卖者。1427年，地方法庭开始在其全体会议上公开宣布工资比率和食物补贴标准。①

而物价水平与工资的升降是不一致的。黑死病之后的一个半世纪曾经被看作农产品价格下跌的年代，然而，详细的评估显示，事实并非一直如此。14世纪的第二个四分之一世纪，谷物价格最低，而第三个四分之一世纪则维持在堪称最高价格的水平上。②谷物价格的急剧降低是从1370年代中期开始的，至14世纪80—90年代下降了25%—30%，15世纪前几十年又有部分恢复，至15世纪中期再次下滑，在这个世纪的最后几十年又"犹犹豫豫"再次恢复。③牲畜和奶产品的价格比谷物价格的反弹更大，其部分原因可能跟人们的生活水平提高、口味变化大有关系。菲尔普斯·布朗和霍普金斯提出"复合消费品价格"的概念，其消费品单位的80%是食品和饮料，20%是纺织品及燃料。④其价格显示：英格兰物价在1370年代后期急剧下跌，在15世纪的第一个四分之一世纪有所恢复，在1440—1479年间又暴跌至黑死病以来的新低。⑤

当然，工资和物价还受到货币存量和货币流通速度的强烈影响。许多历史学家认为，货币短缺是中世纪后期价格下降的主要因素；一些历史学家甚至认为，货币短缺对整个经济发挥的抑制性作用如此强烈，以致可能是15世纪生产和商业下降的操纵杆。⑥我们发现，自14世纪中期以后，英国硬币铸造的年平均产量确实在急剧下跌，1418—1460年与1350—1417年相比，又下跌50%。成群的商人和

---

①　C. Dyer, *Making a Living in the Middle Ages: The People of Britain, 850-1520*, p. 174.

②　John Hatcher, *Plague, Population and the English Economy, 1348-1530*, p. 50.

③　Ibid.

④　Ibid.

⑤　Ibid.

⑥　Ibid., pp. 51-53.

经商者经常对硬币短缺发出抱怨。而铸币量最低的1375—1407年间，也是低物价的时期。① 因此，货币供应收缩可能在一定程度上加深了15世纪的经济衰退。但是，很难相信货币供应收缩的影响比人口下降造成的影响更大。而认为货币供应可能对经济有决定性影响的观点，更是不可思议。

铸币量从长期来看并不是货币总储量的指示器。英国的铸币在中世纪后期有一个支付平衡之后的剩余问题。这种剩余一是外币可能被引入这个国家，增加了当地的货币供应；二是随着时间的推移，信用得到更广泛的应用，有助于对硬币总储量下降给予补偿；三是货币总储量下降在某种程度上有可能被通币流通速度加快所抵消。就物价而言，关键不是取决于这个国家的总货币量，而是取决于平均单位商品量所拥有的货币量，在较小程度上也取决于平均每个人所拥有的货币量。可以肯定，在英国，平均单位商品量的货币储存量和平均每个人的货币储存量的下降，远低于货币总储存量的下降，因此，"物物交换"在15世纪的英国并没有广泛出现。②

这个世纪，英国的通币显示了很大程度的稳定性，与大陆的通币形成鲜明对比。如果存在可怕的货币短缺，是不可能做到这一点的。也没有证据显示，15世纪的英国存在严重的金银短缺，相反，从大陆到海岛做访问的人还经常对私人手中保持的巨大数量的金银块进行评论，这些评论可以在遗嘱和档案中找到。王室以优惠的条件诱导私人拥有者把金银块出售给铸币商，从而大大增加流通中的硬币量。就整个西欧来说，15世纪的货币短缺造成经济滞胀，普遍产生易于失业的环境，但是英国在15世纪中期，其工资仍在继续提升，说明人口规模的持续下降造成了严重的劳动力短缺。③

---

① John Hatcher, *Plague, Population and the English Economy, 1348-1530*, pp. 51-53.
② Ibid.
③ Ibid., pp. 53-54.

三、商业的新趋势

新的交易形式

保存下来的资料显示：14、15世纪，欧洲的贸易量大幅下降。但是，正是在"大萧条"时期，低地国家的城市反而发展起来。布鲁日、安特卫普成为北欧主要的商业和金融业中心。英国也由羊毛出口国变成纺织品出口国。许多从事家庭手工业的农民，依靠呢绒商人供给原料和收回成品。英国的外贸形势发生变化。以前是外国商人来英国收购羊毛，此时是呢绒产品被大量输出英国。呢绒商人组织批发公司，把从农村收购来的粗呢绒，运输到佛兰德和佛罗伦萨进行加工和染色。15世纪，"商人拓业家"公司成立，该公司从事海洋运输，并且有武装护航。英国的商船开始出现在西欧沿海。

这个时期，虽然商业出现总体性衰落，但是贸易并没有普遍收缩，而是转移到一些非市场的地点进行。首先，粮食贸易更多变成一种非市场的交易，总共只有大约5%的谷物交易被统计到，[①]但许多交易特别是一些大家庭的购买往往绕过了交易场所。如王室所需要的小麦、麦芽和大麦，都是通过剑桥郡和伊利岛的40多个教区的生产商和交易商以合同的形式得到的。这些合同的预约期长达15年，尽管购买是非正式的，但却是可靠的。此外，羊毛出口也是交易商与生产者双方通过直接签订合同来进行的，庄园主或佃户把羊毛卖给"掮客"，从而绕过市场这个环节。燃料的供应一般也是直接从林地所有者手中购买，不需要通过市场或市集。建筑材料的交易亦是如此。[②]这些非市场交易形式的出现说明市场和市集的衰落并不代表英国或西欧的商业贸易的衰落。最流行的观点认为：英国贸易是否收缩既不依赖于机构的证据，也不依赖于商业统计，而是依赖

① R. H. Britnell, *The Commercialisation of English Society, 1000-1500*, p. 161.
② Ibid., pp. 161-163.

于所知流通货币的数量。①

自14世纪下半叶开始，英国的呢料出口逐步取代羊毛出口。当时，英国与境外的大宗贸易还是由外国商人操纵，并且主要依赖安特卫普提供的信贷和融资服务。②15世纪30年代，英国呢绒出口的价值超过羊毛。从诺里奇、布里斯托尔等地出口的呢绒，可以在欧洲市场同佛兰德和意大利的纺织品进行竞争。其呢绒主要销往波罗的海地区、低地国家、莱茵河流域和法国北部，此外在大西洋沿岸国家、南欧、黎凡特地区也有很好的销路。到15世纪中后期，由于战争以及英国与汉萨同盟的冲突，低地国家在英国呢绒贸易中所占的比例越来越大，英国海外贸易形成伦敦－安特卫普模式。③

同一时期，英国的谷物出口贸易也在发展。1394—1467年间，历届议会通过的法案显示，谷物出口经历了从"完全禁止"到"自由出口"，再到"禁止进口"。政策上的这种转变不是出于政治上的考虑，而是由经济上的变化引起的，这一点可以从当时的许多抱怨和对议会的请愿中得到证明。如1437年，"农场主不得以盈利率来决定是否销售他们的谷物"；又如1445年，"沿海各郡除了海上贸易之外，不得大批量地销售谷物"。④

因此，人口减少并没有直接给商业带来衰落。人口下降之后，对产品的总需求减少，公共市场上被销售的需求品可能也在减少，然而，日益上升的生活水平却带来某些制造业和服务业的消费上升。1050—1330年间，商业贸易支撑的是一个不断上升的人口规模，商业衰落可能仅影响到社会上层和农民中的少数。而1330—1500年间的贸易属于另外一种类型，它给一个正在下降的总人口提供一个更舒适的消费。14世纪中叶的《劳工法》表明：繁荣的商业正在吸引人们离开农业，农民放弃耕作进入城镇就业，甚至拥有世袭土地的

---

① R. H. Britnell, *The Commercialisation of English Society, 1000-1500*, p. 164.
② 〔英〕安格斯·麦迪森：《世界经济千年史》，伍晓鹰等译，第81页。
③ 孙燕："近代早期英国海外贸易的兴起"，《史学月刊》2006年第5期。
④ John Hatcher, *Plague, Population and the English Economy, 1348-1530*, pp. 51-53.

佃户也离开乡村到城镇开始新的生活。黑死病之后的几代人都在向高报酬的就业地迁居，因此，整个劳动力市场发生彻底改组，一些职业因聘用不到新人而变得收缩或消失。由于缺乏受训练的工人，男人比较容易从农业领域转向技术领域，非技术劳动者的工资上升得特别快，这种情况进一步鼓励了贫困人口的向上流动，故而人口稀疏时期反而可以看到劳动力和生产率的空前增加。[①]另外，乡村日益增加的制造业分布也造成了正式市场交易的萎缩。这些情况在中世纪社会史上都是史无前例的。

少数区域的"再城镇化"

工商业的进一步专业化推动了小规模的城市复兴。例如，塞里斯伯里因生产的条纹布的规格比标准绒布更窄而有名；科尔切斯特因生产相当于标准绒布一半长度的"拉塞特·达综斯"而闻名；考文垂因生产蓝色绒布而驰名；诺里奇因精纺而享誉国内外；约克因精纺和绒布而名动西欧。[②]旧的城市因行会制度的存在而成为发展的障碍，约翰·克拉彭爵士（Sir John Clappen）指出："从第一部自动水车诞生之日起，行会组织的古老城市，不仅人口减少，而且经济上的重要地位也丧失。"[③]旧的中心收缩以后，新的中心发展起来，生产适合大众市场的布匹，为抗拒城镇的普遍衰落提供了"繁荣"的基础，许多城市如诺里奇、波士顿、纽伯里、埃克塞特等，都以制造精细呢绒而出名。科尔切斯特、考文垂和约克等制造业城镇，在1350—1500年间也拥有更大的发展空间。

许多乡村发展成为新型的城镇。这些城镇有英国西南部的索福克、北埃塞克斯、西里丁和科茨沃尔德等地的织布业中心，有达汶郡的制造业小城镇，例如，达汶郡的克里丁顿就是其中的一例，其

---

① R. H. Britnell, *The Commercialisation of English Society, 1000–1500*, p. 166.
② C. Dyer, *Making a Living in the Middle Ages: The People of Britain, 850–1520*, pp. 169-170.
③ 〔英〕阿萨·勃里格斯：《英国社会史》，陈叔平等译，第153页。

人口在1377—1525年间从550人增加到2815人。① "在崛起于15世纪的城市中，不久以前还只是一个大村庄的索福克郡拉文纳姆城在突然之间便崛起成为英格兰最富庶的15个地区之一……在下一个世纪初，拉文纳姆城的呢绒商托马斯·斯普林成为索福克郡境内仅次于索福克公爵的首富之人。"② 锡的生产在"大萧条"时期也获得了例外的发展。伍斯特郡和南斯特福德郡的乡村冶铁业又刺激了伯明翰及其市郊的繁荣。③ 因此，在这个时期英国的金属贸易有较大程度的发展，一些港口城市如南安普敦、布里斯托尔、赫尔、东益格利亚等"五港口"也随之活跃起来，它们与热那亚、威尼斯、西班牙、爱尔兰、冰岛和西欧大陆等地，都有频繁的贸易往来。④

1349年之后的城市发展与前一个阶段的城镇化的不同在于，后一阶段的城镇化属于区域性的小规模的城镇化。"一旦城市化进程开始，市场力量势必把更多的人口与工业吸引到城市里来。工业之所以被吸引过来，是因为城市能够更大规模地占有本地市场，能够提供熟练和非熟练的劳动力，便于利用各种形式的辅助工业显示出经济聚集的优越性。"⑤ 当然，在大城市化方面，英国与西欧先进国家相比有很大差距。1500年，在英格兰和威尔士，只有大约3%的人口居住在规模为1万人以上的城镇中。相比之下，佛兰德和布拉班特的城市化比率为21%，荷兰为16%，意大利为15%。⑥ 据城市史专家詹·德·伍莱斯（Jane de Wooles）的研究，1520年，英国大城市的人口比例仅有4.4%，如果将人口为2500—5000人之间的小城镇也补充进去，城市人口的比例将有所提高。⑦ 纳税情况的评估表明，

---

① C. Dyer, *Making a Living in the Middle Ages: The People of Britain, 850-1520*, p. 170.

② 〔英〕阿萨·勃里格斯：《英国社会史》，陈叔平等译，第113页。

③ John Hatcher, *Plague, Population and the English Economy, 1348-1530*, pp. 45-46.

④ 孙燕："近代早期英国海外贸易的兴起"，《史学月刊》2006年第5期。

⑤ 纪晓岚："英国城市化历史过程分析与启示"，《华东理工大学学报》2004年第2期。

⑥ 〔英〕安格斯·麦迪森：《世界经济千年史》，伍晓鹰等译，第81页。

⑦ 谷延方："重评圈地运动与英国城市化"，http://tieba.baidu.com/f?kz=547569500，2009-3-4。

16世纪英格兰部分城市的财富高于1334年。[①]巴斯的数据也证明，在发展速度上，英格兰和尼德兰在13世纪就一路领先，至16世纪前后，与其他国家相比更是明显拉开了距离。[②]

新的市场"整合"

1. 1200年之后的市场"整合"

近年来，关于中世纪的商业发展，学术界提出两个新的概念：一个名为"商路内部的分裂"，另一个名为"商路之间的分裂"。[③]前者类似13世纪莱茵河出现的情况，每一个地方势力都可能在河道上设卡收费。后者与前者不同，商人有几条商路可以选择。本来，香槟集市是13世纪欧洲最兴盛的集市，但是，萨沃伊伯爵[④]和法国君主之后控制了去往香槟的必经之路，并趁机提高关税，来自威尼斯和热那亚的商人为避免交纳高额关税改走海路，去布鲁日做生意了。等萨沃伊伯爵再降低关税时，已经没有用了，香槟集市因此慢慢衰落下去，尼德兰一跃成为欧洲新的贸易中心。这种情况说明，"商路内部的分裂"等同于"雁过拔毛"，需要提供公共产品时，又相互推诿，最终只能导致商路衰落。而"商路之间的分裂"却可以使市场发育得更好，因为不同商路上的政权相互竞争，商人可以"用脚投票"[⑤]。二者反映了不同的市场整合程度。600—1200年，欧洲基本上处在自给经济状态，市场整合程度比较低。十字军东征出现以后，1200—1800年，欧洲的市场整合程度迅速提高。我们看下表（表6-2）显示，西欧、东欧、北非和中东、东亚和南亚各时期城市增长

---

① C. Dyer, *Making a Living in the Middle Ages: The People of Britain, 850–1520*, p. 170.

② 侯建新："工业革命前英国农业生产与消费再评析"，《世界历史》2006年第4期。

③ G. W. Cox, "Political institutions, economic liberty, and the great divergence", *The Journal of Economic History*, Vol. 77, 2017, pp. 724–755.

④ 萨沃伊家族是一支古老的贵族，起源于今天的法国、瑞士、意大利一带。在11世纪初，亨伯特一世被神圣罗马帝国（德意志）皇帝封为伯爵。此后，萨沃伊家族逐渐向东扩张领土。

⑤ "用脚投票"挑选的是那些能够满足自身需求的环境，这会影响着政府的绩效，尤其是经济绩效。

率对城市增长潜力①回归的系数。这一系数显著为正，说明市场整合程度较高。由此表可以读出：无论是西欧还是东欧，1200年之前市场没能实现高度整合；1200—1800年，西欧、东欧、东亚都有一定程度的市场整合，但欧洲更胜一筹。

表6-2 欧亚大陆的城市发展情况

地区	时期	系数	T统计值
西欧	600—1100	0.02	0.11
西欧	1200—1800	1.42	18.78
东欧	600—1100	0.66	1.09
东欧	1200—1800	0.96	3.06
北非和中东	600—1100	-0.01	-0.04
北非和中东	1200—1800	-0.32	-1.09
东亚	600—1100	-1.18	-2.13
东亚	1200—1800	0.27	2.04
南亚	600—1100	-0.16	-0.88
南亚	1200—1800	-0.44	-2.50

表格来自2017年的研究。见，G. W. Cox, "Political institutions, economic liberty, and the great divergence", *The Journal of Economic History*, Vol. 77, 2017, pp. 724-755。

2. "整合"是如何实现的？

人们不禁要问：欧洲的市场整合到底是如何实现的？其实，仅仅有"分裂"是不够的。如果分裂足以催生统一的市场，那么，欧

①　城市增长潜力的严格定义是（一个复杂等式），等式左边是第j个城市在时间t的增长潜力，右边是把一定范围内，其他所有城市的经济发展水平用距离的倒数的加权。这一指标在经济史研究中颇为常用，其直观含义是：距离其他经济越好的城市越近，这座城市的发展潜力就越大。此外，研究现代之前的时间段时，用城市人口数量替代城市的经济发展水平是通行做法。城市增长率和增长潜力高度相关，一般说明这座城市和周边其他城市有比较多的往来，能够传递技术或商品。有关这个指标的详细讨论，见 G. W. Cox, "Political institutions, economic liberty, and the great divergence", *The Journal of Economic History*, Vol. 77, 2017, pp. 731-732。

洲城市增长的潜力早在1200年以前就该充分兑现了，为什么其发展的"节点"在1200年前后才出现？因为"自治城市"和"议会"的诞生是问题的关键。十字军东征发生后，欧洲各分裂的政权争相招徕商人，如果权力不受制约，商业很难长期稳定地发展起来。而王公贵族总是有"不时之需"，需要商人的支持。所以，政治约束有利于市场的统一，防止专断掠夺变得重要。为什么自治城市和议会在这个时机兴盛？原因之一就是反抗"横征暴敛"，如征收高额的过路税、过桥税等。[①]如果各地都由专断的君主把持，商人财产无论怎样都得不到充分的保护。而自治城市和议会的出现就像"鲶鱼"一样，[②]本身既保护私人财产，不肆意加税。邻近的君主也必须做出相应的改变，否则，其财源就跑到别的地方了。

包括自治城市和议会在内的政治约束之所以可以防止掠夺，其原因之一是可置信承诺。如果统治者的权力不受制约，那么，其承诺都是不可信的。因为，没有人能够监督统治者履约。一旦他们违约，商业将无法进行。其原因之二是利益攸关，以自治城市为例，决策团体内部本身就有不少商人，即使参与决策的市民自己不做生意，其赖以维生的行当也系于商贸的繁荣，他们自然不会杀鸡取卵。[③]马斯切尔（Masschaele）说："如果商人觉得哪个地方的税太高，或者征收太过专断，他们就用脚投票。"所以，"英国各地的税率很低，一般还不到商品价格的1%"[④]。这是竞争的结果。

---

① Wim. Blockmans, "Representation (Since the thirteenth century)", Christopher Allmand ed., *The New Cambridge Medieval History*, Cambridge: Cambridge University Press, 1997, pp. 29-64.

② 鲶鱼效应，鲶鱼在搅动小鱼生存环境的同时，也激活了小鱼的求生能力。鲶鱼效应是采取一种手段或措施，刺激一些企业活跃起来投入到市场中积极参与竞争，从而激活市场中的同行业企业。其实质是一种负激励，是激活员工队伍之奥秘。

③ 有关这两点究竟哪一点才是原因，争议很大。相关研究可见 Epstein, S. R., *Freedom and Growth: The Rise of States and Markets in Europe, 1300-1750*, Routledge, Vol. 17, 2002。

④ J. Masschaele, "Toll and trade in medieval England", Lawrin Armstrong, Ivana Elbl, Martin Elbl eds., *Money, Markets and Trade in Medieval Europe: Essays in Honour of John H. A. Munro*, Leiden: Brill, 2007, p. 149.

随着竞争的观念深入人心，政府甚至主动拒绝商人提出的加强监管的要求。例如，16世纪中叶，安特卫普有个很出名的海事保险经纪人胡安·亨里格斯（Juan Henriquez），与其他商人一起上书政府，要求成立专门的部门，把保险中介市场组织起来。政府拒绝了，原因有两点：其一，强调市场竞争的作用；其二，如果当地政府真的对保险行业施加严厉监管，经营者就可能跑到意大利。[1]

因此，政治分裂必须与制度安排结合，才能促进欧洲的市场整合。当然，并不是所有的议会都能够促进市场整合，只有那些掌握了征税权的议会，才能加强周边地区的市场整合程度。

小结

领地经济崩溃之后，英国和西欧经济进入"大萧条"时期。但萧条是相对的，并不是绝对的。1300年经济发展处于高峰时，英国的GDP是466万英镑，1470年经济变化处于低谷时，英国的GDP仍为350万英镑。[2]即在人口减少大约二分之一的情况下，经济仅下降了大约四分之一。[3]这个时期，西欧经济开始转向"中农化"时代。农业上，公簿农和小农代替了过去的农奴；工业上，原工业化在部分农村地区兴起，工资不断上升，物价却总体呈下跌趋势；商业上，替代有形市场的新交易形式出现，少数地区仍出现"再城镇化"，同时，1200年之后的市场整合开始在欧洲出现。因此，欧洲市场经济的演进仍处在成长之中。

---

[1] J. Puttevils, M. Deloof, "Marketing and pricing risk in marine insurance in sixteenth-century Antwerp", *The Journal of Economic History*, Vol. 77, 2017, pp. 796-837.

[2] 〔英〕克里斯托弗·戴尔：《转型时代——中世纪晚期英国的经济与社会》，莫玉梅译，第41页。

[3] R. H. Britnell, *The Commercialisation of English Society, 1000-1500*, p. 229.

第三编　欧洲市场经济的成年

——16—18世纪的"重商化"时代

　　16—18世纪，欧洲经济进入"重商化"时代。这是市场经济发育的第三个阶段，即"成年"阶段，也是资本主义形成的时期。

　　经过大约一个半世纪的"中农化"时代（同时也是"大萧条"）之后，至15世纪末，西欧人口增加，近代民族国家开始形成。但是，支撑民族国家的社会基础不再是中世纪建立在军事保护主义基础上的贵族和骑士，而是建立在重商主义基础上的新兴产业阶层，这些阶层由前期的个体化的"中农"和工商业者发展而来。他们是国王的纳税人，对国家政策有着决定性的影响力，对工商业的兴趣远远超过对农业的兴趣，甚至以一种企业的方式在经营农业。在这种背景下，民族国家之间的竞争比以前领地之间的竞争更加激烈。正是在重商主义的推动下，1500年前后，西欧出现了谋求海外市场的大航海。大航海的成功不仅开辟了遥远的东方市场，而且发现了"美洲"新大陆，欧洲的殖民空间开始由欧洲"内部"转向欧洲"外部"。同时，其社会经济也发生了深刻变化，类似于12、13世纪的价格革命再次出现，正式的资本主义生产开始出现。以英国为代表，欧洲进入资本主义时代，市场经济进入发育的成年期。

　　市场经济在近代欧洲确立的历史，也是民族国家建立的历史。

近代民族国家是借助市场经济力量成型的，同时依赖于市场经济的不断支持才能行使统治权，所以，国家也意识到必须保障市场经济的壮大和发展。国家开始向市场经济伸手，逐渐加大对经济活动的控制。因此，国家与市场经济纠缠得越来越紧密，终于难分难解，这就是所谓的"现代市场经济"。①

---

① 何帆："市场经济的起源：读希克斯的《经济史理论》"，《国际经济评论》1997年第1期。

第七章　民族国家与重商时代的到来

进入15世纪中后期，西欧社会出现三个方面的新变化：其一，领地因被出租而普遍走向消亡之后，"国家"意识开始萌芽；其二，农奴因被解放而转化为纳税人之后，居民的身份走向平等，"民族"意识开始出现；其三，以罗马为核心的天主教会因宗教改革而走向破裂，民族化的教会开始形成。在这三大趋势的作用下，西欧近代意义上的民族国家开始生成。民族国家是对封建领地的整合，如果说封建领地曾注重建立在商品化基础上的庄园经济。那么，民族国家则注重建立在重商主义基础上的国家经济。

一、封建领地整合为民族国家

从教俗两个方面看，领地经济崩溃之后，世俗的"地方主义"开始升格为"国家主义"。而教会的"世界主义"则分解为"民族主义"，民族国家开始形成，"新君主制"诞生。

俗权的上升与教权的萎缩

1.世俗"地方主义"的式微

领地分封是地方主义形成的制度性根源。封建的本质是"分土而治"，各有惯例和法律，并自行收税。例如，就地方收税来说，迟至14世纪末，易北河两岸有35个收税站，莱茵河两岸有60多个，塞纳河沿岸也有很多。船载谷物沿塞纳河行驶200里，花费的价钱

255

将达所载谷物售价的一半。^①而且地方自治政权各有自己的关税、法律、衡量制和货币。但是，随着封建主义危机的到来，地方主义逐渐变得式微。

首先，农民开始向王室靠拢。因为，随着领地经济的崩溃，农民逐渐取得土地的"占用权"。这个权利在相当长的时期内是稳定的。^②多数农民因此开始向"富裕农民"转化，甚至成为"约曼"，即王室侍从。过去仅受理自由民案件的王室法庭开始受理农民案件，庄园法庭逐渐失去存在的价值，公簿农开始与自由民一起成为国王的"臣民"。即便有少数仍在经营领地的领主存在，也被迫改变经营方式，不断给依附的劳动者增加报酬，而这些劳动者在资金充足以后，通过赎买的方式可以到城市或其他地点去做工。他们的人身也将是自由的。

此外，领主阶层也开始不断向王室靠近。进入"后领地"时代，很多贵族子弟更希望在宫廷或军队谋得一官半职，这样做不仅可以增加工薪收入，而且可以提升家族的声望。同一时期，国王的宫廷也在发生变化，随着宫廷事务的扩大，"政府"（government）开始出现。蒂尔尼说：14世纪，"更大、更复杂的政府正在各地崛起，越来越多训练有素的专职官员被安排到这些部门。"^③

总之，封建主义衰落使"地方主义"失去了意义。人们开始自由迁徙和流动，要么去往宫廷，要么去往新的制造业中心，要么去往沿海港口城市，要么去往赚钱比较多或生活比较舒适的地方。

这个时期，代表"国家主义"的国王势力正在不断增长。在英国，百年战争失败之后，统治阶层的矛盾激化，兰开斯特家族和约克家族展开了争夺王位的玫瑰战争。经30年鏖战之后，大贵族损耗殆尽。恩格斯说："对英国幸运的是，旧的封建诸侯已经在蔷薇战争

---

① 〔美〕斯塔夫里阿诺斯：《全球通史——1500年以后的世界》，吴象婴、梁赤民译，上海社会科学院出版社1999年版，第29页。

② 侯建新："中世纪英格兰农民的土地产权"，《历史研究》2013年第4期。

③ 〔美〕布莱恩·蒂尔尼、西德尼·佩因特：《西欧中世纪史》，袁传伟译，第512页。

中自相残杀殆尽。"①两大传统家族均无力问鼎，王位最终落到属于都
铎家族的亨利·都铎的手上。人们首次将都铎王朝视为英国历史上的
"现代型"王朝，因为"它系统地消除了贵族私权，保障了现代型国
家在形成进程中公共权威的至高无上"。②

　　在法国，百年战争的胜利对贵族地方势力更是一个沉重的打击。
因为国王在战争中建立起强大的常备军，新的瓦卢瓦王朝通过武力、
外交和联姻的手段，将整个法兰西纳入国王的统治之下。路易十一
在位时，首先对勃艮第公爵大胆查理（1467—1477年在位）展开攻
势，查理死后，路易十一即将勃艮第、阿图瓦和庇卡底等领地收归
王室，讷韦尔伯国也对王室表达了忠心。1462年，加泰罗尼亚发生
暴动，路易十一又收复了鲁西永和塞尔达尼亚这两块领地。他又向
安茹家族施压，将安茹和曼恩这两块领地收归王室。1481年，普罗
旺斯伯国也被统一到法兰西的名下。1491年，布列塔尼公爵的女继
承人安娜嫁给了查理八世。1532年，布列塔尼所属各领地即永久地
并入法兰西。至路易十二和弗朗西斯一世统治时期，奥尔良公国，
布卢瓦、瓦卢瓦和昂古莱姆伯国又正式进入法兰西的版图。1620年，
贝阿恩和下纳瓦拉亦成为法兰西王国的一部分。③至此，法兰西余下
的独立领地已屈指可数。亚瑟·蒂利（Arthur Tilly, 1851—1942年）
在评价法国统一时说："这个统一国家是一个或多或少具有绝对权威
的中央所统治的，而与旧式的、或多或少独立的领地所松散合成的
封建王国相区别。"④

　　由此可见，在地方主义消失的同时，国家主义正在兴起。尽管

　　① 《马克思恩格斯全集》（第22卷），中共中央马克思、恩格斯、列宁、斯大林著作编
译局译，人民出版社1965年版，第350页。
　　② 〔英〕马克·阿莫诺："中世纪晚期英国国家的形成，1250—1450"，孟广林译，载暨
南大学历史系主编：《欧洲中世纪早期史研究学术研讨会论文集》，2013年，第153页。
　　③ 〔法〕让·瑟利耶、安德烈·瑟利耶：《西欧人文图志》，吕艳霞、王恬译，中国人民
大学出版社2008年版，第125、128—129页。
　　④ 〔法〕蒂利：《法国文艺复兴的文艺》，巴黎：阿尔芒·科兰出版社1932年版，第126
页，转引自朱志忠："试论转型时期法兰西民族国家的初步形成"，天津师范大学2015年硕士
论文，第18页。

"对国家的忠诚还未牢固到不可代替的程度"①。

2.宗教"世界主义"的萎缩

西罗马帝国灭亡后，欧洲存在着两股势力，一是以日耳曼人为中心的政治势力，即"俗的"世界；再一是以罗马为中心的教会势力，即"灵的"世界。俗的世界是分裂的，但灵的世界是统一的。教会不仅有《圣经》，还有教会法，有教宗国、教区和教堂，有教宗、主教和教士，有教士交纳的什一税，更有统一的语言——拉丁语。因此，如果说俗的世界是封建主义的，那么，灵的世界则是"世界主义"的。1054年，君士坦丁堡的牧首弥格耳·赛鲁（Miguel Cyrus）关闭拉丁教堂，诋毁罗马教宗，导致教会大分裂，但西欧地区仍是天主教一统的世界。各地运用的《圣经》仍用拉丁语写成；分散在各地的主教仍是教宗的臣属；各地新出现的大学仍大部分掌握在教会的手里；法律仍被视为上帝意志的体现；国王之间发生的冲突仍由教宗来调停；各地宫廷使用的交际语言仍是拉丁语。因此，教会差不多是位居各封建王国之上的"巨型国家"。在分散的欧洲，它是具有某种整合功能的。

首先，统一的教会具有某种经济上的整合功能。中世纪盛期，虽然城市和商品经济发展起来，但欧洲各国的国家力量还十分薄弱，国家没有能力也没有兴趣控制和保障长距离贸易的进行。这时，教会便成了各种分裂势力的整合力量，担任欧洲各国政治上的协调者、领导者和保护者，进而促进有着不同文化习俗及语言背景的人们建立起相互间的信任，并开展长距离贸易。

其次，统一的教会具有某种政治上的整合功能。中世纪盛期，欧洲的教会与国家之间处于一种既平衡又冲突的状态，这种状态为政治独立和经济自主的自治城市提供了兴起与发展契机，同时迫使欧洲各国之间与各种社会力量之间不断进行协调。随着这种协调型政治的发展，最终加强了国家在社会中的有机渗透，一种低专制、高协

---

① 〔美〕布莱恩·蒂尔尼、西德尼·佩因特：《西欧中世纪史》，袁传伟译，第512页。

调性的政治为商品经济的发展和民族国家的兴起提供了重要保证。

最后，统一的教会具有某种理论上的整合功能。中世纪时期，天主教会不仅在组织形式上继承了罗马帝国的传统，在教义上，其对单一上帝的追求、对《圣经》文本的真理性探索也保留和继承了古典时期的理性传统，打击着具有神秘魔术性的宗教思潮，这些传统为文艺复兴之后理论理性和工具理性在欧洲的全面扩展铺平了道路。从这个角度看，天主教会是罗马帝国游荡在中世纪的"幽灵"。

但是，教会本身又表现出很大的脆弱性。因为天主教全力捍卫的上帝是一个充满嫉妒的上帝，它把《圣经》看作绝对的真理，其对《圣经》的解读具有绝对的权威性。这就使统一的天主教会具有很大的可攻击性。1517年，马丁·路德仅仅在维滕堡教堂的大门上贴了几张"小字报"，就给教会带来了毁灭性的打击。其实，路德对天主教贩卖"赎罪券"①的攻击与明朝末年李贽对中国儒教的攻击相比较，不知要温和多少倍！但是，儒教在中国代表的仅仅是道德，而不是真理，中国主流士大夫根本没有兴趣与李贽进行一场"对错式"的论战，他们的精力还集中在科举上，最终使李贽所代表的异端思潮只能被边缘化。而在欧洲，路德的几张"小字报"便引来一场关于"真理问题"的大讨论，最终使"新教"运动在欧洲出现，其后果是天主教会的大分裂，由此引发长期的宗教战争，群雄逐鹿的局面开启，导致教会本身在欧洲政治生活中逐渐被边缘化。

这种边缘化又为民族国家的兴起铺平了道路。因为教会分裂造成了西欧各地不同的民族认同。在宗教战争开始以前，作战主要是国王和贵族的事，与普通百姓无关，然而，在天主教分裂以后，不

---

① 有学者认为，"赎罪券"应译为"大赦证明书"（indulgence letter），只是免罚，而不是免罪。在《九十五条论纲》中，马丁·路德接受教会有权颁发大赦（41、48、91条），用金钱去换取大赦是其中的一个办法（47条），但不是最好的办法；生命有真实的改变，对他人的爱心增加，周济贫困的人才是最重要的（36、39、42—45条）。他辛辣批评的对象不是教宗，不是教会整体，不是教义，而是那些为了增加"营业额"而对大赦夸大其词的促销员（21、27、50—51、67、75、81条），参见罗秉祥（香港浸会大学宗教及哲学系教授）："五百年后，华人教会知道马丁·路德当年反对的是什么吗？——论"赎罪券"的错译"，2017年11月6日。

同信仰的百姓便带着很大的激情为捍卫自己的信仰而投入战斗。随着战争和冲突的反复出现，群体内部的认同感和排他意识也不断加强，这在很大程度上又为西欧民族主义思潮的兴起和民族国家的形成做好了准备。①

进入中世纪后期，教会的威信日益受到动摇。首先，十字军东征的失败使天主教在人们心目中的地位"缓缓地、几乎难以察觉地消失"②。接着，黑死病的流行又使人们看到了教会的无助和失职。灾难来临时，教会没有帮助人们免受恶魔的侵害，那些死里逃生的人于是改变信仰，抛弃基督教所宣扬的对"贫穷、贞洁、忠诚"的信念，开始追求现世的快乐。于是，宗教的异端改革开始出现，如英国有威克里夫改革，捷克有胡司改革。同时，意大利的文艺复兴开始。

14、15世纪的意大利文艺复兴是对教会思想的有力冲击。因为黑死病之后，意大利一度陷入停顿，一些富有的商人和贵族开始资助艺术家，创作体现世俗理念的艺术作品。许多学者和文人开始挖掘古典时期的文学作品，宣传人的价值，抨击教会的腐朽，强调人是万物灵长，新的人文主义思想就此诞生。教会虽然对此心存疑惧，但教宗本人受到文艺复兴思潮的影响，也开始雇用艺术家为教堂进行艺术创作。

马丁·路德的宗教改革导致教会的"世界主义"正式走向解体。罗马天主教（又称"公教"）出现大分裂，诞生了"信义宗"（路德教派）、"圣公宗"（英国国教派）和"归正宗"（加尔文教派）等三大"新教"派别。新教反对的不是基督教本身，而是基督教会，包括教会的组织和仪式。自威克里夫和胡司改革以来，宗教民族意识就开始出现。16世纪初，西欧在宗教问题上终于出现了南北大分裂，北方多信仰新教，南方多信仰天主教。从16世纪20年代起，路

---

① 参阅〔美〕查尔斯·蒂利：《强制、资本和欧洲国家》，魏洪钟译，上海世纪出版集团2007年版。
② 同上书，第13页。

德教派迅速向挪威（1536年）、丹麦（1537年）和瑞典（1541年）等地传播；加尔文教派则在瑞士、尼德兰、英国、法国及德国南部等地拥有大量信徒。尼德兰在皈依加尔文教派之后，开始与信奉天主教的西班牙格格不入，对西班牙人在尼德兰大肆征收捐税异常愤怒，于1566年捣毁天主教堂，发起了尼德兰革命。在法兰西，国王与教会的关系也变得复杂。1518年8月8日，弗朗西斯一世与教宗利奥十世签订协定，规定大主教、主教等高级神职人员由国王任命，教会收入的大部分也转归国王所有，许多工商业者和贵族开始信奉新教——胡格诺教。亨利二世死后，新旧两派发生冲突，胡格诺战争爆发。在1572年的"圣巴托洛缪之夜"惨案发生后，大批胡格诺教徒被杀。纳瓦拉的亨利登基后，建立波旁王朝，颁布《南特敕令》，承认胡格诺教派的合法地位。英国与天主教会之间的矛盾更是"一石激起千层浪"。亨利八世为了拥有男性继承人，曾向罗马教宗提出与来自西班牙的王后凯瑟琳离婚，但教宗不愿意得罪继承了神圣罗马帝国的西班牙王室，拒绝了亨利八世的请求。1529年，亨利八世召开英国宗教议会，以立法的形式剔除罗马教廷在英国的势力，1534年，与罗马教宗正式决裂，宣布国王本人就是英国的教宗，改英国的基督教为国教，称"圣公宗"。他不仅废除英国对教宗交纳的什一税，而且将罗马教会在英国的全部土地和财产予以没收，然后出售给贵族和工商业者。亨利八世去世后，血腥玛丽因备受压制曾一度恢复天主教为国教，但玛丽死后，继位的伊丽莎白一世又很快改"圣公宗"为国教，并宣布其为英国唯一合法的宗教。当时，支持英国国教的人曾声辩，英国负有"建立一个新教帝国"的使命，以抗衡西班牙和葡萄牙所维护的天主教帝国。[1]

总之，世俗地方主义的式微和教会世界主义的破产，使西欧开始从两个不同方向上向民族国家合拢。民族国家实际上就是在这两

① 〔英〕尼尔·弗格森："海盗、共济会、东印度公司与大英帝国的崛起"，何新按，https://wenku.baidu.com/view/1c8b697a14791711cd791700.html，2014-12-10。

股势力的相向而行中被塑造出来的。

近代民族国家兴起

1.民族国家的诞生

根据语言学的解释，民族（nation）最初的含义指"血统来源"，即naissance，①有"出生""起源"的意思，与"出身"（extraction）、"身份"或"地位"（rang）是同义词。②古罗马时期，"民族"（natio）是一个贬义词，指"来自同一地区的外国人团体"，他们比罗马公民的身份低。③在中世纪法国，"民族"则指"血缘相连的亲属团体"，例如，"来自西班牙的外籍商人"或"在某大学就读的外籍大学生"，都自成一个"民族"。④13世纪晚期，"民族"有时指"教会共同体内的某一派别"，⑤代表这个派别的个体既是这个派别在教会内部的代言人，也是这个派别的世俗代表。中世纪晚期，"民族"一词有了新的含义，专指政治精英、文化精英或社会精英，他们是文化领域或政治领域的权威。⑥在西欧，nation或 nazione比peuple、people、popolo更能唤起一种自豪感。在德国，作为"民族"的nation比volk具有更重要的意义，nation是一种内涵宽广、高深及富有个性的存在，而volk则更多表示一种消极的存在，专指少数人族群、教民和下等民众与士兵等。⑦16世纪，西欧各地在语言和文学上开始出现表达"认同"的"民族"，但还没有将"民族"

---

① 转引自徐延昭：《试论西欧中世纪晚期的"主权论"》，天津师范大学2010年博士论文，第142—143页。

② 〔英〕埃里克·霍布斯鲍姆：《民族与民族主义》，李金梅译，上海世纪出版集团2006年版，第15页。

③ 〔美〕里亚·格林菲尔德：《民族主义——走向现代的五条道路》，王春华等译，刘北成校，上海三联书店2010年版，第3页。

④ 〔德〕弗里德里希·梅尼克：《世界主义与民族国家》，孟钟捷译，上海三联书店2007年，第16页。

⑤ 〔美〕沃格林：《政治观念史稿（卷三）——中世纪晚期》，段保良译，华东师范大学出版社2009年版，第278页。

⑥ 〔美〕里亚·格林菲尔德：《民族主义——走向现代的五条道路》，王春华等译，刘北成校，第3页。

⑦ 〔德〕弗里德里希·梅尼克：《世界主义与民族国家》，孟钟捷译，第18页。

与政治相联系。①民族国家处在从"小众认同"到"大众认同"的过渡。在英国，理查三世和亨利八世的即位是在议会确认下完成的，因此议会曾明确宣称：亨利八世是"我们的主权者"。②在法国，启蒙运动和大革命发生之际，"民族"思想迅猛发展，"民族国家"的概念开始形成，"民族""人民"及"国家"三个概念开始联系在一起。现代德国学者梅尼克指出，民族有两大基础，一是"文化共同体"，二是"国家共同体"。前者是语言文化的统一体，后者是国家公民的统一体。③

　　大约从15世纪开始，西欧的民族意识开始萌芽。例如，在英国，15世纪以前这个国家同时使用三种语言，宫廷使用法语，教会使用拉丁语，民间则普遍讲古英语。④百年战争与玫瑰战争发生后，贵族损失惨重，地域性文化衰落，英国民族意识出现。首先，英语开始成为英国的官方语言。亨利五世（1413—1422年在位）是第一个在私人信件中使用英文的国王，从此，王室开始采用英文颁布法令。同时，英语文学开始正式成为英国的民族文学。乔叟是第一个采用英文进行写作的英国作家。他用英文创作了《坎特伯雷故事集》。英国出现英语标准化运动。在宗教改革运动的推动下，英国最终出现用英文而不是用拉丁文出版的《圣经》。除语言外，大学、科研和各种文学艺术活动越来越多地受到世俗力量的赞助，不断走向国家化和民族化。议会和其他代议机构逐渐取得立法权，成为国家最高立法机关，从此，世俗的法律意志开始取代教会的上帝意旨。这一时期，德国人古登堡（Gutenberg，1398—1468年）发明了活字印刷术，西欧的图书生产迅速上升，一次印刷量可达4500册。至16世纪中叶，威尼斯累计出版2万种不同的书籍，通过向公众提供乐谱、地图、医学书籍和希腊经典著作的译文，活跃了欧洲的文化和

①　G. L. Mosse, *Europe in the Sixteenth Century*, New York: Longman, 1968, p. 267.
②　J. W. Mckenna, "The Myth of Parliamentary Sovereignty in Late-Medieval England", *The English History Review*, Vol. 94, 1979, pp. 168-169.
③　〔德〕弗里德里希·梅尼克：《世界主义与民族国家》，孟钟捷译，第18页。
④　刘成："欧洲民族国家的形成及其意义"，《历史教学》2008年第5期。

知识分子生活。^①在英国200多万人口当中，已经有50万人具备阅读的能力。^②英国戏剧文学的发展开始进入鼎盛时期，莎士比亚成为这一时期英国文学发展的高峰。

英法百年战争也唤醒了法兰西人的民族意识。这场战争原本只是君王之间争夺继承权的战争，但是，贞德的参战为战争带来了不同的意义。诚如斯蒂芬·里奇（Stephen Richey）所说："她将一场原本枯燥乏味、普通人民深受其害但却不感兴趣的王朝间的冲突，变为一场热情激昂的保家卫国的圣战。"^③战争胜利后，巴黎方言成为整个法国通用的语言，现代法语出现。同时，以巴黎为中心的全国统一市场也正在形成。斯大林曾经说："民族是人们在历史上形成的一个有共同语言、共同地域、共同经济生活以及表现于共同文化上的共同心理素质的稳定的共同体。"^④

从16、17世纪起，西欧的"国籍"意识开始出现。当时，"本国人"与"外国人"的划分取代了中世纪的"自由人"与"非自由人"的区分。弗朗西斯·培根（Francis Bacon, 1561—1626年）曾经说："人依据出身只能分为两种，一是外国人，二是本国出生的人。"爱德华·柯克爵士（Sir Edward Coke, 1552—1634年）则认为："每个人不是外国人，就是本国臣民。"^⑤要知道，直到15世纪，托马斯·德·利特尔顿（Thomas de Littleton, 1407—1481年）在《土地保有新论》一书中还将外国人与维兰放在一起，"因维兰不受王室的法律保护，外国人的行为在法律上也受到限制，不在国王的庇护范围内，无权享有英国法律赋予臣民的一切权利。"^⑥

关于欧洲现代民族国家兴起的原因，美国现代社会运动的理论

---

① 〔英〕安格斯·麦迪森：《世界经济千年史》，伍晓鹰等译，第45页。
② 刘成："欧洲民族国家的形成及其意义"，《历史教学》2008年第5期。
③ 转引自李季："浅析贞德的典型意义"，《科学中国人》2015年第23期。
④ 〔苏〕斯大林：《马克思主义和民族问题》，人民出版社1954年版，第6页。
⑤ Keechang Kin, *Aliens in Medieval Law, the Origins of Modern Citizenship*, Cambridge University Press, 2004, pp. 4—5.
⑥ 边瑶："新君主制——15—17世纪的西欧政府"，天津师范大学2011年博士论文，第67—68页。

巨擘查尔斯·蒂利（Charles Tilly，1929—2008年）提出了自己的看法。他在《强制、资本和欧洲国家》一书中认为：欧洲国家形态的发展与战争形式的改变有很大的关系。现代世界上的绝大多数国家都是民族国家，作为一种形态，却是在欧洲率先兴起的。在前现代世界，各地普遍存在着帝国、城邦、王国和教会国等多种类型的国家，为什么欧洲会出现"民族国家"？蒂利认为，这是因为欧洲的国际政治在1000年以后发生了很大的变化。在1000年伊始，欧洲强国大多是占地广阔而商品经济不发达的国家，而出现于内地的农业国如波兰则比较专制。可是，在以后的时间里，那些经济发达、资本密集、政治自由而地域有限的城邦国家，如比利时、威尼斯和佛罗伦萨等，则成为欧洲政治发展的主导力量。在1300—1500年之间，连绵不绝的战火燃遍欧洲大地，出现诸如百年战争、苏格兰战争、玫瑰战争，瑞士、波希米亚和佛兰德等地反抗封建领主的战争、匈牙利人抗击土耳其人的战争、意大利城邦与教廷之间的战争、西班牙抗击摩尔人的战争以及15世纪末法国对意大利的侵略战争等，正是经由这一系列战争，欧洲现代各个民族得以成型。17世纪以后，早期的城邦国家相继衰落，那些占地很广，又有大城市，既有自由城市经济，又有农业经济的专制国家，便成了欧洲的霸主。18世纪，特别是在法国大革命之后，民族国家成为欧洲国家发展的普遍形态。

查尔斯·蒂利把中世纪以来的欧洲战争分为四个阶段，即"骑士战争""雇佣军战争""常备军战争"和"民族战争"。不同形式的战争对国家能力有不同要求，在这四种形式的依次交替过程中，国家的能力不断提升，它主要体现在社会资源的供给上。"整个近代早期，战争的进行对社会资源形成日益增加的声索。"[1] 越是后期出现的战争，越要求整个社会以民族的形式进步，士兵为自己的民族而战。近代国家就是这样形成的。

---

[1] Richard Lachmann, *Capitalists in Spite of Themselves*, New York, Oxford: Oxford University Press, 2000, p. 145.

在骑士战争阶段，国王的力量弱，没有财力维持一支常规军队，参战的骑士与国王之间存在一种契约关系，国王授予骑士封地，骑士需要响应召唤为国王作战。这一时期，拥有骑士的数量决定着国家的强弱，而骑士的多少又与国家的大小和人口的多少呈正比，因此，幅员辽阔的国家往往在战争中胜出。

14世纪以后，瑞士长矛兵的兴起及火器的发明使骑士式微。这个时期，城市经济已经发展起来，国王变得富有，有能力招募一支雇佣兵进行作战。15—17世纪是欧洲雇佣兵最兴盛的时期。据记载，16、17世纪的瑞士雇佣兵最有名，17、18世纪的德国黑森－卡塞尔人是欧洲最优秀的雇佣兵。[1]这一时期，决定国家强弱的不再是地域和人口，而是经济实力，那些富裕的城邦在战争中占据优势。但是，雇佣军认钱不认人，如果不能及时提供军饷及给养，又很容易发生兵变。

经过几百年的战争洗礼以后，进入17世纪，欧洲不少国家对国民的控制力增强，财政状况也大为改善，因此，常规军队建立起来。常规军作战成为17世纪欧洲战争的主要形式。那些既拥有大城市、又占据周边大片地区的国家，逐渐在战争中胜出。而那些纯粹的城邦国家因战争规模越来越大，武器越来越先进，战争费用开始变得捉襟见肘。更重要的是城邦对境内的百姓没有专制能力，也没有足量的人口可供建立大规模的常规军队，因此变得衰落。

当然，常规军队建立以后，还要考虑士兵的战斗力。如何使士兵勇敢地投入战斗？除了实行严厉的奖惩制度之外，还要让士兵在心目中为自己的民族而战，培养士兵的民族自豪感。民族主义就是在这种背景下应运而生的。拥有民族主义情怀的法国农民，打起仗来非常勇敢，在战争过程中可以所向披靡，各国争相效仿，于是，民族主义精神便成了历史的发展潮流。[2]这就是蒂利关于民族国家形成的观点。

---

[1] 许二斌：“1677—1815年黑森－卡塞尔的雇佣兵事业”，《世界历史》2011年第2期。
[2] 参阅〔美〕查尔斯·蒂利：《强制、资本和欧洲国家》，魏洪钟译，上海世纪出版集团2007年版。

蒂利的观点具有很大的权威性。20世纪70年代中期以前，西方历史社会学界推出一系列研究国家学说的名著，如摩尔的《民主与专制的社会起源》、安德森的《从古代到封建主义的过渡》和《绝对主义国家的系谱》，以及沃勒斯坦的《现代世界体系》等。20世纪70年代中期以后，西方学术界又推出冯纳（Finer）、麦克尼尔、迈克尔·曼（Michael Mann）、唐宁（Downing）、珀特曼(Ertman)等人的著作。他们开始考察国家力量，特别是军事力量，在现代化过程中发挥的作用。但是，相较于这些学者，蒂利论点的准确性及覆盖的范围要大得多，运用的方法也灵活得多，处处显示出"大家"风范。20世纪80年代以来，特别是近些年来，对近代以来国家形成的研究，有人开始强调各文明间的相互影响，或者从人口构成以及新大陆之发现的角度看"西方的兴起"，或者把西方社会的兴起归结为"关键性技术的突破"，甚至从不同社会中女性的地位来寻找"西方兴起"的突破口。然而，所有这些新的探索基本上都没有超越以蒂利为代表的那一代人的努力。

2."新君主"的亮相

封建领地整合为民族国家以后，封建王国的"有限君主"变成新时代的"绝对君主"。他不仅是一个国家的最高政治领袖，也是一个国家的最高精神领袖，又称"新君主"。

新君主与旧君主的不同在于，旧君主只是贵族阶层的利益代表，属于贵族群体第一人，其与贵族之间的关系差不多是兄弟之间的关系，国王并不能完全驾驭贵族，在多数情况下只能是一个"虚君"。然而，在新君主出现以后，贵族作为一个阶层差不多已经消失，取而代之的是纳税的臣民，这个包括官僚、贵族地主、工商业者、自由农民、城市平民等在内的新社会阶层当中，君主的权力开始凌驾于所有臣民之上，甚至不受议会或法律的约束。因此，随着国家的强大，君主的权力也变得强大，二者几乎是同步的。

首先，新君主出现后，国家的统治机构发生变化，国王的宫廷变成了政府。政府是国家的最高行政机构，国王是政府的最高首脑。

旧的王室管理模式向新的政府管理模式转变以后，旧的贵族统治下的领地转变为政府管理下的地方行政单位。

其次，国家的司法制度发生变革。在英国，早在爱德华一世统治时期，各郡已经出现"治安监护人"（keepers of the peace），1329年，这些人变成"治安法官"（justices of the peace），他们可以审判被控犯重罪者；1388年，治安法官须每年在郡首府会面4次，组成"季审法庭"（Quarter Session），审判民事法庭或特许法庭（franchise court）集中到治安法官手里的案件。治安法官一般由国王从贵族和小地主当中任命。此时，百户区法庭已经消失，郡法院仅审理无关紧要的民事案件，治安法官成为地方政府的实力派人物。①此外，"衡平法"（Equity Law）开始出现。衡平法与普通法的不同在于：普通法按惯例审判，而衡平法则吸收了罗马法的原则；普通法的诉讼程序繁杂僵化，而衡平法的诉讼程序简单灵活；普通法更多涉及的是损害赔偿，而衡平法更多涉及的则是私法领域。总之，治安法官和衡平法有利于整个国家的治理。英国虽然未能在这个时期培育一个专业化的官僚体制，却为臣民提供了一个维护司法正义的职责与权利。②

再次，国家的税收制度发生变革。新君主出现后，国王的财政不再依赖王领和贵族的"赞助金"，而是向全民征收财产税和人头税，包括关税，并且开始对商人阶层区别对待。1303年，爱德华一世向外国商人征收的关税比本国商人更重。至中世纪晚期，英国政府开始对外国商人加征带有歧视性的苛捐杂税。③1453年，议会批准王室享有羊毛税、桶税、磅税和布匹税的征收权利。④亨利四世的年关税收入达到30,000英镑，15世纪70年代增加到35,000英镑，

---

① 〔美〕布莱恩·蒂尔尼、西德尼·佩因特：《西欧中世纪史》，袁传伟译，第494页。
② 〔英〕马克·阿莫诺："中世纪晚期英国国家的形成1250—1450"，孟广林、汪鹏译，《中国人民大学学报》2014年第1期。
③ 同上。
④ 〔英〕M. M. 波斯坦等主编：《剑桥欧洲经济史》（第三卷），周荣国等译，第269页。

关税成为王室财政最重要的组成部分，与王领收入持平，[1]甚至超过王领收入。[2]英、法两国在税制问题上的不同在于，英国农民因未确立对土地的自由持有权，一定程度上剥夺了王室对农民的征税权。[3]在法国，根据1445年颁布"索米尔法令"（Ordinance of Saumur），"战争和内战使法国君王的领地卷入了毁灭和一无所有"，因此，国王可以向全国居民征税。1460年，君王"特殊税"收入超过世袭收入的33倍，路易十一时达到了45倍。[4]而百年战争初期，法国王室的财政收入只能依靠"临时拼凑"，1370年，查理五世统治时期，可以征收平民税（taille）、国库税（aides）和盐务税（gabelle），到查理七世时期，平民税和国库税不再是"特殊税"，改由王室按常例征收，并且税率由王室决定。查理七世晚期，平民税达到120万里拉，约占政府总收入的三分之二；路易十一统治的1481年，平民税高达460万里拉，占政府总收入的85%。[5]其后，为征收平民税，巴黎政府越来越多地使用军队到乡下征缴，为了征收布列塔尼地区的平民税，甚至不惜试图毁灭当地的语言和文化。"法国中央集权开始越来越多地作为一个'阶级'或'独立的剩余榨取者'来发展。"[6]

最后，国家的军事制度发生变革。早在蒙古人西征时期，为对付强大的蒙古军队，欧洲的雇佣兵制度已经出现。14、15世纪，雇佣兵更是在欧洲大行其道。百年战争期间，阿金库尔战役发生时，英军以5000人的雇佣兵消灭了法军20,000人的重骑兵，雇佣兵的优势被淋漓尽致地发挥出来。在1346年发生的克雷西战役中，爱

① F. 迪茨：《英国政府财政（1485—1558年）》，第12—13、25页，转引自〔英〕M. M. 波斯坦等主编：《剑桥欧洲经济史》（第三卷），周荣国等译，第270页。
② B. P. 沃尔夫："约克国王统治下的英国王室地产的管理"，《英国历史评论》第71期，第1—27页，转引自〔英〕M. M. 波斯坦等主编：《剑桥欧洲经济史》（第三卷），周荣国等译，第269页。
③ 〔美〕罗伯特·布伦纳："前工业欧洲农村的阶级结构和经济发展"，尚信摘译，《世界历史译丛》1980年第5期。
④ 〔英〕M. M. 波斯坦等主编：《剑桥欧洲经济史》（第三卷），周荣国等译，第270页。
⑤ 同上书，第271页。
⑥ 〔美〕罗伯特·布伦纳："前工业欧洲农村的阶级结构和经济发展"，尚信摘译，《世界历史译丛》1980年第5期。

德华三世的长子"黑太子"第一次在战斗中使用火器，使法国的骑士再受重创。此后，由募兵和雇佣兵组成的常备军出现，逐渐取代查理·马特创制的重骑兵。这些常备军士兵使用英国人特制的"长弓"，并配置燧发枪和炮兵等火器，使战争态势发生彻底改变，冷兵器时代开始向火器时代过渡。胡司战争发生后，捷克军队的建置与配置越来越规范，为欧洲各国所效仿。从此，城墙和甲胄的防卫功能渐渐失去。

当然，新君主出现后，欧洲的议会制度并没有消失，但议会的独立性越来越小，开始追随王权，成为王国政府的一部分。中世纪盛期，议会是国王临时召集的议事机构，目的是解决国王的筹款难题，但国王的权力受到限制。1341年，平民和骑士构成的议会方组成"众议院"（House of Representatives），开始在议会中发挥重要作用，而议会中的教士代表则越来越少。爱德华三世统治末期，议会中的教会席减少到主教21席，正副修道院长27席，下层教士在议会中已销声匿迹。①随着国家事务的增多，国王须经常性地把贵族和有钱人召集起来，商议筹款事宜，因此，议会的作用越来越大。爱德华三世时期，当众议院感到需要起草新法令时，就递交一份请愿书给上议院（House of Lords），如上议院通过，同时又被国王采纳，就成为一条法规。这样，主要由众议院起草法规的做法便成为一种惯例。②但是，自亨利八世继位以后，特别是自伊丽莎白继位以来，议会的作用便减弱，虽然与国王之间有矛盾，但基本上处于容忍和默许状态。

15、16世纪期间，新君主的权力受到欧洲思想界的大力追捧。百年战争之后，随着瓦卢瓦王室势力的膨胀，法国君主的专制程度不断加强，作为传统对手的英国又陷入玫瑰战争之中，因此，法兰西有机会争夺欧洲的霸权。因意大利城邦极度富裕，法国把进攻的

---

① 〔美〕布莱恩·蒂尔尼、西德尼·佩因特：《西欧中世纪史》，袁传伟译，第492—493页。

② 同上。

目标定在意大利。这个时期的西班牙也非常强盛，一是得大航海之利，占领整个美洲；二是继承了神圣罗马帝国的皇位，拥有包括奥地利、尼德兰等在内的欧洲广大地区，也把战争的目标指向意大利。于是，法、西之间发生三次争夺意大利的战争。意大利城邦和教宗国为维护自身利益，先后与法、西两国结盟，各方都动员大量的雇佣兵，作战规模空前。最终，西班牙国王查理五世迫使法国国王弗朗西斯一世屈服，承认意大利为西班牙的附庸。战争期间，佛罗伦萨的马基雅维利（Machiavelli，1469—1527年）曾给该城的统治者美第奇家族写过《君主论》一书，劝告统治者为了国家的利益可以不择手段。法国的博丹（Jean Bodin，1530—1596年）也撰写了《国家六论》一书，提出"国家主权论"的思想，公开宣扬王权是维护和平与秩序的支柱，必须千方百计地得到加强，并且将国王提升到各宗教与政治派别之上，使之成为整个国家的凝聚力的核心。[①]1640年，英国内战爆发以后，霍布斯（Thomas Hobbes，1588—1679年）又完成《利维坦》（Leviathan）一书，呼吁君主要"像利维坦这个海中巨兽一样变得强大"，因为国王的身体就是国家本身，国王的头脑就是国家的意志。

二、重商主义理论的问世

民族国家出现以后，其治理国家的经济理论也随之确立，这就是重商主义。

什么是重商主义？

所谓重商主义（Mercantilism），就是"商业至上"或"贸易至上"，也称"商业本位"。重商主义的确立，说明民族国家开始把商业作为国家发展的核心理论。这个理论最早出现在15世纪的意大

---

① W. F. Church, *Constitutional Thought in Sixteenth Century France*, pp. 221–222，转引自徐延昭："试论西欧中世纪晚期的'主权论'"，天津师范大学2010年博士论文，第128页。

利，其核心思想是：追求贸易顺差，积累更多的金银。它是基于一个信念，即一个国家的国力是通过贸易顺差来实现的，即出口额大于进口额，由此获得更多的财富。此外，政府应参与并控制国家经济，以便削弱和打击对手的实力，增强本国的实力。重商主义者非常强调金属货币，认为"货币是衡量国家富裕程度的标准"，"任何一个国家都把积累金银视为通向富裕的捷径"。①

重商主义产生的背景是追求更多的商业资本和货币积累。当时，在意大利城邦的影响下，追求商品生产的更快发展，追求商业资本的迅速增加和货币资本的不断积累，已成为欧洲一股不可抗拒的社会潮流。重商主义反映了自然经济向商品经济过渡所带来的变化。新经济的发展已引起社会各阶层的重大变化，旧式贵族变成了商人，他们开始抛弃封建时代的经院哲学和伦理规范，用世俗的眼光看待生活，依据商业资本家的经验观察和分析社会经济现象。重商主义就是从考察商业资本的运动出发，从流通领域研究货币－商品－货币的运动规律，总结资本产生的过程。

重商主义理论包括以下方面的内容：（1）货币顺差。该理论认为，金银贵金属是一个国家必不可少的财富，一切经济活动的目的就是为了获取贵金属。除了开采金银矿以外，对外贸易是获取贵金属的真正来源。因此，要使国家变得富强，就必须尽量使出口大于进口，只有贸易出超才会导致贵金属的净流入。一国拥有的贵金属越多，国家就会越富有、越强大。政府应该竭力鼓励出口，不主张甚至限制商品，特别是奢侈品的进口。（2）贸易顺差。该理论认为，国际贸易是一种"零和游戏"。所有贸易参加国不可能同时出超，而且任一时点上的金银总量是固定的，所以一国的获利总是基于其他国家的失利。因此，对外贸易必须保持顺差，即出口必须超过进口。（3）国家保护。重商主义者认为，不可能所有国家同时都有贸易顺差，在任一时点上黄金总量也是固定的，所以一个国家的收益是以

---

① 〔英〕亚当·斯密：《国富论》，谢祖钧译，商务印书馆2007年版，第278页。

另一个国家的付出为代价的。国家必须对贸易提供保护。

但是，重商主义强调的不仅仅是贸易顺差，而是有更深层的含义，实际上是与民族国家的形成紧紧联系在一起的。德国新历史学派的创始人古斯塔夫·冯·施穆勒（Gustav von Schmoller，1838—1917年）说："至关重要的是作为统一有机体的真正的政治性经济的创造，其中心应该不仅仅是通向四面八方的国家政策，而更是一种团结情绪的活的心跳。设想出重商主义的他将明白，在其内核当中除了国家的形成——并不是狭义上的国家形成，而是国家形成与民族经济的同时出现——除此之外，将什么都不是。现代意义上的国家形成在创造出一个政治共同体的同时，还创造出一个经济共同体，由此赋予它一个被拔高的意义。这个体系的实质不在于某些货币学说，或贸易平衡理论，也不在于关税壁垒、保护性关税或航海条例，而在于某些更伟大的东西——即整个社会及其组织的转型，还有国家及其制度的转型，一种地方性或领地型的经济政策被民族国家的经济政策所替代。"[①]

总之，意大利的城市共和国因重商而富裕；新的民族国家作为一个民族性的邦国，择善而从，也必须强调重商。

西欧民族国家为什么"重商"而不"重农"？

坎宁安（Cunningham）曾经说：采取重商主义的手段和目的都是为了建立"一个强壮的民族国家"。[②]

欧洲民族国家之所以选择"重商"，当然与其农业发展的先天不足有关。其一，欧洲的地表是在冰川融化以后形成的，土壤受风化作用的时间短，大部分地区是冰川侵蚀平原，土层较薄。同时，欧洲的地形较平坦，水流冲击作用小，带到下游的土壤也比较少。其二，欧洲的气候条件也不利于农业，其大部分地区为温带海洋性气

[①] Gustav von Schmoller, *The Mercantile System and its Historical Significance*, New York, London: Macmillan & Co., 1896, p. 50.

[②] Lars Magnusson, *The Political Economy of Mercantilism*, New York: Routledge, 2015, p. 23.

候，阴雨天多，光照不足。同时，受西风带影响，不太适合农作物
种植，只在法国西南部因靠近亚热带地区有较为发达的种植业，其
他地区的土壤则肥力不强。但是，因雨水丰富且均匀，非常适合优
质牧草的生长，所以，欧洲的畜牧业发达。[①]其三，欧洲大陆三面环
海，海岸线漫长，多良港，拥有发展商业的先天条件。

但是，先天条件只是加重了欧洲的重商倾向，欧洲的发展并不
是一定要向着重商的方向迈进。其之所以选择重商在很大程度上是
由历史传统决定的。因为"契约"规则的存在，欧洲经济在中世纪
时期就存在着"竞争"，这样的环境只能使新君主优先选择发展商
业，而不是农业。

中世纪的西欧已经不是一个地道的"重农"社会，这里没有
"重农抑商"的倾向。西欧中世纪的经济史研究证明，其农业实际
上是随着商业的发展而成长起来的，在商业未发展以前，其农业是
很落后的，基本上处在游猎或游耕阶段。等到商业和城镇大规模兴
起以后，其农业才以庄园或农庄为单位迅速发育发展起来。在黑死
病出现之后，庄园即走向解体，谷物种植意义上的农业也随之衰落，
取而代之的是畜牧业。这种农业在很大程度上是一种"实业"，属于
商品型农业。所以，在西欧社会里，其商人、商业的地位很高。斯
塔夫里阿诺斯说："在中国和印度，商人被看作不受欢迎的下等人，
没人瞧得起；在西北欧，商人却很有地位，而且随着时间的推移，
他们的财富不断增加，政治权力逐渐增强。在中国，各时代的商人
在衣服穿着、武器佩带、车马乘坐和土地占有等方面受到各种限制。
他们运送商品往返各地的作用被看作非生产性的和寄生性的，他们
被置于社会等级的底层。印度的情况也一样。由于印度教强调抛弃
财产，商人不可能有任何声誉。在印度，理想的人不是整天忙碌于
发财致富、营造宅邸的商人，而是端坐在蒲席上、吃大蕉叶做的食
物、保持对物质财富无动于衷的神性主义者。因此，东方任何帝国

① "欧洲土壤肥沃吗？"，http://wenda.so.com/q/1363324681067200，2013-03-14。

的商人都绝无上升为当权者的机会。在中国，学者进行统治；在日本，武士进行统治；在马来西亚诸国和印度拉杰普特人的一些土邦里，地方贵族进行统治。但是，没有一个地方是由商人统治的。"但是，"在西北欧，商人不仅经济力量而且政治力量都在稳步增长。在那里，商人正在成为伦敦的市长、德意志帝国诸自由城市的参议员和荷兰高贵的养老金的领取者。这样的社会地位和政治关系意味着，在西北欧，对商人利益和海外冒险带来有较多的关心，而且，国家予以较始终如一的支持。"①因此，"在西北欧，商人阶级逐渐赢得在欧亚其他地区无可比拟的社会声望和国家支持。"②

黑死病发生之后，过去的依附农在不流血的背景下变成小农或公簿农。这些农民在获得人身自由之后，并没有走中国式的"以农为本、安居乐业"的自耕农道路，而是向着经营性农场的方向转化，这种现象在英国、尼德兰和法国等地区表现得尤为明显。这样的农民在一定程度上已经与作为货币阶层的市民或商人连成一气。在民族国家形成过程中，新君主必然与这些人走到一起，特别是与城市和市民联盟，通过发展商业使王权变得强大。因此，斯塔夫里阿诺斯说："法国和英国的君主们所拥有的新力量，多半来源于他们与新兴的商人阶级所结成的非正式联盟。"③

民族国家形成之际，领主之间的竞争变成国王之间的竞争。领主与商人之间的关系变成国王与商人之间的关系。但国王作为领主的集大成者，其相互之间的竞争必然比以前更加激烈。中世纪时期，西欧处在分散状态，政教分离，罗马教会可以对贵族的私战进行限制，战斗一般不会无限制地进行下去。可是，民族国家出现后，教宗和教会的权威大大减弱，国家之间的竞争失去了控制，竞争更加激烈。在这种背景下，各国必须大幅度地提升国力，因此，重商主义成为更加重要的选择。

---

① 〔美〕斯塔夫里阿诺斯：《全球通史——1500年以后的世界》，吴象婴、梁赤民译，第30页。
② 同上。
③ 同上书，第29页。

这个时期，欧洲虽然出现了新型的民族国家，但政治上仍然四分五裂，国家总是处在"一切国家与一切国家的战争"状态。这样的竞争使国家需要不断地集中权力，锐意革新，进行近代性的"政权建设"工作。同时凝聚国民的力量，培养国民对国家的忠诚。这就是近代民族主义的起源。随着战争绵延不绝，战争规模不断扩大，军事体制也不断变革，军费开支不断膨胀，给各国都带来巨大的财政压力。希克斯教授指出："重商主义"标志着一种发现，即经济成长可以用来为国家的利益服务。当君主们开始认识到可以把商人用来当作为他们的非商业的目的服务的工具时，他们才变成"重商主义"者。①

重商主义理论的系统问世

重商主义理论的发展经历了早期和晚期两个阶段。早期重商主义产生于 15—16 世纪中叶，以"货币差额论"即"重金主义"为中心，强调少买。该理论的代表人物是英国的威廉·斯塔福德（William Stafford，1554—1612 年）。他写了阐述"货币差额论"的《论英王国公共福利》一书，但是，该书的真正作者据考证是托马斯·史密斯（Thomas Smith，1513—1577 年）。②作者主张采取行政手段，禁止货币输出，反对商品输入，以贮藏尽量多的货币。一些国家还要求，外国人来本国进行交易时，必须将其销售货物的全部款项用于购买本国货物或在本国花费掉。托马斯在其撰写的《论公共福利》一书中写道："我们必须时刻注意，向外国人购买的不要多于向他们售出的，否则将使我们自己受害而对外国人有利。如果他不是一个能干的农人，又没有其他年收入，只能靠农事生活的话，他才会在市场上买得比卖得多。问题的要害在于，这样做了，我们才可以将大量财富保存在王国之内。"③

---

① 转引自何帆："市场经济的起源：读希克斯的《经济史理论》",《国际经济评论》1997 年第 1 期。

② 晏智杰：《亚当·斯密以前的经济学》，北京大学出版社 1996 年版，第 17—18 页。

③ 同上书，第 19—20 页。

16世纪下半叶至17世纪，重商主义理论进入发展的晚期阶段。这个阶段的中心思想是"贸易差额论"，强调多卖，其代表人物为托马斯·孟（Thomas Mun，1571—1641年）。他认为对外贸易必须做到商品的输出总值大于输入总值，即卖给外国人的商品总值应大于购买他们商品的总值，以增加货币流入量。他在《贸易论——论英国东印度贸易》一书中说："商品贸易不仅是一种使国家之间交往具有意义的值得称誉的活动，而且，如果某些规则得到严格遵守的话，它还恰恰是检验一个王国是否繁荣的试金石……那些极力使出口超过进口，并且尽量使用外国产品的王国，也是这样繁荣起来的。因为，毫无疑问，这多出口的部分是必须用货币支付的。"[①]16世纪下半叶，西欧各国力图通过"奖出限入"即实施奖励出口、限制进口的政策措施，保证对外贸易出超，以达到金银流入的目的。

重商主义是最初的资本主义经济学，产生和发展于欧洲的资本原始积累时期，反映了这个时期商业资本的利益和要求。它对资本主义生产方式进行了最初的理论考察，是15—18世纪初普遍受到推崇的一种经济哲学。在历史上，重商主义的政策、理论曾促进了资本的原始积累，推动了资本主义产生方式的建立与发展。同时，它也促进了商品货币关系和资本主义工场手工业的发展，为资本主义生产方式的成长与确立创造了必要的条件。历史上对国际贸易的研究和理论最早几乎都是出自重商主义学派的著作。

三、西欧重商主义的早期实践

英国的重商主义国策

从都铎王朝开始，英国全面施行重商主义政策。在都铎王朝以前，英国在欧洲还是一个不受重视的"中农化"国家，毛纺织业作

---

① 晏智杰：《亚当·斯密以前的经济学》，第29页。

为支柱产业虽有所发展，但远远不及佛兰德和佛罗伦萨。都铎王朝的统治者认识到，"使国家富强，使自己显赫"的首要条件就是迅速发展以呢绒业为核心的工商业。至"童贞女王"伊丽莎白一世宣布"同国家结婚"以后，伊丽莎白成为英国历史上最有力的重商主义的推动者。

1. 呢绒的出口加大

都铎王朝的建立者亨利七世（1485—1509年在位）曾三令五申颁布法令，禁止羊毛特别是优质羊毛的出口，甚至禁止半制成品的呢绒出口。他与尼德兰缔结的"大通商"条约恢复了两国之间正常的贸易关系。从此，英国将廉价的呢绒产品倾销至尼德兰，加速了尼德兰呢绒业的衰落，却推动了英国呢绒业的发展，促进了以伦敦－安特卫普为中心的对外贸易的加强。亨利七世因此赢得"商人国王"的称号。其继任者继续推行他的这一政策。到16世纪末，呢绒业成为普及英国城乡的"全国性职业"。据统计，英国从事呢绒业的人口近200万，占当时英国总人口的一半。15世纪中叶，其呢绒出口的数量为5.4万匹，16世纪中叶增加到12.2万匹，17世纪初一直稳定在11万匹左右。1660年，羊毛及羊毛制品的出口量占到全部出口的3/4，甚至9/10。1700年，毛织品的出口值达280万英镑，占出口总值的4/5。[1]直到棉织业异军突起之前，呢绒业一直是英国的支柱产业，使英国在1660—1700年"首先成为一个依赖自己的世界贸易库"。[2]

英国呢绒销售的对象除尼德兰之外，还有意大利、西班牙、德意志、法兰西等，甚至远至波罗的海沿岸国家、俄罗斯乃至亚洲、非洲等地。为保证销售的畅通，英国需要建造大量的海船。15世纪以前，英国拥有的百吨以上的海船很少。为了扩大远洋贸易，亨利七世奖励船主建造大船，规定凡是建造出百吨以上的新船者，每吨奖5先令的津贴。1558年的《航海条例》又规定，政府对造船业给

① 顾銮斋："资源、机遇、政策与英国工业化的启动"，《世界历史》1998年第4期。
② 〔美〕伊曼纽尔·沃勒斯坦：《现代世界体系》（第二卷），尤来寅等译，第113页。

予资助，船只建造可以获得相应的政府津贴。在政策鼓励下，英国的造船业无论在船只的数量，还是在船只的航行能力都获得长足的进步。1571—1576年，英国制造了51艘百吨以上适合远洋的船只，1582年，达到177艘，1601—1602年，进出伦敦的船只当中有一半属于英国制造。英国立法又规定：英国商品的进出口只许用英国船只装载，限制外国商船装运。

2.圈地运动的发生

在呢绒出口政策的推动下，英国本土又同时出现圈地运动，大规模的圈地养羊运动开始。

呢绒工场的大批建立使羊毛的需求量激增，羊毛价格上涨，养羊成为一本万利的事业。贵族和乡绅为追求高利润，将许多公有的"敞地"甚至农民正在耕种的土地圈围起来，变成养羊农场。许多农民因此丧失家园，变成流民。亨利八世在位时期，又于1536年和1539年两次颁布查封修道院的法令，将其包括土地在内的全部财产均收归国有。这些地产除了一部分赏赐宠臣之外，大部分又拍卖给资产阶级和新贵族，英国的圈地运动进一步发展。

这个时期，英国的土地贵族迅速发生分化。一些贵族开始变得入不敷出，以致债台高筑，纷纷陷于破产。到16世纪末，靠亨利八世宗教改革分得土地的38家贵族中，有22家负债累累，一些人不得不采取先质押后变卖土地的办法来还债。这样一来，贵族庄园的数量越来越少。据统计，在1559年底，整个英国尚有3390座庄园，到1620年底，只剩下2220座。其中拥有40座以上庄园的大贵族从39家减少到19家。① 这个情况反映，英国旧的封建土地所有制正在向新的资本主义土地所有制转化，土地的商品化趋势日益加强，土地的自由买卖与转让正在流行，王室和贵族都在公开出售土地。在土地制度转变过程中，大部分土地转移到了新贵族、资产阶级和富裕农民手中。获得土地的新兴阶层采用资本主义的经营方式生产羊

---

① 刘程："西欧重商主义保护原则的历史探源"，《山东财政学院学报》2014年第1期。

毛和农产品，不断满足市场的需要。因此，圈地运动是一场为"资本主义生产方式奠定基础的变革的序幕"。

3.统一的国内市场的形成

至伊丽莎白统治时期，英国迅速发展成为欧洲强盛的国家之一，其人均消费水平大大提高，统一的国内市场开始形成。

据穆尔德鲁（Muldru）研究，1520—1600年，英国人口的增长率为29％，但家庭日用消费的增长率却高达100％以上。而且，这种消费增长不是仅仅出现在富人阶层，而是遍及整个社会，因此，英国的农产品市场正在不断增长。据威廉·史密斯（William Smith）估算，1588年，英国的农产品市场有644个；据托马斯·威尔森（Thomas Wilson）估算，1601年，英国的农产品市场有641个；又据约翰·斯皮德（John Speed）估算，1611年，英国的农产品市场有656个。[1]可是，据查德瑞斯综合各方面的统计显示，在16世纪末、17世纪初，英国的农产品市场可能有多达800个。[2]可见，其商品交换已经十分频繁。其中，伦敦已发展成为整个英国的"巨无霸"。其规模在亨利八世统治时期是诺里奇的5倍，在1600年是诺里奇的12—14倍；其人口在16世纪20年代初期有7万人，在1563年是8万5千人，[3]在1600年时已超过20万人；其世俗财富在1334年仅占全国的2%，在1515年上升到8.9%；其交纳的补助税在1543—1544年是诺里奇的30倍、布里斯托尔的40倍，相当于全国所有城镇交纳的补助税的总和；[4]其关税在13世纪初相当于全国关税总额的17%，在16世纪中期已上升到全国关税总额的80%；[5]其粮食需求在

① D. M. Palliser, *The Age of Elizabeth: England under the Later Tudors, 1547-1603*, London, 1983, p. 227.

② J. Chartres, J. Thirsk, *Agriculture Markets and Trade, 1500-1750*, Cambridge: Cambridge University Press, 1990, p. 43.

③ A. Lloyd Moote, Dorothy C. Moote, *The Great Plague: The Story of London's Most Deadly Year*, Baltimore and London: Johns Hopkins University Press, 2004, p. 10.

④ 章景平："前工业化时期英国城市的转型",《淮南师范学院学报》2003年第5期。

⑤ N. S. B. Gras, *The Evolution of the English Corn Market from the Twelfth to the Eighteenth Century*, p. 74.

1585—1586年是48,401夸脱，在1615年是68,596夸脱，在1638年便增加到95,714夸脱；[1]其进口的产品相当于全国进口产品的2/3或3/4，甚至4/5。[2]伦敦还是全国农副产品最重要的销售中心。外地商人纷纷移居伦敦。1480—1660年，在伦敦172任市长当中，只有14人出生于伦敦；在403个大商人当中，出生伦敦者不到10%；在813个公会商人当中，只有75人是伦敦出身；在389个店主和零售商当中，只有不到4%的人是伦敦原籍。[3]总之，"几乎整个英国的生产和贸易区域都在为伦敦服务"，"伦敦正在吞噬英国"。

4.海外市场的早期扩张

在重商主义政策的推动下，英国在国内市场发展的同时，还从东南西北四个方向不断开拓海外市场。

在西部方向，大航海之后，英国开始对北美的殖民。1496年3月，因为受哥伦布代表西班牙王室发现美洲的事迹所触动，亨利七世向威尼斯航海家约翰·卡伯特（John Cabot）颁发了从事远洋航行的特许状，全权授命他及其儿子开展下列行动："打着大英帝国的旗号乘船开赴太平洋东岸、西岸和北岸（南岸就不去了，以免与西班牙利益相冲突）的所有地区……以开发和探索那些对基督教教徒来说未知的、野蛮人和异教徒聚居的任何岛屿、国家、地区或者省份，无论它位于世界的哪个位置……从而攻克、占领和占据他们发现的任何有能力统治的城镇、城堡、城市和岛屿，因为我们在那里的封臣、代理总督和代表已经为我们获得了治理这些城镇、城堡、城市和岛屿的统治权、资格和司法权……"[4]1497年，当卡波特在北美发现纽芬兰之后，亨利七世便授予他"海上将军"的称号，从

---

① J. Fisher, "The Development of the London Food Market, 1540–1640", E. M. Carus-Wilson ed., *Eassay in Economic History*, Vol. 1. 1966, pp. 136–139.

② 〔法〕费尔南·布罗代尔：《15至18世纪的物质文明、经济和资本主义》（第二卷），顾良、施康强译，第19—20页。

③ 章景平："前工业化时期英国城市的转型"，《淮南师范学院学报》2003年第5期。

④ 〔英〕尼尔·弗格森："海盗、共济会、东印度公司与大英帝国的崛起"，何新按，https://wenku.baidu.com/view/1c8b697a14791711cd791700.html, 2014–12–10。

此，纽芬兰岛成为英国在北美建立的高价值的渔业区。1584年，沃尔特·雷利（Walter Raleigh）又在北美建立了弗吉尼亚垦殖区。继1588年击败西班牙"无敌舰队"之后，英国对美洲的开拓变得畅通无阻，1607年，其在北美的第一个永久性殖民地——弗吉尼亚殖民地——建立。

在北部方向，英国开始与俄罗斯建立贸易关系，并以此为基地开拓中亚市场。1553年，英国远征队向东北方向航行，到达莫斯科公国，为英国商人谋取极为有利的贸易优惠权。第二年，经玛丽女王批准，英国商人建立莫斯科公司，专门经营俄罗斯、中亚及波斯一带的贸易。1579年，英国商人又创办东方公司，专门经营波罗的海沿岸地区的贸易，迫使长期垄断该地区贸易的汉萨同盟让利英国。

在南部方向，英国开始与北非、西非国家开展贸易。亨利八世的宠臣威廉·霍金斯（William Hawkins）在1530—1532年间曾三次在几内亚进行贸易。在1551年和1552年，温德姆率领英国船队先后到达摩洛哥的扎菲亚和加那利群岛的圣克鲁斯，并在那里进行大规模的贸易。1553年，温德姆又开始在几内亚和贝宁之间航行，最终打通与北非的商业交往。伊丽莎白女王在位期间，英国在北非和西非的贸易活动更加频繁和扩大。1585年，英属摩洛哥公司成立，1588年，英属几内亚公司成立。这些地区性垄断贸易集团从事不平等的非洲贸易，乃至贩运黑奴。

在东部方向，英国建立与地中海地区的贸易往来，并进一步打通了英国与印度等东方国家之间的贸易。都铎王朝早期，英国与地中海地区开始贸易往来。1571年，西班牙与威尼斯的联合舰队战胜奥斯曼帝国的海军，英国在地中海的商业扩张更加有利。1580年，土耳其苏丹穆拉德三世表示愿意与英国通商。1581年，伊丽莎白女王正式成立黎凡特公司，允许该公司垄断对土耳其的贸易，期限为7年。女王本人还向该公司投资4万英镑，占该公司总资产的一半。通过黎凡特公司，英国每年向奥斯曼帝国出口价值约15万英镑的呢绒。16世纪80年代，英国的贸易触角伸向东方的印度。1600年，伦敦商人成立东印度公司，该公司对好望角以东的国家特别是印度享有贸易垄断权。

到17世纪，英国商人的足迹几乎遍及地球的各个方向，开始将英国经济纳入世界经济的运行轨道。

法国的重商主义举措

法国的国情与英国有所不同。其一，法国的国土面积比较大，差不多是英格兰的五倍。其二，百年战争胜利后，法国国家发展的重心放在了陆上，而不是海上。其三，黑死病之后，法国由农奴转换而来的小农拥有比英国公簿农更牢固的土地所有权。因此，重商并不是它的基本国策，在重商主义盛行的欧洲，法国一度出现重农学派。但是，重商主义仍然是法国推行的重要举措之一。

1.国税的统一征收

英法两国在税收制度方面自然存在着差异。英国重视关税，法国则重视国税。国税与封建税不同，后者主要指王领的收入，前者则包括商品税、户税、人头税、盐税、关税等。民族国家形成之际，国税代替封建税成为政府财政的主体。[1]法国之所以拥有国税收入，是因为在领地经济崩溃以后，法国农奴获得比英国维兰更稳定的土地产权，变成独立的小农，他们需要向政府交纳户税和人头税。14世纪末、15世纪初，法国国王取得了对户税（又称直接税）的控制权，一些大封建主曾被允许在领地上分享这种税权，不久即被国王收回。当然，神职人员和贵族拥有豁免户税的权利，于是，户税负担全部落在普通市民特别是农民的肩上。14世纪，英国出现一首打油诗这样写道："十五税一，在英国，滚呀滚……老百姓卖掉牛，卖掉农具又卖衣……收羊毛，更艰难；老百姓，卖家产……市场上，人稀少，做买卖，难上难……多少人，饥又寒。"实际上，这种情况更符合路易十一时期法国农民的境况。[2]

① 马克垚主编：《中西封建社会比较研究》，第395页。
② 〔英〕M. M. 波斯坦等主编：《剑桥欧洲经济史》（第三卷），周荣国等译，第272页。

法国的关税税种出现在14世纪早期，1369年又增设集市杂税（imposition foraine），路易十一时期开始征收进口税，但是，直到1532年，所有这些来自外贸的税收加起来仅1.5万里拉，而国税和盐税的收入则高达100万里拉。[①] 从16世纪开始，由盐税和酒税构成的消费税迅速增长，财产继承税也成为一项永久性税收，同时，由包税人征收的间接税亦是国家收入的重要一环，它们与人头税一起构成法国的主要税种。以盐税为例，1525年仅48万锂，1610年达到700万锂，1642年即黎塞留执政晚年又升至2000万锂。[②] 查理七世以前，国王征收新税须征得地方上的一致同意。后来，国王通过三级会议获得延长征税的期限，直至永久性税权的确立。

在这种情况下，法国对重商主义的实施没有英国彻底。如1560年，法国颁布法令规定："贵族经商、经营手工业，将失去贵族特权。"从而使法国农村的资金流动和农民流入城市受到很大的限制，严重影响了法国经济的发展。[③] 启蒙运动期间，法国诞生了以弗朗索瓦·魁奈（François Quesnay，1694—1774年）为代表的"重农学派"。但是，在西欧到处存在重商主义的大环境里，法国不可能完全依赖小农谋求发展，其国家发展战略中仍然存在着一系列表现为重商主义的路线、政策和措施。

2.国内市场的进一步活跃

进入中世纪后期，法国的内部交通已经得到很大程度的改善。整个道路、水桥和驿站都在进步，有连接并到达各个市镇的干净而平直的道路出现，这些道路除了正常修葺之外，还有相应的法律提供保护；损坏道路一经查明要受到惩处；还会不定期地对一些街道进行修整。新的道路系统虽然看上去还很简陋，但是与从前相比有

---

① 〔法〕R. 杜塞：《16世纪法国的体制》（第二卷），第556页，转引自〔英〕M. M. 波斯坦等主编：《剑桥欧洲经济史》（第三卷），周荣国等译，第271页。

② 张芝联：《法国通史》，北京大学出版社1989年版，第111—112页。

③ 参见朱孝远：《近代欧洲的兴起》，第180页。

相当大的改进，疾驰快车和马车都有专用车道，道路网络已覆盖整个王国。更重要的是，法国境内河流众多，水运发达，从索恩河到默兹河，从加龙河到摩泽尔河，从塞纳河到卢瓦尔河，总是可以看到一幅络绎不绝的运输繁忙的景象，全国已形成以首都为中心的巨大交通网，四大河流成为运输的大动脉。塞提尔提到："今日前往罗马、那不勒斯、伦敦或海外某地，比之去里昂或日内瓦更容易，以至于有人可循海路找寻或已找到新的土地。"①1552年，查理艾斯蒂安在《法国道路指南》一书中说："朝圣者从鲁昂到里昂只需2天，骡队往来于里昂和马赛用时一个月。"②同时，法国政府努力限制各地设置的地方关卡，取消国内贸易的障碍，确保各大贸易路线安全通畅，并推动度量衡的整齐划一。

道路改善带来了国内贸易的兴盛。15世纪末，由巴黎带动的经济圈开始呈现出活力，其吸引力远至国外。布罗代尔说，为了保证市场供应，巴黎在首都四周的广大区域组织货源。鱼和牡蛎来自迪耶普、勒克罗图瓦；奶酪来自莫城；黄油来自古尔奈；牲畜来自普瓦西及更远的纳布尔集市；面包以贡内斯的为上品。③集市贸易正遍及法国广大地区。一些天然河道被充分利用，各地之间的贸易虽然较英国落后，但仍有许多城市成为商业贸易的中心。以凡尔登为例，它是一座位于交通要道上的城市，来往车船密集，物资供应可达阿尔萨斯、里昂和法国南部许多地区。当时有关凡尔登的报告这样写道："该地因位置优越，商贸兴隆……粮食、葡萄酒和干草生意做得最大，每年11月28日举办自由交易会，在'使徒西门'诞辰和'达太节'的前八天开始，一直延续到节后的第八天。"④

不过，法国内地仍存在着很多关卡，从奥尔良运到南特的货物

---

① 〔英〕M. M. 波斯坦等主编：《剑桥欧洲经济史》（第三卷），周荣国等译，第363页。
② 〔法〕乔治·杜比：《法国史》（上卷），吕一民等译，商务印书馆2010年版，第570页。
③ 〔法〕费尔南·布罗代尔：《15至18世纪的物质文明、经济和资本主义》（第三卷），顾良、施康强译，第16页。
④ 同上书，第361页。

需要在28个关口付税。1664年，担任路易十四财政大臣让-巴蒂斯特·柯尔贝（Jean-Baptiste Colbert，1619—1683年）设立"商业事务专门委员会"，1673年颁布商业法，采取减少税卡和扩大税区的办法，统一全国的税率，增加国内贸易，并建立包括法兰西岛、诺曼底、皮卡尔迪、香槟、勃艮第等14个省在内的关税同盟。在同盟内部，撤销了关卡，实行商品流通自由。[①]

从总体上看，法国在民族国家形成之际并没有出现统一的国内市场，各种路桥通行费阻塞了贸易的内部通路。同时，就法国小农来说，大部分农民也缺少经营家庭农场的技能和投资。[②]

3.国家对工商业的大力扶持

为加快制造业的发展，法国政府还是采取了一系列扶植措施。在柯尔贝担任财政大臣期间，法国曾对手工工场主发放大量补助金和贷款，并对某些产品在产销上给予特惠权。工场主及工人可减免租税、免服兵役并获得廉价食盐。国家还拨给工场主大量土地和森林，甚至赠予贵族称号以提高其社会地位。为了保证劳动力的供应和提高工人的技术水平，柯尔贝颁布法令，严禁劳动者流出国外，同时鼓励外国熟练工匠移居法国。他先后颁发多达190项有关工业生产的法令，要求建立一个秩序井然的生产环境。对于纺织业，他不仅规定了纺、织、染等行业的标准工序，甚至还规定各种布料的长度、宽度和厚度。他还下令，对于不合格产品，要公开展示，伪劣品的制造者则要戴枷游街。他要求所有男性都要工作，孤儿院要把孤儿送入工厂，乞丐也要做工。他又对生产商和工人严加管理，并改进行会制度，使行会的规章因政府的介入而具有法律效力。最终，法国成功摆脱了对很多贵重商品的进口依赖。此外，柯尔贝还利用国家财力建立大批"皇家手工工场"，目标首先是生产奢侈品，法国开始成为世界上最主要的奢侈品供应国。这些大型集中的手工

---

① 徐鹤森："试论柯尔柏的重商主义政策"，《杭州师范大学学报》1988年第5期。
② 〔美〕乔伊斯·阿普尔比：《无情的革命——资本主义的历史》，宋非译，第129页。

工场实力雄厚，在生产和销售上享有特权，对当时法国工场手工业的发展起到举足轻重的作用。由于路易十四的积极配合，法国工业发展迅速，一些手工工场的管理已经达到资本主义阶段的生产水平，产品销往世界各地。

为加快对外贸易的发展，法国对进口商品除原料外一律加以限制，同时奖励出口，帮助本国商品在国外展开竞争。1664年和1667年，柯尔贝曾两次提高关税税率。为开拓新市场特别是殖民地市场，法国也相继建立东印度公司、西印度公司、北方公司、近东公司等贸易公司。同时，法国还大力发展航运事业，政府用津贴鼓励商船建造，提高造船能力，从而在法国建立一支大型的商船队。此外，法国还拨出巨款开凿运河，1681年，连接大西洋和地中海的南运河完成。为重振海上力量，法国又建立起一支可以抗衡英国和西班牙的强大舰队。

由于资本主义在意大利、英国和荷兰的发展很快将法国抛置脑后，法国开始正视与邻国的差距，希望通过实施重商主义的措施缩小与这些国家的差距，进而同发展先进的国家进行竞争。黎塞留、儒勒·马扎然和让-巴蒂斯特·柯尔贝都是这个时期法国著名政府首脑和财政大臣。他们执政的目标一致，先是严厉打击叛乱分子和分裂势力，稳定法国内部；再是积极推行重商主义政策，大力发展法国在欧洲的势力。用黎塞留的话说就是"使国王崇高，让王国荣耀"。

遍及欧洲的重商主义潮流

民族国家形成之际，除英、法之外，西欧各国基本上都出现了重商主义的潮流。这是与当时西欧存在的新的国际竞争形势分不开的。随着国家之间的竞争不断加剧，西欧战争规模不断扩大，战争频率不断加快，战争耗费不断加大。君主们需要动用大量雇佣军、常备军和新式武器，这种情况迫使各国政府无不比以往更加重视金钱、重视商业。

一开始，各国的做法是大量举贷。这种举措无疑给银行家带来了新的机遇。热那亚的银行因效率高走在了放贷的前头。他们发明了一种新的储蓄结账方式，不需要客户对每笔贷款进行现金结账，而是根据储蓄和支付凭证进行利息计算，这样储户就不需要再把每笔钱都提取出来，从而使银行的存款大大增加。此外，国际性转账开始流行，各地行商不必携带货币而只需携带银行开具的证明就可以在当地银行划账，大大方便了各地之间的商业往来。因各国货币不同及处理价格差的技术相差较大，大的银行便靠发行支票来解决。美第奇银行是家族股份公司，有一整套近代经营手法。其总行设在佛罗伦萨，分行由经理掌管。总行与分行在经营方面是独立的，资金、账号和银行职员都是分开的。以布鲁日分行为例，1455—1471年，总行按照其投资股份提取50%—70%的利润，剩下的利润分三份，一份给外面的投资者，两份给经理及其助手。[1] 15世纪末，洛伦佐·美第奇要求银行给君主和诸侯们贷款，结果，君主们无法归还，导致银行衰落。不久，意大利银行被德国的富格尔家族银行超越。15世纪富格尔家族在约克伯·富格尔的带领下，已发展成为欧洲最大的财团之一，是欧洲各君主的主要贷款人。1529年，佛罗伦萨最大的银行家托马斯·古德尼拥有资金52万弗罗林，而富格尔家族在1546年已拥有资金472万古尔盾，相当于前者的7.5倍。[2] 因此，在民族国家刚刚兴起的15、16世纪，欧洲银行发生很大变化，银行资本与储户资本之间拉开了距离。如果说中世纪的银行主要靠资金贷款来获得利润，那么，这个时期的银行则开始利用储户的资金生利。银行有了储户的资金以后，又可以向各种企业进行贷款。银行资本开始与企业结合。

这个时期，欧洲的货币流通量也在大量增加。15、16世纪之交，蒂罗尔地区、萨克森地区、波西米亚地区以及瑞典都有银矿

① 〔英〕密伦·基尔莫尔：《人文主义世界——1453—1517》，第57页，转引自朱孝远：《近代欧洲的兴起》，第177页。
② 〔英〕布瑞塞夫德·斯密士：《宗教改革的社会背景》，第73页，转引同上。

开采。"早在15世纪中叶，相当数量的白银从蒂罗尔地区被开采出来。1471年，位于萨克森的施内堡（Schneeberg）富矿也得到开采。1496年，瑞典的安内堡（Anneberg）的银矿也得到采掘。1516年，位于波希米亚的约阿希姆峡谷（Joachim Valley）的银矿也同样得到开采。"[1] 从15世纪中期起，由于科学技术的进步，中欧发现大量含银的富铜矿，且发展出通过铅从富铜矿中分离出银的技术。同时，还发明了有效的排水机器和鼓风炉。德国血统的矿工和机械师是这种新方法尤其是银、铜、锌工业的发明者和传播先驱。因此，中欧地区的白银被大量生产出来。白银的大规模开采影响了欧洲的价格。从15世纪中期起，欧洲出现价格上涨，除西班牙外，至15世纪后半叶，价格差不多每年上涨1%。[2] 这缓解了长期以来欧洲存在的银荒问题。1462—1530年，中欧地区的银产量增加了5倍多。1526—1535年间，白银产量达到顶峰，每年产银近300万盎司，这个数字直到19世纪都未曾达到。但是，中欧生产的这些白银主要通过威尼斯和安特卫普等港口，出口到黎凡特，然后流向东方，以进口东方产品。

如何实现货币对本国的有效分配呢？贸易成为最可靠的途径。这也是重商主义形成的重要原因。要占据贸易上的优势地位，一是改善包括造船、航海、港口等在内的贸易条件，扩大市场范围，提高贸易本身的效率；二是发展生产率，加快工农业生产，加大工农业产品的市场供应。因此，重工主义、重金主义和重农主义等在很大程度上都是与重商主义联系在一起的，都是重商主义的有效组成部分。中世纪晚期，不仅英国、法国在进行重商主义的一系列尝试，其他西欧国家如尼德兰、德国、意大利、西班牙、葡萄牙等也都在这样做。重商主义在欧洲变得越来越紧迫。"在国家内部，不断壮大

---

[1] Wilhelm Abel, *Agriculture Fluctuations in Europe: from the Thirteenth to the Twentieth Centuries*, London: Routledge, 2013, p. 118.

[2] 〔法〕费尔南·布罗代尔、斯普纳：《1450—1750 年欧洲的价格》，转引自〔英〕M. M. 波斯坦等主编：《剑桥欧洲经济史》（第四卷），张锦冬等译，第361页。

的代议机构可能支持臣民与他们的统治者讨价还价。在国家外部，不断扩大和相当漫长的战争对财政提出了更高的需求。"①英国、法国和尼德兰等国的商业贸易、农业和制造业都在不断扩大，至17世纪，一种资本主义式的经济发展模式开始建立。

①〔英〕M. M. 波斯坦等主编：《剑桥欧洲经济史》（第三卷），周荣国等译，第268—269页。

第八章　大航海与欧洲的海外殖民

民族国家的形成改变了欧洲人的价值观和世界观。在"商业至上"的原则上升到国家层面以后，意味着欧洲需要更大的流通市场。这个市场在哪里呢？仅仅局限于欧洲内部显然是不够的，必须到欧洲以外的地方去寻找。马可·波罗对东方的考察和描述曾经广为流传，至15、16世纪更是焕发出越来越大的吸引力。因此，欧洲出现了历史上空前未有的大航海活动——企图找到一条通往东方的海上通道，即新航路。大航海的成功不仅给欧洲带来了世界市场，而且还意外地发现了美洲新大陆。欧洲局势开始为之一变。首先，物价大幅度上涨；再者，大西洋沿岸国家展开了海上争霸。

一、欧洲大航海的成功进行

15世纪末、16世纪初，葡萄牙和西班牙率先开启了前往东方的海上探险活动。葡萄牙人开辟了到达东方的"东方航线"，西班牙开拓了到达东方的"西方航线"，两大航线的连接不仅证明地球是一个球体，而且发现了欧亚非大陆之外的新大陆——美洲。欧洲历史和世界历史从此发生了巨大而深远的变化。

欧洲人为什么对传统的"丝绸之路"弃之不用？

欧洲人要发展重商主义、开拓境外市场，本来是有传统的东西方贸易商路即"丝绸之路"可以利用的，为什么在这个时期突然弃之不用，而改走海路呢？主要有以下几个方面的原因。

其一，东西方陆上贸易路线对于欧洲来说并不是一个可以保证赚钱的路线，尤其在15世纪前后，欧洲已经入不敷出，导致许多国家货币短缺。

研究者注意到，大约从14世纪后期开始，欧洲已经出现"银荒"。它首先表现为价格的急剧下跌。约翰·哈彻说："仅仅以一个先验的理由为基础，把对价格运动的解释仅仅置于人口和其他所谓'真实的'因素之上是不明智的。价格既可能受供应和需求变化的影响，也可能受流通过程中货币质量的作用。的确，有许多历史学家认为，货币短缺是中世纪后期价格下降背后的主要因素。一些历史学家甚至认为，货币短缺对整个经济发挥的抑制性作用是如此强大，以致将它看成是造成15世纪生产和商业下降的工具……成群的商人和经商者经常对硬币的短缺发出抱怨……"[1]这种短缺本质上是由东西方贸易的不平衡引起的。1423年，威尼斯总督托马斯·莫森尼哥在其临终演讲中曾声称："威尼斯铸造的新银币，有3/4被立即送出了欧洲，只有1/4留在欧洲，留在威尼斯的就更少。"[2]其演讲的依据就是当时详细记录的统计报表。[3]

因此，我们看到，十字军东征开辟的东西方贸易所呈现的格局是，一方面，东方商品确实为欧洲各国所需要。但另一方面，欧洲却拿不出相应的商品与东方交换，欧洲不得不将更多的贵金属输入东方。在这种情况下，旧的贸易商道就不被欧洲人普遍接受了。欧洲为什么在这个时期兴起重商主义也是可以想见的。为了获得更多的金属货币，他们希望自己的国家在国际贸易方面能够"出超"，而不是"入超"。旧的商道已经不是一个很好的选择。

其二，处于欧洲边缘地带的国家如葡萄牙等，在旧的贸易商道上并不能享受到东西方贸易所带来的实惠。

---

[1] John Hatcher, *Plague, Population and the English Economy, 1348–1530*, pp. 51–53.
[2] 〔英〕M. M. 波斯坦等主编：《剑桥欧洲经济史》（第二卷），钟和等译，第714页。
[3] 同上。

　　13世纪，中西方的交往正在不断加深。因为，在欧洲人从西向东"东征"时，蒙古人也从东向西进行"西征"，东西方首次发生正面接触。罗马教宗曾派人联络蒙古人东西夹击穆斯林。为此，罗马教廷或欧洲王室曾多次派遣商人和传教士远足中国，并留下很多有关东方或中国的记载。如普兰·卡尔平尼的《蒙古史》、鲁布鲁克的《东方行纪》、马可·波罗的《马可·波罗游记》、热拉德等人写的《中国和通往中国之路》等。据史料记载，元朝时的最后一次中欧交往发生在1338年，时任教宗本笃十二世派遣佛罗伦萨人马尼诺里为特使，率领一支50人的使团，与元顺帝派来的使节脱孩在意大利的那颇利港会合，一同前往中国。这个使团在元大都逗留了三至四年，后由海路回国。他们留下了关于这次见闻的《马尼诺里奉使东方录》一书。[1]随着中西方交往的日渐频繁，欧亚大陆出现了第一个"世界经济体"。[2]欧洲产生了汉萨同盟商会、威尼斯商会和热那亚商会等三大商会，[3]三大商会通过地中海东岸的君士坦丁堡和埃及的亚历山大港，直接与东方地区进行贸易。

　　但是，贸易惠及的对象主要是地中海沿岸地带，包括意大利的诸多城邦共和国、法国南部和西班牙西部的沿海地带，并间接惠及少数内陆地区，如汉萨同盟或香槟集市等。广大内陆地区则享受不到贸易带来的财富。因此，中世纪的德意志皇帝觊觎意大利城邦积累起来的财富，宁愿放弃对本国的治理，也要出兵征服意大利。在民族国家形成以后，对财富的争夺更加激烈。百年战争结束之后，法国步德意志的后尘，再次出兵意大利，并与奥斯曼帝国签订协议，

---

　　①　常宁文编著：《马可·波罗》，第196—197页。
　　②　沃勒斯坦认为：1450年之前的三个世纪，世界经济已经发展为一个"世界经济体"（又称"欧亚经济体"）。它有五个中心："地中海是一个贸易中心"，拜占庭、意大利城邦、某种程度上还有北非的某些部分在这里相遇；"印度洋-红海混合区形成另一个这样的中心"；"中国地区是第三个"；"从蒙古到中亚大片大陆是第四个"；"波罗的海地区正在形成第五个"。当时，西北欧还是世界贸易的边缘地带。参见〔美〕伊曼纽尔·沃勒斯坦：《现代世界体系》（第一卷），尤来寅等译，第14页。
　　③　〔德〕马克斯·韦伯：《世界经济史纲》，胡长明译，第106页。

同西班牙的查理五世展开角逐。英国在玫瑰战争结束之后，也将贸易的触角伸向地中海。从表面上看，地中海地区正在成为新的"热点"地区。然而，对于葡萄牙这样一些处于欧洲边缘地带的弱小国家来说，根本无力角逐地中海，要想与东方国家建立贸易关系，必须寻找一条新的贸易航道。

其三，奥斯曼帝国取代东罗马帝国，并没有对东西方贸易产生致命的威胁。

明朝初年，欧洲与中国的交通断绝。明太祖即位，中国对西方的联络仅止于撒马尔罕，而中亚与西亚的伊斯兰教国家正走向强盛，中欧交往遂告绝迹。[①]长期以来，史学界的传统看法始终认为，从国际关系上看，欧洲人之所以进行大航海，其原因是奥斯曼帝国兴起以后，阻断了欧洲人与东方之间的正常贸易。1453年，东罗马帝国灭亡之后，小亚细亚地区被伊斯兰教文明所占领。因宗教不同，欧洲人进出巴尔干和小亚细亚就受到了很大的限制。情况果真是这样吗？

其实，1453年君士坦丁堡被攻占之后，土耳其人的势力尚未伸展到地中海的东南岸，叙利亚及其以南地区还不是奥斯曼帝国的疆土。而东西方贸易穿过东部地中海到达欧洲，叙利亚和埃及是必经之地，从理论上讲，土耳其人只有控制住这里，才有可能阻断传统商路。但是，直到1516—1517年，土耳其人才实现了对叙利亚（包括巴勒斯坦）和埃及的征服。[②]而这个时间段上的欧洲人已经打通了到达东方和美洲的新航线，麦哲伦的环球航行也正在进行。因此，奥斯曼帝国的建立与大航海的发生之间不存在逻辑上的因果联系。[③]

---

① 方豪：《中西交通史》（下），上海人民出版社2008年版，第446页。

② 麦迪森指出，1453年，当奥斯曼土耳其人占领君士坦丁堡时，威尼斯很快就与其谈判以保持它在君士坦丁堡的贸易权利。但是在1479年，奥斯曼土耳其人关闭了威尼斯到黑海的通道。1517年，他们又占领了埃及并终结了威尼斯商人的大部分贸易。参见〔英〕安格斯·麦迪森：《世界经济千年史》，伍晓鹰等译，第42页。

③ 王三义："大航海时代真是因为奥斯曼阻断东西方贸易？"，http://bbs.tiexue.net/post_11921245_1.html。

早在1915年，利布耶尔对奥斯曼人阻断商道的观点已经提出过质疑。只是，利氏的文章发表较早，多数人不了解。直到沃勒斯坦的《现代世界体系》一书出版，引用了利布耶尔的观点之后，这种质疑之声才被世人所知晓。我国著名学者雷海宗于20世纪40年代也提出过类似的看法。他认为"土耳其人阻断商路"的说法纯属捏造，十分荒谬。雷先生指出：隔断商路的不是阿拉伯人，而是欧洲人；葡萄牙人刚到达印度，就破坏阿拉伯人的贸易活动，以期割断东西方之间的传统贸易。[①]20世纪70年代，费尔南·布罗代尔也表示："不是土耳其人阻碍了葡萄牙，相反，葡萄牙也是阻止土耳其人继续扩张的力量之一。"[②]他认为："地中海并未因新航路或土耳其势力的崛起而衰落，它的衰落要在17世纪中叶以后。"[③]2000年，美国著名史学家雅克·巴尔赞在其《从黎明到衰落——西方文化生活五百年》一书中更是直言不讳地声称："土耳其人不会愚蠢到要切断一条可以给他们带来税收的通道的地步。"[④]所以，奥斯曼帝国不存在对传统商道进行阻断的问题。埃里克·琼斯说："奥斯曼土耳其人给近东带来稳定的秩序，保障了跨肥沃新月地带的贸易路线的安全。"[⑤]

实际上，近东贸易是一种转运贸易，无论谁控制地中海，对近东都有好处。16世纪，土耳其人控制东部地中海以后，东方商人将胡椒、珠宝、丝绸等商品转运至奥斯曼境内，还是按照传统的规则行事，并不直接同欧洲人接触。欧洲商人来到奥斯曼以后，收购这些长途贩运过来的东方商品，装货上船，运销欧洲。很多世纪以来，东西方贸易一直都是按照这样的规则进行。奥斯曼帝国的建立并没

① 王三义："大航海时代真是因为奥斯曼阻断东西方贸易？"，http://bbs.tiexue.net/post_11921245_1.html。

② 同上。

③ 〔法〕费尔南·布罗代尔：《菲利普二世时代的地中海和地中海世界》，唐家龙等译，商务印书馆1998年版，第4页。

④ 〔美〕雅克·巴尔赞：《从黎明到衰落——西方文化生活五百年》，林华译，世界知识出版社2002年版，第102页。

⑤ 于淑娟："访谈|王三义：大航海时代真是因为奥斯曼阻断东西方贸易？"，《澎湃新闻》2015年11月16日。

有带来多么大的改变。欧洲人还是与土耳其人展开贸易，并签订包括商品贸易在内的国际协定。1511年，英国商船首次进入地中海，将英国的宽呢布远销到贝鲁特和叙利亚。1562年，英国又成立"黎凡特公司"，负责在中东地区倾销英国生产的新呢布。[1]1525年，法国国王弗朗西斯一世与奥斯曼帝国苏丹苏莱曼一世寻求联系，试图建立"法国-土耳其联盟"。[2]这些活动均发生在新航路开辟之后。

中东贸易发生改变是在葡萄牙人开辟东方航线之后。葡萄牙人进入印度洋以后，在很短的时间内陆续在红海、波斯湾和马六甲等贸易节点上打败阿拉伯人，致使传统的东西方贸易走向衰退。这种情况说明，在为什么要进行大航海这个问题上，经常被引用的逻辑事实上是说不通的。

传统的东西方贸易商路之所以被放弃，最后一个原因是旧的商路以陆路贸易为主，运输成本高，效率低，不符合重商主义时期欧洲对贵金属的迫切需要。"这条路经过的广大地带中，有世界上最高的青藏高原，世界第二大沙漠塔克拉玛干沙漠，以及世界上最大的中亚干旱草原。只靠骆驼驮运数量有限的货物，行程几万里，从中国运到欧洲，其成本之高，可以想象。不仅如此，这一路上强盗、土匪很多，玄奘法师和马可·波罗在路上都遇到了很多的强盗、土匪。因此有许多商人都人财两空。"[3]

伊比利亚半岛何以成为开辟新航路的急先锋？

伊比利亚半岛包括葡萄牙和西班牙两个国家。关于葡萄牙寻找新航路的原因，上文已经提到——地处欧洲边缘，需要开辟新的贸易通道。

葡萄牙是一个濒临大西洋的多山小国，面积不足10万平方千

[1] 孙燕："近代早期英国海外贸易的兴起"，《史学集刊》2006年第5期。
[2] 郭守田主编：《世界通史资料选辑》（中古部分），第431—432页。
[3] 李伯重："明清易代与17世纪总危机"，生活·读书·新知三联书店举办大学公开课第九季第一讲，2017年1月13日。

米，人口只有不到100万，发展农业的条件先天不足。1147年，该国一度被穆斯林占领。1249年，阿方索"收复失地"成功，建立葡萄牙国家。因国小力弱，基础太差，葡萄牙无力角逐地中海。可是，其国土又紧靠大西洋，发展海上贸易成为其民族生存和发展的生命线之一，因此，开辟新航路是葡萄牙国家的当务之急。

1402年，卡斯蒂人最先发现加拉利群岛。1415年，葡萄牙人便占领了北非休达城。15世纪上半叶，亨利王子（Prince Henry，1394—1460年）对寻找新航路进行了系统的构思和探索。他决定从大西洋出发，沿非洲西海岸航行去往东方。公元前6世纪，古代航海民族腓尼基人曾经进行过这样的航行。亨利是葡萄牙国王若昂一世的第三子，1394年出生在波尔图，母亲是英国人。他自幼踏实沉静，喜好钻研。年轻时曾随船队到过休达，在休达收集了大量历史文献，特别是航海资料。自休达回国后，亨利便一心投入航海事业当中，人们送给他雅号——"航海家亨利"（Henry the Navigator）。他远离宫廷，放弃婚姻和家庭生活，在葡萄牙西南角荒凉的圣文森特创办航海学校——萨格雷斯研究院，以及一个天文台，然后从国外招聘天文学家和数学家，研究他们所搜集到的包括地理、信风、海流、航海等在内的各种资料信息。随后，他在萨格雷斯开办船坞，建造船只，并研制出适宜在大西洋上航行的多桅三角帆船。经多年研究、训练和准备之后，亨利于1418年首次出航，在当年发现马德拉群岛的桑托斯港岛，次年发现马德拉岛，其后又发现亚速尔群岛。15世纪30年代，亨利精心挑选了一批一流的探险家和水手，制订了周密的计划，又先后发现几内亚、塞内加尔、佛得角和塞拉利昂。1438年，阿方索五世即位，摄政王佩德罗把哈博尔角以南的贸易垄断权交给亨利，免除其航海所得的一切税金，甚至还给私人探险者颁发特许状，允许他们获得其所发现的一切。亨利王子独创"抽取分成"制度，使探险成为人人可参与的事业。此外，通过萨格雷斯研究院的努力，航海不再是以往那样"充满神鬼"、有着"可漂流岛屿和可沉浮陆地"的神话故事，而是一种可以正常经营的事业，指南针和六分仪逐渐取代"上帝的指引"和"自己的猜测"。[①]1441年，葡萄牙人发现"布朗角"。1443年，他们穿越西非海岸的"博哈多尔角"，从这里带回非洲黑奴。

1457年，阿方索五世出资委托威尼斯的地图学家弗拉·毛罗（Fra Mauro）绘制世界地图，并提供了葡萄牙航海家提供的最新地理情报。毛罗与其助手航海家兼地图学者安德烈·比安科（Andrea Bianco）进行为期两年的工作之后，于1459年4月24日完成了地图的绘制，并送往葡萄牙。与地图一起寄送的还有威尼斯统治者写给阿方索五世的叔父亨利王子的信，鼓励亨利继续进行航海事业。弗拉·毛罗是威尼斯共和国的一名天主教修士、地图学家。他在巴托罗缪·迪亚士绕过好望角的30年前，就准确绘制出好望角的三角形，称之为迪亚卜角。毛罗提到："……1420年左右，一艘印度海船或舢板不间断地横跨印度洋……被风吹过迪亚卜角和佛得角以及不知名的岛屿向西及西南方向航行了40天……"[②]该地图涵盖了当时已知的整个世界，被认为是"中世纪地图学最伟大的记载"。它被绘制在一个带木框的羊皮纸上，直径约两米，现藏于意大利威尼斯的马尔恰那图书馆（Biblioteca Marciana）。

1488年，巴托罗缪·迪亚士绕过非洲的最南端，发现好望角。1497—1498年，达·伽马越过好望角，到达印度的卡里库特城，最终成功开辟"东方航线"。这一年，葡萄牙国王给自己添加的封号是："根据上帝的恩宠，既统治葡萄牙和阿尔加尔维，又统治海洋这边和非洲那边的国王，还是对几内亚、埃塞俄比亚、阿拉伯、波斯和印度进行航海、通商和征服的领主"。

这条海上航线实际上是对东西方传统贸易商道的补充，即绕过地中海沿非洲海岸到达东方，实际上是对东西方传统贸易商道的海上延伸。欧洲航海史上称"东方航线"。

---

① 〔美〕房龙：《美国简史》，张晓晨译，古吴轩出版社2014年版，第2章"未知世界"。
② 〔美〕加文·孟席斯（Gavin Menzies）："从海图中所读到的历史——《1421年中国发现世界》读后总结"，https://www.cnblogs.com/slegetank/p/6029923.html，2018-06-01。

在差不多同一个时间，西班牙人又自西向东航行开辟了另外一条到达东方的航线，称"西方航线"。这条航线的开辟有一定的偶然性，很大程度上取决于哥伦布个人的历史作用。

西班牙直到1492年才由卡斯蒂利亚和阿拉贡两国合并而成。在地缘上，它是一个地中海国家，自罗马帝国以来一直掌控着地中海西部的贸易。其对地中海的关注远远大于其对大西洋的关注，直到1571年，西班牙与威尼斯的联合舰队还在勒班陀海战中打败了奥斯曼帝国在地中海的舰队。因此，西班牙人原本是没有理由把贸易的眼光投向地中海以外的大西洋的。其大西洋之行主要是哥伦布个人对伊莎贝拉女王进行游说和鼓动的结果。

哥伦布出生于佛罗伦萨，年轻时在葡萄牙的"亨利团队"效力，有八年时间在非洲西海岸探险，到过大西洋群岛和几内亚湾。他除了拥有丰富的航海经验之外，还具有独到的全球性眼光。因为他熟读《马可·波罗游记》，对"契丹"和"日本"（Cypango）非常关切，同时知道地球是一个球体，向西航行也可以到达东方。1484年，哥伦布向葡萄牙国王约翰二世递交了一份请愿书，希望派遣他从"另一个方向"前往"日本"，[①]理由是"从东面走，路越长；从西路走，路必将越短；"[②]但是，在提交葡萄牙航海委员会审议时，提案遭到否决。委员会认为"日本"可能是马可·波罗的杜撰，即便属实，哥伦布也"大大低估了到达亚洲的距离"。[③]于是，哥伦布只好把目光转向邻近的西班牙王室。他先向意大利友人杜斯卡内里（Pao del Pozzo Toscaneli）写信，希望杜氏给他明确到达东方的具体地点和实际距离。杜氏在当时是佛罗伦萨名噪一时的大学者，千里驰书问疑者很多。他当即致信里斯本主教大堂神甫斐尔南·马尔丁（Fernan Martin），同时将副本寄给哥伦布。杜氏在信中说道，向

---

①　S. E. Morison, *The European Discovery of America: The Southern Voyages, A.D.1492-1616*, Oxford: Oxford University Press, 1974, p. 31.

②　〔英〕亚当·斯密：《国富论》，谢祖钧译，第366页。

③　〔英〕安格斯·麦迪森：《世界经济千年史》，伍晓鹰等译，第51页。

西航行的东方目的地应该是契丹国的"行在"(Quinsay),即今天中国的"杭州"。"由里斯本向西直行,可抵行在……行在城在蛮子,距契丹不远,王居于契丹"。行在距里斯本"共二十六方格,每方格长二百五十迈耳……路程约占全球三分之一"。①学者方豪先生认为:"自杜斯卡内里二函观之,可知哥伦布所向往者,实为中国;函中固亦述及日本,且言其盛产黄金,然不及中国之重要"。②在哥伦布联系杜斯卡内里这段时间,西、法正在意大利交战,阿拉贡国王斐迪南和卡斯蒂利亚女王伊莎贝拉支持那不勒斯王室对法兰西国王查理八世开战,西班牙获得胜利,哥伦布在这个时间向伊莎贝拉女王提交了他的航海计划。而女王本人也在考虑与葡萄牙展开到达东方的竞赛,因此,哥伦布提交的计划很快得到批准。1492年8月,哥伦布率3艘帆船、88名船员正式远航大西洋。临行前,他随身携带了一份西班牙国王致契丹大帝的书信,③并有一名阿拉伯语的翻译随行,"随时准备与中国人和日本人做生意"。④

在经历40个昼夜的航行以致陷入绝望之际,哥伦布终于看到来自陆地的飞鸟。在发现"圣萨尔瓦多"之后,他首先踏上了"古巴"这个大岛。据美国探险史家纳撒尼尔·哈里斯(Nathaniel Harris)记载,在古巴,一行人听到当地人说出"Cubanscan"这个词,不知道是什么意思,哥伦布便不假思索地认为,这是指"伟大的可汗",即契丹统治者。⑤在继续航行至另一个岛屿时,当时的土著又说出"Cybao"这个词,哥伦布便认为是"日本"。⑥因此,哥伦布把他首先到达的地点当成了中国和日本,而不是印度。那么,哥伦布为什么称当地人为"印第安人"呢?这个问题涉及15世纪欧洲人的地理

---

① 方豪:《中西交通史》,第463页。

② 同上。

③ 同上书,第462页。

④ 转引自〔美〕雅克·巴尔赞:《从黎明到衰落——西方文化生活五百年》,林华译,第100页。

⑤ 〔美〕纳撒尼尔·哈里斯等:《图说世界探险史》,张帆、贾磊等译,山东画报出版社2006年版,第52页。

⑥ 同上。

知识。据记载，这个时期，欧洲人对东方的了解十分贫乏，他们认为阿拉伯以东的东方地区皆为印度，因此，哥伦布将当地居民笼统地称之为"印度人"是完全可以理解的。方豪先生说："中古时代欧洲游历家多以印度称中国。"[①]

在知道新发现的地点不是中国以后，西班牙人又继续向中国航行。1519年，麦哲伦船队越过"美洲"的麦哲伦海峡，见到风平浪静的"太平洋"，又连续航行三个月，终于在菲律宾群岛遭遇东向而来的葡萄牙船队。至此，西、葡两国的东、西向探险终于接轨，大航海的使命宣告完成，地球被证明果真是一个球体。同时，人们还发现了"美洲"这个未曾发现的新大陆。

我们看一下菲律宾的位置，这里应该是大航海的终结地。它不是位于印度洋，而是位于西太平洋。西、葡两国都在争夺这个位置。1529年，为划定两国的势力范围，由罗马教宗出面，把边界划定在"摩鹿加群岛以东17度线"，线以西归属葡萄牙人，线以东当属西班牙人。这就是著名的"教宗子午线"。[②]

在西、葡两国开辟新航路之际，西欧其他国家也先后踏上寻找抵达中国和印度的新航线的旅程。1497年，英王探险家约翰·卡波特沿着西北方向航行，意外地发现了纽芬兰。法国探险家雅克·卡蒂埃（Jacque Cartier）亦于1534、1536、1542年三次航行至圣劳伦斯河口（St. Lawrence River）。[③]荷兰的威廉·巴伦支（Willem Barentsz，1550—1597年）曾三次航行北冰洋地区，先后发现熊岛、斯匹次卑尔根岛，并到达新地岛最北端、喀拉海和瓦加奇岛。1576年8月，马丁·弗罗比舍（Martin Frobisher）又率领一支英国船队，沿挪威方向北上，期望开辟一条到达东方的"西北航线"。船队到达

---

① 方豪：《中西交通史》，第463页。

② 1580—1640年，西、葡两国曾一度合并，西班牙国王也是葡萄牙的君主。在涉及各自利益的领土划分问题上，两国曾达成一个长期协定，规定双方可以相互使用对方的势力范围。条约得到教宗批准。葡萄牙可以在基本不受西班牙干预的情况下，在菲律宾以外的亚洲、非洲和美洲开发自己的商业利益。巴西就是在这种背景下成为葡萄牙属地的。

③ 〔美〕纳撒尼尔·哈里斯等：《图说世界探险史》，张帆、贾磊等译，第58页。

今格陵兰岛南端的弗罗比舍湾。因冰川阻塞,无路可通。弗罗比舍还因地制宜,在当地组建了一家"中国公司"（China's Company）,对一种"闪光的石头"（估计含金量很高）进行开采和提炼。[①]17世纪初,英国人又屡次探索经北冰洋通向中国的航道。然而,这些远洋航行因不成功而意义不大,只能是由西、葡主持的欧洲大航海活动的一些小插曲。

大航海的成功对人类历史意味着什么?

大航海成功的意义究竟有多大?严格地讲,它推动欧洲的重商主义实现了质的飞跃,使欧洲扩大海外市场乃至世界市场的愿望变成现实。具体说来,它实现了三个方面的突破:第一,首次证实地球是一个球体。从地球上的任何一点出发,直线航行,都可以回到原点;世界市场没有比这样的旅行更能够满足人们的需要了。第二,传统的东西方贸易商道——"丝绸之路"将成为过去,"中东"的世界贸易地位（实际上是"中介"地位）将消失。第三,新的世界市场的范围不仅是欧亚非所构成的"旧大陆",还有"美洲"这个新大陆也将被包括在内。

大航海的成功无疑是一次改变世界历史的大事件。对欧洲来说,大航海以前,欧洲人的活动主要在欧洲内部进行,属于"内部殖民"时代。大航海成功之后,欧洲人的活动已伸展到欧洲以外的世界其他地区,欧洲的"外部殖民"时代到来,这是欧洲历史的转折。对世界来说,过去的历史是分散在世界各地孤立进行的,人们分别在自己生活的区域内独自创造着历史。大航海成功之后,世界开始联为一体,人们的活动也必然融为一体,于是,真正世界意义上的历史开始了。这是世界历史的转折。

翻开中世纪地图,我们看到,欧洲差不多总是处在受攻击的位置上。5世纪,欧洲人受匈奴人的攻击;8世纪,欧洲人受阿拉伯

---

① 〔美〕纳撒尼尔·哈里斯等:《图说世界探险史》,张帆、贾磊等译,第58—60页。

人的攻击；13世纪，欧洲人受蒙古人的攻击；15世纪，欧洲人开始受土耳其人的攻击。面对这些一波接一波的外来攻击，欧洲人只能处于守势。新航路开辟后，世界地图由平面的"二维"变成空间的"三维"。在这个三维立体球面上，欧洲人再也不需要处处设防，而是反过来开始四面出击。他们依靠不断改进的航海技术，建造坚船利炮，变被动为主动，自由穿梭于包围地球各个大陆在内的广大水域之间，沿着新开辟的海上航线，不断建立贸易据点、殖民据点和殖民地，开始在全球范围内划分自己的势力范围。从此，以中东为交接点的东西方陆上贸易变得暗淡无光，而分布于全球大洋之上的海上贸易则冉冉升起。海上贸易和殖民活动的不断展开，空前规模的洲际大移民和大交流开始了，人类的活动由分散走向联合。马克思说："过去那种地方的和民族的自给自足和闭关自守的状态，被各民族的各方面的互相往来和各方面的互相依赖所代替了。物质的生产如此，精神的生产也是如此。各民族的精神产品成了公共的财产。"①

这个地理上的大发现还改变了欧洲人准备加强与东方交往的初衷。因为美洲的发现，将欧洲人准备与东方交往的注意力转移。美洲的开发不仅为欧洲带来其所迫切需要的贵金属，更重要的是为欧洲带来了作为"处女地"的最广大的殖民地，并由此萌生欧洲的"衍生世界"——以"美国"为首的新白人文明。彭慕兰在总结英国最先崛起的经验时说，决定英国成功的关键性要素有两个：一是英国本土随处可见的露天煤矿；二是美洲新大陆的存在。新大陆使处于竞争状态下的欧洲版图延伸到海外，欧洲在海外又得到一块相

① 《共产党宣言》指出："资产阶级，由于开拓了世界市场，使一切国家的生产和消费都成为世界性的了……民族的片面性和局限性日益成为不可能，于是由许多民族的和地方的文学形成了世界的文学。资产阶级，由于一切生产工具的迅速改进，由于交通的极其便利，把一切民族甚至最野蛮的民族都卷到文明中来了……它迫使一切民族——如果它们不想灭亡的话——采用资产阶级的生产方式；它迫使它们在自己那里推行所谓的文明，即变成资产者。一句话，它按照自己的面貌为自己创造出一个世界。"参见《马克思恩格斯选集》（第1卷），人民出版社1972年版，第404页。

当于亚洲的版图。这是一个多么大的助力啊！如果说西欧资本主义萌芽出现在面积仅500万平方公里的土地上，那么，仅仅在大航海之后，这个萌芽便在面积达4000万平方公里的土地上继续生根、开花，为其提供发展所需要的原料和市场。西欧资本主义的秧苗由此茁壮成长。

美洲被发现之后，贸易本身的性质也改变了。它不再是过去简单的物物交换，而是一种新的文明的大交流、大交换、大洗牌。首先，新旧大陆之间出现物种的大交换。旧大陆输入美洲的物种有：牛、羊、猪、马等牲畜，小麦、水稻、大麦、黑麦等粮食作物，葡萄、橄榄、柑橘等水果类作物，甘蔗、咖啡、棉花等经济类作物；美洲输入旧大陆的物种有：土豆、玉米、花生、木薯、大豆、南瓜等粮食作物，番茄、菠萝等果蔬类作物，可可、烟草等经济作物，以及火鸡等动物。[1]其次，新旧大陆之间出现人种的大交流。美洲的原居民印第安人先是被大量屠杀，后又被欧洲人带去的天花、麻疹等传染病扫荡，然后将非洲的黑人作为奴隶输入，加上作为主人存在的欧洲白人，新的美洲居民变成了真正意义上的混血。据统计，1820年，美洲有土著847万人，欧洲人与土著的混血357万7千人，黑人和黑白混血儿704万8千人，白人1340万7千人。[2]

新的世界贸易不仅是欧洲与亚洲之间的贸易，更是欧洲与美洲之间的贸易，也是欧洲与非洲之间的贸易。欧洲人在非洲寻找劳动力，在美洲生产其所需要的原材料，在亚洲销售其早期的工业品。全球范围内出现四大贸易区，即"中国南海贸易区""印度洋－孟加拉湾贸易区""欧洲地中海和波罗的海贸易区"和以加勒比海为中心的"大西洋贸易区"。前两个属于东方贸易区，后两个属于西方贸易区，全球贸易实质上还是东西方贸易。但是，就欧洲来说，中世纪繁荣

---

[1] "环大西洋体系的产生、繁荣和衰落"，http://bbs.tiexue.net/post_5696674_1.html，2012-02-16。
[2] 〔英〕安格斯·麦迪森：《世界经济千年统计》，伍晓鹰、施发启译，第113页。

的贸易城市如威尼斯、热那亚、汉萨同盟的成员纷纷衰落，代之而起的是里斯本、塞维尔、伦敦、阿姆斯特丹等大西洋沿岸城市。此外，随着全球贸易的进行，欧洲对全球殖民的时代来临。

二、价格革命的发生

欧洲历史上曾经出现过三次大规模的通货膨胀。一次出现在12、13世纪，一次出现在20世纪，还有一次即出现在16世纪。[1] 关于"12、13世纪的通货膨胀"，前文已经述及，它给中世纪的欧洲带来"前市场经济"。16世纪的通货膨胀则催生了真正意义上的市场经济，历史上又称价格革命。它源于重商主义的刺激，成形于大航海之后的美洲殖民。

早期殖民者对殖民地的暴力掠夺

欧洲的大航海不同于中国的郑和下西洋。欧洲人之所以走向海外，根本原因是重商主义所导致的不同民族国家之间的竞争的结果，而中国的郑和下西洋则是消除竞争之后的大一统国家的对外宣威。前者为增强实力，需要对外索取；后者为壮我声威，往往对外给予。因此，欧洲的大航海又是对外殖民，其商业扩张伴随着野蛮的种族灭绝、种族奴役和暴力侵犯。

美洲印第安人遭到野蛮的"种族灭绝"。此前的印第安社会除少数地区进入文明发展的黎明时期之外，大部分地区处在历史发展的蒙昧阶段，自我保护能力弱，西班牙人到来之后，本着对贵金属的渴望，不分青红皂白，对印第安人进行疯狂屠杀。1519—1521年，西班牙贵族埃尔南·科尔特斯(Hernán Cortés，1485—1540年)征服了墨西哥。1531—1533年，弗朗西斯科·皮萨罗(Francisco Pizarro，1471—1541年)征服了秘鲁，印第安人的两大文明惨遭毁

---

[1]　P. D. A. Harvey, "The English Inflation of 1180-1220", *Past and Present*, No. 61, 1973, p. 30.

灭。在评价科尔特斯的征服行为时，德国著名历史学家奥斯瓦尔德·斯宾格勒写道："这是一国文化横遭摧残的唯一事例。这个文化不是逐渐衰亡，它并没有受到长期的压抑或局限；它是被人毁掉的怒放的花朵，一枝被无情的路人掐了头的向日葵。"①此外，其他地区的印第安人也大量消失。如1492年12月，哥伦布首次到达海地岛时，岛上的居民有大约25万人，至1550年，仅剩下150人。除赤裸裸的屠杀之外，欧洲人还给印第安人带去了天花、麻疹和斑疹伤寒以及来自非洲的黄热病和疟疾。至16世纪中叶，2/3的美洲居民因疾病而死亡，死亡率相当于14世纪欧洲黑死病的两倍。大卫·克里斯蒂安说："美洲原住民人口在哥伦布之后的16世纪下半叶可能下降了50%—90%。"②

因美洲的原居民大量减少，为补充劳动力的不足，欧洲人又将非洲的黑人贩运到美洲，称之为"黑奴"。非洲因此遭受"种族奴役"的命运。据统计，16世纪时大约有90万黑人被贩运到美洲，17世纪增加到约275万，18世纪则多达约700万，至19世纪70年代，共计约1500万黑人被贩卖至美洲。每成功贩运1个黑人还有至少5个黑人在抓捕或贩运途中死去，因此，在近代大约400年的时间里非洲总共损失了6000万至1亿的人口。

亚洲本来是大航海联系的目标所在，那么，欧洲人又是如何对待亚洲国家的？他们虽然提倡重商，但本质上并不是规规矩矩的商人集团，一切视实力而定，一旦对方实力不济，欧洲人就会乘虚而入，大肆侵略或搜刮；一旦对方实力强大，管理严密，欧洲人又会"息事宁人"，变成本分的商人。

自1497年葡萄牙人最先到达印度之后，1510年，他们便武力占

---

① 转引自〔德〕C. W. 西拉姆：《神祇·坟墓·学者——欧洲考古人的故事》，刘迺元译，生活·读书·新知三联书店2001年版，第345页。

② 〔美〕大卫·克里斯蒂安：《极简人类史——从宇宙大爆炸到21世纪》，王睿译，中信出版社2016年版，第122页。

领果阿，并设立总督府，将之作为在东方的殖民首府。1511年，他们又攻占马六甲海峡，控制摩鹿加群岛这个"香料之国"，开始将印度洋作为自己的势力范围。1514年，葡萄牙人进入中国沿海，1553年租占澳门，同时将殖民势力伸向日本。在这一系列表面上看来属于商业性质的活动中，葡萄牙人并不是一个温和的礼尚往来者，而是一个挥舞着大棒的人。他们在欧洲竞争与战争的环境里成长起来，深谙战斗技能，在与亚洲人的冲突中往往占据上风。以"科钦围攻战"为例。这是葡萄牙人与印度人之间的一次冲撞。科钦（Cochin）是葡萄牙人设在卡利卡特的商业据点，1504年，卡利卡特的印度领主阶层扎莫林（Zamorin）倾巢出动，集结大批藩属军队，企图拔除这个据点。当时印军总数至少有6万人，而葡萄牙守军只有为数可怜的140人，加上数百人的科钦盟军。此外，印度人还拥有各类船只240艘，而葡萄牙人只有1艘"卡拉克"帆船和2艘"卡拉维尔"帆船。但是，在进攻时，印度人的攻城武器——"射石炮"极为简陋，对欧洲人的要塞根本无能为力。而葡萄牙守军则拥有新式的火炮、火绳枪、十字弓等先进武器。印度人连续发动六次总攻，均被击退。在持续消耗长达五个月之后，印度死亡多达19,000人，其中5000人战死，13,000人死于疾病，最后只好撤退。相比之下，葡萄牙人的阵亡人数为零。这场战役被称作葡萄牙人的"温泉关之战"。[1]在海战方面，印度人同样讨不到半点便宜。葡萄牙人的新式帆船掌握了大洋作战的机动性，而印度人的桨帆船还在寻求近身相搏，结果被葡萄牙火炮像打靶一样一一击沉。因此，印度半岛对欧洲人的到来没有任何抵抗力。[2]此役之后，葡萄牙人意识到自己在军事上的明显优势，侵略更加肆无忌惮。1509年，葡萄牙人又在第乌击溃了阿拉伯联合舰队。从此，人数只有1000人左右的葡萄牙舰队开始在印度洋上横冲直撞。一个葡萄牙殖民帝国开始建立。

① "科钦围城战：140名葡萄牙守军打死5000印度人"，http://bbs.tiexue.net/post2_6992857_1.html, 2013-11-21。

② 同上。

不过，欧洲早期的殖民入侵对中国是无效的，中国人经受住了欧洲人（即"西洋人"）的多次叩关。其原因是明朝时期的中国是一个大一统的东方大国，其边防和海防十分稳固。西来的葡萄牙人、荷兰人、英国人等虽然是欧洲列强，但是面对大一统的中国，力量对比悬殊，不得不俯首示敬。16世纪后期，荷兰取代了葡萄牙的海上强国的地位，开始进占中国的澎湖列岛。这是中国的海上交通要冲，荷兰人在半年时间里洗劫400多艘商船，扣押中国1500名劳工，因食物短缺，其中的1300多人饿死，引起中国政府的重视。同时，荷兰舰队炮击福建厦门，60多艘中国船只被击沉。对比当时荷中双方的海上实力，荷兰舰船多达1000吨以上，可以安装122门火炮；而明朝船只最大者只有400吨，仅能安装20多门火炮。据记载，明军"以平日所持火器遥攻之"，待对方开火，"第见青烟一缕，此即应手糜烂，无声迹可寻，徐徐扬帆去，不折一镞，而官军死者已无算。海上惊怖，以其须发通赤，遂呼为红毛夷云。"①新任福建巡抚南居益利用"鸿门宴"的计策抓捕荷兰人。他以"商议通商事宜"为由，派人请来荷兰舰队的全部指挥官，一共30多人，结果一个也没有放回去。荷兰舰队撤退。1624年正月，明军在福建集结，从金门进攻澎湖，南居益亲自带队出击，但是，明军火力远不如荷军，在荷军的压制下又被迫撤退。荷兰人在要塞安装了130门火炮，南居益四次进攻均告无效，福建境内各路明军都来增援，从春节过后一直持续到第二年的端午节，荷兰人的要塞纹丝不动。南居益开始向朝廷请求增援，魏忠贤同意了南居益的请求，派出一支火炮部队南下攻击，但火力仍无法击穿荷兰人的城墙。最终，南居益只得命令部队将澎湖团团围住，花费两年时间才将澎湖收回。当时，围困澎湖的明军超过1.1万人，而守卫澎湖的荷兰人只有850多人。由此可见，当时的亚洲强国与西方国家对比，已经显示出相当大的差距。后来，郑成功收复台湾时也遇到南居益同样的问题。郑成功也是选

---

① 李伯重："清易代与17世纪总危机"，生活·读书·新知三联书店举办大学公开课第九季第一讲，2017年1月13日。

择围困，打了一年，才迫使荷兰人投降。17世纪末，清军包围雅克萨城时，也有多达1.7万人的军队，围困了整整18个月，才迫使俄国人投降。

由此可见，欧洲人开辟世界市场并不是真诚地同世界其他地区保持通商关系，很大程度上是进行抢劫。其通商是以强大的武力做后盾的。

世界贵金属开始向欧洲集中

在武力的支持下，欧洲重商主义的推进是非常成功的。他们依靠暴力手段，获得迎接现代发展的"第一桶金"。

首先是西班牙人对美洲的大掠夺。据统计，从1493年到1800年，全世界85%的白银和70%黄金均来自美洲。[1]另据统计，1495年以后，西欧新增贵金属约85%均来自美洲。[2]西班牙人将新占领的中南美洲划分为两大总督区："新西班牙"和"上秘鲁"（Upper Peru，现玻利维亚），最初的目的是为了摄取美洲的白银。从16世纪70年代到17世纪30年代，以波托西为中心的秘鲁银矿所产白银占美洲输出白银总量的65%。至18世纪初，波托西银矿枯竭，新西班牙的墨西哥银矿又取而代之，其中生产的80%—90%的白银由西班牙运往欧洲。1533年，西班牙人在要求印加人用黄金填满关押其皇帝的房间之后，开始搜寻美洲的"黄金国"，寻找无果后，才转而开采美洲的地下矿藏。他们在秘鲁保留了印加人原有的劳役制度——米塔（mita）制，让那些曾经替印加皇室服劳役的村民，继续在部族首领或村长的带领下，为西班牙人开采银矿。位于玻利维亚的波托西银矿自1545年投产以来，每年有5万名印第安人前来服役。印第安人的劳动按分工进行，分别从事筛选、开采、冶炼和铸

① 〔德〕贡德·弗兰克：《白银资本——重视经济全球化中的东方》，刘北成译，第202页。
② John Hemming, *The Conquest of the Incas*, New York: Harcourt Bace Jovanovich Press, 1970, p. 407.

币。秘鲁第一任总督托莱多（Toledo）吸取了印加人原有的采矿技术，再强化劳役和分工，使波托西银矿的开采效率大幅度提高，铸出的银币做工精致。由于其规模巨大，波托西被认为是现代历史上的第一座工业化城市。1560—1685年，其每年生产的白银达2万5千至3万5千吨；1685—1810年的产量又翻了一番。古代罗马人征服西班牙时亦曾建立大银矿，并引水开采，但罗马人铸造的银币的数量和质量远不及西班牙人在美洲铸造的银币的数量和质量。[①]

据统计，在1521—1544年间，西班牙人每年从美洲运回的黄金达2900公斤，白银达3.07万公斤；1545—1560年间，其每年运回的黄金达到5500公斤，白银达到24万公斤。仅16世纪期间，仅西班牙人从新西班牙总督区得到的黄金和白银，按1990年的物价指数计算，即相当于1万5千亿美元。[②]

相对于西班牙人对美洲的疯狂掠夺，葡萄牙人对东方的掠夺是相对次要的。据统计，从1471—1700年，西非的黄金出口量为145吨，其中大部分流向葡萄牙。[③]其中，仅1471—1500年，从西非输出的黄金总量就达17吨。[④]葡萄牙人在占领马六甲以后，也从当地抢走价值100万金币的财富。他们又廉价从印度收购香料、大米、糖、纺织品、棉织品、宝石、珍珠；从印度尼西亚收购香料、大米、珍贵木材；从霍尔木兹收购珍珠；从中国和日本收购茶叶和瓷器。这些商品被运到欧洲以后，再高价出售，仅胡椒在里斯本的售价就比在印度的售价高出10多倍。[⑤]

大量的贵金属进入欧洲市场以后，必然带来通货膨胀。自十字军东征以来，欧洲历史上再次出现价格革命。

---

① "环大西洋体系的产生、繁荣和衰落"，https://bbs.tiexue.net/post_5696674_1.html, 2012-02-26。

② 查灿长："腓力二世与西班牙帝国的衰败"，《烟台师范学院学报》1989年第4期。

③ J. D. Tracy ed., *The Rise of Merchant Empire: Long Distance Trade in the Early Modern Period, 1350-1750*, Cambridge: Cambridge University Press, 1990, p. 247.

④ Ibid.

⑤ 张德明："论16世纪葡萄牙在亚太地区扩张活动的性质"，《世界历史》2003年第4期。

价格革命

关于16世纪价格革命的起因，学术界曾经有"内生货币论"与"外生货币论"两种争论。外生货币论认为，美洲贵金属的大量涌入是16世纪欧洲物价飞涨的直接原因，同时借用"外生货币→制度变迁→经济增长"模式，提出物价飞涨导致制度创新，制度创新又导致经济增长，西欧因此率先崛起。[1]而内生货币论则认为，早在美洲被发现以前，欧洲已经出现价格上涨的趋势，外生货币论因此受到质疑。[2]然而，不可否认的事实是，16世纪是欧洲物价普遍飞涨的时代。当时，物价本身上涨6倍多，如果将价格和交易量结合起来，物价则上涨13倍以上。[3]

1. "货币数量理论"

早在16世纪，西班牙的萨拉曼卡学派已经提出物价大幅上涨的理论。[4]法国思想家让·博丹同意这一看法。他认为，美洲白银的流入是货币价值跌落的原因。此后，意大利经济学家达万萨蒂、蒙塔纳里，英国哲学家洛克、法国哲学家孟德斯鸠，以及后来的英国哲学家休谟、经济学家李嘉图、哲学家密尔等，都阐述过类似的见解。[5]

因西班牙放弃了国内生产，流入西班牙的白银又很快流入欧洲其他国家，并大量流向亚洲。据统计，1492—1595年，西班牙从美洲运回的金银价值约40亿比塞塔，[6]留在国内的最多只有2亿比塞塔，仅占5%。[7]1724年，西班牙的乌斯塔里兹在《论西班牙工商业衰落的原因》一文中写道：

---

① 陈梁："论近代英国金本位制度的形成"，山东大学2014年硕士论文。

② 同上。

③ 朱明："16世纪西欧'价格革命'新探"，《史学理论研究》2008年第4期。

④ 〔法〕费尔南·布罗代尔：《地中海与菲利普二世时代的地中海世界》（上卷），唐家龙等译，第761页。

⑤ 最先提出这一理论的是法国重商主义者让·博丹。15世纪末—16世纪初，由于南美洲金银大量流入欧洲，致使欧洲市场物价上涨，货币贬值，史称"价格革命"。

⑥ 比塞塔是2002年欧元流通前西班牙使用的法定货币。1973年，1美元约合60比塞塔。

⑦ 查灿长："腓力二世与西班牙帝国的衰败"，《烟台师范学院学报》1989年第4期。

在亚尔喀拉的圣经教授桑丘·迪·蒙卡达博士在他的1619年发表的论著第一篇第三章里谈到，根据24年前向国王陛下呈交的报告，从1492年发现西印度到1595年仅从西印度就向西班牙输入金银20亿皮西塔，即在103年当中每年平均2000万皮西塔；大概输入而没登记的也有这样多，而其中仍留在西班牙国内的至多不过2亿——铸成货币的1亿以及制成器皿的有1亿，如果做出由1595年到1714年的统计，如果推测这129年里每年输入西班牙的只有1200万，则总数为153,600万皮西塔，而从1492年起的总数就要有353,600万。比得罗·斐南第斯·迪·诺瓦立特在关于国家储存的第21讲中称，不算西班牙所有的钱以及得自瓜达尔坎那尔矿坑的，从1519年到1617年从西印度输入的计153,600百万，这98年里平均每年为1500万。我们假定诺瓦立特计算所根据的从1492年到1519年的最初27年每年输入达到1200百万，而且我们假定从1617年到现在的1724年这107年里所得没有减少的话，我们就得出另一个数字，即159,600万，都加在一起的总数是313,200万。再加上在此以前国内所有贵金属数，即使我们依照诺瓦立特得出的较小的统计数字，全数也要等于50亿皮西塔的金银。然而注意现在运到加的斯的贵金属数，那么不是减少，而是增加这些数字近似实际的情形……

现在我们看看留在西班牙境内作货币用的以及制细工用的金银有多少。我相信，包含教会和私人的所有，即使有人不经心地谈到它，也不至说出总数有1亿多。这就是金银从国内流出的显著后果，而从1492年到1724年的232年里贵金属向国外流出每年平均达到2000万皮西塔，所以前面我丝毫并没有夸大，肯定说，每年流出的数有1500万皮西塔……[①]

---

① 〔西〕乌斯塔里兹："论西班牙工商业衰落的原因并论使它复兴、奖励和扶助的主要手段"，《贸易及航海的理论与实践》（1724年版），转引自朱寰主编：《世界上古中古史参考资料》，第380—381页。

据研究，在1550年美洲贵金属大量输入欧洲以前，伦敦、阿姆斯特丹、维也纳、佛罗伦萨等欧洲城市的平均收入水平基本持平，但是，到了1550—1620年间，因贵金属的大量输入，造成欧洲物价和工资的普遍上涨。如英国南部的建筑工人的工资从4便士涨至8便士，工匠的工资从6便士涨到1先令，同时粮食价格也上涨了4至5倍。除英国之外，西班牙、法国和德国等都出现了类似的状况。[1]至17世纪价格革命结束之后，南欧和中欧的工资水平略有下降，但伦敦和阿姆斯特丹的工资仍在上升，伦敦的工资在17世纪末甚至超过了阿姆斯特丹。[2]

20世纪初，美国经济学家欧文·费希尔据此提出著名的货币数量方程式，即"PT=MV"，其中P代表价格，T代表交易量，M代表货币，V代表流通速度。他认为，价格水平是货币供给量的函数，即货币供应量越大，价格越高。其后，美国历史学家J.汉密尔顿伯爵对这一理论又进行了归纳。他以极其翔实的数据论证美洲白银输入对于西班牙和欧洲产生的影响，然后在费希尔货币量理论的基础上又提出PQ=MV的公式，其中，Q是货物和服务的数量，V是周转速度，V和Q始终是一对常量，因此，价格P是由货币量M决定的。汉密尔顿的货币数量公式成为16世纪欧洲价格革命的理论依据，其总的结论是："金银流入造成了经济扩张"。[3]

2."货币数量理论"受到的质疑

近些年来，学术界出现了一种新的声音。他们认为，16世纪欧洲出现价格革命是事实，但价格革命出现的原因不是美洲贵金属的流入，而是此前欧洲本身业已存在的贵金属价格变化，即内生货币

---

①〔英〕克尼希克斯伯格、莫斯：《16世纪的欧洲》，第36页，转引自朱孝远：《近代欧洲的兴起》，第179页。

②〔英〕罗伯特·艾伦：《近代英国工业革命揭秘——放眼全球的深度透视》，毛立坤译，浙江大学出版社2012年版，第51、59页。

③ Earl J. Hamilton, "The History of Prices Before 1750", *International Congress of Historical Sciences*, Stokholm, 1960, 另见〔美〕伊曼纽尔·沃勒斯坦：《现代世界体系》（第一卷），尤来寅等译，第84页。

论。这个观点认为，中世纪后期，中欧地区已经有大量银矿被开采；而16世纪的物价之所以上涨4至6倍，不完全是因为银币超发，而是因为白银的很大一部分没有被用作货币进入流通领域，而是被用作奢侈品进入消费领域。Y. S. 布伦纳认为，费希尔等式中的四个要素在16世纪是可变的，价格的变化虽然与贵金属的增减有关，但更主要的还是与贵金属的使用方式有关。[1]他认为，16世纪上半叶的价格上涨主要表现为货币周转率的加快和货币量的增加，这是与农产品供应的相对减少有关系的。因为随着商业扩张的到来，工业发展加快，导致土地投机和合法的资金市场急剧兴起，更多的社会阶层从农村转移到城市，为了取得食物，他们必须依赖市场。这是货币流通速度增加的主要原因。[2]资本主义活动的普遍兴起才使欧洲人把金银用于铸币。[3]布罗代尔表示，虽然我们都倾向于按照汉密尔顿的著述来描绘欧洲总体的价格运动，但这种解释模式并不包括欧洲所有地区，伊比利亚半岛就是一个例外。对西班牙以外的欧洲来说，早在15世纪后半叶，价格就已经缓慢地开始上升，每年大约上涨1%。西班牙处在这一"价格革命的酝酿期"之外。16世纪对美洲的开发才使西班牙得到大量贵金属，而汉密尔顿的研究正是基于16世纪的贵金属输入做出的，因此不能反映欧洲价格上涨的整体状况。约瑟夫·熊彼特甚至强调："英国工业和商业的一切成就持久的原因，与贵金属的过剩无关"，通货膨胀的影响几乎完全是破坏性的。[4]英格丽德·哈马斯特伦则认为，汉密尔顿把次序搞错了，不是贸易，而是经济活动的增加导致价格上涨。[5]

据研究，美洲金银在流入欧洲之后，大约有三分之一消耗于欧

---

① Y. S. Brenner, "The Inflation of Prices in Early Sixteenth Century England", *The Economic History Review*, Vol. 14, 1961, p. 231.

② Ibid., pp. 238–239.

③ 〔美〕伊曼纽尔·沃勒斯坦：《现代世界体系》（第一卷），尤来寅等译，第85页。

④ Joseph A. Schumpeter, *Business Cycles*, New York: Mc Graw-Hill, 1939, pp. 231–232.

⑤ Docent Ingrid Hammarstrom, "The 'Price Revolution' of the Sixteenth Century: Some Swedish Evidence", *Scandinavian Economic History Review*, Vol. 1, 1957, p. 131.

洲与黎凡特及远东地区的国际贸易，还有相当大一部分流入北欧及中欧用于购买粮食。除此之外，流入各国的贵金属则被广泛用于制造奢侈品或者被储存起来，如被大量用来制造金属餐具、装饰，以及宗教和世俗用品。在法国，相当多的贵金属流入到金匠铺、主教、修道院院长、领主甚至商人手中，主要用于制造金银餐具、金链条、金戒指、金银圣物、烛台和十字架等，这些金银器物多见于教堂。中产家庭也倾向于使用贵金属制作装饰品。据估算，流入个人手中的金银数量与用于铸造货币的金银数量达到同等规模，结果导致欧洲的贵金属严重匮乏。欧洲贸易的增长远远超过金银货币的供应量，于是不得不增发铜币或使用信贷。而且，影响价格的货币量的增加与贵金属的流入并不同步。16世纪上半叶，美洲流入西班牙的黄金数量是上升的，而流入法国的数量则是下降的，1521年有5000个单位，1551年只有1500个单位，但这个时期法国的货币数量却是上升的，1521年有5万个单位，1551年达到10万个单位。这说明法国并没有依赖美洲的黄金进口。[①]另外，16世纪，欧洲各国普遍出现货币贬值现象，亦与贵金属短缺有关。如1540—1550年，英国发生货币重铸和严重的货币贬值，货币中的金银成分大大减少，为适应日益活跃的经济需求，不得不增发货币。法国货币"图尔里佛"中的含银量也不断降低，1541—1550年为50％，1551—1560年为39％，1561—1570年为11％，1571—1580年为17％，1581—1590年为18％，1591—1600年仅为5％。而"图尔里佛"的发行量却在不断增加，1493—1550年为4000万，1551—1610年达到1亿。[②]此外，从1500年到1650年，荷兰、匈牙利等国的货币，其含银量也都减少一半，英国减少三分之一。如此看来，美洲贵金属的流入并没有给欧洲带来货币供应量的增加。

那么，16世纪的价格革命是如何造成的？新的研究认为主要有三个方面的原因。

---

① 转引自朱明："16世纪西欧'价格革命'新探"，《史学理论研究》2008年第4期。

② 转引同上。

第一，人口增长导致粮食价格普遍上升。从1541年起，英国人口在整个16世纪一直处于自然上升状态，至17世纪则处于整体下降趋势。康沃尔的研究表明：英国人口在1430年为210万，在1520年代为230万，此后便进入较快增长期。1541—1580年，英国人口从2,773,851增长到3,568,068，增长29％；[①]1603年又增加到375万，在80年时间内增长63％。法国人口在14世纪是1500万，15世纪中期达到处于最高点的1700万，16世纪中叶进入饱和状态，1560年起处于零增长，这个数字一直持续到18世纪。[②]而资源相对于人口的增长来说，将变得越来越稀缺，因为人口的增长必然伴随着非劳动人口的增加和脱离土地的工资劳动者的增加。此外，可耕地相对减少，许多耕地转变为养羊农场。因此，对粮食的市场需求远远大于人口增长。在16世纪上半叶，可以明显感觉到小麦的消费价格有较大提高，洛林的小麦价从1540年的144格罗索上升到1575年的300格罗索，增长了2倍，1550—1570年的价格上涨尤其剧烈。布朗和霍普金斯指出，正是由于16世纪人口的增长，而非美洲矿产的发现，导致谷物数量的下降，从而降低了购买力。从1520年起，增长的人口对粮食、服装和住房的需求越来越大，超过以往任何时期。价格上涨又刺激了生产的发展，而基于信贷之上的购买力增长更快，大于生产和销售，从而导致一个多世纪的持续的物价上涨。

第二，需求导致的贸易旺盛。除粮食外，欧洲其他商品的需求也在增长。这种情况导致贸易的增长也在加快。以英国为例，从1550年到1587年，英国各港口的船运量增长了4倍。煤炭的运输从1561年的8671吨增长到1586年的18,685吨；伦敦的肥皂进口量从1566年的67.5万块上涨到1586年的231.5万块；同期，英国铁的进口也增长了192％。1550年之后，英国的贸易量以3％—4％的速度

---

① E. A. Wrigley, R. S. Schofield, *The Population History of England, 1541-1871*, London: Edward Arnold Publishers Ltd., 1981, p. 531.

② 〔法〕伊曼纽埃尔·勒鲁瓦·拉迪里：《历史学家的思想和方法》，杨豫等译，上海人民出版社2002年版，第134—135页。

在增长。[①]这种情况表明，这个时期的消费正在增长，除日用消费品之外，服务业和休闲产品也大大增加。而且消费的增长不只局限于富人，而是社会整体消费水平的提高。从穆尔德鲁通过研究遗嘱对英国几个郡的消费统计看，从1520—1600年，家庭用品的消费增长率最高达到100％以上。[②]之所以会出现这样的高消费，归根结底还是因为需求旺盛。在英国，1520年之后的生育率提高，使英国在16世纪中期的劳动力非常充裕，生产力提高，为消费提供了可能性。这种高消费也推动了价格上涨。

第三，气候等环境因素加速了价格上涨。16世纪，欧洲许多地方的农业因气候原因出现歉收，纷纷改耕为牧，以致粮食不得不大量依赖进口。北欧和东欧，尤其波兰成为西欧和南欧的主要粮食供给者。史学界把这种变化称为东欧的"再版农奴制"。皮埃尔·古贝尔（Pierre Goubel）通过对17世纪博韦地区的研究发现，每隔30年，这个地区就会出现一次粮食歉收，它们分别发生在1597年、1630年、1661年、1691年和1725年。他将这种现象与太阳活动周期即太阳黑子周期及耀斑联系在一起，认为农业生产的波动性与自然环境有着极大的关系。[③]这种国家之间的粮食贸易也加速了价格上涨。

3.对质疑的再质疑

否定大航海对价格革命的作用就像否定十字军东征对"12、13世纪价格上涨"的作用一样，都是不客观的。

关于16世纪的价格革命，我们不排除前已存在的价格上涨因素，但是不能因此看不到大航海所带来的巨大刺激因素。布罗代尔的研究也告诉我们："物价上涨从1470年起已在德意志开始；法国的很多地区也在15世纪末以前开始，比意大利、伊比利亚半岛、尼

---

①　Craig Muldrew, *The Economy of Obligation: The Culture of Credit and Social Relations in Early Modern England*, New York: Palgrave Publishers Ltd., 1998, pp. 24–26.

②　Ibid.

③　〔法〕费尔南·布罗代尔、斯普纳：《1450—1750年欧洲的价格》，转引自〔英〕M. M. 波斯坦等主编：《剑桥欧洲经济史》（第四卷），张锦冬等译，第391页。

德兰和英格兰等得天独厚的地区出现更早。"①但是，16世纪初的物价上涨幅度并不大，看不到其中存在的"革命性"的上涨。而"美洲的矿业生产（则）是通货膨胀的工具"。②

美洲的白银先流入西班牙，接着流入欧洲其他国家。1585年，诺埃尔·迪·法伊（Noel Di Fay）在《厄特拉佩尔的故事和演说》一书中写道："西班牙人和葡萄牙人发现了新大陆和金银矿藏，他们贩卖的金、银最后流入法国。他们不能不买法兰西的小麦和商品。"③1567年，弗朗西斯·德·阿拉瓦（Francis de Alava）汇报称，大量银子流入法国。"人们从里昂写信告诉我，根据这个城市的海关账册，人们可以了解到，90万杜卡托从西班牙运进里昂，其中包括40万金币……这些货币藏在皮货里自阿拉贡运来……它们全部经康弗朗前来。大量货币未经陛下许可也注入巴黎和里昂……"④1556年，一位名叫索朗佐的威尼斯人声称，每年流入法国的金币多达550万金埃居。⑤

1550年前后，英国的物价也快速上升。统计显示（见表8-1），从1500年到1599年，英国谷物价格上涨5倍以上，农产品价格上涨4倍以上。其中，1550—1559年是变化最剧烈的年代，谷物的物价指数突然从前10年的187蹿升到384。英格兰南部食品的价格在1530—1640年间至少上涨5倍，工业品价格上涨了2倍。⑥法国的物价在1500—1592年间则增长了10倍。⑦

---

① 〔法〕费尔南·布罗代尔：《地中海与菲利普二世时代的地中海世界》（上卷），唐家龙等译，第765页。

② 同上书，第763页。

③ 转引自〔法〕费尔南·布罗代尔：《地中海与菲利普二世时代的地中海世界》（上卷），唐家龙等译，第762页。

④ 同上书，第711页。

⑤ 同上。

⑥ Craig Muldrew, *The Economy of Obligation: The Culture of Credit and Social Relations in Early Modern England*, p. 15.

⑦ 〔英〕M. M. 波斯坦等主编：《剑桥欧洲经济史》（第四卷），张锦冬等译，第391页。

表8-1 16世纪英国物价指数①

	谷物	所有农产品的平均值	工业品	农业工人工资
1500—1509	112	106	98	101
1510—1519	115	108	102	101
1520—1529	154	132	110	106
1530—1539	161	139	110	110
1540—1549	187	169	127	118
1550—1559	384	270	186	160
1560—1569	316	282	218	177
1570—1579	370	313	223	207
1580—1589	454	357	230	203
1590—1599	590	451	238	219

我们承认，随着现代民族国家的诞生，从15世纪开始，欧洲内部已经存在一定规模的货币流通，军饷、工资和赋税都需要用现金支付，意大利、葡萄牙、英格兰、尼德兰等地开始形成货币经济，货币储备量在1500年以前可能比人们以往所设想的大得多，但是，美洲贵金属作为"无偿投资"进入这个货币流通中，无疑对物价上涨起着"加速器"的作用。②没有美洲的贵金属，就不可能有16世纪的"价格革命"。大航海无疑给欧洲的重商主义注入了新的活力，欧洲经济再次出现"腾飞"的迹象。

有观点认为，美洲贵金属的持续供给是一把关键的钥匙，欧洲国家凭此开启了制度创新的大门。③"外生货币→制度变迁→经济增长"的分析模式说明货币增长在当时引起欧洲的制度变迁。前工业

---

① C. G. A. Clay, *Economic Expansion and Social Change: England, 1500-1700*, Vol. I, New York: Cambridge University Press, 1984, p. 50.

② 〔法〕费尔南·布罗代尔：《地中海与菲利普二世时代的地中海世界》（上卷），唐家龙等译，第763—764页。

③ 高程："从货币和制度的角度看西方世界的兴起"，中国社会科学院研究生院2003年硕士论文，摘要。

革命时期，欧洲与其作为参照物存在的中国之间不存在显著的差异，双方在总体上势均力敌，包括人口增长规模、人均GDP水平、市场运作状况、技术条件及所处之制度环境等方面。随后，由于偶然的地理大发现，大量美洲贵金属涌入欧洲。这一外力作用推倒了制度变迁的第一张多米诺骨牌，在欧洲引起连锁反应：价格革命导致了财富的重新分配，并引起阶级结构的变化，其中商人阶层凭借财力"脱颖而出"。由于王权政府在财政上依赖于商人阶层，故后者的地位开始攀升。商人阶层向国家政权内部不断渗透，使国家性质逐渐发生变化。其间，二者的利益日趋一致。他们的共同利益集中体现在重商主义的外贸政策中。该政策的实质是"对外掠夺产生财富，财富产生强权，强权保护掠夺成果"。[①]

三、西欧各国对海洋权力的争夺

海上航道的开辟、美洲新大陆的发现、贵金属的大量流入以及欧洲经济的全面起飞，使欧洲人看到了海洋的价值。特别是位于大西洋沿岸的西欧国家，包括英、荷、法、西、葡等展开了激烈的"海权"争霸，企图成为海上霸主。欧洲各国开始大力发展航海技术和海上力量，并展开大规模的商业战争。同时，民间也出现以私掠为目的的大规模海盗行为。

航海技术与海上力量的突飞猛进

首先，在海上船只方面，欧洲人使用的商船经历了从威尼斯商船到大西洋商船的变化。据莱恩（F. C. Lane）研究，15世纪，欧洲造船技术发生两个方面的重要变化。一是圆形帆船的帆装设备，二是船载枪炮的发展。他说："在15世纪中叶，单桅帆船变成了全帆装备的三桅帆船，三个桅杆上分别配备前桅帆（又称撑杆帆）、中桅

---

① 高程："从货币和制度的角度看西方世界的兴起"，中国社会科学院研究生院2003年硕士论文，摘要。

帆和后桅帆——1485年的帆船在外观上更接近1785年的帆船，而不是1425年的帆船。再有就是海军在战斗中日益增加了对枪炮的利用。当然，枪炮在对付那些需要专门保护的桨帆商船队的抢劫中所发挥的重要作用，说明了它们为什么会被广泛利用。"①如此一来，威尼斯的船厂（阿森诺船厂）的主要产品——桨帆并用的帆船的需求量便大幅度下降，而大西洋沿岸各国造船厂的方帆帆船的需求量则迅速上升。威尼斯造船厂除了碰到技术上的难题之外，也较难获得廉价的木材，因此威尼斯商人开始从国外购买船只。②

大西洋沿岸的帆船是一种使用三桅帆并配备有大炮的新型帆船。从速度上看，葡萄牙人的帆船最快。15世纪末叶，他们已懂得建造三桅帆船，一般以方形的船帆做前帆，主帆和一个三角形的船帆做后帆，使船更容易根据风向抢风航行。③一条大帆船可以同时搭载几百名水军官兵和水手，运输几百吨货物和大炮，前往几千海里之外的目的地。因借助风力航行，大帆船的续航能力与现代核动力舰艇一样，几乎是无限的，唯一受到限制的是自身携带的粮食和淡水。当然，建造这样的大帆船，不仅需要几何学、材料学和结构学知识，还需要使用大量熟练的木工、铁匠、帆匠、制缆工和铸炮工，它是那个时代人类最复杂的技术产品。

近代早期的商船还是一种武装商船。由于私自上船聚义并由官方发放执照的各类海盗无处不在，普通商船也往往带上几门防身用的火炮。"从16世纪开始，由于海盗猖獗，所有船只都不得不装上火器，并有专门使用火器的炮手。几乎不分战船和商船，全都武装了起来。"④至18世纪末，英式的风帆战列舰出现，其设施比15世纪

---

① F. C. Lane, *Venice and History: Collected Paper*, Baltimore: Johns Hopkins Press, 1966, pp. 15-16.

② Ibid.

③ 〔英〕尼尔·弗格森："海盗、共济会、东印度公司与大英帝国的崛起"，何新按，https://wenku.baidu.com/view/1c8b697a14791711cd791700.html，2014-12-10。

④ 〔法〕费尔南·布罗代尔：《15至18世纪的物质文明、经济和资本主义》（第一卷），顾良、施康强译，第460页。

的大帆船又先进和齐备了许多。其甲板上的每门大炮有五六个炮手同时操作，富有经验的士官或头目负责瞄准和点火，少年炮手负责运输和保护火药，其胳膊上往往挂着火药桶。

但是，航行的精确定位方面，在大航海时代的初期和中期还存在着很大的风险。当时，用来定位的方法很简单，并不十分可靠。纬度的确定相对容易，用六分仪或其雏形设备观察中午的太阳角度就可以做到，但经度的确定很难，需要精确的计时。在15—17世纪末，最常用的计时工具是沙漏，17世纪时虽然使用了钟表，但是在摇晃的船上，用来保持计时节奏的摆锤非常不准确，计时困难，无法确定精确的经度，也就不知道船在东西方向上走了多远。因此，将要前往某个港口或某段海岸的船只常常无法正确地抵达目的地。当时的海图尚未完全绘制陌生世界，而错过目的地的结局只有一个：死在海里或者某个不知名的孤岛上。所以，这个时代只能相信船长，富有经验和勇气的船长尤其可贵，他指挥帆船沿着正确的航线航行，负责把船上所有人带往目的地。如果船长对船只位置的估计发生错误，将意味着船上全体成员的末日到来。在航海活动频繁的16世纪，每年因导航和天气原因造成船只失事而遇难的人员有几千人之多。因此，踏上远洋船只，就意味着你对船长已经足够信任，愿意把自己的生命托付给船长。船长在船上是仅次于上帝或安拉的存在，任何人不得违抗船长的命令，除非大家公认船长已经丧失继续履行职责的能力。直到1760年，在英王重金悬赏之下，著名钟表匠约翰·哈里森(John Harrison)提交了体积、重量均可接受且精确度很高的、具有划时代意义的航海钟——哈里森H4。这才揭开了航海史上精确定位的崭新时代。

西班牙为了保护新开辟的美洲白银航线，建起一支欧洲历史上从未出现过的由大帆船所组成的庞大的海上舰队，史称"无敌舰队"。

欧洲海盗活动的猖獗

海盗是海上劫掠者，这里指大航海之后海上出现的民间犯罪团体，英文写作Pirate。人类自有文明史以来，海盗便遍及地球已知海域。大航海成功以后，大约从16世纪20年代开始，为截获大西洋上往来于欧美的西班牙宝船，英、法和尼德兰等国的沿海居民自发组织起来，购买船只和武器，到加勒比海地区进行作案。他们在伊斯帕尼奥拉岛（Hispaniola Island）附近建立众多的据点，埋藏截获的宝藏，甚至对美洲大陆防守疏忽的西班牙据点展开袭击。当然，这个时期的海盗活动并不完全是民间行为，他们往往得到了母国政府的支持。如英国著名海盗兼探险家弗朗西斯·德雷克被伊丽莎白一世授予"勋爵"的称号，而伊丽莎白本人亦有"海盗女王"（the Queen of Pirates）之称，英国许多非婚生的贵族子弟亦是"女王的绅士和商业探险家"。[1]他们对包括秘鲁总督区首府——利马在内的西班牙城镇发动攻击，给西班牙殖民当局造成极大的恐慌，1691—1723年的30年是海盗活动的"黄金时期"。

海盗的目的就是抢夺金银贵金属。早在1496年3月，亨利七世就向威尼斯的航海家约翰·科波特颁发了从事海盗活动的许可证。全权授权他及其儿子可以开展以下活动：打着大英帝国的旗号乘船开赴太平洋东岸、西岸和北岸（南岸就不去了，以免与西班牙利益相冲突）的所有地区……以开发和探索那些对基督教教徒来说未知的，野蛮人和异教徒聚居的任何岛屿、国家、地区或者省份，无论它位于世界的哪个位置……从而攻克、占领和占据他们发现的任何有能力统治的城镇、城堡、城市和岛屿，因为我们在那里的封臣、代理总督和代表已经为我们获得了治理这些城镇、城堡、城市和岛屿的统治权、资格和司法权……宗教改革之后，英国人的帝国野心越发强烈。一些人声称：英国负有建立一个新教帝国的使命，以抗衡西班牙和葡萄牙的旧教帝国。伊丽莎白时期的英国学者理查德·哈克卢特说，如果教宗能够赋予费迪南德和伊莎贝拉以占领基督教世界之外的、"你已经发现的，或者即将发现的……那些岛屿和

①〔美〕苏珊·罗纳德：《海盗女王——伊丽莎白一世和大英帝国的崛起》，张万伟译，中信出版社2009年版，第83页。

土地"的权力，那么英国王室也有责任代表新教"扩大和推动……基督教信仰"。1480年，英国首批意气风发的航海家已经从英国西部港口布里斯托尔出发，寻找"爱尔兰西部的布拉希勒岛"。这次成功的探险未被记录下来，令人困惑。1497年，威尼斯航海家约翰·科波特又从布里斯托尔出发，成功地穿越了大西洋。但是，在次年的航行中，他在海上失踪了。其第二次海上探险的目的地是日本，时称Cipango。1501年，西班牙政府开始对英国的远征者感到头痛，怀疑他们会不会把西班牙人驱逐出富饶的墨西哥湾，他们甚至雇用了一支远征军，企图"阻止英国人前往那个方向探险"。接着，布里斯托尔的航海家休·埃利奥特又横渡大西洋，到达了今天加拿大的纽芬兰。1503年，亨利七世的家谱中记录了支付给"从纽芬兰岛回来的劫掠者们"的酬金。不过，对布里斯托尔的商人来说，他们更感兴趣的是纽芬兰沿海的鳕鱼捕猎。而吸引理查德·格林维尔爵士到达南美洲最南端的是黄金，1574年，他在请愿书中写道，吸引他的是"从那些国家带回黄金、白银和珠宝等财宝的可能性，就像其他君王从类似地区获益一样。"三年后，同样也是"寻找黄金和白银的巨大希望"——更不用说寻找"香料、药材和胭脂虫"了——激励着弗朗西斯·德雷克爵士去南美洲探险。哈克卢特曾满怀激情地说道："我们将为英格兰获得秘鲁的所有黄金矿藏……"1576年、1577年和1578年，为了寻找珍贵的贵金属矿产，马丁·弗罗比舍又进行了北方探险。从1606年颁发给托马斯·盖茨爵士及其他人的许可证来看，发现和挖掘"黄金、白银和铜矿"也是建立弗吉尼亚殖民地的初衷，直到1607年，人们仍对弗吉尼亚"富藏黄金和铜"抱有一线希望。沃特·罗利爵士在《广阔、富饶、美丽的圭亚那帝国以及黄金城市马诺的发现》中宣称：西班牙的伟大与"大宗的塞维利亚柑橘贸易……"毫无关系，"而是因为它在西印度发现的黄金……威胁和扰乱着欧洲所有的国家"。[①]这是当年人们的固定思维。

---

① 〔英〕尼尔·弗格森："海盗、共济会、东印度公司与大英帝国的崛起"，何新按，https://wenku.baidu.com/view/1c8b697a14791711cd791700.html，2014-12-10。

西班牙在征服秘鲁和墨西哥之后，发现了大量的白银，而英国人找遍加拿大、圭亚那、弗吉尼亚和冈比亚，却一无所获，因此，不走运的英国人只有一个办法，那就是掠夺。17、18世纪，劫掠西班牙船只的海盗称buccaneer，纯粹的民船武装称Privateer，即"私掠者"。此外，还有一种属于伊斯兰教徒的海盗，称Corsair。

海盗用作基地的藏身和藏宝地点集中在加勒比海地区，主要有以下一些岛屿：

（1）托尔图加（Tortuga）。该岛屿位于海地北海岸，多岩石。1630年前后，因劫持西班牙商船而被法国政府驱赶的海盗定居于此。

（2）"皇家港口"（Port Royal）。该岛屿位于牙买加，是16世纪一个非常重要的航海港口。英国政府曾鼓励海盗定居于此，专门袭击过往的法国和西班牙商船。这里曾经是"海盗乐园"。1692年6月发生的一次大地震，使海水淹没了岛屿上的城镇，人们认为这是"上帝的惩罚"。弗吉尼亚的航海博物馆对此次地震有较详细的记录。

（3）拿骚（Nassau）。该岛屿位于巴哈马群岛中北部的新普罗维登斯岛（New Providence）北岸，距美国的迈阿密城只有290公里。这里曾经是一个非常破烂不堪的小镇，连真正的房子都没有。但是拿骚却见证了历史上海盗的黄金时期。作为当时加勒比海域最强大的海盗集团，这里出现了历史上很多非常有名的海盗首领，比如"棉布"杰克（Calico Jack）、安妮·邦尼（Anne Bonny）和"黑胡子"等。一直到1725年英国政府派出伍德·罗杰斯来此"剿匪"之后，这里的海盗团伙才慢慢消失。

（4）英属开曼群岛（Cayman Islands）。该群岛由佛罗里达州迈阿密以南480英里的三个加勒比海岛屿组成，包括大开曼岛、小开曼岛和开曼布拉克岛。1503年被哥伦布发现时，因该群岛正好位于墨西哥至古巴航线的中间，可以作为海盗中途停留休息的地方，所以经常被海盗用作基地，特别是臭名昭著的"黑胡子"——爱德华·蒂奇。1722年左右，托马斯·安斯蒂斯海盗船航行到大开曼岛附近的时候，被英国军队发现并遭受沉重打击。

（5）圣克鲁瓦岛（St. Croix）。该岛屿在海盗的黄金时期还只是一个荒无人烟的小岛，由于处于三角贸易区的中心位置，又有一个不为众人所知的隐蔽的港口，所以为过往的海盗提供了非常完美的隐蔽场所。1717年1月，英国的士兵在此击败了海盗约翰，战争的幸存者在这里几乎被饿死，恰巧另外两个海盗单桅船救了他们并一起逃往维京果岛（Virgin Gorda）。

（6）英属维京果岛。该地是哥伦布在发现新大陆的第二次旅途中发现的群岛，岛的得名是因为哥伦布认为从海上看过去很像"一个躺着的有着突出的腹部的女人"。该岛因为锯齿状的海岸线为海盗提供了非常安全的停泊地点，历史上非常有名的海盗如"黑胡子"和基德船长曾在此活动。

（7）拉布兰基亚（La Blanquilla）岛。该岛位于委内瑞拉。《海盗共和国》的作者科林·伍达德认为，它是那些为了躲避巴巴多斯岛和法属马提尼克岛法律制裁的人们的非常好的藏身之处。因为，在岛上能够看得见的距离内，没有多少船只经过。海盗布莱克·萨姆于18世纪在岛上创建了海盗基地，并藏匿了很多珍宝。这些宝藏于1984年被发现，委内瑞拉政府于2007年6月份开始用这些宝藏建设国家旅游设施。

（8）洪都拉斯群岛的罗阿坦（Roatan）岛。该岛拥有全世界第二大的珊瑚礁群，17世纪是上百个海盗团伙的基地，包括历史上非常有名的"摩根船长"和劳伦斯·德·格拉夫（Laurens de Graff）的基地。在这里，海盗们袭击来往的西班牙商船，获得很多来自亚洲的瓷器和来自秘鲁的银器。有传言说20世纪60年代有很多探宝者在此找到"摩根船长"的一些宝藏，据说肯定还有更多的财宝未被发现。

（9）圣基茨（St. Kitts）岛。据安格斯所著《海盗的历史》记载，17世纪末，法国政府在一些海盗团伙的帮助下，以基德船长的名义袭击了这个岛屿。基德船长生于英国，受雇于法国，当他偷了法国军队的一艘船并将船开到尼维斯岛的时候，很快就成了英国的英雄。但是最后还是因为曾作为海盗而被指控，并在泰晤士河边接受绞刑。

（10）法属瓜德罗普岛（Guadeloupe）。该岛位于小安的列斯群岛中部。根据《海盗共和国》的作者科林·伍达德的描述，著名的"黑胡子"海盗（在他胡子上插着两根点燃的导火线并在其牙齿上钉了徽章）于1717年11月28日逃离该岛，逃走的同时还偷走了一艘法国的运糖船。

在近代海盗史上，欧洲比较著名的海盗很多。如弗朗西斯·德雷克、威廉·丹彼尔、威廉·基德、亨利·埃夫里、亨利·摩根、"棉布"杰克、萨姆·贝拉米、巴沙洛缪·罗伯茨、爱德华·蒂奇、托马斯·图，还有女海盗唐·埃斯坦巴·卡特琳娜和安妮·鲍利等。这些海盗多数出现在英国，其他国家如法国、西班牙、葡萄牙和土耳其等国的海盗也不少。按其活动的性质，可以分成以下几种类型。

第一类，拥有强大的官方背景的海盗。他们的活动受到所在国政府的支持或保护，如弗朗西斯·德雷克、威廉·丹彼尔、威廉·基德等。

弗朗西斯·德雷克出生于英国德文郡一个贫苦的农民家庭，他从学徒、水手、船长一直做到勋爵，其前后的经历和地位变化在历史上颇为特殊。1568年，德雷克和他的表兄约翰·霍金斯带领五艘贩奴船前往墨西哥，由于受到风暴袭击开始向西班牙港口请求援助，但是西班牙人的欺骗险些让他丢掉性命。他发誓在有生之年一定要对西班牙人进行报复。1572年，德雷克在南美丛林里抢劫运送黄金的西班牙骡队，并打下几艘西班牙大帆船，最后成功地返回英国。德雷克的行动使他成为伊丽莎白女王的亲信。1577年，他乘坐"金鹿"号旗舰再奔赴美洲沿岸，攻击西班牙船队，在逃避西班牙人追击的过程中，德雷克南渡今天的德雷克海峡，见到烟波浩渺的太平洋。在横渡太平洋之后，于1579年9月26日回到阔别近三年的朴茨茅斯港。这是继麦哲伦之后的人类第二次环球航行，其意义在于太平洋不再为西班牙独家所有。在这次环球航行中，德雷克船队不仅抢掠了位于南美的西班牙殖民地，还袭击了西班牙在欧洲的港口，满载而归给这次远航的投资者带来了500倍的收益。[①]作为资助者之一的伊丽莎白一世，也分到16.3万英镑的红利，相当于当时英国政府一年的财政支出。女王亲自登上德雷克的坐舰，授予德雷克以"骑士"称号。1587年，英西海战爆发，德雷克作为英军的副总指挥，对击败西班牙"无敌舰队"起到至关重要的作用，他因此被晋升为"勋爵"。到此，他登上海盗授勋史上的最高峰。德雷克的成功和女王的支持，使越来越多的人前赴后继地参与到海盗的事业当中。

第二类，具有强烈"爱国"倾向的海盗。如亨利·摩根、塞亨马缪尔·罗伯茨等。

亨利·摩根有"摩根船长"之称，曾经是海盗头目的代名词。他出生于威尔士，最初带领武装民船横行于加勒比海。其最著名事迹是对西班牙殖民地格兰纳达的洗劫与破坏。1663年12月，亨利·摩根驾船航行500英里，穿越加勒比海，奇袭了西班牙沿海前哨——尼加拉瓜湖北部的格兰纳达。这次冒险的目的很简单，就是寻找和偷窃西班牙的黄金以及其他可以搬运的财物。据牙买加总督向伦敦发回的报告称，当摩根和他的手下登陆格兰纳达后，"他们猛开了一阵火，打死18个神枪手……占领了士军长的驻地，里面都是当地人的武器和弹药，还在大教堂囚禁300个青壮年……这场劫掠持续了16个小时，最后他们释放了所有关押的囚犯，击沉所有船只后扬长而去"。1670年，摩根占领了普罗维登斯岛，越海踏上大陆海岸线，并穿过地峡占领巴拿马。1688年，他袭击了古巴太子港、巴拿马波特贝洛、委内瑞拉库拉索岛和马拉开波岛。

---

① 〔美〕纳撒尼尔·哈里斯等：《图说世界探险史》，张帆、贾磊等译，第91页。

不过，最令人称奇的是摩根用他掠夺来的资金投资牙买加的地产。他在米尼奥河流域（现在是摩根河谷）购置了836英亩土地，后来又在圣伊丽莎白教区添置了4000英亩土地，这些土地都是种植甘蔗的理想场所。英国海外扩张的本质性改变，就是以掳掠黄金起家，然后在甘蔗种植中得到发展。17世纪70年代，英国王室开始在牙买加的罗亚尔港修筑工事，保护这里的港口贸易，并从牙买加的蔗糖进口关税中获取丰厚的利润。建造罗亚尔港者的亨利·摩根被封为亨利爵士。他不仅是一个大种植园主，还是罗亚尔港驻军的副海军上将和司令官，英国海军部法庭的法官、治安法官，甚至是牙买加代理总督。1681年，在一次醉酒后，因反复发表夸张言论，被剥夺所有官职。不过，他最终还是体面地退休了，1688年8月去世，罗亚尔港鸣炮22响向他致敬。①

第三类，不带任何政治倾向，只是单纯的私人抢劫的海盗。如亨利·埃夫里、"棉布杰克"和女海盗安妮·邦尼等。

亨利·埃夫里于1653年出生于英国的朴次茅斯。他在十几岁时当上了见习水手，长期在非洲的几内亚湾从事奴隶贸易。40岁时受雇当上西班牙武装民船"查尔斯二世"号的大副。1695年春，在加勒比海搜索法国船只时，传来了托马斯·图在东方发财的消息，埃夫里随即发起暴动，夺取了"查尔斯二世"号，将之改名为"幻想"号。当埃夫里驾驶"幻想"号行至红海出海口时，遇到了另外五艘志同道合的海盗船，于是形成了埃夫里海盗船队。同年8月，印度最大的商船"冈依沙瓦"号被埃夫里袭击。这起事件引起英国与印度之间的国际纠纷，亨利·埃夫里成了大英帝国的头号通缉犯。1696年，埃夫里集团散伙，许多人一踏上英国的土地就被送上绞刑架，只有埃夫里逃脱。后来没有人再见过他。他是笛福写作的小说《海盗船长》中辛格尔顿的原型。

---

① 〔英〕尼尔·弗格森："海盗、共济会、东印度公司与大英帝国的崛起"，何新按，https://wenku.baidu.com/view/1c8b697a14791711cd791700.html，2014-12-10。

从以上案例中，我们看到，大航海之后出现的海盗并不是简单的私人性质的海上抢劫，很多海盗活动属于国家行为，反映了这一时期大西洋沿岸国家对财富的争夺。那些充当海盗的人既是私人抢劫者，往往又被国家吸纳。"在英格兰与西班牙或荷兰与西班牙战争期间，劫掠船被授予'捕拿特许证'，使他们成为所属国家海军的志愿军。"[①]他们是"替母国海军效命的兼职游击队"。[②]因此，大航海之后的大西洋沿岸国家存在着海盗、海商与海军"三位一体"的趋势，其重心目标就是抢夺西班牙和葡萄牙船队运送的财富，使金银贵金属能够在大西洋国家之间得到均衡的分配。这样的海盗活动甚至改变了西欧海外扩张的性质。如亨利·摩根在建立牙买加基地之后，英国海外扩张便走上种植甘蔗的道路。当然，由于海盗行为是一种赤裸裸的抢劫行为，过于招摇而损及自身，因此，在1723年塞亨马缪尔·罗伯茨被击毙之后，"海盗黄金期"便过去，政府开始通缉和剿灭海盗行为。

欧洲"商战"的全面爆发

那么，在民间盛行海盗活动的同时，西欧各国的政府在干什么呢？实际上，政府在酝酿和进行更大规模的剿杀——商战，即商业战争。这是重商主义的继续。西班牙自发现美洲之后，便以美洲为中心建起"环大西洋贸易体系"，并联结亚洲的菲律宾，成为世界历史上第一个"日不落帝国"。英、法等国一开始并没有把发展的目标放在大西洋，而是放在地中海，但是自欧洲的贸易中心离开地中海之后，以英国为首的大西洋沿岸国家便向西班牙发起了挑战。[③]1588年，英西海战爆发，西班牙的"无敌舰队"被击溃。17世纪，英荷之间进行了长达半个世纪的海上战争，荷兰又被击败。18、19世纪，

---

① 〔美〕彭慕兰、史蒂夫·托皮克："西印度群岛海盗——当年的企业狙击手"，《贸易打造的世界》，黄中宪译，第199页。

② 同上。

③ 16世纪中期，英国便抛弃了征服欧洲的思想。参见〔英〕安格斯·麦迪森：《世界经济千年史》，伍晓鹰等译，第96页。

英法之间爆发七年战争和拿破仑战争，法国又被打败。通过这样一系列的商业战争，英国最终赢得胜利，成为全球范围内独一无二的海上霸主，从而为英国的最先崛起打下坚实基础。

根据沃伊克兰德和沃斯2013年的研究（见表8-2），在16、17、18三个世纪，欧洲的战争频率是最高的。拥有战争的年份分别达到95%、94%和78%。

表8-2　16—20世纪欧洲的战争频率[①]

世纪	最大数值	平均接续时间	战争年代所占百分比
16世纪	34	1.6	95%
17世纪	29	1.7	94%
18世纪	17	1.0	78%
19世纪	20	0.4	40%
20世纪	15	0.4	53%

1. 1588年，英国与西班牙的海战

整个16世纪，全球的贵金属差不多都在流向西班牙。为了保持这个优势，西班牙开始努力发展军事。它建造了大量军舰，并认真研究军舰的火力配置，招募了数不清的年轻人加入海军。16世纪末，西班牙已经拥有100多艘大型军舰和3000多门火炮，一支被认为不可撼动的"无敌舰队"建立。

而这个时期的英国，其海洋事业才刚刚起步，所谓的"海军"只是一支简易的小型船队。但是，英国正在进行频繁的海盗活动，西班牙人遭到沉重打击，国王腓力二世（Felipe Ⅱ de España，1527—1598年）决心狠狠地教训一下英国人。他先动用政治手段，左右英国王权的继承，支持苏格兰女王玛丽继承英格兰王位，但是，1568年伊丽莎白一世成为英国女王后，处死了玛丽，英西关系一下

---

① N. Voigtländer, H. J. Voth, "Gifts of Mars: Warfare and Europe's Early Rise to Riches", *The Journal of Economic Perspectives*, Vol. 27, 2013, pp. 165-186.

子变得紧张。更让腓力二世不安的是，伊丽莎白非常关注海盗事业，正在努力推进"以海盗促海军"的事业，并抢走西班牙船队的大量财富。愤怒的腓力二世忍无可忍，1588年5月底，出动"无敌舰队"惩罚英国。整个舰队拥有134艘装备精良的大型舰船，承载着8000多名海员、2万多名步兵以及2000名摇桨的奴隶。

这次海战以英国胜利而告终，极大地振奋了英国人的士气，标志着英国海上力量的崛起。"无敌舰队"惨败之后的50年间，西班牙虽然仍保持着殖民大国的地位，但已经不是不可侵犯。英国人"大胆且公开地闯进了伊比利亚帝国的势力范围——不仅闯进西班牙的美洲，还闯进葡萄牙的东方，而且他们愈是入侵愈是受到进一步侵入的鼓励，因为他们发现伊比利亚国家出乎意料的虚弱。"[①]因为有美洲的财富做后盾，西班牙的海上力量很快又得到恢复。1589—1596年，英国曾四次远征西班牙，均告失利，不仅尝到了西班牙损失"无敌舰队"的滋味，而且国力大伤。1589—1598年是西班牙海上实力最辉煌的时期，1596年、1597年，腓力二世又两次派出"无敌舰队"就证明了这一点。[②]1604年，英国的詹姆斯一世与西班牙签订《伦敦条约》，双方达成妥协，英格兰放弃在公海上的私掠行为，西班牙也答应停止介入尼德兰。

2. 17世纪，英国与荷兰的海战

荷兰是中世纪低地国家尼德兰的北方省份。其资源匮乏，但沿海贸易发达，14世纪时因鲱鱼贸易与英格兰发生冲突。14世纪中期，荷兰人发明了长久保存鲱鱼的方法，将英国人挤出鲱鱼贸易圈，因此，英荷之间的矛盾由来已久。1609年，荷兰摆脱西班牙的统治，获得独立，成为"17世纪标准的资本主义国家"。

荷兰的独特之处是造船业极负盛名。其首都阿姆斯特丹拥有几十家造船厂，全国同时开工可以建造几百艘商船，造价比英国低三

---

① 钱乘旦、许洁明：《英国通史》，上海社会科学院出版社2002年版，第94页。

② David B. Quinn, A. N. Ryan, *England's Sea Empire, 1550-1642*, London: George Allen & Unwin, 1984, p. 115.

分之一到二分之一，因此成为欧洲的造船业中心。在世界贸易转移到海上之后，荷兰商船的总吨位占欧洲商船总吨位的四分之三，占世界商船总吨位的三分之一，拥有商船1.6万余艘，被称作"海上马车夫"。荷兰商船将波罗的海沿岸的粮食运往地中海，又将德意志的酒、法国的手工业品及西班牙的水果等运往北欧。1602年，荷兰商人和贵族联合建立"东印度公司"，开始对南亚和东亚地区扩张。1603—1606年，他们在爪哇和马六甲先后打败西班牙海军和葡萄牙海军，1619年在爪哇建立了第一个殖民据点——巴达维亚(雅加达)，又进攻苏门答腊，从葡萄牙手中夺取了香料群岛(马鲁古群岛)，后占领马六甲和锡兰(斯里兰卡)，其势力一直深入到中国台湾地区，并在日本长崎建立贸易据点。17世纪中叶，荷兰又在非洲占领好望角；在北美洲，以哈得逊河为基地建立了新尼德兰殖民地，夺取河口的曼哈顿岛，建起今纽约的前身——新阿姆斯特丹；在南美洲，它则占领安的列斯群岛中的一些岛屿。荷兰人倚仗商船优势和资本优势，基本上垄断了17世纪的世界贸易。1649年，荷兰与丹麦签订条约，其商船可免税通过松德海峡。这些商业上的扩张行为无疑损害了英国人的利益。最令英国人不能容忍的是，荷兰人竟然在英国水域肆意捕捞水产，然后拿到英国市场上高价出售，牟取厚利。1651年，英国议会通过新《航海条例》，规定一切输入英国的货物，必须由英国船只运输，或者由产地的船只运送到英国，不允许其他国家的船只插手。荷兰作为"海上马车夫"，一向以商船多、体积大、效率高、组织完善著称，英国的新《航海条例》显然是针对荷兰而来，英荷爆发海上大战。

　　长期的海上争霸使荷兰的海上实力大为削弱。其在经济、贸易和海运方面的力量均已大幅下降，黄金时代的高峰已经过去，至1672年戛然而止。1687年，法国重新挑起纠纷，除陆上威胁之外，还有关税战和海上掠夺，至1713年终于把荷兰人的爱国心消磨殆尽。1718年，荷兰主动放弃了仅存的海上力量，沦为二流国家。英国正式成为海上霸主。

荷兰海上霸主地位的沦落，其实并不仅仅是因为受到英国的打击。实际上，英国在战场上的胜率还没有荷兰高。荷兰更多是在陆地邻国法国的攻势下才彻底偃旗息鼓的。当然，法国人这样做是在搬起石头砸自己的脚，后来面对英国时，已经没有足够的海军应战。

当然，在这场战争之后，欧洲的海上霸权斗争进入到一个新的阶段。一是全面实行拓海政策，增强海上实力。西欧各国进一步发展本国的造船工业，努力增加本国的船只数量，以便开展更大规模的海外贸易，并随时准备发动更大规模的海战。同时，颁布和完善排他性的"航海条例"，禁止外国船只装运货物进出本国及其殖民地港口，或对进出本国港口的外国船只课以重税，或发展本国渔业，扩大航海人员的来源，或招聘外国科技人员，研究和提高本国的航海造船技术，促进本国航运业的发展。二是改进海上武器装备，强化海上武装力量，提高海上作战能力，如研制和装备大规模的战船。这个时期的战舰最大长度达300多英尺，排水量达2500吨左右，可以负载约1000人。战舰上装备了多种大口径的火炮，火力大为增强，大型战舰装有甲板，配备了数十甚至百门以上的标准化加农炮，并采用"旗语"，使指挥官在交战开始前，就能够对舰队不间断地指挥并发布命令。与此同时，海上战术也得到进一步改进，如英国海军发明了海上封锁和拦截战术。三是抢占海上交通要道、占据海上岛屿、掠夺海外殖民地的行为进一步加剧。英国、荷兰、法国等国以原殖民地为基础，进一步实施海外扩张政策，到处争夺殖民地，其侵略魔爪遍布世界各地，特别是英国依靠其强大的海军，在前后两个多世纪内一跃成为世界超级的殖民、商业和军事大国。[①]

3. 18世纪，英国与法国的海战

荷兰被打败之后，英国在新时期的海上竞争对手换成了法国。法国本来是西欧的陆上大国，海战很难占据优势，但是在前期的对手被英国一个个击倒之后，法国不自觉地站到前台。在1689—1815

---

① 陈文艺："十七世纪后半期三次英荷战争的背景与后果"，《历史教学》1984年第1期。

年的一百多年间，英、法两大阵营之间共进行了七次大规模战争，史称"第二次百年战争"。战争的结局则是法国的全面溃败。

战争初期，法国的综合国力远胜于英国。在"太阳王"路易十四统治时期，法国的经济总量约1.2亿英镑，是英国的两倍以上。法国人口1930万，也是英国的两倍以上。整个18世纪，法国GDP的增长速度与英国相当，甚至更高。军事上，英国的陆军人数长期不超过10万人，无法与法国相提并论（"太阳王"统治期间，法国陆军多达40万人）。海军方面，英国皇家海军因与荷兰交战，主力舰仅存104艘，而法国的主力舰在柯尔贝死后已达120艘。在支撑战争的财政方面，1688年之后的100年当中，法国每年的国库总收入始终比英国多出至少50%，而被英国人引以为傲的长期国债，在法国已经更早被采用。

那么，强盛如斯的法国为什么最终却败给英国呢？一般认为，灵活的海洋战略及均衡政策是英国战胜法国的关键。在海洋战略方面，英国大力扩充并提升皇家海军实力，同时努力拓展美洲和亚洲的殖民地，促进英国与殖民地之间的经济贸易联系，增加英国的财富。在均势外交方面，英国又设法与法国的敌对国家结成联盟，资助盟国军队屡屡挫败法国称霸欧洲的图谋，维持欧洲大陆的均势。而英国之所以能够有效贯彻上述策略，与其强大有效的国家债务体系是分不开的。法国则由于财力不足，不能同时拥有强大的海军和陆军。在路易十四确定大陆扩张的战略以后，其重点放在陆军，海军的投入不断减少，民间私掠成为法国打击英国的海上战略重点。1689—1714年间，英国海军经费占军事支出的35%，而法国同期不足10%。此外，因"光荣革命"之后，荷兰的奥兰治亲王成为英国国王，荷兰已经摇身一变成为英国的盟国。

奥格斯堡同盟战争（1689—1697年）是这一时期英法之间的第一场大规模战争。由于英国的参战与资助，法国的扩张势头受阻，荷兰的安全得到保证。1701年，西班牙王位继承战争（1701—1714年）爆发，路易十四扩张疆土的野心又被遏制，其在加拿大的部分殖民地也割让给英国，而英国海军则占领了米诺卡岛，控制了直布罗陀海峡，法国的海上贸易严重受损。1740年，奥地利王位继承战争（1740—1748年）再起。战争中，虽然法国的殖民地寸土未丢，但法国与西班牙联合舰队被英国皇家海军打败，地中海成了英国的内湖，导致法国海军元气大伤。1756年，七年战争打响，欧洲列强纷纷卷入，战场遍布于欧洲、美洲、亚洲和非洲。英国的对手是以法国、奥地利和俄国为核心的一个阵营。但是，战后的法国走向破产，被迫将整个加拿大割让给英国，并从印度撤出，只保留了五个市镇。[①] 由于参战国家众多，英国首相丘吉尔认为，七年战争是真正意义上的第一次世界大战。

七年战争引起了国际局势的巨大变化。对英国来说，因将战费转嫁到北美殖民地身上，引起了殖民地人民的不满，战争结束之后的13年，北美独立战争爆发，美国建立。对德国而言，普鲁士正式崛起，成为与英、法、奥、俄并立的欧洲列强之一，但普鲁士本土已成为一片废墟，腓特烈大帝全力投入重建工作，因此被冠以"军事天才"及"大帝"的称号。对法国来说，《巴黎和约》使其放弃了印度、加拿大、密西西比河西岸，标志着法国丧失了新大陆（虽然仍拥有密西西比河西面的新奥尔良和瓜德罗普岛），其对外策略开始黯然失色，路易十五成为法国最不得人心的国王之一。对奥地利来说，七年战争使其痛失西里西亚这个富庶之地。玛丽娅·特蕾西娅王后开始对叶卡捷琳娜大帝和腓特烈二世抱有敌对情绪，并在晚年致力于反对瓜分波兰的战争及维护国际和平。对俄国来说，战争巩固了其在东欧的势力，并使它能够进一步向西扩张，踊跃瓜分波兰。俄国在战争后期的举动赢得了普鲁士的友谊。当然，七年战争也在军事上带来深远的影响。它表明"以切断交通线为目标"的机动战略和呆板的"线式战术"存在许多弊端，"野战歼敌"成为新的作战方式。

---

① 曹冲："英荷战争中英国胜利原因之探析"，东北师范大学2008年硕士论文。

战争为法国大革命埋下伏笔，而大革命又造就了拿破仑。18、19世纪之交，拿破仑战争爆发，英法再次交战。1805年10月21日，两国舰队在西班牙特拉法尔加角的外海海面遭遇，决战不可避免。战斗持续了五个小时，英军在指挥、战术及训练方面皆胜法军一筹，虽然主帅霍雷肖·纳尔逊(Horatio Nelson)阵亡，但法兰西联合舰队被彻底击败，主帅维尔纳夫被俘，21艘战舰被英军俘获。此役之后，法国海军精锐尽失。拿破仑也放弃了进攻英国本土的计划。英国海上霸主的地位得以巩固，战后开始了"日不落帝国"的传奇。

4.俄罗斯的扩张及其对出海口的争夺

俄罗斯由中世纪的莫斯科公国发展而来。1453年，拜占庭帝国灭亡后，君士坦丁十一世的侄女索菲娅逃到罗马，被罗马教宗嫁于莫斯科大公伊凡三世。由此，伊凡三世自称拜占庭帝国皇帝的合法继承人。1480年，俄罗斯驱逐蒙古人获得独立。但是，新独立的俄罗斯还是欧洲的一个边缘国家。这个时期，大航海已经发生，俄罗斯也需要寻找出海口。

1689年8月，彼得一世亲政加快了俄国的改革步伐。他化装后亲身考察西欧，主张学习西欧的造船技术，谋求发展俄国的海上事业。17、18世纪之交，俄国先与当时的北欧强国——瑞典交战，战争持续了21年之久，俄国获胜。1700—1721年，彼得一世终于夺取了波罗的海的一个出海口，开始在此建造北方重镇——彼得堡。随着其扩张野心的不断增大，波兰和奥斯曼帝国均成为其劲敌。俄罗斯在与波兰进行了长达13年的厮杀之后，夺取了乌克兰大平原。实际上，其中心目的是要在南方夺取黑海的出海口。从17世纪起，彼得一世多次同奥斯曼帝国进行战争，力图夺取克里米亚，至女皇叶卡捷琳娜统治时期，俄国终于打败奥斯曼，将克里米亚纳入俄国的版图。克里米亚是"黑海的门户"，其战略地位十分重要，可以说，谁占领了克里米亚,谁就控制了黑海。因此，俄国在近代早期的商战过程中，也获得了非常有利的战略地位。叶卡捷琳娜为俄国领土的扩张发挥了重要作用。其在位期间，俄国曾与普鲁士并肩作战，获取了约40万平方公里土地。叶卡捷琳娜扬言，如果能活到200岁，她将征服整个欧洲，让俄国成为大帝国，涵盖欧洲的六个都城。在她去世时，普鲁士的首都柏林正在被俄军攻打。

当然，俄国对东方的扩张也在同时进行。16世纪之前，俄国还是欧洲的一个小国，与中国相隔万里，两者根本搭不上界。随着扩张的不断进行，到17世纪，俄国开始将罪犯流放到西伯利亚。当时，兴起于东北满洲的清王朝与明王朝交战正酣，无暇顾及黑龙江地区，沙俄远征军多次侵入黑龙江流域，对当地居民烧杀抢掠，无恶不作。明朝灭亡后，沙俄的挑衅仍在继续。康熙帝平定"三藩"之后，曾多次遣使与俄交涉，均未奏效。1685年，雅克萨之战爆发。因雅克萨城是木质结构，扛不住"红衣大炮"的轰击，清军迅速收复雅克萨，俄国统领托尔布津乞降，并保证"不再来犯"。清军将其礼送出境，并焚毁了雅克萨堡垒。但是，托尔布津在得知清兵撤走后，又再次来犯，并改用土木混合结构重建雅克萨城。清军在零下40摄氏度的严寒中围困雅克萨城堡达10个月，至1687年5月6日，城中只剩侵军66人，最终，中俄双方签订《尼布楚条约》，中俄之间的早期边界划定。

总之，俄国在东西两面的早期扩张中，都获得了非常有利的进展，为其后来成为欧亚大陆的北方帝国奠定基础。

第九章　早期资本主义体制的建构

　　大航海的直接后果使美洲的贵金属流向西班牙，导致欧洲国家除了暴力争抢之外，开始参与到对海洋的争霸之中。由此带来的另一个后果是资本主义生产开始形成，资本主义体制开始建立。因为西班牙得到了贵金属的大部分，欧洲其他国家只能依靠商品来交换西班牙的贵金属。商品是需要依靠生产来取得的。因此，以英国为代表的西欧国家在农业、工业、商业和金融业等方面发生了全面革新，资本主义生产开始出现。这是重商主义的继续。而资本主义一旦出现，就不仅是经济上的变革，也是政治上的变革和整个社会的变革。于是，一种新的社会体制和社会形态出现。"18世纪，当资本主义在英国落成之后，其他国家复制英国的创新就容易了许多。"[①]

一、资本主义经济体制的建构

　　"西班牙土豪的采购订单刺激英国、荷兰（当时还未独立）以及中国的工商业主极力投资扩大再生产，促进了资本主义方式的大跃进，工商资产阶级崛起。"[②]16世纪早期，拥有新大陆的西班牙曾经盛极一时，查理五世同时兼任神圣罗马帝国皇帝，领有包括德意志、奥地利、意大利和尼德兰等地区在内的欧洲广大地区。他所代表的

---

　　① 〔美〕乔伊斯·阿普尔比：《无情的革命——资本主义的历史》，宋非译，第120页。
　　② "帝国衰落启示录：从万历十五年到2017"，http://www.sohu.com/a/192401768_736589, 2017-9-16。

西班牙是大航海的既得利益者，不仅控制了世界贸易，还垄断了世界财富，其重商主义的使命似乎已经完成。而英格兰、尼德兰和法兰西等大西洋沿岸国家只有通过改进并扩大生产的方式，进行更大规模的生产，才能从西班牙人那里分得一杯羹。正是在这种竞争的环境里，资本主义的生产方式和生产关系诞生。

资本主义农业与大农场

英国是世界历史上最早出现资本主义大农业的国家。其大农场的问世是与1215年的《大宪章》联系在一起的。因为英国的封建领主获得了制约国王的权力，在领地经济崩溃以后，维兰农虽然获得了解放，但土地所有权仍然掌握在领主手里。[①]15世纪中后期，英国的呢布出口获得了快速发展，圈地运动开始出现。16、17世纪，大航海的成功对农产品的吸收进一步增强，英国的资本主义大农业便正式建立起来。

1.圈地运动的升级

英国的圈地运动分两个阶段进行。第一阶段发生在15世纪末、16世纪初，目的是圈地养羊，以满足呢布生产对羊毛的需要。第二阶段发生在17、18世纪，圈地更多不是用于养羊，而是用于生产更多的粮食。因此，前一阶段的圈地更多造就的是牧场，后一阶段的圈地更多造就的是农场。

英国圈地的规模直到17世纪以前还非常有限。著名学者托尼认为，到16世纪中叶，只有少数地区约一半土地转入农场主手中。15世纪中叶至17世纪初，英国24个郡只有近3％的土地被圈占。[②]盖伊根据1517年、1549年和1607年英国圈地调查委员会的调查统计指出，从1455年到1607年的150年间，英国24郡被圈占的土地共

---

① 布伦纳说："三十年代北方的起义以及1549年凯特起义——最严重的主题乃是农民保有权的安全，特别是任意罚金问题。如果成功，正如一位历史学家所指出的，16世纪的农民起义也许已经'剪断了农村资本主义的翅膀'。"参见〔美〕罗伯特·布伦纳："前工业欧洲农村的阶级结构和经济发展"，尚信摘译，《世界历史译丛》1980年第5期。

② 顾銮斋："中西中古社会赋税结构演变的比较研究"，《世界历史》2003年第4期。

计516,673英亩，占耕地总面积的2.76%。驱离农民约三万至五万人。马可·沃顿（Mark Overton)的统计显示，16世纪,英格兰只有2%的土地被圈占。①从总体上看，16世纪的圈地规模远远比不上17世纪。因为16世纪的英国受大航海的影响不大，正在流行的莎士比亚戏剧甚至都没有提及美洲。②同时，都铎王朝颁布的《反圈地法》，还明确限制贵族圈地，保护公簿农的土地权益。公簿农凭借"副本持有"（copyhold）可以分享"有利的租约"（beneficial lease）。

1593年，《反圈地法》被废除后，英国出现圈地狂潮。这个时期，英国受到大航海的广泛影响，人口迅速增加，对农产品的需求加大，土地的价值提高。同时，手工工场和城市的发展也在加快，对粮食的需求更大。1640年，英国革命爆发后，政府完全放弃了"反圈地"的措施。在1640—1660年的内战期间，激进派曾提出"耕者有其田"的主张，受到大地主占优势的英国议会的抵制。1688年"光荣革命"爆发后，英国议会颁布立法，公开支持圈地，使圈地得以在"合法"的名义下进行，圈地规模迅速扩大。据统计，17世纪，英国24%的耕地被圈占，总面积达600多万英亩。③到17世纪末，英国耕地的70%—75%控制在地主的手中。18世纪，英国又通过了《公有地圈围法》，允许地主用暴力将农民从公有地上赶走，将公地变为私有地。1760—1799年，英国中部、南部和东部又有200万至300万英亩的旷野和荒地被圈围，变为耕地或牧场。④至此，英国耕地总面积的大约一半变成了农场。据研究，18世纪的圈地有三个特点：其一，圈地多半发生在城市近郊。其二，几乎所有公共土地都被圈占。其三，圈地在议会立法的支持下进行。1760年以前，英国议会发布的圈地法令计208项，侵占村民

① 　Mark Overton, *Agricultural Revolution in England: The Transformation of the Agrarian Economy, 1500—1850*, Cambridge: Cambridge University Press, 1996, pp. 148-149.

② 　〔美〕雅克·巴尔赞：《从黎明到衰落——西方文化生活五百年》，林华译，第164页。

③ 　Mark Overton, *Agricultural Revolution in England: The Transformation of the Agrarian Economy, 1500—1850*, pp. 148-149.

④ 　〔英〕阿萨·勃里格斯：《英国社会史》，陈叔平等译，第211页。

土地31万英亩。1761—1796年，圈地法令增加到1482项，圈地多达318万英亩。[①]1801—1831年，又有350多万英亩的公地被圈占，村民"未得到过一文钱的补偿"。直到1845年，圈地运动才逐渐停止。

随着圈地的不断升级，英国自耕农或半自耕农的土地分化不断加剧。分化对个体农民即前述"中农"来说是一种痛苦，但是对英国的总体发展来说是一件好事。布伦纳引用当时一位历史学家的话说：若是16世纪30年代发生在英国北方的农民起义或1549年的凯特起义能够成功，也许已经"剪断了农村资本主义的翅膀"。[②]因为起义成功有可能使英国农民像法国农民那样，获得完整的土地权利，那么，资本主义的大农业就无法实现了。正因为英国农民的土地权利一直得不到确认，始终只有对土地的"保有权"，没有对土地的"所有权"，反而刺激了英国大农业的出现。具有讽刺意味的是，法国农村居民拥有最完整的自由权和财产权，却只能在贫穷和落后中自我持续循环。

国内有学者认为：正因为英国的土地权利模糊，因此，在1500—1640年间，农民经济出现了包括"两极分化"和"单极分化"在内的"极化"现象。从两极分化的例子看，在诺福克郡的黑文翰比绍普斯庄园，从1509年到1573年，50英亩以上的佃户数从0增加到3，占总佃户数的7.6％；1英亩以下的佃户数从3增加到7，占比从5.8％增加到17.9％，表明富裕户和少地户都有明显增加。在剑桥郡的契潘海姆（Chippenham）村，1279年，根本没有拥有1码地以上的大份地，但是到16世纪中叶，大份地的比例达到20％以上，到1636年，大份地比例更是高达45.8％。13世纪，该村的小份地（1/2码以下）占比88.8％，中份地（1/2码地）占比7.6％。到了

---

① 王荣堂、姜德昌主编：《世界近代史》（上），吉林人民出版社1980年版，第135页。
② 〔美〕罗伯特·布伦纳："前工业欧洲农村的阶级结构和经济发展"，尚信摘译，《世界历史译丛》1980年第5期。

1544年，该村无份地家庭达到31.8％，1560年又增至45.3％。[①]总之，16、17世纪，英国的"社会极化"现象严重，一些人上升，另一些人下降。下降者增加的速度和频率远比上升者更引人注目。这个时期的英国社会更大程度上是农民的"贫困化"或"半无产化"。

地租的变化反映这个时期英国的土地买卖在加剧。长期以来，英国的地租是固定的，但是，至1520年前后，固定地租开始飞速上涨。下图是诺思描绘的曲线（见图9-1）。这些曲线反映出大约从1520年开始，英国地租飞速上升，地主和农民都愿意把土地租贷出去。

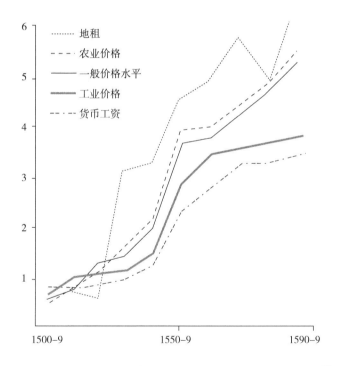

图9-1　1500—1600年英国地租、价格和工资的升降曲线[②]

---

① 黄春高："1350~1640年英国农民经济的分化"，《首都师范大学学报》2004年第1期；黄春高："14—16世纪英国租地农场的历史考察"，《历史研究》1998年第3期。

② 〔英〕埃里克·克里奇（Eric Creech）："1540年至1640年地租的变动"，《经济史评论》（第二辑），1953年第6期，第25页，转引自〔美〕道格拉斯·诺思、罗伯斯·托马斯：《西方世界的兴起》，厉以平等译，第22页。

下图是杰夫里描绘的曲线（见图9-2）。这个曲线反映出大约在1560年前后，英国工资与地租的比率呈"断崖式"下跌，说明工资在下降，地租在上升。英国土地市场再次活跃起来。

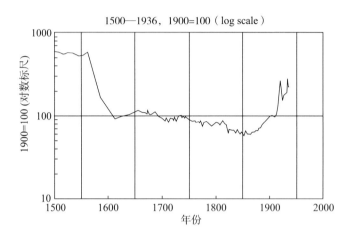

图9-2　1500—1936年英国工资与地租的比率[1]

总之，随着土地买卖的进行，农民分化的速度加剧，自耕农的数量大量减少。据格雷戈里·金（Gregory King）统计，1688年，英国自由农和公簿农的总数仍超过租佃农，[2]其人数不少于16万人，加上家属，约占王国总人口的1/6。其年收入从40镑至300镑不等，大多数在60镑至80镑之间，保尔·芒图评论："这便足以保证他们几乎全体都有一种比较宽裕的生活"。18世纪，自耕农的数量明显萎缩。一份资料显示，自耕农"从1750年起即已几乎消失，而且正在渐渐被人遗忘"。马克思认为，英国的自耕农在18世纪中叶业已消灭，他说："大约在1750年，自耕农消灭了。18世纪最后几十年间，农民公有地的最后痕迹也消灭了。"[3]当然，18世纪的英国肯定

---

[1]　Kevin H. O'Rourke, Jeffrey G. Williamson, "From Malthus to Ohlin: Trade, Industrialisation and Distribution Since 1500", *Journal of Economic Growth*, Vol. 10, 2005, pp. 5–34.

[2]　朱孝远：《近代欧洲的兴起》，第180页。

[3]　《资本论》（第一卷），中共中央马克思、恩格斯、列宁、斯大林著作编译局译，人民出版社2004年版，第913页。

还有自耕农存在，各地的情况不一致，但自耕农的衰落是没有疑问的。[1]在牛津郡的24个教区当中，持地100英亩以下的自由农、公簿农和终身佃农从17世纪初的482个减少到1785年的212个，所占土地减少了2/3以上。[2]另据统计，17世纪，英国大约一半的人口在农闲时从事加工业，不少人将重心从农业转向工商业，由此产生了一批以种地为辅、以加工为主的小生产阶层。整个英国的务农人数在急剧下降。务农者在15世纪末占总劳动力的90%，16世纪中叶下降到80%，17世纪初降至60%，1750年前后仅占45%。[3]在圈地过程中，很多农民被暴力驱逐，变成流民。据记载，从16世纪开始，英国已经到处都是流民。伊丽莎白时期的伦敦大约有20万人口，其中常年流浪者达5万以上。苏格兰的乞丐人数也不下20万。他们四处流浪，衣不蔽体，食不果腹，给英国治安带来了很大的问题。[4]暴力的确加速了农村的流民化，但是，将自耕农的消失完全归结为暴力是错误的。因为圈地主要还是靠市场的手段进行的。[5]契约是实现圈地的最基本的形式，暴力不过是催化剂。在这种情况下，英国乡村非农业人口的增长比西欧其他国家快很多，即使荷兰和法国也不能与之相比。[6]从结果看，"这次圈地产生了不同的社会影响。圈地创造了就业岗位，生产了更多的粮食，所以它们没有让政府官员焦虑。它们看起来更像是优化的农田管理，而其他经济活动皆源于这个母体。"[7]

2.租地大农场的普遍出现

随着圈地的持续进行，英国在中世纪后期形成的"中农化"社

[1]　侯建新："工业革命前英国农业生产与消费再评析"，《世界历史》2006年第4期。
[2]　毕道村："英国农业近代化的主要动因"，《历史研究》1994年第5期。
[3]　同上。
[4]　潘迎华："论英国呢绒工业的发展与工业化的启动"，《历史教学》2001年第4期。
[5]　Peter Kriedte, *Peasants, Landlords and Merchant Capitalists: Europe and the World Economy, 1500–1800*, Cambridge: Cambridge University Press, 1983, p. 123.
[6]　E. A. Wrigley, "Urban Growth and Agricultural Change: England and the Continent in the Early Modern Period", *Journal of Interdisciplinary History*, Vol. 15, 1985, pp. 683–728.
[7]　〔美〕乔伊斯·阿普尔比：《无情的革命——资本主义的历史》，宋非译，第82页。

会或自耕农社会发生了转变。自耕农的数量越来越少，他们当中的大多数放弃了耕地，"完全失去了他们独立的基础"。[①]只有一部分人获得成功，成为大农场主。租地农场开始在英国普遍建立起来。[②]例如，在诺福克郡16个庄园的土地上，形成了18处农场；在威尔特郡23个庄园的土地上，形成了31个租地农场；在其他13个郡的庄园中，形成了18个租地农场。在上述52个庄园中的67个租地农场当中，37个农场的面积超过200英亩，1/4以上的农场面积超过350英亩。[③]另据托尼统计：16世纪，英国农场面积已占全部耕地的58%。[④]威尔特郡主要存在两种农业类型，一为乳牛业，二为绵羊-谷物业。乳牛业位于被圈地的乡村，绵羊-谷物业位于索尔兹伯里平原和科茨沃兹的白垩和石灰质的土地上。16世纪，两种农业类型的对比已经很明显，"圈地的、非庄园的乡村即奶酪和黄油的乡村是家庭农耕者和自雇工的地区，而庄园化的、优势的、绵羊-谷物的乡村即白垩、科茨沃兹羊毛和珊瑚状土地的乡村是农业资本主义发展和农业革命的主要发生地。"[⑤]

到16世纪，英国农业的商品化再次出现。田里种植什么，受市场价格的控制。随着工业生产的扩大、城市人口的增加，社会对农产品的需求不断增长。新的土地所有者在利益驱动下，投身于改造农业的洪流，如汤森勋爵投身于土壤改良，贝克韦尔用杂交、人工淘汰方法来改良畜种，提高牧畜产量、质量等，农业革命开始在英国发生。1500年，英、法两国的劳动生产率基本相同。17世纪，英国再次发生农业技术革命，包括作物轮作和土地轮换制（即汤森勋爵的四年轮作制）、农具的改进和发明、沼泽排水和造田、草场漫

---

① 〔美〕乔伊斯·阿普尔比：《无情的革命——资本主义的历史》，宋非译，第79页。

② 沈汉：《英国土地制度史》，学林出版社2005年版，第78页。

③ R. H. Tawney, *The Agrarian Problem in the Sixteenth Century*, New York: Longmans, Green and Company, 1928, p. 213.

④ 毕道村："英国农业近代化的主要动因"，《历史研究》1994年第5期。

⑤ Joan Thirsk, "Industries in the Countryside", F. J. Fisher, ed., *Essays in the Economic and Social History of Tudor and Stuart England*, Cambridge: Cambridge University Press, 1961, p. 74.

灌技术、肥料的广泛使用、生产新技术和新作物的种植等。四年轮作制即头两年种大麦、小麦等粮食作物，第三年种三叶草，第四年种芜菁。三叶草和芜菁既可增强土壤肥力，又可做羊饲料，羊吃下后粪便排在地里，利于第二年种粮食。唐尼逊创造了著名的诺福克方法，用轮作制代替休耕制。诺福克轮作制取得很大成功，不仅在于它的轮种方式，而且也在于它的产生正好与使用泥灰肥料、圈地运动、农场扩张以及延长租期相配合，到18世纪下半叶，这种轮作制进入它的全盛时期。[①]1761年，退职的法律家哲特罗·塔尔发明了播种机，它比人工播种节省种子。人工播种需要十磅种子，播种机只需两磅。后来，簸谷机也被发明。[②]英国还培育了牛羊新品种，18世纪牛羊个体增长一倍。此外，英国还发明播种机、马耕法等。[③]阿瑟·杨（Arthur Young, 1741—1820年）是这个时期英国最著名的农业经济学家。他于1741年9月11日生于英国伦敦，1763年起从事农业经营，1767年起考察英国、法国等地农村，并根据当地农业状况，写出一系列的游记，如《爱尔兰游记》《法兰西旅游》等。1784年，他创办《农业年刊》，并作为主要撰稿人。1793年，他开始担任英国首任农业局局长，直至逝世。他是英国农业革命的先驱，对农业的研究涉及许多方面。例如：他提倡条播、马拉犁，认为英国萨福克郡的轮种制是合理的，利用种植块根作物可减少土地休闲。同时，他还认定生产手段的合理配合是农业经营中的重要原则，由此提出大经营胜于小经营的理论。他对农业革命理论的宣传和解释，对其他国家农业革命的兴起也起了促进作用。18世纪，英国劳动生产率的增长达到47%。[④]19世纪，英国成为欧洲劳动生产率最高的国家。

　　1600—1800年，英国的人均粮食产量增长率达73%，而同期的法国只有17%。1650—1750年，英国人均粮食产量增长1/3，以

---

①　〔意〕卡洛·M.奇波拉主编：《欧洲经济史》（第二卷），贝昱、张菁译，第281页。

②　〔苏〕波梁斯基：《外国经济史——资本主义时代》，郭吴新等译，生活·读书·新知三联书店1963年版，第244页。

③　刘景华：《外来因素与英国的崛起》，人民出版社2010年版，第189页。

④　杨杰："英国农业革命与农业生产技术的变革"，《世界历史》1996年第5期。

后的增长速度加快。18世纪，英国的谷物产量是中世纪的3倍，是15、16世纪的2倍，英国变成了粮食出口国。现代经济史学者斯利彻·范·巴斯对欧洲各国1500—1820年的谷物生产率做了比较，他将英国与尼德兰列为先进地区，两个地区的播种与收获之比在1500—1549年同为1：7.4，1550—1599年同为1：7.3。而同时期的东欧国家——俄国、波兰、捷克与匈牙利只有1：3.9和1：4.3。[①]阿瑟·杨在完成于18世纪中叶的游记中，记述的小麦每英亩产23蒲式耳，相当于16世纪单产的1.4倍。艾伦以农户遗嘱财产清单为依据，认为英国17世纪的产量实实在在增长了。这个研究结果"拉近了中世纪与18世纪的距离"，"使18世纪在英国农业变迁中的重要性下降，却支持和强化了17世纪是农业进步关键时期的观点"。富塞尔等研究的结论是，18世纪产量的增长只有10％，中世纪和19世纪之间大部分的产量增长发生在1700年之前。而且，"这一观点逐渐为多数经济史学家们所接受"。1700年，一个农业劳动力只能养活1.7人，1800年能养活2.5人。[②]

如果说中世纪是庄园制时期，14、15世纪是"中农化"时期，16、17世纪是家庭土地所有制和资本主义租地农场同时并存的"混合制"时期，那么，18世纪就是资本主义租地农场制时期。[③]由于各个国家的社会历史背景和农业中资本主义发展道路不同，租地农场主产生的条件以及他们在农业中所占的地位也各不相同。英国是租地农场主产生得最早，也是最典型的国家。其前身在14世纪下半叶可能是身为农奴的管事，庄园制解体后成为租地农，由土地所有者提供土地、种子、牲畜和农具，他们的地位同自耕农没有多大区别，但已使用少量雇工来耕种土地。16世纪前后，这种租地农逐渐成为分成农或半租地农场主，由土地所有者提供土地和一部分经营资本，其余资本则由自己筹集，双方按契约规定的比例分配全部产品。

① M. M. Postan, E. E. Rich, eds., *The Cambridge Economic History of Europe*, Vol. 5, p. 81.
② 顾銮斋："资源、机遇、政策与英国工业化的启动"，《世界历史》1998年第4期。
③ 侯建新："工业革命前英国农业生产与消费再评析"，《世界历史》2006年第4期。

17、18世纪就变成专靠使用雇佣工人的真正的租地农场主。英国因此出现一个"资本主义租地农场主"阶级。1725—1775年，即使在苏格兰高原和群岛上，农业生产组织也发生了根本的变化，"几乎到处都在大地主和耕种者之间出现了一个中间绅士阶层的包佃人"，即马克思称之为资本主义租地农场主。这种结构性的变化从根本上改变了乡村的面貌。我们已经不能使用估计16世纪农业劳动生产率的方法去估计18世纪的农业，因为基本的生产单位不再是农户，而是资本主义农场。

不过，到19世纪中叶，英国农业中的资本主义剥削关系虽已经有相当大的发展，但"已使用雇佣劳动力的农场不过占农场总数的一半稍多，其中还有相当一批是使用极少量雇佣劳动力的农场"。也就是说"纯粹家庭农场和把雇佣劳动力作为辅助劳动力的农场占农场的多数，即真正的资本主义农场只占农场的少数。"[①] "19世纪英国的租佃农场制夹杂着封建残余。19世纪英国农业的性质是资本主义与后封建主义的混合。"[②] 到19世纪末，租佃农场经营制度在英国居于统治地位。1895年，英格兰和威尔士农场总面积为2470万英亩，其中经营面积在 100—500英亩以及500英亩以上的农场占78.2%。同年在英国28.6万个农场中，雇佣农业工人的农场占55%以上。马克思说："租地农场主成了这种农业工人的实际支配者，成了他们的剩余劳动的实际剥削者，而土地所有者现在只和这种资本主义租地农场主发生直接关系，而且是单纯的货币关系和契约关系。"[③]

3.欧洲其他国家的农业经济

16—18世纪，受重商主义和海外市场的冲击，除英国之外，欧洲其他国家的农业经济虽然也纷纷走上市场化的道路，但是，各国

[①] 魏秀春："对近代初期英国农业资本主义发展程度的新思考——兼评《英国土地制度史》"，《世界历史》2007年第5期。

[②] 沈汉："资本主义还是后封建主义——论近代英国租地农场的性质"，《史学集刊》2011年第1期。

[③] 《马克思恩格斯全集》（第25卷），中共中央马克思、恩格斯、列宁、斯大林著作编译局编，第901页。

农业走向市场的方式有很大的不同。英国诞生了农业与市场紧密结合的资本主义大农场；法国出现向国家交纳国库税和人头税的家庭小农；德国、波兰和俄国则涌现以"再版农奴制"为核心的农业庄园。这种不同与各国历史发展的不同有直接的关系。

中世纪晚期，法国领主经济碎化为小农经济之后，小农拥有比较稳固的土地权利。15世纪，法兰西的君主们"通常已确认农民世袭保有权（cens）的完整"。16—18世纪，多数农民已取得人身权利，小农经济占据法国农业的主导地位。这个时期，农村中破产地主和穷困农民的土地经常被城市的富裕市民买走，但市民自己并不直接经营土地，而是按对分制的办法短期出租给承租人。这是从封建主义农业向资本主义农业过渡的一种形式，其变革速度比较迟缓。英国的不同在于，15世纪末、16世纪初，英国政治上的中央集权形成，贵族和乡绅在稳定秩序和发展经济方面是支持王室的，但是在圈地和发展农业资本主义方面，又是损害农民利益最多的，因为他们对土地所有权的保有阻碍了政府对农民的保护。而在法国的大部分地区，国家的法律给"习惯保有地"以世袭使用权和固定租金，贵族或地主想通过收买众多小农的持有地，使得想要"积沙成塔"形成一个大的农业单位很困难，不容易做到。据研究，"法国农民公社和农民所秉持的力量，甚至在17世纪末也是显而易见的，因为45%—50%的耕地仍为农民所有，通常分散在敞地之中。而英国则不同，这个时期农民对土地的所有和占有不超过土地的25%—30%。"[1]因此，英国的农业资本主义道路在法国很难行得通。

东欧地区的农业在16—18世纪则出现"再版农奴制"。据研究，16世纪中期，大体上以易北河为界，在易北河以东的德国、波兰、俄罗斯及位于东南方向的捷克和匈牙利，到处可以看到为销售大量农产品而建立起来的巨大农庄。[2]实际上，早在14世纪晚期，伴随

① 〔美〕罗伯特·布伦纳："前工业欧洲农村的阶级结构和经济发展"，尚信摘译，《世界历史译丛》1980年第5期。

② 于国石："论中欧与东欧的农奴制再版"，《辽宁大学学报》1992年第6期。

着人口的减少，波美拉尼亚、勃兰登堡、东普鲁士和波兰已经出现了这样的制度。①在东欧庄园里，劳役租仍是主要的剥削方式。以东普鲁士为例，它最早是1268年条顿骑士团在易北河以东地区建立的骑士国家，未封骑士的贵族子弟称"容克"。容克集领主权和乡村政权于一身。16世纪，为扩大谷物生产，他们大量强占农民的份地，以劳役租的方式经营大庄园，把农产品卖给英国或尼德兰。这些乡村容克粗犷暴戾，眼光狭隘。在世界市场开始形成的大背景下，1653年，勃兰登堡大选侯腓特烈·威廉（Friedrich Wilhelm，1640—1688年在位）赐予容克以"完全支配"农民的权利，并给予免税等特权。"容克"地主或贵族开始扩大对西欧的谷物和农产品出口，犹太人成为重要的中间商。"直到17世纪末，犹太人作为中间人代表波兰贵族，取道但泽出口粮食和其他商品。"②而农民本身则被成批地从耕种的土地上赶走，然后将这些土地合并到贵族的庄园里，通过集中生产和让农奴提供劳役的方式获取厚利。农民无力反抗，陷入从未有过的无权地位。东欧农民的农奴化始于15世纪，16世纪有所加强，一直延续到19世纪。不过，18世纪，由于运输成本增加和西欧对波兰的粮食需求下降，粮食已不再是东欧最重要的出口商品。③农业上的这一落后的经营方式，阻碍了东欧农业资本主义的发展。

据研究，17世纪上半期，英国和荷兰是欧洲仅有的两个提高了人民养活自己能力的国家。半个世纪后，它们又是最早实现人口和收入同时增长的国家，与欧洲其他国家在农业改进上拉开了差距。意大利和西班牙的农耕方式基本保持不变；德国、奥地利、匈牙利和巴尔干半岛的人口增长更是加剧了农业生产力的下降。旷日持久的三十年战争以及一连串的风暴和冰雪天气造成的破坏又从俄罗斯

① 〔美〕罗伯特·布伦纳："前工业欧洲农村的阶级结构和经济发展"，尚信摘译，《世界历史译丛》1980年第5期。
② 丁毅飞："1750—1820年中西欧犹太商人网研究"，上海师范大学2017年硕士论文，第20页。
③ 同上。

一直延伸到爱尔兰。[①] 俄罗斯和波兰远东地区的地主通过农奴制把农民与土地捆绑在一起，消除了改善农业的动力。波罗的海的地主为了应对粮食价格上涨，把更多的土地用于耕作，但是他们不关心农民的福利，并且以牺牲国内的饥民为代价，把粮食运到国外市场获取利润。法国的农民可以获取荷兰农业改进的信息，而且法国的土壤和气候条件也与荷兰相似，但直到18世纪，法国的农业仍没有出现改良。黑死病导致的人口缩减使法国农民紧紧攥着手中的土地，他们也为此需要承担更多的法律责任。16世纪，人口开始上升，拥有更多子孙的大家庭意味着家庭地块不得不划分，这种财产的分割使小农必须依靠更小块的土地挣扎度日。而法国没有英国那样丰富的河流和运河来运输粮食，覆盖法国乡村的封建特权错综复杂，像个迷宫，区域之间的货物运输很困难，造成法国一个地区的人快饿死了，而另一个地区仍有充足的粮食。其贸易和制造业表现抢眼，但农业停滞不前。随着贵族地主和国家对农民微薄收入的抽成越来越多，法国农民的苦难不断增加。法国地主没手段改变贫困农民的农业技术，但他们可以恢复并且也确实恢复了旧的封建特权，随着价格上涨，他们可以榨取更多的钱。国王即便一直保护农民免受咄咄逼人的地主的折磨，但他也向农民索取越来越高的税金。直到18世纪末，法国大革命才针对所谓的旧制度完成了有意义的旧制度的改革。在1787—1789年法国大革命前夕，热心的英国农业改革者阿瑟·杨在西班牙和法国旅行，西班牙对农业的忽视以及法国的贫穷让他感到惊讶。他认为，普遍的贫困破坏了国家繁荣的根基，因为只有穷人可以大量消费了，其他行业才能生存发展。[②]保持工人的低收入固然可以使商品降低成本，但同时也限制了这些商品的市场规模。杨批评了政府干预，他指出法国的古老特权阻碍了所有货物的

---

① Robert C. Allen, "Economic Structure and Agricultural Productivity in Europe, 1300-1800", *European Review of Economic History*, Vol. 4, 2000, pp. 6-8.

② Arthur Young , *Travels in France during the Years 1787, 1788 and 1789*, Dublin, 1793, p. 130.

流通，甚至包括闹饥荒时的谷物流通。[①]

英国直到1860年才对农业产量保持系统性的记录。根据农民保存的账簿和有关租约诉讼的记录推测，1520年，英国约80%的人口务农，在正常情况下，100个家庭可以生产足够养活125个家庭的粮食。额外的25个家庭组成了国家的军人、神职人员、王室官员，以及零售商、机械师、批发商和工匠。从1600年开始，英国农业需要的劳动力越来越少。1800年，英国只有36.9%的成年男性劳动力还在务农，而这些农户产出的粮食可以养活自己和其余60%的家庭。这意味着社会的政治、宗教和商业领域的人员数量增加了3倍。在后来的半个世纪内，农业人口的比例继续减少到总人口的25%。与此同时，其他欧洲国家从事农业生产的人口仍保持在60%—80%，法国、德国、意大利、西班牙和荷兰的人口数量虽然在同步增长，[②]但是直到19世纪中期，法国还没有进行市场整合，而英国的市场整合早在17世纪末就已经完成了。[③]

资本主义制造业与手工工场

农业的资本主义化也带来了制造业的重大变化。圈地运动之后，生活在乡村的英国农牧民被迫离开故乡，流离失所，变成流民，又为制造业的发展准备了充足的劳动力。同时，大农场生产出来的农产品在输出过程中需要加工，变成制成品，因此，英国本身有发展制造业的要求。在这种背景下，英国的制造业或工场手工业发展起来。尽管大航海之后的英国一度面临着"资本短缺""商品短缺"和"人口相对过剩"等三大压力，但手工工场的增加还是非常迅速。

1.原工业化的升级[④]

原工业化指工业化之前的工业化。英国的原工业化起源于农村，

[①] 〔美〕乔伊斯·阿普尔比：《无情的革命——资本主义的历史》，宋非译，第85—86页。

[②] E. A. Wrigley, *Continuity, Chance and Challenge: The Character of the Industrial Revolution in England*, Cambridge: Cambridge University, 1988, pp. 12-13.

[③] 〔美〕乔伊斯·阿普尔比：《无情的革命——资本主义的历史》，宋非译，第80—81页。

[④] 魏秀春："西欧原工业化的兴起"，《浙江师范大学学报》2005年第1期。

但是其发展离不开海外市场。"持续的世界市场的拉动，成为原工业化不断向广度和深度发展的强大动力"。[①]原工业化如果没有世界市场的拉动，将只是资本主义的一些零星的"萌芽"，不会向工场手工业的时代过渡。16—18世纪，"英国乡村工业的成长与国内外市场的发展不可分割。没有一定的国内外市场为基础，英国的乡村工业就不可能有太大的发展，实际上仅有国内市场很难促使乡村工业的兴起"。[②]英国人"在世界到处站稳脚跟，使自己的工业品源源不断地流向世界各地。难以想象，如果没有这样一个世界市场，英国的原工业化是否能发展起来，并为工业革命准备条件"。[③]

据研究，工业革命前夕，英格兰出现了12个原工业区。[④]其中东盎格利亚、英格兰西部，尤其是西南地区和约克郡的西雷丁是毛纺织业的中心区；什罗普郡与威尔士的边区，威斯特兰工业区，由肯特郡的威尔特地区和萨里郡、伯克郡和汉普郡的部分地区所组成的南部地区，由分散的包括考文垂、北安普敦和林肯等城镇及周围制造业所组成的中部地区是次一级的毛纺织区；兰开夏郡的亚麻布和粗斜纹布生产区和以特伦特河谷为中心的针织区也是两个不同的纺织区；最后一个是大部分位于西密德兰的小五金制造区。[⑤]英国的乡村工业门类繁多，有纺织（包括毛纺、棉纺、麻纺、棉麻混纺、针织）、皮革、陶瓷、制砖、制盐、制皂、编织、农产品加工、采煤、采矿、冶炼、金属加工、造船、造纸、玻璃制造、酿酒等。以铁制业为例，一开始集中分布在迪恩森林地区，主要生产简单的农具，17、18世纪，其产品迅速增加，各种五金器具齐全，生产开始向密德兰地区转移，其中以伯明翰最为著名。18世纪中叶，伯明翰的各种工商人口占总人口的61%，而铁器工业则占总人口的

---

① 王加丰、张卫良：《西欧原工业化的兴起》，第80页。
② 同上书，第180页。
③ 同上书，第91页。
④ 张卫良："英国原工业化地区的形成"，《史学月刊》2004年第4期。
⑤ D. C. Coleman, "Proto-industrialization: a concept too many", *The Economic History Review*, Vol. 36, 1983, pp. 435–448.

34%。①18世纪以后，三个原工业地区的发展变化存在着生产上的连续性。格拉斯哥和克莱德河谷从生产亚麻开始，到生产烟草，再到生产棉、铁，发展到生产机械、钢和造船；东北地区从生产煤、盐、玻璃和化工开始，到生产铁、钢，然后是造船和机械；兰开夏郡工业区从生产羊毛或亚麻开始，到生产棉、煤，然后是化工、金属、铁和机械。②而产品的变化又引起工业位置的变化，一些原工业地区衰落，另一些地方的工业却得到发展和壮大。

从原工业所在的区位看，乡村工业在那些"没有强大农业合作组织"的地区最有可能发展起来。因为这样的地区存在自由农或习惯租户，有确定的财产权，抑或其持有地分散。③由此建立的"瑟斯克模型"认为畜牧地区比农耕地区更具优势。④从比较看，畜牧地区有三个明显优势：一是畜牧区自然条件不适合农耕，人们有相对较多的空闲时间，受季节性影响较小。而农耕区的谷物种植周期比较长，空闲的时间相对较少。二是畜牧地区的庄园势力比较薄弱，圈地速度较慢，社区结构比较松散，人们拥有比较多的习惯权利。乡村工业在这样的地区最有可能发展。⑤三是畜牧地区的人口增长速度快于农耕地区，而耕地数量少，劳动力相对廉价，其家庭必须以副业来弥补收入的不足。因此，畜牧地区有发展乡村工业的优势。瑟斯克指出：许多半农半工的社区发展起如花边制造、制帽、织手套和编织篮子等乡村工业，它们经常是一些人口稠密的小自耕农社区，其自由持有农或与习惯佃户在从事着畜牧经济。克莱将英格兰的地理"从蒂斯河到韦茅斯划一条线"，在这条线的南部和东部主要是混

① M. B. Rowlards, *Masters and Men, in the West Midland Metalware Trades Before the Industrial Revolution*, Manchester: Manchester University Press, 1975, pp. 18–25.

② Sidney Pollard, *Essays on the Industrial Revolution in Britain*, Colin Holmes ed., Ashgate Publishing Limited, 2000, p. 234.

③ Joan Thirsk, "Industries in the Countryside", F. J. Fisher ed., *Essays in the Economic and Social History of Tudor and Stuart England*, pp. 70–72, 86–88.

④ E. L. Jones, "Agricultural Origins of Industry", *Past and Present*, Vol. 40, 1968, p. 61.

⑤ Joan Thirsk, "Industries in the Countryside", F. J. Fisher ed., *Essays in the Economic and Social History of Tudor and Stuart England*, pp. 70–72, 86–88.

合农业区，"既有谷物生产，又有牲畜饲养，其住房建在核心的村落里，敞地是广泛的，那里财产较少分配，所以富人变得更富，穷人则更穷且数量众多。那里庄园控制一般较为有效，庄园主的存在是村民生活中一个较重要的因素。在密德兰平原和河谷地区，由于是重黏土壤，大多数土地是可耕的，又由于人口密度高，相对地几乎不可能像畜牧地区那样剩下不耕的土地。"①这些低地地区重点进行农耕，虽然畜牧也是经济的一部分，但是，到1500年，很多土地已经被圈占。这条线的北部和西部主要是从事畜牧业的高地地区，应该被当作典型的乡村工业区来考察。②

当然，不能仅仅以地理因素来解释原工业化的区位形成。钱伯斯说："这不是否定地理因素的重要性：原材料的供应、接近水力和运输的水源、固定资本的吸引力（如漂洗厂这种形式）。但在整个家庭工业的历史中，有雇主把其活动从自治城市转移，或为了逃避由特权的工人团体强加的限制或给予劳动的自治规章而采取的躲避。无疑乡村纺织工业的地点就拥有流动资本的所有者而言，大部分由寻求廉价劳动力的供应所决定。"③事实上，原工业并不局限于畜牧地区，农业地区也可以发展起来。例如，莱斯特郡的威格斯顿马格纳地区，在16世纪早期有很多小农，但劳动力较少，1525—1625年，很多移民开始进入这个地区，人口翻倍以后，17世纪晚期，编织业便发展起来，为较贫困的居民提供收入。④因此，农业地区只要条件合适，也可以发展原工业。帕特·赫德森的研究指出："剩余劳动力本身几乎不足以吸引和维持原工业。很清楚，接近原料供应地、市场联系和资本、企业家及劳动力的供应在原工业的位置和寿命方面

---

① C. G. A. Clay, *Economic Expansion and Social Change: England, 1500-1700*, Vol. I, p. 55.

② Alan G. R. Smith, *The Emergence of a Nation State: The Commonwealth of England, 1529-1660*, New Yord: Longman, 1984, p. 169.

③ J. D. Chambers, *The Rural Domestic Industries during the Period of Transition to the Factory System, with Special Reference to the Midland Counties of England,* Proceedings of the Second International Congress of Economic History, Vol. 2, Aix-en-Provence, 1962, p. 431.

④ Ian D. Whyte, *Migration and Society in Britain, 1550-1830*, New York: Palgrave Macmillan, 2000, p. 37.

都是重要因素。"[1]

呢绒加工是英国乡村出现的最早的原工业。1470年前后，毛纺织业主要集中在英格兰西部、东盎格利亚和约克郡。这种乡村工业曾一度侵蚀英国农民原有的家庭手工业，在乡村经济中居于举足轻重的地位。但是，至17世纪开始消失。北部的威斯特兰是一个小郡，其区域的一半由山区和沼泽构成。这是一个以畜牧业为主的郡，人们对沼泽地拥有附属的公有权，可以养牛出售给低地的农民，也可以养羊出售羊毛。威斯特兰最显著的特征是大量人口聚集在狭小的河谷地区。这种情况有利于发展纺织业，其粗呢绒和织袜业在14世纪发展起来，劳动力来自人口稠密的河谷地带，中心是肯德尔，其纺织品在14世纪末已经出名，15世纪，其纺织业转移至乡村，都铎王朝初期，仅格拉斯迈尔教区就有18个漂洗坊。但是，至伊丽莎白时期，这个行业神秘地消失了，正像17世纪肯特郡的纺织业突然消失一样。[2]此外，其中心地带要受羊毛、交通、水力资源的限制，尤其是水力漂机发明应用之后，水力资源成为毛纺织业发展的必要条件。因此，该工业逐渐向北方，尤其是西北方河流区域集中。到18世纪工业革命前夕，随着海外市场的扩大，包括呢绒业在内的乡村工业在全国已有广泛深入的发展，几乎遍及每一个村庄。[3]

2. 手工工场的普遍设立

手工工场是新的制造业的主要生产形式。就其历史发展来看，它是在手工作坊的基础上发展起来的。中世纪盛期，欧洲的家庭手工业开始与农业分离，缝衣、酿酒、烤面包等家庭手工业逐渐脱离农业，成为独立的手工业部门。随着城镇的不断建立和商品经济的迅速发展，大量的手工作坊在西欧建立起来。14、15世纪，意大利

---

① Pat Hudson, "Proto-industrialization in England", M. Cerman, S. C. Oglivie eds., *Europe Proto-Industrialization: an Introductory Handbook*, Cambridge: Cambridge University Press, 1996, p. 53.

② Joan Thirsk, "Industries in the Countryside", F. J. Fisher eds., *Essays in the Economic and Social History of Tudor and Stuart England*, p. 82.

③ 〔英〕保尔·芒图：《十八世纪产业革命》，杨人梗等译，商务印书馆1983年版，第32页。

佛罗伦萨的呢绒加工手坊因分工细化，初步发展成为具有资本主义性质的手工工场。16—18世纪，随着海外贸易的不断扩大，资本主义性质的手工工场开始在英国和西欧等地大规模地发展起来。

英国制造呢绒的手工工场的出现是对中世纪行会的一人挑战。1539年，塞福克和埃塞克斯的织工向英国掌玺大臣递交的请愿书，反映了毛织业织工行会的衰落。其中写道："……制呢业的最主要和最精巧的部门的织业已经大为衰落，致使这些地方已经没有人把自己的子弟送入这一行，而且，可能在几年中塞福克和埃塞克斯这两郡的织工完全要迁移了。"[①] 当然，早期的呢绒工场主要是一些分散的手工工场。15、16世纪，由于呢绒业的加工技术不高，纺织工具的规模小，投资少，适合以家庭为单位进行生产，因此，这种分散的手工工场能够向农村渗透，使农业、牧业和手工业有机地结合起来，并与全国乃至世界纺织品市场建立联系。如约克郡的呢绒从利兹、哈里法克斯两个市场出发，流向整个英格兰，并输出到荷兰各港口及波罗的海沿岸各国，甚至远达地中海东部诸港口及美洲殖民地。

16世纪，呢绒业中开始出现集中的、规模宏大的手工工场。一个名叫约翰·温契康伯的人就是这样的一个工场主。温契康伯去世后，儿子继承他的产业，规模发展更大，发了大财，最后被王室授予"男爵"封号。这种属于"暴发户"的事迹在当时被广为传颂。1597年，有人专门替这个家族的呢绒工场写了一首歌谣。歌谣这样写道：

> 一屋宽且长，织机二百张。
> 织工二百人，排列成长行。
> 辛勤齐操作，笑声彻屋梁。
> 旁有一巨室，女工共百人。
> 欢笑且整梳，歌声冲霄云。

---

① 朱寰主编：《世界上古中古史参考资料》，第257页。

附近又一室，少女二百人。

小袄红似花，头巾白若银。

少女体轻盈，纺绩辛且勤。

又复善歌唱，妙音胜夜莺。

户外又一屋，贫儿一百五。

列坐捡细毛，不敢辞劳苦。

彼皆窭人子，终日不得息。

自晨至深夜，各得一便士。

场中供酒饭，饮食皆于是。

又有一广厅，五十修剪工。

各自施妙技，天衣真无缝。

又有八十人，将呢加浆洗。

染工八十人，齐将颜色施。

二十扦制匠，将呢折成匹。[①]

17世纪上半叶，英国的呢绒生产者通常有四类人。第一类是资本雄厚的呢绒商。他们会预先购进供一年用的羊毛储存在仓库里。第二类是资本较少的呢绒商。他们会在市场上赊购大部分羊毛。第三类是一般的呢绒商。他们是没有资本的呢绒商，只能在市场上采购毛线，立即把它制成粗呢，卖得现款，然后再去购进毛线。当时，这样的纺线工人是很多的。第四类是那从事生产上等毛料的工人。他们一般都住在港口附近。[②]除呢绒业之外，17世纪，一些没有行会组织的新兴工业也发展起来，如棉织、采煤、冶金、火药、造纸、造船等等。

随着海外市场的不断扩大，海外需求超过了国内的生产力水平，而英国本身又没有荷兰那样充裕的商业资本，无法在世界范围内任

---

① 齐思和、林幼琪选译：《中世纪晚期的西欧》，商务印书馆1962年版，第四部分：英国资本主义萌芽。

② 刘宗绪主编：《世界近代史参考资料》，高等教育出版社1986年版，第1—2页。

意调拨所需商品，只能更多地加大生产规模。因此，工业革命以前，英国商人既从事海外贸易，又在国内开办工场或工厂。例如，18世纪，从事西印度贸易的英国商人威廉·麦尔士（William Meyers），在布里斯托尔开办了大型糖厂；另一个在西印度从事贸易的著名商人塞缪尔·陶切特（Samuel Tauchte），在兰开夏郡开办了纺织场；商人乔纳斯·博尔德（Jonas Boulder）既从事西印度贸易，又在利物浦开办了炼糖厂。[①]商业资本通过对生产的投入逐渐转化为生产资本，从而促进了英国资本主义制造业的进一步发展。不仅如此，英国商业资本的海外扩张还促进了国内生产技术改进。例如，米德兰地区的制钉业，就是为了满足殖民地对钉子的需求量日益增大的需要，企业主发明了轧钢机和切割机，从而增加了钉子的产量。

手工工场和手工作坊相比，不仅表现为生产规模和生产技术的进步，关键是具有资本主义性质的生产组织形式。它与手工作坊之间存在着本质上的区别。手工作坊是封建时代的城镇手工业生产单位，作坊主拥有生产资料，进行分散的小本经营，手工劳动是基本的劳动方式，只有学徒和帮工，一般不招收雇工。手工工场是以技术分工和雇佣劳动为基础的资本主义生产，它是手工作坊向机器大工厂迈进的过渡阶段。手工工场包括分散的手工工场和集中的手工工场。前者分散进行，只有简单的协作，没有改变劳动工具和操作方法，仅在同一资本家的指挥下协同劳动；后者在同一个大工场里集中劳动，以技术分工和雇佣劳动为基础，在工头或经理的指挥下统一进行。它不仅为资本家生产了更多的剩余价值，更重要的是大大提高了劳动生产率，完善了劳动工具，在物质上和技术上为产业革命准备了条件。

3.欧洲其他国家的工场手工业

在大航海的推动下，除英国之外，欧洲其他国家也都不同程度地存在着手工工场。荷兰工场手工业的发展曾远胜于欧洲其他国家，

---

① 黄邦和、萨那、林被甸主编：《通往现代世界的500年：哥伦布以来东西两半球汇合的世界影响》，北京大学出版社1994年版，第268页。

其呢绒业、麻织业、丝织业和瓷器生产在欧洲均享有盛名。17世纪初，英国生产的呢绒要通过荷兰进行加工和染色，荷兰仅从事该职业的工人就达数千人。当然，荷兰最令欧洲其他国家失色的还是造船业。其造出来的商船不仅吨位大，而且运费低，大多数欧洲商人都乐于雇用荷兰商船转运货物。荷兰的造船厂仅阿姆斯特丹一地就有几十家。然而，荷兰虽然手工工场发达，但本身并不是一个生产型国家，其巨大的资本并不是主要用来投资工场，而是用来投资国际贸易。因此，荷兰在制造业方面的发展没有英国典型。其资本主义的发展一直停留在商业资本主义阶段。

西班牙本来最有资格发展手工工场，因为其从美洲获得的贵金属足以提供巨大的资金。但是，巨量的资金反而使西班牙不思进取，在生产方面自断后路。据官方资料统计，16世纪初，西班牙的织机总数曾不下6万台，仅南部的塞维尔城就有16,000台织机。但是，西班牙政府对工场采取了错误的税收政策，对工人消费的粮食和加工的原料征收重税；对每次纺织品的出售征收过度而频繁的"阿尔卡巴拉"税；对由国内输出的织物也征收1/15税，结果导致其手工工场很快走向衰落。西班牙原本盛产羊毛，但是，贵族阶层为了获得更高的利润，不是将羊毛用于发展本国的呢绒工业，而是出口到国外，然后以低关税从英国和荷兰进口呢绒，从而严重打击西班牙本国的毛纺织工业。国王也支持贵族阶层采取这样的做法。不仅如此，其实西班牙整个工农业生产都存在着保守和故步自封的问题。在工业方面，城市行会继续控制着手工业生产。在农业方面，面对农产品价格的大幅上涨，贵族只是一味地加强封建剥削，没有做任何农业上的改进。由此造成的后果是西班牙国内的工农业生产难以发展，粮食不能自给，工农业产品的价格大大高于英国、法国、尼德兰的同类产品，在市场上失去了竞争力。加上统治西班牙的哈布斯堡王朝推行称霸欧洲的政策，将巨额财富用于军事和政治活动；而西班牙的贵族阶层为了追求奢侈的生活，大肆挥霍。因此，西班牙没有办法将从美洲运回的金银用于发展手工工场。据统计，

1492—1595年，西班牙从美洲运回的金银约40亿比塞塔，但留在国内的金银仅2亿比塞塔。西班牙在资本主义生产方面自然也无法与英国相比拟。

资本主义商业与商品交易的期货化

工农业生产的产品增加，贸易的速度必然加快。生产得越多，商品流通就越快，由此才能带来更多的利润。这是资本主义经济的一般规律。那么，16—18世纪，资本主义的商业发生了什么样的变化呢？其交换已经从一般现成商品的交换扩大到尚未变现商品的交换，这就是期货交易。随着期货交易的到来，商业领域的"交易所"和"大公司"广泛出现。

1.期货交易的问世

资本主义以前的商品交易基本上都是现货交易。但是，随着资本主义生产的到来，交易量大幅度提升，很多商品还在生产之中，因此，"期货交易"出现。它说明交易的路线在延伸。

期货与现货不同。现货是直接可用于交易的实实在在的商品，期货是以某种大宗产品及金融资产为标的物的可交易的合约。这种"标的物"可以是某种商品，如黄金、原油、农产品等，也可以是金融产品，如股票、债券等。交收期货的日期可以是一个星期之后，一个月之后或三个月之后，乃至一年之后。买卖期货的合同或协议叫作"期货合约"，买卖期货的场所叫作"期货市场"，投资者可以对期货进行投资或投机。①道格拉斯·诺思说："个别商品的大量连续的交易使销售开始可能按样品进行。例如，伦敦的商人可以在这些市场上购买波罗的海沿岸的谷物，而只需验看样品和留下样品。销售者担保交付的货物会比样品好或较好。按等级销售和期货市场的发展是这种方式的直接延伸。谷物、酒、木材和羊毛甚至在它们

---

① 1990年10月12日，经国务院批准。中国首先在郑州设立粮食批发市场，这个市场以现货交易为基础，引入期货交易机制，迈出了中国期货市场发展的第一步。

收成前便可以出售。"①

期货交易是从现货交易中的远期合同交易发展而来的。在远期合同交易中，交易者集中到商品交易场所交流市场行情，寻找交易伙伴，通过拍卖或双方协商的方式来签订远期合同，等合同到期，交易双方以实物交割来了结义务。交易者在频繁的远期合同交易中发现：由于价格、利率或汇率波动，合同本身就具有价差或利益差，因此完全可以通过买卖合同来获利，而不必等到实物交割时再获利。为适应这种业务的发展，期货交易应运而生。期货交易是投资者交纳5%—10%的保证金后，在期货交易所内买卖各种商品标准化合约的交易方式。一般的投资者可以通过低买高卖或高卖低买的方式获取盈利。现货企业也可以利用期货做套期保值，降低企业运营风险。期货交易者一般通过期货经纪公司代理进行期货合约的买卖，另外，买卖合约后所必须承担的义务，可在合约到期前通过反向的交易行为（对冲或平仓）来解除。总之，期货交易很快发展成为一种规避风险的行为。

期货交易经常在一种常年开业的永久性交易所里进行。诺思说："一个大市场可以保证产品和销售条件的专门化。设立了永久性的交易所。在交易所里专业商人可以将商品或样品一直陈列下去。早先的交易所只有在开市期间才能租用。在这一时期对外贸易已经成为一种一年到头都在进行的职业。"②世界上最早的交易所于1531年设立于安特卫普。1570年，英国也创办了第一个皇家交易所。这是托马斯·格雷斯汉姆（Thomas Gresham）的杰作。当年，他的父亲理查德·格雷斯汉姆（Richard Gresham）最先提出在伦敦建立一所安特卫普式的证券交易机构。1565年，托马斯·格雷斯汉姆正式向伦敦市政厅提交了议案，提出"如果他们购买或者给他一块足够大的土地，他将把它建成一个股票交易所或商品交易所，有足够宽广众

---

① 〔美〕道格拉斯·诺思、罗伯斯·托马斯：《西方世界的兴起》，厉以平等译，第170页。

② 同上书，第169页。

363

多的通道，任何季节各类商人和交易者均可每日在此聚集，一起交流，彼此之间洽谈贸易，不会因天气或其他任何一种阻碍因素而中断。"①该提案得到批准后，伦敦皇家交易所便建立起来。这是英国第一个商业建筑，在伦敦历史上占据重要地位，更是对英国商业发展起到推动作用。②皇家交易所建成后，集中在伦巴第街的商人们由每日户外见面转变为室内集结，大家一起在室内商讨业务。

期货交易的意义重大，它决定了中西方的市场交易存在着不同形式。中外学者的研究表明：中国古代的"初级市场"相当发达，但是，在中国的土壤上，为何不能生长出类似西方的由复杂的商业制度和信用工具所引发的商业革命，并进而产生资本主义的生产方式呢？布罗代尔的研究给我们提供了一个启示。他认为，任何社会都存在两种市场交换形式，一种是"透明"的交换，发生在公开市场上，比如我们所熟悉的市集、零售商和近距离贸易等。在买主和卖主之间会有中间商出现，但一个中间商所能做的充其量也就是"囤积居奇"，或者去市场外截堵农民和小商人，以便可以在市场上贱买贵卖（比如中国历史上的"牙纪"）。还有一种交易发生在"不透明"的市场，或反向市场，它与"透明"的市场全然不同。流动的商人、上门收购者径入生产者的家中，直接向生产者购买某种产品，甚至预订正在生产的产品，双方为此签一张合同或契约。这种"不透明"的交易斩断了生产者和消费者之间的联系，导致大批发商的出现。小商人面对的是竞争，大批发商谋求的是垄断。小商人日益专业化，而大商人却淡化分工，经营的是金钱，不再是某种商品，于是上层市场出现。

上层市场使商人与商人之间的交易变得更为重要。希克斯指出，几乎所有的商业惯例都产生于商人之间的内部市场。大规模的信用展开如担保、金融中介与保险等，只可能发生在大商人之间；大批

---

① Charles Macfarlane, *The Life of Sir Thomas Gresham, Founder of the Royal Exchange*, London: Charles Knight & Ludgate Street, 1845, p. 186.

② A. E. W. Mason, *The Royal Exchange*, London: Royal Exchange, 1920, p. 13.

发商为控制生产而采用的"先贷制"和"外放制",其出发点是谋求商业上的垄断,但一个未预料到的后果却是伴随市场扩展而来的分工、技术水平的提高。在商业边际利润递减的情况下,最终促成了包买商向工场主的转变。可见,没有上层市场,就不会有资本主义生产方式的出现。[1]18世纪,批发商终于从零售商中剥离出来;接着,又从批发贸易中演变出拍卖和委托贸易;继而又衍生出进货代办和销货代办的业务形式。[2]

2.公司制度的普及

公司是对公共资金的经营和管理。其早期形式是"合伙经营",开始于中世纪的地中海贸易。合伙人采取搭伙的方式,在完成一次海上货物的运输之后,即分红走人,不再有任何业务上的联系。比合伙经营进步的是合股经营。合股经营出现于大航海之后的大西洋贸易。参加者不再只是搭伙,而是按出资多少组成股份公司,年终按股份多少分得红利。经营者不再是随聚随散,而是按契约组合在一起,形成了固定的社会组织,即"法人公司"。

最先成立公司的国家是荷兰。新航路开辟之后,为防备海盗,欧洲人喜欢在商船上安装大炮,这样做给商船带来了安全,但装载的货物减少了。荷兰人率先使用没有火炮的"大肚子"商船,装载的货物增加了两倍,而且运费更便宜。此外,荷兰人非常讲诚信。1596年,一个叫威廉·巴伦支的荷兰船长,试图开辟一条从北方到达东方的海上路线,结果被冰面困住,时间长达8个月。在险恶的封冻期内,17名水手中有8人死去,但他们没有动用一点委托人委托他们携带的货物和药品,幸存的船员仍将委托的货物完好无损地转送到委托接受人的手中。诚信若此,装载的货物又多,很多人便找荷兰人运送货物。16世纪末,荷兰人的贸易高度发达起来,成为"海上马车夫"。1594年,阿姆斯特丹的九个商人设立了"为了遥远

---

[1]　梁正:"大陆文明、市场经济与资本主义",《社会科学战线》2000年第2期。
[2]　〔德〕马克斯·韦伯:《世界经济史纲》,胡长明译,第6页。

土地的公司"，即荷兰东印度公司的前身。它揭开了持续200年左右的特许公司贸易的新时代。公司的所有权与经营权开始分离，股份公司正式出现。1602年，荷兰东印度公司成立，这是世界上出现的第一家股份公司。其带来的巨额财富，曾经令欧洲其他各国为之咋舌。1609年，荷兰第一家股票交易所和第一家银行成立。因此，有人在评价世界近现代史时曾经说，真正对世界近现代史产生决定性影响的国家有三个，第一个是荷兰，第二个是英国，第三个是美国。17世纪中叶，荷兰东印度公司拥有1.5万个分支机构，贸易额占到世界贸易总额的一半，这个比例连后来的大英帝国也没有达到。悬挂着"三色旗"的荷兰商船游弋在世界五大洋，当时的世界拥有大约2万艘商船，其中的1.5万艘属于荷兰。①

随着贸易的不断扩大，合股经营成为一种常见的贸易组织形式。但事物的发展总是在到达极端以后便走向反面，合股公司的成立也有这样的问题。1711年，英国新成立了"南海公司"（South Sea Company），入股的人非常多，但是社会上同时又出现了很多非实体性公司，把南海公司的股票抽走，使公司负债达3100万英镑。为了使认购的股票不再流向新成立的公司，英国颁布《泡沫法》，明确规定没有议会和王室授权的股份公司是非法的，以阻止非实体性公司的肆意组建。法案规定：没有特许状或法案用以表明公司的合法性，公司将不能享受合法公司所拥有的优惠政策，包括"永续权"（perpetual succession）、"以公司名义购买土地及起诉和应诉"等。②从此，滥设公司的风气才得到遏制。

公司成立以后，英国的国内、国际贸易得到很大程度的发展。见下表（表9-1）统计：

---

① "此国仅两个北京大，却称霸世界一个世纪，占领中国一块领土几十年"，http://bbs.tiexue.net/post_12291775_1.html.
② 南海公司成立于1711年，它成立的主要目的是便于英国政府对南美洲进行贸易扩张。1718年，英国国家债务总额累积达到3100万英镑，参见朱宁："英国'南海公司'股价泡沫"，《中国证券期货》2015年5月号。

表9-1　英格兰和威尔士在1697—1780年的国内贸易情况（单位：千英镑）①

年份	进口	出口
1697	3344	2295
1700	5840	3731
1703	4450	3888
1713	5811	4490
1718	6669	4381
1720	6090	4611
1723	6506	4725
1724	7394	5107
1729	7541	4904
1735	8160	5927
1739	7829	5572
1741	7936	5995
1744	6363	5411
1745	7847	5739
1748	8136	7317
1768	11,879	9695
1769	11,909	8984
1774	13,098	10,049
1775	13,550	9723
1776	11,703	9275
1777	11,842	8750
1778	10,293	7754
1779	10,660	7113
1780	10,812	8033

资本主义金融业与资金流通的信用化

现代经济学家约瑟夫·阿洛伊斯·熊彼特曾经说，一切都是货

---

① B. R. Mitchell, P. Deane, *Abstract of British Historical Statistics*, Cambridge: Cambridge University Press ,1962, pp. 448-449.

币，都是信贷。①布罗代尔曾这样描述欧洲货币流通的不足："所有店铺主都可能遇上拖欠或赖账这类倒霉事情。一位名叫弗朗索瓦·波姆罗尔的制枪工匠闲来喜欢作诗，他于1632年抱怨生计艰难，'出门讨账，煞费苦心，赶上拖欠，得有耐心'。"②货币充足无疑反映着市场的繁荣。大航海对欧洲最大的冲击是代表货币的贵金属的流入，而大西洋沿岸国家新出现的资本主义生产方式，目的也是为了获取更多的货币。可是，进入资本主义生产阶段以后，交易量大大加快，货币的流通速度也相对变慢。同时，很大一部分贵金属输入东方，欧洲并没有足够的贵金属用作支付。在这种大背景下，货币的代用品——"信用"出现。最常见的货币代用品是"信贷"，即信用贷款。它包括投资和融资两部分，二者都可以用"信用"来代替。而接受这样的信用是要承担风险的，即承担收益的不确定性。因此，在贸易发展的前提下，欧洲的金融革命发生。其对欧洲的影响力超过了"法制"的建立。著名银行家梅耶·罗切斯尔曾不无夸张地说："只要我能控制一个国家的货币发行，我不在乎谁制定法律。"

1.债券、股票与融资的社会化

过去的投资都是现金，"有多少现金，做多大的门面"。现在凭借信用，企业、公司或国家通过发行股票或债券，不仅可以大大扩展经营规模，而且其最大的改变是把投资变成一种全民参与的事情。

股票是股份有限公司在筹集资本时向出资人发行的股份凭证。除了大股东享有对公司的所有权之外，普通民众持有的股票也是债券的一种形式，在收益上也存在着不确定性，可以在市场上进行买卖。1602年，荷兰设立的东印度公司是世界上第一家发行股票的公司。政府曾是该公司的大股东，拥有为战争支付薪水、与外国签订条约、铸造货币、建立殖民地等权利。该公司的建立反映了西方早

① 〔法〕费尔南·布罗代尔：《15至18世纪的物质文明、经济和资本主义》（第一卷），顾良、施康强译，第565页。
② 同上书（第二卷），第57页。

期殖民扩张的需要。英国东印度公司成立后，最初的性质属于民间合股集资、共同经营的贸易股份公司，盈利按入股多少进行分配。其最初的股本只有3万英镑，到1657年增加到73.9万多英镑。由于所获利润可观，公司股民每年所获红利可达20%左右，最高可达50%以上。[①]所以，公司的股票价格一涨再涨，100英镑的股票在1669年的价格为130英镑，1677年为245英镑，1683年升至360英镑。[②]至18世纪初期，英属东印度公司已是一个大规模的贸易公司，其1708年的总资产达到了320万英镑，有大约3000名股东，仍在大量发行债券。[③]

　　证券是用来证明券票持有人享有某种特定权益的法律凭证，其中，最重要的证券是国家发行的债券。这种债券在收益上存在着不确定性。欧洲证券市场最早可以追溯到16世纪初。当时法国的里昂、佛兰德的安特卫普有了最初的证券交易。这种债券往往以"钞票"的形式出现。据研究："钞票是1661年在斯德哥尔摩银行的营业窗口最早出现的。""早在1667年，英格兰已有大量政府支票流通，这是钞票的母型。"[④]18、19世纪，在产业革命的影响下，股份公司已经成为铁路、矿山、银行等行业中普遍的企业组织形式，其股票以及各类债券开始在证券市场上广泛流通，标志着西欧的证券市场已经基本形成。这一时期证券市场的特点是：信用工具很单一，主要是股票、债券两种形式；证券市场规模小，主要采用手工操作；证券市场行情变动较大，投机、欺诈、操纵行为十分普遍；证券市场的立法也很不完善；此外，证券市场也较为分散。[⑤]1773年，英国第一家证券交易所——"乔纳森咖啡馆"成立，1802年获得政府

　　①　Chaudhuri, *The Trading World of Asia and the English East India Company, 1660-1760*, Cambrideg: Cambrideg University Press, 1978, p. 418.

　　②　W. D. Hussey, *The British Empire and Commonwealth, 1500-1961*, Cambridge: Cambridge University Press, 1963, p. 50.

　　③　张亚东："18世纪英国在印度的贸易统治"，《湛江师范学院学报》2004年第2期。

　　④　〔法〕费尔南·布罗代尔：《15至18世纪的物质文明、经济和资本主义》（第一卷），顾良、施康强译，第561页。

　　⑤　江晓薇："关于证券市场监管的探索"，《中国人民大学学报》1999年第4期。

批准。它是今天著名的伦敦证券交易所的前身。该交易所最初交易的也是政府债券，不久，公司债券、矿山和运河的股票也先后进入交易。1790年，美国第一家证券交易所——费城证券交易所宣布成立，也是从事政府债券的交易。1792年5月17日，24名经纪人在华尔街的一棵梧桐树下聚会，商议签订了"梧桐树协定"，约定每日在梧桐树下聚会，从事证券交易，并议定了交易佣金的最低标准及其他交易条款。1817年，以"梧桐树协定"为基础，这些经纪人组成"纽约证券交易会"，1863年改名为"纽约证券交易所"，这就是今天美国著名的"纽约证券交易所"的前身。

当然，股票和证券在收益上的不确定性决定着持股有盈利，也有损失。英国南海公司在迅速筹集还债资金的过程中，政府决定把公司的股票卖给公众。在政府默许下，公司管理层编造了一个又一个美妙的故事，唤起英国人对南海公司超乎寻常的狂热。从1720年3月到9月，在短短半年时间里，南海公司的股票价格从每股330英镑涨到1050英镑。这个股票市值，相当于当时整个欧洲货币流通量的5倍，连大名鼎鼎的科学家牛顿也参与进来。身为皇家铸币局局长的牛顿年薪2000英镑，可以建造四个格林威治天文台，可是随着南海股票泡沫的破裂，牛顿损失超过2万英镑。事后，他不无伤感地说道："我可以准确地计算出天体的运动规律，但我却无法计算出股票市场的变化趋势。"1720年，"南海泡沫事件"迫使政府出台《反泡沫法》。这个法案"实际上是一百年来英国政府的思考。思考什么？怎样完善一个制度？最后通过了一个货币英镑制度。这个货币制度实际上是不断完善的英国金融制度。"①从此，英国开始完善金融制度并加强金融监管。

股息的维持有时会导致严重的政治事件。1772年6月，英国东印度公司一度陷入严重的财政危机。当时，公司须每年两次从英格兰银行借出巨款，然后每年两次等待收回售货款。可是，这一年，

---

① 许文彬："交易费用、制度创新与商业银行的演进——英格兰银行建立的经济史分析"，《经济评论》1999年第5期。

伦敦遭受前所未有的信用危机，十数家商行倒闭，公司的借款被催收，而应收货款的收缴却异常缓慢，公司陷入困境，但那些购买了公司股票的投机商们利用自己的影响力还在维持股息的利率。公司没有办法，只得向政府请求帮助。1773年，英国政府通过《茶叶税法》，允许东印度公司直接向美洲殖民地出售茶叶，而不必先行在英国打包再向美洲出售。这一措施严重触犯了殖民地利益集团的利益，结果导致美洲殖民地出现危机，北美独立战争爆发。[①]

债券曾经为英国赢得巨量的资本。为了不断掠夺海外殖民地，英国政府曾不断发行国债。因债权人是国家，利息丰厚，而且在周转过程中可以替代现金，因而积累了巨额资本金。1694年7月，英格兰银行建立以后，以8%的利率贷款给英国政府，英国议会授权英格兰银行铸造英国货币，英格兰银行即以银行券的形式向国内发行带有国债性质的货币。从1714年英王乔治一世（1714—1727年在位）即位到1815年拿破仑战争结束，英国政府发行的国债在1717年为500万镑，1739年为4700万镑；英国在七年战争当中的费用为8200万镑，其中6000万镑是用借款方式筹措；美国独立战争前夜，英国的国债为1亿2600万镑，战争结束时，国债增至2亿3000万镑。对拿破仑的几次战争又把英国的国债从2亿3700万镑增加到8亿5900万镑。[②]马克思说："公债成了原始积累的最强有力的手段之一。它像挥动魔杖一样，使不生产的货币具有了生殖力，这样就使它转化为资本。"[③]

2.银行的建立与"金融革命"

大航海初期，尼德兰安特卫普商品交易所的建立（1531年）、德意志南部商人银行家富格尔、韦尔塞等家族的经营以及西班牙在

---

①　A. Goodwin ed., *The New Cambridge Modern History*, Ⅷ, *The American and French Revolutions, 1763–1793*, Cambridge: Cambridge University Press, 1965, pp. 219–220.

②　〔英〕莫尔顿：《人民的英国史》，谢琏造等译，生活·读书·新知三联书店1958年版，第235页。

③　《马克思恩格斯全集》（第23卷），中共中央马克思、恩格斯、列宁、斯大林著作编译局编，第823页。

低地地区的金融活动，都在促进信贷的发展，并导致16世纪"金融革命"。

但是，近代金融业的真正开创者是荷兰人。有人说，欧洲之所以能够站在资本主义尸骸堆上张狂几百年，并不是他们信什么教，也不是什么"海洋狼"的问题，而是荷兰阿姆斯特丹的建立和阿姆斯特丹银行提供的金融服务！阿姆斯特丹证券交易所创立于17世纪初，是世界上最古老的证券交易所之一，位于阿姆斯特丹市的内达姆广场附近。这个证交所是一个以金融股票为主的证券市场，而且外国股票占有相当高的比例。随后，阿姆斯特丹银行成立，主要功能就是吸收存款、发放贷款和稳定荷兰的经济。发达的金融市场使得阿姆斯特丹在17世纪成为世界金融中心。荷兰政府在借钱、贷款以及发行短期公债和债券方面完全按照商业运行方式运作，绝少拖欠违约，从而使荷兰的公共信贷享有完全的信任。1655年，荷兰议会设立了一笔"偿债基金"，专门偿还公债和债券，但却不受投资者欢迎，因为"含泪收回本金的那些人却不知如何处置这笔钱，不知道如何为这笔钱再找到一个如此安全，容易生息的去处。""荷兰政府不仅可以以更低的利息借钱，而且可以借到更多的钱"，正因为如此，尼德兰能够以区区4万多平方千米的土地取得大西洋的制海权，也难怪即便英国打赢了荷兰，结果反倒欠了荷兰银行一屁股债。围绕阿姆斯特丹的银行，犹太人还建立了犹太商业网，专门在西部的阿姆斯特丹与东部的波兰和俄罗斯之间进行跨国交易，这个网络也具有极其重要的作用。[1]1701年，一个观察员曾如此记录："阿姆斯特丹是一个几乎能提取欧洲国家所有钞票的地方，汇款、减息贷款或其他贸易也能进行。"[2]17世纪，荷兰经济的重要特点是信贷发达、利率普遍降低，从而使荷兰在面对西班牙、法国和英国等大国抗争

---

[1]　Grahame Thompson ed., *Markets, Hierarchies and Networks: The Coordination of Social Life*, London; Newbury Park: Sage Publications, 1991, p. 47.

[2]　Jan De Vries, A. M. van der Woude, *The First Modern Economy: Success, Failure, and Perseverance of the Dutch Economy, 1500-1815*, Cambridge; New York: Cambridge University Press, 1997, p. 136.

时毫不畏惧。1763年，七年战争之后，阿姆斯特丹的信贷活动开始转变成国家财政的一部分，渐渐远离商业融资。[1]直到1850年，国际银行业务中心才从阿姆斯特丹转移到伦敦。即便如此，荷兰城市仍然是北、中、东欧的贸易和信贷桥梁。

英荷战争爆发后，英法结盟，自从荷兰被法国军队两次洗劫之后，英国人便学会了金融炒作，并把伦敦作为其投机买卖的核心。伦敦的金融城是大伦敦中心区的一块特殊地带，占地仅约2.6平方千米。自18世纪以来，它一直是英国乃至世界的金融中心，拥有独立的司法系统，与梵蒂冈很类似，颇像一个国中之国。今天，这个弹丸之地云集着包括英格兰银行总部在内的世界主要金融机构，创造了当今英国GDP的1/6。[2]当一个政府依赖银行家的金钱时，掌握局势的便是银行家，而不是政府领导人。因为给钱的手始终高于拿钱的手。[3]1694年，威廉三世下令成立英格兰银行。国王和王后名列于1276名股东之首，其余股东均为伦敦商人。由银行借贷给政府。国王作为股东的私人身份与其作为政府元首的公共身份被区别开来。由此，国家成为银行的债务人，资本家成为国家的债权人。[4]

在英格兰银行成立之前，英国王室曾想方设法向伦敦城里的富人和贵族借钱。当时王家设有金库造币局，富人把金银存在那里，王室的劣迹之一就是挪用客户存款，拒绝兑付人们存在那里的金币。伊丽莎白一世之后，伦敦城里的原始金融业务一直在缓慢发展，适应了贸易支付的需求。到17世纪末，商人们开始酝酿成立一家与荷兰类似的银行机构。当时，政府正处于困境当中，他们不愿意把钱借给王室，而是要把政府借贷的功能银行化。出面与政府谈判英格兰银行条款的是苏格兰人威廉·佩特森（William Paterson），真正的运作人是伦敦城中的一位商界大腕约翰·霍伯伦爵士（Sir John

---

① Youssef Cassis, *Capitals of Capital: A History of International Financial Centres, 1780–2005*, Cambridge: Cambridge University Press, 2006, pp. 9–14.

② 宋鸿兵编著：《货币战争》，中信出版社2007年版，第1—24页。

③ 同上。

④ 黄仁宇：《资本主义与二十一世纪》，第187—188页。

Houblon）。英格兰银行的提案很快得到议会批准，国王授予特许状，允许这家银行突破当时法律的规定，以不受限制的人数成立股份公司，建立一家资本雄厚的融资机构。当然其存在的前提是把钱长期借给政府。拿到特许权之后几天，金融城中1208位股东，只用了两周时间就筹集到120万英镑。政府同意年息为8%，并支付银行每年4000镑的管理费。只用了半年时间，这笔钱就被政府全部支取。因为有银行提供的源源不断的资金，后来在七年战争中，英国士兵在前线的装备曾让法国人羡慕不已。

信贷的使用也影响到法国。一位具有拼搏精神的苏格兰投机者约翰·劳（John Law）在法国创立了第一家银行，他利用这家银行为路易斯安那州部分地区的发展筹措资金。劳把这家银行称为密西西比公司，通过它为新大陆数千平方英亩的土地开发发行银行票据。政府对劳很有信心，他因此拥有铸币和募税的特权。人们为了购买密西西比公司的股票几乎发生暴动，但劳不懂适可而止。票据的过度发行造成突如其来的破产，密西西比公司变成密西西比泡沫，泡沫也因此成了一个新术语，用来描述物品价值突然地膨胀和紧缩，这件物品不是郁金香，就是房地产，反正是某种投资。①

这一时期，金银币在法国日常交易中不再是必需的，很多时候可以用信用货币来代替。人们把贬值货币当作与面额足值的货币来使用。有时，商人去进行贸易时几乎不携带任何流动性货币资本，因为汇票已被广泛使用于记账和转账，金银货币更多被看作一种商品。法国大革命期间，一批逃到英国的法国贵族，为了对革命政府和督政府进行报复，也为了解决经济上的窘迫，大量印刷虚假的法郎纸币和法国国债，到法国套购物资。这一行动持续了大约15年，给法国经济和社会秩序带来沉重的打击。拿破仑上台后，为反击英国，也雇用了大批剪刀手伪造虚假的英镑纸币和先令银币，曾迫使英国放弃金本位达数年之久。这一系列前所未有的金融战产生了巨

---

① 〔美〕乔伊斯·阿普尔比：《无情的革命——资本主义的历史》，宋非译，第112页。

额利润，也催生出第一代金融家族。以罗斯柴尔德家族为代表的新兴银行家，抓住了这一历史性机遇，以对自己最为有利的方式，全面主导了现代金融业的历史走向。

3.国家财政体系的信用化

国家财政包括税收和借贷两个部分。长期国债的施行将决定着国家财政的好坏，金融改革成功就可以长期地吸收低成本的资金，帮助国家渡过财政危机；金融改革不成功，将无法吸收到足够的资金，国家将长期处于财政困境当中。

（1）英国的财政系统

比较近代早期西欧各国的财政体系，英国的财政信用相对健康，可以长时段、低成本地融资，因而对英国的发展发挥了巨大作用。

近代以来，战争的费用越来越大。16世纪一场战争的费用是几百万英镑，17世纪末上升到数千万英镑。连绵不绝的高消耗战争，对国家的财政来说是严峻的考验，仅靠国内税收，远远不能满足战争开销。1688年，英国军事开销在300万英镑左右，略超当年的财政收入，此后在战争时期英国的军事支出就很少低于，一般是远超国家税收。在这种情况下，不大规模举债，根本打不起近代战争。1695年英国债务总额为840万英镑，是政府收入的两倍，到1790年，国债总额攀升至2.44亿英镑，是当年政府收入的15倍！英国债务不但庞大得惊人，而且比政府收入增长快得多。[①] 然而，英国却能在没有损害经济发展的情况下支撑战争，其奥秘在哪里呢？一个重要的原因是其金融改革的成功，使国家的财政支出实现了从短期债务向长期债务的转变。

17世纪四五十年代，英国已经用短期债务筹集海军军费，这种借债一般以固定税种做担保，也有很多无担保的短期贷款。后来英国政府融资也主要是短期贷款，但是短贷利率较高，可达10%，甚至更高，而且期限短，本息偿付的压力巨大，英国政府不得不拍卖

---

① "为何英国曾称霸世界，法国却一路陪跑？"，http://www.360doc.com/content/16/1123/06/9061014_608691017.shtml，2016-11-23。

土地、向伦敦金融家借钱还债，或者干脆拒付债务，这又进一步伤害了政府信用。英国政府虽然明白长期贷款能将战争中的巨额花费转化成未来一系列较小的支出，大大降低利息偿付压力，但政府还不具备足够的信用获得长期贷款。

1694年英格兰银行的建立使英国的国债制度发生了根本的改变。英格兰银行给英国政府的第一笔贷款是120万英镑的永久贷款，利率只有8%，此举大幅提升了政府信用，也打击了高利贷金融家。在英格兰银行的示范引领下，有垄断贸易特权的英国大公司，比如东印度公司和南海公司，也积极向政府提供长期或永久贷款，长期国债的比重持续提高，利率则逐渐走低。1696年，英国长期国债为120万英镑，占国债总额的10.3%；1748年，长期国债增至6870万英镑，占总额的90.2%；到七年战争结束后的1764年，英国国债已经彻底长期化，短期国债仅占总额的3.7%，利率也下降至3%—4%。这个利率远低于欧洲其他国家，只有法国国债利息的一半。[①]英格兰银行的成功在于它公开了税务状况，向人们证明了它偿还贷款的能力，所以英国的金融家愿意把钱借给政府。管理公共债务意味着，英格兰银行的董事对政府借贷及其税收流的细节具有知情权。他们利用这些信息，很容易通过风险评估来保持低利率。这些事实或许比其他因素都有利于英国在18世纪的大多数欧洲战争（美国革命是个例外）中获胜。随着企业的期本越来越高，资本市场的作用日益重要，而英格兰银行却稳定了资本市场。英国与其他欧洲国家相比，政府征收的人均税是最高的，但是它也回报了人民物有所值的服务和稳定。甚至皇家海军与英国企业都联手合作，护卫回航的烟草和食糖舰队。[②]

长期国债解决了英国的战争费用问题，保障了其对法国及其盟国战争的胜利，可以获得更多殖民地和海外贸易上的好处，英国经

① 计秋枫："近代前期英国崛起的历史逻辑"，《中国社会科学》2013年第9期。
② 〔美〕乔伊斯·阿普尔比：《无情的革命——资本主义的历史》，宋非译，第114页。

济因之更加繁荣，从而进一步拓宽了未来战争的国债融资规模。此外，巨大的财政支出，尤其是"英国海军部的合同对铁、木材、布匹和其他物品的长期大量需求，也形成了一种反馈回路，有助于英国发展工业和促进技术上的一系列突破"。1786年，英国首相皮特在下院宣布："这个民族的生机乃至独立建立在国债基础之上"。[1]真是一语中的！

（2）法国的财政系统

相对于英国的财政体系，法国的财政信用是不健康的，其融资能力自然受损[2]，因而对法国的发展产生了非常不利的影响。

法国政府的信用和借债能力不如英国，其财政金融制度更是全面滞后。从中央银行、普通银行、发展纸币、银行票据、清算中心、保险机构和所得税征收等方面，法国都比英国晚一个世纪。法国筹集战争经费的主要途径除税收外，也是举债。历史上法国王室的借债信用一直很差，这种状况到路易十四时代基本没有改变。法国政府通常只能以较高利率向金融家和其他中介机构短期借款，正常税收收入不足以偿付高额利息，结果法国财政赤字逐年攀升，政府信用进一步降低。法国与英国几次战争失败的部分原因，就是政府信用崩溃引发财政危机甚至是破产。

法国曾长期陷于巨额债务之中，难以自拔。只有17世纪60—70年代，柯尔贝大力改革，大幅削减开支，减少征税，开办借贷银行，使法国国家预算出现难得的盈余。然而好景不长，柯尔贝1683年死后，路易十四便废弃了柯氏的改革措施，回到"那种可以随他自己的意愿偿还，而不是由放债人决定何时抽回资金贷款"的老路。[3]结果法国国家负债累累，在金融市场上的信誉也大为下降，最终使其

---

① 1694年后确立起的公共信贷体系已经成为"英国政治的奇迹，使欧洲各国既惊讶又畏惧"，皮特首相自豪地宣称"这个民族的生机乃至独立建立在国债基础之上"。汉密尔顿则在美国建国初期创造了国债制度。后人把汉密尔顿称为美国的金融国父。对此，英美共同的文化渊源是1215年的《大宪章》。

② 计秋枫："近代前期英国崛起的历史逻辑"，《中国社会科学》2013年第9期。

③ 〔意〕卡洛·M.奇波拉主编：《欧洲经济史》（第二卷），贝昱、张菁译，第496页。

称霸欧洲的宏图大业全然落空。

法国虽然早于英国引进长期国债，但正因为其上述金融机构和手段的缺失，使其在18世纪没能像英国那样发展出一个有效的、持续的大规模、低利率国债体系。路易十四死后，法国债台高筑，经济萧条。法国人本打算学习英国。在苏格兰金融冒险家约翰·劳的主导下，法国曾通过发行纸币和股票等金融手段来恢复经济活力，短期效果确实不错。但1720年"密西西比股市泡沫"破灭，金融危机爆发，法国再度陷入萧条。

法国的密西西比股市泡沫与英国的南海泡沫事件及荷兰的"郁金香泡沫"一起并称欧洲早期的三大经济泡沫。从1719年5月开始，法国股票价格连续上升13个月，股票价格从500里弗尔涨到一万多里弗尔，涨幅超过20倍。法国股市从1720年5月开始崩溃，连续下跌13个月，跌幅为95%。而且，密西西比股市泡沫与80年前荷兰发生的郁金香泡沫不同，郁金香泡沫基本上是民间的投机炒作，而法国密西西比股市泡沫却有明显的官方背景；而且，郁金香泡沫炒作的只是一种商品，牵涉的人数有限，而法国密西西比股市泡沫发生在股票和债券市场，把法国广大的中下层老百姓都卷了进去。①法英两国处理同一性质事件的风格迥然不同。在法国，政府善后处理政策不当，致使人们对"大崩溃"所造成的浩劫一直耿耿于怀，给法国政府继续开辟财源带来极大的困难，投资者不敢再贷款给法国政府。②而在英国政府凭借议会担保和英格兰银行的妥善操作，将投资者的损害降低到最低限度，从而成功地维系政府公共信贷的信任度。到18世纪30年代，英国的金融市场恢复正常，英国政府债券的持有者甚至不愿意政府偿还其债券，"有钱的大公司及其拥有者（即股东）最为担忧之事莫过于被迫早早收回其本金"。③随着发展，

① 蒋立场："误导性的货币政策：法国'密西西比泡沫'"，《中国城市金融》2015年第3期。

② 〔意〕卡洛·M.奇波拉主编：《欧洲经济史》（第二卷），贝昱、张菁译，第507页。

③ 同上书，第509页。

英国的国债、公债的数额越来越大。[①]而法国人则对纸币、银行、债券和股票等戒心重重，从而最终失去了在18世纪追赶英国的机会。有人认为，法国的问题更具拜占庭式风格，君主必须与强省协商才能设定税率。同时，法国的免税范围覆盖各个省和大多数贵族赋税都落在了穷人的身上，而他们的贫困又限制了税收收入，政府最终因筹集不到足够的税收收入而停止了正常运转。[②]

（3）西班牙的财政系统

西班牙本来应该是欧洲的金融巨头，因为它拥有强大的货币信用，把守着通往美洲金库的钥匙。然而，庞大的金银财富并没有被西班牙留住，而是迅速地从西班牙王室的手中流走。实际上，其近代融资功能尚未建立。

为了建立和维持庞大的守卫辽阔帝国的军队和舰队，为了履行天主教监护者的义务而同伊斯兰教和新教进行宗教战争，同时，也为了满足骄傲的王室和贵族对奢侈品的需求，西班牙的大量金银像雨水从屋顶上漏走一样，从西班牙流进欧洲其他国家，它们包括大西洋沿岸的英格兰、法兰西、尼德兰，还包括东方的奥斯曼帝国和中国等。这些流失造成了部分被流入国家发生金融剧变乃至社会剧变，却使西班牙保持不变。西班牙未能建立近代的财政金融系统。

为了支付庞大的开支，西班牙的国家财政曾先后三次宣布破产，不得不向欧洲其他国家的银行家借款，结果，成船的白银作为利息支付给德意志、意大利等地的银行家们，使这些国家的银行家富可敌国，并促进了近代银行系统的发展。而作为近代第一个霸主的西班牙之所以衰败，在很大程度上就是因为未觅得一种合理的理财之法，结果负了一笔相当于10年至15年税收的巨债，仅每年所付的利息就大大超过政府年总收入的一半。[③]

---

① 王晋新："近代早期英国国家财政体系散论"，《史学集刊》2003年第1期。
② 〔美〕乔伊斯·阿普尔比：《无情的革命——资本主义的历史》，宋非译，第125页。
③ 〔意〕卡洛·M. 奇波拉主编：《欧洲经济史》（第二卷），贝昱、张菁译，第496页。

反思中国古代，因缺乏政权的有力支持，民间的信用大多具"人格化"特点，从而使信用的高级化和大规模化始终不能实现。虽有"汇通天下"的山西票号，但最终也未能产生出一个证券交易所。[①]

综合以上四个方面的分析，我们看到大航海之后，近代资本型的经济体制即由复杂的农业、工业、商业和金融业所组成的、以市场经济为目的的资本主义经济，已经逐渐在英国建立起来。其他西欧国家虽然有不同程度的展现，但没有英国发展得完善。

二、资本主义经济学的诞生

当经济进入以资本为中心的时代以后，新的建立在生产基础上的经济学代替了以往建立在贸易基础上的经济学。资本主义经典经济学理论——古典政治经济学应运而生。它与重商主义经济学的不同在于，后者着眼于流通领域，强调贸易与货币；前者着眼于生产领域，强调投资与效益。资本主义生产是一种满足于市场的生产，重视分工、劳动、资产和利润。

英国古典政治经济学

英国古典政治经济学存在于17世纪中叶至19世纪30年代初，集中反映了英国资产阶级的利益和诉求。

在古典经济学之前，关于资本主义生产方式的最早理论是15—17世纪的重商主义。重商主义考察的是商业资本的运动，反映商业资本的要求。重商主义认为财富的主要形式是金银货币，获取财富的最主要手段是对外贸易，主张国家干预经济。随着商业资本转移到以工场手工业为中心的产业之后，产业资本逐渐掌握整个社会生

---

① 梁正："大陆文明、市场经济与资本主义"，《社会科学战线》2000年第2期。

产，商业资本开始从属于产业资本，重商主义也逐渐被新兴资产阶级所抛弃。于是，理论分析从流通领域转向生产领域，现代经济学开始诞生。英国的威廉·配第（William Petty, 1623—1687年）和法国的布阿吉尔贝尔（Sieur de Boisguillebert, 1646—1714年）是这个过渡的开始。

配第一生著述颇丰，包括《赋税论》（1662年）、《献给英明人士》（1691年）、《爱尔兰的政治解剖》（1691年）、《政治算术》（1690年）、《货币略论》（1695年）等。他最先提出劳动价值论，并在地租形式上研究了剩余价值。他虽然在某些问题上的见解仍不免带有重商主义的痕迹，但在另外一些问题上则提出独创性的见解。例如，在货币问题上，虽然他鼓励发展对外贸易以挽回更多的货币，但是，他的货币观已大大超出重商主义思想的束缚，认识到货币不过是一种商品（特殊的商品），它的价值会像其他商品一样，由生产它们的劳动量决定。因此，货币不过是一种价值尺度和交换工具。[①]流通中的货币量应有一定的限制。[②]

布阿吉尔贝尔是法国古典政治经济学的创始人、重农学派的先驱。他的经济著作包括《法国详情及补篇》（1695年、1707年）、《论财富、货币和赋税的性质》（1705年）、《谷物论》、《法国的辩护书》（1707年）等。他坚决抨击重商主义政策，提出农业才是创造财富的源泉。布阿吉尔贝尔认为法国当时的"现行谷价不够抵偿生产费用和支付耕作者的劳动报酬"，出现"谷贱伤农"。伤农的结果是"土地的果实变得一文不值"，以致农民只能放弃耕作。由此造成整个社会的"消费不足"或"消费衰退"。因此，他猛烈抨击各级官吏的横征暴敛和胡作非为，自诩为"农民、田舍居民或者更精确地说一切土地上的居民的喉舌或代言人"。[③]他也是劳动价值理论的最初

---

① 〔英〕威廉·配第：《政治算术》（1690年），第24页，转引自晏智杰：《亚当·斯密以前的经济学》，第101页。
② 同上。
③ 同上书，第168—169页。

奠基人和自由竞争的热情拥护者。不过，配第和布阿吉尔贝尔还都未形成完整的理论体系。

从配第到18世纪中叶，是英国古典政治经济学产生的重要阶段，出现了一些重要的经济学家。配第的直接后继者有约翰·洛克（John Locke，1632—1704年）和达德利·诺思（Dudley North，1641—1691年）。洛克的主要经济学著作有《政府论》（1680—1690年）和《论降低利息和提高货币价值的后果》（1691年）。他以"自然法"来论证所有权的界限，认为地租和利息是土地和货币分配不均的结果。诺思的主要经济著作是《贸易论：主要是关于利息、硬币的铸造和损坏、货币量的扩大问题》（1691年）。他第一次提出"资本"的明确概念，也肯定了收取利息的合理性。约瑟夫·马西（Joseph Massie，? —1784年）和大卫·休谟（David Hume，1711—1776年）是18世纪上半期的重要经济学家。马西于1750年发表《论决定自然利息率的原因》。他较早研究了利润，把利息归为利润的一部分，并认为利息率的高低是由一般利润率所决定的。休谟的主要经济著作有《论商业》《论货币》《论贸易平衡》《论赋税》，收集在《政治论丛》（1752年）论文集中。他提出贸易差额平衡学说，为反驳重商主义提供了理论依据。他还对货币数量论做出了较为完整、系统的论述，成为早期货币数量论的代表。

亚当·斯密（Adam Smith，1723—1790年）是古典政治经济学中杰出的代表，英国古典政治经济学理论体系的建立者。他总结了配第以来政治经济学的发展，并第一次把经济知识归结为一个统一而完整的体系，并加以丰富和发展。斯密的代表作是《国民财富的性质和原因的研究》（1776年）。他认为，每个人在经济生活中，通常并不会考虑他对社会利益起了多少促进作用，他盘算的是他自己的好处，但是在这种情况下，每个人追求个人利益的努力，会被一只"看不见的手"牵着，去实现一种他原本无意要实现的目的，最终会促进社会利益。他系统地论述了劳动价值论的基本原理，强调劳动是财富的源泉；批评了重商主义和重农主义的财富观，指出财富即一国所生产出来的商品总量，财富的源泉是任何部门的劳动。他指出，增加国民财富主要依靠两种方法：第一是提高劳动生产力，为此，需要加强劳动分工；第二是增加生产工人的人数，为此需要增加资本。斯密第一次把资本主义社会划分为三个阶级：资产阶级、无产阶级和地主阶级，并系统地分析了工资、利润和地租这三种收入。他把利润和地租看作从工人劳动所创造的价值的一种扣除，即资本家和地主不劳而获的收入。他还描述了罗马帝国崩溃以来欧洲社会经济的发展过程，并研究了国家财政及赋税原则。

李嘉图（David Ricardo，1772—1823年）是古典政治经济学的又一位杰出代表，英国古典政治经济学的完成者。李嘉图的代表作是《政治经济学及赋税原理》（1817年）。他建立起一个以劳动价值论为基础的经济理论体系。他更坚决和一贯地坚持以生产商品时所耗费的劳动时间决定商品价值的原理，并从这个原理出发，研究工资、利润和地租这三种收入之间的关系。他把工资归结为工人维持自身及其后代所必需的生活资料的价值，把利润同工资相对比，并把利润看作工人所创造的商品价值在工资以外的部分，把地租看作利润的派生形式，是地主所占有的利润中的一个部分。他揭示了工资和利润的对立、利润和地租的对立，从而揭示了无产阶级和资产阶级的矛盾与对立、资产阶级和地主阶级的矛盾与对立。他和斯密一样，主张经济自由主义，并在斯密自由贸易论、国际贸易论的基础上，阐述了比较成本学说。

与李嘉图同一时代或稍晚一些的资产阶级经济学家对古典政治经济学进行了补充，他们的理论也属于古典政治经济学范畴。这些经济学家包括爱德华·威斯特（Edward West）、约翰·巴顿（John Barton，1789—1852年）、乔治·拉姆赛（George Ramsay，1800—1871年）和理查德·琼斯（Richard Jones，1790—1855年）等。威斯特1815年发表《论资本用于土地，对谷物进行严加限制的失策》，阐述了以土地收益递减为基础的地租理论。巴顿1817年发表《论影响社会上劳动阶级状况的环境》，第一次指出，随资本积累增加，转化为工资的那部分资本（他称为流动资本）同转化为机器的那部分资本（他称为固定资本）相比会相对减少。就业工人数量不同国家资本的增长成比例，只同流动资本的增长成比例。拉姆赛的代表作是《论财富的分配》（1836年）。他事实上把固定资本归为不变资本，把流动资本归为可变资本，接近于正确地理解剩余价值的来源。琼斯的主要经济著作有《论财富的分配和赋税的来源》（1831年）、《政治经济学绪论》（1833年）、《国民政治经济学教程》（1852年）。他批评了土地收益递减论，认为地租的产生与土地肥沃程度无关，而起源于土地的占有。他把资本主义生产方式只看作社会生产发展中的一个过渡阶段，随生产力变化，经济关系以及社会政治状态、道德状况都会发生变化。在这些方面，他都超过了李嘉图。资产阶级古典政治经济学产生和发展的时期，正处于资本主义生产方式及资本主义制度由发生到成长的上升阶段，社会的主要矛盾是新兴资产阶级和没落地主阶级之间的矛盾，无产阶级还未形成一个独立的、直接威胁资产阶级生存的政治力量，资产阶级的主要任务是反对封建制度及其残余。因而，资产阶级经济学家还能够面对现实，以相当科学的态度研究实际经济问题，揭露阶级矛盾和阶级斗争。

法国的古典政治经济学派

西斯蒙第（Sismondi，1773—1842年）是法国古典政治经济学的完成者。他的代表作是《政治经济学新原理》（1819年）。他站在法国小生产者的立场上，揭露了资本主义的矛盾，指出资本家的利润是对工人的掠夺，这种掠夺使社会阶级两极分化。资本主义使用机器，导致工资下降，加深了无产阶级的贫困。他批评英国古典政治经济学只研究财富，无视人的享受，从而导致贫者更贫，富者更富。由于资本主义生产无限扩大，广大劳动者收入不足以致消费不足，从而使产品不能实现，产生资本主义经济危机。他对资本主义生产过剩经济危机的必然性的论述，是对古典政治经济学的重要贡献。

在布阿吉尔贝尔以后，法国于18世纪中期形成重农学派，代表人物有魁奈、米拉波、杜邦等。他们自称"经济学家"，有较为完整的理论体系和明确的纲领，定期集会并创办刊物。魁奈是重农学派的创始人，主要著作有《租地农场主论》（1757年）、《谷物论》（1757年）、《经济表》（1758年）。他提出自然秩序的理论，实际上承认了人类社会历史发展存在有不以人的意志为转移的客观规律。他的纯产品学说是重农学派理论体系的核心。他把农业看作唯一的生产部门，认为农业中生产出来的产品，扣除补偿种子和劳动者及农业资本家的生活资料耗费以后，所剩余的部分形成纯产品。纯产品是自然力参与工作的结果，是由自然所赋予的。他认为，只有生产纯产品的劳动才是生产劳动。他的纯产品学说是剩余价值理论的最初的萌芽。魁奈依据纯产品学说，把社会成员分为生产阶级、不生产阶级和土地所有者阶级。他是最早把社会分为阶级，并试图以此分析社会现象的经济学家。魁奈还在《经济表》中分析了社会资本的再生产和流通，做出了最初的科学说明。杜尔哥使重农学派经济理论发展到最高峰。他在生产阶级和不生产阶级内部又划分出资本家和工人，把资本家定义为通过垫支资本，使用别人劳动而获取利润的人，把工人定义为失去生产资料、只靠劳动谋生的人。他强调纯产品是土地对于劳动者劳动的赐予，明确说明纯产品由农业工人创造而为土地所有者占有，比魁奈更为正确地理解到剩余价值问题。重农学派把经济分析从流通领域转到生产领域，从而为分析资本主义生产方式奠定了基础。

在资本主义市场的冲击下，中世纪贵族农场的经营处境进一步恶化。如果土地不能作为流通要素进入市场，则所谓土地稀有资源保值增值就无从谈起，只能从土地的农业产出计价，从而诞生了英国的"重农学派"和"级差地租"等理论。

古典政治经济学的历史地位

资产阶级古典政治经济学力图为资本主义的进一步发展创造条件，反对封建贵族的特权和过时的重商主义，提出了"自由放任"

的口号，反对国家干预。为此，古典经济学家提出"自然规律"的思想，从"人的本性"出发，寻找和论证自然的合理的制度。这样，他们实际上承认了在社会经济生活中存在着不以人的意志为转移的客观规律。但同时他们又把经济生活中占统治地位的规律说成是"永恒的"，并把资本主义看作最合理的、自然的与永恒的，反映了他们思想理论的局限性。资产阶级古典政治经济学代表这个时期产业资本的利益。产业资本通过组织劳动，在等价交换原则下，以剩余价值的形式剥削雇佣劳动；生产是产业资本统治的基础，流通是生产的从属因素。为论证资本主义生产方式的优越，古典政治经济学试图在重商主义所描述的流通领域的现象后面，研究资本主义生产的本质和内在规律。

古典政治经济学在经济思想史上，第一次把理论的考察从流通领域转移到生产领域，对资本主义生产方式进行了初步分析。它在科学上的主要功绩是，奠定了劳动价值论的基础，在不同程度上研究了剩余价值的各种形式（利润、利息、地租），对社会资本的再生产和流通进行了初步的分析和探讨。因此，它被视为马克思主义哲学的三大来源之一。

由于资产阶级眼界的局限，古典政治经济学除了包含科学的因素外，不可避免地存在着庸俗的成分和严重的矛盾。它把政治经济学的研究对象错误地看作财富，而不是生产关系，从而对经济范畴，只注重量方面的研究，忽视了质方面的分析。在劳动价值理论上，由于不了解劳动的二重性，并不能真正理解价值的实体和本质；不能区分劳动和劳动力以及价值和生产价格，因而或者转向"三种收入决定论"，或者陷于难以克服的矛盾。在剩余价值理论上，他们不是就剩余价值的纯粹形式，不是就剩余价值本身，而只是停留在其具体形式上进行考察，因而不可能真正科学地揭示剩余价值的来源和本质。在社会资本再生产理论上，他们不了解要把社会产品从价值形态上划分为三部分，从实物形态上划分为两大部类，从而堵塞了正确分析社会资本再生产和流通的道路。马克思对资产阶级古典政治经济学进行了透彻的分析，批判地继承了其中的科学因素，而对其中庸俗的因素做了深刻和彻底的批判。[①]

三、资本主义政治体制的建构

经济基础决定上层建筑。经济基础发生改变以后，上层建筑必然也要发生相应的变化。资本主义经济体制最先在英国、荷兰等国建立，资本主义政治体制也差不多同时形成。一种保障个人权利和公共权利的近代政治体制开始建构。它包括两个方面的内容：一方面，延自中世纪的封建特权开始消失，代之以全民享有的人身权、人格权和财产权；另一方面，公众对政治的参与权不断扩大，开始取代国王和贵族的权力，整个社会开始由"王政"时代过渡到"宪制"时代。

资本主义个体权利的建构

中世纪的"人"分为"自由人"和"非自由人"。自由人享有独立的"人身权"和"财产权"。中世纪的习俗规定，对于自由人的私人空间，"风可进、雨可进，国王不可进"。黑死病以后，非自由人的身份模糊化，并逐渐与自由人混同在一起，开始向国王治下的"臣民"转化。意大利文艺复兴之后，人学取代神学，人的权利和意识上升。大航海之后，"人"的意识在空间上进一步延伸，人开始由中世纪的自由人和非自由人转化为近代的"自然人"与"法人"。在英国等大西洋沿岸国家，个人权利不断扩大，个人不仅享有独立的人格权和财产权，还享有独立的经营权，从而促进了资本主义个体权利的建构。

1. "自然人"拥有的权利

所谓"自然人"（natural person），就是"自然状态下的人"，

---

① 赵仲英："英国古典政治经济学与历史唯物主义的形成"，《云南社会科学》1987年第1期。

"以生命为存在特征的个人","在自然状态下出生的人"。一个自然人，首先应该享有独立的人格权或人身权。

人格权一般指自然人享有的包括人格平等、人格独立、人格自由、人格尊严等在内的一般人格利益。人格，最早见于罗马法中的"persona"一词，是从演员扮演角色所戴的假面具引申而来。[①]在古罗马法律中，只有自由人、家父，以及罗马市民三种身份同时具备的自然人，才具有人格。这种人格象征着社会等级，是戴上了"假面具"的自然人，以区别于奴隶和其他附属人。

此后，在欧洲许多国家的"民法典"中，如影响深远的《法国民法典》中，再未出现过"人格"一词。日本尹田教授对此的解释是：在经过资产阶级革命建立起来的欧洲资本主义国家，倡导天赋人权，人人平等，根本不需要制作任何表示其某种身份或者地位的面具，配发给每一个生而自由的人。[②]

自康德之后，随着哲学的发展，人格才被赋予了人因自由而享有尊重的伦理性价值。受到康德影响的蔡勒（Zeiller）在起草《奥地利民法典》时，将这一思想进行了清楚的表述。该法典第18条规定："任何人生来就因理性而获有明确的天赋的权利，故得作为（法的）人格而被看待"。此处的所谓"与生俱来的天赋权利"，是指自然法上的权利，故此处承认的法律人格是建立在个人依自然法与生俱来的权利基础之上的。对此，德国最伟大的法学家弗里德里希·卡尔·冯·萨维尼（Friedrich Carl von Savigny, 1779—1861年）指出："所有的权利，皆因伦理性的内在与个人的自由而存在。因此，人格、法主体这种根源性概念必须与人的概念相契合。"[③]由此，传统法学理论中，人格权便是纯粹的体现伦理性的权利，是自然所赋予的。特点是不具有财产性。

---

① 周枏：《罗马法原论》（上册），商务印书馆1994年版，第106页。

② 马俊驹、余延满："试论法人人格权及其民法保护"，《法制与社会发展》1995年第4期。

③ 转引自〔日〕星野英一：《私法中的人——以民法财产法为中心》，王闯译，载梁慧星主编：《民商法论丛》（第八卷），法律出版社1997年版，第162页。

随着近代市场经济的发展程度的加深，人格权与财产的联系越来越紧密，一些人格权与工业产权类似，具有了经济利益，如肖像权等。所以，自然人的人格权就需要抛开传统的唯一伦理性而重新定位，向伦理性为主，部分财产性的新型人格权转化。所以，尹田教授的观点认为，有人格即有人格权，人格与人格权是相生相伴的。

自然人是在自然状态之下而作为民事主体存在的人。作为抽象的人的概念，代表着人格，代表其有权参加民事活动，享有权利并承担义务。自然人民事主体资格的法律特征：第一，自然人主体资格具有广泛性。即任何人都要参加民事法律关系，不论其是否愿意，都要受到民事法律关系的调整。第二，自然人主体资格的平等性。民法上的平等是机会平等，而不是实质平等。所有的人都有平等的民事权利，有平等的民事义务。总之，自然人的人格权是比较复杂的，包括一般人格权和具体人格权。自然人的能力包括权利能力和行为能力。

此外，自然人拥有独立的财产权。除了人格权之外，自然人还享有独立的财产权。所谓财产权，顾名思义是指个人对财产的所有权，或简称"产权"。法国《人权宣言》第17条规定："财产是神圣不可侵犯的权利"。产权形成制度以后，实现了对自然人所拥有的财产的保护。同时，产权关系和产权规则的结合形成了一套有效的实现产权关系组合、调节和保护的制度性安排，产权制度最主要的功能在于降低交易费用，提高资源配置效率。

实际上，产权既是一个古老的概念，也是一个发展的概念。与现代企业配套产生的产权制度是人类社会经济长期发展的结果。从私有财产出现到市场经济确立这几千年历史当中，产权一直被视为仅仅是一个法律上的概念，指的是财产的实物所有权和债权，它侧重于对财产归属的静态确认和对财产实体的静态占有，基本上属于一个静态化的范畴。在市场经济正式形成以后，这一法律意义上的产权概念日益深化，其含义比原来宽泛得多，它更侧重于从经济学的角度来理解和把握，侧重于对财产实体的动态经营和财产价值的动态实现，不再是单一的所有权利，而是以所有权为核心的一组权利，包括占有权、使用权、收益权、支配权等。而现代产权制度是权、责、利高度统一的制度，其基本特征是归属清晰、权责明确、保护严格、流转顺畅。产权主体归属明确和产权收益归属明确是现代产权制度的基础；权责明确、保护严格是现代产权制度基本要求；流转顺畅、财产权利和利益对称是现代产权制度健全的重要标志。①

从历史上看，在领主制社会里，产权一般只属于贵族、领主阶层所有。在论述领主产权的兴起时，马克斯·韦伯曾写道，贸易的兴起和昌盛是领主财产来源的原因之一。比如，一个氏族或部落与其他部落或家族进行贸易时，管理权由酋长亲自掌控。起初，他是为部落的利益进行贸易，但往往从中"抽油水"，使贸易后获利的一部分进入自己的腰包。后来，他可能抽取捐税，给外来商人提供保护后获取报酬，或者通过给予市场特许权等来收取酬金；再后来，这些做法逐渐变成了一种惯例和制度。再到后来，酋长把这样做当成了一项特权，常常自己直接经商，甚至排斥共同体内部其他成员染指贸易来建立对贸易的垄断权，因此可以进行放债。放债使本部落的成员降为债役农，或积累更多的土地与其他财富。当一个酋长把贸易垄断权掌握在自己手里以后，本部落的贸易就被他控制了。随后，就与同他一样也有控制权的多个酋长联合起来，形成一个垄断贸易区，这样，一个城市的雏形就诞生了。当再度扩展并最终形成城市之后，一个商人贵族阶层，或者一个依靠贸易利润而积累了巨大财富的阶级也就必然产生出来。②在非洲黑人部落、古埃及、北非古国昔兰加尼和中世纪大部分王公贵族中间，都能看到上述情形。

在中世纪的威尼斯和热那亚，有资格成为正式公民的人都是常住的贵族家庭。他们聚居在一起，通过各种途径和形式贷款给需要资金的人，而自己并不直接进行贸易。结果，这两个城市周边的其他人口群落尤其是农民，变得债台高筑，不得不将土地典卖给高利

① 黄少安："关于产权理论与产权制度改革的几个问题"，《学术月刊》1997年第6期。
② 〔德〕马克斯·韦伯：《世界经济史纲》，胡长明译，第45—47页。

贷者。这样，在西欧大量存在军事诸侯土地所有权的同时，又产生了城市贵族的土地所有权。古代国家的特点是，城市里面住的都是一些同贸易有利害关系的大土地贵族，而原来的酋长和他们的依附农则定居于乡村。两者形成鲜明的对照。①

当然，从世界范围看，领主财产还可能在赋税机构或国家官制中产生。这里存在两种可能性。一种是王公大臣在已经组建的集权化的私人企业里，企业内部成员与该企业的资产没有丝毫关联，企业的政治经济权益完全属于企业主即王公大臣；另一种是带有经营性质的辅助组织，包括封臣、包税人和官员。王公把土地分给官僚部属，由他们来支付国家的一切行政开支，剩余的收益则完全归自己所有。这两种可能性各有千秋，究竟哪一种形式在那个时候占据支配地位，很大程度上取决于当时的经济状况。东方与西方在这方面的表现形式不是一样的，东方的中国，小亚细亚和埃及等的企业还是以"灌溉农业"为主。②

中世纪晚期，领主的产权已经扩大到有产者对财产的所有权，产权革命出现，开始将有产者即资产阶级推上历史舞台，最终促成"宪制共和"在英国形成。③封建地产制度曾经塑造了英国的议会制度，并保留了地方自治传统；宪制则是在私有财产的基础上形成的。

18世纪，财产权变得越来越清晰，以至于个人的技术发明也变成了个人财产，成为受政府保护的"专利"。专利申请在英国已经变得很重要。申请专利的目的很简单，即保护一项发明，使它保持新颖，专利给予发明者约15年左右的保护期，在此期间，他的发明受到保护，其他任何人不得仿冒。1736年出生的工业革命之父、万能蒸汽机的发明者——詹姆斯·瓦特先生，晚年的生活非常富庶，但是瓦特财富的主要来源，不是制造蒸汽机的工厂，而是被广泛转让

---

① 〔德〕马克斯·韦伯：《世界经济史纲》，胡长明译，第45—47页。
② 同上。
③ 李仪："土地产权与宪政共和——英国宪政制度形成的产权视角"，《保定师范专科学校学报》2006年第4期。

的高效能蒸汽机的发明专利。

2. "法人"拥有的权利

所谓"法人"（legal person），顾名思义即"拥有法律赋予的权利、承担法律责任的人"。它与自然人不同。自然人作为个体可以单独存在，法人则是一种相互关系中的人，享有民事行为能力、民事权利能力，同时也负有民事责任能力，因此，法人准确来说是"社会组织在法律上的人格化"。法人与自然人的区别在于，一个是"生物意义上的人"，另一个是"法律意义上的人"。

法人作为民事主体，具有如下特征：第一，法人是一种社会组织，是集合的主体。这种组织机构具有对外统一性和相对稳定性，不因为法人成员的死亡或退出法人组织及其他变化而影响其民事权利主体资格的存续。法人的这一特征，使其区别于单独的自然人。第二，法人拥有独立的财产。这是法人作为民事主体的物质基础，同时也使法人区别于个人合伙。法人的独立财产包括三层含义：其一，法人的财产独立于其他法人和自然人的财产；其二，法人的财产独立于法人成员的财产；其三，法人的财产独立于其创始人的其他财产。第三，法人可以独立承担民事责任。这是指法人以自己的财产承担自己行为的法律后果，法人的成员对法人的债务只负有限责任。

法人的概念在欧洲是一步步确立起来的。从历史上看，罗马法已经存在朦胧的法人观念。罗马法上法人分"社团法人"和"财团法人"两种。前者以自然人的集合为成立的基础，如宗教团体；后者以财产为其成立的基础，如慈善基金。法人的成立必须具备三个条件：（1）必须具有物质基础；（2）社团要达到最低法定人数（三人以上），财团需拥有一定数额的财产，数额多少没有严格规定；（3）必须经过元老院的批准或皇帝的特许。在罗马法中，有关法人的术语非常繁多，如：universitas、corparations、corpus、collegiasociatas等。罗马法有关法人人格的理念主要体现在"团体"之类的组织中，"为了形成一个真正的团体，即具有法律人格的团体，必然有数个（至少为三人）为同一合法目标而联合并意图建立单一主体的人。"①罗马法中对"团体"之法律人格的赋予，被认为是民法理论研究和制度设计中最富想象力和技术性的创造。在罗马帝国，法律制度建立在二元体系之上，即市民法与万民法（含自然法）并存，只有罗马自由市民才能享有人格，而奴隶是没有人格的，故罗马法之人格理论最重要的特征就是人与人格的分离。这种人与人格分离的学说虽不能说明现代民法中作为自然人的人和人格绝对同一的事实，但却为团体人格观念的构成提供了至关重要的技术支持：既然生物意义上的人不一定是法律意义上的人，那么法律意义上的人也就有用。这是有限责任制度在早期商业领域中的运用，是债权人为了规避法律保护自己的债权人地位而主动选择的结果。所谓有限责任乃债权人为保护自身权益而首先选择的一种制度。

中世纪时期，西欧出现了"主体权利"意识。主体权利涵盖团体权利，诸如同样对社会起推动作用的村社权利、贵族权利、市民权利、行会权利、商人权利等都属于团体权利。英国的《大宪章》就是这些主体权利的体现与实践。②英国自威廉征服以后，王权强大，有力量将各地原始"习惯法"糅合到一起，最终产生了"普通法"。普遍尊重主体权利的存在。西欧大陆的王权一开始比较弱，各地存在的习惯法很多，可以自行其是，自11世纪开始，罗马法被引入，法人意识也开始进入法律体系。

社会转型时期，古代的法人意识正式发展成为近代的法人理念。乡绅、手工工场主、商业冒险家所要求的关于财产的权利得到确认，纷纷成为法人。所谓法人是"拥有合法权利的个体，具有法律上的权威。"在特许公司出现的初期，公司成员对公司的债务须承担无限连带责任。向股东摊派亏损以满足债权人的偿债请求是身为法人的特许公司所应当享有的法人特权之一。直到17世纪后期开始，对特许公司股东责任进行限定的做法才开始兴起和发展。1662年，一项

---

① 张玉磊："关于法人分类制度的研究"，《法制博览》2018年第12期。
② 侯建新：《社会转型时期的西欧与中国》，第284页。

英国法律确认在类似印度公司、皇家非洲公司以及英国商业公司等这些特殊公司中的股东，当公司出现亏损时，他们仅以持有股份的票面额为限承担责任。但当时，特许公司股东的有限责任仅为例外情况，特许公司的股东原则上仍承担无限责任。至18世纪后期，受泡沫危机和《泡沫法》的影响，人们开始普遍在开办特许公司的申请中明确表达获得有限责任保护的强烈愿望，股东承担有限责任的特许公司开始大量出现，而那些继续确认成员直接责任的特许状反倒成为特许法人的例外情况。到了19世纪中叶，随着英国《有限责任法案》的通过，公司股东对公司债务承担有限责任的制度最终得以确立。[①]英国公司的特许状详细规定了公司的名称，如"发现未知的土地、地域、岛屿和领地的冒险商人"公司等。这些冗长的名称只有经过特许才能改变，公司获得的印章是公司作为法人存在的明显证明。在多数情况下，它们也被授予"永久继承"，至少是"继承"，也就是它们的合法存在独立其成员的寿命，同时，它们被授予在法院提出诉讼的明确权利。这样，从法律上来说，英国的公司或法人实际上是一个超个人的实体。

这与荷兰的情形构成鲜明对比，荷兰公司的特许状从来没有授予他们一个官方的名称。在1724年的一个案件中，英国法院怀疑荷兰东印度公司能否以原告的身份出庭，因为它从来没有从国家获得一个名称。1546年，伊丽莎白女王首次授予"商人冒险家"公司这一从事海外冒险的组织以法人身份和官方名称，并在这一名称前冠以"英国"，强调其全国性，从此商人冒险家成为一个特定法人的正式名称，而以前这一名称通常是指远洋商人。伊丽莎白的特许状以明白无误的语言规定，加入公司的条件由公司任意决定。同时，特许状授权公司排除公司之外的商人。15年后，国家把类似的权利授予东地公司。[②]欧洲一些大陆法系的民法学家认为，法人的权利

---

① 张玉磊："关于法人分类制度的研究"，《法制博览》2018年第12期。

② Eli. F. Heckscher, *Mercantilism*, New York, 1983, Vol. I, pp. 382, 422，转引自李新宽：《国家与市场——英国重商主义时代的历史解读》，中央编译出版社2013年版，第147页。

能力不过是部分权利能力，即具有财产法上的能力；①但又承认法人有某些人格权，但法人不是伦理意义上的主体，因此不具有一般人格权。②

此外，法人与雇工关系不是奴役与被奴役的关系，而是上下级的关系。此时的法人更像是"家长"。因此，工业革命前的英国社会盛行"家长制"，出现了"家长主义"（Paternalism）。在这样一个社会里，人与人之间关系不再像封建社会那样存在身份的区别和强制性的人身依附。从理论上说，人是独立的，不再作为另一个人的附庸而存在，但整个社会仍然是等级制社会，在这样一个社会里，上下层、等级之间的关系是家长主义的关系，即上层既要求下层服从，又对下层提供某种"保护"，保证他们能够生存。上下之间存在着一种"权利"与"义务"的关系。正是基于这样的家长主义，国家在规定最高工资的同时，才会同时制定限制物价等保护劳工的条款。服从最高工资的规定是社会下层的劳工必须服从的义务，只有这样，他才能享受被保护的权利。家长制社会的典型特征是它的管制功能，这一点通过治安法官来实现。在家长制社会里，"政府之对百姓，就好像家长之对待子女……它是一个由大大小小的'家长'统治的国家，'家长'们严密看护他所管辖的范围，既不许百姓行动出格，又要负责照顾到当地的一些利益。"③治安法官正是充当了这样一种家长的角色，因此，我们不难理解，只有他们才能在厘定工资、监管物价、监督法律执行等方面发挥不可替代的作用。对有产阶级特别是对他们的土地利益的维护也集中体现了干预的家长主义特色。家长制社会尊重土地的权威，确定社会等级的标准是财产，主要是地产。尽管随着社会的发展，除了地主之外，"一切拥有某种形式财富的人对于依附于他的人都有一种法定的影响力……但是这其中最重要也是最核

①〔德〕卡尔·拉伦茨：《德国民法通论》（上册），王晓华等译，法律出版社2007年版，第182页。
② 同上。
③ 金燕、马约生："工业革命前英国对工资的国家干预"，《扬州大学学报》2007年第6期。

心的仍然是地主的影响力。"①

总之，法人的出现保障了单位化的个体独立增加财产的权利，作为法人的主观能动性被充分调动或激发起来，社会的创造性出现大爆发，欧洲迎来科技创新的时代，整个社会展现出惊人的创造力。法国文学家、政治思想家，近代自由主义的奠基者之一本杰明·贡斯当（Benjamin Constant，1767—1830年），在比较古代自由人与现代自由人的区别时曾不无担心地告诫："现代自由的危险在于，由于我们沉湎于享受个人的独立以及追求各自的利益，我们可能过分容易地放弃分享政治权力的权利"。②其实，贡斯当的担心是多余的，因为西方人的公共权利也在成长。

资本主义公共权利的建构

近代早期，英国等西欧少数国家的国民不仅最大限度地获得个人权利，还不同程度地获得公共权利。所谓公共权利就是对公共事务的发言权、参与权、决策权乃至执行权。政府是有关公共事务的执行机构，具体说来是"国家权力机关的执行机关，是国家公共行政权力的象征、承载体和实际行为体"；③"通过这个系统，一个国家或共同体可以得到控制。"西方政府的最大特点是权力的分立，即立法权、行政权和司法权三权分立，政府实际上只掌握行政权。立法权掌握在议会手里，司法权掌握在高等法官手里。国民的公共权利更多体现在对立法权的参与和拥有上。以英国为代表的西欧议会一般由上下两院组成，"上院"是贵族院，"下院"是平民院。历史上，平民对议会的参与经历三个阶段，即"请愿""委托"到"代议"；

---

① 金燕、马约生："工业革命前英国对工资的国家干预"，《扬州大学学报》2007年第6期。

② 〔法〕贡斯当：《古代人的自由与现代人的自由——贡斯当政论文选》，阎克文、刘满贵译，商务印书馆1999年版，第44—46页；关于该篇所述自由理论及其内在张力的分析，参见杨利敏："一种关于宪法自由的社会理论——《古代人的自由与现代人的自由之比较》导读"，高全喜主编：《大观》2011年第2期。

③ 何翔舟："关于政府成本理论与政府成本研究中的问题"，《浙江工商大学学报》2011年第4期。

与此相适应的政府权力也经历三个阶段，即"有限君主""绝对君主"到"立宪君主"。

1.中世纪时期自由人享有的公共权利：请愿

中世纪时期，西方社会的财权与王权已经分离。要解决财政问题，国王必须与贵族和自由民商议，由此导致"议会"出现。可见，财政问题是西方宪制的基础。中世纪盛期，英国议会的召开给自由民带来公共权利。不过，这种公共权利一开始还比较微弱。作为自由民的骑士、乡绅或市民代表，参加议会时是不能与贵族代表坐在一起的；对国王有某种要求只能以请愿的形式表达出来。

1215年，《大宪章》签订后，贵族的权力得到确认。国王在决定重大事项时，要征得25名贵族代表所组成的"大会议"的同意才能通过。国王的权力首次受到限制。1261年的议会召开以后，包括市民和乡绅在内的自由民都可以参与国家重大事务。一开始只是因为替国王筹款而享有向国王请愿的权利。国王再也不能任性妄为，从此受到大众的监督。为抵制王室的征税令，议会在爱德华二世的加冕礼上增加了新句子：新王将忠实遵守"王国公众所选择的公正法律及惯例"。此外，贵族在表达效忠的誓词里也明确写道：他们的忠诚"主要是针对英格兰，而不是国王个人"。[①]爱德华三世在位时，又出现两个新的问题：其一，王室政府是否应由国王侍从来运作？政府关键的职能是由只对议会负责的国家官员来行使，还是由议会中当权的贵族派系来任命和行使？其二，议会本身的组织机构应如何发展？后来争论的问题是：议会元老们虽然不能弹劾国王，但可以弹劾侍从。这一原则的基石是：虽然强制国王依法行事极其困难，但大臣若执行非法命令会受到处罚。这就是弹劾制度的开端。议会缙绅在众议院即下院的要求下，可审问政府官吏。[②]

当然，中世纪时期国王的权力可能本来就不大，新出现的议会

① 〔美〕布莱恩·蒂尔尼、西德尼·佩因特：《西欧中世纪史》，袁传伟译，第491页。
② 同上书，第491—492页。

成员主要是指为下院工作的乡绅、骑士和市民。这些人相对于领主可能没有什么权力可言，但是，到了下议院，他们就有表达自己愿望的权力了。有时，这个权力还可能具有相当大的影响力。

2.民族王国时期"纳税人"享有的公共权利：委托

进入中世纪晚期，在封建领地开始被整合为民族国家的过程中，拥有政教合一权力的"新君主"出现。

我们曾批判性地强调新君主的"绝对权力"，其实这是片面的。因为民族王国时期的君主个人权力与整个王国的整体利益是一致的。重商主义不仅是国王个人的需要，也是整个民族的集体诉求，尤其是以市民为核心的广大国民的诉求，所以，这个时期实际上是君主个人权力与大众公共权利的"结合期"，二者结成"统一战线"。公众已经将自己享有的权利全数"托付"给国王，国王因此享有"绝对权力"。

这个时期的国民一般不再有自由民与非自由民之分，而是统统被归属为国王的"臣民"。他们开始认识到，要想使自己发展，必须首先使国家发展，因此，他们当中的大多数赞成重商主义。他们已经不是封闭的、"安土重迁"的农民。在这样的国家里，国王和国民都在做着努力，一方面，国王作为新君主要努力树立和扩大自己的绝对权威；另一方面，国民也在努力增加和扩大自己的私人利益。两者在利益扩张这一点上有过一致。

新君主时期，议会的权力一度自动萎缩，王室变成真正拥有全权的政府。在英国，1534年《至尊法案》颁布后，亨利八世不只是世俗上的最高统治者，也是宗教上的最高统治者，英国首次出现政教权力合一的君主。贵族的领地权力和教会的宗教权力都被收归到王室。《大宪章》所规定的对王权的种种约束被取消，王权走向专断，议会权力受到冷落。王室虽然推行重商主义，但这种重商主义带有明显的倾向性，并不是"机会均等"的重商主义。王室常常将商品的专卖权和商业的特许权授予亲信，刺激一部分产业和一部分人首先获利，这些人包括部分承包商、金融家和雇佣军官等，他们再将自己的部分所得继续用于再投资。[①]16世纪30年代，亨利八世的宗教改革封闭了英国所有的修道院，没收了以前归教会所有的土地，这些土地相当于英国全部耕地的1/6。国王把这些土地的大部分赠送给亲信和宠臣，小部分则以非常低廉的价格出售给农业家、手工工场主和商人。

法国的新君主制更加极端。其与英国议会平行的"三级会议"在长达170年的时间内没有召开，议会制的功能几近丧失，社会完全进入君主专制时代。又因为宗教改革所带来的"投石党运动"给路易十四留下很深的阴影，待其亲政后，便致力于削减巴黎高等法院和三级会议的权力。1665年，当高等法院准备对国王颁布的法令进行讨论时，正在打猎的路易十四闻讯后勃然大怒，提着马鞭赶到会议厅，大声喝道："你们的集会带来的祸害众所周知，难道你们还不满足？我命令你们马上解散这次会议，禁止你们从此再召开此类会议。"[②]贵族的叛乱曾经一直令路易十四心有余悸。为了控制地方贵族，他在巴黎郊外营建了金碧辉煌的凡尔赛宫，邀请贵族离开领地移居凡尔赛，并许以丰厚的赏赐和俸禄。贵族们长期住在宫里，与领地逐渐疏远，国王又不让这些贵族担任有实权的职务，因此，贵族们渐渐蜕变为游手好闲、只能仰承国王鼻息的寄生虫。路易十四借此削弱了地方权贵的势力。在将贵族排斥于政治圈子之外的同时，路易十四又选择并任命中产人士担任政府要职，并亲自主持国务会议、政务会议和财政会议，讨论国家政策走向。他亲政后做的头一件事就是惩治贪污腐败的财政大臣尼古拉斯·富凯（Nicolas Fouquet，1615—1680年），任命出身商贾之家的柯尔贝为财政总监。[③]这个时期，法国虽然大力提倡重商主义，但首要目的是提升国王的权威。在柯尔贝任财政总监期间（1662—1683年），为加强

---

① 〔美〕布莱恩·蒂尔尼、西德尼·佩因特：《西欧中世纪史》，袁传伟译，第491—492页。

② 《图说天下·世界历史系列》编委会：《革命的浪潮——法国》，第58页。

③ 同上。

王权，他鼓励工业，由政府资助建立的集中的手工工场，总数达113家；其次，保护关税，提高外国工业品的进口税，并对外国商船课收重税；他还取消了国内的许多关卡，改良公路，开凿运河；为了在近东和印度开展贸易，他还创设一些垄断贸易公司；为了鼓励殖民活动，他又支持建立一支强大的海军，在印度和马达加斯加等地建立殖民据点，在北美的路易斯安那和加拿大建立殖民地。所谓"柯尔贝主义"实际上是重商主义、保护关税和殖民政策的混合物，[①]主要目的是为加强王权服务的。因此，在民族国家形成时期，王室的做法与公众的愿望特别是与有产者的愿望在多数情况下是一致的。王室得到了公众的支持。

但是，双方的矛盾很快显露出来。例如，在英国，15、16世纪贵族圈地运动出现以后，王室便颁布《反圈地法》，禁止圈地。16—18世纪，英国社会普遍出现大农场和手工工场，需要雇用大量劳动力，王室却颁布《血腥立法》，禁止人口随意流动。英国社会已经明显存在有产者与无产者的分层，王室却还在利用君主的专制权力扶植特权阶层，最终遭到两派的联合反对，引发革命，导致君主查理一世（Charles I，1625—1649年在位）被送上历史的断头台。"看来，专制政府在西欧历史环境里是行不通的。"[②]

3. "宪制"时期"选民"享有的公共权利：代议

西欧政治史上存在这样一个规律：一旦新君主的专制权力与国民的公共权利形成对抗并走向极端以后，革命就会爆发，国民"委托"给国王的权力就会被收回，专制政府就会被推翻，作为公共权力代理人的"议会"便会真正享有独立的立法权力，整个社会便会进入"宪制"时期。宪制的形式有两种：一是国王继续保留，但国王必须服从于议会，即服从于公众和法律，这就是"立宪君主制"；再是国王被废除，行政权归于民选的政府，这就是"共和制度"。我们重点探讨立宪君主制度。

---

① 王荣堂、姜德昌主编：《世界近代史》（上），第65页。
② 刘北成："论欧洲绝对君主制"，《北京师范大学学报》1994年第1期。

实行宪制的目的是要把公共权力由国王手中收归到公众自己的手中。1640年，英国革命爆发，国王被推翻。1688年"光荣革命"之后，王权虽然被恢复，但已经不具全权，而是处在议会的监督和控制之下，议会掌握了立法权。因此，原来由国王掌握的权力，尤其是财税权和借债权开始被收回，国王所施行的企图绕开议会征税、任意违约和损害债权人的做法，在英国基本消失。这是公共权力的回归。英国近代著名思想家约翰·洛克第一个全面阐述了宪制民主思想，被视为是启蒙时代最具影响力的思想家和自由主义者，曾与大卫·休谟、乔治·贝克莱（George Berkeley, 1685—1753年）三人并列为英国经验主义的代表人物。洛克发展出一套与托马斯·霍布斯的"自然状态"（state of nature）不同的理论，他主张政府只有在取得被统治者的同意以后，并且保障人民拥有生命、自由和财产的自然权利时，其统治才有正当性。洛克相信，只有在取得被统治者的同意时，社会契约才会成立；如果缺乏这种同意，那么人民便有推翻政府的权利。受洛克思想的影响，1688年，支持议会的辉格党人与部分托利党人将国王詹姆斯二世废黜，迎立荷兰执政奥兰治亲王威廉夫妇担任英国国王。这场未流血的革命意味着君权从"神授"变成"民授"，从根本上改变了千年以来英国王权性质。从1688年起，英国正式确立议会高于王权的原则，逐步建立起君主立宪制。从此，国王再也不能侵犯个人的财产。

这种体制要求政府所有权力的行使都要纳入宪法的轨道，并受宪法的制约，使政治运作进入法治化的理想状态。这个时期，议会的法案取代了国王的特许状或令状，成为国家的法律；议会的代表由纳税人选举产生，纳税人开始参与到国家管理中来。君主立宪制从表面上看是议会与王权达成妥协，社会似乎又回到"有限君主制"时代，实际上是公共权力经过革命的大洗牌之后壮大起来，已经用议会的权力取代国王的权力，国王的权力大为削弱。社会出现了《权利法案》《人权宣言》等权利宣言，宣称"天赋人权"。议会拥有立法权，国王最多只能行使行政权，由首相组成的内阁可能在一段时间内向国王负责，但议会可以对内阁的议案和决策进行审议和监督；内阁设想的一切方针大计必须征得议会的同意。在议会的主持下，王权实际上变成国家的象征，政府完全顺应市场和民众的需要，使政治生活一步步走向大众化、社会化。

经济史学家克里斯托夫·格拉曼（Khristof Glamann）在总结西欧国家政治的不同点时指出：在商业色彩较重的荷兰，政府的权力被降低到最小的限度；而在专制主义色彩较重的欧洲大陆，政府将国家利益与封建王朝的利益并重，对财政的关心成为国家经济政策的重心；在英国，政府将私人利益与公共利益并重，国家权力与百姓之间取得了一种比欧洲其他任何国家更为协调的关系。[1]黄仁宇认为，1694年英格兰银行的成立，银行借贷给政府，资本家成为国家的债权人，国家成为银行的债务人，标志着公共权力绝对凌驾于君主个人权力之上，国家的公共性质更彻底了。[2]

宪制时代的基本原则包括议会主权原则、分权原则、责任内阁制和法治原则等。从议会主权原则上看，首先，国会拥有制定、修改或废除法律的权利；并有权对政府的行政进行监督；其次，行政权由内阁行使，但必须向国会负责，接受国会的监督；再次，英国国王虽然统而不治，但其象征性权力仍然存在，对国会和内阁构成一定的牵制；最后，司法权由法院掌握，法官终身任职，未经证实有失职行为不得解职；同时，大法官是内阁大臣，有权任命各级法官。从责任内阁制原则上看，它并非产生于法律的明文规定，而是出自一系列惯例。英国革命前夕，查理二世时期形成"内阁"；1714年，乔治一世因不懂英语，政务交由一位大臣主持，首相一职出现；1742年，沃尔波尔担任首相未能获得下院多数信任，内阁全体辞职，创下内阁向下院负责的先例；1832年，责任内阁制作为惯例被固定下来。从法治原则上看，强调的是"法律面前人人平等"，政府

---

① 〔意〕卡洛·M.奇波拉主编：《欧洲经济史》（第二卷），贝昱、张菁译，第448页。
② 黄仁宇：《资本主义与二十一世纪》，第178—179页。

不得滥用权力侵犯个人的自由和权利。[①]

总之，在宪制时代的政府机构中，公共权力取代了国王的权力，通过立宪制和"代议制"，西方各国人民实现对统治者的驯化，把他们关进了法律的笼子里，似乎完成了最大限度的社会公正。国王从今往后必须与议会分享权力。自此，英国人在议会和国王这两个新权力架构下，可以集中使用国家权力了。[②]实际上，资本主义个人权利和公共权力的建构是相辅相成、相得益彰的。个人权利的取得为公共权力的建构打下了基础，公共权力的建构又为个人权利的确立提供了保障。这种新的权利机制是正在到来的资本主义时代的一部分。

四、资本主义社会体制的建构

资本主义农业引起的社会变动

英格兰和尼德兰的农业发展速度从13世纪起就一路领先，至16世纪及以后，与其他国家之间则明显拉开了距离。[③]关于农业收益率的统计见下表（表9-2）。

表9-2　1500—1820年欧洲各地区小麦、裸麦和大麦的产量与收益率[④]

阶段	区域 I		区域 II		区域 III		区域 IV	
	N	YR	N	YR	N	YR	N	YR
1500—1549	15	7.4	16	6.7	32	4.0	36	3.9
1550—1599	17	7.3	—	—	87	4.4	1531	4.3
1600—1649	55	6.7	—	—	142	4.5	823	4.0

---

① 林榕年主编：《外国法制史》，第152—154页。

② 〔美〕乔伊斯·阿普尔比：《无情的革命——资本主义的历史》，宋非译，第111—112页。

③ 侯建新："工业革命前英国农业生产与消费再评析"，《世界历史》2006年第4期。

④ 〔英〕克里德特：《农民、领主与商业资本家》，第22页，转引自〔英〕M. M. 波斯坦等主编：《剑桥欧洲经济史》（第五卷），高德步等译，第77页。

	区域 I		区域 II		区域 III		区域 IV	
1650—1699	25	9.3	12	6.2	120	4.1	1112	3.8
1700—1749	—	—	125	6.3	32	4.1	820	3.5
1750—1799	506	10.1	181	7.0	578	5.1	2777	4.7
1800—1820	157	11.1	192	6.2	195	5.4	—	—

注：1.区域 I：英格兰、低地国家；区域 II：法国、西班牙、意大利；区域 III：德国、瑞士、斯堪的纳维亚；区域 IV：俄罗斯、波兰、捷克、斯洛伐克、匈牙利。2.N 为产量；YR 为收益率。

1500年以后，英国的农业开始脱颖而出，同时流民也大量出现。16世纪末，英国通过《济贫法》，重申社会对养活民众和满足其工作需要的承诺。这部法律颁布后，每个教区即地方政府的基本单位都设置了两名济贫助理的岗位。英国所有的男女儿童都有权在需要的时候，从他或她出生的教区获得救济。在发放救济前，教区官员会确认申请人是否符合条件。一位济贫助理概括了这部法律的要旨：为那些即将劳动的人效力，惩罚那些好逸恶劳的人，把面包给那些没劳动能力的人。这部法律的条款明确了社区的责任，即要么给予户外救援，要么提供室内保健设施。从开放的田地变成封闭的私人农场的漫长过程中，越来越多曾经定居村庄的人变成贫穷的佃农或者流动劳动力，所以，这部法律也越来越重要。

17世纪中期，随着圈地运动的深入，新农业技术不断涌现。新技术的倡导者认为，如果农民可以按照自己的轮作周期，灵活地铺建牧场，或者种植谷物和牧草，那么生产力获得的提升会非常惊人。争议唤起了不同的理解。17世纪50年代，两位牧师做起宣传册的生意，这些小册子以极大的热情探讨这些选项。牧师约翰·摩尔（John Moore）全力攻击圈地运动，他认为，圈地运动把农夫变成佃农，进而毁灭了他们，因为他们利用这么小块的地，无法养活他们的家庭。牧师约瑟夫·李（Joseph Lee）匿名回应了这次攻击，他认同不照顾穷人是一种罪恶，但是圈地运动后，租户和自由租地农更有机会挣脱贫困。生产力提高正是圈地的优点。因为这些生产方式既没有在《圣经》中被禁止，也很少与社会传统相关联，所以类似的论辩一再出现。①但英国贫困人口的规模仍然比较大。17世纪末，一位名叫格雷戈里·金的公务员编辑了一份国家社会类别的详细清单，由此可以大致了解英国贫困人口的规模。这个清单有不同的编号，其中包括男爵、店主等有法律地位的人，也包括流浪汉。学者们仔细研究并且修正了金的这份令人着迷的清单。总结的事实令人触目惊心，即超过一半的英国人必须求助于某种形式的慈善才能度过一年。一个世纪前，这个群体可能更庞大，当时大批的乞丐和流浪汉使有产阶级惶恐不安。这种担忧推动建立了所有劳动合同的标准，并且将定居人口的理念写进了法律，在所有定居人口中，每个工人都有他的社会上级。雇主必须留用员工至少一年，而且要遵守工资的法定限制。②虽然农业改良使很多人失业，但是也让更多的人活了下来。人口史学家在重建谷物价格升降与出生率和死亡率升降之间的关系时，偶然发现了英国经济历史上的重要基准。他们发现，1648—1650年农业歉收非常严重，粮食价格飙升，但是伴生的死亡并未增多。食品价格尽管仍不时暴涨，但是饥馑不再是灾难。

到1700年，英国每年的农产品产量至少是其他欧洲国家的两倍，而且这个差距一直保持到19世纪50年代。英国人并不知道他们已经越过了障碍。17世纪中期过后，饥荒不再能威胁英国人。长期的营养不良却仍徘徊在欧洲最底层20%的人口中，到18世纪也没有完全消失。提高的农业生产力，连同粮食供应短缺时，可以从其他地方获得粮食的购买力一起消灭了英国海岸的饥荒。维持严格社会秩序的强大理由悄然消失，留下了一组慢慢过时的社会惯例。1819年，最后一场大饥荒使英国和其他欧洲国家明显地区分开来，

① 〔美〕乔伊斯·阿普尔比：《无情的革命——资本主义的历史》，宋非译，第82—83页。
② 同上书，第83—84页。

更不用说世界其他地区，它们还在与粮食短缺进行着不懈的斗争。[①]

　　用更少的工人、以更低的成本养活更多的人，这样一来，其余的人可以从事其他职业，而且每个人口袋里有更多的钱可以购买陶器、餐具、印度棉、书籍，以及从鞋子到马鞍等一系列皮革制品。当英国农民从养活6个家庭变为满足30个家庭的需要时，他们完成了一次生产力的惊人转变。从此，消费者和投资者放下了恐惧和谨慎，开始用储蓄进行风险投资。如果没有充裕的粮食，经济不能为所有社会成员全力生产粮食，所有的发明只会局限在小范围的经济之内。可以用更少的钱和更少的工人生产更多的粮食并为其他经济活动释放更多人力和资金时，其中一些经济活动是以前无法想象的。这场农业革命不像迷人的香料、陶瓷和纺织品贸易那样显眼，也不像宣告"西方的崛起"和工业力量的机器进步那样神奇，在研究时常常被忽略；对继承父辈身份的人来说，乡村生活没有改变。但是他们的兄弟姐妹失去了一生指定的角色。他们因为不可逆转的变化而流离失所，四处流浪，在附近的城镇寻找工作，或是走进森林和山地草甸安家落户，成为非法占有者。农业的商业化使许多人开始为工资而工作。一旦从传统的农业秩序中被连根拔起，他们就会失去农民身份，被迫加入现代化社会的工人阶级，在这个社会中，老主顾很少，就业很不确定。一些人四处迁徙，成为季节性劳动力。许多人移居伦敦，少数人抓住了不断成熟的商业和不断发展的工业创造的机会。另一些人则总是在寻找工作，他们的脚步始终追赶着经济扩张的进程。自此，英国人分成两类，在百年内被迫改变的人和原地不动的人。接下来的几十年，他们的经历是整个欧洲农民未来使命的预先排演。数百万人横渡大西洋，在北美和南美建立欧洲的滩头阵地，而他们的兄弟姐妹则成为新兴无产阶级的一部分。[②]

　　到17世纪末、18世纪初，英国的粮食不但能够满足国内需要，而且出口额逐年增长。1706—1725年，其粮食出口额为548万夸

----

① 〔美〕乔伊斯·阿普尔比：《无情的革命——资本主义的历史》，宋非译，第84页。
② 同上书，第87—88页。

脱，1740—1765年则达到9511.5万夸脱。①在1710—1795年期间，伦敦市场上牛的出售重量每头从370磅增为800磅，羊的重量每只从24磅增为80磅。②R. S. 斯科菲尔德和E. A. 莱利认为，1520年，英国城市人口占总人口的比例为5.5%，乡村非农人口占18.5%，到1670年，城市人口的比例上升为13.5%，而乡村非农人口的比例为26.0%，而到1801年，城市人口则上升为27.5%，乡村非农人口上升为36.25%。③英格兰已是一个农业繁荣的区域，被欧洲旅行家称为"肥沃之地"（terra ferax），"富饶之岛"（insula praedives）。④一幅在历史上从来没有过的、充满生气和巨大潜能的农业社会的图景开始呈现。18世纪的访客对英国乡下人的日常生活留下了深刻印象：砖建的村社，红瓦屋顶，身着毛料衣服，足登皮鞋，吃的是白面包。妇女们穿着印花棉布，戴着帽子；女仆们酷似她们的女主人，以致外国来的造访者敲门后不知如何称呼前来开门的女仆。他们告诉我们，他们看见过穷人，但没有看到"可怜的人"；没看到饥寒交迫、面黄肌瘦的人；看到过乞丐，但没有一个乞丐"没穿长衣和鞋袜"；英国人似乎曾经为自己的乞丐而骄傲，因为他们把乞丐看成是一些人从事的一种职业。⑤英国史学家科尔曼指出，1650—1750年，英国虽然生产发展很快，但人口增长较慢，因此消费品价格下跌，工人工资有所增长。小麦价格在1650—1749年下跌33%，工业品价格下跌29%，而建筑行业工人实际工资却提高了33%，其他行业工人实际工资包括农业雇工收入都有所增长。⑥

英国的农场主和农场雇工都开始变得绅士起来。1745年，一名法国人把英国农场主描写为"享有人生一切舒适"的农民；而他的

---

① 〔英〕莫尔顿：《人民的英国史》，谢王连造等译，第262页。
② 〔苏〕波梁斯基：《外国经济史——资本主义时代》，郭吴新等译，第245—246页。
③ R. S. Schofield, E. A. Wrigley, *Population and Economy: Population and History from the Traditional to the Modern World*, Cambridge: Cambridge University Press, 1986, p. 140.
④ 〔法〕P. 布瓦松纳：《中世纪欧洲生活和劳动——五至十五世纪》，潘源来译，第240页。
⑤ 侯建新："工业革命前英国农业生产与消费再评析"，《世界历史》2006年第4期。
⑥ D. C. Coleman, *Industry in Tudor and Stuart England*, London: Macmillan, 1977, Chapters 6, 7 and 9.

帮工"动身去耕地前先要喝茶"。汉普郡农场雇工一日三餐的消费是：早餐是牛奶、面包和前一天剩下的咸猪肉。午饭是面包、奶酪、少量的啤酒、腌猪肉、马铃薯、白菜或萝卜。晚饭是面包和奶酪。通常在星期天，人们还可吃上鲜猪肉。巴克斯特评论，总的来看，这个时期即使是低收入的农户也能维持健康，而且他们普通的饭菜也是有营养的。英国农民用餐时增添了某些仪式，开始追求用餐的气氛和舒适感。比如饭桌上铺着亚麻布或粗帆布，吃饭时有许多规矩，仅有的一把椅子要由家里的男主人坐，其他人坐在长凳或凳子上。在较富有的家庭，饭前要洗手，使用金属盆和亚麻布的毛巾。甚至较贫穷家庭的饭桌上，也摆着装饰性的陶瓶。他们认为，吃饭能维持家庭成员的和睦，正像教堂里圣灵降临节的啤酒能增强公众的社区意识一样。由此，我们看到了农业革命如何为资本主义的到来创造机会。

资本主义制造业引起的社会变动

手工工场的出现首先改变了社会结构。英国传统社会中的商人、贵族和农民开始被早期的资产阶级和工人阶级所代替。就商人来说，其经营方式由过去单纯的经商变为既经商又经营工场，经济实力迅速增长，甚至超过王公贵族，由此带来政治地位的变化，甚至问鼎城市市长。这部分商人就是早期的资本家。就贵族来说，很多贵族走向没落，逐渐失去往日的地位，当然也有一部分贵族转而经营工商业。就农民来说，多数农民失去土地以后成为手工工场的工人，成为早期工人阶级的基本群体。少数农民成为新生的资产阶级。[1]以17、18世纪之交的莱斯特郡的编织业（framework-knitting）为例，可以看到英国社会结构的早期变化。编织业兴起于该郡的开放教区，那里的土地存在大量的小耕作者，这些小土地占有者因农业收入微薄，需要通过一种工业来实现补充，一些人就以农场作抵押购买一

---

① 陆柳："毛纺业生产从家庭手工业到手工工场制度"，《山东省农业管理干部学院学报》2010年第6期。

台编织机，用来编织羊毛袜。18世纪以前，这些织袜者基本上都是独立的生产者。但是，随着织袜业人口的增多，出现了一个穷人阶级。他们无钱购置织机，便只能为已经立业的编织者或者为提供毛线并出租织机的商人工作，于是早期的有产者与工人阶层便出现了。[①]

手工工场的出现还大大提高了社会生产力。随着乡村工业的发展，农村中除农业以外还出现了手工业、商业、服务行业、建筑业、交通运输业等非农产业，农民可以从事大量兼业劳动。瑟斯克认为，17世纪，英国有1/2的农业人口在农闲时从事工业。[②]许多农民成为离土不离乡的乡村工人，另有一部分农民进城务工，靠出卖劳力为生。例如，兰开夏郡农民的非农化程度非常高，曼彻斯特附近有50%—70%的农民从事纺织。[③]在奔宁山区的萨德尔沃思地区，纺织业人口甚至高达85%。随着乡村工业的发展，乡村工业逐渐向城市集中，原先的工业村庄开始发展成为小城镇，甚至发展成为工业中心。城镇化就是农村人口对城镇的不断转移。近代英国工业地理上的一些著名城市皆由乡镇发展而来，如拉文翰、托特内斯、蒂弗顿、陶顿、利兹、谢菲尔德、哈利法克斯、威克菲尔德、布拉德福德、曼彻斯特、普雷斯顿、波尔顿和伯明翰等。其中，利兹成为工业革命的摇篮，曼彻斯特附近也形成了一条5—10英里的工业带。[④]非农产业可以为工业生产提供所需要的供水、仓储、交通等基础设施，也可以为居民消费提供所需要的文化设施、教育设施和享乐设施，而城市化所形成的人口集结，又将各种熟练劳动力、技术人员和管理人员会合在一起，既使劳动力得到最合理的组织和最有效的使用，又使资本家、手工工场主更加富于进取精神和竞争心态。重商、务实、讲究效益、敢于冒险等新的社会品质正在为千百万人所崇尚、实践。正

[①]　张卫良："英国原工业化地区的形成"，《史学月刊》2004年第4期。

[②]　A. E. Musson, *Growth of British Industry*, New York: Batsford, 1978, p. 15.

[③]　S. D. Chapman, *The Cotton Industry in the Industrial Revolution*, London: Palgrave Macmillan, 1987, p. 13.

[④]　A. P. Wadsworth, J. L. Mann, *The Cotton Trade and Industrial Lancashire, 1600-1780*, Manchester: Manchester University Press, 1931, p. 314.

如马克思所指出的："在大多数生产劳动中，单是社会接触就会引起竞争心和特有的精神振奋，从而提高每个人的个人工作效率。"[1]

第三，手工工场的出现，尤其呢绒工业的发展，吸收了农村大量剩余劳动力，解决了农业自身无法解决的劳动力过剩问题。从16世纪起，英国到处充斥着流民。他们四处流浪，衣不蔽体，食不果腹，随时威胁着王朝统治的安全。1576年的法令规定：治安法官有权使用公款购买原料、羊毛或大麻等为穷人安排工作。法令还规定，每个郡要办两个到三个工场，作为"感化院"，收容有劳动能力的乞丐和流浪者。羊毛产区还有另外一项救济方式，即由呢绒商牵头，以低廉的工资雇用贫穷劳工。不少贫民习艺所办起了手工工场，也有不少手工工场办起了贫民习艺所。这些方法吸收、安置了圈地产生的部分流浪者，缓解了流民问题，也促进了手工工场的发展。正是这些"真正的工场手工业，为那些由于封建社会解体而被赶出土地的农村居民开辟了新的生产领域。"[2]结果，圈地运动产生的农业部门的外推力与工业部门的吸收力形成一股强大的合力，加快了劳动力从低效率的农业部门转移到非农业部门。16世纪，英国从事毛纺织业的人数几乎占全国居民的50%，17世纪至少有1/5的人靠毛纺织业过活，几乎所有的村庄都在制造呢绒。[3]哈里法克斯是英国最大的教区之一，笛福在《漫游记》中描述了当地毛纺织业的生产状况："在太阳出来，光芒开始发亮时，我们便可看到几乎每一屋前都有一个布架，每一个架上都有一块普通呢绒，或者一块粗哗叽，或者一块夏龙布。"[4]英国的务农人数急剧下降。15世纪末占90%，16世纪中叶下降到80%，17世纪初又降到60%，1750年农业劳动力只占全国劳动力总数的45%。[5]

---

① 《资本论》(第一卷)，中共中央马克思、恩格斯、列宁、斯大林著作编译局译，第362—363页。

② 同上书，第470页。

③ 刘淑兰：《英国产业革命史》，吉林人民出版社1982年版，第20页。

④ 〔英〕保尔·芒图：《十八世纪英国产业革命》，杨人楩等译，第39页。

⑤ 毕道村："英国农业近代化的主要动因"，《历史研究》1994年第5期。

此外，手工工场出现以后，英国的城市资本和大量人口开始向农村转移。设在乡村的手工工场对城市资本有吸引力。因为农业革命之后，农村比城市进步，新兴的资本主义关系已经在农村建立，而城市还存在着的落后守旧的行会制度，对生产形成了严重的束缚。约翰·克拉彭爵士说："从第一部自动水车诞生之日起，拥有行会组织的古老城市，不仅人口减少，而且经济上的重要地位也丧失。"[①]就农村来说，封建土地所有制转变为资本主义大土地所有制之后，农民已经同土地分离变成自由雇佣劳动者，开始被卷入商品经济的洪流。此外，农村有充足的水源，水力资源丰富，可以为工场提供动力。而农村往往距原料市场较近，对城市资本同样具有吸引力，但乡村要发展工业仍离不开城市。主要原因则包括四个方面：第一，乡村工业资本大量来自城市商人资本。乡村工业的生产和营销信息大都通过城市商人传播到农村。工业革命摇篮——利兹的交易市场上，许多买主常持有伦敦出口商或外国商人指定规格与花色的货单。[②]第二，乡村工业产品一般是半成品和初级加工品。比如，其生产的毛呢是本色的，而包括修整、染色、漂白、修整、压光等在内的工艺一般在城市进行，城市与乡村之间存在着工艺上的衔接。拉特兰郡小城镇奥克翰姆，在16世纪20年代有织呢工和漂洗工各一人，而承担高级加工和完成工序的染呢工和剪呢工却各有两人，这说明来自周围农村的大量素色呢绒需要在小镇接受剪呢与染呢。[③]第三，乡村工业无论是独立工匠制，还是委托制，城市商人在组织上的作用不容忽视。独立工匠因资金薄弱，生产的粗呢必须很快出手才能再来买原料，他们无力把原料和产品联系起来，商人资本则垄断了原料供给和成品收购及转运。到委托制时期，城市商人的作用更显著。他们定期向乡村工匠提供羊毛，收购其产品。没有

---

① 〔英〕阿萨·勃里格斯：《英国社会史》，第128、153页。

② D. Defoe, *A Tour through England and Wales*, London, Vol. 2, 1959, p. 205.

③ R. H. Tawney ed., *Studies in Economic History: The Collected Papers of George Unwin*, London: Macmillan, 1958, p. 283.

城市商人资本所起的组织作用，乡村工业的发展就不会如此迅速和广泛。第四，城市职能的转变对乡村工业产生着积极的影响，尤其沿海港口城市的兴起为乡村工业的扩大、为其产品走向世界市场提供了条件。如西部乡村工业与普利茅斯港和布里斯托尔港便互为依存。工业在乡，商业在城。乡村工业的发展推动了乡村城市化。"工业发展的最一般、最广泛的趋势是离开老城市，集中在新兴城市和乡村"。①

最后，为发展工场手工业，特别是呢绒工业，英国开始努力吸收外邦技术和人才，改进生产工艺，赶超欧洲先进水平。伊丽莎白女王执政时期，尼德兰发生反对西班牙的革命，大量工匠外逃。英国政府颁布法令，欢迎佛兰德尔工匠来英国定居，每个工匠须教出两个英国学徒。据估计，1558年，有2860名尼德兰人迁入英国，1563年前后有1.8万名佛兰德人迁入，1566年又增至3万人。②他们给英国带去了精湛的选毛、染色技艺，大大改进了英国的生产工艺。16世纪初，一度衰退的诺威奇接受了4000名佛兰德移民，呢绒生产迅速复苏，成为"新织品"的生产中心。1685年，法国政府取消宽容胡格诺教徒的《南特赦令》，大批胡格诺教徒逃亡国外，且大部分亡命英国。1670—1690年间英国大约接受了8万难民，其中不少人是熟练的工匠。为安置这些难民，1681年前后，英国政府拨款1.4万英镑，1685—1687年拨款6.37万英镑，1694年拨款1.18万英镑。③为了使这些难民安居乐业，政府为他们在伦敦郊区修建12所教堂。这些外邦人为英国的乡村工业，特别是呢绒业注入了新鲜的血液，使英国能够生产出双股粗纱、细哔叽、斜纹呢等新呢布。它们价廉、轻柔、不十分坚固，很能迎合服装款式的翻新。英国的呢绒生产由此上了一个新台阶，达到与欧洲大陆先进国家相媲美的水平。

---

① A. L. Rowse, *The England of Elizabeth: The Structure of Society*, University of Wisconsin Press, 2003, p. 142.
② 顾銮斋："资源、机遇、政策与英国工业化的启动"，《世界历史》1998年第4期。
③ 中国英国史研究会编：《英国史论文集》，生活·读书·新知三联书店1982年版，第121页。

资本主义商业、金融业引起的社会变动

1. 国家对商人提供保护

16世纪，英国政府对贸易实行保护。哪些商品可以出口，哪些商品可以进口，都有严格的规定。1576年，政府颁布的法令规定：对于本国纺织业所需要的羊毛、大麻等原料或初级产品一律限制出口；对于本国正在大批生产的精粗纹布、呢绒织品和亚麻布则禁止进口。其后，输出羊毛被列入重罪之列。政府禁止输出羊毛、活羊，甚至不准在滨海五英里的范围内修剪羊毛。其次，排斥呢绒生产的国外竞争者，禁止英国属国生产毛织品。17世纪以来，爱尔兰工业发展较快，为防止来自爱尔兰的威胁，英政府设立出口税制度，使爱尔兰不能接近殖民地和外国市场，并在爱尔兰岛四周设立封锁线，用两艘军舰和八只武装帆船组成小舰队进行巡逻。在政府的大力支持下，16世纪，英国开辟了包括北美、俄罗斯、黎凡特、东印度等地区在内的外贸新市场。17世纪，英国在西半球又建立了17个新的、分散的殖民区，为英国工业赢得了更大的发展余地。[1]英国呢绒工业发展迅速，出口量大幅上升。15世纪中叶，其呢绒出口量为5.4万匹，16世纪中叶达12.2万匹，至17世纪初，呢绒出口量一直稳定在11万匹左右。自都铎王朝至1660年，羊毛及羊毛制品出口量占全部出口贸易的3/4，有时占9/10。1700年，毛织品的出口价值达280万英镑，占出口总值的4/5。[2]直到棉织业生产在工业化的浪潮中异军突起之前，呢绒工业一直是英国国民经济的支柱，并使英国在1660—1700年"首先成为一个依赖自己的世界贸易库"。[3]

2. 单一的国家市场形成

这个时期，食品和其他商品的内陆交易愈加密集。欧洲单一的国家市场和最大的自由贸易区形成。全国范围的商业网络创造了另

---

① 〔美〕伊曼纽尔·沃勒斯坦：《现代世界体系》（第二卷），尤来寅等译，第113、117页。
② 顾銮斋："资源、机遇、政策与英国工业化的启动"，《世界历史》1998年第4期。
③ 〔美〕伊曼纽尔·沃勒斯坦：《现代世界体系》（第二卷），尤来寅等译，第113页。

一道对抗饥荒的堤防,粮食歉收很少再同时打击所有地区。新的交通运输系统、中间商以及支付手段可以将食品运往粮食匮乏的地方。穷人买不起食物,政府可以买单。国家市场的形成反映的不只是公路系统良好,还证明农民愿意将他们收割的庄稼运往本地之外的区域。他们这么做了,虽然并不总是很愉快。当时曾有人感叹:"我们在每个教区曾有一种市场,可以提供大部分的国内商品。我们不用被迫把玉米运到只有天知道的地方去,与只有天知道的人交易,以只有天知道的价格出售,也只有天知道我们什么时候才能收到钱。"①

3.金融保险制度的设立

有投资,就会有风险。为了规避风险,一些国家又出台了保险制度。保险就是给存在的风险提供保障。投保人根据合约,向保险人支付保险费;保险人对于合约规定的可能发生的事故所造成的财产损失承担赔偿责任,或者当被保险人死亡、伤残、疾病或者达到合约规定的年龄或期限时承担给付保险金的责任。"创业有风险,投资须谨慎",商业革命时期,投资创业成为一种普遍的社会风气,为规避创业风险,社会保险应运而生。

英国的保险业发端于"海上保险"。例如,与亚洲的贸易所需费用巨大,风险程度也很高。从英国途经好望角到亚洲的航行,单程需六个月以上的时间,必须长期与贸易中心方取得联系;同时,必须拥有巨大的用于海上航行的船只;必须在亚洲口岸拥有固定的贸易机构和贸易设施,以贮存随船运来的货物,并贮备运往欧洲的货物。因昂贵的费用及高度的不确定性,其风险不是个人或小团体能够承担的。东印度公司的成立不仅有"贸易"的背景在里面,也有"保险"的背景在里面。随后,英国又出现"火灾保险"和"人寿保险"。这三大保险业务标示着英国商业保险体系在17世纪末构造完成,其重要性在于它们完整地覆盖了英国海上贸易、居民财产和生命的保障需求,从而为英国经济和社会的持续发展注入了新的动力。

---

① 〔美〕乔伊斯·阿普尔比:《无情的革命——资本主义的历史》,宋非译,第84—85页。

西欧的社会保险包含着资金融通的功能。这种功能就是将形成中的保险资金中的闲置部分重新投入到社会再生产的过程中。保险人为了使保险经营稳定，必须保证保险资金的增值与保值，这就要求保险人对保险资金进行再投资。保险资金的再投资不仅有其必要性，而且也是可能的。一方面，由于保险保费收入与赔付支出之间存在着时间差；另一方面，保险事故的发生并不都是同时的，保险人收取的保险费不可能一次性全部赔付出去，也就是说，保险人收取的保险费与赔付支出之间存在着数量差。这些都为保险资金的融通提供了可能。当然，保险资金的融通要坚持合法性、流动性、安全性和效益性的原则。

中国在差不多这个时期也出现了类似于西欧的"保险"行为。明朝嘉靖年间的歙县商人鲍志道，在成为扬州的盐业总商之后，曾发明过一种类似"保险金"的"津贴制度"。当时，淮盐水运各地，常常发生盐船沉没事件。鲍志道倡议设立一项基金，"以众帮一"，对遭到沉船的盐商进行补贴。此议一出，就得到了众商的响应，鲍氏因此名声传播两淮。①

4. 首都功能的异化

中世纪时期，首都主要承担着政治中心的功能。大航海成功的初期，西班牙首都马德里、葡萄牙首都里斯本、荷兰首都阿姆斯特丹和英国首都伦敦，在政治中心功能的基础上，又增加了商业中心的功能；随着资本主义经济的进一步发展，阿姆斯特丹和伦敦又增添了金融中心的功能。

1609年，荷兰的阿姆斯特丹成立了世界上第一个股票交易所。随后，阿姆斯特丹银行成立，其主要功能就是吸收存款、发放贷款，在此基础上稳定荷兰的经济。发达的金融市场使得阿姆斯特丹在17世纪成为世界金融中心，荷兰因此成为这个时期的"海上马车夫"。

英国首都伦敦是近代早期唯一堪称"伟大"的城市。16世纪，

---

① "一个商人眼中十八世纪的中国"，http://forum.miercn.com/lishi/thread-529142-1-2.html，2015-09-08。

伦敦已经是英国的"心脏"和"主脑"。①1694年，英格兰银行建立，伦敦金融城发展起来，成为大伦敦的"国中之国"，不久又变成了世界金融中心。当时有一句格言：谁主宰着伦敦金融城，谁就主宰着英国；②谁主宰着英国，谁就主宰着世界。

英国社会的总体变动

"资本主义因其本身发展的需要，将掀起一个创造性的新时代。"③英国社会首先出现了一个庞大的"中产阶级"，包括商人、职员、军官、教师、技工、自耕农等。这一阶级具有很强的流动性，上可融于贵族等级，下可跌入手工业者、茅舍农阶层，导致社会等级界线变得模糊。④1688年"光荣革命"之后，中产阶级与贵族的融合加速，强力冲击着社会等级的堤坝，如大贵族开始与伦敦的富商联姻。人们只要通过努力就能走出困境，换来荣耀。英国社会因此形成了轻等级、重知识、求实际的社会风尚，资本主义的商业精神迅速渗透到社会各阶层当中。吉尔博写道："英国社会中，资本主义的、商业的进取精神比较强，根据同时代人的记述，英国人比较粗犷、冷酷、专注于追求财富，这些精神是贪图安逸的旧制度的法国所缺少的。"他们开始摆脱禁欲主义和虚无主义的神学束缚，形成求功利、求自身能力发展的生活目标。16—18世纪，英国出现了培根、牛顿、胡克等近代科学的先驱。他们重视观察和实验，把利用新发明和新发现改善人类生活作为科学的目标。近代自然科学开始诞生。而资产阶级革命之后建立的新政府又实行了一系列有利于科技发展的新措施，学术团体如雨后春笋般出现。无论是皇家学会、皇家工艺协会，还是伯明翰新月会等学术团体，都在促进学术交流和技术进步方面发挥了积极作用，也使最新的科学

① 〔英〕施托克马尔：《16世纪英国简史》，上海外国语学院编译室译，上海人民出版社1958年版，第66页。
② 宋鸿兵：《货币战争》，第20—24页。
③ 〔德〕马克斯·韦伯：《世界经济史纲》，胡长明译，第6页。
④ 〔英〕施脱克马尔：《16世纪英国简史》，上海外国语学院编译室译，第334页。

知识较早地渗透到中等阶级和生产领域当中。在克伦威尔执政时期，一些由大学教授、科学家自发地组织的"学院"开始成立，1662年，英国国立皇家学会成立。1660—1780年，按专利法批准的专利由31个增加到470个。1702年宣布国内贸易自由，1719年和1775年颁布法令规定熟练技工不得出境，1774年、1781年、1785年又先后颁布禁止工具、机器图纸和机器出口的禁令，从而使英国在一段时期内实现了对新技术的垄断。据统计，在1700—1820年期间，英国人均收入增长是欧洲平均收入水平的两倍多。1700年，英国的GDP（不包括爱尔兰）是荷兰的2倍，到了1820年相当于荷兰的7倍。[①]

乔伊斯·阿普尔比说："英国人不再认为市场是面对面讨价还价的地方，他们开始把它说成是一个看不见的实体，由成千上万的交易组成。纵观一个世纪，价格、需求和贸易政策方面的作品都达到了骄人的成熟水平。资金、食品和土地失去了特殊地位，价格和利率把它们同质化了。人类在议价时表现出的一致性微妙地削弱了天生不平等的普遍观点。经济作家已经为即将侵入的商业逻辑建起了滩头阵地。没有人打算改变社会的价值观。但在应对新经历的过程之中，社会的价值观确实改变了。英国人在经济分析上的专长是他们的优势，这是他们最有力的竞争对手法国人和荷兰人所没有的。除了英国，没有其他地方这样彻底而理智地否定了旧秩序。荷兰几乎没有关于市场的抽象讨论，而法国的经济思想家则在全力发展政府财政与货币政治，并没有让商业利益得势。"[②]

小结

民族国家的建立和大航海的出现给西欧社会带来了亘古未有的大变化。欧洲开始从内部殖民走向外部殖民，而外部殖民又引发西欧社会内部发生变化，历史进入新的资本型时代。新的资本型社会

---

① 〔英〕安格斯·麦迪森：《世界经济千年史》，伍晓鹰等译，第86页。
② 〔美〕乔伊斯·阿普尔比：《无情的革命——资本主义的历史》，宋非译，第114—115页。

与以往的社会有什么不同呢？我们不妨把这样的社会与欧洲以前的社会做一个比较。首先，新的资本型社会与古代罗马社会的不同在于：罗马社会是一个统一的军事型社会，整个国家以罗马为中心向四境辐射，军人是这个国家的中坚力量。这个国家强调的是征服。在资本型社会里，征服不是最高目的，利益才是最高目的。但是，其军事机能在竞争的环境里比古代发展得更快，只不过其发展的目的是为商业和市场服务的，商人资本家是这个社会的中坚力量。这个社会强调的是利益和效益。资本型社会与中世纪的封建主义社会的不同在于：封建型社会是罗马型社会的解体状态，贵族建立了对领地的统治地位，他们是这个社会的中坚力量。这个社会强调的是尊严和权利。资本型社会消灭了贵族的权力，也打退了国王的权力，贵族统治的依附民和国王的臣民翻身成为国家的公民，他们在国内建立了共和政体，在国外建立了殖民统治。总之，随着资本主义体制的建构，以市场为核心的社会代替了以土地为核心的社会。"有不少事物历来被认为是英格兰的'出口产品'，其中较重要的有工业革命、农业革命、民主政治范式、英格兰法律的多项原则、现代科学的多个侧面、包括铁路技术的多项技术。同样重要的还有语言。"①

---

① 〔英〕艾伦·麦克法兰：《现代世界的诞生》，管可秾译，第357页。

第四编　欧洲市场经济的成熟

——19—20世纪的"工业化"时代

欧洲市场经济发育的第四个时期是工业化时代。这是市场经济发育的成熟期。

世界市场被打开之后，欧洲虽然开始向着资本主义的方向发展，但并没有确立对世界市场的主导权或支配权。这个支配权一时间还掌握在东方国家，尤其掌握在中国人的手里。欧洲虽然在西方市场获得了大量财富，但是在世界贸易中却不得不将其收入的一半输入东方，尤其输入到中国，因而形成贸易上的巨大"逆差"。另外，西方国家内部的竞争在一步步加剧。随着英国国内资本主义体制的建立和国际上"日不落帝国"的形成，这种局面越来越不能接受。18世纪中后期，产业革命终于在英国爆发。其生产能力一下子提高十几倍乃至几十倍，彻底改变了人类生产商品和供应商品的手段。不久，这些生产力变革的成果又迅速向英国以外的西方世界传播，欧美很多国家都一跃成为拥有工业化和现代化的世界级列强。他们开始掌握世界市场的主导权。东方国家衰落（唯有日本例外），纷纷沦为殖民地或半殖民地。以西方国家为核心的市场经济浪潮迅速向世界各地扩散，全球性的市场经济模式开始形成。

第十章　欧洲对早期世界市场的"欠供给"

民族国家形成和大航海之后的欧洲虽然进入了资本主义时代，市场经济的基本机制和规则已经形成。但是，整个欧洲仍处在高度分裂的状态。据统计，直到1640年前后，欧洲还有多达1500个"邦国"。因此，资本主义生产虽然高效，却因为内部竞争激烈，无法对世界市场形成有效供给。在世界贸易过程中，与欧洲面积相近的中国尽管处在"小农经济"状态下，却因为大一统而形成巨大的综合生产能力，反而拥有对世界市场的主导权。[①]他们掌握了世界贸易所带来的最大"顺差"。这个结果与欧洲盛行的重商主义宗旨完全是背道而驰的。它表明欧洲市场经济的推进还需要进行改革，尤其是进行生产力方面的革命。

一、早期世界市场的欧洲困局

这里，我们有必要先回顾一下早期世界市场的基本格局。大航海之后，欧洲人在全球范围内建立了众多的商站和贸易据点，并在美洲和印度等地建立殖民地或殖民据点，这些主要位于沿海地带或

[①]　费尔南·布罗代尔认为："就西方与中国的贸易而言，这一逆差维持到19世纪20年代。"〔法〕费尔南·布罗代尔：《15至18世纪的物质文明、经济和资本主义》（第一卷），顾良、施康强译，第548页。

沿海区域的贸易网点构成了早期的世界贸易圈。其中，大西洋周围是欧洲最重要的贸易带，它连结着欧洲、美洲和非洲，云集了欧洲最大部分的商船和商品。不过，这个时期的世界贸易并不是大西洋贸易，而是东西方贸易。整个世界贸易的基本局势是"东强西弱"，欧洲并没有占据世界贸易的主导权。这个主导权一定程度上还掌握在东方人，尤其掌握在中国人的手里。

欧洲早期世界市场的全球分布

世界市场早在十字军东征时期已经存在。美国著名历史学家伊曼纽尔・沃勒斯坦认为，13世纪前后，欧亚之间的国际贸易就已经被打开，一种新的"欧亚经济体"诞生。这个经济体分五个部分："地中海经济体""印度洋－红海经济体""中国经济体""中亚经济体"和"波罗的海经济体"。[1]当然，这个"经济体"的中心不是在欧洲，而是在亚洲。[2]具体说来，它由三个"亚经济体"和八个"中心地城市"所组成。[3]欧洲出现了"部分地依赖于十字军东征给欧洲与东地中海所带来的贸易。"[4]

新航路开辟之后，世界市场发生转移，开始从欧亚大陆转移到环欧亚非大陆（又称"世界岛"）的大西洋、印度洋和太平洋。从此，海洋贸易代替陆上贸易成为世界贸易的主体，贸易的主角也由亚洲人转为欧洲人。

大航海之后的世界市场就其构成来说具有以下三个方面的特点：第一，欧洲参与世界贸易的主要国家是大西洋沿岸国家，包括葡萄牙、西班牙、荷兰、法国和英国。第二，非洲将世界市场分割为东

---

① 〔美〕伊曼纽尔・沃勒斯坦：《现代世界体系》（上册），尤来寅等译，第14页。

② 由美籍阿拉伯裔学者阿布－卢格霍特提出。见〔德〕贡德・弗兰克：《白银资本——重视经济全球化中的东方》，刘北成译，第5页。

③ Abu-Lubhod, Janet, *Before European Hegemony: the World System, A. D. 1250-1350*, New York: Oxford University Press, 1989, 转引自〔德〕贡德・弗兰克：《白银资本——重视经济全球化中的东方》，刘北成译，第5、94页。

④ 同上书，第95页。

西两大部分，非洲以东的地区是葡萄牙人开辟的东方市场，包括以印度为中心的印度洋贸易区和以中国为中心的南洋贸易区；非洲以西的地区是西班牙开辟的西方市场，由欧洲、美洲、非洲及其所包围的大西洋所构成，又称"环大西洋贸易"。第三，除美洲成为欧洲的殖民地之外，近代早期的欧洲贸易集中在大洋沿岸的近海地带和沿海岛屿。

我们再看大西洋沿岸国家对世界市场的占领。葡萄牙人在开辟"东方航线"的过程中，陆续占领了非洲西海岸的一系列殖民据点、非洲南端的好望角、非洲东岸的狭长地带，控制了通往红海的入海口、通往波斯湾的入海口，侵占了印度西海岸的果阿及印度洋通往"南洋"（即中国"南海"）的海上要道——马六甲，租借了中国南海沿岸的澳门（年租金2万两白银）。同时，葡萄牙人还占据了南美洲东岸的狭长地带。西班牙人在开拓"西方航线"的过程中，陆续占领了位于加勒比海地区的西印度群岛、中美洲、南美洲的西部和包括亚利桑那、新墨西哥、得克萨斯和佛罗里达在内的北美洲的南部，以及位于西太平洋地区的菲律宾。由于美洲是一块新发现的大陆，西班牙拥有的海外版图非常大，面积约达2500万平方公里，被称作第一个"日不落帝国"，并建立环大西洋贸易网。葡萄牙和西班牙一起，号称"伊比利亚双雄"。

荷兰原是尼德兰的北方七省，因紧临北海，素有良好的经营工商业的传统。在1581年摆脱西班牙的殖民统治以后，荷兰迅速崛起，在欧洲拥有强大的贸易优势和金融优势。荷兰人在殖民过程中，善于控制贸易站点和航路要塞，组建垄断性贸易公司，同时对葡萄牙和西班牙的贸易霸权发起挑战。17世纪，荷兰占据的殖民地包括：从葡萄牙人手中夺取的好望角、马六甲和锡兰（斯里兰卡）；在印度南部沿海一带建立的一系列殖民据点；侵入印度尼西亚的马鲁古群岛和爪哇岛；一度占据的中国台湾；在北美洲建立的新尼德兰；夺取巴西东北沿海地区的纳塔尔。但是，经过三次英荷战争之后，17世纪末，荷兰便失去了海上霸权。

法国的早期殖民地曾经非常广大。16世纪，法国的航海家曾开辟北美航线，其渔民可以到纽芬兰一带捕鱼，因胡格诺宗教战争的爆发，北美一带的贸易被西班牙垄断。1555年和1612年，法国曾入侵里约热内卢及圣路易，因葡萄牙和西班牙的阻止，使其对巴西及佛罗里达的侵略均告失败。1605年，法国在北美的新斯科舍建立皇家港口，揭开了法兰西殖民帝国的序幕。数年后，山姆·德·尚普兰（Sam de Champlain）在这里建起魁北克城，开始了皮毛贸易，北美的"新法兰西"出现。这就是今天的加拿大。其后，法国的殖民势力向圣劳伦斯河河谷一带扩展，1699年，延伸至路易斯安那及密西西比河。同时，法国在加勒比海也占据数个具有战略意义的蔗糖岛屿，并从事非洲的奴隶交易。当然，法国在美洲以外地区的殖民扩张也在加强。1624年，法国在西非塞内加尔岸边建立第一个贸易站。法属东印度公司又将孟加拉的金德讷格尔（Kindnegger）变成了贸易站。但是，法国作为欧洲的一个陆上大国，对殖民地的野心不是太大。1713年，《乌特勒支和约》签订后，法国失去了北美的阿卡迪亚。18世纪中期，法英之间爆发一连串的有关殖民地冲突，包括奥地利王位继承战争、七年战争、北美独立战争、法国大革命及拿破仑战争。在奥地利王位继承战争中，法国被迫将其在印度的殖民地割让给英国。七年战争后，法国又失去了其在新大陆的大部分领地，后因北美独立战争爆发，法国在英美之间担负调停工作，又收复一些美洲领地。法国大革命爆发后，拿破仑在担任法兰西第一帝国皇帝期间，又将阿巴拉契亚山以西的路易斯安那地区以低价卖给美国。等到拿破仑战争结束，很多法国殖民地又被划归英国所有，包括南美洲北岸的法属圭亚那以及在西非建立的贸易站。这险些导致法兰西殖民帝国瓦解。

英国的殖民活动最早可以上溯到1485年至1509年亨利七世在位时期。亨利七世首次创建英国的海洋商贸体系，下令在朴次茅斯建造英国第一个码头，并开始发展小规模的皇家海军，尝试在北美的纽芬兰建立殖民地。1533年，莫斯科公司成立后，英国曾希望通过俄国开展

与东方的贸易，在发现俄国没有这样一条贸易线路以后，又转而寻找
"西北航线"，试图经北冰洋前往东方，结果因冰封而失败。1587年，
沃尔特·雷利爵士到达美洲的罗阿诺克（Roanoke），曾宣布弗吉尼亚
为英国的殖民地，后因食物匮乏、天气恶劣及当地土著人的不友好而
被迫放弃。1588年，在打败西班牙"无敌舰队"之后，英国建立哈得
逊湾公司，正式开始在北美殖民。1607年，英国人在弗吉尼亚的詹姆
斯敦（Jamestown）建立第一个海外殖民据点，并进一步扩展为殖民
地——"新英格兰"。此后，英国正式踏上海外扩张的道路。17世纪初，
英国已经在北美建立多个殖民地，如阿巴拉契亚山以东的殖民地、加
拿大的大西洋省份以及加勒比海的牙买加和巴巴多斯等。1526年，英
国开始在美洲从事奴隶贸易。北美大陆的南部为英格兰提供烟草、棉
花和大米，北部出产毛皮，从经济上看，这些地区均没有加勒比岛屿
（盛产甘蔗）对英格兰更加重要，但是，大片的可耕种土地的存在吸
引了众多英格兰移民。通过战争，英格兰在美洲的殖民地不断扩大。
英荷战争后，英国获得新阿姆斯特丹，将之改名为纽约。七年战争
中，英国又击溃法国，于1760年占领新法兰西，同时将法国在印度、
加拿大和密西西比河以东的大片地区纳入英国的势力范围。以1763
年签订的《巴黎条约》为标志，英国成为世界头号殖民强国。随后，
澳大利亚和新西兰又分别被发现和占领（时间分别是1788年和1840
年）。因战争与疾病的延续，这两个地区的土著人口在一个多世纪的
时间内锐减60%—70%，因此，澳洲也变成白人的自治领。大英帝国
成为继西班牙之后的第二个"日不落帝国"。

贡德·弗兰克又为我们勾画了1400—1800年的环球贸易路线。
从18世纪的世界贸易格局看，世界市场主要由两大部分构成：一是
由欧洲、非洲、大西洋与新大陆所构成的西方市场。再一是由欧洲、
非洲、印度洋、太平洋及亚洲所构成的东方市场。在世界市场上，
欧洲在西方市场上所得到的，补偿了它在东方市场上所失去的。欧
洲在近代早期的世界贸易中并没有取得主导地位或支配地位。

欧洲在西方市场上的贸易垄断

欧洲人发现的美洲新大陆是一个由原始印第安人生活的大陆，其内部充斥着未开垦的土地。除盛产金银之外，其土地的价值也是不可估量的。实际上，对美洲的意外发现，大大弱化了欧洲人对东方的发现，因为欧洲人对美洲的贸易超过了其对亚洲的贸易。他们在美洲开采金银矿，开辟种植园，种植烟草、蔗糖、马铃薯、棉花、咖啡、可可等，利用当地的原材料进行生产加工，然后将加工产品销往欧洲及世界其他地区。在美洲劳动力供应不足的情况下，欧洲人又从非洲购买或抓捕黑人做奴隶，运到美洲从事高强度的劳动。而且，欧洲人利用大西洋的季风气候，在欧洲、美洲与非洲之间进行"大三角贸易"（Big triangle trade），[①]将美洲生产的财富大量运往欧洲，由此获得贸易上的巨大"顺差"。这个贸易又称"环大西洋贸易"。

1. 世界贸易中的西方市场

西方市场的贸易需要重新审视。长期以来，人们一直以为，大航海之后"世界贸易的中心"应该是从地中海转移到了大西洋。现在看来，这是一个误导。因为，真正的世界贸易是东西方贸易，对东方市场的贸易才是世界贸易。美洲实际上已经变成欧洲的殖民地，美洲的贸易只能是欧洲本身市场的扩大化，不能与世界市场混为一谈。而非洲之所以能够参与西方市场的贸易，是因为它能够提供奴隶。实际上，这样的贸易并不是一般意义上的商品贸易，而是对人口的赤裸裸的掠夺，根本不属于正常的贸易范围。

20世纪末，安格斯·麦迪森援引米切尔（Mitchell）和迪恩（Deane）提供的数据，对近代早期英国世界贸易的构成做了统计

① 1660年前后的"大三角"贸易是这样进行的：从西非抓取奴隶（也掠夺当地的黄金），投放到加勒比海地区进行生产，然后将黑人生产的蔗糖、大米、棉花、烟草、毛皮、鱼和朗姆酒，还有白银等，运往欧洲销售。1562—1717年是大西洋"三角"贸易的繁荣期。当然，这个时期也是"加勒比海盗"的流行期，因为西班牙政府运送黄金和白银的专业船队引来很多觊觎的目光，参见〔英〕马丁·吉尔伯特：《英国历史地图》，王玉菡译，中国青年出版社2009年版，第58页。

（见表10-1）。18世纪以前，英国的商品进口主要来自欧洲本土和美洲。这种情况只能说明英国在这个时期的贸易主要局限于本土及其殖民地，即局限于西方市场，并没有真正进入世界贸易。这个统计显示：1774年，英国从亚洲的进口值占全部进口值的11.4%，1820年上升到24.6%，其在这个时期的贸易才是真正的世界贸易。英国与美洲、非洲、澳大利亚和新西兰等地区的贸易是不能与其在东方的贸易并列在一起的。

表10-1　1710—1820年"按输出地和输入地划分的英国进口和出口商品结构"[①]（占现价总值的百分比）

	欧洲	亚洲	非洲	北美洲	英属西印度	其他美洲	澳大利亚、新西兰
进口							
1710a	63.6	6.9	0.4	7.3	21.7	0.1	0.0
1774	46.1	11.4	0.4	12.5	29.3	0.3	0.0
1820	26.8	24.6	0.5	14.6	26.0	7.5	0.0
出口和转口							
1710a	87.6	2.1	1.2	5.1	3.4	0.6	0.0
1774	58.5	3.9	6.0	21.5	10.0	0.1	0.0
1820	61.8	7.1	1.1	11.7	9.0	9.3	0.0

大航海之后，美洲遭受种族灭绝。16、17世纪，印第安人的大部分已经被欧洲人带去的先进武器和天花病毒所消灭。美洲最先进的阿兹特克文明和玛雅文明曾经有多达约2500万人口，到1650年时已只剩下150万人；印加文明曾经有大约900万人口，这个时期已减少到仅60万人；北美的居民曾经有大约500万人口，这个

---

　　① 这里的英国只包括英格兰和威尔士。B. R. Mitchell, P. Deane, *Abstract of British Historical Statistics*, Cambridge: Cambridge University Press, 1962, pp. 309-311，转引自〔英〕安格斯·麦迪森：《世界经济千年史》，伍晓鹰等译，第85页。

时期已缩减到6万人。整个新大陆的人口从1亿减少到500万。[①] 在原居民大量消失的情况下，随后出现的贸易不是欧洲人与美洲人的贸易，而是欧洲移民与殖民母国之间的贸易。因此，所谓的"大西洋贸易"不过是一种扩大了的欧洲海外贸易，与真正意义上的世界贸易是不可相提并论的。诚如哈佛大学的海洋史教授帕里（J. H. Parry）所说："在16世纪，发生在西班牙与通用西班牙语的拉丁美洲（Spanish America）国家之间的横穿大西洋的贸易，比由葡萄牙到印度的贸易，要使用更多的船只和运送更多的物品。矛盾的是，前一种贸易至多满足几百上千西班牙殖民者的需要，满足那些梅斯蒂索（mestizos）混血儿和讲西班牙语的印第安人的需要，而后一种贸易则直接连接西欧与东方的广大人口。"[②] 菲利普·费尔南德兹-阿梅斯托（Felipe Fernández-Armesto）也说："美洲加入了西方世界的版图，大幅增加了西方文明的资源。"[③]

作为三角贸易第三方的非洲也处在美洲类似的位置上。其原住民遭受的迫害与印第安人相差无几。虽然没有被斩尽杀绝，却有近七千万黑人被当作奴隶卖到美洲。非洲西海岸的黑人国家——"达荷美王国"虽然与欧洲商人之间存在着交易，但这种奴隶换小礼品的交易丝毫不能改变当地的生产力，不能被视为正常的商品交易。

因此，欧洲、美洲和非洲之间所进行的大三角贸易，严格说来都不是世界贸易的一部分，而只是欧洲内部贸易的扩大化。如此看来，新出现的"环大西洋贸易网"只是在原有的"地中海贸易区""波罗的海贸易区"和"北海贸易区"的基础上，新增加了"大西洋贸易区"。我们不妨总体地称之为"西方贸易圈"或"西方市场"。[④]

---

① Livi-Becci, Massimo, *A Concise History of World Population*, Cambridge, Mass., and Oxford: Blackwell, 1992, p. 51.

② 〔英〕M. M. 波斯坦等主编：《剑桥欧洲经济史》（第四卷），张锦冬等译，第179—180页。

③ 转引自李伯重："明清易代与17世纪总危机"，生活·读书·新知三联书店举办大学公开课第九季第一讲，2017年1月13日，http://www.anyv.net/index.php/article-1129563。

④ 当然，美洲殖民地获得独立以后，贸易的性质又变化了，新的欧洲与美洲之间的贸易不再是欧洲内部贸易的扩大化，而是变成新的国际贸易即世界贸易的一部分。

2.欧洲对西方市场的绝对垄断

大西洋沿岸的欧洲国家在西半球是以殖民母国的身份出现的，无疑占据了西方市场的绝对垄断地位。18世纪中期，亚当·斯密在研究自由贸易时谈道："文明富国间的交易价值，总会比文明富国与未开化人和野蛮人交易的价值大得多。但又十分疑惑，欧洲从美洲贸易所得到的利益，却一向比它从东印度通商所得的利益大得多。"[1]欧洲人获取利润的途径和步骤首先是大规模地开采美洲银矿；在土著劳动力严重不足的情况下，将黑人作为劳动力从非洲贩卖到美洲；然后开发并经营美洲及沿海岛屿上的种植园；最后，通过三角贸易将财富集中输送到欧洲。

西班牙人发现美洲之后，最先看中的不是广袤的土地，而是丰富的金银矿。位于玻利维亚的波托西银矿（Potosi Silver Mine）是西班牙在美洲建立的最重要银矿。该矿自1545年投产以来，每年有5万印第安人来此劳作。他们被高度分工，从事筛选、开采、冶炼、铸币等步骤的工作。秘鲁第一任总督托莱多借助了南美传统的劳役制度——"米塔"制，[2]使波托西的银矿开采十分有效率。这里曾被历史学家看作第一个现代化的工业城市。1600年，波托西的人口已达16万人。[3]1560—1685年，平均每年有25,000—35,000吨白银流入西班牙，1685—1810年增倍。这些财富的大约1/4经阿根廷的拉普拉塔流入欧洲，另一部分经墨西哥的阿卡普尔科（Acapulco）流入西班牙控制的菲律宾。菲律宾是当时的国际贸易中心，来自各国的商品在此集散，如中国的瓷器和丝绸、印度和波斯的地毯、马六甲的香水、爪哇的丁香、锡兰的肉桂、印度的胡椒

---

① 〔英〕亚当·斯密:《国民财富的性质与原因的研究》（下），郭大力、王亚南译，商务印书馆1983年版，第21页。

② 印第安人矿工在闷热又灰尘漫天的地道深处工作，每周工作六到七天。他们要爬长达250米的梯子，将23公斤的矿砂背出矿坑，到达坑口迎接他们的是迎面袭来的刺骨寒风。因此，男丁离村前，村民先替他们举行丧礼，丧乐哀凄，气氛悲惨。已结婚的男丁，往往是全家人陪同来到波托西，见〔美〕彭慕兰、史蒂夫·托皮克:《贸易打造的世界》，黄中宪译，第184页，"像波托西那样富裕"。

③ 〔美〕彭慕兰、史蒂夫·托皮克:《贸易打造的世界》，黄中宪译，第184页。

等。^①很多白银借此流入中国及亚洲其他国家。

美洲的种植业受到关注以后，奴隶贸易也开始了。1517年，西属美洲的蔗糖种植兴起。由于殖民者对印第安土著的无情掠杀，加上天花和过度劳役，印第安人大量死亡，造成美洲劳动力严重不足。西欧殖民者不得不从非洲贩卖黑人到美洲充当劳动力。1502年，西班牙人将第一批非洲黑人运送到美洲。^②至16世纪50年代，有5000—6000名非洲奴隶被运到圣多美岛从事种植园劳动。等到英国人开始在北美种植烟草和棉花、法国人开始在加勒比海岛屿种植甘蔗以后，对奴隶的需求大增。自1526年，英国、荷兰、丹麦、瑞典、勃兰登堡、汉堡、库尔兰（拉脱维亚西部的一个旧地名）等地纷纷加入贩卖黑奴的行动。^③这些国家和地区在非洲西海岸建立了许多商站，除贩卖奴隶外，还收购象牙、黄金和辣椒等。只是因为西非的地理和气候不适合欧洲人居住，令欧洲人难以接近，在此后几个世纪内，欧洲对非洲的殖民才仅限于少数滨海据点，如黄金海岸、象牙海岸、奴隶海岸等。这些据点原本以采集和狩猎为生，为供给奴隶在长途贩运中需要的食物，其周围已开辟出少量的农业区，种植从美洲引进的甘薯、薯蓣等粮食作物。

奴隶贸易的历史由来已久。13—15世纪，意大利商人总是活捉东欧的斯拉夫人去地中海工作，而16—18世纪，阿拉伯商人也奴役了100多万西欧人。葡萄牙人最初使用的奴隶都是白人，但是自葡萄牙商人定期从非洲带回黑人开始，糖料种植园的园主就转为使用黑人奴隶了。^④新的奴隶贸易的中心位于非洲西海岸的佛得角群岛，距西非海岸约300英里，一开始为前往几内亚湾的葡萄牙船只提供

① 〔美〕彭慕兰、史蒂夫·托皮克：《贸易打造的世界》，黄中宪译，第184页。
② 在此之前，葡萄牙人在南下非洲西岸之际，已经在马德拉群岛首创黑人奴隶种植园制度。
③ 1595年，第一份贩奴许可证使葡萄牙人获得专有权，每年可以带4250名奴隶在卡塔赫纳入境。1713年，一纸和平条约结束了西班牙的王位继承战争，英国人也因此获得贩奴许可证，参见〔美〕乔伊斯·阿普尔比：《无情的革命——资本主义的历史》，宋非译，第126页。
④ 〔美〕乔伊斯·阿普尔比：《无情的革命——资本主义的历史》，宋非译，第127页。

补给。奴隶贸易兴起后，便成为葡萄牙、非洲、西印度三角交通线上的中枢。这里有许多黑白混血儿。他们不仅对非洲的疾病有免疫力，而且会说葡萄牙语、信仰基督教，也会说非洲土语，并了解当地宗教。这些混血儿在塞内冈比亚成为商业上的经纪人，建立起贸易网络，与当地的穆斯林进行奴隶贸易。非洲的大米、番薯、粟被带到美洲，美洲的玉米和甘薯被引进塞内冈比亚。15世纪末和16世纪初，佛得角－塞内冈比亚成为美洲社会形成的基础，是非－美世界的重要组成部分。至16世纪30年代，佛得角－塞内冈比亚的示范作用扩大到巴西。到16世纪最后25年，巴西成为世界上最大的奴隶进口地区，并在以后的三个世纪里一直是美洲大陆黑人人口最集中的地区。

同时，在非洲大陆，"达荷美"（今贝宁）沿海的维达（Ouidah）是15世纪后期以来世界上最大规模的奴隶交易中心。葡萄牙、丹麦、荷兰、法国、英国等都在这里建立了商站和要塞。与其他殖民商站不同的是，这些商站由达荷美国王派遣的代表管理，并不享有治外法权。达荷美王国是西非埃维族的一支阿贾人建立的国家，出现于17世纪中叶。奴隶贸易是达荷美经济的重要组成部分，由王室控制。强悍的达荷美军队不断袭击邻国，将抓捕的大批人口卖作奴隶（见表10-2），同时充当贸易中介，将来自北方的奴隶转运至南方各港口。但达荷美王国的全体居民却受到国王的保护，不得出卖。达荷美王国增设"耶沃冈"即"白人首领"一职，专门负责有关欧洲人的商业及堡垒事务。[1] 从17纪至20世纪初的几百年间，达荷美帝国与班巴拉帝国和阿善特帝国（现为西非加纳国）一起，成为西

---

[1]　国王阿加扎曾采取措施，鼓励因战乱而逃亡他乡的居民回归故里。他反对奴隶贸易，曾洗劫和烧毁欧洲奴隶商人在大阿德拉和维达的商站，围困欧洲人的堡垒，封闭奴隶从内地进入沿海的通道，并禁止输出男性奴隶。阿加扎希望利用欧洲人的资金和技术发展国内的工农业生产，并以此为基础同欧洲人发展贸易。1725年，他派代表赴欧洲一些国家，说明达荷美不欢迎拥有贩奴船的欧洲人。他邀请欧洲人到达荷美投资，开办种植园，利用非洲人的劳力发展生产，还邀请欧洲的缝纫工、木工和铁匠等手艺人来传授技艺。但是，欧洲人不予理睬，阿加扎的良好愿望成为泡影，参见"达荷美王国（Kingdom of Dahomey）"，http://blog.sina.com.cn/s/blog_5368d3f50100det4.html，2009-05-30。

非最强大的三个帝国。其位于南部沿海地区的维达又称"奴隶海岸"
（Slave Coast），与科特迪瓦国阿比让地区的"象牙海岸"和加纳国
阿克拉地区的"黄金海岸"齐名，是西非三大著名海岸。直到20世
纪初，达荷美帝国才在法国的殖民打击下最终消亡。[①]

表10-2　贩运到美洲的奴隶人口数量（千人），1500—1870年[②]

	1500—1600	1601—1700	1701—1810	1811—1870	1500—1870
巴西	50	560	1891	1145	3647
加勒比海地区	—	464	3234	96	3793
西班牙美洲	75	293	579	606	1552
美国	—	—	348	51	399

　　黑人帝国仅仅为奴隶贸易提供货源，欧洲人才是奴隶贸易的最
大需要者、最大组织者和最大受益者。仅以英国的贩奴为例，据统
计，1680—1775年，英国人贩卖到美洲的黑人多达300余万人。利
物浦原是英格兰的一个小渔村，后成为贩卖奴隶的一个商业大港，
仅1783—1793年，其贩卖的奴隶多达303,737人，从贩奴中赚得的
利润共计15,186,850镑。[③]可见，奴隶贸易也是英国资本原始积累的
重要来源之一。

　　欧洲国家对殖民地的管理方式基本相同，即对殖民地派遣代表
国王的总督或副王，对殖民地实行监管。在对殖民地蕴藏的金属矿
进行大量开采的同时，让殖民地种植宗主国所需要的单一经济作物。
殖民地的工业发展则严重滞后，甚至连农具和衣物等基本消费品也
无法生产。只有英国比较特殊，其商业资本已经积极投资殖民地的
生产经营，通过组织殖民地公司，依靠团体的力量，对殖民地进行

---

① 〔日〕栗本慎一郎：《经济人类学》，王名译，第55页。
② 〔英〕安格斯·麦迪森：《世界经济千年史》，伍晓鹰等译，第23页。
③ 〔德〕伟·桑巴特：《现代资本主义》（第一卷），李季译，第479页。

生产性开发。在殖民地修建基础设施，投资种植园或工场。以蓝靛生产为例，蓝靛是一种染料，1720年代，欧洲对美洲的蓝靛进口快速发展，但是，18世纪中叶的战争曾对欧洲的布匹工业造成毁灭性影响，蓝靛贸易同样受到打击。不过，英国的蓝靛市场倒是在战时繁荣起来。原来在南卡罗莱纳的主食——大米受到冷落以后，英国人重塑种植园经济，给蓝靛的生产提供了一种"弹性"发展的机会。南卡罗莱纳的蓝靛本来声誉不佳，其萎缩不是因为英国商人对其质量进行诟病，而是因为南卡罗莱纳商人在生产标准方面未取得一致性。在生产标准达成一致之后，南卡罗来纳的蓝靛便成功地将法国和西班牙的蓝靛挤出了欧洲市场，从而满足了工业化开始阶段欧洲布匹工业对廉价染料的需求。[1]

英国的商业资本还积极投资于美洲的其他种植园。在弗吉尼亚公司集资开辟种植园的20万英镑中，英国商人投资10万6000英镑以上；在马萨诸塞公司筹集的5500镑中，商人投入3800镑；在爱尔兰公司筹集的10万英镑中，商人投入7.35万镑。[2]伦敦银行界的巴克利家族、格拉斯哥的豪斯家族在殖民地均拥有众多的种植园。格拉斯哥的商人麦克道尔"在西印度有富庶的田庄，在海上有他的货船，这些货船满载着蔗糖和酒源源不断地开回英国"。[3]这些商业资本在美洲经营着自己的殖民地，使商业资本的生产成本"内部化"，但这种经营战略在亚洲取得的成效并不大。在把美洲殖民地培育成资本主义发展中不可或缺的原料市场以后，英国经济有了新的增长点。17世纪后半期，伴随海上舰队的兴起，北美东南沿海地区与非洲之间的奴隶贸易急剧增长，奴隶在这些地区原来主要种植水稻和蓝靛。至18世纪末，美国的亚拉巴马、路易斯安那和密西西比

---

[1] R. C. NASH, "South Carolina indigo, European textiles, and the British Atlantic economy in the eighteenth century", *The Economic History Review*, Vol. 63, 2010, pp. 362–392.

[2] 陈曦文、王乃耀：《英国社会转型时期经济发展研究》，首都师范大学出版社2002年版，第111页。

[3] 黄邦和、萨那、林被甸主编：《通往现代世界的500年——哥伦布以来东西两半球汇合的世界影响》，第265页。

的新型棉花种植园又很快发展起来。①因种植园数量的不断增加,北美洲最终兴起玉米、棉花和小麦等三大经济王国。

欧洲人在非洲沿岸的少数岛屿也从事种植园经济,并借此开办手工工场。法国在非洲东部马加达加斯加岛东岸的留尼汪岛建立的咖啡、棉花、甘蔗种植园和制糖工场就是其中一例。

1646年,留尼汪岛迎来第一批"居民",12名被法国总督判处流放罪的马达加斯加人被驱逐到这里。法国政府的原意是让这12名罪犯在荒岛上自生自灭,谁料留尼汪岛上天然的泉水、丰硕的水果以及大量海洋鱼类让这12人过上了天堂般的生活。消息传开后,路易十四国王立即把留尼汪岛收归国有,并命名为"波旁岛"。越来越多的人登上波旁岛,并定居下来。18世纪初,波旁岛成为法国东印度公司远洋贸易的停靠港,地位日渐重要。大量来自马达加斯加和非洲其他地区的黑奴被召集起来,来到岛上。这些黑奴在领主的驱使下,开垦荒地,种植咖啡、棉花等经济作物。1668年,一艘叫作"圣但尼"的商船不慎搁浅在名为圣但尼的小镇。因圣但尼所处地形优越,后依托山坡,易于守卫,适合作为港口。就在这个港口附近,一些制糖作坊开设起来,规模大者成为工场,生产出来的蔗糖可以马上被装船运走。伴随着制糖业的兴起,朗姆酒的酿造开始出现。最初的朗姆酒只是甘蔗园里作业的黑人用来解乏的饮料。在每年甘蔗收获的季节里,全凭长柄弯刀砍伐甘蔗的工人,劳动强度大,在下地时,他们会在后裤袋中揣上一小瓶自己酿制的烈酒,劳累时拿出来喝上一小口。留尼汪岛上甘蔗资源丰富,用来发酵做酒最为便利,因此,除制糖业之外,朗姆酒的配制也成为该岛的一项支柱经济。18、19世纪是圣但尼发展的黄金时期。18世纪,法国的糖收益大幅增长。法国君主制的财政危机因新大陆糖料种植园上缴的大量税金而推迟到了18世纪末。②今天,圣但尼的一座昔日制糖厂内还陈列着一些历史文物,如制糖用的大铁锅、石磨,以及甘蔗园工使

① 〔英〕菲利普·德·索萨:《极简海洋文明史》,施诚、张珉璐译,第187页。
② 〔美〕乔伊斯·阿普尔比:《无情的革命——资本主义的历史》,宋非译,第129页。

用过的各种弯刀等，引领参观者探索关于制糖的记忆。博物馆的参观路线也向参观者揭示出关于糖和朗姆酒的制作秘密，并带领游客进入一个"香料与精油的芳香世界"。①

制糖业发源于印度，已经有超过两千年的历史。中世纪时，阿拉伯人曾在埃塞俄比亚和桑给巴尔岛种植和压榨甘蔗。这种技术传入地中海之后，意大利人在西西里学会了种植甘蔗的方法，威尼斯商人控制了欧洲的原糖市场。葡萄牙人在入侵摩洛哥的休达之后，也学会了这项技术。15世纪，他们在马德拉群岛、亚速尔群岛、佛得角群岛和圣多美岛等地开始种植甘蔗。西班牙人紧随其后，也在大西洋群岛和加纳利群岛如法炮制。后葡萄牙人组织奴隶进行严格的劳动分工，在马德拉岛和圣多美岛通过分工协作，完成从大桶煮沸的甘蔗碎屑中结晶糖的一系列工作。②新英格兰人又把这些糖浆运回国内，蒸馏出朗姆酒。因此，在欧洲除了最贫穷的人之外，蔗糖从奢侈品变成所有厨房的必需品。当时，仅食糖这一项商品的进口价值就相当于亚洲国家贸易总价值的四倍。③因此，每个通往大西洋的欧洲国家都加入了这场甜蜜的利润之争。这种甜味剂不仅能让茶更好喝，布丁更好吃，还可以一年四季地保存水果和蔬菜。

手工工场、种植园和黑奴的存在，使欧洲－美洲－非洲之间形成"大三角贸易"。当然，三角贸易的路线与大西洋洋流的路线有关。早期的远洋船只都要依靠洋流吹动船帆来航行。在北大西洋中低纬度海区，大洋环流呈顺时针方向流动。三角贸易的流程包括出程、中程和归程三部分。出程时，运奴船顺着洋流到达非洲，途中有加那利寒流和几内亚寒流作为"补偿流"。中程时，利用的是北赤道洋流，可横跨大西洋，到达西印度群岛。归程时，顺墨西哥暖流（属补偿流）和北大西洋暖流返回欧洲。出程时，从欧洲输出廉价货

---

① 陆建华："留尼汪，有一座用蔗糖书写历史的博物馆"，http://travel.sohu.com/20170110/n478246290.shtml, 2017-1-10。
② 〔美〕乔伊斯·阿普尔比：《无情的革命——资本主义的历史》，宋非译，第127页。
③ 同上书，第133页。

物到非洲换取黑人奴隶。这些货物包括纺织品、果酒和制成品，如3.66米白布换一个黑人奴隶，价值合60—100英镑。中程时，运奴隶到美洲贩卖。归程时，从美洲运金银和原料到欧洲。运往欧洲的原料有棉花、蔗糖、烟草和其他矿产品。

"大三角贸易"在18世纪正式形成。从此，大西洋取代地中海的贸易地位。中世纪盛极一时的意大利城邦、德国北部的汉萨同盟走向衰落，而位于大西洋沿岸的英国、法国、荷兰等国则兴盛起来。从17世纪中叶到19世纪30年代，"西印度"出现一个以奴隶制为中心的广泛存在的商业帝国。这个帝国是由欧洲的成功人士——绅士资本家创造的。它将北美洲、非洲和欧洲有机地联系在一起。S. D. 史密斯在考察英属大西洋世界的形成时，写作了《英属大西洋时代的奴隶制、家庭与绅士资本主义》一书。他从一个来自约克郡、投资于西印度的贵族家庭的视角出发，考察拉塞尔家族（the Lascelles）在1648—1834年所经营的种植园，提出大西洋世界就是这样的家族与其同伴所创造的商业与文化网络。①

英、法、尼德兰等大西洋沿岸国家，依靠自身所处的在大西洋贸易的优势位置和正在增加的商品需求，发展工农业生产，不断扩大贸易的范围和生产领域。英格兰的丝织业、毛纺织业、棉织业、林业、冶金业、造船业等都在这个时期发展起来，许多农牧民因此涌向城镇，为制造业提供了劳动力。约克、考文垂、伯明翰等城市迅速成为新的制造业中心和商业中心。英国的商船规模和贸易规模也进一步扩大。以糖的贸易为例，1800年，英国年消费糖15万吨，差不多是1700年消费量的15倍。②法兰西的农业和制造业在这个时期也有很大发展：一方面，大量生产出来的小麦、苹果酒、葡萄酒和橄榄油可供出口。另一方面，王室推行重商主义政策，减免税收，

① S. D. Smith, *Slavery, Family and Gentry Capitalism in the British Atlantic: The World of the Lascelles, 1648-1834*, Cambridge: Cambridge University Press, 2006.
② 〔法〕费尔南·布罗代尔：《15至18世纪的物质文明、经济和资本主义》（第一卷），顾良、施康强译，第263页。

鼓励发展矿业、玻璃制造业等，图尔、里昂的毛、麻、丝纺织品优于全国，里昂、鲁昂、马赛成为著名贸易城市。

但是，从洲际文明比较的角度看，非洲和美洲的文明发展程度比欧洲低很多，更没有欧洲人正在萌生的资本主义新理念。在文明碰撞过程中，欧洲人拥有绝对优势。他们稳稳地操纵并垄断欧洲－美洲－非洲之间的"大三角贸易"，把"大三角贸易"变成由欧洲人主导的西方市场。西方市场的贸易是欧洲人主导的长距离贸易，将大量财富，尤其将来自美洲和非洲的财富输往欧洲。欧洲在西方市场拥有巨大的贸易顺差。应该说以美洲新大陆为核心的西方市场的存在对欧洲商业资本主义的成长发挥着巨大作用。

欧洲在东方市场的贸易"逆差"

近代早期，欧洲人在西半球拥有贸易的绝对垄断地位，但在东半球却不具有这样的优势。欧洲人进行大航海的目的就是要同东方人直接做生意，此时东方的生产力水平本是高于西方，高于欧洲的。大卫·S. 兰德斯（David S. Lands）曾经说："中国在1000年以前是世界的中心，是地球上最富庶、人口最多的帝国，约300年前仍是人们赞叹的目标……"[1]大航海以后，欧洲虽然进入商业资本主义阶段，却拿不出同等价值的商品与东方人进行交换，幸运的是欧洲人能够从美洲获得大量贵金属，可以运往东方作为商品欠缺的补偿。长期以来，欧洲人都在进行这种以贵金属换取商品的贸易，结果使欧洲在东西方贸易中长期处于"逆差"的地位。[2]布罗代尔把这种逆差称之为"经久不息的结构性流失"。[3]由于东西方贸易才是真正的世界贸易，所以，欧洲在近代早期的总体世界贸易中一直处在不利的地位。

---

① 〔美〕戴维·S. 兰德斯：《国富国穷》，门洪华等译，新华出版社2010年版，第376页。
② 〔德〕贡德·弗兰克：《白银资本——重视经济全球化中的东方》，刘北成译，第6页。
③ 〔法〕费尔南·布罗代尔：《15至18世纪的物质文明、经济和资本主义》（第一卷），顾良、施康强译，第548页。

1.世界贸易中的东方市场

中世纪四大文明中有三大文明（即阿拉伯文明、印度文明和中国文明）位于亚洲，欧洲开辟新航路的目的就是要同先进文明主动保持接触，吸收先进文明的生产成果。但是，由于欧洲人在开辟新航路的过程中发现了美洲，所以欧洲才在无意之中建立了包括美洲和非洲在内的西方市场。这个市场实际上是欧洲内部市场的扩大化。而本来意义的世界市场则是东西方市场，与东方国家的贸易才是真正意义上的世界贸易。

开辟的新航路是继"丝绸之路"之后欧亚大陆出现的又一条东西方贸易之路。重商主义兴起以后的欧洲需要亚洲这一市场。"1500年时，亚洲的人口是西欧人口的5倍（2.48亿对0.57亿），到1600年时这种格局基本未变。这是一个非常巨大的市场。"[①] "几个世纪以来，有关海上亚洲历史文献传达了这样一个信息：欧洲人是动力因素，指导并支配贸易，并可能参与大部分贸易。"[②] 然而，在这个市场上，欧洲人并不能像在西方市场上那样完全操控市场。他们在初次到达东方市场的时候，只能像中世纪时期一样，在贸易中总体上只能处于次要的、逆差的地位，无法占据贸易的主导权。美国学者柯丁指出，16、17世纪，"欧洲却要从亚洲进口商品，而并不是亚洲要进口欧洲的商品。"[③] 因为东方商品物美价廉，在西欧备受推崇。利玛窦曾写道，中国产品在欧洲"所要的价钱大约是我们在西方所付同类产品的1/3或1/4"[④]。而且东方的香料、瓷器、纺织品和茶叶等产品对欧洲来说属于稀缺产品，欧洲人有大量需求，但欧洲却很少有商品拿来与东方进行交换。在缺少等价商品的情况下，欧洲只

① 〔法〕费尔南·布罗代尔：《15至18世纪的物质文明、经济和资本主义》（第一卷），顾良、施康强译，第55页。

② 〔美〕菲利普·D.柯丁：《世界历史上的跨文化贸易》，鲍晨译，山东画报出版社2009年版，第151页。

③ 同上书，第142页。

④ 〔法〕利玛窦·金尼阁：《利玛窦中国札记》，何高济、王遵仲译，中华书局1995年版，第13页。

能用从西方市场掠夺的金银来补偿。例如在1660—1720年，英国东印度公司向亚洲输送的物资中，货物通常只占总量的20.6%。[①]荷属东印度公司的情况同样如此，普通货物所占的比例通常只在10%—20%之间。[②]这样的贸易只能使贵金属大量流入东方，尤其流入中国。近代世界历史上为什么会有如此之多的"淘银热"和"淘金热"呢？原因就是重商主义的欧洲特别需要贵金属。我们看到，先是西班牙在南美洲大量淘银，再是北美移民在加利福尼亚疯狂淘金，然后，淘金的热潮又转向澳大利亚和南非。通过淘金或淘银而获得大量的贵金属，首先就是要同东方国家进行贸易，尤其要与中国进行贸易。

就欧亚之间的贸易量来看，以英国为例。相关的数据显示：1621年，英国进口的90%以上来自北欧、西欧及地中海地区；1700—1701年，美洲殖民地占英国出口值的11%，进口值的20%；1772—1773年，北美和西印度占英国出口的38%，进口的39%；到1797—1798年，分别为57%和32%。18世纪初，英格兰和威尔士的进口贸易有53%来自欧洲，15年后下降到44%，到1800年仅为31%。[③]另有数据显示：18世纪初，英国有73%的进口来自欧洲和美洲，只有27%来自亚洲；到18世纪末，有63%的进口来自欧洲和美洲，37%则来自亚洲。[④]然而，一个需要明确的事实是：欧洲国家只有与亚洲的贸易才是真正意义上的世界贸易，而与欧洲内部及美洲的贸易是不能与之比拟的。

2.构成东方市场的两大贸易区

东方市场是由两大贸易区构成的，即印度洋贸易和中国南洋贸易区。"亚洲贸易商的经营网络横跨东非和印度之间以及东印度与印

---

① K. N. Chaudhuri, *The Trading World of Asia and the English East India Company, 1660–1760*, Cambridge: Cambridge University Press, 1978, pp. 507, 511–512.

② J. R. Bruijn, F. S. Gaastra, I. Schöffer, and A. C. J. Vermeulen eds., *Dutch-Asiatic Shipping in the 17th and 18th Centuries*, The Hague: Martinus Nijhoff, 1987, p. 183.

③ 孙燕："近代早期英国海外贸易的兴起"，《史学集刊》2006年第5期。

④ 同上。

度尼西亚之间，在马六甲海峡以东，贸易主要由中国主导。"①但是，印度洋贸易区的实力不及南洋。无论是在硬实力方面，还是在软实力方面，以中国为核心的南洋均比以印度为核心的印度洋占据更大的优势。

在硬实力方面，南洋地区拥有中央集权，国防能力十分强大，足以保卫沿边和沿海；在对欧洲的商品输出方面，南洋地区无论是在商品输出的种类方面，还是在商品输出的价值方面均远胜印度洋地区。

近代以来，南亚地区虽然出现莫卧儿帝国，但帝国的权力即使在鼎盛时期也没有到达次大陆的南端。而于16、17世纪仍在向北非和中欧扩张的奥斯曼帝国也没有把势力引向印度洋地区，因此，印度洋沿岸的海防十分松懈，西方商人势力很容易就可以攫取贸易权力和殖民权力，在当地建立贸易站或开辟殖民据点。如1497年葡萄牙人可以在"马拉巴尔海岸的果阿"建起贸易站，是因为果阿是一个"缺乏保护"的港口。②英国人让莫卧儿的皇帝认识到苏拉特（Surat）的用途之后，便"轻松地"获取了苏拉特的贸易特权；1643年，英国人又与科尔康达（Golconda）国王达成协议，得到一块"属于英国人自己的土地"——马德拉斯，"并加以设防"；孟买是"作为'嫁妆'"送给英国人的；1690年，英国人在恒河三角洲的"泥浆里"又建起加尔各答。③

17世纪后期至18世纪初期，英国东印度贸易公司在苏拉特、孟买、马德拉斯和加尔各答周围更是建起一系列工场。孟加拉甚至变成英国殖民地。印度王公不再拥有管辖权，而由东印度公司代表英国王室领有该地区。马德拉斯的权利在印度王公们的默认下，也由公司根

---

① 〔英〕安格斯·麦迪森：《世界经济千年史》，伍晓鹰等译，第55页。
② 〔英〕M. M. 波斯坦等主编：《剑桥欧洲经济史》（第四卷），张锦冬等译，第174页。另据一则"关于达·伽马航行的佚名笔记"记载：达·伽马航行到达卡利库特城时，曾见到了两个懂卡斯提尔语和热那亚语的突尼斯人。说明此前少数欧洲语系的人在十字军东征之后已涉足印度。参见朱寰主编：《世界上古中古史参考资料》，第373页。
③ 〔英〕M. M. 波斯坦等主编：《剑桥欧洲经济史》（第四卷），张锦冬等译，第179页。

据英王的特许状领有。加尔各答虽然存在双重权利，但东印度公司根据英国的法律和特许状，拥有统治该地区英国臣民的权力。[1]而且，孟买、马德拉斯和加尔各答各自都有自己的附属地区，公司的贸易由此扩展到印度的内地。1715年，莫卧儿皇帝颁布敕令：英国人每年只要缴纳3000卢比，就可以在孟加拉享受免纳各种税务的贸易特权；经批准以后，可以在加尔各答附近增租土地；公司在海得拉巴省所享受的免税特权仍予保留，只需给马德拉斯缴纳现有的租金；豁免英国人在苏拉特所付的一切关税和手续费，改为每年缴纳1万卢比的年费；公司在孟买铸造的钱币，准许在莫卧儿帝国全境流通。[2]

1660年前后，欧洲人在印度洋沿岸建造大量贸易站和加工场（见表10-3）。这些地点是欧洲比较有名的贸易站，其数量已远远超过欧洲在南洋周围建造的贸易站。

表10-3　1660年前后，欧洲人在印度洋沿岸建立的贸易站[3]

拥有国	地名
英国	圣奥古斯丁湾、阿萨达（二者位于马达加斯加）、苏拉特、孟买、卡利卡特、马德拉斯、维萨加帕塔、马拉索尔、胡格利（均位于印度）和班特姆（位于爪哇）
荷兰	开普敦、毛里求斯、穆哈（亚丁湾出口）、冈布龙（波斯湾）、苏拉特、亭可马里（位于今）、马德拉斯、马六甲
葡萄牙	德拉瓜湾、莫桑比克、桑给巴尔、蒙巴萨（均位东非）、马斯喀特（波斯湾）
欧洲所有国家	位于西业的业丿、巴士拉、伊斯法罕和冈布伦

从18世纪中叶开始，印度又正式走上被英国人殖民的道路。英法七年战争爆发后，1757年6月在印度发生普拉西战役。英国人罗

① 〔印〕R. C. 马宗达、H. C. 赖乔杜里、卡利金卡尔·达塔：《高级印度史》，张澍霖等译，商务印书馆1986年版，第690页。
② 同上书，第691页。
③ 〔英〕马丁·吉尔伯特：《英国历史地图》（第三版），王玉菡译，第59页。

441

伯特·克莱夫（Robert Clive，1725—1774年）率领一支由印度人和欧洲人组成的3000人的队伍，打败由孟加拉王公西拉吉·乌德·道拉（Syraji Ude Dora）统领的5万人的印度大军，孟加拉由此变成英国人的殖民地。英属东印度公司在孟加拉建立的贸易站马上增加到150多个，此外还有15个海外代理店。[①]从1715年之后的10年中，东印度公司在加尔各答的船舶吨位每年也达1万吨。[②]1709—1750年，英属东印度公司的贸易持续增长，其进出口值增加一倍，船只从11艘增加到20艘。[③]实际上，这个时期，印度主权国家的地位已开始丧失，印度洋国际贸易区的地位已开始向英属大贸易区的方向转化。

就印度洋地区与欧洲进行的贸易来说，其对欧洲输出的商品主要是香料、棉布等初级原料产品和加工产品，不仅输出商品的品种单一，而且在价格上无法与中国输出的商品比拟。帕拉卡西（Prakash）对1513—1780年间欧洲从亚洲进口商品的构成做过一个统计（见表10-4）。这个统计显示：1513—1780年，欧洲从亚洲进口的最大宗商品共计五类，分别为胡椒、咖啡、纺织品、生丝和茶叶。其中，胡椒和咖啡主要出产于印度洋贸易区，生丝和茶叶主要出产于南洋贸易区，纺织品的出产兼具两地。1513—1610年是葡萄牙垄断东方贸易的时期，胡椒是欧洲进口的最大宗商品，价值超过全部进口值的一半。1619年之后，荷兰挫败葡萄牙和西班牙成为"海上马车夫"，荷属东印度公司开始主导亚洲贸易，进口的最大宗商品除香料外，新增纺织品和生丝，二者的价值约占全部进口值的16.1%。1668年以后，英国海军打败荷兰逐渐取得对亚洲贸易的垄断权，英属东印度公司取代荷属东印度公司。英国进口的最大宗商品变成纺织品。1668—1670年，纺织品的进口值占全部进口值

---

① "英属东印度公司"，见外国历史丛书编辑委员会：《外国历史专题史话》，商务印书馆1993年版，第12页。

② 〔印〕R.C.马宗达、H.C.赖乔杜里、卡利金卡尔·达塔：《高级印度史》，张澍霖译，第692页。

③ J. O. Lindsay ed., *The New Cambridge Modern History*, Vol. Ⅷ, Cambridge University Press, 1988, p. 40.

的56.6%。1758—1760年，它仍占全部进口值的53.5%。英国对生
丝和茶叶的进口也在迅速增加，1668—1670年，其丝和茶进口仅占
全部进口值的0.6%和0.03%，1758—1760年，便上涨到12.3%和
25.3%。差不多在同一时期，荷属东印度公司对纺织品、生丝、咖
啡和茶叶的进口也在大幅上升，1778—1801年，纺织品和生丝的进
口值已上升到32.7%，咖啡和茶叶也升至22.9%。从近代早期东西
方贸易的总体趋势看，随时间的推移，欧洲对胡椒的进口不断下降，
而对纺织品、生丝、咖啡和茶叶的进口不断上升。这说明欧洲对东
方的贸易正在向远东、中国转移。中国出口的商品除了生丝、茶叶
外，瓷器也是重要商品之一。总之，南洋的贸易地位越来越重要。

表10-4 欧洲从亚洲进口商品的构成，1513—1780年[①]

葡萄牙（印度国家贸易公司，总部设在果阿）（占总重量的百分比）		
	1513—1519	1608—1610
胡椒	80.0	69.0
马鲁卡香料	9.0	0.03
其他香料	9.4	10.9
纺织品	0.2	7.8
靛青	0.0	7.7
其他	1.4	4.6
荷兰东印度公司（VOC，享有垄断经营权，总部设在巴达维亚）（占总价值的百分比）		
	1619—1621	1778—1801
胡椒	56.4	11.0
其他香料	17.6	24.4
纺织品和生丝	16.1	32.7
咖啡和茶叶	0.0	22.9
其他	9.9	9.9

---

① O. Prakash, *European Commercial Enterprise in Pre-Colonial India*, Cambridge: Cambridge University Press, 1998, pp. 36, 115, 120.

英国东印度公司（EIC，主要在孟买、加尔各答以及马德拉斯从事垄断经营）（占总价值的百分比）		
	1668—1670	1758—1760
胡椒	25.3	4.4
纺织品	56.6	53.5
生丝	0.6	12.3
茶叶	0.03	25.3
其他	17.5	4.5

据研究，葡萄牙人首次抵达中国广东时，就对中国的丝织品产生浓厚的兴趣。哥依·菲利普斯（Geo Philips）曾写道："从中国运来的各种丝货……其白如雪，欧洲没有一种出品能比得上中国的丝货"。[①]西班牙人定居马尼拉以后，也大量购进中国的丝织品。他们把白银从美洲运到菲律宾，然后从菲律宾买走中国的丝绸。[②]据波特洛（Botero）记载："从中国输出的丝绸数量，几乎超出人们的想象。每年有一千英担丝绸从这里输出到葡属印度群岛，输出到菲律宾"。[③]澳门商人在菲律宾"无视禁令，出售中国丝绸以换取美洲的银子，而且很快就控制了菲律宾商业的相当大一部分"。[④]在16世纪的最后10年和17世纪的最初10年，"把在阿卡普尔科的丝绸被驮运过墨西哥，然后再从维拉克鲁斯出口到西班牙。欧洲对丝绸的需求是如此的旺盛，而来自各个产地的供应又是如此的不足。"[⑤]1640年之后，从墨西哥转运西班牙的丝绸贸易中断，中国丝绸改由荷兰船只运往欧洲。18世纪三四十年代，欧洲每年从中国进口的丝绸多达75,000余匹。[⑥]除中国之外，越南也向荷兰人销售丝织品。

---

① 〔西〕哥依·菲利普斯："西班牙与早期的常照"，《南洋问题资料译丛》1957年第4期。
② 庄国土："明季中国丝绸的海外贸易"，《中国和海上丝路国际讨论会论文集》，福建人民出版社1991年版。
③ S. A. M. Adshead, *China in World History*, London: Macmillan, 1988, p. 217.
④ 〔英〕M. M. 波斯坦等主编：《剑桥欧洲经济史》（第四卷），张锦冬译，第189页。
⑤ 同上书，第190页。
⑥ "中国制造——前工业时代的世界工厂"，《看历史》2010年3月版。

中国的瓷器也为欧洲大量需要。据记载，葡萄牙人垄断亚洲贸易时，中国外销瓷从数量上看只有大约16%远销欧洲，但是，这些瓷器都是上乘之作，其出口价值占到中国陶瓷出口总值的一半。[①]进入明、清交替之际，中国因政局混乱，瓷器出口一度减少2/3以上，并被占据福建和台湾的郑氏集团所控制。1682年台湾收复以后，瓷器外销又恢复到明朝的水平。据统计，在整个18世纪的100年间，输入欧洲的中国瓷器多达6000万件以上。[②]当然，除中国之外，日本、越南等国也有瓷器输往欧洲。

茶叶可能是欧洲最需要的中国商品，欧洲对中国茶叶的进口始于17世纪初。18世纪，欧洲人学会饮茶，茶叶很快成为中西方最主要的贸易商品。18世纪60年代，英国成为中国茶叶的最大买家。1789年，停泊在广东黄埔村港的外国商船共计86艘，其中61艘是购买茶叶的英国商船。[③]据中国学者庄国土统计，在1765—1774年，英国每年进口的茶叶占到从中国进口值的71%，1785—1794年间上升到85%，19世纪时达到90%以上。[④]茶叶贸易使英国的贵金属大量流入中国。为平衡贸易逆差，英国开始在孟加拉种植鸦片，然后偷运至中国，鸦片贸易由此开始。欧洲其他国家对中国茶叶的进口也数量惊人。荷兰是欧洲仅次于英国的对华贸易国，从18世纪20—90年代，茶叶进口占到荷中进口总值的70%—80%，有些年份超过85%。[⑤]法国、瑞典、丹麦等国的茶叶进口也占到对华进口值的65%—75%不等。[⑥]刚刚独立不久的美利坚合众国于1784年派遣"中

①　〔德〕贡德·弗兰克：《白银资本——重视经济全球化中的东方》，刘北成译，第163页。

②　Ho Chuimei, "The Ceramic Trade in Asia, 1602-82", John Latham, Heita Kawakastu eds., *Japanese Industrialization and the Asian Economy*, London and New York: Routledge, 1994, pp. 36-47.

③　〔美〕马士、宓亨利：《远东国际关系史》，姚曾廙等译，上海书店出版社1998年版；另见黄淼章、郭德焱：《哥德堡号重圆中国梦》，广东教育出版社2006年版，第33页。

④　庄国土："茶叶、白银和鸦片：1750—1840年中西贸易结构"，《中国经济史研究》1995年第3期。

⑤　张应龙："鸦片战争前中荷茶叶贸易初探"，《暨南学报》1998年第3期。

⑥　庄国土："18世纪中国茶叶的国际贸易"，第34届亚洲和北非研究国际大会上提交的论文，香港1993年版，第30—33页。

国皇后"（Empress of China）号商船首航广州，也带回茶叶3000多担。至19世纪初的30年，茶叶进口占到美国全部对华进口值的30%—40%，1837年超过60%，1840年达到81%。[①]在鸦片战争爆发前的最后几年，广州每年出口茶叶35万担，价值9445万银圆，占中国全部出口总值的70%左右。[②]

当然，中国出口欧美国家的商品除了生丝、瓷器和茶叶之外，"还有铜镜、漆器、小五金、家具、书籍和绘画"等。[③]16—18世纪，中国出口商品的数量多达236种。[④]欧洲造币用的原材料——水银、锌、铜镍合金等曾经从中国进口；造船用的木料和船只部分从南海周边的东南亚地区进口；部分香料、檀香木等也需要从东南亚进口。纺织品是18世纪英国从东方进口的最大宗商品。[⑤]这些纺织品的很大一部分也由中国输出。1636年，耶稣会传教士曾德昭在《大中国志》中写道："仅在常州城及附属广大地区，就有20万台织布机。由于织布机小巧，一间屋子内常常安放许多台，差不多所有的妇女都从事这种行业"。[⑥]这个时期，中国开始从印度进口棉花，然后将纺织品转手出口到欧洲。[⑦]

在商品的价值方面，中国的生丝、茶叶和瓷器等商品更是价值不菲。据记载，1650年，英国一户普通人家一年的生活费大约5英

---

① 庄国土："茶叶、白银和鸦片：1750—1840年中西贸易结构"，《中国经济史研究》1995年第3期。

② 姚贤镐：《中国近代对外贸易史资料：1840—1895》（第一册），中华书局1962年版，第258页。

③ 〔法〕谢和耐：《中国社会史》，耿昇译，江苏人民出版社1995年版，第29页。

④ 黄启臣："中国在贸易全球化中的主导地位——16世纪中叶至19世纪初叶"，《福建师范大学学报》2004年第1期。

⑤ 亚当·斯密曾经说："在15世纪末，欧洲各地虽然非常喜爱东印度的平纺细布和其他棉织品，但是欧洲各地仍然都还没有开发自己的棉制造业。"参见〔英〕亚当·斯密：《国富论》，谢祖钧译，第367页。

⑥ 转引自计翔翔：《十七世纪中期汉学家著作研究——以曾德昭〈大中国志〉和安文思〈中国新志〉为中心》，上海古籍出版社2002年版。

⑦ 〔德〕贡德·弗兰克：《白银资本——重视经济全球化中的东方》，刘北成译，第164页。

镑，而1磅茶叶（合0.45千克）的价值就高达10英镑。[1]关于丝绸的价值，美国著名作家房龙有过描述："丝绸出现在市场上，使人不可避免地追求华丽。因为人不仅是懒惰的动物，而且爱慕虚荣"；但是，"在古代，蚕丝与黄金等价。"[2]中国的瓷器在欧洲于13世纪时已经与黄金等值。[3]因此，生丝、茶叶和瓷器等商品，对于中世纪前后的欧洲人来说属于高档奢侈品，其价值不是印度洋地区的胡椒或棉织品可比拟的。谢和耐曾指出："一直到19世纪，中国仍是一个出口豪华奢侈品的大国，其交易激起了世界范围内的阵阵贸易潮流。"[4]

再看两大贸易区软实力的比较。这里所谓的"软实力"主要指文明或文化本身对欧洲的影响力。从两者的比较看，南洋贸易也明显高于印度洋贸易区。

我们看到，自东西方之间贸易开通以来，随着交往的不断加深，欧洲在17、18世纪便兴起一股"中国热"，但是，欧洲并没有同时兴起一股"印度热"或"阿拉伯热"。这是不争的事实。18世纪，以启蒙学者为代表，欧洲人一度对中华文明推崇备至，把中国社会视为"理性生活"的典范。他们认为，中国"存在一种由人自己管理自己，再由理性来管理人的模式；那里没有宗教、没有教会，是自由思想的绿色天堂"。[5]这种崇拜从宫廷开始，路易十四的家庭教师拉莫特·勒韦耶是崇拜者之一。她每天清晨给皇家子弟上课时，总是面向孔子画像，虔诚祷告："圣人孔子，请为我们祈祷"。[6]把孔子视为指导教育的典范。在启蒙运动长达一个世纪的时间里，法国人把中国当成"提倡理性、反对宗教愚昧"的榜样。彭慕兰说，近代

---

[1]　"18世纪欧洲'中国热'借鉴中国科举制度"，http://scitech.people.com.cn/GB/ 1057/ 4528664.html, 2016-6-26。

[2]　〔美〕房龙：《文明的开端》，刁一恒译，北京出版社1999年版，第159—160页。

[3]　吴慧：《中国古代商业》，商务印书馆1998年版，第113页。

[4]　〔法〕谢和耐：《中国社会史》，耿昇译，第29页。

[5]　〔法〕佩雷菲特：《停滞的帝国——两个世界的撞击》，王国卿、毛凤支等译，生活·读书·新知三联书店1995年版，第31页。

[6]　同上书，第30页。

早期，"欧洲的确向东方学习了大部分知识"。[①]

对于中国的器物，欧洲人更是青睐有加。17世纪，欧洲的贵妇们喜欢穿中国丝绸面料的高跟鞋，并在鞋面上装饰中国风格的图案。其实，当时欧洲自己生产的丝绸在质量上已与中国货不相上下，但其产品上的图案如龙、凤、花、鸟等都处处仿造中国，并且特意注明"中国制造"以保证销路。为更好地进行仿造，欧洲各国丝织场的丝绸画师手里都备有一本《中国图谱》，因此，在很长一段时期里，欧洲产的丝绸都保持着强烈的中国工艺美术风格。在英国，商人们为了满足贵族酷爱中国漆器的需要，往往不远万里到中国广州购买大块漆器运回国内，然后改制成各种规格的屏风出售。更有甚者，他们还将英国的木制家具运往广州，请广州的漆工进行加工，然后再运回英国出售。即使是一些著名家具设计师，也完全仿造中国式样，以获得顾客的青睐。从16世纪开始，欧洲陆续出现丝绸、瓷器、壁纸、漆器、白铜等这些中国产品的高仿品。16世纪，一批有名的丝绸生产基地在意大利和法国动工修建。1688年，中英、中法的混合式壁纸在欧洲出现。1730年，法国人罗伯特·马丁成功仿造出中国的漆器。18世纪中叶，法国人又烧造出中国的硬质瓷器。1770—1780年，德国的王室瓷窑——"迈森国家瓷厂"正式开工。18世纪末，英国人在中国陶器的基础上烧制出"骨瓷"。对瓷器的成功仿造，使中国瓷器在欧洲市场的销路于19世纪一落千丈。1823年，德国人又成功仿制出中国的白铜，改称"德国银"，最终取代中国白铜在国际市场上的地位。[②]今天，欧美国家在世界范围内宣扬专利保护早已人所共知，岂不知，前此二三百年间，欧洲人自己就是中国商品的最大山寨者。

总之，通过软、硬实力的比较，我们已经看到，东方两大贸易区的重要性是不一样的。中国南洋贸易区远远胜过印度洋贸易区。

---

① 〔美〕彭慕兰、史蒂夫·托皮克：《贸易打造的世界》，黄中宪译，第276页。
② 梅建军："评凯思平著《白铜：中国合金在欧洲（1680—1820）》"，《中国科技史杂志》2005年第26期。

3.中国在南洋贸易中拥有自主的地位

中国在南洋地区的对欧贸易中拥有独立自主的地位。因为"使东方和西方发生接触的是商业，但事实是西方人出来寻求中国的财富，而不是中国人出去寻求西方的财富"。[1]因此，就贸易本身来说，是欧洲人有求于中国人，而不是中国人有求于欧洲人。中国有效发挥并利用这一优势。其结果便是东西方贸易（严格来说即世界贸易）中的"中强西弱"。这个局面在中国一直维持到1840年鸦片战争爆发。

在近代早期的殖民主义时代，为什么中国会出现这样一种"中方压倒西方"的格局呢？首先，中国是近代早期唯一能够维系大一统的国家"。[2]大一统的存在使中国拥有强大而稳固的边防能力。欧洲在其坚船利炮未出现以前，对中国的海防是无能为力的。他们无法敲开中国的贸易门户，只能首先对中国表示臣服。

其实，包括葡、西、荷、英等国在内的大西洋沿岸国家曾经对明代中国进行了毫不客气的侵略，都想在中国迅速建立贸易站。这些国家分别于1514年、1575年、1604年和1636年进入中国沿海。他们在首次到达中国之前，一路走来，已经在沿途建立众多的贸易站和殖民据点，唯独在中国遇到强大的阻力，被迫停顿下来。葡萄牙在屯门海战中被中国击败之后，于1547年租借澳门作为贸易货栈。西班牙在腓力二世统治时期，曾幻想用"两万人的兵力"征服中国大陆，结果因"无敌舰队"被英国打败，计划变成了纸上谈兵。英国东印度公司于1636年首航广州，曾炮击广州沿海城镇，企图给中国政府一个下马威，结果遭当地军民有力还击，最终只能"赔款"了事。[3]荷兰在17世纪初成为海上霸主以后，进驻中国东南沿海，在澎湖与台湾之间与明军展开博弈，结果被郑成功击败，最终

---

① 〔英〕M.格林堡：《鸦片战争前中英通商史》，康成译，商务印书馆1961年版，第1页。
② 杨念群："从'逆现代化现象'看中国历史人类学的兴起"，《人间思想第四辑——亚洲思想运动报告》，人间出版社2016年版，第44—48页。
③ 黄鸿钊："西方列强与澳门的关系"，《中山文史》（第45辑），1999年版。

只能落脚于爪哇的巴达维亚。^①当时的中国既不是美洲或非洲的"半开化的酋邦"，也不是印度次大陆的"离散帝国"，而是一个权力高度集中，民族高度统一的泱泱大国。在这样的威权面前，欧洲人的武力变得不灵验，最终只能偃旗息鼓，顺从地以一个商人的面目与中国指定的"十三行"做生意，并开始适应中国约定俗成的贸易规则——朝贡贸易。

近些年来，欧洲学者和日本学者的研究均承认：中国的朝贡贸易在近代早期的世界贸易中占据支配地位。彭慕兰说："朝贡制度的作用与现代世界贸易组织乃至联合国所起到的作用差不多。"^②1988年，日本学者滨下武志（Takeshi Hamashita）在《朝贡贸易与现代亚洲》一文中认为，亚洲历史存在一个"以中国为中心，以内部朝贡关系和朝贡－贸易关系为特征的"统一体系。^③1994年，他在《19世纪和20世纪的日本与中国》一文中又提出：这种朝贡关系也是"欧洲国家与东亚国家之间的中介贸易"。^④中国明朝的朝贡体系是一个包括欧洲国家在内的朝贡国等级序列。在这个序列当中，远东的朝鲜、日本是一等贸易国，东南亚国家为二等贸易国，印度和阿拉伯国家是三等贸易国，欧洲的葡萄牙与荷兰则是最后等级的贸易国。弗兰克认为："'中国朝贡贸易网'两千年来一直是更大的非洲－欧亚世界经济网的一个组成部分。欧洲人所做的不过是把美洲纳入这个网络。"因此，"直到18世纪……这种中国与朝鲜、日本、东南亚、印度、西亚、欧洲及欧洲的经济殖民地之间，以及这些地区之间的中心－边陲关系，在世界经济中起了一种决定性作用"。其实，直到亚当·斯密以前，欧洲人都非常清楚这个"中国中心体系"

---

① 《明史》，卷三百二十五，列传第二百十三。
② 〔美〕彭慕兰、史蒂夫·托皮克：《贸易打造的世界》，黄中宪译，第7页。
③ 滨下武志："纳贡贸易与现代亚洲"，《东洋文库》，东京：东洋文库研究部回忆录，1988年46号，第7—8页，转引自〔德〕贡德·弗兰克：《白银资本——重视经济全球化中的东方》，刘北成译，第164—165页。
④ 滨下武志："19世纪和20世纪的日本与中国"，1994年夏季在康奈尔大学以萨卡宣读的论文，转引同上。

存在的价值。直到工业革命发生后,"欧洲中心论"兴起,这段属于中国的"光荣史"才渐渐被历史湮没。因此,弗兰克不无遗憾地强调,近代早期,"全球经济可能有若干个'中心',但是如果说在整个体系中有哪一个中心支配着其他中心,那就是中国(而不是欧洲!)这个中心";"欧洲人唯一的选择就是把他们的贸易马车挂在亚洲庞大的生产和商业列车上,而这列亚洲火车正行驶在早已修筑好的轨道上(也就是陆上和海上网络上)。"[①]早在弗兰克之前,美国人布鲁克·蒂莫西也表示:"中国,而不是欧洲,是当时世界的中心"。[②]

中国对于南洋贸易的态度首先是考虑到国家的安全,其次才是贸易本身。只要不对中国的国防安全产生威胁,中国对海外贸易的态度是海纳百川、包容百家的。一旦国防出现问题,中国就会出现"海禁",贸易就会受到阻止。

明朝后期,因日本"倭寇"威胁中国东南沿海,中国出现海禁。在戚继光抗倭取得成效以后,海禁随即解除,时间是1567年。[③]在清朝前期统治的196年间,"禁海"年份共计39年。[④]清政府曾诏令福建沿海"禁海、毁船、禁船、迁界",要求距海30里的居民全部内迁。但此次禁海的目的不是针对贸易,而是针对台湾问题。等到郑氏后裔盘踞的台湾岛被攻下以后,禁海令就解除了。1684年,清政府在广州黄埔、福建厦门、浙江宁波和江苏云台山四个地点设立通商"榷关",海外贸易全面放开。1717—1727年,雍正帝又颁旨禁海,但"内地商船,东洋(日本)行走犹可……至于外国商船,听其自来"。[⑤]1757年,乾隆帝裁撤四个海关归并到广州一处,有人

---

① 〔德〕贡德·弗兰克:《白银资本——重视经济全球化中的东方》,刘北成译,第166—169页。

② Brook Timothy, *The Confusions of Pleasure: A History of Ming China*(*1368-1644*), California University Press, 1998, preface.

③ 当时受到中国海禁影响的欧洲国家只有葡萄牙。

④ 黄启臣:"清代前期海外贸易的发展",《历史研究》1986年第4期。

⑤ 《康熙起居注》,"康熙五十六年"。

认为这是中国"闭关锁国"的典型做法。① 其实，乾隆帝这样做是出于对国家安全的深谋远虑，与贸易无关。一个明显的证据是，在贸易集中到广州一地之后，中国的海外贸易不仅没有降低，相反有很大的提升。据统计，1685—1757年"开放四海关"的72年间，到达中国的欧洲商船是312艘；② 而1758—1838年"开放广州一海关"的80年间，到达中国的欧美商船达到5107艘。③ 相当于前一个时期的16倍。④ 按年平均计算，开放四海关时，每海关年接待西方商船仅1艘，而开放广州一港口时，年接待西方商船达到64艘，效率提高几十倍。⑤ 只是中国对西洋船只的控制加强。宁波港作为开放港口时，很少有外国商船登岸，乾隆二十年（1755年），英国东印度公司的一艘商船因受不了广州海关和"十三行"的克扣，曾壮着胆子，北上宁波采购茶叶和丝绸。多年未见到外国人的宁波官员和商人对船长洪仁辉等人非常热情。但随着英国商船反复到来让地方官感到不安，他们上奏皇帝。乾隆帝立刻警惕起来。在他看来，任何民间的自发性或自主性的行动都是危险的。既然宁波开埠给帝国的管理增添了麻烦，不如将它关闭。于是，皇上下旨："向来洋船进口，俱由广东之澳门等处，其至浙江之宁波者甚少……于此复又多一市场，恐积久留居内者益众。海滨要地，殊非防微杜渐之道……盖本地牙行及通事人等，因夷商入口得从中取利，往往有私为招致者。此辈因缘觅利无有已时；即巡逻兵役人等，亦乐于夷船进口抽肥获利。在此时固不过小人逐利之常，然不加禁止，诚恐别滋事端，尤当时加体察。"⑥ 自此，对外贸易一律改在广州港进行。

---

① 撤销宁波、泉州和松江三个海关，仅保留广州港与外洋通商。

② 黄启臣："清代前期海外贸易的发展"，《历史研究》1986年第4期。

③ 根据《奥海关志》卷2第34—40页的数字统计；另见黄启臣："中国在贸易全球化中的主导地位——16世纪中叶至19世纪初叶"，《福建师范大学学报》2004年第1期。

④ 〔英〕M.格林堡：《鸦片战争前中英通商史》，康成译，第51页。

⑤ 黄启臣："中国在贸易全球化中的主导地位——16世纪中叶至19世纪初叶"，《福建师范大学学报》2004年第1期。

⑥ 原文见《清高宗实录》；转引同上。

由此可以看到，中国对于本国是有非常完整的管理模式的。中国不仅防范能力强大，而且拥有充分的贸易自主权。集重商主义和殖民主义于一体的欧洲列强要想在中国沿海肆意经商是很难的，并且不得不墨守中国独有的朝贡规则。所以，自1514年葡萄牙人首次来到中国广东沿海，至1840年鸦片战争爆发，无论是在商品进出口方面，还是在贸易需要遵守的国际规则方面，抑或在贸易结算时的出入超方面，中国都是受惠国。中国置身于西方侵略浪潮之外，又凌驾于西方殖民主义浪潮之上。中国"南海"因此变成了"东方的地中海"。[①]中国本身也是世界货币——白银的最大流入国。

早期世界贸易的总趋势

早期世界贸易的总体趋势就是欧洲人依靠掠夺从美洲获得巨量的金银，然后通过贸易将这些金银的一部分输送到中国和印度。应该看到，新的世界贸易毕竟还是古代东西方贸易（丝路贸易）的继续。

据研究，直到鸦片战争爆发，世界各地生产的白银不断从欧洲、菲律宾和日本三个方向流入中国境内。[②]对于流入中国白银的数量，自20世纪80年代以来，学术界有不同的估算。英国统计学家麦迪森和德国学者弗兰克在著述中都有相关的估算。我们先看麦迪森所引用的一系列数据。

1500—1800年，从美洲输入欧洲的白银为72,825吨。数字来源于莫里留（Morineau）在1985年的统计，见下表（表10-5）。

---

① François Gipouloux, "Integration or Disintegration? The Spatial Effects of Foreign Direct Investment in China Perspectives", *China Perspective*, No. 17, 1998.

② 19世纪以前的世界贸易格局存在这样一个大循环：欧洲通过暴力的手段，从美洲掠走大量的黄金和白银，运送到欧洲；因东西方之间的国际贸易已经开始，中国则通过生产高端的制成品——主要是丝织品、瓷器和茶叶，与欧洲进行交换，将运送到欧洲（其次还有日本）的白银再次运送到中国。

表10-5 从美洲到欧洲的金银贩运量（吨），1500—1800年 [1]

	金	银
1500—1600	150	7500
1600—1700	158	26,168
1700—1800	1400	39,157
合计	1708	72,825

　　那么，从欧洲输出的白银有多少呢？根据巴里特（Barrett）在1990年发表的数据（见表10-6）来看，1601—1780年总计为29,100吨。

表10-6 西欧白银出口量（吨），1601—1780年 [2]

	到波罗的海岸	到地中海岸	从荷兰到亚洲	从英国到亚洲	合计
1601—1650	2475	2500	425	250	5650
1651—1700	2800	2500	775	1050	7125
1701—1750	2800	2500	2200	2450	9950
1751—1780	1980	1500	1445	1450	6375
合计	10,055	9000	4845	5200	29,100

　　那么，中国吸收的白银是多少呢？根据凡·格劳恩（Von Glahn）在1996年发表的数据（见表10-7）来看，1500—1700年总计为6951吨。

　　弗兰克对近代早期的世界贸易和白银流动做过专门研究，最后得出的结论是：中国是近代早期世界白银的"终极密窖"。他认为，15世纪末到19世纪初，在世界范围内，欧洲掠夺美洲，而中国通过

---

① M. Morineau, *Incroyables Gazettes et Fabuleux Métaux*, Cambridge: Cambridge University Press, 1985, p. 570.

② J. D. Tracy ed., *The Rise of Merchant Empires: Long-Distance Trade in the Early Modern World, 1350–1750*, Cambridge: Cambridge University Press, 1990, p. 251.

表10-7　中国白银进口量及来源（吨），1550—1700年[①]

	日本	菲律宾	葡萄牙贩运到澳门	合计
1550—1600	1280	584	380	2244
1600—1640	1968	719	148	2835
1641—1685	1586	108	0	1694
1685—1700	41	137	0	178
合计	4875	1548	528	6951

与欧洲的贸易又使美洲流向欧洲的白银的至少40%流入中国。[②]据弗兰克估算：16世纪，美洲输往欧洲的白银大约1.7万吨，未见对中国输出，只有日本向中国输出白银2000吨；17世纪，美洲又向欧洲输出白银大约2.7万吨，其中1.3万吨被转运到中国；同一时期，日本也向中国输出白银7000吨。18世纪，美洲向欧洲输出白银大约5.4万吨，其中2.6万吨被转运到中国。进入中国的白银还有一部分来自菲律宾。据估算，1600—1800年，经马尼拉输往中国的白银大约在3000—25,000吨之间。[③]这些白银是由墨西哥的阿卡普尔科运至菲律宾的。

综合上述数字，我们看到，1500—1800年，美洲向欧洲输出的白银共计9.8万吨，其中3.9万吨被转运到中国。此外，日本在这个时期向中国输送了9000吨白银，马尼拉也向中国运送了3000—25,000吨白银。这样，输送中国的白银共计5.1万—7.7万吨；而美洲留在欧洲的白银还有大约5.9万吨。两者数字大致相当。[④]所以，

---

①　R.Von Glahn, *Fountain of Fortune: Money and Monetary Policy in China, 1000-1700*, California: University of California Press, 1996, pp. 140, 232.

②　1493年到1800年，全世界85%的白银和70%黄金均来自美洲，参见〔德〕贡德·弗兰克：《白银资本——重视经济全球化中的东方》，刘北成译，第202页。

③　据记载，在最旺盛的年头1597年，从阿卡普尔科运送到马尼拉的块银的总量——其中大部分来自秘鲁——12,000,000比索（Pesos），这个数字接近西班牙大西洋官方贸易的总价值。参见〔英〕M. M. 波斯坦等主编：《剑桥欧洲经济史》（第四卷），张锦冬等译，第190页。

④　〔德〕贡德·弗兰克：《白银资本——重视经济全球化中的东方》，刘北成译，第209页。

弗兰克说世界白银的大约一半进入到中国。[1]

那么，麦迪森与弗兰克两人的观点到底谁对谁错呢？目前学界普遍认为，麦迪森的估计显得过于保守，弗兰克的估算则并非空穴来风。

从早期的史料看，早在19世纪上半叶鸦片战争爆发以前，西方商人已经感叹中国对世界白银的超常吸纳。如1838年，一位来中国经商的美国人曾十分感慨地写道："我们完全承认，在持续一个半世纪之久的时间内，一笔总数非常巨大的货币流入了这个国家，再也没有出口，其总数达到3亿两白银"。[2]道光二年（1822年），十三行不幸失火，焚烧了七天七夜，最后那些熔化流入水沟的洋银居然凝结成一条长达一二里的银块！可见当时商馆规模的奢昂庞大。[3]另外，在弗兰克未发表其看法以前，20世纪80年代，中国学者也对世界白银流入中国的情况做过考证。1553年至1830年，仅广东一地流入中国的白银总量就达5亿两以上。[4]5亿两折合市制单位至少在2万吨，加上澳门和其他渠道流入中国的白银，总量远远超过麦迪森提供的数字。[5]还有近年来西方学者的研究也支持了弗兰克的看法。如查尔斯·达南科特表示，1500年到1700年，欧洲得自美洲和非洲的白银"总额不少于8亿镑，运到东印度并在那里埋藏起来的有1.5亿镑"。[6]再如彭慕兰认为："几百年来，欧洲都从亚洲进口大量

---

① 参见〔英〕查尔斯·达维南特：《论英国的公共收入与贸易》，朱泱、胡企林译，商务印书馆1995年版，第294页。

② Gützlaff, Karl Friedrich, Reed Andrew, *China Opened; or, A Display of the Topography, History, Customs, Manners, Arts, Manufactures, Commerce, Literature, Religion, Jurisprudence, etc, of the Chinese Empire*, London: Smith, Elder and Co., 1838, p. 23.

③ "清代十三行遗址"，http://hongmerchant.gzhu.edu.cn/info/1124/1463.htm, 2013-07-09。

④ 庄国土："16—18世纪白银流入中国数量估算"，《中国钱币》1995年第3期。仅在1700—1823年，英国东印度公司因购买茶叶就向中国输送了5387万两白银，另见庄国土："茶叶、白银和鸦片：1750—1840年中西贸易结构"，《中国经济史研究》1995年第3期。

⑤ 庄国土估计，1700—1840年，从欧洲运往中国和从美国运往中国的白银约17,000万两，这个数量不包括西班牙人经马尼拉输入中国的白银。另见庄国土："茶叶、白银和鸦片：1750—1840年中西贸易结构"，《中国经济史研究》1995年第3期。

⑥ 〔英〕查尔斯·达维南特：《论英国的公共收入与贸易》，朱泱、胡企林译，第294页。

香料、丝等产品，却很少有产品出口到亚洲。西班牙征服美洲，为欧洲提供了暂时的解决办法。新大陆的金、银大量输往亚洲，其中可能有一半运往中国，以换取欧洲人真正能消费的东西。"①他还说，"到了18世纪中叶，输入欧洲的亚洲产品达到新高，特别是英格兰，茶成为大众饮料。与此同时，新大陆所产的金、银减少，而且来自美洲的新产品，包括糖、烟草等也使欧洲储存的现金逐渐流失。"②直到18世纪末，英国人还只能感叹："我说不出一件能在那儿获得成功的商品，我们把所有的东西都试了。"③就荷兰东印度公司来说，"1615年，荷兰东印度公司的全部出口中货物只占6%，贵金属则占94%。从1660年到1720年的60年间，贵金属占东印度公司对亚洲出口总值的87%。"④因此，世界白银，特别是欧洲白银在这一时期确实大量流入中国。⑤

二、困境中的欧洲对产业革命的呼唤

近代早期欧洲国家面临着两方面的形势。一方面，需要最大限度地扩充本国的海外市场；另一方面，需要最大限度地发展本国的资本主义经济。要想最大限度地扩充海外市场，除了建立"日不落帝国"之外，必须占领或击溃中国和印度，因为这两个东方国家是地球上人口最多的地区，而市场的大小归根结底取决于人口数量的多少。资本主义的本质是竞争，要想发展本国的资本主义，必然与

---

① 〔美〕彭慕兰、史蒂夫·托皮克：《贸易打造的世界》，黄中宪译，第116页，"鸦片如何使世界运转"。

② 同上。

③ 〔法〕佩雷菲拉：《停滞的帝国——两个世界的撞击》，王国卿、毛凤支等译，第6页。

④ 〔德〕贡德·弗兰克：《白银资本——重视经济全球化中的东方》，刘北成译，第7页。

⑤ 此外，中西方金银的比价不同，也使白银流向中国，黄金流向西欧。相关研究参见见韩琦："美洲白银与早期中国经济的发展"，《历史教学问题》2005年第2期。

此外，关于这些白银的去向问题，最近对西南少数民族地区到处存在的银首饰的调查和研究发现，至少其存量的一部分流入中国西南地区。相关研究参见李伯重："大数据与中国历史研究"，2016年2月24日于华中师范大学逸夫国际会议中心所做的演讲，收入付海晏、徐剑主编：《大数据与中国历史研究》（第1辑），社会科学文献出版社2017年版。

欧洲其他国家存在着激烈的竞争。这两种情况决定着，欧洲国家要想脱颖而出，必须进行生产力的革命，以便从战略上打败东方国家对世界市场的垄断，从战术上战胜欧洲内部其他国家的竞争，最终实现重商主义的终极目标，建立世界级的军事霸权和经济霸权。

战略上打破东方国家对世界市场的垄断

近代早期，东方相对于西方有两大优势：一是生产上的优势；二是贸易上的优势。这两大优势的存在使东方一直对西方保持着"不战而胜"的状态。它无疑从战略上对欧洲国家提出了进行生产力革命的要求。

1. 东方国家对生产的垄断

东方国家是近代早期世界经济的主要组成部分。先看中国经济。中国是一个大一统的小农国家。小农的个体生产力虽然不大，但是小农生产力形成的合力是强大的。而且中国历史悠久，综合生产力在世界范围内是无与伦比的。有人估计："早在一千年前，中国经济总量最高时已占当时世界的80%。"[1]据确切计算，明清之际，中国经济总量相当于世界经济总量的1/4到1/3。[2]美洲被发现以后，许多旱地农作物被引进到中国，中国的粮食产量又有大幅提高，人口开始成倍增长，经济规模不断提升。麦迪森对1700—1820年中国在世界经济中的地位做了统计（见表10-8）。这个统计显示：1700—1820年，中国GDP总量从占世界GDP总量的22%上升到33%，即从1700年占世界经济总量的不足1/4，提高到19世纪初期的1/3左右，超过欧洲、美国和俄国三大经济体的总和。[3]直到鸦片战争爆发，中国仍占世界经济总量的30%以上。[4]

---

① 原载《中外读点》，转引自《书刊报参考》2006年8月24日，第10版。
② 中国历史上的GDP水平可能从未超过35%，参见谢丰斋："中西方的经济差距何时拉开？"，《史学理论研究》2012年第4期。
③ 同上。
④ Angus Maddison, *Chinese Economic Performance in the long Run*, DECD Development centre, Paris, 1998, p. 40.

表10-8　中国在世界经济中的地位，1700—1820年[1]

	1700	1820
	人口（百万）	人口（百万）
中国	138	381
世界	603	1042
中国占世界比重（%）	23	37
	GDP（10亿1990年国际元）	GDP（10亿1990年国际元）
中国	83	229
世界	371	696
中国占世界比重（%）	22	33
	人均GDP（1990年国际元）	人均GDP（1990年国际元）
中国	600	600
世界	615	668
中国/世界（世界=1）	0.98	0.90

同一时期，中国还是世界上最大的制成品生产国。除了丝织品、瓷器和茶叶等这些出口产品之外，中国生铁产量在明嘉靖年间（1522—1566年）已达到4.5万吨，相当于1740年英国生铁产量两倍以上的规模。[2]1750年，中国制造业占世界制造业生产总额的32.8%，印度占24.5%，欧洲占23.2%。乾隆辞世前，中国制造业总量相当于英国的八倍，俄国的六倍和日本的九倍，超过欧洲5个百分点。1800年，英国工业革命发生后，欧洲制造业上升到世界总额的28.1%，而中国的制造业规模仍上升到33.3%。[3]

中国的经济优势不是体现在个体生产效率方面，而是体现在无

① 〔英〕安格斯·麦迪森：《世界经济千年史》，伍晓鹰等译，中文版前言。
② 世界银行经济考察团：《中国：社会主义经济的发展（主报告）》，1981年7月，第7页。
③ 〔美〕保罗·肯尼迪：《大国的兴衰》，蒋葆英等译，中国经济出版社1989年版，第186页。

数个体生产率所形成的合力方面。就人均生产率而言，中国远远不及欧洲。近年来的经济学研究显示：西欧人均GDP在1300年前后就已接近中国。[①]16世纪，中国户均粮食产量只有英国的一半，[②]18世纪，更是不及1/3。[③]据中国学者刘逖研究，明末至18世纪初，中国人均实际GDP变化很小，平均值银4两，1600年为4.5两，之后开始下滑，1840年不到3.4两。如果以美元计值，1600年，我国GDP总量约为780亿美元，明末下降后至清初缓慢增长，1840年最高时超过1300亿美元。但是，从人均数据看，1600年为388美元，1600—1730年保持在380美元上下，之后逐步下降，1840年为318美元。

正因为如此，中国的制成品在欧美市场上往往物美而价廉。利玛窦曾写道，中国产品"在欧洲所要的价钱大约是我们在西方所付同类产品的三分之一或四分之一"。[④]由此使中国商品在西欧备受推崇。17世纪大西洋贸易衰落后，东方贸易的地位进一步上升。大宗普通商品不仅涌入西欧市场，还打进美洲殖民地市场。当时，中国的丝织品以其价廉质优在欧洲市场具有很强的竞争力。同时，中国和印度的纺织品也涌入欧洲各国的殖民地，甚至造成欧洲的呢绒出口下降。

印度经济在世界经济中也占有相当大的比重。美国历史学家保罗·肯尼迪（Paul Kennedy）在名作《大国的兴衰》中，引用了贝洛赫对中国古代GDP的估计，并解释说："在工业化之前，印度的手织机织工的收入，大概是欧洲同类织工收入的一半，这一事实意味着，在亚洲拥有大量农民和手工业工人的情况下，在蒸汽机和动力织布机尚未改变世界力量对比之前，亚洲与人口少得多的欧洲相比，在世界工业生产中所占比重大得多。"[⑤]17世纪40年代，印度

---

① 〔英〕安格斯·麦迪森：《世界经济千年史》，伍晓鹰等译，第30页，"曲线图"所示。
② 侯建新：《现代化第一基石——农民个人力量与中世纪晚期社会变迁》，第264页。
③ 同上书，第267—268页。
④ 〔意〕利玛窦·金尼阁：《利玛窦中国札记》，何高济、王遵仲译，第13页。
⑤ 〔美〕保罗·肯尼迪：《大国的兴衰》，蒋葆英等译，第184页。

的棉纺织品在欧洲非常受欢迎。棉布比毛织品更为舒适美丽，价格也远比毛织品便宜。东印度公司大量进口印度棉织品，获得了异乎寻常的成功，由此而产生的"印度棉布狂热"直接威胁到英国制呢业者的利益。"印花棉布问题甚至一度成为17世纪末到18世纪20年代英国的主要政治问题之一。"①1700年，英国议会开始讨论禁止进口印花棉布等相关议题，最终在1721年颁布禁止进口和买卖绝大部分印花棉布产品的法令（Calico Acts）。之后，尽管东印度公司依旧大量进口印花布，但是主要用于再出口而非国内消费。当然，由于利益驱使，走私行为依旧猖獗，不法商人和公司职员偷偷地将印花棉布带回英国。但是，对于日渐庞大的国内消费市场而言，仅靠走私显得杯水车薪。而且限制性贸易政策所产生的结果之一，就是导致进口消费品价格高昂，从而影响国内消费市场的正常需求。②

因人口众多，印度市场广阔，作为英国殖民地逐渐被吞食以后，印度变成"英王王冠上一颗最明亮的宝石"。工业革命爆发前，印度是英国最大的海外市场，一位经济学家说："没有印度，英国那些珍妮纺纱机的发明将毫无用处。"因此，在这一阶段，中国和印度占据了世界经济的主要部分。

2.东方国家对贸易的垄断

欧洲国家打开了世界市场，可是因生产不足，并不能有效地主导世界市场。这是欧洲国家最大的憾事。这种状况与当时西欧盛行的重商主义目标是相悖的。

在对待贸易的态度上，中国与西方国家完全不同。中国小农文明虽然"农商合一"，但在重商方面与西方存在着天然的对抗性。重农抑商不仅是国家层面的基本国策，也是文化层面的民族性格。跨海贸易在中国更是被视为"可有可无"，甚至受到官方的警惕。

---

① K. N. Chaudhuri, *The Trading World of Asia and English East Company, 1660-1760*, pp. 277-280.

② Hilary Young, *English Porcelain, 1745-1795*, London: Victoria & Albert, 1999, p. 74.

　　早在商周时期，中国已经确立以农为本的生活理念。西周宣王时，虢文公曾规劝宣王说："民的大事在农业，祭祀上帝的谷物多由此而出，人民众多由此而生，事务供给在于此，和谐爱睦由此而兴，财物之用，人口繁殖由此开始，敦厚纯固由此而成。因此，稷为农官，专务农业，不居官求利而侵犯农业。一年三季务农，而冬天一季练武，因此征伐有威，守卫有财。这样就能讨好于神而使民和睦，供奉祭祀按时进行布施很丰厚。"[①]这个劝告集中表达了中国人"重农""安民"的思想，后世帝王无不奉之为圭臬。因此，在中国这个农耕社会里，商业从来不是经济生活的主导，只是农耕生活的延伸。商业无论怎样发展，也逃脱不了农耕的约束力，更不可能反过来支配农耕。一般说来，中国的商业只能服从于农耕所带来的宿命。

　　海外贸易在中国历史上更是"可有可无"。[②]中国人对于同西洋国家开展贸易并不十分稀罕。因此，西方国家与中国贸易只能长期向中国输入贵金属。直到工业革命爆发，英国的工业品照样很难打入中国市场。诚如彭慕兰所说："当时对这种工业品的需求有限，而对农产品、手工艺品却需求较大"。[③]

　　对于外国输入中国的商品，中国人很少参与购买。在中国大众市场上，英国本土生产的商品很难通过十三行在中国打开销路。1786—1829年，英国人八次把棉纺织品运到广州，结果都销路不佳。1821年，英国商人带来英花呢4509匹、剪绒与天鹅绒416匹，在广州市场上拍卖脱手，结果赔本60%。[④]就中英贸易来说，英国可以为中国皇室提供一些奢侈品，但市场需求量毕竟很少。最初，除了在江浙一带趁棉花歉收时卖一点印度棉花外，英国人竟然找不到能卖给中国的东西。重商主义本来是要"多卖少买"，而此时的英国只能"多买少卖"。因此，在茶叶越来越成为欧洲人餐桌上必不可少

　　① 〔清〕吴清权：《纲鉴易知录》，北京星火文化发展有限公司编译，当代中国出版社1998年版，第51页。

　　② 谢丰斋："欧洲城市兴起的双向根源"，《光明日报》2013年1月17日。

　　③ 〔美〕彭慕兰、史蒂夫·托皮克：《贸易打造的世界》，黄中宪译，第116页。

　　④ "林则徐'禁烟运动'新评"，http://www.3edu.net/lw/zgs/lw_99032.html。

的物品之后，英国人只能用现银来购买中国的茶叶。当时来广东的英国商船，所载商品只有10%是货物，另外90%以上都是现银。由此造成英国连年绝对逆差。从18世纪起，白银一直约占英国东印度公司对华输出货值的90%（见表10-9）。这样巨大的贸易赤字，英国感到实在难以承受。

表10-9　英属东印度公司对华输出货值比例[①]

年份	货物（吨）	白银（两）	白银所占比例（%）
1677	2110	4778	65
1681	31,350	37,500	54
1682	43,797	84,000	66
1698	75,000	60,000	44
1699	16,425	79,833	82
1704	14,898	139,425	90
1707	8343	63,000	88
1709	7905	93,000	92
1717	9636	99,000	91
1719	8064	96,000	92
1721	5439	132,000	96
1723	8664	102,000	92
1729	12,951	480,000	97
1731	12,747	657,000	98
1733	30,000	105,000	78
1735	2568	144,000	98
1738	3360	120,000	97
1747	7407	105,000	93

① 参见〔美〕马士：《东印度公司对华贸易编年史》，区宗华译，中山大学出版社1991年版，第308—321页。

续表

年份	货物（吨）	白银（两）	白银所占比例（%）
1749	1845	90,000	97
1751	70,476	412,800	85

英国人曾急切地想绕开十三行，亲自深入中国市场，了解中国老百姓到底需要什么？他们不相信，在全世界都受欢迎的"英国制造"在中国打不开销路。

为弥补逆差，扭转在东方贸易中的不利地位，英国经营起一种三角贸易，即将英国产品运往印度、南洋倾销（仅小部分运至中国），再从印度将鸦片、原棉以及其他印度和南洋商品运至中国销售，换取中国的茶叶、生丝等，并将它们运往英国和欧洲其他国家销售。尽管如此，在东方贸易中，英国的劣势一直到工业革命完成后也没有转变过来。

为了进一步打开中国市场，1793年6月，英国政府派出以马戛尔尼为首的700人使团，耗费了7.8万多英镑准备礼物（按照当时的物价，这笔钱今天大约相当于30亿人民币），借给乾隆皇帝祝寿之名，出访中国，企图一方面向北京派驻商务使节，另一方面准备在中国沿海划出一块地皮供英国商船存放货物。但乾隆皇帝给出的答复是："天朝大国，无奇不有，原不借外夷以通有无"。马戛尔尼的要求被硬生生地回绝。

全球畅销的英制品一直无法在中国打开销路，使英国人感到对中国贸易的失望。18世纪末，一位东印度公司经理写道："我说不出一件能在那儿获得成功的商品，我们把所有的东西都试了。"[1]18世纪中期，亚当·斯密在研究自由贸易时感到不理解，他认为："文明富国间的交易价值，总会比文明富国与未开化人和野蛮人交易的价值大得多。但又十分疑惑，欧洲从美洲贸易所得到的利益，却一

---

[1] 〔法〕佩雷菲拉：《停滞的帝国——两个世界的撞击》，王国卿、毛凤支等译，第6页。

向比它从东印度通商所得的利益大得多"。[1]其他欧洲国家存在着与英国相同的情况。1615年，荷兰东印度公司的全部出口中货物只占6%，贵金属则占94%。从1660年到1720年的60年间，贵金属占东印度公司对亚洲出口总值的87%。[2]直到鸦片战争结束之后，担任中国海关税务总长的英国人赫德还不无遗憾地写道："中国有世界上最好的粮食——大米；最好的饮料——茶；最好的衣物——棉、丝和皮毛。他们无须从别处购买一文钱的东西"。[3]1847年3月，英国议会设立了对华商业关系特别委员会，找了许多从事对华贸易的人做证言，以期寻找适合出口中国的商品，但调查的结果并不好。1845—1846年，英国输往中国的工业产品与中国运往英国的茶叶相比，贸易逆差高达35%—40%。

如果没有鸦片贸易，英国的贸易逆差将严重得多。当时，欧洲输入东方的本国商品除呢绒外，还有宽幅呢、哔叽、羽纱以及一些铅和铜等。但是即使英国货全部售出，通常不是明亏，也会在货物交割过程中暗亏。[4]直到1833年，在英国输往中国的货物当中，其商品只占总数的1/8，其余为鸦片等印度和南洋商品。由此可见工业革命完成后，英国的工业品仍未有效地占领中国市场。

鸦片贸易的出现其实与这个时期世界贵金属的减少有很大关系。有数据表明，受18世纪末欧洲拿破仑战争和19世纪初拉丁美洲独立运动的影响，拉丁美洲的黄金和白银产量大量减产（见表10-10），而英国刚刚兴起的工业革命还需要一段时间才能体现出它的影响力，英国在这个时期深感对中国贸易所需要的白银数量不足，于是开始采用鸦片换白银的策略向中国大量输出鸦片。佩雷菲特说："1813—1833年，中国的茶叶出口只翻了一番，但它进口的鸦片却

---

① 〔英〕亚当·斯密：《国民财富的性质与原因的研究》（下册），郭大力、王亚南译，第21页。

② 〔德〕贡德·弗兰克：《白银资本——重视经济全球化中的东方》，刘北成译，第7页。

③ Michael Greenberg, *British Trade and the Opening of China, 1800-1842*, Cambridge: Cambridge University Press, 1951, p. 5.

④ 〔英〕M. 格林堡：《鸦片战争前中英通商史》，康成译，第6页。

是四倍。钱从中国流出以支付腐蚀它的毒药。两条互不通气的线路：皇帝积累卖茶的收入；中国人输出货币以换取毒品。帝国动摇了；鸦片起了作用。"[①]

表10-10　1741—1830年世界金、银产量（单位：1000盎司）[②]

时期	金	银
1741—1760	791	17,100
1761—1780	665	21,000
1781—1800	572	28,300
1801—1810	572	28,700
1811—1820	368	17,400
1821—1830	457	14,800

　　印度对欧洲提供的商品也没有什么需求，其对英国的贸易基本上以出口为主。尼尔·弗格森说："17世纪的英国人找不到多少印度人自己不生产的物品可以与印度人进行以物易物。因此，他们一般都用在其他贸易中赚到的黄金来购买印度的产品。"[③]

　　17世纪，英国与亚洲之间的贸易大部分是通过东印度公司进行的。早期东印度公司在印度的贸易并不十分顺利。英国进入亚洲是为了获得在欧洲无法种植的谷物和在欧洲无法制造的器物。为了得到这些东方产品，东印度公司以毛织品和金、银等贵金属交换之。其中，贵金属的数量通常占输出货物总值的80%以上。[④]亚洲地区的小生产者开始卷入贸易当中。他们生产胡椒、茶叶和咖啡等农作物，同时在家里或小工场里制造丝绸、棉织品和瓷器等手工业品。为了与大量的小生产者做买卖，英国公司雇用亚洲商人和经纪人负责管理和收付，同时把金银兑换成当地的钱币，并依赖和借助当地商人

---

① 〔法〕佩雷菲特：《停滞的帝国——两个世界的撞击》，王国卿、毛凤支等译，第597页。

② Pierre Vilar, *A History of Gold and Money: 1450-1920*, London: Verso, 1984, p. 331.

③ 〔英〕尼尔·弗格森："海盗、共济会、东印度公司与大英帝国的崛起"，何新按，https://wenku.baidu.com/view/1c8b697a14791711cd791700.html, 2014-12-10。

④ 张亚东："18世纪英国在印度的贸易统治"，《湛江师范学院学报》2004年第2期。

及银行家建立的信誉，努力在亚洲的商业系统管理下工作，并在亚洲政治系统的管理下运行。欧洲人只有在海上或是与小规模的亚洲团体交易时，能按自己的模式办事。

18世纪初期，东印度公司的大部分货物是从印度获得的。在印度西部，英国在苏拉特港进行交易的货物一是古吉拉特邦的棉纺织品，再是由孟买船只运过来的从西南海岸获得的胡椒。在印度东南沿海，马德拉斯是英国的主要殖民地。18世纪时，科罗曼德尔的纺织品畅销欧洲。在孟加拉，英国在加尔各答建立贸易站，并在当地统治者的允许下对该地实行管理。孟加拉是一个富裕地区，其生产的丝绸、棉布和衣服在18世纪早期成为英国纺织品进口的主要来源。18世纪20年代，加尔各答装载的货物至少占英国在印度装载货物的一半。为获得这些纺织品，东印度公司沿着孟加拉河流域在靠近加尔各答的地方建立工场，生产这些棉织品，并在美国和非洲西海岸设有再出口市场。这些纺织品满足了英国消费者对流行时尚的需求和对既便宜耐洗又轻巧的纺织物的消费需要。英国进口印度的白洋布和平纹细布一年最多达75万匹左右。[1]这些进口无疑花费了英国大量的硬通货币。

因得不到更多的商业利益，英国对印度的掠夺最终由贸易的掠夺转向对领土的掠夺。通过抢占印度领土，再向印度国民征收赋税作为自己的殖民收入。在英国对印度殖民的历史上，18世纪中期是一个转折点。18世纪中叶以前是贸易渐进的时期，当时因印度次大陆的防备不严，英国以东印度公司为代理人，在印度的势力只是有所伸展。18世纪中叶，英国对印度的政策发生重大转变。一方面，印度国内出现政治混乱；另一方面，英国与法国等在印度的竞争日趋激烈，英属东印度公司开始寻求通过获取领土来确保自己的贸易地位。战争成为实现这一目标的主要手段，印度最富裕的孟加拉最终变成英国的殖民地。接着，英国开始在印度实行"面向东方"的

---

① K. N. Chaudhuri, *The Trading World of Asia and the English East India Company, 1600-1760*, pp. 547-548.

政策，形成英国在印度拥有政治、司法和商业权利的新体制，莫卧儿帝国变成英属印度帝国。这反映出英国在印度的殖民出现商业与领土的转换。[1]

总之，英国等西方国家一直在东方追求商业扩张。"正是这种商业的扩张才使工业变革成为不可避免。"要想在战略上打败东方国家对世界市场的垄断，除了用武力撞开东方的国门之外，更有效的做法是开发出一种人类前所未有的生产力，从产品生产和商品贸易上击败东方。

战术上战胜欧洲内部其他国家的竞争

就欧洲内部来说，中世纪以来，整个欧洲一直是一个离散而充满纷争和战乱的社会，非常类似于中国周朝"礼崩乐坏"之后的春秋战国时期。在这样的社会里，每一个新诞生的民族国家或每一个独立的政治共同体，都希望尽快发展资本主义经济，以便在竞争中脱颖而出。这种状况又从战术上对这些国家提出了进行生产力革命的要求。

1.民族矛盾的泛欧洲化

17世纪，欧洲各国之间的矛盾更加尖锐，除了利益争夺之外，还存在着意识形态之间的较量，最终使冲突走向国际化。

德国在宗教改革和农民战争之后，诸侯分成两大派：路德派和天主教派。1555年，双方签订《奥格斯堡宗教和约》。德国七大选侯中，勃兰登堡、萨克森和巴拉丁三大选侯信奉新教，其余四大选侯以捷克国王为代表信奉天主教。17世纪初，两派诸侯形成两大敌对的军事集团，一个是以巴拉丁选侯腓特烈为首的"新教同盟"，另一个是以巴伐利亚公爵马克西米连为首的"天主教同盟"。欧洲的各种势力和各个国家开始在两大集团当中寻找代理人。教宗、德皇、西班牙国王支持天主教同盟，法国、荷兰、英国等声援新教同盟。

---

[1] 张亚东："18世纪英国在印度的贸易统治"，《湛江师范学院学报》2004年第2期。

1618年5月23日，代表新教同盟的布拉格市民发动起义，战争的序幕拉开。整个战争分四个阶段进行，分别为巴拉丁时期（1618—1624年）、丹麦时期（1625—1629年）、瑞典时期（1630—1634年）、法国－瑞典时期（1635—1648年）。前期，天主教同盟屡屡获胜。到1635年，法国、瑞典结成联盟对西班牙宣战，荷兰、威尼斯、匈牙利等也加入该同盟，战场从德国内部延伸到西班牙、尼德兰和意大利等地。于是，德国的内战发展为欧洲规模的战争。经过13年的鏖战，德皇被迫求和，战争以法国、瑞典为首的新教同盟的胜利而告终。交战双方于1648年10月签订《威斯特伐利亚和约》。条约当然是对欧洲利益的再分配。战前，法国刚刚完成中央集权的建立，瑞典从"卡尔马同盟"中退出不久，[①]荷兰刚刚结束对西班牙的战争，西班牙曾经是欧洲唯一的超级大国。战后，法兰西开始成为西欧无可争议的陆上霸主，并进入繁荣的路易十四时代；瑞典也变成北欧强国；荷兰正式获得独立；西班牙则开始沦为二流国家；德意志崛起的大门也被长久地关上。这就是历史上第一次欧洲规模的大混战——三十年战争，意味着英、法、荷等国将走上新的发展道路。

不过，对充满竞争的欧洲来说，没有永久的同盟，只有永久的利益。三十年战争之后，英荷之间因海上利益之争，战端又起。双方进行了长达半个多世纪的英荷战争。战争的结果以英国的胜利而告终。17世纪晚期，英荷结盟改变了欧洲的政治形势，也改变了欧洲的贸易模式和资本主义历史。激烈的王朝对抗使英国和法国，法国、奥地利和荷兰，西班牙和英国，法国、俄国和西班牙，还有一些意大利城邦之间的关系日益紧张。1689—1815年，这些国家以不同的组合互相打了八次仗，交战的时间加起来有63年。这些战争的严重后果之一是急剧缩减了前两个世纪大幅增长的欧洲内陆贸易，

---

① 卡尔马同盟（丹麦语/瑞典语/挪威语：Kalmarunionen，1397—1523年），亦作卡尔马联合或卡尔马联盟，是14世纪末至16世纪初由丹麦、瑞典（包括南芬兰）和挪威组成的斯堪的纳维亚共主邦联。

特别是邻近的英国和法国，它们原本视彼此为贸易伙伴，现在却开始竞争海外资产。战争本身迫切需要增加收入，所以提高进口关税成为一项紧急的议事日程。新大陆的欧洲殖民地都变成补助母国经济需要的希望。①

奥格斯堡同盟战争是新时期英法之间的第一场大战。为了让法国的邻国萨伏伊公国加入荷兰主导的奥格斯堡同盟，英国提供了大量的资金援助。英国是最晚加入同盟的国家，但提供的资金多达全部资助的2/3。战争结束时，英国的债务从战前的不足300万英镑飙升至1670万英镑。由于英国的参战与资助，法国的扩张势头受阻，荷兰的安全暂时无虞。

1701年，西班牙王位继承战争爆发。法国与西班牙结成联盟，对抗英国、荷兰和奥地利结成的反法联盟。由于法国政府信用缺失，赤字问题严重，至1709年，法国已很难再为战争融资。1714年战争结束时，法国赤字达24亿里弗尔，债务总和骤增七倍，法国财政面临破产。英国国债也增至2940万英镑，但英国政府仍能应付自如。战争结果是法国和西班牙的利益严重受损，英国成为战争的最大受益者。英国海军控制了直布罗陀海峡，占领了米诺卡岛，成为主导地中海的军事力量，可以阻止法国大西洋舰队与地中海舰队会合。法国国力大衰，其在加拿大的殖民地被迫割让给英国。法国的海上力量和海上贸易均受到英国的极大限制。路易十四扩张疆土的野心也最终被遏制。

1740年，奥地利王位继承战争爆发。因争夺海外殖民地和制海权，1744年，英国与荷兰对法国宣战。战后，法国的殖民地虽然寸土未失，但是其与西班牙的联合舰队被英国皇家海军彻底打败，于是，地中海成了英国的内湖。法国海军再次元气大伤。1747年，英国有战列舰136艘，法国仅有31艘，西班牙只剩下22艘。战后，英国国债升至7600万英镑，而法国财政则一如既往地继续恶化。

---

① 〔美〕乔伊斯·阿普尔比：《无情的革命——资本主义的历史》，宋非译，第124页。

1756年，七年战争爆发，不仅欧洲列强几乎全部卷入，而且战场遍及欧洲、美洲、亚洲和非洲。这次战争又分两大阵营。英国、崛起不久的普鲁士、汉诺威和葡萄牙是一个阵营，法国、奥地利和俄国是另一个阵营。截至1761年，英国向盟国资助900万—1000万英镑，仅每年资助普鲁士就达67万英镑。战后，英国债务增至1.34亿英镑，法国的财政则又破产。英国再次成为战争的大赢家。法国被迫将整个加拿大割让给英国，并从印度撤出，仅在印度保留五个市镇。普鲁士则成为七年战争中损失最惨重的国家。最终，英国得以问鼎全球。

1789年，推翻旧制度的法国大革命爆发，法王路易十六遭处决。欧洲各王室倍感威胁。1792—1815年，欧洲各国先后组织七次"反法同盟"。法军在拿破仑的统领下，不仅多次打退反法同盟的进攻，而且将战线推至欧洲其他国家境内，甚至延伸至俄国边境，从而成功地建立起"大陆封锁线"。破袭反法同盟最终演变为争夺欧洲霸权乃至世界霸权。但是，1812年拿破仑率领60万大军进攻俄国遭遇失败之后，法国又退回到革命前的状态。战争期间，英国凭借财力给欧洲各国以强大的资金和物质援助，成为导致拿破仑帝国失败的重要因素。1805年，特拉法加海战中，英国舰队打败法国舰队，使英国成功地保住自己的海上优势。

总之，17世纪以后，战争成为欧洲几乎所有国家都必须面临的最严峻的考验。而军队的建设和军费开支是一个国家不得不应对的强大支出。16世纪打一场战争可能需要几百万英镑。17世纪末，则需要几千万英镑。拿破仑战争末期，战争支出已达到上亿英镑。当时欧洲最繁荣的国家也无法靠正常的收入来维持战争的开支，于是，很多国家便只好借款打仗。因此，战争实际上是生产力革命的推进剂。英法争霸之初，法国综合国力远胜英国。在"太阳王"路易十四统治时期，法国的经济总量（1.2亿英镑）和人口（1930万）都是英国的两倍以上；其18世纪的GDP增速也快于英国，或者至少与英国相当。军事上，英国陆军人数长期不超过10万人，根本不能与法国相提并论（法国陆军人数多达40万）；英国皇家海军因与荷兰长期战争，损失很大，主力舰仅存104艘，而法国的主力舰在柯尔贝主政时期已发展到120艘。在支撑战争的财力上，1688年之后的一百年中，法国国库的年收入始终比英国多出至少50%；甚至英国人引以为傲的长期国债也是法国人更早采用。可是，强盛如斯的法国，为什么不敌英国的进攻？其原因在哪里？一般认为，英国灵活多变的海洋战略和大陆均势政策发挥了重要作用。海洋战略指英国努力扩充并提升皇家海军力量，在海战中力压法国；同时英国努力拓展在美洲和亚洲的殖民地，促进殖民地经济与海外贸易的发展，增加英国的财富。大陆均势政策是一种外交手段，重在与法国在欧洲的敌对国结盟，资助结盟国的陆军以挫败法国称霸欧洲的企图，维持欧洲大陆的势力均衡。而英国之所以能够有效贯彻并实施上述政策，与其强大的国家财政债务体系是分不开的。1689—1714年，英国的海军经费已经占全部军事支出的35%，而同期的法国只有不足10%。因财力不足加上地缘因素，法国军队建设的重点不放在海军而放在陆军。路易十四统治的中后期，法国确定向大陆扩张的新战略，对海军舰队的投入大为减少，民间私掠打击英国几乎成为法国海上战略的重点。由此可见，法国基本已经放弃海上竞争。而英国的国家债务体系固然是一大优势，但最根本的优势还是生产力的潜力。英国要想长期维持一个灵活而强大的债务体系，不能不进行生产力的革命。

2. 贸易竞争的白热化

随着海外殖民地的不断建立，欧洲内部的冲突已经随着贸易不断向海外延伸。这里以东半球为例，对欧洲各国在东半球的竞争做一个历史考察。

葡萄牙首先与荷兰存在冲突。新航路开辟之初，葡萄牙人将东半球当成自己的势力范围。在占领果阿、马六甲和澳门这三个贸易据点之后，葡萄牙人建立了对东方市场的贸易垄断。但是，16世纪末西班牙人被荷兰人打败后，葡萄牙也与荷兰产生矛盾。1601年，一艘荷兰公司的船只被风暴吹至澳门附近以后，上岸的人员立即遭到葡萄牙人的抓捕，20人中有17人被处决，荷兰人只好迅速离开。1602年3月，在荷兰联省议会上，省督巴纳威尔特和奥兰治王子莫里斯表示，荷兰远洋航行的无组织状态必须结束，亚洲海域的各荷兰公司必须合并，建立荷属东印度公司。从此，荷兰对亚洲的商业活动将"执行一项政策、一种意志和一个领导"。1605年，荷兰人攻下葡萄牙人在马鲁古建立的安汶炮台，作为荷属东印度公司在东方的第一个据点。此后，荷兰人试图以此为基地继续与中国通商，但仍被葡萄牙人逐出。荷兰人只好集中精力先巩固他们在香料群岛和爪哇的势力。1619年，巴达维亚城建立，成为荷兰在南洋群岛的军事据点和商品集散地。从这里开始，荷兰开始编织他们在东方的庞大交易网，并建立海外领地。1622年，羽翼渐丰的荷兰人试图征服澳门，但再次被葡萄牙人击退。荷兰船队只好离开澳门，准备占领澎湖列岛，又遭到中国明朝海军的英勇抗击。1624年末，荷兰人只好从澎湖退出，前往台湾南部落脚。在印度方向，荷兰人开始关注印度南端的港口，希望通过这些港口与南亚建立经济联系。1638年，荷兰人在盛产桂皮的锡兰站稳脚跟，逐渐成为锡兰岛的主人。同一年，荷兰人还与日本人交好，没有像葡萄牙人那样被驱逐。荷兰在东方的贸易因此迅速扩大。[1]1641年，马六甲被荷兰人攻陷。至此，葡萄牙在亚洲建立的商业帝国开始瓦解。

　　荷兰人在远东贸易中比葡萄牙人更善于抓住贸易的节点，因而控制了贸易中最关键的商品和市场。他们长期垄断细香料即肉豆蔻、八角茴香和桂皮的贸易。细香料不仅在荷兰销售旺盛，在印度的消费甚至超过欧洲的两倍。通过细香料的销售，荷兰人打开了印度市场的大门。他们还在苏拉特、科罗曼德尔沿海和孟加拉等地大量收购印度纺织品，然后用这些纺织品在苏门答腊换取胡椒、黄金和樟脑。他们又在暹罗出售科罗曼德尔的布匹。这一买卖的利润不是很大，但他们同时出售香料、胡椒和珊瑚，并带走专为他们生产的锡，

---

　　①　1637年后期至1639年早期的19个月，荷兰得到价值100万银两的中国货，其中不少是用日本出产的银来支付的。

然后运往欧洲倒卖。荷兰东印度公司就是凭借其丰裕的硬通货，在东方建立起商品调剂系统，其运转几乎毫无障碍。

荷兰东印度公司在东方的贸易渠道过于顺畅，以至于无法适应即将到来的18世纪的商业变化。18世纪，香料在欧洲退居次要的地位，①而印度纺织品的交易额却在不断扩大。同时，茶、咖啡、漆器、中国瓷器等商品也正在欧洲打开销路。英国人同这些欧洲旧客商的矛盾开始加剧。

1588年打败西班牙无敌舰队之后，英国人的民族情结空前高涨。在伊丽莎白女王统治的最后十年，英国的海盗力量进一步崛起，其海外扩张更是几近疯狂。1600年12月的最后一天，伊丽莎白女王为组成东印度公司的伦敦商人签发了一份皇家特许状，允许他们到亚洲开展贸易。不过，17世纪的亚洲市场是荷兰人的天下，英国人只是一个配角。当荷兰人将注意力集中在东印度群岛时，英国人选择了印度的一些港口并坚持下来。1613年，英属东印度公司的一艘商船抵达距离长崎约50英里的平户，船员们见到当时的日本统治者德川家康。德川同意英国人到日本开展贸易。贸易持续了大约十年，因葡萄牙人和荷兰人的持续敌视和竞争，英国人利润稀薄。1616年，德川家康去世，日本的对外敌视态度上升。1623年，英国东印度公司撤走了其在日本的全部企业和人员。同年，荷兰人又拷打并杀害了十名在印尼做香料生意的英国商人，表明荷兰在其势力范围内不

---

① 工业革命前，在东西方国际交易中，东方只对西方的白银感兴趣，白银成为西方打开东方贸易的敲门砖。而17世纪的荷兰是"欧洲贵金属仓库"，其商人手中控制着大量白银，这是荷兰在东方商业贸易中所具有的比较优势。相较英国商人而言，荷兰商人能够比较容易地抢在其竞争对手前面，利用制造商对白银日益增加的需求，用现金提前支付的办法，低价获得商品供应。因此，不给后者留下充足的贸易空间，充裕的白银使荷兰商人在东方贸易中比英国商人更容易获得当地的商品。这一点在南洋群岛，尤其是在香料群岛上表现得更为明显。荷兰运用雄厚的白银存储优势，在17世纪大半时间里，独占着欧洲与东方之间的香料贸易。英国多次想破坏荷兰对香料的垄断地位，但都于事无补，对比自己建立还晚的荷兰东印度公司只能望其项背。强大的"白银攻势"让荷兰商业资本在东方打败了葡萄牙，进而排挤英国商业资本，使得英国东印度公司在17世纪大部分时间里，被荷兰东印度公司遏制而没有多少经济成效。荷兰商业资本用"白银攻势"控制着亚洲殖民地。相较于荷兰来说，英国海外殖民时间大致上要迟一点。英国所抢占的殖民地，大体上都是一些经济环境不太好的地区。

容许其他欧洲邻国插手。英国人又只好放弃对印尼的渗透。英国人也曾试图与中国开展贸易，却受到清朝官员和葡萄牙人的联合拒阻。1637年，英国船长约翰·威德尔沿珠江上行广州，虽救出几个身陷囹圄的英国商人，却未获从事贸易的权利，并迅速被葡萄牙人驱离。

1612年，英国东印度公司在暹罗的阿瑜陀那和北大年设立商馆。1618年，英、荷在暹罗发生争夺殖民利益的战争。荷兰向暹罗国王拍那莱提出垄断暹罗的对外贸易，遭拒绝后，派军队封锁湄南河口，迫使暹罗签订承认荷兰垄断兽皮出口的协议，并要求在暹罗发生的荷侨案件只能由荷属东印度公司审理。为对付强横的荷兰人，暹罗国王请求法国人提供帮助。1687年，法国以援助暹罗为借口，派兵1400人来暹。法国军官乘机窃取暹罗军队的指挥权，并企图在曼谷和墨克驻扎法国军队。法国传教士又力劝国王拍那莱改奉天主教，以便操纵暹罗内政。法国的勃勃野心，激起暹罗民众的强烈反对，导致起义发生，很多天主教徒被杀。法国为此付出沉重代价。

在亚洲的贸易普遍遭遇挫折以后，英国东印度公司认为他们的前途还是在印度最安全，也最有希望。印度苏拉特的地位很重要，是全印度最大的商品集散地。英国人能够在此据有一席之地，将意味着英国在东方找到一个稳定的财富源头。1612年，当托马斯·贝斯特带着詹姆斯一世的信件抵达印度苏拉特港时，古吉拉特邦的统治者即同意英国人在苏拉特做生意，并许诺将由皇帝签发正式批准书。但是，葡萄牙人听到这个消息之后，不出一个月即派4艘轻快帆船和25艘小船，从果阿出发来到苏拉特，试图一举摧毁英国的船只和英国商人的贸易梦。只是在随后的战斗中，葡萄牙人的武装舰队被彻底击溃。两个月后，印度皇帝的特许令下达，英国人才稳定了在苏拉特的贸易。三年后，又有一支葡萄牙舰队北上苏拉特，再次被四艘英国船只击退。至此，英国人在苏拉特的地位再也无人撼动。

英国人还想据有孟加拉。因为孟加拉拥有印度最优质的棉纺品，还有产于恒河下游被认为是世界最上品的靛蓝，更有用于制造褐色火药的硝石。它是西方人心目中印度财富的宝库，是西方人贸易的最光明的前进之地。但是，早期尝试进入孟加拉的英国人，被位于印度东海岸基地的荷兰人驱离。直到1690年，英国人终于在恒河一个支流名叫苏多努蒂的地方建立居留点，不久又获准修建一座堡垒。英国人将新居留点命名为威廉堡，后改名为加尔各答。正是在这个时期，中国允许所有外国商人在广州开展贸易。英国人凭借其在加尔各答的业务和生意，迅速在与中国的贸易中拔得头筹。

这个时间，荷兰人的贸易却遭受沉重打击。因为印度内战使荷兰人苦心经营并成就突出的科罗曼德尔海峡沦为废墟。1698年，当英属东印度公司改用白银付款进行贸易时，荷属东印度公司只好在巴达维亚采用以货易货的方式，接待前来采购香料、檀香木和珊瑚的中国商人。英国人凭借孟加拉与中国开展贸易，用棉花、白银以及鸦片换取中国的茶叶，逐步掌握亚洲贸易的主动权。东亚经济中心开始从巴达维亚转移至加尔各答。

从18世纪开始，法国还在印度同英国展开较量。至18世纪中期，两国关系因为东印度公司在印度的地位、两国商人之间的关系、两国与印度当地权力之间的关系而变得极不稳定。1744年，英法海战在印度洋海域爆发。战争双方都认为，只有控制海洋，才能取得对印度的永久控制权。英国人先后占领阿尔科特、斯里朗加姆岛，法国只好做出让步，承认英国的占领。七年战争爆发后，同在印度的英国人和法国人又卷入敌对状态中。1759年，英国人完全成为孟加拉的实际统治者。至此，所有在孟加拉的欧洲国家都放弃了对英国的抵抗。1761年，在英军海陆联合进攻之下，法国人在印度再无立足之地。①

英国人在亚洲的最终胜出，加上印度本身的巨大体量，大大增

---

① Holland Rose, A. P. Newton and E. A. Benians eds., *The Cambridge History of British Empire*, Vol. Ⅳ, Cambridge University Press, 1929, p. 164.

强了英国人的力量。从1760年起，英国开始利用印度的棉花和鸦片冲击中国市场，由此收获的利益再回过头来将印度全面殖民地化。19世纪，英国终于实现葡萄牙人和荷兰人此前未能实现的梦想：用炮舰打开了中国长久关闭的令欧洲人望眼欲穿的中国商业的大门。[①]

国家之间的商业竞争和殖民竞争说到底是国家力量的竞争。而国家力量的提高不仅指军事技术的优化和法律秩序的建立，更是指生产技术的不断改进。在所有进步当中，生产技术的进步永远是第一位的。因此，就欧洲内部的贸易竞争来说，某些潜在的欧洲国家也需要进行生产力的革命。

三、早期殖民主义强国坐失产业革命的良机

欧洲潜在的进行生产力革命的国家到底有哪些？应该说，早起的殖民主义列强如葡萄牙、西班牙、荷兰等国本来最有可能，但历史却把这样的机遇留给了英国。早先的殖民列强只能与欧洲生产技术的革命擦肩而过。其原因何在？我们看到，葡萄牙因其"国家性腐败"造成"人才流失"，断送了技术革命的先机；西班牙因其"财大气粗"盲目地复制其原有体制，不思进取，结果被淘汰；有"海上马车夫"之称的荷兰虽然最早建立近代型国家体制，却因其丰富的资本全部投入商业流通领域而无心产业，只能与产业革命失之交臂；法国在18世纪与英国投入竞争时，因其小生产者众多，资本主义不发达，金融资本和海外殖民地都没有被很好地利用，只能因邻国关系成为英国产业革命的学习者。

葡萄牙的领先优势断送于国家性腐败

实际上，西葡两国在大航海之后仍然处在落后的封建主义时代，整个社会根本不存在发起任何生产性技术革新的体制要求。葡萄牙

---

① 苏琦："两个东印度公司的南海争夺战"，《时代教育（先锋国家历史）》2009年第6期。

在由小国变成帝国以后，便出现国家性腐败。

葡萄牙的国土本来十分狭小，在1527年进行第一次人口普查时，只有100万至150万之间。①这样少的人力在国际较量中是经不起消耗的。但葡萄牙人却建立面积超过本土100倍的贸易帝国，也因此变得十分脆弱。尽管早期的航海探险使葡萄牙人养成坚韧不拔和勇往直前的性格。他们当中的一些贵族和农民曾经非常好战和剽悍，投身海外进行海外扩张和海外殖民是他们最好的追求，而探险带来的丰厚回报又进一步刺激了他们的探险欲望。葡萄牙王室也多次颁布法令和特许状，鼓励人民探险，因此，葡萄牙是历史上第一个探险获得成功的国家。但是，让这样一个国家去进行生产技术的革命，却是一件无法实现的事情。他们的人民在财富暴增之后便陷入全民性的腐败。

在殖民地建立以后，非洲的奴隶、印度的香料、巴西的糖，还有从各地掠夺的贵金属大量流向葡萄牙，葡萄牙变成欧洲的暴发户。这种暴发很快消磨了葡萄牙人的斗志，而且作为一个小国，他们本来就没有称霸欧洲的欲望，财富的暴增只能使他们坐吃山空，成为"败家子"。很多国内的生产者纷纷跑到海外去发财，导致国内的农业、手工业几近荒废。地主有地不种，平民有工不做，国家没有农业和手工业，只有高消费。当大西洋沿岸国家的制造业日新月异、突飞猛进时，葡萄牙的手工业还停留在13世纪的水平。当欧洲其他国家的商人到葡萄牙投资办厂时，竟然因当地人的素质太差而被迫关闭。

葡萄牙的政府部门也跟不上时代要求。其海外贸易基本上被政府垄断，名义上的公司实际上是政府的一个部门，完全由官僚经营和管理，不仅规模庞大，机构臃肿，而且人浮于事，效率低下。其海外殖民地也以"分封"的形式管理。经过一段时间运转之后，葡萄牙的海外竞争力和商业优势迅速下降，甚至不如非大西洋贸易区的意大利。

---

① 郑毅："葡萄牙、西班牙衰落原因的研究"，《工会博览：理论研究》2010年第1期。

奢靡之风在葡萄牙盛行。他们年复一年，因大肆购买而把辛苦挣来的黄金、钻石和巨额利润转手送给外国人。为了维持贸易的正常进行，国家只能向安特卫普的金融家借贷，利息高达25%。葡萄牙人从殖民地运回的物资，不再去里斯本，而是去荷兰的港口交割，但往往资不抵债。日积月累，葡萄牙政府背负了巨额外债。1524年，其外债总额达300万克鲁扎多。为偿还这些外债，政府被迫发行国债，结果又把更多葡萄牙人的财富转移到国外。

葡萄牙人凭借王室高投入建立起来的庞大贸易帝国，又该如何管理和维持？本来需要知识和技能，也就是需要人才，特别是法律人才和管理人才。然而，葡萄牙的官员却一味地搜刮和贪腐。他们普遍参与到走私当中，整个官僚系统已经丧失对国家的忠诚。在这种形势下，葡萄牙的精英阶层也开始流失。包括青年军人在内的不少移民，缺少对母国的怀念和认同，只对所在地有归属感，习惯在异乡扎根。后来出现的宗教迫害，又将一些从事工匠或借贷业务的穆斯林和犹太人逼走他乡。1495年，伊曼纽尔一世（Emmanuel I，1495—1521年在位）驱逐大批犹太人。16世纪，葡萄牙曾每年引入2000个奴隶，却有3000—4000个当地人移居海外。16世纪20年代，国家精英队伍中的领头人也出走了。1578年，国王塞巴斯蒂安（Sebastião I，1557—1578年在位）信奉这样的信条：国家兴盛的关键在于征服陆地。于是，远征摩洛哥，结果却一败涂地，导致国王本人失踪。其后，葡萄牙遭到西班牙的吞并。1640年，葡萄牙虽然脱离西班牙独立，但已经风光不再。而此时的英国、荷兰却正在崛起。为保持对西班牙的不屈从，葡萄牙投靠英国，变成英国的附庸国。试问这样的国家如何进行产业革命？

西班牙的帝国后势折损于对旧制度的复制[1]

西班牙为什么不能进行产业革命？原因在于西班牙虽然是欧洲

---

[1]　张岚："西班牙帝国衰落的历史考察"，《咸阳师范学院学报》1994年第1期。

的一个大国，在成为"日不落帝国"之后却因为偏好于复制欧洲的旧制度，并且对本国的治理也糟糕透顶，导致它也不可能走到产业革命这一步。

1492年在"光复运动"中走向统一的西班牙，一度成为欧洲封建专制和罗马天主教的强大后院，整个社会十分保守。1493年的哥伦布大航海意外发现美洲新大陆使西班牙名扬天下，很快暴富。西班牙不仅变成欧洲财富最多的国家，而且形成环大西洋贸易圈，并以面积约为50万平方千米的西班牙本土为核心成为地球上第一个"日不落帝国"。这样的国家的确拥有进行技术革命的资本和潜力。然而，西班牙却没有。原因何在？我们看下面的分析。

美洲被发现之后，西班牙对美洲的统治完全是对西班牙本土的翻版。乔伊斯·阿普尔比说："这些最初无非是在欧洲传统社会的老旧结构上生出的一些新皱纹。"[1]政治上，西班牙官员、军人和贵族代替印第安人原有贵族、战士和祭司，并保留印第安人原有的朝贡体系，接受各地朝贡的产品和劳役。宗教上，西班牙的天主教取代当地土著宗教。传教士代替印第安人的祭司，破坏当地的寺庙和神殿，毁掉传统的偶像，在墨西哥城兴建天主教大教堂。在社会生活上，早期征服者主要是男性，他们与当地妇女结婚，繁衍出混血的梅斯提佐人，这些后裔在血缘上与西班牙人和当地人均有联系。[2]为提供补给，西班牙人将旧大陆的物种引进美洲，在肥沃的墨西哥河谷种植小麦和葡萄，供军队饮食和宗教使用；在平原放牧牛、羊、马，供其肉食，并用马匹对付印第安人的侵扰。在这些措施下，美洲原有的强大帝国很快被征服。1503年，伊莎贝拉女王在塞维利亚创建"征服者之家"（La Casa de Contratación）作为管理殖民地的

---

① 〔美〕乔伊斯·阿普尔比：《无情的革命——资本主义的历史》，宋非译，第30页。
② 一个名叫加尔西拉索·德·拉·维加（Garcilaso de la Vega）的梅斯提佐人，是一个西班牙军官和印加公主的儿子，出生在印加帝国灭亡后不久的1539年，后来成为著名学者。在他关于西班牙和印加帝国的历史著作里，他对印加帝国的辉煌成就进行赞美，驳斥了那些认为印加人野蛮残暴的观点，但他也不反对西班牙的统治，认为西班牙人在继续印加的正义统治。

官方机构。职责是"批准一切探险和贸易、保守重要的殖民机密、给船长颁发执照、实行商业法律并对一切进入西班牙的货物征收10%—40%的关税"等。印第安人理事会（Council of Indians）是统治西属美洲的行政单位。殖民地被划为新西班牙和秘鲁两个总督区。西班牙人在殖民地实行"大授地制"（ecomienda），后演变成"大农场制"（hacienda）和"分割制"（repartimiento），实际上是中世纪分封制的转移。随着西班牙人的掠夺、没收和开垦，广阔而肥沃的西属美洲很快被瓜分完毕。这是拉美地区一直盛行大地产制的根源。其生产的绝大部分产品如谷物、肉类和葡萄等，主要供殖民当局使用。印第安劳力像中世纪的农奴一样，被束缚在土地上，禁止买卖，也禁止离开。这是对旧大陆庄园经济的复苏。与生产糖料、烟草和咖啡的种植园有很大不同。前者是自给经济，后者是商品经济。另外，安第斯山脉拥有极其丰富的贵金属，为开采矿藏，西班牙人沿用印加帝国的"米塔"制度（役使村民无偿建造道路、梯田、宫殿和水利等），还无偿役使村民在部族首领的带队下前往西班牙银矿服役。

殖民帝国的建立无疑缓解了欧洲正在出现的封建主义危机。西班牙国内的许多强势贵族和军人开始向美洲转移，其结果既避免了贵族对王权的威胁，又保障了王室对美洲资源的控制。利用巨额收益，西班牙王室建起一支强大的常备军，使之有可能在欧洲本土建起一个帝国。从15世纪末开始，统治西班牙的哈布斯堡王朝占据神圣罗马帝国的皇帝宝座，潜心扩张领地，将捷克、匈牙利、尼德兰和意大利等地纳入西班牙统治之下。其常备军驻守帝国的几乎每一个角落。正是在这一时期，西班牙将冷兵器与火器结合，改变了中世纪的战争面貌。同时，为确保对美洲的"白银航线"，西班牙又建起强大的海军舰队——"无敌舰队"。这是欧洲历史上从未有过的海军力量。

可是，这个时期也是一个战火纷飞的年代，强大就会受到挑战。那些已经或正在走出封建主义危机的大西洋沿岸国家，将西班牙当成自己的敌手。英、法、尼德兰等国对流入西班牙的白银垂涎三尺，在财力和军力不足的情况下，首先对西班牙展开海盗式抢劫。然后通过加大生产，在交换的背景下使西班牙的白银流入自己的国家。西班牙的军事和殖民很发达，但是其经济被忽视了，仍处在中世纪的状态，生产方式陈旧，国内商品价格高昂，必须通过进口补充。因此，注入西班牙的美洲财富又大量流失。西班牙也开始一次次地被拖入战争。仅16世纪后期，其参与的战争就包括尼德兰战争、勒班陀海战、吞并葡萄牙的战争、英西海战、法国胡格诺战争。战争耗费巨大，至16世纪末，其国债变得异常沉重。法国是欧洲第一个挑战西班牙的国家。随着百年战争的结束，法国瓦卢瓦王室势力膨胀，开始试图争夺欧洲大陆的霸权，将眼光瞄向意大利，但是，入侵意大利的法兰西与继承神圣罗马帝国皇位的西班牙发生冲突，双方发生三次针对意大利的战争，动员大量雇佣兵，战争规模远超从前。最后，法国不得不承认西班牙对意大利的统治。西班牙算是赢下一局。但是，宗教的变局使欧洲的纷乱更加雪上加霜。尼德兰、法兰西和英格兰借宗教改革之机对天主教提出批判。他们支持新教，与天主教的监护者——西班牙决裂。这个时期，作为宗教的不同派别，欧洲出现两个分裂的阵营。南部是以西班牙为首的天主教阵营，北部是以英国和尼德兰为中心的新教阵营。新教阵营力图破坏西班牙一统欧洲的梦想。从16世纪20年代开始，英格兰、法兰西和尼德兰等国沿海居民，自发组织购买船只和武器，对往返于欧洲与加勒比海的西班牙船只进行劫掠。1587年，英格兰伊丽莎白女王处死信仰天主教的苏格兰女王玛丽，导致英西海战爆发，西班牙"无敌舰队"几近覆没。在众多挑战之下，至17世纪初，西班牙出现颓势。尽管保持着广阔的美洲殖民地，其力量却一步步地走向衰落。而同时期的英格兰、法兰西和尼德兰却蒸蒸日上，不仅建立起新的殖民地，且在"环大西洋体系"中不断扩充着他们的实力和影响。

17世纪的西班牙衰退是全方位的。首先，农业不景气。西班牙对农业的投入本来就很少，罗马时代和摩尔时代留传下来的水利设施没有任何改善，甚至倒退，灌溉变得很困难。农民还保留着旧的耕作方式，英格兰和尼德兰农民所使用的农业技术如四轮制等，没有被西班牙农民掌握。贵族、乡绅和教会在收复失地之后掌握大片地产，许多地产作为雇佣农场由雇工耕种，但生产效率不比封建时代的庄园高。因此，西班牙粮食生产不足以养活本国居民。而其所产的羊毛在输往尼德兰和意大利的过程中，价格明显高于其他国家，在市场上也没有竞争力。西班牙的手工业也呈衰退趋势。虽然盛产羊毛，可是贵族们为获得更高利润，不是将羊毛用于发展本国的毛纺业，而是输出到国外。结果使盛产羊毛的西班牙，反而要以低关税大量进口英国和荷兰的呢绒产品，国内的毛纺业完全被击垮。羊毛的大量输出和愚蠢的税收政策使西班牙羊毛手工工场迅速衰落。西班牙政府对工人消费的粮食和加工的原料征收重税；对出售的纺织品也征收过度的"阿尔卡巴拉"税；对输出的织物又征收1/15税。这些政策完全破坏了西班牙羊毛手工业。另外，中世纪的行会制度仍在主导西班牙的制造业。因此，西班牙的日用品质量远低于西欧其他国家，而价格却远高于这些国家。进口造成白银流失又限制了西班牙制造业的发展。西班牙的金融业更是一个"漏斗"。为了维持庞大的军队，履行天主教监护者的职责，对新教国家进行战争，特别是为了满足王室对荣誉的保持和贵族对地位的炫耀，让金银"像雨水一样从屋顶上流走"，流入英格兰、法兰西和尼德兰，还有东方的奥斯曼、印度和中国。西班牙的财富在很大程度上是为他人作嫁衣。其本身的金融系统曾三次宣布破产，不得不向其他国家的银行家借款。装载白银的西班牙船队不再驶向西班牙，而是驶向德意志和意大利，以便支付当地银行家的利息。而白银对西班牙的流入，并没有给普通百姓带来宽裕，而是带来更大负担。16世纪初，白银的输入加大了货币供应量，导致白银贬值，物价上涨。由于人口增长加快，对必需品需求上升，通货膨胀更加严重。物价在大约100年的时间内上涨三倍。这种情况使不少农民和手工业者的生计被破坏，不得不另谋生路。白银流入英格兰、法兰西和尼德兰等国，也一度引发经济问题和社会动荡，但这些国家的制造业和商业发达，人民的生活能够及时得到缓解和转移。只有落后的西班牙越陷越深。

这些问题出现以后，首先使西班牙建立的伊比利亚联盟难以维持。1580年，在吞并葡萄牙之后，为拉拢葡萄牙，腓力二世曾允许葡萄牙保有原来的议会和政权机构。葡萄牙人虽然对合并多有不满，但因自我保护力量加大，可以寻求外援，还是接受了。葡萄牙人曾希望引进西班牙的"大授地"制度，以解决因劳力不足而不得不高价购买黑奴的问题，也曾请求西班牙允许贵金属流入巴西，以解决殖民地经费不足问题。巴西殖民地的葡萄牙人还从西班牙王室获得捕鲸特权，开发制油产业。西班牙还专门创办一些法律和文化机构，填补了巴西在法律和文化方面的不足。这一系列举措一定程度上维持了葡萄牙人对伊比利亚联盟的维持。但是，至17世纪30年代后期，腓力二世之后的西班牙国王为加强控制，开始排斥葡萄牙的机构和官员，起用西班牙人而代之。这种侵权行为引发葡萄牙人的严重不满，加上三十年战争对葡萄牙征税过重，葡萄牙人最终反抗脱离西班牙的控制。

像葡萄牙一样，西班牙也是不思进取，贪图享受和满足于帝国荣誉。所能做的就是在美洲和欧洲复制其帝国模式和天主教模式，却遭到欧洲其他国家的反击。而其帝国内部的农业、制造业和金融业却每况愈下，连维持帝国自身都变得困难。面对新时期出现的一系列变化，西班牙贵族和教士视而不见，反而盲目自大，坚信自己受上帝保佑，承袭着父辈收复失地、征服美洲和称霸欧洲的业绩，对现有的一切不做任何改变。塞万提斯在《堂吉诃德》一书中十分严厉地讽刺了骑士的荒唐，可是傲慢的西班牙贵族仍不思进取。"到17世纪末，西班牙已成为欧洲最穷的国家之一"。①

---

① 〔美〕纳撒尼尔·哈里斯等：《图说世界探险史》，张帆、贾磊等译，第82页。

荷兰的资本优势规避于生产性投资[①]

荷兰是欧洲最早进行资产阶级革命的国家，建国后开始向近代类型的商业资本主义方向发展。其内部不存在先天的体制落后和各种腐败问题，在世界范围内建立的商业优势给荷兰人带来了其他国家无法企及的财富。但是，荷兰的缺陷在于它只是将依靠商业获得的财富继续用于商业，而没有用于生产，因此，它只是一个销售型或中介型国家，而不是一个生产型或技术型国家。因此，生产技术革命也不可能在荷兰出现。

1.荷兰商业资本的规模

荷兰独立后，建立松散的邦联制。每个省由摄政者领导，摄政者通常都是杰出的商人。这种联省的分散管理，直接将政府的位置排在商业利益的后面。荷兰的领导人不仅要保护贸易商和制造商，还要拟定支持经济的新措施，构建自由港，解决土地所有权的后顾之忧，建立诉讼的有效流程，管理学校的簿记教学，销售海上保险的代理许可，等等。[②]获得独立的荷兰北部省份及邻近地区居住的大多是新教徒。

荷兰的经济繁荣是有目共睹的。但他们是如何致富的呢？其贸易支柱其实是一种不起眼的鱼——鲱鱼。鲱鱼很容易干燥，在蛋白质短缺的地方，是一种四季皆宜的蛋白质来源，需求量巨大。荷兰的渔业规模惊人，共有约50万荷兰人在从事渔业，其劳动人口是农业的两倍，与工艺、零售和金融行业的总和一样多。荷兰农业也非常先进。行会严密地控制着种植业，确保农民们执行政府设定的质量标准。17世纪上半期，有1000多艘荷兰船在波罗的海运送谷物，与英国谷物商船的比率是 13:1。[③]荷兰利用其家庭手工印刷的宣传

---

① 罗翠芳："17、18世纪荷英两国的商业资本"，《武汉大学学报》2006年第5期。
② 〔美〕乔伊斯·阿普尔比：《无情的革命——资本主义的历史》，宋非译，第41页。
③ C. R. Boxer, *The Dutch Seaborne Empire: 1600-1800*, New York: Alfred A. Knopf, 1970, pp. 43-44.

页，在英国解释了它的成功。[①]

大多数荷兰人既是商人，又是熟练的工匠。他们对其他国家收割或开采的物产做进一步加工，提升这些商品的价值，通过加工从中谋利。比如，他们把原生羊毛染色加工成布匹，把木材做成富人餐厅的护墙板，为印刷机生产适用的高级纸张，把烟草制成上等雪茄，甚至为运送货物和乘客而开凿网络状的运河。这些工作证明他们拥有很强的融资能力和组织复杂项目的能力。他们的码头和仓库堆满了箱、盆、桶和包裹，起重机来来回回，卸载中国的丝绸、波罗的海的谷物、纽卡斯尔的煤、瑞典矿山的铜铁、西班牙的盐、法国的葡萄酒、印度的香料、新大陆的食糖和烟草以及斯堪的纳维亚半岛的木材，而他们从西非贩卖到新大陆的奴隶再也无法返乡。停泊在他们码头上的帆船看上去就像是移动的森林。[②]

股份制和金融业的发展将荷兰全国上上下下各阶层都卷入到海上贸易的大潮中。1609年建立的阿姆斯特丹银行，广泛地收集社会闲散资金。采用股份制建立的东印度公司也向全社会募集资金，在全部的650万荷兰盾的股金中，有的股东只有几十个荷兰盾，显然是一般平民的股金。这是荷兰称霸海上的一个重要因素。17世纪，荷兰资本积累比欧洲各国的资本总和还要多，对外投资比英国多15倍。阿姆斯特丹的交易市场成为国际股票交易中心，其投资于欧洲、东印度和美洲的外国债券超过3.4亿荷兰盾。英国国债的很大一部分掌握在荷兰人手里，仅股息每年就要向荷兰支付超过2500万荷兰盾。荷兰每年还从法国获得2500万荷兰盾，从西班牙、俄罗斯、瑞典和德意志几个国家获得3000万荷兰盾。阿姆斯特丹一跃成为国际银行业务和交易的中心，其营业额达5000万荷兰盾，有超过1.4亿荷兰盾的资金投资东印度和南美殖民地的企业。

17世纪初期，荷兰人口不足200万，却拥有全欧商船吨位的4/5。1500—1700年，尼德兰北方船舶的总吨位增加了10倍，到

[①] 〔美〕乔伊斯·阿普尔比：《无情的革命——资本主义的历史》，宋非译，第42页。

[②] Charles Wilson, *The Dutch Republic and the Civilization of the Seventeenth Century*, p. 27.

1700年联省共和国的商船队已远超50万吨，其总吨位相当于竞争对手——英国商船队的三倍，可能比欧洲其他国家商船队的总和还要多。[1]17世纪中叶，欧洲各国共拥有船只约2万艘，其中的75%约1.5万—1.6万艘属联省共和国所有（而法国仅有1000多艘）。[2]为了维持这支庞大的船队，联省共和国广泛招募水手。1614年的统计显示，其水手数量超过西班牙、法国、英格兰和苏格兰水手的总和。[3]首都阿姆斯特丹作为欧洲的商业中心，是东方香料，欧洲粮食、油料、木材、皮毛的集散地，停泊在港内的船只经常达2000多艘。

法国财政总监柯尔贝曾经说："波罗的海和北海的贸易，毫无疑问地和完全地掌握在荷兰人手里"。当时绕过日德兰半岛进入波罗的海的船舶，有70％属于荷兰人。荷兰的联省议会也承认"在阿尔汉格尔斯克，他们拥有的船舶和运输的各种商品比所有其他各国的加起来还要多"。从俄国运出的农产品、毛皮、碳酸钾和鱼子，从波罗的海运出的铁、造船用的木料、蜡，都是由荷兰转运到法国和意大利的利沃尔、威尼斯以及其他更遥远的销售地去。荷兰控制了波罗的海的贸易，拥有丰富的沥青、焦油、制绳用的大麻、制风帆用的亚麻等产品，成为西欧海军最主要的供应者。17世纪前半期，法国对外贸易的大部分、德意志西部的贸易、欧洲南北之间的贸易都控制在荷兰人的手里。荷属东印度公司垄断了欧洲与东方之间、欧洲与美洲之间的海上贸易，甚至英国与其殖民地之间的商品往来也由荷兰的商船来运输。总之，当时世界各殖民地的产品，特别是东方的香料，多半都是通过荷兰转运到西方各国。尼克福尔德说："荷兰人从各国采蜜……挪威是他们的森林，莱茵河两岸是他们的葡萄园，爱尔兰是他们的牧场，普鲁士、波兰是他们的谷仓，印度和阿拉伯是他们的果园。"由于其庞大商船队航行于大西洋、太平洋、印度洋及地中梅和波罗的

---

① 〔俄〕琼图洛夫：《外国经济史》，孟援译，上海人民出版社1962年版，第239页。
② 同上。
③ 〔法〕米歇尔·博德：《资本主义史1500—1980》，吴艾美译，东方出版社1986年版，第18页。

海，到18世纪中叶以前，荷兰一直被称为"海上马车夫"。

从17世纪中期开始，荷兰控制了西欧商业体系，成为西欧经济的领导者。在此后的一个多世纪之内，西欧的发展一直处在商业资本主义时期，商业资本占据了社会经济的主导地位，关乎着国家未来的发展。

2.荷兰商业资本的运作

荷兰商业资本的运作奉行"生产成本外部化"的战略。[①]这种战略就是让生产活动尽量由其他国家或地区承担，本土较少介入，凭借自己手中充裕的贵金属货币，充当国际中间商，主要从事转运贸易，把一个地区的商品运到另一地区，其商人仅仅是国际商贩而已。其突出表现就是商船的吨位在不断扩大。据统计，1547年，驶抵柯尼斯堡[②]的尼德兰北方船只平均载重量为70吨，1623年为144吨。通过松德海峡的荷兰船只的载重量，1557年只有30%超过200吨，1620年这一比例上升至50%，1640年高达90%。[③]

这种经营战略在亚洲运行很成功，但是在美洲却很难施展。在亚洲，荷兰商业资本抢占的殖民地一般说来贸易环境都比较好，已经形成良好的商品货币关系，不用把过多的流动资金变为固定资金，即荷兰人不必进行"生产性投资"，只要手中有白银，就能获得所需要的商品。可是，让荷兰商人利用手中丰富的流动资金控制美洲贸易却很难。我们看到，荷兰西印度公司的经营远不如荷属东印度公司的业绩，很快出现窘境，经1674年调整后，非但没有给荷兰带来想象中利益，反而遭英属美洲商业殖民公司排挤，直至破产。其失败的直接原因是当时美洲大部分地区还没有荷兰实施"白银攻势"所需要的商品货币经济环境。美洲的商品货币关系网络还需要荷兰商业资本去创建。要创建这样的网络，就必须投入资金，即对美洲进行"生产性开发"，组织移民，创办种植园、工场等，加强贸易所

① 罗翠芳："17、18世纪荷英两国的商业资本"，《武汉大学学报》2006年第5期。
② 柯尼斯堡即今天俄罗斯加里宁格勒州首府加里宁格勒。
③ 〔英〕M. M. 波斯坦等主编：《剑桥欧洲经济史》(第五卷)，高德步等译，第530页。

需要的基础设施建设。但是，对于在世界贸易中已经占据优势且手中握有巨量流动资金的荷兰商人来说，没有必要。这样做，花资金、花时间、花精力，是一种长期投资，变数很大，回报不可预料，安全指数很低。总之，美洲扩张中的这种资金需要与荷兰商业资本的经营习惯与投资理念相违背，所以荷兰商人不太愿意在美洲殖民地投资。

荷兰的西印度公司就是一种没有生产基础的商业公司，在国际贸易中虽能逞一时之快，却犹如贸易大环境中的浮萍，漂来漂去，扎不了根。而英国商业资本在殖民地经营几年或几十年之后，由小做大，由生产到销售，一条龙的经营根深蒂固之后，荷兰商业资本再想插足就不容易了。英国商业资本可以独享殖民地的果实。荷兰商业资本根本不是深深扎根的英国商业资本的对手，只能甘拜下风。偏爱转运贸易的商业习惯是荷兰商业资本在美洲殖民中不成功的重要原因。荷兰商业资本虽然在亚洲曾一度很成功，但是因其不愿投资殖民地的特性，其海外扩张还是后劲不足，在亚洲创立的商业殖民帝国也渐失于英国之手，亚洲也变成英国商业资本的天下。

当然，商业资本的海外扩张一定程度上促进了荷兰本国纺织业、造船业及其他制造业的发展，但是总体说来还是后劲不足。一方面，荷兰国土有限，自然资源匮乏，煤铁严重不足。另一方面，"生产成本外部化"战略从长远来看不能从外部给国内制造业的发展给予强劲的压力和动力。如果本国或殖民地出现哪种商品奇缺，或者销路特别好，荷兰商业资本就会利用手中货币充足这一优势，在全球范围内购买这些商品，然后贩运到需要这一商品的地区，而不必由国内的工场来专门生产这些产品。但是，这种战略使荷兰的海外市场与国内生产严重脱节，不能催生新技术或新生产部门的产生。长此以往，荷兰的国内生产缺乏强有力的推动，尤其那些面向出口的制造业，在18世纪不可避免地出现衰退。例如，荷兰莱顿的布匹生产，1700年年产2.5万匹，到18世纪30年代末年产量只有8000匹。印花厂在1700年有80家，1770年剩下21家，1796年仅剩12家。亚麻布的加工中心哈勒姆，漂白数量锐减50%以上，亚麻布的漂白加工厂由20家减少至8家。同时，繁盛一时的丝绸工业也衰落了。[1]从此，荷兰由布匹出口大国变成布匹消费大国。18世纪末，荷兰国内的布匹需求量大约是200万匹，只有20%由国内提供，其余均靠进口填补。[2]

这就是说，时代在变，经济的主旋律也在变。近代早期也是商业资本主义向工业资本主义过渡的时期，商业资本的主导性即将被工业资本的主导性所取代。或者说转运贸易将逐渐失去时代的主导性，高利润行业将由制造业所取代。而发展制造业的实质就是"生产成本的内部化"。英国的商业资本所具有的特点与这样的发展战略是一致的。因此，英国商业资本战胜荷兰的商业资本将是一种历史的必然。

"生产成本外部化"战略曾造就荷兰商业资本的成功。但是，当重工主义浪潮兴起，生产国之间有能力直接接触和直接交易时，靠转运贸易而繁荣的荷兰商业资本贸易空间就缩小了。英国、法国等新兴国家的民族化情绪高涨，不容许别的国家染指自己国家的市场，对荷兰商业资本筑起一道道贸易壁垒。17、18世纪形形色色的重商主义四处传播，其他欧洲国家也在世界范围内压缩荷兰商业资本的活动空间。荷兰商业资本和商业体系再也无法继续生存。于是，过去的优势就转化为劣势，"生产成本外部化"战略逐渐成为荷兰发展的阻力。

荷兰商业资本占据了西欧国际转运贸易中心位置，偏爱充当中间商的角色，把低利润的行业，如制造业让其他地区如英国等去承担，自己掌控高利润行业，这是大商业资本的资本本性。面对新的经济发展大潮，荷兰商业资本表现得迟缓与僵化，没能做出相应的改变，还是坚持以转运贸易为主，不太愿意投资生产行业。这是已

---

[1]　Jonathan Israel, *The Dutch Republic: Its Rise, Greatness, and Fall, 1477-1806*, Oxford: Claredon Press, 1998, p. 999.

[2]　Jan de Vries, Ad van der Woude, *The First Modern Economy: Success, Failure and Perseverance of the Dutch Economy, 1500-1815*, Cambridge: Cambridge University Press, 1997, p. 421.

发迹的大商业资本在那一转型时期惯常的表现。物理学原理告诉我们：任何运动的物体都有惯性，物体越大，惯性就越大，其方向的改变相对来说就困难一些，改变旧有的运动模式，对大商业资本来说要痛苦一些。它们在新形势下，没能像新兴商业资本那样灵活地转变职能，投入新的生产，它们这种独立发展是与资本主义生产的发展程度成反比例的。①于是大商业资本占主导的荷兰在新一轮竞争中便沉寂下去。这也是大商业资本占主导地位的国家在近代转型时期普遍衰落的原因。

对比之下，英国商业资本比较小，有它的优势，不像大商业资本有那么多顾虑，对利润的回报，哪怕是大商业资本不屑一顾的小利润，也非常热心地去争取。所谓"船小好掉头"，这样的商业资本往往能够更灵活地把握经济环境的变化，顺应经济发展的潮流，迅速地改变自己的投资方向。"没有哪一种资本比商人资本更容易改变自身的用途，更容易改变自身的职能了。"②在商业利润竞争激烈或商业利润有所下降的情况下，如果制造业有利可图，这些新兴的商业资本会毫无顾虑地转向制造业，从而在无形中转化成工业资本。"没有静止不动的资本主义"③。从这里我们看到，新兴商业资本是英国向大工业转型的重要推动力，而大商业资本反而变成荷兰迈向现代化的重大阻力。因而，率先跨入现代化门槛的是英国，而不是荷兰。尽管荷兰曾经是强者，英国曾经是弱者，但两国商业资本在重要转折关头的不同表现极大地影响了两国的未来。

以上分析可见，葡萄牙、西班牙、荷兰和法国均不能开展工业革命。葡、西的海外拓殖总体看来还是旧的封建主义的延伸，帝国的建立只会使其坐吃山空；荷兰的海外殖民和海外贸易虽然是新的商业资本主义的发展，但是，在其资本积累变得充裕以后，只会在

---

① 参见《资本论》（第三卷），中共中央马克思、恩格斯、列宁、斯大林著作编译局译，第366页。
② 同上书，第314页。
③ 〔美〕斯塔夫里阿诺斯：《全球分裂——第三世界的历史进程》（上册），迟越等译，商务印书馆1993年版，第464页。

商业贸易方面进行投资，而很难对更加基础性的生产领域进行投资；法国虽然重视工农业生产，但这个国家总体说来还是一个大陆型的小农经济国家，工业发展还是其国民经济的次要部分，而且法国的海外殖民地荒僻偏远，商品经济不发达，更多只能作为原料的供应地，很难作为制成品的销售市场，因此，其技术革命的动力也不大。剩下的大西洋沿岸国家就只有英国。作为工、农、商贸均衡发展的国家，它有最广阔的海外殖民地，必将成为工业革命最先发起国，从而有效解决欧洲对世界市场的"欠供给"问题。技术革命的使命最终落在英国人的肩上。

第十一章　产业革命与世界
贸易的大逆转

　　生产力方面的革命又称产业革命或工业革命。它是人类生产力的巨大进步，是自新石器时代农业革命以来的又一次生产力的大变革。[①]这次革命不出意外地发生在英国。它在手工工场的基础上，通过蒸汽带动机械代替人手的功能和自然力的功能，从而产生巨大的生产效率。这是改变历史的进步。至19世纪60年代，英国在资本主义国家制度和"日不落帝国"之外，又变成可以满足世界市场对商品需要的世界工厂。至19世纪70年代，美国和德国又发生第二次工业革命。在两次工业革命的作用下，由欧洲和北美组成的西方世界整体迈入工业化时代。相形之下，处于农业文明时代的东方国家彻底落伍。世界贸易的天平开始向西方倾斜。

一、英国产业革命的发生

　　18世纪下半叶，英国发生人类历史上的第一次产业技术革命。它给英国经济带来的改变是前所未有的。

---

　　① 　W. G. 霍斯金斯说："农业的进一步发展促使定居村出现，这是人类生活中的一次革命，其重要性堪与19世纪工业革命的影响相媲美。"参见〔英〕W. G. 霍斯金斯：《英格兰景观的形成》，梅雪芹、刘梦霏译，第19—20页。

产业革命为什么首先发生在英国？

首先，工业革命在西方社会发生有它的必然性。兰德斯在《国富国穷》一书中说，工业革命成功之源可以归结为西方社会所特有的"自主权、方法和常规化"。就自主权来说，西方社会争取学识自主的斗争可以回溯到中世纪。"当时，主宰欧洲的是罗马教会的观点，是由《圣经》规定的、由古人的智慧加以调和而不是加以修正的自然观。"这种观念集中表现在经院哲学中，这种哲学体系在中世纪具有一种全权和权威的意识。而"新的概念必然地以一种傲世的和潜在颠覆性的力量进入这个封闭的世界，一如它进入伊斯兰世界一样。但是在欧洲，由于新思想能得到实际应用，接受起来比较容易，而且受到企图利用新颖事物使自己优于对手的统治者的保护。因此，并非偶然，欧洲逐渐培养起对新生事物的崇尚和争取进步的意识。这是一种信念，它同崇尚先前优雅的怀古情节相反，相信"黄金时代"（即乌托邦）真实地摆在面前，相信当今的人们比过去更富裕、更聪明、更能干。"……当然，陈旧的看法依然阴魂不散。但是在欧洲，教会的影响范围却受到了世俗当局的对抗性要求（恺撒对上帝）以及来自下层的在宗教信仰上持有异议的人所酝酿和聚集的火焰的限制。这些异议教派或许在学识和科学方面还没有摆脱偏见，但是他们却破坏了僵死教条的一致性，从而暗地里促进了事物的新生。""对权威性最具摧毁力的是个人经验的扩展"。[1] 就方法来说，西方社会拥有"这样一种方法，它开辟了通向有目的的实验的道路。不再是等待观望事物的发生，而是促使事物的发生。这要求一种学识的飞跃。"[2] 就常规化来说，"西方科学的第三个机制性支柱是科学发现的常规化，即发明的发明。西方广泛分布着一个知识分子群体，他们工作在不同的国度，使用不同的语言，但却是一个共同体。一个地方所发生的事情很快就会被别的地方知道，部分是

---

[1] 〔美〕戴维·S. 兰德斯：《国富国穷》，门洪华等译，第216页。

[2] 同上书，第217页。

由于使用了做学问的共同语言——拉丁文；部分是由于超前发展的信使和邮递服务，而最重要的是因为人们总是四面八方地迁徙。在17世纪，这些联系被制度化了，首先是通过诸如马林·梅森那种自命为人际交换机、在科学家之间不断传播信息的个人，尔后则是通过学术团体的形式，这些团体设有通信秘书，频繁举行会议，定期出版刊物。"①而"所有这一切都花费了时间。这就是为什么，从长远看，工业革命的到来还必须等待。它不可能发生在文艺复兴时期的佛罗伦萨，更不可能发生在古希腊。技术的基础还有待于奠定，发展进步的各个溪流还必须汇聚到一起。""从短期看，答案在于各种因素的结合，在于供求关系，在于价格和灵活性。只有技术是不够的。所需要的是起强大杠杆作用的技术性变革，它通过市场发现共鸣并且改变资源的配置。"②

那么，在西方社会里，工业革命为什么最早发生在英国？1954—1984年，由全球200名技术专家合作撰写的划时代巨著《技术史》一书完成。其中写道："在英国，工业革命的种子早已潜藏了多年，然后才爆发式出现了惊人的发展，这并非偶然事件，而是若干因素导致的自然结果。"③

正如前文所述，在大航海之后的商业资本主义时代，英国没有像葡萄牙和西班牙那样坐收殖民先发之利，也没有像荷兰那样坐收垄断贸易之利，而是在国家的支持下，从小的投资、小的贸易做起，一步一个脚印，扎扎实实，陆续从军事、贸易和金融上打败所有竞争对手，取得一个又一个的胜利。在大西洋沿岸的所有国家当中，只有英国具备进行产业革命的充分条件。

第一，英国拥有欧洲历史上最进步的文化传承。这种文化传承使英国成功地建立起资本主义的国家体制，这种体制始终推动着制

---

① 〔美〕戴维·S.兰德斯：《国富国穷》，门洪华等译，第219页。
② 同上书，第220—221页。
③ 〔英〕查尔斯·辛格等主编：《技术史》（第四卷），辛元欧主译，https://www.zybang.com/question/f5ba4d61d8017c25b99deea2a21dc6d7.html，2017-11-14。

造业的发展。自1215年《大宪章》签订以来,英国形成最优化的领地制度,领地经济成功进入"前市场经济"时期。领地经济崩溃以后,因贵族权利受到保护,领主又对分散给公簿农的土地享有所有权。这种状况非常有利于圈地运动的开展,英国因此出现最早的资本主义大农业;同时释放出大量的农村劳动力,为手工工场的建立准备了充足的人手,其毛纺工业也快速发展起来。大航海之后,海外贵金属和价格革命同时进入英国,但英国不是海外贵金属的直接输入国,需要用产品来交换,因此,英国的资本主义生产特别是资本主义的制造业又进一步发展。英国的制造业在开始阶段没有荷兰的发展程度高,但是荷兰的道路最终从反面刺激了英国制造业的发展。荷兰独立以后,其呢绒业、麻织业、丝织业、瓷器等都在国际上享有盛名,手工工场远胜于西欧其他国家。17世纪初,英国生产的呢绒需要运到荷兰进行加工和染色。相较于荷兰,英国的商业资本起步晚、力量小,很难与之进行贸易竞争,但更注重产业方面的投资,走着一条由重商主义向重工主义转化的道路。英国商业资本抢占"被早期殖民者抢剩下的殖民地",为站稳脚跟,英国不惜在殖民地进行投资,把它们变成殖民母国的原料产地,为母国源源不断地提供工业材料,然后在英国国内投资建立工场手工业,进行大规模的商品生产,殖民地又可以作为其商品倾销产地。这是一种生产和贸易的良性循环。英国发展制造业的信心更强了。

为了脚踏实地走发展制造业的道路,英国开始将制造业与科学结合。牛顿在《自然哲学的数学原理》中,用数学方法证明了万有引力定律和三大运动定律。从近代科学的角度看,牛顿的发现,给人类带来了从未有过的自信,打开了英国进行工业革命的大门。18世纪,天体力学、经典力学、高等数学都已建立起来,形成完整的理论体系。在物理学取得重要进步的同时,化学也从炼金术中解放出来,成为独立的学科。近代生产技术的进步正是科学与生产特别是与工业的结合。例如,在纺织工业中,漂白和印染原来使用的都是天然染料,生产受到限制。随着科学发展,人们开始改用硫酸、漂白粉等化学原料做染料，纺织工业便向前迈进一大步。总之，英国十分重视制造业，这是英国进行工业革命的一大优势。

第二，18世纪，英国已经在欧洲列强的争霸中成功地建立起最强大的海上霸权，在世界范围内拥有最广大的殖民地和海外市场。17世纪，经过三次英荷战争之后，英国迫使荷兰接受《航海条例》。其中规定：输入英国及其属国的货物，必须使用英国的船只或者输出国的船只装运。从此，荷兰的船只逐渐退出称霸近一个世纪的茫茫海域。在陆续打败西班牙、葡萄牙和荷兰之后，英国的发展已显示出不可阻挡的强劲力量。同时，英国建立起一支欧洲最强大的海军，其商船吨位更是欧洲第一。1686年时的一项统计表明，有近一半的英国船只在从事美洲或印度的贸易。东印度公司的统计显示，在1775—1804年的30年间，英国派往中国广州商船达495艘，吨位一般达700—800吨以上。进入18世纪90年代，其吨位超过了1000吨，甚至达1200吨，远远超过法国和德国。[①]我们还可以比较一下这个时期葡、西、荷、英等国的殖民地面积。据统计，葡萄牙拥有殖民地约910万平方千米，西班牙拥有殖民地约2490万平方千米，法国拥有殖民地约1230万平方千米，英国拥有殖民地约3343万平方千米。英国俨然是世界上最大的殖民帝国。此外，英国控制的殖民地不仅是制造业所需要的原料市场，也是产品销售市场，英国生产出来的东西基本不用担心卖不出去。其殖民地基本上有两种形式。一是可用作销售市场的经济发达地区，如印度可能是英国最大的纺织品销售市场；再一是自然资源丰富的经济落后地区，如北美可作为原料产地。英国本土的功能主要是对原材料进行加工，把商品的价值提高，再返销给殖民地或者卖给欧洲其他国家。所以，英国的市场需求巨大。

第三，继荷兰之后，英国创建了世界上最完备的金融系统，可以为生产技术的革新筹措足够的研发资金。这并不是说英国社会拥

---

① 〔美〕马士：《英国东印度公司对华贸易编年史》（第二卷），区宗华译，第745—779页。

有充足的剩余资金，而是说英国社会很容易筹集到足够的用于研发的经费。因为英国政府拥有充足的信用。它学习并继承了荷兰的金融成就，成功地完成以金融业为主体的整个国家的财政体系的改造，融资能力变得非常强。随着英格兰银行的成立，一个较过去复杂得多的金钱观念被一批富有冒险精神的银行家创造出来。在17世纪的一百年中，金钱的概念在英国已经发生深刻变化。1694—1776年，银行发行的纸币量第一次超过流通中的金属铸币。金融业的革命使英国技术革命或工业革命有了充足的资金来源。在工业革命的刺激下，英国的金融业又继续向前发展。因为工业革命所产生的对铁路、矿山、造船、机械、纺织、军工、能源等新兴行业的巨大的融资需求，对传统金匠行业所呈现的那种古老、低效和极为有限的融资能力产生巨大冲击，一个现代的金融业在英国兴起。例如，英国在1821年修建世界上第一条铁路（斯克托顿至达林顿）即采用集股的方式筹措资金。"在每股100英镑共计1209份认购额中，认购者主要是当地（达林顿）人。巴克豪斯家族准备认购2万英镑，爱德华·皮斯认购了6200英镑。其他较大的认购者包括来自教友会本杰明家族的亚姆认购了5000英镑，克罗夫特的小威廉·采特认购了5000英镑，托马斯·梅内尔认购了3000英镑，伦纳德·雷兹贝认购了1000英镑……还有一些对该项目表示关注的其他运河及投资公司，如诺维奇的格尼望认购了2万英镑，伦敦证券经纪人托马斯·理查德森作为爱德华·皮斯的表兄弟也认购了1万英镑。"[①]这种集资方式对产业革命所需要的研发具有巨大的促进作用。

第四，英国拥有欧洲范围内最先进的煤炭开采行业。煤炭开采对矿井抽水的需要对于蒸汽机的发明提出了直接要求。

彭慕兰在《大分流》一书中指出，导致英国进行工业革命的关键因素有两个：一是美洲的存在；再一是煤炭的开采。美洲的存在可以为工业革命提供棉花等原材料，并准备商品市场，而煤炭的开

---

① Maurice W. Kirby, *The Origin of Railway Enterprise: The Stockton and Darlington Railway 1821-1863*, Cambridge: Cambridge University Press, 2002, p. 33.

采则对蒸汽机的问世提出了要求。早在伊丽莎白统治时期，因木材大量砍伐，英国出现能源危机。16世纪中叶，英国人口增长迅速。1550年，英格兰有280万人，1600年便增长到400万人。英国史学家约翰·盖伊（John Guy）对此评论："在人口增长长期停滞不前的情况下，这样的增长给人一种人口爆炸的感觉。"[①]从1627年起，英国每个家庭都开始使用木材烧制的焦炭做燃料，[②]而人口增长的结果便是森林被大量砍伐，出现能源危机。当然，木材短缺的国家不止英国一个。"在整个欧洲、印度部分地区和日本，政府都极力控制木材的价格和供应。威尼斯的造船厂因为木材短缺而停工，英国人则采取非常措施保护境内的木材，甚至立法规定新英格兰地区森林里特定高度、强度的树，全归皇家海军所有，其他人不得砍伐。"[③]可以说，在煤成为常用燃料之前，欧洲人都在饱受木材短缺之苦。英国的优势在于，其本土存在一种很容易找到的替代森林的能源——浅层煤。这种煤同样可以用来烧制焦炭，同时采掘非常方便，英国土地上蕴藏丰富。因此，煤的开采很快成为英国的热门行业。伦敦人在14世纪已开始使用煤。[④]17、18世纪，煤炭开采成为英国的支柱产业之一。它不仅是"支撑英国人创造财富和成就繁荣的最强有力的后盾之一，也是推动英国制造业日趋兴盛的重要保障"。[⑤]我们可以对英法两国的煤炭资源做一个对比。法国的煤储量不足英国的1/8，而且煤的质量不高，不容易炼成焦炭，一直得不到有效使用。直到1830年，整个巴黎所需近50万立方米的燃料中，煤炭仅占1/4。[⑥]

---

① 〔英〕肯尼思·O.摩根主编：《牛津英国通史》，商务印书馆1993年版，第241页。
② 〔法〕费尔南·布罗代尔：《15至18世纪的物质文明、经济和资本主义》（第一卷），顾良、施康强译，第437页。
③ 〔美〕彭慕兰、史蒂夫·托皮克：《贸易打造的世界》，黄中宪译，第66—67页。
④ 〔德〕马克斯·韦伯：《世界经济史纲》，胡长明译，第135页。
⑤ J. U. Nef, *The Rise of the British Coal Industry*, London: George Routledge & Sons, 1932, pp. 222-223.
⑥ 赵翊君："一个时代的终结：煤炭伴随英国国运数百年"，《环球时报》2015年12月22日。

　　然而煤的使用在英国已经变得非常普遍。英国的煤田有一个特点，都在海平面以下，矿坑积水非常严重，要想把煤挖出来，必须先把水抽干。随着煤层的不断开采，矿坑和矿井变得越来越深，地下水的抽取成为急需解决的问题。1680 年，在胡格诺战争中逃亡英国的法国物理学家德尼·帕潘（Denis Papin）根据莱布尼茨的建议，采用活塞和缸筒，结合他本人研制的安全阀，制成蒸汽带动的汽缸，使矿井抽水的效率提高。原始的蒸汽机出现。1712 年，英国人托马斯·纽科门（Thomas Newcomen）对之继续进行改进。他把活塞和连杆连接起来，产生往返运动，从而使蒸汽动力产生更大的实用价值。正是在这一系列改进蒸汽机的基础上，1768 年，代表工业革命到来的瓦特蒸汽机诞生。所以，没有大规模的煤炭开采，就没有蒸汽机；没有蒸汽机，就没有工业革命。这又是英国的优势。

　　第五，我们看到，所有因素当中最重要的因素还是人的因素。在英国，受资产阶级人文主义思想和资产阶级革命的影响，人力已经变得十分昂贵，很难让英国的雇佣工人再去从事低薪的持续劳动和强化劳动。

　　工业革命前，英国的个人权利和公共权利得到较大程度的发展，劳动力的价值变得比较高。18 世纪的丹尼尔·笛福说："在英国，从事制造业生产的那些工人可以经常吃到肉，喝上糖水，他们的住宿条件相当不错，日常伙食标准也很高，这些都是令欧洲其他国家的穷苦劳动者望尘莫及的；干同样的活，英国工人的薪酬水平比其他国家的工人高，这样一来他们就有实力花更多的钱去品尝美味佳肴，穿着高档服饰，这些景象令外国人羡慕不已。"[1] 亚当·斯密也证实："目前，英国劳动力的工资水平似乎算高的，足以应付全家人的日常生活开销，而且经常还会绰绰有余。"[2] 罗伯特·艾伦比较了当时英国与世界其他地区的工资水平（见图 11-1）。该图显示：1525 年以前，

---

① Daniel Defoe, *The Complete English Tradesman*, The Project Gutenburg eBook, 1839, p. 25.

② 〔英〕亚当·斯密：《国富论》，谢祖钧译，第 74—75 页。

伦敦、阿姆斯特丹、维也纳、佛罗伦萨等城市的平均收入基本持平。
1525—1625年，受大航海的影响，欧洲出现价格革命，主要城市的
工资水平均有所上升，上升幅度超过亚洲。价格革命结束后，南欧
和中欧的工资水平稳中略降，但伦敦和阿姆斯特丹的工资仍继续上
升，尤其伦敦的工资上涨最为突出，在18世纪末大大超过阿姆斯特
丹，居全球之冠。

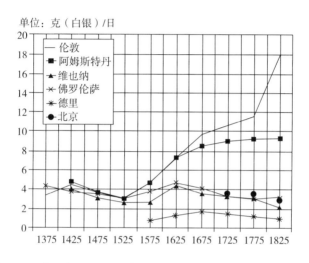

图11-1　世界各地工人工资水平波动趋势图（1375—1825）[①]

在这种情况下，继续采用手工劳动显然不利于降低生产成本，
提高生产效率。要降低生产成本，必须改进生产技术，采用其他动
力形式来减少人力支出。因此，实现劳动力的转换势在必行。14世
纪末，中国也出现对煤炭的大量开采和使用，生产已经进入到"工
业革命的边缘"，但并不能进行一场推动整个经济向前发展的工业革
命。因为中国的劳动力太便宜，潜在的工业主义者无法指望通过改
进技术、提高生产效率来创造更大的生产效益。

当然，工业革命为什么于18世纪后期发生，与这个时期美洲白
银产量的缩减有很大的关系（见表11-1）。据研究，1799年以后，

----

① 〔英〕罗伯特·艾伦：《近代英国工业革命揭秘——放眼全球的深度透视》，毛立坤
译，第51页。

美洲白银产量开始下降。拿破仑战争和美洲独立战争导致美洲白银产量大为减少。据统计，美洲金银减产的时间基本是在18世纪末19世纪初，低谷时期集中在19世纪前20年。由此对东方的白银输出受到很大的限制，欧洲处于通过输出白银购买东方茶叶等商品的瓶颈期。因此，对欧洲本身的商品生产提出新的迫切要求。

表11-1　1650—1829年美洲白银产量[①]

年份	净产量（银圆）
1650	10,000,000—13,000,000
1700	12,000,000
1750	18,000,000—20,000,000
1780	22,000,000
1790—1799（平均每年）	23,716,784
1800—1809（平均每年）	22,147,572
1810—1819（平均每年）	11,981,312

　　总之，工业革命看似是一小群工匠在专利制度的保护和刺激下所做的一系列天才的发明，实则如果没有好的文化传承所带来的长期对资本主义制造业的鼓励；没有最广阔的世界市场对纺织品等提出的国际需求；没有已经成熟的金融系统对研发资金的积极筹备；没有煤炭开采对用于抽水的蒸汽机的需要；没有英国工人对低工资、强劳动的不满，工业革命恐怕很难发生。正因为英国具备上述一系列条件，工业革命才能够在英国如期而至。

英国产业革命的历史进程

　　关于产业革命的进程，人们已经非常熟悉。这里只做必要的概述。产业革命实际上包括两部分。一是动力机——蒸汽机的发明；

---

　　① Artur Attman, *American Bullion in the European World Trade, 1600-1800*, Göteborg: Kungl. Vetenskaps-och Vitterhets-Samhället, 1986, p. 33.

二是工作机，棉纺机、棉织机的发明。二者相结合，才能产生"革命"的效果。关于蒸汽机的发明，前文已经略做介绍。这里我们主要看工作机的发明。

很长时间以来，因世界市场的需要，英国一直在寻求棉纺业、棉织业的技术改进，以不断加快纺纱速度和织布速度。18世纪以前，世界上价廉物美的棉纺织品几乎全部来自印度和中国。英国虽然建起自己的棉纺织工场，有自己的棉纺织业部门，但是，与印度手工棉纺品相比，英国的棉纺织业技术十分粗糙，根本无力跟来自印度或中国的棉纺织品竞争。英国要想在国际市场上获取竞争优势，必须走大规模机械化乃至自动化生产道路。1733年，曼彻斯特的纺织工约翰·凯伊（John Kay）对旧式织机进行根本性改造，设计出"飞梭"，把经线间的手工穿梭改成机械穿梭，穿梭速度大大加快。飞梭的发明加快了织布速度，要求纺纱的速度也同时跟上。英国的棉纱开始供不应求，常常断货。"纱荒"的存在使英国出现全民动员，全国各地开始大办纺纱学校，甚至孤儿院和监狱也开始日夜纺纱。官方和民间机构纷纷以悬赏的方式，激励新纺纱技术的发明。1738年，惠特（John Whitt）研制出滚轮式纺纱机，开始用滚轮纺纱取代手工纺纱。此后，纺纱技术不断改进。1765年，织工哈格里夫斯（James Hargreaves）又设计并制造出一架同时可纺88只纱锭的纺纱机，并以他女儿的名字命名为"珍妮纺纱机"。1769年，钟表匠兼理发师阿克莱特（Richard Arkwright）又造出一台庞大的水力纺纱机，因动力加大，不仅比珍妮纺纱机转速更快，而且纺出的纱线也更粗、更牢固，英国棉纺的质量因此大幅度提高。1779年，工人克朗普顿（Samuel Crompton）综合珍妮纺纱机和水力纺纱机的优点，发明"骡机"（Mule machine），即能够像骡子一样不停地转动，其纺出的纱又细又结实。在此基础上，英国的织布技术又向前推进一步，到1785年，乡村牧师卡特赖特（Edmund Cartwright）发明水力织布机，织布工效提高40倍。

但是，所有这些棉纺织技术改进都是包括人类手工在内的自然力的延伸，受到自然本身的限制。例如，珍妮纺纱机的使用受到人力本身的限制，水力纺纱机的使用受到水流的限制。若人力或水流的限制不考虑，类似英国的棉纺织业的技术改进在世界其他地区早就出现。例如，中国人在元朝时已经发明水转大纺车，比英国阿克莱特发明的水力纺纱机早300多年。[①]这就是说，英国的技术改进有可能还是在做一种历史的"无用功"。因此，英国的技术革新必须更加具有突破性，即对非自然力的利用。这个时期，英国的棉纺机械实际上是在等待一种新能源作为动力源。这就是对詹姆斯·瓦特在煤炭开采领域所发明的蒸汽机的借用。

我们知道，如果蒸汽机只在煤炭开采这一个部门使用，无疑会改善英国煤炭开采的条件，但远远不足以带来整个制造业的技术革命。据记载，早在1世纪，古希腊数学家亚历山大的希罗（Hero of Alexandria）就曾设计过类似蒸汽机的汽转球（Aeolipile），这是机器生产力的胚胎。[②]这种胚胎在当时没有带来生产力的革命。到了近代如果没有与英国的棉织业结合起来使用，它也不会带来整个生产力的革命。斯塔夫里阿诺斯评价瓦特发明的蒸汽机的历史意义"无论怎样夸大也不为过"。[③]因为它自从被转移到棉织业部门以后，棉纺织业的生产和制造就排除了自然力的限制。只要有煤炭运送到的地方，就有提供棉布生产的动力。当时英国似乎有着掘之不尽的煤炭。所以，瓦特蒸汽机被视为"万能的原动机"或"永动机"。英国棉布生产的性质完全改变，从此可以大批量地、近乎永恒地生产棉布。

此时英国棉布的质量大幅提高，可以与世界任何其他地方的棉布比肩。珍妮纺纱机、骡机发明以后，英国生产的棉纱和中国、印度的棉纱还有很大差距，在市场上缺乏竞争力。当时英国纺纱的主

---

① Dieter Kuhn, *Science and Civilisation in China*, Vol. 9, Cambridge: Cambridge University Press, 1988, p. 224.

② 参见汪洁：《时间的形状——相对论史话》，北京时代华文书局2017年版，第二章："伽利略和牛顿的世界"。

③〔美〕斯塔夫里阿诺斯：《全球通史——1500年以后的世界》，吴象婴、梁赤民译，第287页。

要原料是亚麻和棉花，用手工纺织，纺出来的棉纱粗细不均匀，因为纺的时候全靠手感。另外从技术上讲，手纺的纱由于质量差，尾线一定要用亚麻线，进线要用棉线，所以纺出来就像混纺的一样，一下水就会皱起来，这是一个缺点，还有一个缺点就是不易染色，亚麻和棉花混在一起，一染就花了。中国和印度有长期纺织的基础，加工水平远比英国高。但是，当蒸汽机与纺织机结合在一起，就完全不一样了。蒸汽机的动力解决了纺纱中的质量问题。英国棉布生产取得世界性的胜利，可以压倒昔日的对手——印度和中国。这就是英国棉纺织业实现机器大生产的意义所在。

18世纪末，卡特赖特与瓦特结成好友，二人合作实现了蒸汽机与工场的第一次"联姻"。之前，由水车驱动的工场只能依河而建，没有河流的地方不能设立工场；在蒸汽机成为动力机之后，手工工场变成机器工厂。而且，工厂可以设立在任何地点，特别是生活、交通和物流更方便的城市。一场前所未有的城市化运动因工厂的聚集而迅速发展。人类的生活面貌再次发生改观。1783年，当卡特赖特的专利被取消时，兰开夏郡还只有一家棉纺厂，30年之后，其工厂的数量迅速发展到86家；曼彻斯特市也从当初的2.4万人激增到15万人，成为全世界第一个现代工业城市。[1]从此，棉纺织业成为英国第一个实现机械化的工业。在整个18世纪下半叶，新兴棉纺业又带动毛纺、漂染、造纸和印刷等工业的兴起。英国首次出现轻工业部门的生产力革命。

技术革命使英国棉纺织业的生产率大大提高，产品价格大大下降。1786年，英国棉纱每磅是38先令，1800年下降到9.5先令，1830年又降到3先令。据迪恩和科尔计算，"1810—1816年，棉纺织业原料投入年均增长率为3.5%，而拿破仑战争之后的25年里则为6.5%。"[2]与原料投入的迅速增长相并行，棉纺织品产量也在迅速增

---

[1] 转引自杜君立："'棉花革命'缔造了现代工业"，《企业观察家》2015年第21期。

[2] P. Deane, W. A. Cole, *British Economic Growth, 1688–1959: Trends and Structure*, Cambridge: Cambridge University Press, 1969, p. 186.

长。"1785—1850年，棉织品产量由4000万码增加到20亿码，增长了49倍。19世纪最初25年，棉纺织品产量增加2倍，1816—1840年增加3.5倍。"[1]尤其重要的是，原料投入与成品产出的增长是以劳动生产率的增长为前提的。"到1812年，一个纺织工人生产的棉纱数量相当于珍妮纺纱机发明之前的200个纺织工在同样时间里所生产的棉纱。"[2]另外，有人估计，"在1827年的一家棉纺厂里，750个专业合作者利用机器可以生产相当于20万个手纺工所生产的纱线。"[3]即劳动生产率提高了260倍。而棉纺织业劳动生产率的提高还表现为劳动成本降低。成本降低就会降低价格，从而增强商品的国际竞争力。"19世纪20—40年代，纺纱和织布业的单位产量劳动成本分别减少一半和一半以上。"[4]这对欧洲大陆的棉纺织业的冲击是致命的，中国和印度出口到英国的棉纺织品从此也就失去竞争力。英国不用再发愁如何把呢绒布倾销到热带、亚热带殖民地，因为棉纱可以卖到世界各地。

"1780—1800年，不列颠的原棉消费量由655万磅增加到5160万磅，1800—1849年，整个联合王国原棉消费量由5200万磅增加到6.3亿磅。"[5]1810—1812年，英国棉纺织业机房锭数为500多万枚，德国为200多万枚左右，法国为100多万枚左右，美国约为11万余枚。19世纪20年代初期，英国的锭数数量就比法国多三至四倍，比德国多10倍以上。[6]1852年，大不列颠有纱锭1800万枚，法国只有450万枚，德国90万枚，大不列颠占世界纱锭总数的3/5。1860年，大不列颠有动力织机40万台，1866年法国只有8万台，1875年德国才有5.7万台。英国奥尔德姆纺纱厂1000枚纱锭所占

---

① P. Deane, W. A. Cole, *British Economic Growth, 1688-1959: Trends and Structure*, p. 187.

② Ibid., p. 183.

③ H. Perkin, *The Origin of the Modern English Society, 1780-1880*, p. 112.

④ P. Deane, W. A. Cole, *British Economic Growth, 1688-1959: Trends and Structure*, p. 189.

⑤ B. R. Mitchell, P. Deane, *Abstract of British Historical Statistics*, pp. 178-179.

⑥〔苏〕门德尔逊：《经济危机和周期的理论与历史》（第一卷上册），斯竹等译，生活·读书·新知三联书店1975年版，第293页。

用的劳动力不到法国和德国的1/3。在毛纺织工业方面，1867年，大不列颠有毛纺纱锭208.7万枚，法国只有175万枚。英国有动力毛织机7.15万台，法国只有2万—2.5万台。德国有毛纺纱锭32万枚，毛织机1万台。①其次是麻纺织业和丝织业增长也十分迅速。1770年麻纺织业的毛产值大约为570万英镑，1860年增加到1560万英镑，丝纺织工业产值从1770年的200万英镑增加到1860年的1700万英镑。②

英国的纺织品输出开始出现井喷式增长。1780年，其出口值尚不足36万英镑，1792年便超过200万英镑，1802年又超过780万英镑；20多年时间增长20倍以上。1820年，棉纺织品作为英国最大的工业产品，占据出口额的半数以上。19世纪20年代，纺织品约占出口总额的75%，仅棉纺织品就占50%，毛纺织品占15%。③1830年前后，仅棉、毛两大纺织品的出口就占到英国大宗出口商品的近70%，而棉纺织品达到总出口量的50.8%。1851年，棉纺织品其总产量的61%，毛织品占25%。④1760—1815年，英国出口的成衣数量增长100倍。⑤"1820—1860年，英国每年出口的棉布从25,090万码增加到26,7620万码，其中出口到英属印度和日本、中国、爪哇等国的棉布从1420万码增加到82,510万码。出口棉纱从2300万磅增加到19,730万磅，其中出口到英属印度和日本、中国、爪哇等地的棉纱从1830年的220万磅增加到1860年的3950万磅，仅印度就达到3070万磅。"⑥据保罗·肯尼迪分析，在18世纪50年代

① 〔英〕M. M. 波斯坦等主编：《剑桥欧洲经济史》（第六卷），王春法等译，第442—444页。

② P. Deane, W. A. Cole, *British Economic Growth, 1688-1959: Trends and Structure*, pp. 204, 210.

③ A. J. Holland, *The Age of Industrial Expansion, British Economic and Social History since 1700*, London: Thomas Nelson and Sons Ltd., 1968, p. 126.

④ N. F. R. Crafts, *British Economic Growth during the Industrial Revolution*, New York: The Clarendon Press, Oxford University Press, 1985, p. 143.

⑤ 倪兆佳："英国东印度公司的印英纺织品及原料贸易研究（1660—1830）"，浙江师范大学2013年硕士论文。

⑥ 〔日〕宫崎犀一、奥村茂次、森田桐郎编：《近代国际经济要览（16世纪以来）》，陈小洪等译，中国财经出版社1990年版，第120页。

至19世纪30年代，英国纺织业的机械化，使单个生产力提高300至400倍。①

恩格斯说："一经形成的工业推动所带来了结果是无穷无尽的。一个工业部门的前进会传播到所有其他部门……随着棉纺业的革命，必然会发生整个工业的革命。"②棉织业的技术革命又会带来与之配套的其他行业的技术革命。由于蒸汽机的使用，使机器的构件发生本质变化。比如珍妮纺纱机原来是木质的，如果用蒸汽机带动的时候，木头就不行了，它就需要用铁来制造，这样对铁的需求就增加。英国的冶铁业一向不发达，虽然铁矿储量大，但是铁矿石含磷、硫等杂质太多，所以无法把生铁变成熟铁。当时英国生产机器的生铁大都从瑞典、俄国进口，需要用大量原料把生铁换回来。英国靠蒸汽机解决了这个问题，在冶铁过程中，鼓风机由蒸汽机带动。在这个过程中他们有两个重要发明，一个叫"搅炼法"，一个叫"碾压法"，这两个环节都需要蒸汽机，可以去除杂质，炼出来的铁可以做机器部件。从此，他们基本摆脱对瑞典、俄国生铁的依赖，这一点对英国的贸易来说很重要。冶铁业的发达，反过来对蒸汽机的要求就大，这样就形成一种互相拉动。还有纺织机，使用蒸汽机做动力后，机器越做越大，又推动铁的生产。英国工业革命是从纺织机开始的，但从19世纪前十年开始，它的重心就转到冶铁上，冶铁就成了它们最重要的部门。还有运河中的涵管，以前涵管都是用砖砌出来的，后来就必须用铁制涵管。工厂的机器越来越大，厂房就要变大，很多东西都要用铁，这样才会结实。英国的工业部门内部产生相互需求。这个需求对生产的发展和对技术的发展产生巨大动力。我们看这个过程不要看结果，好像蒸汽机提供了动力，不是这样，它是把整个经济的运行方式给改变了。

英国的煤炭开采和蒸汽机应用迅速增长。"煤的开采量由1770

---

① 转引自杜君立："'棉花革命'缔造了现代工业"，《企业观察家》2015年第21期。

② 〔德〕恩格斯："英国状况——十八世纪"，《马克思恩格斯全集》(第1卷)，人民出版社1956年版，第671页。

年的600万吨增至1850年的4940万吨,净增7.2倍。"①19世纪20年代初,英国煤的产量超过1000万吨,而法国和普鲁士各为100万吨左右,美国仅仅有5万到6万吨。1825年,英国已有15,000台蒸汽机,总功率达37.5万马力,1850年,达到129万马力,占欧洲总量的58.5%。1800—1870年,蒸汽机的总功率增加400倍。②而法国在1825年仅有300多台蒸汽机,总功率0.5万马力。德国在1837年仅有400多台蒸汽机,总功率不超过0.75万马力。③19世纪,英国占世界工业生产总额的一半,把其他国家远远地甩在后面。1840年,英国工业生产在世界工业生产中占45%,而法国占12%,美国占11%,两者加起来还没英国多。④1870年,英国的采煤量约占世界的51%,生铁对于英国的国民收入来说,产量约占世界总产量的50%。按人均计算也比邻国高得多。据统计,19世纪60年代英国国民的人均年收入已经是32.6英镑,而法国为21.1英镑,德国为13.3英镑。⑤

英国的冶金业开始大大领先于欧洲其他国家。1720年英国的生铁产量只有2.5万吨,1788年为6.83万吨,1788—1806年,英国生铁产量净增约三倍。⑥1825年又增加到59万吨,而同年法国、俄国、美国以及德国这四个国家的生铁产量加起来才48万吨。1847年英国生铁产量再次增加到200万吨,比1788年增长30倍,⑦比1806年增长7.2倍。⑧1850年英国生铁产量又增至229万吨,1852年为270.1万吨,⑨估计比当时世界其他所有国家生产的总和还要多。⑩

① E. Pawson, *The Early Industrial Revolution: Britain in the Eighteenth Century,* New York: Barnes & Noble, 1979, p. 121; P. Deane, W. A. Cole, *British Economic Growth, 1688-1959: Trends and Structure*, p. 216.
② 王章辉:《英国经济史》,中国社会科学出版社2013年版,第169页。
③ 〔苏〕门德尔逊:《经济危机和周期的理论与历史》(第一卷上册),斯竹等译,第294页。
④ 〔德〕库钦斯基:《资本主义世界经济史研究》,陈东旭译,生活·读书·新知三联书店1955年版。
⑤ 〔英〕M. M. 波斯坦等主编:《剑桥欧洲经济史》(第七卷),徐强等译,第333页。
⑥ M. Berg, *The Age of Manufactures, 1700-1820*, London: Fontana, 1985, p. 36.
⑦ B. R. Mitchell, P. Deane, *Abstract of British Historical Statistics*, p. 131.
⑧ Ibid.
⑨ Ibid.
⑩ 〔苏〕门德尔逊:《经济危机和周期的理论与历史》(第一卷上册),斯竹等译,第294页。

19世纪中叶之后，英国的煤和铁的产量达到世界总产量的2/3，当时英国是世界上唯一的钢铁出口国。1826年，英国已经拥有1500台蒸汽机，到19世纪中后期，蒸汽机在英国已经完全代替水力。到19世纪20年代以前，英国蒸汽机的生产还是个别订货。比如你需要一台蒸汽机，就可以到瓦特的公司订购，然后他们会去工厂实地考察，造好后运过去。19世纪20年代以后开始批量生产。这时欧洲大陆也看到英国机器制造业的发展，这样就开始从英国订货。英国就以机器制造业这个行业占领欧洲市场。

随着工业化规模扩大，摆在英国人面前的一大问题就是交通。英国随着新工业中心形成后，怎么解决与市场之间以及同其他原料地之间的交通距离问题？一些工厂就会考虑重新布局。蒸汽机带动了英国交通革命。交通革命主要有三个方面：运河、公路、铁路。18世纪90年代，英国修成大连接运河。所谓大连接运河，就是把西海岸和东海岸连通。大连接运河的修成意味着英国将所有运河都连到一起，运输比以前更方便。运河的连通，反过来对铁等原料又有新需求。英国的公路不归国家管，每段公路都由地方管，但是地方又没有钱修路，所以公路状况很糟。在"运河热"的同时，也出现修公路热潮，主要是一些贵族在修路。公路修好，运河连接好，整个英国交通变得四通八达。铁路也是这样，史蒂芬孙第一次修建铁路的时候人们也是无法想象，甚至认为这个人是个怪人，他走在街上甚至有人从后面用石头打他。铁路的修建也是为了解决原料运输问题，当时的蒸汽机车就像一个大茶壶一样，人们想象不出来这么大的东西怎么会动。1814年，史蒂芬孙制造第一台蒸汽机车，并成功运送货物。到1850年，英国铁路总长已经超过2.35万公里。在短短几十年的时间里，英国的交通运输状况完全改观，全国河道和运河连接成内河运输网，成千英里的现代公路四通八达，可以全天候通行，19世纪20年代才出现的铁路运输在二三十年里已经成为交通大动脉，把全国主要的城市和地区都连接起来。

英国有了蒸汽机之后，欧洲大陆还停留在手工生产阶段。更重要的是随着蒸汽机的使用，蒸汽机跟工厂联系在一起，工业结构发生根本性变化，劳动出现分工，生产效率提高。仅仅十几年时间，就把英国和欧洲大陆的生产水平拉开了，完全是两个等级，英国产品到任何市场都具优势。这样英国就可以改变整个外交战略，可以推行自由主义贸易，推行免税。为什么英国推行自由主义贸易？就因为它有这个实力。这样一来，英国产品就把欧洲大陆国家的产品基本上排挤出去了。有这样一个例子，拿破仑战争期间，拿破仑推行大陆封锁政策，先后颁布《米兰敕令》和《柏林敕令》。这两个敕令的目的是封锁英吉利海峡，不允许英国商品进入欧洲大陆。但英国商品物美价廉，所以很多国家都搞走私，把英国商品偷偷运到欧洲大陆。所以那段时间走私贸易非常猖獗，以致拿破仑的士兵穿的服装都是英国造的。

总之，英国的整个生产结构都开始发生转换，一个被蒸汽机带动的新的工业化生产体系在英国诞生。这里，我们不妨引用保罗·肯尼迪说过的一段话："在1760—1830年期间，联合王国占欧洲工业产量的2/3，它在世界制造业生产的份额从1.9%一跃而为9.5%，在以后的30年中，英国工业的扩大又使那个数字上升到19.9%，尽管新技术扩散到了其他国家和地区，在1860年前后，当联合王国相对地说可能到达了极盛时期，它生产了全世界铁的53%、煤和褐煤的50%，并且差一点消费了全球原棉产量的一半。联合王国的人口占世界总人口的2%，占欧洲人口的10%，却似乎具有全世界潜力40%—50%，欧洲潜力的55%—60%的现代工业能力。在1860年，英国占有全世界商业的1/5，占有制成品的贸易2/5。"[①]

产业革命给英国带来的巨大变化

产业革命发生后，英国的生产力以年均2%的速度增长，社会经济面貌发生彻底改变，并迅速成为世界经济强国。1846年，李

---

① 〔美〕保罗·肯尼迪：《大国的兴衰》，蒋葆英等译，第185页。

斯特说："不列颠已经达到了这样一种创造发明的尖端；经济地位也发展到了国民生产力和国民财富为古往今来任何国家所不能比拟的高度。"①

随着各主要工业部门生产率的提高和产量的增长，英国平均工业劳动生产率和国民生产总值也不断提高。"1770—1840年，英国工人每个工作日的劳动生产率平均提高27倍。英国工业产值如果以1791年为100计算，1841年则增长到425.1。从18世纪末至19世纪40年代，英国工业生产大约增长4倍以上。根据克拉夫茨最新的计算，英国国民生产总值的年均增长率在1760—1780年为0.7%，1780—1801年为1.32%，1801—1831年为1.97%。"② 这一估算虽然比过去引用的数据要低，但仍表明，工业革命即使在其发展还不充分的时候，就已经产生重大的经济后果。另据统计，英国的国民财富从1760年的16.3亿英镑增加到1800年的20.7亿英镑，1860年达到46.4亿英镑，百年间增长184%，平均每年增长1.8%。③经过工业革命，英国一跃成为世界头等工业强国，被称为"世界工厂"。

自此，英国由于生产力大幅度提高，水平继续增长，工业制成品方面的出口一直远远高于进口，实现了工业制成品贸易地位的扭转。而原材料的进出口却是和工业制成品呈相反趋势，即在原材料方面进口一直大于出口，成功地将其他地区从经济中心区变成世界经济的边缘区，使西欧成为经济中心，其他地区变成其原料产地和商品市场。

1865年，英国经济学家杰温斯骄傲地认为，英国已经成为世界贸易中心。他说："北美和俄罗斯是我们的粮田；芝加哥和敖德萨（今乌克兰）是我们的粮仓；加拿大和波罗的海沿岸是我们的林木生产者；在澳大利亚和新西兰放牧着我们的羊群；在阿根廷和北

① 〔英〕克拉潘：《现代英国经济史》，姚曾廙译，第15页。
② N. F. R. Crafts, *British Economic Growth during the Industrial Revolution*, p. 45.
③ 〔英〕M. M. 波斯坦等主编：《剑桥欧洲经济史》（第七卷），徐强等译，第84页。

美的西部草原逐牧着我们的牛群；秘鲁运给我们白银；黄金则从南非和澳大利亚流到伦敦；印度人和中国人替我们种植茶叶，在东西印度扩大了我们的咖啡园、甘蔗和香料园；西班牙和法国是我们的葡萄园，地中海沿岸各国是我们的菜园主。我们的棉田，长期以来都是分布在美国南方，而现在差不多扩展到地球上各个热带地区去了。"①的确，维多利亚女王时代（1837—1901年）的辉煌到来了。

20世纪80年代，关于英国工业革命的估计，英国学术界出现"渐进主义"的看法，认为工业革命的成就谈不上"起飞"，还是"渐进"。②例如克拉夫茨认为，1780—1801年间大不列颠的经济增长率每年只有2.1%，而不是原先估算的每年3.4%；1801—1831年间的增长率是3.0%，而不是原先估算的4.4%。他认为，一些极富活力的工业增长的确非常快，远远胜过总体工业产出的扩张。例如1780—1801年间棉纺织业的产量增长率是每年9.7%，1801—1831年是每年5.6%。而同期的制铁业产量的增长率为每年5.1%和4.6%。然而，即使到1831年棉纺织业产量仅稍多于全部工业产出的1/5，制铁业则不到总产出的1/10。许多"工业"仍旧是由传统的手工活动组成。甚至到1831年，只有大约1/10的工人受雇于现代经济的制造业部门，相比之下，受雇于其他工业部门的人数几乎是他们的3倍。③

然而，从投资、生产率以及结构方面的变化看，"工业革命"这个术语"在某些方面是个具有误导性的词"。④（1）就业结构中发生革命性的变化。18世纪末19世纪初，英国工业中的劳动力就业比例上升，农业中的劳动力就业比例快速下降。（2）工业中的许多就业

① 蒋相泽主编：《世界通史资料选辑》（近代部分上册），商务印书馆1964年版，第294页。
② 参见Anne Digby and Charles Feinstein eds., *New Directions in Economic and Social History,* Macmillan Education LTD., 1989。
③ N. F. R. Crafts, *British Economic Growth during the Industrial Revolution,* pp. 32, 45, 81; P. Deane, W. A. Cole, *British Economic Growth, 1688-1959: Trends and Structure,* pp. 78, 166, 170.
④ 〔英〕罗伯特·艾伦：《近代英国工业革命揭秘——放眼全球的深度透视》，毛立坤译，第51页。

仍是小规模的、为地方市场生产的手工劳动。这些传统产业几乎没有受到技术进步的影响，所以很少或没有经历人均产出的增长。（3）经济增长总步伐的加速是可以感觉到的，但相对适度。尽管棉纺织业生产有惊人的增长，但是对整体经济而言并不存在向前的大跨越，甚至整个经济产业都没有大的跨越。（4）当更多的投资用于固定资本，经济增长率增加，生产率的增长也加快了。同时还有诸如克伦普顿的骡机和瓦特的蒸汽机等技术进步，这些发展有助于英国制成品的出口。然而，大部分产业生产率的增长速度在19世纪上半叶仍旧很慢。（5）19世纪中期的大不列颠经常被标榜为"世界工场"，少数工业中生产率的提高的确使英国的出口占世界制成品贸易的一半左右。然而，英国工业化主要特征包括将许多劳工卷入工业部门，但并不包括每一个劳动力都有高水平产出。与棉纺织业和其他著名出口部门共同存在的许多工业，都是低生产率、低报酬和非出口性产业。

此外，就劳动力的使用来说，18世纪后半期，英国的工作日已延长到每昼夜14小时、16小时甚至18小时。18世纪末至19世纪初，无产者反对资产者的斗争由自发性地发展到有组织的和自觉的运动，工人们强烈要求颁布缩短工作时间的法律。1802年，英国政府通过《学徒健康与道德法》，禁止纺织工厂使用9岁以下学徒，并规定18岁以下学徒劳动时间每日不得超过12小时，禁止学徒在晚9时至次日凌晨5时从事夜间工作。该法被认为是英国"工厂立法"开端。①18世纪90年代，英国学徒童工的使用率达到高峰。1870年，英国政府颁布《初等教育法》，对5—12岁儿童实施义务教育。19世纪末，儿童不再是劳动力市场中的一员。

但是，这种学术上的"冷思考"和"分寸感"并不能降低工业革命带来的真实威力。工业革命一开始也许的确像研究者提出的那样是渐进式的，而不是爆发式的，但随之而来的不正是工业时代

---

① 张开发："评析英国1802年《学徒健康与道德法》——兼论英国早期工厂法起源"，苏州大学2014年硕士论文。

吗？无论经济的年增长率是2.1%，还是3.4%，又有什么重要呢？重要的是它开辟了一个新时代，把一个社会从以农业为主的时代带向一个以工业为主的时代。

工业革命也引起英国社会结构的重大变革。社会日益分裂为两大对立阶级——工业资产阶级和工业无产阶级；自由主义取代重商主义；近代城市大量兴起，城市进程加快，人口迅速增长，人们的生活方式和思想观念也发生改变，"欧洲中心论"开始兴起。与此同时，工业化也带来社会分化和一系列社会问题，如环境污染、犯罪率上升、贫富分化、城市人口膨胀住房拥挤等诸多弊端，社会矛盾加剧，革命思潮汹涌，人们希望通过改革实行民主和社会公平。

二、德国与美国的二次革命

工业革命在英国发生以后，其先进成果不可能被英国永久保密。在初级革命的成果向其他国家传播以后，又在被吸收的基础上不断加以改造，最终在19世纪70年代出现第二次产业革命。这次革命主要发生在德国和美国。

英国产业革命成果的对外传播

产业革命发生后，英国对产业革命的一系列成果是不外传的，并制定了严格禁止成果外传的法律。1810年颁布的一项法令规定：凡是出口蒸汽机和机器者，处以死刑。[①]此外，英国对殖民地采取歧视政策，允许殖民地发展工业，但不允许与英国本土竞争。比如，在造船方面，允许殖民地制造船只，但绝对不能生产铁钉。因为一旦生产铁钉，冶铁业就会发达起来，会与英国产生竞争。所以，英国历任首相都不允许殖民地生产一颗铁钉。当然，因拿破仑战争的

---

① 转引自《为现代科学技术而奋斗的人们》，第六回："蒸汽机繁荣落幕，内燃机浴火重生"，https://wenku.baidu.com/view/6a56401168eae009581b6bd97f1922791688bee0.html，2018-10-14。

发生，19世纪早期的欧洲大陆也无意于工业化的推进，其行会力量还非常深厚。直到1825年英国限制性法律被废除后，从19世纪30年代开始，英国铺设铁路的热潮才波及欧洲大陆，英国实业家开始在大陆寻找投资机会。1830年，法国为操纵新机器雇用了1.5万—2万个英国工人。

实际上，新技术一旦形成热潮是很难被封锁住的。通过走私贸易、经济间谍和技术移民等方式，英国先进的机器和技术开始被引进外国。例如，蒸汽机不许出口，德国人就想办法先把英国人威尔金森请过去，然后办一个工厂。其他国家看到这样做可行，也开始采用类似的手法。19世纪20年代以后，欧洲大陆看到英国机器制造业正在发展，纷纷从英国订货。英国的机器制造由此占领欧洲市场。当然，有些机器如部分纺织机和工作母机还在禁止出口之列。到1843年，所有的禁令都被废除，英国机器出口迅速增加。"1825—1872年间，机器每年的出口额从21万英镑增加到820万英镑，增加了38倍。"[①]拿破仑战争期间，法国的海外市场被英国人占领后，拿破仑实行"大陆封锁"，导致法国与加勒比地区的贸易消失，法国只剩下欧洲市场。这是拿破仑失败的重要原因。战争带给人们的启示是：过去谁拥有一支强大的军队，谁就可以打赢战争；从拿破仑开始，谁能够把战争进行到最后，谁就是赢家。能够做到这一点，靠的就是工业实力。

当然，产业革命对欧洲的影响是巨大的。产业革命的普及实现了欧洲自然资源的整合，并使欧洲出现劳动人口的自由流动，旧的封建行规也开始被全面打破。比利时是第一个走上工业化的大陆国家。1870年，大多数比利时人已居住在城市。其煤的生产量在1830年是600万吨，到1913年已升至2300万吨，其他部门的工业化也发展迅速。法国也在亦步亦趋中走上工业化道路。法国的农民不愿意离开土地，尤其在大革命期间分得土地以后更是如此。法国工业

---

① 中国科学院经济研究所世界经济研究室：《主要资本主义国家经济统计集》，世界知识出版社1962年版，第236页。

开始向生产奢侈品的方向转移，其行会的力量强大，劳动力供应受到限制，存在着阻碍工业化的传统。不过，工业化的步伐还是影响了法国，特别是北部的阿尔萨斯－洛林，以及里尔、鲁昂和巴黎周围地区。其使用蒸汽机的数量从1815年的15台，增加到1830年的1625台，又增加到1871年的26,146台，再增加到1910年的82,238台。在自然资源方面，法国的煤、铁资源相隔一定的距离，1871年，铁资源丰富的阿尔萨斯－洛林地区又割让给德国，严重削弱了法国工业化的进程。1870年，法国制成品的价值为20亿法郎，1897年增长到150亿法郎。不过，直到1914年第一次世界大战爆发，法国仍未像比利时、英国或德国那样彻底实现工业化。德国因政治上不统一，行会力量过于强大，交通又没有很大改善，其工业化的速度一开始也很慢。但是，自1871年实现统一以后，其工业化便以巨人般的速度前进。相对于德国，欧洲其他国家包括英国都落伍了。1871年，阿尔萨斯－洛林的获得又使德国有了丰富的自然资源的储备。最终，德国成为第二次工业革命的发起国之一。

第二次产业革命的技术成就

进入1870年前后，美国和德国又开启第二次产业革命。对比第一次产业革命，这次产业革命有两个方面的重大变化：第一，不是技术而是科学被应用到工业部门；第二，新生成的生产技术得到更广泛的应用和改进。从此，人类的生产力又开始由蒸汽化时代进入电气化时代。不仅如此，在通信技术方面，人类也取得了突破性进展。

第一次工业革命时期，科学的发展还没有大范围地参与到生产实践当中。采矿、纺织、冶金和运输等部门的技术发明，主要是响应生产环节的需要和市场供求的需要所做出的技术方面的改良和创新，而科学本身还处于欠发达状态，与生产未产生有机的结合。科学家参与研发的情况更少见。但是，对1870年代的工业革命来说，科学在其中起到非常关键的作用。首先，研究新技术的场所大多改在工业研究用的实验室。室内装备着价格昂贵的仪器，配备有对指定问题进行系统研究的训练有素的科学家，不再是早期的发明者需要孤独坚守的阁楼或作坊。新发明也不再像早期发明那样只是个人对机会做出的响应，而大多是事先安排好的"定制"项目。对此，沃尔特·李普曼（Walter Lippmann，1889—1974年）做了如下描述："从最早的时代起，就有机器被发明出来，它们极为重要，如轮子、帆船、风车和水车。但是，在近代，人们已发明了做出发明的方法。机械的进步不再是碰巧的、偶然的事情，而成为有系统的、渐增的事情。我们知道，我们将制造出越来越完善的机器；这一点，是以前的人们所未曾认识到的。"[①]

几乎所有1870年以后的技术发明均受到科学的影响。因地质学家和化学家的大量工作，石油工业开始迅速发展。地质学家以非凡的准确性探出油田，化学家则发明了从原油中提炼出石脑油、汽油、煤油，以及轻、重润滑油的种种方法。由于电的发明和使用石油、汽油的内燃机的研制，动力工业也发生彻底变革。科学对工业产生影响的最惊人的例子之一是煤的衍生物的开发。煤除了提供焦炭和供照明用的煤气外，还能提供液态的煤焦油，化学家在这种物质中发现种种衍生物，包括数百种染料和其他副产品，如阿司匹林、冬青油、糖精、消毒剂、轻泻剂、香水、摄影用的化学制品、烈性炸药及香橙花精等。再如，在冶金术方面，贝塞麦炼钢法、西门子－马丁炼钢法和吉尔克里斯特－托马斯炼钢法等冶炼方法都是人们用科学的方法发明出来的，使人们有可能从低品位的铁矿中生产出大量高级的钢。在苏格兰物理学家詹姆斯·克拉克·麦克斯韦（James Clerk Maxwell）和德国物理学家亨利希·赫兹（Heinrich Hertz）研究的基础上，1896年，古利埃尔莫·马可尼（Gullielmo Marconi）发明了一台不用导线就能够发射和接收信息的机器，无线通信开始出现。

在第二次工业革命阶段，美国在生产技术领域处于领先位置，德国在科学技术领域拔得头筹。美国拥有巨大的原料宝库，又有

---

① 〔美〕W·李普曼：《道德序论》，纽约，1929年，第235页，转引自〔美〕斯塔夫里阿诺斯：《全球通史——1500年以后的世界》，吴象婴、梁赤民译，第292页。

欧洲人提供的充足的资本供应，同时还有廉价的移民劳动力和巨大的国内市场，其迅速增长的人口以及不断提高的生活标准，使其在大规模生产方面明显居于世界首位。大规模生产的方法主要有两种。第一种方法是制造标准的、可互换的零件，然后以最少量的手工劳动把这些零件装配成完整的单位。美国发明家伊莱·惠特尼（Eli Whitney）从19世纪开始就用这种方法为政府生产大量滑膛枪。在惠特尼之后，机器被制造得越来越精确，以至于有可能生产出不是几乎相同而是完全一样的零件。第二种方法是"流水线"设计，出现于20世纪初。亨利·福特（Henry Ford，1863—1947年）发明了能够将汽车零件运送到装配工人所需要地点的环形传送带，即流水线，因而获得名声和财富。一天，一个汽车底盘被缚在一根钢索上，当绞盘将钢索拖过工厂时，六名工人沿钢索进行了一次长250英尺的历史性旅行；他们边走边拾起沿途的零件，用螺栓使它们在汽车底盘上固定就位。实验做完了，但产生了一个困难。上帝造人不像福特制造活塞环那样精确。装配线对个子矮小的人来说，太高，对身材高大的人来说，太低，结果是劳而无功。于是，他进行更多的实验。先升高装配线，接着又降低装配线，然后试行两条装配线以适合高矮不同的人；先增加装配线的运行速度，再减低装配线的运行速度，然后做各种试验以确定一条装配线上需安置多少人、每道工序应相隔多远距离、是否要让上螺栓的人再上螺帽、使原先上螺帽的人有时间将螺帽上紧。终于，为每个汽车底盘上的装配而规定的时间从18小时28分钟缩短到1小时33分钟。从此，世界有可能得到新的、大量的T型汽车。随着工人成为其机器上的更为有效的轮齿，大量生产进入了一个新阶段。[1]

借助先进的机械设备，以丰富的原料为基础的大量生产也在美国得以实现。其最好的例子见于钢铁生产。钢铁工业是一种连续生产，

---

[1]　周友光："'第二次工业革命'浅论"，《武汉大学学报》1985年第5期。

是在一个广阔地区范围里发展起来的。铁矿石来源于梅萨比岭。蒸汽铲把铁矿石舀进火车车厢；车厢被拖运到德卢斯或苏必利尔，然后进入某些洼地上方的码头，当车厢的底部向外翻转时，车厢内的铁矿石便卸入洼地；滑运道使铁矿石从凹地进入运矿船的货舱。运矿船到达伊利湖港，由自动装置卸货，矿石又被装入火车车厢；火车进入匹兹堡，这些车厢由自动两卸车卸货，倾卸车把车厢转到自己的边上，使矿石瀑布似地落入箱子；上料车把焦炭、石灰石和这些箱子里的矿石一起运至高炉顶部，将它们倒入炉内。于是，高炉开始生产。从高炉里，铁水包车把仍然火热的生铁转移到混铁炉，然后再转移到平炉。就这样，实现了燃料的节约。接着，平炉开始出钢，钢水流入巨大的钢水包，从那里，再流入放在平板车上的铸模，一辆机车把平板车推到若干凹坑处，除去铸模后赤裸裸地留下的钢锭就放在这些凹坑里保温。直到轧制时，传送机把钢锭运到轧机处，自动平台不时地升降，在轧制设备之间来回地抛出所需形状的钢轨。由此产生的钢轨具有极好的形状，如果有少许偏差，就会被抛弃。电动起重机、钢水包、传送机、自动倾卸车、卸料机和装料机使从矿井中的铁矿石到钢轨的生产成为一件不可思议地自动的、生机勃勃的事情。

还有人说，美国现代企业管理制度起源于19世纪的铁路公司。19世纪晚期，大型工商业企业开始出现，独具特色的美国现代工业研发机制应运而生并逐步制度化，现代管理制度也逐步形成。工业技术革命和企业管理革命同步进行，是当时工业革命的一大特色。根据企业/公司发展战略和需要而设立的相适应的现代管理结构和机制，到20世纪20年代，得到进一步完善并规范化。关于这一点，美国企业史专家阿尔弗雷德·钱德勒（Alfred Dupont Chandler Jr.）有极为详尽系统的论述。美国现代企业管理制度，后为美国政府机构、大学、工会等组织广为采用。[①]

总之，美国工业革命的主要成是促进了资本和生产的高度集中。

---

① 贾根良："美国学派:指导美国经济崛起的国民经济学说"，《中国社会科学》2011年第4期。

20世纪初，美国已成为世界头号工业强国。例如，1910年，美国生产钢2651.2万吨，与其最势均力敌的竞争者德国则生产钢1369.8万吨；在煤的生产方面，美国的产量是6亿1700万吨，居于第二位的大不列颠的产量则为2亿9200万吨。

德国的成功归功于其独特的工业化道路。德意志民族很晚才着手进行工业化。在英、法工业革命已经完成时，德国还是个农业国。今天的德国虽然只有8000万人口，竟有2300多个世界名牌，是什么原因造就了享誉世界的"德国制造"？

德国人在进入工业化之初，也经历过"山寨阶段"。他们偷学英、法技术，仿造别国产品。1887年8月23日，英国议会特别通过对《商标法》的修改，要求所有进入英国本土和殖民地市场的德国货必须注明"德国制造"（Made in Germany），这在当时是一种带有侮辱性的符号。德国在进入工业化时代之初，大学的科学研究与生产领域是完全脱节的。但是，当时的"世界科学中心"在德国。德国比英国在科研方面投入更多，特别是在化学、电机和电力方面。随着1871年阿尔萨斯-洛林被德国吞并，一些法国的工业基地也归德国所有。美国人的做法又启发了德国人。美国人在德国拿到学位后，不是跑到大专院校继续做研究，而是进入社会办企业。直到19世纪90年代初，德国科学家发现美国工业品的科技含金量最高，于是明确提出"理论与实践相结合"，开始大力推动应用科学的发展。德国基础科学的功底深厚，很快建立起科学理论与工业实践之间的联系，从而在半个世纪的时间内便将世界一流的科学家、工程师和技术工人队伍结合在一起，发起"内燃机和电气化革命"，使德国工业经济获得飞跃式发展。1900年，德国的化工业靠染料主导全球市场。当时三个大公司：巴斯夫（BASF）、拜耳（Bayer）和赫斯特公司（Hoechst AG），以及五个较小的企业生产出上百种染料。1913年，这八个公司几乎占有全球90%的染料供应，且其中的80%销往国外。这三家大公司还集成生产基本原料并且往化学的其他领域扩展市场，比如医药，农业化学和电化学。当时的研究还有许多分支，比如从化学研究引申出制药业。此后，德国的机械、化工、电器、光学等诸多领域的产品皆为世界上质量最过硬的产品。"德国制造"成为质量和信誉的代名词。德国最有名的公司，几乎都是从那个时代成长起来的，直到今天仍维持着世界性的声誉。[1]

正是在国家的指导下，德国的人力、物力得到更合理的利用，经济活动的目的性也更强。工业化成为国家的目标，也是国家的行为。从19世纪70年代起，帝国政府有意识地指导重工业发展，使得电气、化工、铁路、钢铁等产业迅速跃居世界前列。由此，德意志帝国超越第一次工业革命而直接进入第二次工业革命阶段，实现"跨越式发展"。从1871年开始，德国工业以巨人般的步伐前进，其经济从起飞转入持续增长，实现向"动力型"经济的转变。德意志帝国的建立，促成了这一惊人的进步。同时，阿尔萨斯－洛林地区的获得，使德国本身已经很丰富的自然资源又增加了宝贵的铁储备。另外，德国工业从一开始就拥有比英国较陈旧的设备更有效的新式机械。而且，德国政府还通过建立运河网和铁路网，在必要时提供关税保护和津贴，并制定行之有效的教育制度，从而培养出大批训练有素的科学家和技师，保证了德国工业的发展。到1914年，德国在主要经济指标方面先后赶上和超过法国和英国。1910—1913年，德国的钢铁年平均产量为1620万吨，相当于欧洲总产量的2/3，煤的年平均产量为2.475亿吨，占欧洲总产煤量的一半以上。其发电量在1913年为80亿千瓦时，比英、法、意的总和高出20%。其纱锭数达到1120万枚，原棉的消费量为43.5万吨，比法国高出两倍。

1914年，世界其他几个主要国家的工业也以巨大的速度发展起来。其中最重要的国家如俄罗斯帝国、奥匈帝国、意大利、日本、加拿大和澳大利亚也都取得明显进步。工业革命的成果已经从它最初的发源地和中心地不列颠不断向外传播。其传播的影响力是如此之大，以至于英国不仅面临着激烈竞争，而且已经被德国和美国所

---

[1] 李工真："德国工匠：我们不相信物美价廉"，《决策探索》2016年第2期。

超越。反观英国，虽然是工业革命的先行者，却对老的工业部门过分依赖。19世纪中后期，其工业和出口过分集中在几个老工业部门，即棉纺织业、铁器业和金属冶炼业等。这些部门的出口产品一直占英国出口总盈利的2/3。19世纪后期，随着从蒸汽机时代向电气时代的转变，生产技术日新月异，对旧工业部门的依赖变成英国经济的弱点，削弱了竞争力，导致其在国际竞争中逐渐处于弱势。美、德等新的工业化国家开始利用科学技术的优势发展化学、化工、标准化、自动化等新兴工业，而英国还沉溺在技工时代的优势中，反而形成沉重的包袱，使其经济结构难以向新兴的工业做出调整，从而失去"技术领袖"或"世界工厂"的地位。[①]19世纪50年代，英国出口产品在欧洲和北美市场曾占40%以上，但在1870年开始下降，到1910年降至不足30%。与此同时，通过科学技术的运用实现改造的德、美生产的产品却日益受到青睐，甚至反向销入英国市场。19世纪中叶以后，英国的进口已经超过出口，出现贸易逆差。英国之所以能够实现贸易额的平衡，靠的是海运业、商业和金融服务业的销售收入，还有一部分被国外资产的股息和利益所弥补。例如，1913年，英国产品贸易的缺额是1.3亿英镑，但是这一年的服务业和海运业收入的盈利达1.9亿英镑。因此，20世纪初，英国还是一个赢利国家，暂时保住贸易大国的地位。不过，从此以后英国已经不可避免地患上工业时代的"荷兰病"或"英国病"。

当然，第二次工业革命的成果不仅影响了工业本身，也影响到农业。德国化学家发现，若要维持土壤的肥力，就必须恢复土壤中被植物摄取的氮、钾和磷。最初，人们利用天然肥料来达到这一目的，到了19世纪末，天然肥料便让位于形式上更纯粹的无机物，结果，无机物的世界性生产大大增长。1850—1913年，硝酸盐、钾碱和过磷酸钙的产量从微不足道的数量分别上升到89.98万吨（其中3/4用于制肥料）、134.8万吨和1625.1213万吨。

[①]　D. H. Aldcroft ed., *The Development of British Industry and Foreign Competition, 1875-1914*, Toronto: University of Toronto Press, 1968, pp. 31-83.

三、西方世界整体迈入工业化时代

两次工业革命给西方世界带来工业化时代，使西方社会的劳动生产力全面提升。在第二次工业革命的推动下，资本主义经济在19世纪末20世纪初取得迅猛发展。世界工业生产在1850—1870年的20年间只增长一倍多，而1870—1900年的30年间却增加了近两倍，20世纪初的13年又增长了59%。世界钢产量由1870年的52万吨上升到1900年的2830万吨，增加了54倍多。同期，石油由80万吨升至2000万吨，增加了25倍。19世纪70年代至20世纪初，世界的交通运输业也取得显著发展。全球船舶的总吨位由1870年的1680万吨上升到1900年的2620万吨。到1910年则达到3460万吨，比1870年增加了1.3倍。其中汽船的比例由16%增长到75.7%。农业机械和化肥的普遍使用，使农业的生产效率有了极大提高，农业人口大幅度减少，城市人口迅猛增加。20世纪初，英、美、德等国实现了农业现代化。美国西部、加拿大、阿根廷、澳大利亚等地涌现出许多机械化的大农场，成为世界重要商品粮基地。世界粮食产量成倍增长。工业和交通运输业的发展及世界市场的扩大，使这一时期的世界贸易获得巨大发展。1870—1900年，世界贸易总额由455亿法郎上升到1182亿法郎，增加了约1.6倍，到1913年则增加了3.2倍，达到1924亿法郎。[1]同时，工业革命也带来农业革命，使有限的土地资源可以供养更多的人口，1800—1914年，欧洲人口由1.9亿增至4.6亿，同期美国人口从500万增加到约1亿人。与人口增长和工业化紧密相连的是越来越多的人涌向城市，西方社会不断城市化。1840年，在德国，人口10万左右的城市只有2个，到1910年则增加到48个；在英国，1901年的人口统计表明，从事农业的人口只占工业企业雇用人口的20%左右；美国在1915年有40%左右的人居住在工业地区。

---

① 贺力平："19世纪国际贸易的增长与世界经济发展的相互关系"，《世界经济》1989年第5期。

　　我们可以通过一些统计数据，直观感受这一时期世界生产力的状况。我们先看 1750—1900 年世界制造业产量的相对份额（见表 11-2）。这个统计显示，在工业革命前夕的 1750 年，中国的制造业占世界制造业产量的 32.8%，整个第三世界①在世界制造业份额中占比 73.0%，联合王国占比 1.9%（虽然已经拥有海上霸权），整个欧洲的占比是 23.2%，美国才只有不值得一提的 0.1%。1830 年，工业革命正在英国欣欣向荣地展开，中国制造业的占比还是世界制造业的 29.8%，但英国的占比已经上升到 9.5%。在英国处于发展顶峰的 1880 年，其制造业占比是世界制造业的 22.9%，中国被压缩为仅占世界制造业的 12.5%，美国也超过中国，占比达到 14.7%。1900 年，中国制造业的占比进一步压缩为 6.2%，整个第三世界的占比也只有 11.0%。第三世界的生产力彻底落后，而欧美则一跃而起，其制造业的占比达到世界制造业的 85.6%。欧美与第三世界之间（本质上是东西方之间）的生产力差别已经乾坤倒转，第三世界由强盛的一方变成真正弱势的一方。

表 11-2　世界工业生产的相对份额（1750—1900 年）（%）②

	1750年	1800年	1830年	1860年	1880年	1900年
（整个欧洲）	23.2	28.1	34.2	53.2	61.3	62.0
联合王国	1.9	4.3	9.5	19.9	22.9	18.5
哈布斯堡帝国	2.9	3.2	3.2	4.2	4.4	4.7
法国	4.0	4.2	5.2	7.9	7.8	6.8
德意志诸邦/德意志	2.9	3.5	3.5	4.9	8.5	13.2
意大利诸邦/意大利	2.4	2.5	2.3	2.5	2.5	2.5
俄国	5.0	5.6	5.6	7.0	7.6	8.8

---

　　①　第三世界包括亚洲、非洲、拉丁美洲、大洋洲及其他地区的130多个发展中国家，占世界陆地面积和总人口的70%以上。

　　②　〔美〕保罗·肯尼迪：《大国的兴衰》，蒋葆英等译，第186页。

	1750年	1800年	1830年	1860年	1880年	1900年
美国	0.1	0.8	2.4	7.2	14.7	23.6
日本	3.8	3.5	2.8	2.6	2.4	2.4
第三世界	73.0	67.7	60.5	36.6	20.9	11.0
中国	32.8	33.3	29.8	19.7	12.5	6.2
印度/巴基斯坦	24.5	19.7	17.6	8.6	2.8	1.7

我们再看1830—1890年欧洲主要国家的国民生产总值（见表11-3）。这个统计显示，1830年，俄、法、英、德、意和哈布斯堡帝国之间的国民生产总值的差别不是很大，俄国稍稍领先；1860年变成英国对俄、法和德意志的稍稍领先以及对意大利和哈布斯堡的大幅领先；1890年依然是英国对其他欧洲国家的领先。但是，它们相互之间的距离并不是太大，以国民生产总值最大的英国与总值最小的意大利相比，前者约是后者的三倍。这说明他们彼此之间的生产力发展的总体水平处在一个差别不是很大的层次上，相互之间的差异度远远小于东西方之间的差异度。

表11-3　欧洲大国的国民生产总值（1830—1890年）[1]

（市场价格，按1960年美元和价格计算；单位：亿美元）

	1830年	1840年	1850年	1860年	1870年	1880年	1890年
俄国	105	112	127	144	229	232	211
法国	85	103	118	133	168	173	197
英国	82	104	125	160	196	235	294

---

① 〔美〕保罗·肯尼迪：《大国的兴衰》，蒋葆英等译，第215页。

	1830年	1840年	1850年	1860年	1870年	1880年	1890年
德国	72	83	103	127	166	199	264
哈布斯堡帝国	72	83	91	99	113	122	153
意大利	55	59	66	74	82	87	94

　　总之，英国因为工业革命变得更加强大，法国也因工业革命保持了其在欧洲的地位，普鲁士则变得越来越强盛，而奥地利、俄罗斯、西班牙则日益衰落。1870—1913年，英国在世界工业生产中的比重由第一位下降到第三位，法国从第三位下降到第四位，而美国从第二位上升为第一位，德国从第四位上升为第二位。按百分制计算，1900年，如果英国的工业化水平按100计，法国为39，俄国为15，日本为12，中国和印度分别只有3和1。英国内部的工业化地区也在发生变化。1911年，苏格兰人口是476万（英格兰人口是3356万），其工业和经济远比318万人口的爱尔兰发达。其工业和经济的振兴要归功于1707年的《联合法案》，这个法案不仅给苏格兰以平等身份参与英国政治的机会，而且在一个半世纪之后产业革命蓬勃兴起后，又为苏格兰制造的棉布、钢铁等产品打开了全球市场。爱尔兰人从来没有获得过这种机会。除此之外，英帝国在全球贸易中获得的巨额财富和资本也有很大一部分流入苏格兰，并直接导致19世纪中叶以后苏格兰的经济大爆炸。

　　工业革命在使欧洲内部的竞争更加激烈的同时，也彻底拉开了西方与东方之间的距离。如果说在此之前，贸易只是东西方都可以接受的一个中介，维持这个中介的西方制造业还不足以抗衡东方的农业经济，那么，工业革命之后，随着工业化的到来，东方便被西方远远地甩到后面。

四、世界贸易的天平向西方倾斜

工业革命是西方社会的巨大成就，对东方社会而言却是悲剧。欧美工业国家透过强大的生产力与军事武器，不仅成功地殖民了世界大多数地区，而且以倾销的方式破坏了许多古文明国家。中国虽然经济总量很大，但生产的都是茶叶、小麦、棉花等低附加值的农产品。中国的庞大经济是由农业人口堆积起来的。面对西方世界的咄咄逼人，东方落后了。工业革命之后，世界贸易的天平开始向西方倾斜。

英国对印度的贸易

1820—1860年，英国每年出口的棉布从25,090万码增加到267,620万码，其中，出口到英属印度、日本、中国和爪哇等地的棉布从1420万码增加到82,510万码；英国出口的棉纱从2300万磅增加到19,730万磅，其中，出口到英属印度、日本、中国和爪哇等地的棉纱从1830年的220万磅增加到1860年的3950万磅，仅印度就达到3070万磅。[1]印度原是棉纺织业大国，工业革命前英国所需的棉织品大部分从印度进口，但在英国棉纺织业实现机械化以后，印度出口到英国的棉布从1814年的127万码减少到1835年的31万码。而在这期间，英国出口到印度的棉织品则从818万码增加到5177万码。工业革命后英国制造的棉制品已出口到世界各地，印度从英国棉织品的主要进口国变成英国最大的棉纺织市场。

英国对中国的贸易

随着棉纺织业的发展，英国在成功占领印度市场后，对华贸易输出中棉品的比例也逐渐增加。尤其是五口通商以后，在进口货物中，除鸦片外，绝大部分是棉织物等工业品。以1850年与1860

---

① 〔日〕宫崎犀一、奥村茂次、森田桐郎编：《近代国际经济要览》，陈小洪等译，第120页。

年这两年为例，在上海进口的总货值中，鸦片所占比重分别是54%和48%，棉织品和棉纱的比重分别是40%和48%，剩下的6%和4%有很大一部分是毛织品。1869年的全国进口总值中，36.8%是鸦片，31.29%是棉织品，2.36%是棉纱，三者共占70.45%。此外是毛织品、棉花、铁、煤、锡、糖、火柴等。在进口中，除了鸦片外，其余都是工业品。[1]

1760—1833年，中英贸易额增长很快，其中进口贸易增加15倍，出口贸易增加9倍多，进口比出口增加得快。从绝对数字上看，在正当的贸易上中国始终处于出超地位。直到19世纪二三十年代，中国每年仍出超200万两至300万两以上（见表11-4）。1838年，一位来中国经商的美国人曾十分感慨地写道："我们完全承认，在持续一个半世纪之久的时间内，一笔总数非常巨大的货币流入这个国家，再也没有出口，其总数达到3亿两白银"。[2]

表11-4 中英进出口贸易价值及其指数[3]
1760—1833年每年平均数

指数：1780—1784年平均＝100 价值单位：银两

年度	进出口共计		进口		出口	
	银两	指数	银两	指数	银两	指数
1760—1764	1,449,872	42.8	470,286	36.1	979,586	47.0
1765—1769	3,383,534	99.9	1,192,915	91.6	2,190,619	105.1
1770—1774	3,585,524	105.9	1,466,466	112.6	2,119,058	101.7
1775—1779	3,216,242	95.0	1,247,471	95.8	1,968,771	94.5
1780—1784	3,385,277	100.0	1,301,931	100.0	2,083,346	100.0
1785—1789	9,104,271	268.9	3,612,763	277.5	5,491,508	263.6

[1] 宋则行、樊亢主编：《世界经济史》（上卷），经济科学出版社1998年版，第152页。

[2] Gützlaff, Karl Friedrich, Reed Andrew, *China Opened; or, A display of the Topography, History, Customs, Manners, Arts, Manufactures, Commerce, Literature, Religion, Jurisprudence, etc, of the Chinese Empire*, p. 23.

[3] 转引自严中平等编：《中国近代经济史统计资料选辑》，科学出版社1955年版，第3页。

年度	进出口共计		进口		出口	
	银两	指数	银两	指数	银两	指数
1790—1794	10,851,405	320.5	5,007,691	384.6	5,843,714	280.5
1795—1799	11,092,987	327.7	5,373,015	412.7	5,719,972	274.6
1800—1804	15,272,029	451.1	7,715,556	592.6	7,556,473	362.7
1805—1806	18,874,732	557.6	11,474,509	881.3	7,400,223	355.2
1817—1819	15,707,048	464.0	7,646,777	587.3	8,060,271	386.9
1820—1824	16,341,267	482.7	6,525,201	501.2	9,816,066	471.2
1825—1829	17,806,955	526.0	7,591,390	583.1	10,215,565	490.3
1830—1833	17,285,309	510.6	7,335,023	563.4	9,950,286	477.6

应该说，在第一次产业革命刚刚完成时，英国工业品的生产成本还比较高，对远洋市场上手工业品的竞争尚不具有绝对优势。比如南京产的紫花布无论在质地上还是在价格上都比英国的棉纺织品更加物美价廉。中国存在着耕织结合的小农经济，大多数家庭的纺织品可以自给，并且有剩余，还可以拿到城镇市场上出售。而农民家庭纺织品生产的成本是极其低廉的，基本上是在农闲时节进行，这种劳动若不从事纺织也将归于虚耗，因此除原料外，其余都不计入成本。其售价十分低廉。1844年，一位在华英国商人"搜集了各式各样中国产的土布布样。标上当地的价格，送到英国，看是不是能够按照这样的价格在英国生产出来。得到的回答是：他们在曼彻斯特不能按同样的价格生产那种布匹，更说不上按这种价格在中国出售了"。①第二次鸦片战争以前，中国牢固的小农经济尚未被打破，对西方工业品有着完全的抵抗性，故第一次鸦片战争后，尽管英国等西方国家在中国获得许多外贸特权，但除鸦片外，其他商品的对华贸易并无明显扭转（见表11-5）。

———

① 汪敬虞：《十九世纪西方资本主义对中国的经济侵略》，人民出版社1983年版，第91页。

表11-5 中英贸易收支（不含印度）（1818—1857年）①

单位：银圆

年份	出口到英国（A）	从英国进口（B）	收支（A-B）
1818	10,910,868	9,631,547	1,279,321
1819	10,341,649	10,671,280	-329,811
1820	11,903,785	14,587,074	-2,683,289
1821	11,903,785	6,908,965	4,806,681
1822	10,805,739	8,236,546	2,569,193
1823	10,240,924	9,320,422	920,502
1824	14,076,188	11,161,897	2,914,291
1825	12,269,148	7,953,774	4,315,374
1826	14,530,527	11,764,214	2,766,313
1827	19,420,660	14,973,568	4,447,092
1828	16,832,644	22,305,904	-5,473,260
1829	16,197,436	7,572,592	8,624,844
1830	16,172,592	10,857,252	5,315,340
1831	14,751,084	15,167,992	-416,908
1832	14,642,852	12,736,200	1,906,652
1833	15,233,528	16,844,636	-1,611,108
1834	16,089,028	14,973,568	1,115,460
1835	20,403,664	22,317,072	-1,913,408
1836	23,793,760	27,982,760	-4,189,000
1837	19,895,028	19,612,652	282,376
1838	19,083,880	22,305,904	-3,222,024
1839	16,716,424	7,572,592	9,143,832
1840	12,071,764	10,857,252	1,214,512

① John A. Messenger, *India and China* (*Exports and Imports*), Office of Inspector-General of Imports and Exports, Custom House, London: The House of Commons, June 21, 1859, pp. 8-9，作者原始单位是镑，出于方便阅读，此处换算成银圆。

年份	出口到英国（A）	从英国进口（B）	收支（A-B）
1841	14,125,936	15,167,992	−1,042,056
1842	18,114,248	21,708,520	−3,594,272
1843	21,082,116	29,896,692	−8,814,576
1844	25,479,624	31,763,320	−6,283,696
1845	26,217,824	36,094,264	−9,876,440
1846	29,238,224	28,634,576	603,648
1847	30,868,512	23,360,352	7,508,160
1848	26,600,160	32,246,976	−5,646,816
1849	27,921,892	31,964,852	−4,042,960
1850	27,353,576	31,904,360	−4,550,784
1851	35,582,600	43,025,880	−7,433,280
1852	34,318,856	40,714,676	−6,395,820
1853	36,263,808	34,045,956	2,217,852
1854	40,160,356	29,869,000	10,291,356
1855	38,137,228	31,587,796	6,549,432
1856	40,085,280	39,422,872	662,408
1857	49,457,988	47,488,044	1,969,944
1814—1817粗估值			−14,378,308
1818—1826	106,794,294	90,235,719	16,558,575
1827—1856	712,854,584	727,488,028	−14,633,444

第二次鸦片战争后，中国的地位发生改变。首先，中国对西方开放的窗口从东南沿海到溯长江而上深入内地，西方工业品开始畅通无阻地深入广大内陆省份。洋货只要交纳2.5％的子口税便可以代替一切内地税，其市场竞争优势得到进一步增强。而在这个时间段，西方社会的生产力又取得突破性进展。19世纪60年代末，产业革命的成果全面显现，欧美国家均开始资本主义的机器大工业生

产。接着，第二次产业革命随之发生和推广，西方工业品的生产成本再次大幅降低，而质量则显著提高。与此同时，世界范围内又出现交通运输业的革命。1869年，苏伊士运河通航，从欧洲到亚洲的距离缩短了7000公里。从事中英贸易的商船不必再绕道好望角，从伦敦到上海的海上距离由22,500公里减至17,700公里，货物运输从伦敦到中国只需要12个星期左右。1866年，横贯大西洋的第一条海底电缆建成，1871年，上海与伦敦之间也建起海底电报的联系。由海底电报产生的电子汇兑取代汇票，使国际贸易的支付方式更加便利。从19世纪70年代开始，欧美等国的主要铁路干线已建立，同时，钢壳轮船普遍使用，以石油为动力的内燃机的发明和应用使远洋航行的速度也大大加快。因此，商品运输的成本大幅降低，且时间缩短。而通信速度的加快又使经营对华贸易的西方商人能够迅速掌握市场行情的变化。因而，到第二次鸦片战争后，西方资本主义国家的国际竞争力显著提高，对包括中国在内的落后国家和地区的经济掠夺能力大大增强，中国的半殖民地化程度加深。

19世纪70年代以前，在自然经济的抵制下，中国在对外贸易中处于顺差的地位。但是，落后的自然经济对先进的资本主义工业制造品的抵抗力毕竟是软弱的。在西方商品竞争力日益增强的同时，中国出口贸易不但未能与进口贸易同步发展，且大宗商品出口额开始下跌，比如印度、锡兰（斯里兰卡）及日本茶叶种植的发展对中国茶产生冲击，导致中国茶叶出口额减少，进而使中国进口贸易的增长大大超过出口贸易的增长。中国对外贸易的长期优势被打破，经常性国际收支由顺差转为逆差。第二次鸦片战争后，特别是19世纪70年代，中国进出口贸易有较大增长，1864—1894年的进出口总额从9000万海关两增至2.9亿海关两。按美元计算，这一时期年均进出口贸易总额大体上在2亿—3亿美元左右。[①]自此到1949年，中

---

① 孙玉琴：《中国对外贸易史》（第二卷），清华大学出版社2012年版，第76页。

国出现连续长达 70 余年的贸易逆差。①

对中国打击最大的进口贸易是鸦片贸易。鸦片战争后，外商私运鸦片更加猖狂。1842—1849 年平均每年进口鸦片 33,000 余箱，1850—1854 年增加到每年 50,400 余箱，1855—1859 年又增加到每年 64,200 余箱。仅在鸦片战争后的十年中，白银外流量竟达 1.5 亿两以上。在第二次鸦片战争中，清政府于 1858 年被迫与英、法、美签订《通商章程善后条约》，准许外商在通商口岸销售鸦片，并以"寓禁于征"为名，同意以"洋药"名目缴税，每百斤纳税银 30 两，从此鸦片竟成为合法的进口商品。鸦片输入量随之剧增，1863—1864 年为 6.98 万担，到 1879 年增至 10.49 万担，其货值等于当年外货进口总值的半数。甲午战争以后，外国资本主义对华商品输出大增，鸦片已不再是平衡贸易逆差的手段，而且国内川、滇等地也大量私种鸦片，再加上中国人民的坚决反对和国际舆论的强烈谴责，鸦片进口数量才逐步减少。1899 年为 5.9 万担，1909 年为 5 万担，到 1921 年减至 333 担。英国当时的做法是，强迫印度农民废掉种棉花的土地改种鸦片，将鸦片输往中国；待印度的棉花种植减少导致棉布减少以后，英国又向印度大量倾销棉纺织品，利用印度农民种植鸦片的收入为英国的工业品寻找出路。最终，英国两边获利。

19 世纪，英国的贸易增长非常迅速。1820 年，其贸易额约占世界贸易总额的 18%，1850 年上升至 21%，1870 年达到顶峰为 22%。② "从 1801 年至 1870 年，英国每年的进口额和出口额分别从

---

① 李康华等：《中国对外贸易史简论》，对外贸易出版社 1981 年版，第 502 页，附表九。19 世纪 90 年代以前，中国海关统计中，出口贸易额不包括货物的出口税和离岸前的杂费，进口贸易额则不仅包括进口税，还包括到岸后的各项杂费，故海关统计高估了进口额，低估了出口额。后世对此曾经修正，但各家修正后的数值不一。综合来看，大体上在 19 世纪 80 年代以前，逆差、顺差交替存在，总体仍以逆差为主，且逆差额不断扩大。到 19 世纪 90 年代以后，几乎年年逆差。

② 〔日〕宫崎犀一、奥村茂次、森田桐郎编：《近代国际经济要览》，陈小洪等译，第 21 页。

3180万英镑和3490万英镑增加到2亿5880万英镑和1亿9960万英镑，进口贸易额增长了七倍多。"①英国因而成为国际贸易的中心。据统计，1780年，英国出口数额约占国民生产总值的9%，至1850年，这一数值增长至20%，而同时期的进口数额分别约占10%和25%。也就是说，1850年英国的贸易输出和再输出比1780年增加了6倍，进口总值增加了5倍。其中超过80%的出口货物来自工业部门，棉纺织产品数量最为稳定，约占50%—60%。②

---

① 王章辉：《英国经济史》，第170页。

② Martin Daunton, *Progress and Poverty: An Economic and Social History of Britain, 1700-1850,* pp. 374-380, 588; R. Floud and D. N. McCloskey, *The Economic History of Britain since 1700*, pp. 182-204; E. J. Evans, *The Forging of the Modern State, Early Industrial Britain, 1783-1870*, London and New York: Routledge, 1983, pp. 392-394.

第十二章　市场经济的全球化

工业化带来的后果是东西方生产比重和贸易比重的调整，从此，西方长期以来不得不接受贸易逆差的局面成为过去，西方压倒东方的时代开始。这是世界历史继大航海以来的又一个大转变。由欧洲国家和北美所构成的西方市场经济形态获得前所未有的活力，开始伴随着殖民的脚步，进一步由沿海向内陆推进，一步步演变为世界经济形态。相形之下，东方文明因奠基在农耕基础之上，无力对抗西方新兴的工业文明。在这种大变动的形势下，以市场经济为核心的西方国家纷纷变成世界性殖民帝国。世界经济开始走向一体化，并被市场经济粗暴地划分为核心区和外围区。核心区致力于争夺世界霸权，外围区苟且于"跨代"生存。因全球范围内的利益瓜分不均，矛盾无法解决，人类历史上的第一次世界大战爆发。

一、东方国家全面趋向落后

东方社会以中国、印度和土耳其为代表，因建立在农耕文明的基础之上，无力对抗西方后起的工业文明，自中世纪以来所保持的"东强西弱"的旧局面开始演变成"西强东弱"的新态势。东方文明所信奉的一些观念开始变得落后和愚昧，"欧洲中心论"开始出现。甚至可以说19世纪和20世纪上半叶是一个东方被西方"打倒"的时期。

536

"盛世"之后的中国陷入停滞

中国文明实际上是东方文明的核心。工业革命前的西方世界对东方的贸易逆差主要是对中国的逆差，因为中国拥有世界上最充裕的财富。大航海之后，中国继承丝绸之路的贸易传统。在西方的重商主义浪潮冲击东方时，中国不仅未受到西方列强的成功入侵，而且最大限度地吸纳了西方文明所带来的丰富成果，出现长达百余年的"康乾盛世"。然而，在盛世的余晖之中，西方的工业革命发生，中国农业文明的堤坝开始变得岌岌可危。

1.经济上，中国依然归于"农本立国"

中国文明是世界上最典型的小农文明。这个文明有两大特点：其一，历史悠久，农耕文化的积淀深厚；其二，家族、国家的力量强大，形成了大一统社会。因此，无论从时间上看，还是从空间上看，中国文明在工业革命以前都是最强大的文明。大航海之后，中国不仅有效抵挡住西方殖民者的一次次入侵，而且得大航海之利，迅速上升为世界上最大规模的经济强国和贸易强国，GDP从18世纪中期到19世纪中期一直占据着世界经济总量的1/3。然而，尽管中国最大限度地吸收了西欧重商主义送来的养分，可是文明仍然奠基在农耕基础之上，直到1840年鸦片战争爆发，其工商业的比重仍然严重不足。

据中国学者刘逖计算，1600—1840年，中国GDP总量中的最大部分一直是第一产业——农业所创造的社会财富。以种植业为代表的农业始终是中国最主要的经济部门。至清中叶，粮食作物的耕种面积约占中国耕地总面积的90%。此外，玉米、甘薯的种植面积占6%和2%。中国粮食的单位产量，按南北合计，大米亩产236.5斤；小麦、大麦、小米、高粱等杂粮亩产为136—160斤，玉米亩产180斤，甘薯亩产1000斤。就粮食的单价来看，除明末清初有较大差距外，清初以后的总体趋势基本一致。小麦价为米价的85%，杂粮价为大米价的一半。据此计算，1600年，中国粮食净产值为银3.3亿两；1840年，为23.1亿两。加上经济作物的产值，1600年，中国第一产业即农业的净产值为银4.9亿两；1840年为银30.7亿两。而中国全部GDP值在1600年为银9.0亿两，在1840年为银44.8亿两。因此，中国农业的净产值远远超过全部GDP值的一半以上。[1]

中国的"早期工业"、采矿业和建筑业组成社会财富的第二产业——工业。据统计，1600年，其净产值为银3.1亿两，1840年为银9.0亿两。商业、服务业组成第三产业。据统计，1600年，第一产业转入商业、运输业以后所创造的财富约值银3450万两，第二产业转入商业以后所创造的财富约值银9850万两，合计银1.3亿两。1840年，第一、第二产业转入商业所创造的财富约值银6.6亿两。此外，1600年的服务业净产值为银1.0亿两（其中金融业400万两、房地产业3890万两、政府服务4490万两、其他服务1570万两）；1840年的服务业净产值为银5.3亿两（其中金融业1.7亿两、房地产业1.5亿两、政府服务9500万两、其他服务为1.2亿两）。可见，商业、服务业相加所创造的财富亦占GDP总值的三分之一以上。[2]

但是，中国农业文明中产生的工商业说到底不过是农业的延伸，与近代以来西方商业文明和工业文明所带来的新趋势几乎没有关系。中国的工商业从1600年到1840年之所以有一个更高层次的提升，只是因为其农业文明在输入北美的旱地农作物（如玉米、马铃薯和红薯等）之后有了更高层次的提升。

另外，西方学者对中国清朝前期经济规模的估计可能普遍偏高。麦迪森估计，中国GDP总量在1600年约为世界经济总量的29％，在1700年约为22.3％，在1820年约为32.9％。瑞士历史学家保罗·贝洛赫甚至认为，中国在世界经济中的比重在1800年达到43.8％，在1840年仍为36.6％。但刘逖的统计认为，麦迪森和贝洛赫两人显然高估了中国经济的比重。按当期购买力的平价法计算，1600年，中国GDP的比重只占世界经济的1/4，1840年又降

---

① 刘逖："1600—1840年中国国内生产总值的估算"，《经济研究》2009年第10期。
② 同上。

至不到1/5。[①]

更重要的是，中国的人均GDP值一直没有提高，甚至呈下降态势。若采用麦迪森的方法统计，1600年，中国人均GDP只有英国的40％，1700年，不到英国的1/3，1820年不到英国的1/5，1840年仅为英国的16％。

但是，据刘逖计算，1600年，中国人均收入大约为银4.5两，折合1990年的国际元为388美元；1840年下降为大约3.4两，折合1990年的318美元。中国GDP在1600—1840年间增长了55％，年均增长0.18％，而中国的人均实际GDP值则下降了25％，年均增长率为-0.12％。因此，刘逖判断："从整体上看，从1600年至1840年，中国和欧美国家人均收入的差距在不断扩大。"[②]

明清之际，中国经济的确出现"工商皆本"的局面，但是，中国的商品经济并没有取得与小农经济对等的地位。因为在中国这个大一统的国家里，商品流通基本上是全国一盘棋，商人经商除了受体制上的限制之外，很少受到技术上的限制，商品流通全国畅通，因此，中国体制下的商品经济很繁荣。但中国的商品经济受到官府的统一干预，很难得到体制性的发展，尤其很难得到市场化的竞争性发展。因此，商品经济对小农经济不能形成推动，只能是补充，最终合化为商品经济与自然经济相结合的"二元经济"。[③]实际上，这种二元经济归根到底还是一种自然经济。因为商业经济无论是以地方性贸易、区域性贸易、全国性贸易乃至海外贸易的形式出现，不论其贸易量有多么大，仍然浮着于自然经济之上，并最终服从于自然经济，不会或很难反过来冲击乃至改造自然经济。因此，中国传统社会的农业经济受到的反冲力很小，农业生产方式和生产力水平基本保持不变，人均GDP一直处在"均衡"状态。据统计，1000

① 刘逖："1600—1840年中国国内生产总值的估算"，《经济研究》2009年第10期。
② 刘逖：《前近代中国总量经济研究（1600—1840）：兼论安格斯·麦迪森对明清GDP的估算》，上海人民出版社2010年版，第155页。
③ 叶茂："传统市场与市场经济述评"，《中国经济史研究》1994年第4期；"中国古代经济史研究综述"，《中国经济史研究》1996—1997年增刊，第4—33页。

年，中国人均GDP相当于450个国际元，超过当时的西欧。但是，在此后长达一千多年的时间内，中国的人均GDP一直徘徊在450—600个国际元之间，直到20世纪上半叶仍保持在这个水平。[1]不得不说，这是中国人和中国社会在文化上的特性。其实，1300年前后，中国人均GDP已经达到600个国际元，[2]似乎"迈入了现代化的门槛"，[3]然而却始终没有进到大门的里面。

明清之际，中国也新出现一大批专业化市镇。比如以制瓷业为核心的江西景德镇、以冶铁业为核心的广东佛山镇、以织布业为核心的江苏盛德镇、以纺纱业为核心的浙江南浔镇等，各类市镇加起来总数估计有三千多个。有些市镇的规模甚至超过府城，出现"镇大于市"的现象。如浙江湖州就有民谚："湖州整个城，不及南浔半个镇"。但是，这些工商业城镇并没有形成自治或自主的经济，而是仍然沿袭唐宋以来的城镇化模式，依然融入中国大一统的农业社会的汪洋大海，并没有发展出一条新的非农业的、近代的城镇化模式。

中国也出现很多成功的商人，但是，中国始终没有培育出一种独立的"商人精神"。造成这一景象的最根本原因是：从知识精英到商人本身，都不认同商人是一个独立的阶层，他们从来没有形成自己的阶层意识。如费正清所说："中国商人最大的理想就是，他们的子孙不再是商人。"[4]由此在全球经济规模第一的国度里，从事工商业的商人阶层普遍被边缘化，他们的政治地位低下，自《史记》之后，正史之中对商人几乎没有完整的记录。中国早慧而发达的工商经济只能在长达千年的时间里保持"高水平的停滞"。

2. 军事上，中国依然习于"无战收兵"

要维护自己的独立，军事上的强大至关重要。近代早期，中国在火器方面曾经三次向西洋学习。第一次学习发生在明朝嘉靖年间，

---

[1] 〔英〕安格斯·麦迪森：《世界经济千年统计》，伍晓鹰等译，第256页。

[2] 同上。

[3] 葛金芳：《两宋社会经济研究》，天津古籍出版社2010年版，目录。

[4] 转引自吴晓波："中国为什么缺乏商业伦理？"，http://www.rz-tea.com/news/ 20190813/19254.html, 2019-8-13。

为对付日本倭寇，中国最早仿制西洋火器。第二次学习发生在明朝天启、崇祯年间，中国开始仿造西洋的加农炮（又称"红夷炮"或"红衣炮"），火器技术又前进了一步。当然，这些仿造需要依靠外国传教士进行现场设计、指导和监造。第三次学习出现在清朝康熙初年，因内乱外患频仍，清廷曾聘请意大利传教士南怀仁设计铸造大量火炮。南怀仁铸成的重型火炮——"武成永固大将军"代表了明末清初中国火器铸造的最高水平。另外，在火器制造方面，中国本身也不乏创造性的人才。康熙十三年（1674年），戴梓（1649—1726年）发明的"连珠火铳"，一次性装填可连续发射 28 响，设计十分巧妙，远比西洋人设计的火铳先进得多。

但是，中国军事的存在有一个致命性的特点，它的技术是非积累性的。历史上的中华文明"分久必合，合久必分"，"分"是"乱世"，"合"是"治世"，一般说来，"乱"的阶段不会太长，这个时期的军事技术有很大改进，但是一当"乱"被平定之后，便会出现"刀枪入库，马放南山"的局面，整个社会将全面进入"非交战"状态。因此，中国历史上的战争一直是"非持续性的"，它也决定了中国历史上的军事技术是"非持续性的"或"非积累性的"。在西方的火器不断走向发达和前进的同时，中国的兵器虽然已经吸收西方部分火器技术，但改朝换代一旦完成，又会回到以冷兵器为主的时代。明清交替之际，交战双方为打败对方，西方的佛郎机炮和火绳枪（鸟铳）被大量引入中国或者被中国仿制。清朝统一之后，这种传入或仿制就失传了。康熙初年，三藩、准噶尔、台湾和沙俄等夷乱频繁出现，中国被迫再次仿造西洋火炮，待夷乱被平定以后，中国境内大的战事基本结束，对西洋火器的钻研和仿制也随之终止。

在这种情况下，中国的火器水平开始落后。乾隆时期，中国的火器技术勉强维持在康熙时期的水准。乾隆之后，技术便开始退化。1840年，鸦片战争爆发，濮鼎查（Sir Henry Pottinger）率领4000人的英国远征军迅速击败清朝20,000人的正规军。清兵被英军的"开花炮弹"炸得晕头转向。其实，这种"开花弹"在中国明代就有，根本不是什么新发明。①战争前夕，清廷曾在沿海滩头阵地设置各种火炮，总数超过2000门，可是铸造技术已经大大落后。虎门要塞装备的大炮重达八千斤，但其射程已不及明代重一千多斤的红夷炮射程。英国的舰炮可以轰击清朝的炮台，但清朝的重炮却打不到英国的军舰。

清人入关以后，对自己的统治不自信，严禁民间私藏火药和武器，由此造成中国火器技术的日渐落伍。乾隆中期，清缅爆发战争，从前线回来的将领曾强烈建议增加火枪数量。乾隆皇帝以"骑射乃满洲之本"的说教，全盘否定了将军们的提议。②直到第二次鸦片战争爆发，江阴要塞装备了万斤铁炮——"耀威大将军"，其射程还是赶不上明末制造的红夷大炮。

有人提出假说：如果康熙时期的戴梓不被南怀仁陷害，清朝必将称霸世界。③其实，就算戴梓不被陷害，其技术也会失落或者被遗忘。因为中国人还处在传统文化的氛围里，不知道"近代"是什么，不知道"近代国家"是什么，无法对军事技术进行日积月累地推演和改造。明清交替之际，清朝接手大量明代留下的火器，但没有继承明朝留下的火器技术，其火炮设计、开花弹制法等工艺已经失传。清朝建立前期因形势所迫，曾一度锐意进取，接受新事物，为军事上的雄起注入强劲的活力。至中期便故步自封，认为老祖宗留下来的就是好的，扼杀了探索前行的动力。至晚期更是抱残守缺，导致军事上全面落伍。

总之，工业革命之后，中西文明已经处在不同的发展阶段。中国无论是在经济上，还是军事上都变得落后，再也不能与西方形成对抗，只能沦为"东亚病夫"。中英两国在近代的差距从拥有的领土上看，中国清朝的国土面积1300多万平方千米，仅次于沙俄，是世

---

① 左宗棠在西北平叛，从一处明代炮台遗址挖掘开花弹百余枚，不禁仰天长叹："三百年前，中华已有此物，到如今竟然失传，以至被列强所欺凌。"
② 赵宜聪："云南屯垦戍政策对清缅战争的影响"，《丽江师范高等专科学校学报》2016年第3期。
③ 李鸿彬："清代火器制造家——戴梓"，《社会科学辑刊》1991年第2期。

界第二大国家。英国本土的面积没有中国大，但拥有辽阔的殖民地，加拿大、澳大利亚、新西兰、南非、印度等国家和地区都是英国的属地，遍及各大洲，面积加起来比中国还大。此外，英国控制了世界上几乎所有海上通道和战略要地，控制着海上霸权，垄断着世界大部分海上贸易，势力遍及全球。从人口来看，虽然英国人口数量不到中国的零头，但英国人口素质较高，已经普及小学，中学遍地都是，大学数量也不少，每年培育出大量的科学家、工程师、金融学家等。而中国的大部分人是文盲，即使受过教育的士子读的也是四书五经。

"被殖民"之后的印度持续被殖民

南亚次大陆原是东方文明的发源地之一。但是，这个文明与中国文明有很大不同。它既没有中国独立的自耕农经济，也没有中国周期性的大一统。它建立在一种"神化"的种姓制度之上，居民普遍信奉"来世"和"彼岸"，因此，存在于这块土地上的莫卧儿帝国对西欧重商主义和殖民主义的侵略对比中国要开放、弱化得多。在西欧殖民势力的不断进攻下，印度一步步走向分裂，最终完全沦为英国的殖民地。

欧洲人对印度的殖民轮番上演。15世纪末，葡萄牙人侵入果阿。17世纪初，荷兰人取代葡萄牙人占领印度沿海，成立荷兰东印度公司。17世纪中后期，英国人打败荷兰海上势力，取得对印度的殖民优势。18世纪，法国的殖民势力侵入印度，与英国在印度的殖民利益产生冲突，英国最终占领孟加拉这个印度最富庶的地区，确立对孟加拉的总督统治。英属东印度公司由早期的贸易垄断公司变成一个拥有军队、领土和对外宣战与媾和的权力机构。马克思指出，七年战争和英国对孟加拉的占领使东印度公司由一个商业强权变成一个军事的和拥有领土的强权。[①]1761年，在英国海陆联合进攻之下，

---

① 〔德〕卡尔·马克思："东印度公司：它的历史与结果"，《马克思恩格斯全集》（第9卷），中共中央马克思、恩格斯、列宁、斯大林著作编译局编，人民出版社1974年版，第173—174页。

法国丧失在印度最后的立足之地。①

英属东印度公司和莫卧儿政权对孟加拉实行"双重管理"。莫卧儿政权管理孟加拉的民事，英国东印度公司管理孟加拉的财政，称"迪万"（Diwan）。公司官员在孟加拉境内可以免税经营内外贸易，尤其最有利可图的对外贸易将禁止印度人插手。公司拥有几百个守备队，驻扎在马德拉斯、孟买和加尔各答。在与法国军队的交战中，因公司需要的新兵数量不断增加，英国人模仿莫卧儿政府在印度人当中寻找兵源，主要是马德拉斯的泰卢固人、北印度的拉其普特人及孟加拉的军事贵族。在1757年的普拉西战役中，克莱武的军队拥有2000个印度兵和900个欧洲兵。1764年，英国军队已拥有5300个印度兵和850欧洲兵。②这支军队的战斗力很强，但已经变成征服印度的军队。在控制孟加拉以后，这些士兵打算远征北印度，甚至德里。1765年，印度皇帝沙·阿拉姆二世颁布敕令，正式将孟加拉、比哈尔（印东北一省）和奥里萨邦的收税权——"迪万尼"（Diwani）和相当于财政、司法大臣的任命权——"迪万"授予东印度公司。③

当克莱武从沙·阿拉姆皇帝手中获得"迪万尼"之后，英属东印度公司开始寻求英国政府的支持和授权。1759年，克莱武曾对威廉·皮特说："对一个商业公司来说，独立自主权将是这个公司享有的最广泛的权利，但恐怕公司自身也许不会一切万能，没有国家的援助，它们无法独立统治全局。"④1765年，克莱武从大面积的印度领土上所获得的国库收入，深深地刺激了英国民众，因为这笔收入缓解了英国当时正在经受的财政压力。英政府对东印度公司的态度

---

① Holland Rose, A. P. Newton and E. A. Benians, eds., *The Cambridge History of British Empire*, Vol. IV , p. 164.

② P. J. Marshall, *The Oxford History of the British Empire*, Vol. II, Oxford: Oxford University Press, 1998, p. 499.

③ 〔印〕R. C. 马宗达、H. C. 赖乔杜里、卡利金卡尔·达塔：《高级印度史》，张澍霖等译，第727页。

④ W. S. Taylor and J. H. Pringle eds., *Correspondence of William Pitt, Earl of Chatham*, I , London, 1838, pp. 389–390.

发生转变，从不愿过多介入到寄予新的期望。英国政府认为，东印度公司从印度获得的新殖民地将会给整个国家带来一笔高额利润。1767年，根据《汤森法案》的规定，要求东印度公司每年向英国财政部上缴40万英镑的收入。①

当时，欧洲人在印度经营的对外贸易地点主要是马德拉斯和科罗曼德尔两个地区。欧洲人的贸易既有从一个港口转运到另一个港口的贸易，也有从亚洲其他地区转运过来的贸易。马德拉斯是18世纪前后英国人在印度经营的贸易中心，英国人主要收取手续费或交易费。商船从这个港口出发，装载着印度的纺织品，或通过波斯湾与红海运往西方；或通过马六甲海峡运往中国、菲律宾群岛和东南亚。18世纪初，荷兰控制的科罗曼德尔沿岸港口还有能力与马德拉斯展开竞争，后因英国人能够提供安全保证，越来越多的印度商人迁往马德拉斯，科罗曼德尔衰落。②到了18世纪20年代，马德拉斯又被加尔各答取代。至18世纪前半期，加尔各答已打败位于孟加拉的所有贸易竞争对手，使印度的商人、工匠和劳动者大批涌进这个辖区，加尔各答发展很快，其人口不久即超过10万。英国掌握了加尔各答的大部分海上贸易。③当时，英国商人从英国携带的资金有限，其贸易在很大程度上需要向印度人贷款。印度人纷纷把现金投资到英国人的航运当中，富有的印度商人甘心充当欧洲的私人代理。

1770年以后，英国对亚洲的进出口贸易急遽上升。1772年，英国政治经济学家汤姆斯·莫蒂默宣称，与东印度的贸易目前已经成为英国最主要的经济来源和力量所在。④来自孟加拉的资金先被汇集

①　Ramsay Muir, *The Making of British India*, London, 1923, p. 87.

②　Sinnappah Arasaratnam, *Merchants, Companies and Commerce on the Coromandel Coast, 1650-1740*, Delhi: Oxford University Press, 1986, pp. 192-194.

③　P. J. Marshall, *East Indian Fortunes: The British in Bengal in the Eighteenth Century*, Oxford: Clarendon Press, 1976, pp. 19-20, 51-75.

④　T. Mortimer, *The Elements of Commerce, Politics, and Finances, in Three Treatise on Those Important Subject*, London, 1780, p. 131.

到广州，东印度公司用这笔资金购买各种质量不等的茶叶销往伦敦。1770年代，英国的茶叶年贸易额为680万英镑，1790年代，便一下蹿升到年均1970万英镑。茶叶、棉布、丝绸、青黛这些商品的销售大大提高了亚洲在整个英国进口贸易中的地位。[①]同时，这也使英国人更加认识到东印度公司与东方贸易的重要性。但是，1772年，公司陷入前所未有财政危机。为帮助公司解决困境，英国首相诺斯宣布，"我开诚布公地宣布将东印度公司的全部权力直接或间接地赋予王室"；"公司的领地比起把它交给不称职、无能的董事们来管理，由王室来统辖会更为合适。"[②] 由此掀起对东印度公司的改革。考虑到公司在印度拥有的权势和地位，诺斯企图将公司的商贸活动与其行政和司法权力分开。他提议，孟加拉的行政长官拥有公司在印度的全部权力，实际上变成名副其实的总督。这个提议得到了王室和公司任命的英国议员的支持。诺斯还在加尔各答设立最高法院，由王室任命的一名首席法官和三名法官主持。所有身居高位的政府官员均享有高薪，目的是不让他们卷入公司的商业活动。还有相当数量的公司雇员也被限制参与私人商贸活动或接受来自印度人的礼物。为保证这些政策措施得以实施，大臣们时刻监督公司在印度的经营活动和收入情况。

1773年，英国政府通过《调整法》，把总督与理事会的任命收归议会。1784年，《印度法》得以通过，规定由政府和公司共同管理印度，政府拥有最终控制权。此后英属印度总督将由英国政府任命，公司在其统治地区重新建立一套统治机构，取消了以前的"双重管理"制度。从此，英国东印度公司逐渐由官商合营的公司向英属印度政府过渡。英国政府逐渐接过其在印度的统治权。东印度公司将其对印度的掠夺变成英国整个国家对印度的掠夺，掠夺由此正式变成一种政府行为。到莫卧儿帝国后期，英国开始实行"面向东

---

① Ralph Davis, *The Industrial Revolution and British Overseas Trade*, New Jersey: Humanities Press, 1979, pp. 44-46.

② P. J. Marshall ed., *The Oxford History of the British Empire*, Vol. II, p. 538.

方"的政策，形成英属印度帝国的政治、司法和商业的新体制，印度从此成为"英国皇冠中最璀璨的一颗明珠"。

先发于棉纺业的工业革命，很大程度上依赖于印度市场。印度之所以拥有这样大的影响，原因主要有两个方面。第一，印度人口众多，纺织品市场的需求量大；第二，印度不是一个独立国家，其市场在很大程度上已掌握在英国人手里。因此，印度对棉织品的需要对英国工业品的生产产生巨大的刺激。

"落差"之中的奥斯曼帝国走向迷失

土耳其的不同之处在于它与欧洲直接接壤。直到17世纪后期，它在军事上还保持着对欧洲的攻势，兵锋曾直指维也纳城下。但是，到18世纪中后期，因英国工业革命的发生和西欧的成功崛起，奥斯曼帝国便同欧洲拉开差距，最终使奥斯曼帝国走向迷失。

奥斯曼帝国曾经是东西方的贸易枢纽。人们曾认为，奥斯曼帝国的兴起是对欧洲的重大刺激，欧洲因此出现大航海。这个看法显然言过其实。欧洲人寻找新航道并不是单单因为奥斯曼帝国阻挡了欧洲的贸易，而是因为重商主义兴起后的欧洲需要直接面对东方市场。16世纪，法国还在与奥斯曼帝国签订军事协定；英国还组建了进军地中海的黎凡特公司；1571年，西班牙与威尼斯联合与奥斯曼帝国展开勒班陀海战。当奥斯曼帝国仍然扼守东西方的陆上交通要道时，大西洋沿岸国家从海上发动对印度的侵略和对东方的远征。1689年，土耳其人最后一次进攻欧洲中部的维也纳，东欧大部分地区沦为奥斯曼帝国的属地。土耳其人的主要精力又转移到对黑海北岸土地的争夺上，进攻的对象是俄罗斯。18世纪中叶，当英国工业革命发生时，奥斯曼土耳其人无疑还沉浸在帝国的落日余晖之中。

19世纪，已经成为资本主义国家的欧洲列强开始将奥斯曼帝国当成瓜分亚洲的陆上跳板，奥斯曼帝国因此变得衰落。这种衰落与中国清朝的境遇极其相似。面对西欧的威胁，帝国内部出现两派势力：保守派和改革派。苏丹谢里姆三世（Selim Ⅲ，1789—1807年在位）希望通过军事改革收拢权力，却被近卫军团与乌里玛势力联合赶下台。马赫穆德二世（Mahmud Ⅱ，1808—1839年在位）用强硬手段摧毁了近卫军团，恢复了皇帝的权威，但内忧外患还是使其举步维艰，最终人亡政息。当时，帝国内部的穆斯林和非穆斯林正在经历着一场深刻的变化。一方面，奥斯曼帝国开始在各方面朝着现代化的方向推进；另一方面，叛乱、起义和独立运动使帝国政权变得风雨飘摇。改革的方向在哪里？是继续树立君主的权威，还是效仿西欧实行分权制度和民主化？

迷茫之际，1839年，帝国迎来一场最深刻的变革——"坦齐马特"（Tanzimat），即"仁政改革"。阿卜杜勒·麦吉德一世（Abdülmecid I，1839—1861年在位）登基以后，面对越发严峻的国际压力和国内危机，进行了史无前例的改革。改革的内容包括军事、政治、经济、宗教、教育等多个方面，分前后两个阶段进行。前期的改革由穆斯塔法·拉希德帕夏主持，后期的改革由阿里和梅赫迈德·福阿德帕夏领导。改革十分重视民主建设以及政策法令的规范化。如确保臣民生命、财产的安全；保障臣民的荣誉和尊严；正确分配和征收税收；实施正确的征兵方法并确定服役期限；废除没收财产的做法；法律面前人人平等。这些条令的很大一部分是为了改变非正常的集权状态，使政令制度化，从而将改革转入正轨。许多政令遭到反对派的阻挠与反对，改革进行的非常艰难，但是确实起到了巩固奥斯曼帝国统治的作用。改革的成绩斐然，一定程度上满足了土耳其资产阶级的部分要求，促进了资本主义因素的发展，并造就了一批新的社会进步力量——青年土耳其党。[①]但改革未触及帝国最根本的制度问题，苏丹仍大权在握。当他发现这种自上而下的改革严重损害到他自己的权力时，即君主将成为自己成就的牺牲品时，原来主张并领导改革的苏丹即转而走向改革的对立面。因而，坦齐马特时期的分权民主制的发展并没有充分制衡君主的权力。几

---

① 赵悦："奥斯曼帝国的坦齐马特运动探析（1839—1876）"，河北师范大学2011年硕士论文。

年后，改革失败。由此我们得出结论：在传统的高度集权化的君主专制国家里，想要在不改变君主专制的前提下通过自上而下的改革进入现代化是很难实现的。此后的奥斯曼帝国陷入迷失。

奥斯曼帝国的改革之路与晚清中国的现代化之路非常相似。奥斯曼帝国经历坦齐马特改革与中国经历鸦片战争几乎同时。巧合的是，在此前后，奥斯曼帝国和清政府都开始与英国签订不平等条约。1838年，奥斯曼帝国签订《巴尔塔李曼条约》。1842年，中国签订《南京条约》。条约签署的时间和条约涵盖的内容都惊人地相似。正是通过这两个条约，英国轻松获得中国和奥斯曼帝国这两个巨大的东方市场。1898年，中国掀起以康有为、梁启超为首的"戊戌变法"。中国的这次变法与奥斯曼帝国的坦齐马特改革也有很多相似之处，最终也以失败告终。

正因为如此，英国历史学家西莱（John Robert Seeley，1834—1895年）在《英格兰的扩张》一书中曾经用非常轻蔑的眼光看待大陆型国家。他认为，所有大陆型国家都把资源浪费在彼此之间无足轻重的征战当中，这正是它们发展停滞的根源所在。而唯英国足具智慧，几个世纪以来置身于欧陆战争之外。"我们似乎……不经意间就征服并殖民了半个世界"。[①]

二、市场经济模式向非西方世界推进

工业化是东西方历史发展的分水岭。工业革命之前，欧洲的殖民势力只在美洲、亚洲及非洲的沿海地区活动；工业革命之后，欧洲的经济力量和军事力量大大增强，其殖民活动开始由沿海向内陆推进，深入到亚洲的腹地和非洲内陆，开始将这些地区变成自己的殖民地或半殖民地。德国地理学家卡尔·李特尔（Carl Ritter，1779—1859年）说，欧洲大陆是所有大陆中最小的大陆，在更早的

[①] 〔芬兰〕贝卡·科尔霍宁（Pekka Korhonen）："世界史上的太平洋时代"，李庆新主编：《海洋史研究》（第九辑），社会科学文献出版社2019年版。

时期，中国、印度、波斯及阿拉伯的文明早已远远高于欧洲的水准，然而，在人类进入19世纪以后，这种情形改变了，"欧洲成为世界文明与教化的中心……它是人类精神的核心，是地球的燃点和焦点，所有的光束集中于此，并由此重新反射回去。"①

西方殖民势力从沿海向内地推进

1. 对亚洲腹地的推进

亚洲即东方地区集中了世界上最多的人口和土地。它在地理上分为五个部分，即东亚（远东）、东南亚、南亚、中亚和西亚。随着市场经济的推进，亚洲国家被殖民化的进程突然加快。西亚的奥斯曼帝国受到英、法、德、俄等国的染指；中亚的阿富汗被英国控制，伊朗成为英、俄的势力范围；南亚的印度、缅甸和马来半岛被英国侵占；东南亚的越南、老挝、柬埔寨等被法国占领；菲律宾的领土主权从西班牙转移到美国手中；东亚的朝鲜被日本吞并，中国则面临被欧美日帝国主义共同瓜分的危险。亚洲的大部分地区开始沦为西方的殖民地或半殖民地。

（1）对东南亚腹地的推进

16世纪末，荷兰人开始对印度尼西亚的殖民和商业活动。1602年荷兰东印度公司成立，在政府的支持下，与葡萄牙和西班牙展开竞争。17世纪末，荷兰人完成对印度尼西亚的征服。此后，英国、法国和美国相继加入对东南亚的殖民扩张活动。19世纪末，东南亚诸国除泰国外均沦为欧美国家的殖民地。殖民地的占领情况是：荷兰占领印度尼西西亚；英国占领缅甸、马来亚、新加坡和文莱；法国占领越南、老挝、柬埔寨；美国占领菲律宾。

东南亚经济受到欧洲投资者和商人的控制。以香蕉产业为例，19世纪60年代之前，绝大多数食用香蕉只在热带地区种植，香蕉首先成为大农场的种植作物。19世纪90年代，新成立的大公司为发展

---

① 〔芬兰〕贝卡・科尔霍宁："世界史上的太平洋时代"，李庆新主编：《海洋史研究》（第九辑）。

香蕉产业，开始利用工业革命的成果砍伐丛林，修建铁路、公路和港口。而在这个时期，香蕉产业已同时发展成巴西、乌干达、印度和菲律宾等国的支柱产业。再以茶叶为例，茶叶生产最初集中在中国，中国人和日本人是古已有之的传统茶客。欧洲人真正认识到茶的价值是在17世纪。荷兰东印度公司开始进口大宗的中国茶，并通过东南亚港口进行地区间的贸易。19世纪，英国东印度公司开始在印度、爪哇和锡兰等地开辟种植园，种植茶叶。从此，在发达国家的饮食里，饮茶比食用香蕉更加理所当然。[①]总之，东南亚国家的经济受到宗主国的严格限制。

（2）对中国内地的推进

中国是一个地大物博、人口众多、资源丰富的国家。中国在历史上的很长时间内都是世界发展的最高峰，因而也是西方国家向往已久的商品市场。

1839年，英国以区区4000人打开了中国的大门，占领定海，封锁长江口和珠江口，迫使中国割地赔款。随后，其他西方国家竞相效尤，纷纷参与到瓜分中国市场的行列当中。中国在胁迫与屈从当中开始接纳西方。《南京条约》签订12年后，英国人为扩大在华利益要求修约。首次开放的广州、厦门、福州、宁波、上海五个通商口岸显然是不够的，希望清政府能够开放更多的港口；实在不能开放沿海港口，开放长江沿岸的城市也可以。此外，《南京条约》规定英国人只能在广州等五个城市活动，英国人希望通过修约能够在全中国的范围内畅行无阻。另外，中英两国最好互派公使，英国派大使驻北京，中国派大使驻伦敦，以方便两国的外交活动。英国人希望能够向大清皇帝亲递政府公文。近代史大家蒋廷黻先生归纳：修约就是"公使驻京，内地游行，长江通商，这是双方争执的中心。"站在国际法的角度看，修约本来是很正常的事，早就成了共识，但问题是英国人面对的清朝是一个自大自负、目中无人的政府，自认

---

① 〔英〕菲利普·德·索萨：《极简海洋文明史》，施诚、张民璐译，第190页。

为是天下共主，英法美等都是海外藩属。修约的条款当中，清朝最抵制的一条就是公使驻京并亲递国书。因为英国人坚决不磕头，而清政府必须要洋人磕头，其他条款都可以商量，唯独这一条清政府至死也不动摇。但"中国听不懂自由贸易的语言，只能听懂炮火的语言。"用蒋廷黻先生的话说："总而言之，外人简直无门可入。他们知道要修改条约，只有战争一条路了。"① 于是，第二次鸦片战争爆发。

战争第一阶段，清政府先与法国签订《天津条约》，接受外国使节常驻北京，并修筑使馆的要求。在处理对外关系问题上，中国放弃旧的朝贡体制，开始按照西方规则处理外交事务。中国已经认识到中国不再自成体系，而只是世界的一部分。这是一个根本性的、脱胎换骨的角色转变，对东方各国影响巨大，在一定意义上缩小了西方国家与东方国家间的鸿沟。条约还规定，增开牛庄、淡水、汉口、南京等10处为通商口岸；外国军舰和商船可以在长江各口岸自由航行；外国人可以到中国内地游历、经商、传教；清政府赔偿英法两国军费各200万两白银，赔偿英商损失200万两白银。1860年，英法联军再次攻占天津，进逼北京，咸丰皇帝逃亡承德。英法联军占领北京后，洗劫并焚烧了圆明园。占领北京后，英法联军强迫清政府签订中英、中法《北京条约》。这个条约规定，清政府承认《天津条约》有效；增开天津为商埠；割九龙司地方一区给英国；准许华工出国；对英法两国赔款各增至800万两白银。至此，第二次鸦片战争结束。1861年1月20日，清政府设立"总理各国事务衙门"即"总理衙门"，专事洋务与外交事务。

战后，西洋各国并没有在中国侵占更多的殖民地。他们进入中国的目的主要是打开中国市场，因此在中国建立很多"租借地"。这些租借地包括葡萄牙租占的澳门、英国租占的香港和九龙，此外就是上海、天津等城市中新出现的租界地。从19世纪50年代开始，俄国趁中国丧失自卫能力之机，先后强迫清政府签订一系列不平等条

---

① 〔美〕徐中约：《中国近代史：1600—2000中国的奋斗》(第6版)，朱庆葆、计秋枫等译，世界图书出版公司2008年版，第一章："剿夷与扶夷"。

约，从而侵吞中国北方大片领土。继沙俄之后，日本也开始侵占中国领土。甲午中日战争之后，中国的形势再次发生变化。以日本为代表，列强开始在中国瓜分"势力范围"。德国强租胶州湾，把山东划为德国的势力范围；俄国强租旅顺和大连，把长城以北和新疆划为俄国的势力范围；法国强租广州湾，把广东、广西划为法国的势力范围；英国强租新界和威海卫，把长江流域、云南、广东划为英国的势力范围；日本割占台湾和澎湖列岛，把福建划为日本的势力范围。中国半殖民地化程度大大加深。

（3）对中亚的推进

伊朗、阿富汗所在的中亚地区是亚欧大陆的"轴心"地带。早在18世纪末，法国、英国与俄国为争夺世界霸权，已经在这里展开较量。先看伊朗。1779年，位于伊朗东北部的土库曼人的恺加部落统一伊朗，建立恺加王朝（Qajar dynasty），并定都德黑兰。1801年，俄国兼并臣服于伊朗的格鲁吉亚。为保护格鲁吉亚的基督徒，同时开辟通往印度洋的贸易通道，俄国夺取了伊朗在北高加索和中亚的部分领土。这一举动触犯了英国的利益。英国为保护印度殖民地免受俄国入侵，夺取阿富汗，并占领伊朗东部的部分领土。拿破仑战争爆发后，法国为打开通向印度的道路，1807年5月与伊朗国王签订同盟条约。伊朗同意对英国宣战，并派兵进攻印度。然而至7月份，法国与俄国议和，停止了对伊朗的援助。英国乘机改变立场，与伊朗谈判。1809年，伊、英两国订立草约，伊朗同意与英国的敌对国家（包括法国）断绝关系。作为回报，英国在伊朗与俄国交战期间，向伊朗提供财政援助。1804—1813年，伊朗和俄国爆发第一次战争，伊朗骑兵不敌俄国炮兵，导致高加索地区被俄国占领。1813年，受英国外交家戈尔·乌斯利先生（Sir Gore Ouseley）斡旋，俄国与伊朗签订停战协议。1814年11月，英国与伊朗正式签约，规定：英国对伊朗与俄国的划界拥有"仲裁权"；如果伊朗与欧洲国家发生战争，英国将每年支援15万英镑给伊朗；如果阿富汗对印度用兵，伊朗将对阿富汗采取军事行动。在获得英国的财政支持之后，伊朗再次向俄国发出挑战。1826年7月，俄伊战争再度爆发，伊朗再败。1828年2月，俄伊两国签订《土库曼恰伊条约》，伊朗宣布放弃在南高加索地区的一切权利，同时支付俄国2000万卢布的赔款，并同意俄国在伊朗享有多种政治经济特权。为了弥补失去高加索的损失，伊朗准备对位于阿富汗境内的赫拉特汗国（历史上曾隶属伊朗）采取行动。赫拉特是印度通往中亚的交通要冲，具有重要战略意义。英国为了在中亚地区同俄国争夺势力范围，曾极力反对伊朗攻占赫拉特。1837年1月—1838年8月，伊朗在俄国的支持下，围攻赫拉特。英国立即以武力相威胁，伊朗被迫撤兵。

英国开始对沙俄在中亚地区的影响力深感不安。因担心阿富汗国王多斯特·穆罕默德汗（Dost Mohammad Khan）与沙皇结盟，驻加尔各答的英国总督决定，用遭到罢黜的前统治者苏加沙（Suga）对现国王取而代之。1839年春，英国组织由两万名士兵和四万名随员组成的远征军，开始入侵阿富汗的行动。结果在这次侵略战争中，英国阵亡超过三万名士卒（包括脚夫和军属），损耗1.5亿英镑的巨额军费（相当于大英帝国一年半的财政收入），草草结束了战争。

1856年10月，伊朗借克里米亚战争之机，再次出兵占领赫拉特。英国接着向伊朗宣战，并打败伊朗，使伊朗失去在阿富汗的影响力。1857年3月，伊朗被迫与英国缔结和约，保证不再干涉赫拉特内政，并依约从赫拉特等地撤军，同时英军也撤出伊朗。此后，伊朗逐步沦为半殖民地。1872年，一家英国公司从没落的恺加王朝手中购买"特许权"，获得在伊朗经营工业、修建铁路、开办银行、发行独立货币、开发土地及矿产资源的独家特权。

沙俄在占领伊朗北方地区以后，仍继续向中亚地区渗透，并发展为扶持中国新疆境内的分裂势力，对中国形成威胁。伊朗高原地形本来既可以阻挡来自西部的入侵，又可以居高临下对南亚和中国西部形成威慑，一旦伊朗被占领，中国西部地区必将门户洞开。当地极端分子受外来势力的策应，必将很快拿下新疆；而一旦新疆失守，中国地理的第二阶梯就将直接暴露在敌人的铁蹄之下，因此，中国又一次受到生死存亡的考验。幸奈左宗棠带兵北上，收复新疆。

1905年，伊朗爆发反对恺加王朝的立宪革命，第一届议会召开，颁布伊朗历史上的第一部宪法。1907年8月，英国、俄国为镇压这次革命，双方派代表在圣彼得堡举行会议，签订《英俄协约》，准备把伊朗分割为三个部分，北部为俄国的势力范围，东南部为英国的势力范围，中部划为"缓冲区"。伊朗代表根本没有被邀请参加。在英俄两国的干涉下，1911年这次立宪革命以失败告终。恺加王朝更加衰败。

再看阿富汗。第一次抗英战争胜利以后，多斯特·穆罕默德汗的儿子希尔·阿里汗（Hill Ali Khan）继位，采取近俄远英的政策，于1878年7月与俄国结盟，拒绝英国使节进入阿富汗。同年11月，英军36,000人兵分三路，分别穿过开伯尔、古勒姆和博兰山口，入侵阿富汗。1879年1月，英军攻占坎大哈，进逼喀布尔，希尔·阿里汗逃亡，不久死去。其子耶古卜汗（Yequb Khan）继承王位，同年5月26日与英签订《甘达马克条约》，阿富汗沦为英国的附属国。但阿富汗人民不甘屈服，同年9月发动喀布尔起义，杀死英驻喀布尔总督。12月，十万起义大军在谢尔布尔（Sherpur District）包围英军。1880年7月，又在迈万德之战（Battle of Mevant）中击溃英军一个旅。阿富汗人民的英勇抗击，迫使英国殖民者放弃霸占阿富汗的企图，于同年9月缔结协定，准许阿内政自由，外交仍由英控制。1881年英军撤出阿富汗。

阿富汗在19世纪末迎来安定的局面。经济复苏，民族资本主义开始萌芽。特别是第一次世界大战之后，印度的民族解放运动高涨，牵制了英国很大一部分力量。1917年，俄国又发生"十月革命"，对阿富汗的威胁也在消失。国际国内形势的变化对阿最终摆脱英国的外交控制、争取彻底独立十分有利。1919年2月，阿改革派代表人物掌握政权后，采取联苏抗英的政策，不承认任何外国特权，阿富汗完全走向独立。

（4）对日本的推进

16、17世纪，西班牙、荷兰商船先后进入日本港口。1637年，日本幕府因岛原天主教徒起义，颁布《锁国令》，宣布除荷兰外禁止其他欧洲国家到日本贸易，并不允许天主教在日本传播。18世纪，锁国体制中的文化控制逐步放宽。1720年（日本享保五年），德川幕府八代将军德川吉宗发布《洋书解禁令》，下令除与天主教有关的书籍外，允许其他洋书输入日本；允许荷兰人在长崎行医；允许日本人向荷兰人学习西方科技。19世纪，为掌握西方的科学技术，日本努力学习荷兰语文，并把西方科技统称为"兰学"（Rangaku）。

总之，日本在接受西方文化和体制方面较中国早，并很快实现由传统外交向近代外交的转变，自觉接受和利用国际法原则来谋取日本的民族利益。

1853年（嘉永六年）7月8日，美国海军准将马休·卡尔布莱斯·佩里（Matthew Calbraith Perry，1794—1858年）率领几艘"黑船"抵达江户的浦贺，要求给美国去往远东的商船和舰队提供补给点。这次"黑船事件"结束了日本的锁国时代。当然，这一事件的发生在日本并不突然。佩里带来美国总统米勒德·菲尔莫尔（Millard Fillmore，1800—1874年）亲笔写给幕府的信件，要求日本开国通商。幕府方面犹豫了一年，致使美方一度打消与日本通商的念头。但是，第二年（1854年）2月13日，美国船只由江户的东京湾入港再访日本时，幕府在武藏国久良岐郡横滨村设置招待所。3月31日，江户幕府与美国缔结亲善条约——《日美和亲条约》。日本方面签约的全权代表是大学校长林复斋，美国方面签约的全权代表是东印度舰队司令长官马休·佩里。条约的主要内容是：日本开放下田与箱馆两个港口与美国通商，并保证遇难的美国士兵得到安全保障。此条约又称《神奈川条约》。接着，双方的交涉移至伊豆国下田（现静冈县下田市）的了仙寺。5月25日，神奈川条约的细则厘定，又称《下田条约》。6月1日，佩里舰队从下田归国。归国途中曾停留在琉球，与琉球国缔结通商条约。美国之所以要求日本签订通商条约，是因为美国当时正在太平洋开展捕鲸活动，不仅需要大量的燃料，而且冷藏库或真空保存食物的方法还没有出现，需要在日本进行燃料、食物与淡水的补给，同时为防止脚气病及坏血病的发生，需要给船员提供新鲜的蔬菜、肉类及其他食物。

人们之所以将《神奈川条约》作为"不平等条约"来看待，只是因为它不是日本人要求美国开港，而是美国人要求日本开港。而且日本的开港没有像中国清朝那样与对方发生战争。实际上，这种开港口只是打破了200多年来日本锁国的禁令，而且开港之后，日本也因此获得很大的利益。①

日美通商条约签订之后，1855年2月7日，俄国也与日本在下田签署《日俄和亲通好条约》(《下田条约》)。签约的日方代表是川路圣谟，俄方代表是叶夫菲米·瓦西里耶维奇·普提雅廷，签约地点是日本下田的长乐寺。条约规定："今后日本国和俄罗斯国的疆界应在择捉岛和得抚岛之间。择捉全岛属于日本，得抚全岛及其以北的千岛群岛属于俄罗斯。至于桦太岛（即库页岛），日本国和俄罗斯国之间不分界，维持以往之惯例。"对于这个条约，学术界有"日本受压说"和"俄国受压说"两种说法。②

继俄罗斯之后，西方列强蜂拥而至，纷纷与日本签订通商条约，最终形成"安政五国条约"。条约国均获得与日本在贸易方面的片面最惠国待遇。为了办理通商与外交事务，欧美各国向日本派出外交使节团，建立外交使节制度。到明治维新前，美国、英国、法国、荷兰、普鲁士、意大利、俄国、瑞士、葡萄牙等向日本派出具有外交使节性质的领事官。③这些领事官集中在江户、神奈川、横滨、长崎、箱馆（函馆）、新潟等较早开放的地区。

日本国拥有的财富其实是金矿。经过多个世纪的开采，日本的

---

① 林孝斌："卫三畏在美国远征日本过程中的作用及影响研究（1853—1854）"，福建师范大学2016年硕士论文。

② 孙健："日俄领土争端与日俄关系"，《解放军外语学院学报》1993年第5期。

③ 〔日〕川崎晴朗：《幕末驻日外交官·领事官》，雄松堂出版1988年版，第67页。

金矿已经进入枯竭状态。日本也从一个人人称羡的黄金之国变成一个贫瘠之国。佐渡金山等大型金矿的产量变得十分低下，再也无法和鼎盛时代相比。开国之后，欧美国家的商人利用日本的金银比率比外界低（当时日本金银兑换比率是1:10，而英国等国家是1:20），用白银大量套购日本黄金。短短十几年时间，日本的黄金大量流出，致使幕府的财政危机。正是财政的失败，使维新党人很容易就推翻了统治近两个半世纪的德川幕府。从此，明治天皇开始亲政。

明治时代的仁人志士经过痛定思痛之后，改变之前几个世纪的碌碌无为，开始以一种积极的姿态参与世界事务。他们以超乎于常人的努力，改变日本在贸易上的极弱状态，最终将日本变成一个工业先进的国家和贸易出超的国家，重新积累巨额财富，从而成为与西方国家并列的世界列强之一。明治政府不赞成不加区别地奉承西方的所有东西，他们不是对西方文明感兴趣，而仅仅是对其中能够增强日本民族力量的部分感兴趣。他们提出一个非凡的改革方案，旨在建立一个强大的日本，而不是完全模仿西方国家。近代日本为何能崛起？日本专家总结了三条原因，似乎件件都与中国有关。

第一，一种文化，这就是中国的儒家学说。现在，很多人批判儒家文化，认为其中庸之道、墨守成规等阻碍了中国近代的发展，是罪魁祸首。但是在日本，儒家思想却成为日本快速崛起的基因。因为日本充分挖掘了儒家文化，特别是其忠君爱国的思想，强调对天皇、对国家的热爱，从而快速凝聚全国力量。将这种文化与武士道精神结合，使得日本当时具有空前的团结。这是日本改革和战争的基础。如果没有儒家文化千年对日本民族性格的改造，日本不可能在短期内汇聚民心。这是日本成功的关键。

第二，一本书，这就是中国的《海国图志》。这本书的作者是中国开眼看世界第一人——魏源，被日本视为明治维新的领航者。书中对世界的发展和科技文化的进步进行了深刻的分析和总结。但是这本书写出来后未受到清朝统治者的充分重视。一个日本人——高杉晋作，在太平天国初期来到中国，看到这本书，便如获至宝，将它带回国内。这本书立刻被奉为经典，印刷再版十几次，成为日本最畅销的书。因此，日本专家认为，正是这本书奠定了日本国民文明开化的基础，成为日本走向改革的先导。

第三，一个教训，历史上和中国多次交战失败让日本人形成善于学习的民族特性。日本人本来也是一个闭塞、故步自封的民族，很容易自我膨胀。但是，在古代，和中国的交往中形成日本人善于学习的民族特性。唐朝时期，日本刚统一，就有点不可一世，开始入侵朝鲜半岛，结果发生白江口之战，日本战败。存亡之际，日本开始向唐朝称臣纳贡，主动学习，于是有了日本"大化改新"的封建化过程。明朝时期，丰臣秀吉统一日本，日本的自信心再次膨胀，想先占朝鲜半岛，再占大明，结果几乎全军覆没，于是又开始几百年时间的学习。当美国人打开日本国门之后，日本意识到，美国比自己强大，于是又开始学习新的强者——美国。学习变成日本人的民族特性。正是在学习当中，日本顺利开展明治维新，赶上了时代潮流，成为列强之一。日本能够崛起的关键就是不断地学习强者，以便使自己变得更强。甲午战争之后，日本很快华丽转身，由农业国变成工业国，其工业发展水平不仅在亚洲位居第一，在全世界所有非西方国家当中也位居第一，最后对中国形成碾压。[①]其实，日本对比中国还是"船小好掉头"，没有任何历史包袱。

2.对非洲腹地的推进

大航海之后，欧洲国家只是把非洲当作给美洲提供劳动力的准贸易方之一。15—18世纪，欧洲列强占据非洲的沿海据点，未深入腹地。但是，19世纪中晚期，随着诸如戴维·利文斯通（David Livingstone，1813—1873年）和亨利·莫尔顿·斯坦利（Henry Morton Stanley，1841—1904年）等探险家对非洲内陆的深入，欧洲人对非洲的了解进一步加深，同时也为欧洲列强对非洲的进一步殖民开辟了道路。19世纪70年代前期，非洲有1/10的土地被侵占。

---

①　金灿荣："未来10年世界可能的大变局"，《盼望智库》2017年8月3日。

1884年的柏林会议召开以后，欧洲列强又掀起瓜分非洲的狂潮。19世纪晚期，除阿比西尼亚（今埃塞俄比亚）和利比里亚保持独立外，非洲几乎被侵占殆尽。

先看北非的埃及。1801年，英国趁埃及人民反法斗争高涨之际，与土耳其军队联合打败法军。法国退出后，英国乘虚而入。英军先是唆使土耳其进攻埃及，发动第二次土埃战争。土耳其战败后，英国又联合俄、普、奥等国给埃及施加压力，并出兵干涉。1840年11月，埃及战败，被迫签订《英埃协定》。协定规定：埃及承认奥斯曼帝国的宗主权，把军队从25万减至1.8万，关闭造船厂，接受1838年英土商约（外国商品只交5%的关税，外国人有权在埃及从事贸易，禁止对任何物资实行专卖）。《英埃协定》使埃及的独立遭受重创，埃及的阿里改革失败，埃及开始朝着殖民地的方向发展。

19世纪50年代，维多利亚女王治下的不列颠是一个如日中天的大帝国，非常希望到非洲大陆的腹地一探究竟。1857年，受皇家地理学会指派，理查德·伯顿（Richard F. Burton）和同伴斯皮克（John Speke）踏上寻找尼罗河源头的非洲之旅。一路上，除了勘探、测量、记录，为非洲绘制地图外，许多风土奇观也让伯顿深深着迷，而与未知旅程相伴的却是各种各样的危险。他们从印度洋沿岸的桑给巴尔启程，深入非洲腹地的草原和丛林，一边要和沿线的土著部落、阿拉伯小贩斗智斗勇，一边还要和各种疾病做斗争。潮湿、炎热、昆虫以及食物和饮水，无一不是他们要面临的难题。但是，在伯顿的探险结束之后，1867年，英国军队入侵埃塞俄比亚。

1884年，因非洲问题，德国首相俾斯麦召集欧洲列强在柏林举行会议。会议无一非洲代表受邀，最终宣布：西南非洲为德国的殖民地，既可贸易，也可定居。比利时占领刚果，法国占领西非。随后，传教士和商人接踵而至，紧接着是军队。他们殖民非洲的方法是通过占领干旱沙漠中至关重要的水井，控制所在地区。随着殖民者陆续进入内陆地区，矿产、牲畜、农业等当地财富陆续流失。非洲人不愿意接受这一切。一些德国商人也的确以和平的方式和当地人做生意，德国的官方政策也宣称只占领他们认为是"空荡荡"的土地。但实际情况远非如此。当时纳米比亚共有13支部族，其中实力最强的2支是纳马人和埃雷罗人。德国人被接纳，部分原因是他们有意扮演敌对部族间调停者的角色，但达成的协议暧昧不清，德国人既可从中获益，又可袖手旁观。20世纪初，当地领导层开始分崩离析，德国殖民总督泰奥多尔·洛伊特魏因（Teodor Loytwain）感到很欣喜。荷兰历史学家扬-巴特·格瓦尔德（Jan-Bart Gewald）说，洛伊特魏因欣然向引发争议的部族首领提供军事支持，因为他可以坐收非洲人暴力争夺领土之利。德国在非洲的著名的殖民地有坦噶尼喀、卢旺达、布隆迪、喀麦隆、多哥、德属西南非洲（纳米比亚）。因德意志帝国在一战中战败，德国在非洲的殖民统治于一战后终结。

3. 对拉丁美洲的干涉

美洲是印第安人的家园。哥伦布发现美洲以后，北美以南地区变成拉丁语族的殖民地，因此称拉丁美洲。拉丁美洲复制了西班牙的封建主义体制，发展程度同资本主义化的北美相比，差了一个时代。19世纪初，拿破仑占领伊比利亚半岛之际，西属拉美国家纷纷独立，但这些国家并没有跻身发达资本主义国家的行列，而是同样沦为欧美国家的原料产地。兰德斯说："南美国家在独立后，仍像以前那样在经济上依附于先进的工业国家，起初是英国，在19世纪末期是德国，因为考虑到德国在科学、技术方面的收获，然后从20世纪开始，依附于美国。外国人修铁路，建港口，在很大程度上是为了运出内地的剩余产品（正如印度一样）。外国人以高息贷款给没钱的政权及其政敌（倒霉的借钱人要偿还得更多）。外国人建兵工厂以及其他工厂并且经营管理它们。"①因此，拉丁美洲的这些新的国家"几乎无异于亚洲的专制主义，尽管有时候打着共和国的幌子"。②

---

① 〔美〕戴维·S.兰德斯:《国富国穷》，门洪华等译，第342—343页。
② 同上书，第241—242页。

（1）巴西

巴西是葡萄牙的海外领地。1500年4月22日，葡萄牙航海家佩德罗·卡布拉尔（Pedro Álvares Cabral）在航行于非洲西海岸时，被偏向的季风带到巴西海岸。葡萄牙人一开始在巴西采伐红木，后种植甘蔗。1580—1640年，葡萄牙被西班牙合并后，荷兰人一度占领巴西（1624—1654年），约翰·毛里茨（John Mauritz）曾任职巴西总督。1654年首次英荷战争结束，荷兰失败后，葡萄牙又重新夺回巴西。1693年，巴西发现大金矿，葡萄牙国王曾因此变得极度富裕，并建立起强大的绝对君主制度。1808年，拿破仑入侵葡萄牙，葡萄牙女王玛丽亚一世（Maria I，1777—1816年在位）携王室和政府逃往巴西，巴西成为葡萄牙王国的一部分。这个时期的巴西开始对英国开放贸易港口。1822年，葡萄牙王室回归葡萄牙，留在巴西的葡萄牙亲王佩德罗一世（Pedro I，1822—1831年在位）宣布巴西独立，巴西帝国建立。1889年，佩德罗二世被废黜，巴西成立共和国。

（2）阿根廷

阿根廷原是西班牙的海外领地。1808年，拿破仑以保护西班牙领土为由侵入马德里，西班牙成为法兰西的领地，再也无力掌控拉丁美洲。

1810年，阿根廷爆发"五月革命"，开始走向独立。又经过几番内战之后，直到1861年，现代阿根廷国家才正式建立。在1870—1910年的40年间，阿根廷的人口翻了五倍，文化、教育、农业和国家建设均呈跨越式增长，迅速跻身世界出口五强之列。这是一个奇迹！但国富民安使阿根廷人生活在天堂里，他们什么都不愁，开始安于现状。其实，他们不知道，他们走的是一条依靠单一出口的富国之路，大大偏移了世界工业化的正常步伐。

实际上，1776年获得独立的美国早已对南美洲心存觊觎。早在19世纪20年代，美国就打出了"门罗主义"的旗号，禁止欧洲人染指美洲。19世纪末，美国又提出了"泛美主义"的口号，再次把美洲看成是美洲人的美洲。1903年，美国策动巴拿马脱离哥伦比亚独立，并强迫巴拿马签订《美巴条约》，从而攫取巴拿马运河的开凿权和运河的永久租让权。同时，美国多次派军队干涉拉美国家内政。1898年，美国挑起美西战争，夺取波多黎各，并实际控制了古巴。经济上，美国资本也大量涌入拉美。与此同时，从19世纪后半期开始，英国资本亦大量涌入拉美，许多拉美国家沦为英国的经济附庸。当然，德、法等国也不甘落后，他们也把拉美当成商品销售市场、原料产地及投资场所。结果，"新独立的拉丁美洲几乎没有发生什么经济上的变化。像从前一样，关键的部门包括采矿业（金、银、铜）、农业、放牧业、林业。目的是生产剩余产品，能用来换取外国的制造业产品。对工业的发展几乎没创造什么条件，因此几乎无工业可言。"[1]

西方殖民帝国的出现

西方国家在全球范围内进行殖民的结果，便是人类历史上多个世界性殖民帝国的出现。这些帝国包括英国、俄国、法国、德国、美国和日本。

1.大不列颠王国成为"日不落帝国"

有学者声称："我们全都降生在一个英格兰制造的世界。"[2]最新的研究显示：英国曾经侵略全球90%的国家。[3]

英国的世界霸权始于七年战争。战争期间，英国国务大臣威廉·皮特领导皇家海军，为夺取更多的海外殖民地和海军战略要地，与法国展开殊死战争，并取得辉煌战绩。早在1739年，还是年轻政治家的威廉·皮特宣称："当贸易政策处于生死攸关时，这就是你最后的堑壕，不是捍卫就是死亡。"为此，他制订了宏大的"皮特计划"：控制海洋，封锁敌人的出海口，袭击海岸线，争夺海上贸易的主动权。由此显示了皮特的战略眼光。在1756—1763年的七年英法

---

① 〔美〕戴维·S.兰德斯：《国富国穷》，门洪华等译，第342页。

② 转引自任剑涛："我们全都降生在一个英格兰制造的世界"，《东方早报》2017年9月19日，另见〔英〕艾伦·麦克法兰：《现代世界的诞生》，管可秾译，第357页。

③ 黎文："英国曾侵略全球90%的国家"，《文汇报》2012年11月19日。

战争期间，威廉·皮特被任命为英国国务大臣。他在战局不利的情况下力主扩大殖民地，建立海外帝国，认为无论付出多么大的代价，也要取得战争的胜利。他上台后立即改组军队，撤换不称职的将领，以战功提拔新人，同时改进后勤供应，增加给养，鼓舞军队士气。在战略战术上，皮特充分利用英国海军的优势、舰队的机动性和打击能力，夺取了塞内加尔的法国贸易站，大败法国舰队于拉克什湾和基伯隆湾。面对国内普遍存在的厌战情绪和日益增长的对国债的担忧，皮特力排众议，极力主张对即将与法国结盟的西班牙作战。1762年1月，英国对西班牙宣战，英军占领了西班牙的海外殖民地马尼拉以及西班牙在古巴修建的哈瓦那港，最终赢得七年战争的胜利。

七年战争之后，英国不仅拥有位于亚洲的印度和北美洲的13个殖民地，还占据进出地中海的出海口，并将加拿大收归己有。不久，库克船长又发现澳大利亚。至此，"日不落帝国"开始初具规模。近年来，据英国历史学家斯图尔特·莱科克（Stuart Laycock）的一项研究发现，在全球大约200个国家当中，只有22个国家未被英国染指。那些得以保全的国家往往远离英国本土，比如太平洋上的马绍尔群岛，或者如卢森堡这样的"窝边草"。莱科克的研究成果见于他的《英国侵略过的国家》一书。在"日不落帝国"时期，英国未曾入侵过的22个国家分别是：欧洲的安道尔、白俄罗斯、列支敦士登、卢森堡、摩纳哥、瑞典、梵蒂冈，拉丁美洲的玻利维亚、危地马拉、巴拉圭，非洲的布隆迪、中非共和国、乍得、刚果共和国、科特迪瓦、马里、圣多美和普林西比民主共和国，亚洲的吉尔吉斯斯坦、塔吉克斯坦、乌兹别克斯坦、蒙古，太平洋上的马绍尔群岛。[①]

一些被英国侵略过的国家着实令人意想不到。例如，1741年，英国海军上将弗农（Admiral Edward Vernon）进攻古巴关塔那摩

---

① 黎文："英国曾侵略全球90%的国家"，《文汇报》2012年11月19日。

湾，并把此处重新命名为坎伯兰湾。不久，由于当地人的反抗和军队中疾病蔓延，弗农被迫撤退。再如，1940年，冰岛因为坚持中立，拒绝加入盟军而遭到英国入侵。还有越南，自17世纪以来不断遭到英国侵略。最近的一次是在1945—1946年，英国试图打击该国的共产主义力量，但由于后来法国和美国先后入侵越南的历史更受瞩目，英国的入侵行动反而被遮蔽。莱科克认为，英国侵略过的国家或许更多，但现在还缺乏确证的史料。比如蒙古，作者相信英国可能也曾在此有过军事行动。其掌握的材料显示，俄国在十月革命后遭到英国等国的干涉，当时在距离蒙古俄罗斯边境大约50英里处，英军有过一次军事行动。但很难论断英国后来是否直接踏足蒙古。

有趣的是，英国人对这项新的研究结果深感惊讶，难以相信英国在历史上曾拥有过如此广大的势力范围。它倚仗其海上霸权地位和强大的军事力量，以已有的庞大殖民地为基地，在1860年以后发动一系列殖民战争。在亚洲，以印度为据点，英国先后吞并马来亚、上缅甸、北婆罗洲，再次入侵阿富汗，并把伊朗变成保护国。与此同时，英国积极参加列强对中国的瓜分和掠夺，侵占香港，侵入西藏，控制长江流域，把整个华中地区列为自己的势力范围。英国又是列强瓜分非洲的最积极的参与者，侵占埃及，夺得从北非尼罗河流域经东非高原以及西非几内亚海湾的大片殖民地。英国在大洋洲又占领斐济岛和所罗门群岛。地球上的24个时区均有大英帝国的殖民地。英国霸权领导下的国际秩序被称为"不列颠治下的和平"。1914年，英国所拥有的殖民地占全球面积的1/4，占列强侵占的殖民地面积总和的1/2以上，人口的75%以上。据统计，1913年，它在非洲领地上的人口大约有5200万，在亚洲大约有3.3亿，在加勒比大约有160万，在澳大利亚、加拿大、爱尔兰和新西兰大约有1800万。大英帝国总人口为4.12亿，是英国本土人口的10倍。英帝国的核心国是印度，它占整个帝国人口的3/4。[①]

---

① 〔英〕安格斯·麦迪森：《世界经济千年史》，伍晓鹰等译，第90页。

2.俄国成为傲居欧亚大陆北部的最大帝国

相对于大不列颠这个海上帝国来说，俄国是一个陆上大帝国。如果说大英帝国注重的是海上贸易，那么，俄国注重的是领土扩张。显然，在市场经济的发展程度上，俄国远不及西欧和美国，但是，在领土扩张方面，俄国更具野心。凭借其专制主义统治和强大的军事实体，以欧亚大陆的北方为中心，对其东、南、西三面展开近代以来最野蛮的军事扩张。

俄国的近代历史开始于15世纪末莫斯科大公伊凡三世对蒙古人的驱逐。1547年，伊凡四世继承罗马帝国皇帝的封号，称"沙皇"。因西班牙和葡萄牙控制了到达中国的新航线，英格兰曾经想通过俄罗斯开辟到达中国的北方商路。伊凡四世没有答应，而是自己派出使者与中国接洽，最终开辟由福建经蒙俄边境的恰克图到达莫斯科的"茶叶之路"。中俄贸易被打开。

这个国家承袭了东正教的意识形态和蒙古人的统治理念，没有经历宗教改革、文艺复兴和大航海，保留了很多东方文化的特色。16世纪后期，俄罗斯向东推进到伏尔加河流域，并越过乌拉尔山，侵入西伯利亚地区，对瓦剌鞑靼和北山女真部发起攻击。17世纪中期，俄罗斯又与乌克兰合并，逐渐发展成为一个多民族国家。1703年，彼得一世攻占波罗的海的出海口——圣彼得堡，同时在黑海与奥斯曼帝国展开争夺。克里米亚是"黑海的门户"，谁占领了克里米亚，谁就控制了黑海。女皇叶卡捷琳娜二世统治时期，第一次克里米亚战争爆发，俄罗斯打败奥斯曼帝国，将克里米亚纳入自己的版图。1812年，俄罗斯又顶住拿破仑对俄罗斯的远征。1825年，一批具有民主思想的青年军官曾试图在俄罗斯建立共和政体，在彼得堡发动"十二月党人起义"，结果被镇压。1848年，欧洲爆发大规模民族民主革命，尼古拉一世充当起欧洲宪兵的角色，试图镇压革命。同时，他将目标锁定在黑海，势必获取其向西的出海口。由于克里米亚的战略地位十分重要，英法决定援助土耳其，第二次克里米亚战争爆发。当时，英法两国正加紧东扩，以求在东方夺取新的市场和殖民地，俄国则力图巩固其在巴尔干和外高加索取得的利益。俄国与奥斯曼首先发生冲突。1853年6月21日，尼古拉一世派兵进占摩尔达维亚和瓦拉几亚，土耳其苏丹在要求俄国归还两地未果的情况下，于10月4日对俄宣战。战争初期，局势对俄国有利。经过四次交战，土耳其败局已定，英法两国迅速参战。英法联合舰队进驻黑海。俄国被迫以70万的总兵力与拥有100万大军的同盟国联军展开较量。1855年，战事在多个战区展开，克里米亚是主战区，其中，塞瓦斯托波尔的防御战最为著名。该战役历时349天，同盟国联军对该地区实施六次炮击和强攻之后，夺取该防御体系中的锁钥阵地——马拉霍夫岗。俄军统帅部不得不决定放弃这座城市，撤至塞瓦斯托波尔港湾北岸，将舰船全部沉没。此后，双方在维也纳举行谈判，俄国被迫做出让步，双方签订《巴黎和约》，俄国被迫接受：禁止俄国在黑海拥有舰队和海军基地，并不准俄国在波罗的海的阿兰群岛设防等。战争对交战双方都是非正义的。俄军在战争中损失52万2千人，土英法联军损失51万7千人。战争的失败使俄国的专制制度遇到空前危机，加速了农奴制的崩溃。

除了对土耳其进行战争外，19世纪中叶，俄国开始插手伊朗内政。伊朗恺加王朝受到英、俄两国的双重侵略。英国插手伊朗南方，俄国侵占伊朗北方。在伊朗沦为半殖民地国家以后，中国的西部边防出现空当。一旦伊朗灭亡，不仅中亚丝绸之路无法打通，中国的新疆也将遭受渗透。此前俄国已经从中国北方侵占大量土地。实际上，清朝后期，俄国与其他西方国家已经对中国形成了南北夹击之势。

3.其他全球性殖民帝国

除英俄之外，其他西方国家也在同时抢占全球市场的剩余空间。法国是仅次于英国和俄国的第三殖民大国。从19世纪80年代起，法国在已有的庞大殖民地的基础上，通过殖民战争又在亚洲和非洲侵占大片土地。1914年，法国拥有的殖民地大致相当于其本土面积的20倍，共计1060万平方千米，比德国、美国和日本三国的殖民地总和还多。在1919年至1939年这个巅峰时期，法国殖民地的面积达到1234.7万平方千米，把法国本土也计算在内则达到1289.8万平方千米，占世界陆地总面积的8.6%。

德国在瓜分世界领土问题上是一个迟来的国家。这个国家在中世纪后期汉萨同盟解体以后，不仅没有参与早期的商业殖民，而且长期处在分裂当中，没有能力进行大规模的海外扩张。新兴的德意志帝国于1871年诞生于巴黎郊外的凡尔赛宫。当时德国并未打算走对外殖民扩张的道路。虽然国内曾有人鼓吹仿效英法争夺非洲的殖民地，但老成持重的铁血宰相俾斯麦对此断然拒绝。他深知，德国地处中欧，受到法国和俄国的两面夹击，当务之急是巩固帝国本土，而不是去争夺远在天边的殖民地。更何况，法俄在旁虎视眈眈，德国更须与英国联手，牵制法俄，所以决不能因争夺殖民地而与英国发生冲突。在这种审慎的国策指导下，德国乘着第二次工业革命的东风，顺利完成工业化转型，国家经济突飞猛进，开始成为欧洲大陆头等强国，大有直追老牌"世界工厂"——英国的架势。进入19世纪80年代初，当它开始走上掠夺殖民地道路的时候，亚洲、拉丁美洲和大洋洲几乎已经被其他列强瓜分完毕，因此不得不将其侵略的矛头指向尚未完全被瓜分的非洲。1884年，德国宣布非洲西海岸、多哥和喀麦隆为其保护地，接着占领肯尼亚和坦噶尼喀。在亚洲太平洋地区，德国侵占新几内亚北部和邻近岛屿，并取得萨摩亚、马里亚纳和加罗林群岛。同时，德国还加入列强瓜分中国的行列，1897年占领胶州湾，开始将中国山东省变成自己的势力范围。

19世纪，美利坚合众国的版图也从大西洋沿岸延伸到太平洋沿岸。19世纪初，美国还很弱小，甚至出现英军火烧白宫的尴尬事件，但是到19世纪后半期，美国毫无疑问成为美洲的领头羊。随着"淘金热"的兴起、自由女神像的竖立和西部铁路的建造，美国开始大踏步地迈向未来。当英、法、德、俄、西等国集结力量在欧洲展开较量的时候，美国也对周边的新兴国家蠢蠢欲动，先后对墨西哥、海地、古巴等国发动入侵。但是，在美国即将进入中美洲时，内战爆发，暂时搁置入侵拉丁美洲的计划。19世纪末，美国出现飞速发展，实力远超其他欧洲列强，欧洲人开始大规模地向美国迁徙。"美国人"（American）这个词在英语里彻底代替"美洲人"。19世纪末20世纪初，美国除了倚仗强大的经济实力，在拉丁美洲和亚洲推行经济侵略之外，还用武力侵占太平洋上的夏威夷、威克岛和图图伊拉岛，并通过1898年的美西战争从西班牙手里夺取菲律宾、波多黎各和关岛，把古巴变成自己的保护国。

日本通过中日甲午战争和日俄战争侵占中国的台湾，澎湖列岛，以及朝鲜、库页岛南部，并将中国东北的南部地区划作自己的势力范围。

据统计，1876年，仅英、俄、法三国的殖民地面积就达到4040万平方千米，其中英国占据2250万平方千米，俄国占据1700万平方千米。1876—1914年，英、俄、法、德、美、日等六个帝国主义国家又占领近2500万平方千米的海外土地，使殖民地面积从4040万平方千米增加到6500万平方千米。各国侵占的殖民地面积如下：英国3350万平方千米；俄国1740万平方千米；法国1060万平方千米；德国290万平方千米；美国30万平方千米。1910年，非洲土地的90.4%，亚洲土地的56.6%，美洲土地的27.2%，大洋洲土地的100%，均沦为列强的殖民地。总之，全世界土地总面积的2/3已沦为殖民地，总人口的56%已沦于殖民压迫之下。

自由贸易与全球经济的市场化

伴随列强完成对世界领土的瓜分，西方市场经济模式开始成为全球经济模式。首先，西方国家凭借自身的经济实力，从自我做起，在全球范围内打破以前设置的贸易关卡和贸易壁垒，实行普遍的自由贸易。而人类在这一时期又实现运输业的革命，一方面，轮船取代帆船，运费相较于1870—1913年下降一半以上；另一方面，铁路运输发展迅速，全世界的铁路总长度由1870年的21万公里增加到1913年的110.2万公里，美国的太平洋铁路、俄国的西伯利亚铁路均已建成。至此，世界大多数国家已纳入世界市场，市场经济全球化逐步变成现实。

1.英国对全球自由贸易的大力推动

工业革命之后，由于大英帝国已经是世界经济中心和世界贸易中心，因此，它开始把全球变成自由贸易的开放市场。

对英国的贸易来说，北美殖民地的丧失未必不是一件好事。因为在放弃对美洲的殖民管理之后，英国又很快恢复对新出现的美国的贸易，并获得支配权。从这一事件当中，英国学到的经验是，在不拥有对殖民地统治权的情况下，贸易依然能够带来利益。1840—1850年，英国便授予加拿大和澳大利亚等白人殖民地以"自治领"地位。因为这样做让殖民地的白人感觉到他们所在地区也形成了"祖国"。此外，在英国丧失北美殖民地以后，1815年拿破仑在欧洲大陆的最终战败，确立了英国的国际强权地位。英国皇家海军主宰着整个海洋，并始终与欧洲大陆保持距离，因而得以灵活地施行其均衡外交，最终获得贸易上和战略上的优势。1807年，英国又宣布废除奴隶贸易制度，1834年，奴隶制在英国殖民地被全面废止。到19世纪中叶，英国已经在全球范围内基本消灭奴隶贸易。

工业革命之后，英国的商业理念开始由重商主义走向自由主义，商业政策发生重大变化。"谷物法"曾经是重商主义这一政策的重要表现，带来贸易保护主义。为确保当权的英国土地贵族的利益，它规定在国内小麦价格低于每夸脱80先令时即禁止外国小麦进口，并提高进口税率。1846年，"谷物法"被废除以后，英国政府虽然继续增加征收消费品的进口关税，但是对农产品的进口性关税被取消。取消保护性关税的原则已经变得不可逆转。1849年，废除大部分"航海条例"；1853年，改征进口税为收入税；1860年绝大多数保护性关税被取消，在四百多种商品关税当中只剩下丝绸品的关税。英国的关税从19世纪末20世纪初又急剧下降。1841年，进口关税相当于进口价值的35%，到1860年，所有贸易和关税限制被单边取消，1881年下降到仅为6%。[1] 政府收入的来源从关税转为消费税。

19世纪中叶，英国开始促成其他国家完全放开他们各自的国内市场。荷兰首先采取与英国相似的政策。1860年，英国和法国签署《科布登－雪佛利尔条约》（Cobden-Chevalier Treaty），规定的最惠国条款意味着双边贸易自由化可以同等地适用于所有国家。19世纪晚期，贸易自由化在欧洲大陆国家出现倒退，但英国到1931年一直坚持它的自由贸易政策。[2] 印度和其他英殖民地国家也采取这样的政策，即便英国的非正式殖民地国家也是如此。中国、波斯、泰国和土耳其不是英国的殖民地，但通过签订商业事务上的不平等条约，也被迫维持低关税水平，这些条约还赋予外国人以治外法权。为保证中国偿还债务，英国接管中国的海关管理权。19世纪中期，大英帝国在亚洲和非洲国家的航运、金融和保险业事实上享有垄断特权。这些殖民地国家不再由垄断贸易公司来左右，而是由帝国的官僚阶层来管理。他们实行白人制定的规则，住在隔离的永久性兵营中，经常光顾英国人俱乐部，也自然青睐英国货而歧视其他国家的商品，并在制定政府采购政策时，实行明显的歧视性做法。英国的商业政策，以及愿意进口其需要的大部分商品的做法，对世界经济产生重要影响，有力地促进了技术进步和传播。受其影响最大的是西方衍生的国家，因为那里有丰富的自然资源可以开发。另外，英国的这些政策对印度的发展也产生一些积极的影响。[3] 至此，自由贸易政策在世界范围内迅速发展。

英国之所以能够从保守的贸易制度转向开放的贸易制度与工业革命带来的经济强权当然是分不开的。马克思说："不断扩大产品销路的需要，驱使资产阶级奔走于全球各地。它必须到处落户，到处

---

① D. N. McCloskey, "The Trade and National Income in Britain from 1841 to 1881", *Explorations in Economic History*, No. 7, 1980, pp. 309-313.

② 〔英〕安格斯·麦迪森：《世界经济千年史》，伍晓鹰等译，第90页。

③ 同上。

开发，到处建立联系。"①"过去那种地方的和民族的自给自足和闭关自守状态，被各民族的各方面的互相往来和各方面的互相依赖所代替了。"②铁路和汽船的飞速发展又为新的国际贸易提供前所未有的交通运输工具。如果说"以前只是潜在的世界市场。这个世界市场当时还是由一些以农业为主或纯粹从事农业的国家组成的，这些国家都围绕着一个大的工业中心——英国。英国消费它们的大部分过剩原产品，同时又满足它们对工业品的大部分需要。"③因此，英国的国际贸易获得空前的发展。而国际贸易又是资本主义产生和发展的必要条件，"没有对外贸易的资本主义国家是不能设想的"。④海外贸易扩大了英国的粮食供应，开辟了新的、广阔的原料（尤其是棉花）来源，同时又为英国的制造业提供了全球性的市场，因此，英国经济增长的速度大大加快，其人均产量、人均收入和消费亦大大提高。

工业革命赋予英国享誉世界的棉纺技术和冶铁技术的领导权，使英国可以使用比任何竞争对手更廉价的方式制造和销售自己的产品。工业革命还创造了廉价的铁路运输系统和轮船运输系统，使长途贸易或远洋贸易有利可图。从此，美洲和亚洲辽阔的旷野和平原，开始吸引大批的农民、商人、投资者、殖民者、投机者和冒险家前往，迅速建立起依托母国的工业中心，一个世界范围的、带有充足原料供给的真正的国际经济产生。在这个国际经济当中，英国以超强的海外投资、海外销售和运输服务，确立国际地位，从而形成以英国为中心的世界大市场。工业革命还造就了一个新的工业资产阶级。这个阶级迫切需要获得廉价的原料、劳动力和广阔的海外市场，这个市场必然带有开拓性，并呈现出新的时代特征。

---

① 《马克思恩格斯选集》（第1卷），中共中央马克思、恩格斯、列宁、斯大林著作编译局编，人民出版社2012年版，第404页。

② 同上书，第245页。

③ 同上书，第66页。

④ 《列宁选集》（第一卷），中共中央马克思、恩格斯、列宁、斯大林著作编译局编，人民出版社1992年版，第191页。

从1815年的维也纳会议到1870年的普法战争，英国是世界上唯一的工业化强权。作为世界工厂，英国能够有效、低廉地生产工业品，在这些工业品被运输到其他国家之后，其价格依然比当地生产的产品更具竞争力。可以说，只要海外市场的政局稳定，英国就是放弃正式的殖民统治，也依然能够从自由贸易中获益。

英国由此变成举足轻重的世界贸易大国。据统计，1821—1873年，英国进口占国民生产总值的比重，比18世纪60年代翻了一番，进口等于国民收入的25%—30%。在出口方面，19世纪初，棉、毛和麻织品占出口总值的3/4左右，到19世纪末，仍占40%。其中，工业革命中最典型的工业品——棉纺织品，占出口总值的25%；铁和钢占15%，机械占7%，煤占10%，这些产品共占据出口总值的2/3，体现了世界工厂的往日雄姿。英国创造的棉纺织品的80%、钢和铁的50%被外国人消费。1876—1885年，英国工业产品的出口占世界出口总数的大约38%，到1899年虽有所下降，仍占世界工业国家总出口的33%，是当时西欧、加拿大、美国、日本和印度的总和。英国的服务业也在迅速发展。1913年，英国出口总价值5.3亿英镑中近80%是服务业（尤其是运输和销售业）的出口。英国在世界经济史的这一统治地位，只有美国在20世纪中叶达到这一水平。[1]

19世纪中叶以后，尤其70年代以后，英国的进口一直大大高于出口。但是，这样的出超贸易并没有使英国变穷，因为总的贸易额有利于英国。所谓贸易额（terms of trade）是指出口与进口的价格比。世界贸易中，工业品的价格要大大高于原料和农产品的价格，所以，尽管英国进口量大，出口量小，但贸易额仍然朝有利于英国的方向发展。另一方面，自18世纪起，英国就开始千方百计地开拓服务业，尤其是运输业的出口，以抵偿和弥补产品出口的不足。所以，从总体上看，尽管英国的进口量超过出口量，但仍然在自由贸易中处于有利地位。

---

[1]　参见〔德〕库钦斯基：《资本主义世界经济史研究》，陈东旭译。

2. 资本主义世界体系形成

19世纪下半期，在第二次工业革命的影响下，自由贸易政策开始影响到世界各地，市场经济全球化的步伐更加迅猛。在这一过程中，垄断组织的形成推动了列强的对外侵略和扩张。帝国主义各国为争夺殖民地和势力范围，斗争更加激烈，最终出现瓜分世界的狂潮。亚洲更多的国家沦为殖民地或半殖民地；非洲被瓜分殆尽；拉丁美洲实际上成为半殖民地。殖民主义的世界体系最终形成，与之相应的市场经济的世界体系也同时形成。资本主义开始由欧洲体系变成世界体系。

19世纪末20世纪初，资本主义国家以科学技术为先导，以提高劳动生产率为手段，以垄断为组织形式的经济模式，以及政党政治、自由竞选、胜者执政的议会民主制的政治模式出现，标志着现代意义上的资本主义在经济政治上已经成熟定型。与此同时，资本输出、掠夺性贸易，再加上海陆交通和通讯事业的大发展，最终摧毁一切落后国家和民族的堡垒，瓦解了它们的传统自然经济，从而把所有国家和地区都纳入资本主义世界经济的轨道。20世纪初，一个无所不包的资本主义世界经济体系，即资本主义生产方式统治下的世界范围的生产与交换的体系最终建立。

资本主义经济世界体系确立的同时，资本主义政治体制也在世界范围内广泛建立。西方列强的殖民扩张刺激了被殖民地区资本主义经济的发展及资产阶级政治思想的传播，资产阶级民族民主运动成为这一时期亚非拉革命运动的新内容。因此，19世纪后半期至20世纪初，旨在建立资本主义政治体制的革命运动在世界范围内广泛开展，资本主义世界政治体系形成。

资本主义的世界政治体系形成以后，19世纪晚期，帝国主义国家掀起瓜分世界的高潮，到20世纪初，亚洲除日本外都沦为西方列强的殖民地或半殖民地，非洲的绝大部分成为殖民地，拉美除原有的殖民地外，其他宣布过独立的国家实际上也成为依附于英美等国的半殖民地，世界领土已经被瓜分完毕。帝国主义国家奴役和控制了世界上的绝大部分土地和人口，殖民地和半殖民地进一步成为资本主义国家的商品市场和工业原料产地，资本主义世界殖民体系最终形成。

20世纪初形成的资本主义世界殖民体系和资本主义世界政治经济体系，共同组成资本主义的世界体系。市场经济全球化的格局出现。

三、市场经济全球化的总体格局

市场经济走向全球化以后，人类传承已久的生活模式改变。一方面，生活的封闭性开始消失，社会普遍走向开放；另一方面，生活的丰富性和多样性开始消失，社会更加走向单一。世界经济被野蛮地划分为"中心区"和"外围区"两个部分。生活在中心区的市场经济强国一心要谋求世界霸权，纷纷抢占海洋霸权和金融霸权；生活在外围区的落后国家则面临着从传统向现代的转型，他们在风雨飘摇中千方百计地谋求"跨代生存"。整个世界在市场经济的冲击下产生剧烈的动荡，至1914年最终爆发第一次世界大战。当然，这个动荡的余波一直到今天仍然没有停息。

"中心区"和"外围区"

市场经济全球化以后，全球经济被简单地划分为市场经济的中心区（核心区）和外围区（边缘区）。有关中心-外围理论的系统论述，学术界又先后出现两极化理论、现代化理论和三个世界理论等。这里，我们不妨对最具代表性的中心-外围理论做一个简要阐述。

中心-外围理论是由阿根廷著名经济学家劳尔·普雷维什（Raúl Prebisch，1901—1986年）提出的。1949年5月，普雷维什向联合国拉丁美洲和加勒比经济委员会（简称拉美经委会）递交了一份报告，题为《拉丁美洲的经济发展及其主要问题》。在这份报告中，普雷维什根据国际贸易体系中发达资本主义国家与发展中国家对峙的情形，系统而完整地阐述了他的"中心-外围"理论。普雷维什指出："在拉丁美洲，现实正在削弱陈旧的国际分工格局，这种格局在19世纪具有很大的重要性，而且作为一种理论概念，直到最近仍继续发挥着相当大的影响。在这种格局下，落到拉丁美洲这个世界经济体系外围部分的专门任务是为大的工业中心生产粮食和原材料。"[1] 也就是说，在传统的国际劳动分工下，世界经济被分成两个部分：一部分是"大的工业中心"；另一部分则是"为大的工业中心生产粮食和原材料"的"外围"。在这种"中心－外围"的关系中，工业品与初级产品之间的分工并不像古典或新古典主义经济学家所说的那样是互利的，恰恰相反，由于技术进步及其传播机制在"中心"和"外围"之间的不同表现和不同影响，这两个体系之间的关系是不对称的。对此，普雷维什进一步指出："从历史上说，技术进步的传播一直是不平等的，这有助于使世界经济因为收入增长结果的不同而被划分成中心和从事初级产品生产的外围。"[2] 普雷维什因此被公认为"发展中国家的理论代表"，也是20世纪拉美历史上"最有影响的经济学家"，对于"中心－外围"体系的差异性，普雷维什的侧重点在于强调二者在经济结构上的巨大差异。他认为，技术进步首先发生在"中心"，并且迅速而均衡地传播到它的整个经济体系，因而"中心"的经济结构具有同质性和多样性。所谓的同质性，是指现代化的生产技术贯穿于"中心"国家的整个经济；而其经济结构的多样性表明，"中心"国家的生产覆盖了资本品、中间产品和最终消费品在内的、相对广泛的领域。"外围"部分的经济结构则完全不同：一方面，"外围"国家和地区的经济结构是专业化的，绝大部分的生产资源被用来不断地扩大初级产品的生产部门，而对工业制成品和服务的需求大多依靠进口来满足。另一方面，"外围"部分的经济结构还是异质性的，即生产技术落后、劳动生产率极低的经济部门（如生计型农业）与使用现代化生产技术、具有较高劳动生

---

① Raúl Prebisch, "The Economic Development of Latin America and its Principal Problems", *Economic Bulletin for Latin America*, Vol. 7, 1962, p. 1.

② Raúl Prebisch, "Commercial Policy in the Underdeveloped Countries", *American Economic Review*, Vol. 49, 1959, p. 251.

产率的部门同时存在。

20世纪六七十年代，劳尔·普雷维什又将他的中心－外围理论进一步发展为"依附"理论（the Dependency Theory）。该理论认为广大发展中国家与发达国家之间是一种依附即剥削与被剥削的关系。在世界经济领域中，存在着中心－外围层次。发达资本主义国家构成世界经济的中心，发展中国家处于世界经济的外围，受着发达国家的剥削与控制。该理论是新马克思主义的一个重要理论学派之一。普雷维什认为，中心和外围存在不同层面：一个区域的局部范围之间，区域之间和国家之间以及在全球层面上的第一世界和第三世界之间。例如第三世界国家的大城市是该地区的中心，但与发达国家的关系中，又属于外围地位。城市区的双重功能与中心地等级序列中的一个处于中间为止的中心地相类似，它受到上一级中心地的支配和影响，但对下级中心地来说却占有优势地位。

1966年，约翰·弗里德曼（John Friedmann，1926—2017年）将普雷维什的中心－外围理论引入区域经济学研究。他认为，整个国际贸易区域也可分为中心区和外围区。出生于奥地利维也纳的弗里德曼是加拿大英属哥伦比亚大学社区与区域规划学院名誉教授，同时也是美国加州大学洛杉矶分校的公共政策和社会研究学院名誉教授，创办了加州大学洛杉矶分校的城市规划与建筑学院。他对发展中国家的空间发展规划进行了长期研究，提出一整套有关空间发展规划的理论体系，尤其是他的核心－边缘理论，又称核心－外围理论，已成为发展中国家研究空间经济的主要分析工具。他认为，核心区位于空间系统的任一网络结构上，空间系统可以有全球级、洲级、国家级、大区级和省级水平，一个支配外围地区重大决策的核心的存在具有决定性意义，因为它决定了该地区空间系统的存在。任何特定的空间系统都可能具有不止一个核心区，特定核心区的地域范围将随相关空间系统的自然规模或范围的变化而变化。

弗里德曼利用约瑟夫·熊彼特的创新思想，建立空间极化理论。他认为，发展可以看作一种由基本创新群最终汇成大规模创新系统的不连续积累的过程，而迅速发展的大城市系统，通常具备有利于创新活动的条件。创新往往是从大城市向外围地区进行扩散的。基于此，他创建核心－外围理论。核心区是具有较高创新变革能力的地域社会组织子系统，外围区则是根据与核心区所处的依附关系，由核心区决定的地域社会子系统。核心区与外围区已共同组成完整的空间系统，其中核心区在空间系统中居支配地位。核心区的作用主要表现在以下几个方面：核心区通过供给系统、市场系统、行政系统等途径来组织自己的外围依附区；核心区系统地向其所支配的外围区传播创新成果；核心区增长的自我强化特征有助于相关空间系统的发展壮大；随着空间系统内部和相互之间信息交流的增加，创新将超越特定空间系统的承受范围，核心区不断扩展，外围区力量逐渐增强，导致新的核心区在外围区出现，引起核心区等级水平的降低。弗里德曼曾预言，核心区扩展的极限可最终达到全人类居住范围内只有一个核心区为止。[1]

这里，我们看到，弗里德曼是从区域经济学的角度讨论了中心和外围的关系。他的创新不再是技术意义上的创新，而是新的组织形式和新的生活格调等方面的社会革新，即制度创新。弗里德曼认为区域发展通过一个不连续的，但又是逐步积累的创新过程实现的，而发展通常起源于区域内少数的"变革中心"，创新由这些中心向周边地区扩散，周边地区依附于"中心"而获得发展。因此，发展本身就包含极化过程，在这一点上同极化理论一致。根本的革新只是在相对数量较小的城市地区形成的，这些地区决定了发展过程。弗里德曼将这些地区称为中心，剩下的所有地区都为外围。东方地区是传统文明发达的地区，因为人口众多，成为世界市场的销售产地，也是市场经济的外围区；美洲地区，特别是拉美地区（包括后来的澳洲大陆）因为人口较少、资源丰富，属于原料供应产地。阿根廷的出口经济曾经非常发达，国民收入一度高于美国，实际上其出口

① 王真、葛幼松："基于核心——边缘理论的区域结构及其演化研究"，《河南科学》2008年第12期。

的产品主要是原料，而不是工业产品。故而其经济非常脆弱。

弗里德曼进一步从经济、社会和政治因素发展了原有的中心 - 外围理论。按照他的观点，中心之所以能对外围施加影响，除了它的创新活动比较活跃，还具有使外围服从和依附的权威和权力。弗里德曼归纳了六种自身强化的反馈效应：即优势效应（同缪尔达尔吸收即回波效应相同）；信息效应（从城市中心的高度密集的系统活动中产生的）；心理效应（富有成果的创新对未来潜在创新所发挥的示范作用）；现代化效应（对形成中的社会价值观、制度机构所产生的效应，它们由于处于不断变化之中，也就容易适应未来的变化）；联动效应（通过创新连锁行动产生的效应）；生产效应（由于规模收益增大和外部节约导致成本降低所产生的效应）等。

1952年，法国经济学家和人口统计学家阿尔弗雷德·索维（Alfred Sauvy）在《观察家》杂志上发表一篇文章，第一次使用"第三世界"（Third World）这个概念。到20世纪50年代后期，人们广泛认识到，需要一个术语来描述正在出现的在许多人看来与北美和欧洲旧国家有质的差异的国家，因此，这一概念很快流行起来，并在此基础上形成三个世界理论。

英美全球化的本意，就是要搞全球殖民主义化，通过全球国际分工，让英美成为资本和技术的供给国，然后把其他国家有的变成外围的依附型工业国家，有的变成农业国家，有的作为只保存原始资源的国家。发达国家对待他们就像美国对待印第安人的保留地那样，将之隔绝起来。中心地区则达到最高的发展，那些落后边缘区域则作为富人们打打猎、散散心的生态旅游地。

"中心区"的生存法则：在"竞争"中谋求世界霸权

市场经济中心区的法则是通过竞争，谋求世界霸权。这种竞争主要体现在两个方面：第一，对制海权的争夺；第二，对货币权的争夺。通过夺取制海权，可以实现对世界市场的物理控制；通过争夺货币权，可以实现世界市场的结算控制。两种权力的争夺最终却导致世界大战的爆发。

1.争夺海洋霸权，实现对世界市场的物理控制

近代以来，随着世界市场的形成，对海洋的控制取代了历史上长期以来人类所谋求的对陆地的控制。所谓"得海洋者得天下"。

1890年，美国海军上校阿尔弗雷德·塞耶·马汉在《海权对历史的影响，1660—1783》一书中，全面阐述海权理论。他认为，近代以来，因海上航线主导着商业利益，必须有强大的舰队确保航行安全，同时要有与之相适应的足够数量的商船与港口。因此，制海权变得至为重要。"海洋可以保护国家免于在本土交战"。

影响一国海权的因素大致有六个：（一）地理位置。最理想的位置是居中央位置的岛屿，并靠近主要的贸易通道，有良好的港口和海军基地。例如：不列颠群岛与欧洲大陆的距离不远不近，既足以使英国获得对抗外敌入侵的安全保障，又便于打击敌人，换言之，进可攻退可守。英国以英吉利海峡和欧洲大陆相隔，不仅有水为屏障，且距欧洲大陆近，因此英国无须维持大陆军，而可集中国力发展海权，以优势的海军来封锁欧洲大陆港口，并控制出入欧洲北部的航线。与英国形成强烈对比的是法国。法国不仅要维持大陆军，而其海军也必须分驶大西洋与地中海，因此在海权竞争中，法国对英国便居于劣势。（二）地形地貌。具绵长海岸线及拥有良好的港口。海岸线可决定向海洋发展的难易程度，良好港湾则代表向海发展的先天潜力。一个国家的海岸线是其边界的一部分，凡是一个国家的疆界易与外界接触者，其人民便较容易向外发展，与外面世界交往。地形平坦、土地肥沃可能使人民安土重迁，不愿投身海洋，如法国。相反，则迫使人民不得不讨海维生，如荷兰、葡萄牙。岛国及半岛国家受限于地形因素，若欲发愤图强，则必须重视海权的发展。（三）领土大小。供应必要物资，但地形未经河川严重分割，面积没有大到难于防守。马汉认为国土的大小必须与人口、资源及其他权力因素相配合。一个国家人口的总数与海岸线总长度的比例，具有重要性。否则广大的领土可能反而成为弱点。如面积太

大，而人口与资源不成比例的国家，防守密度低，国家的危险性增高，假使又被河川或港口所割裂，则更是一大弱点。（四）人口数量。提供从事海洋事业的人口培育，储备海军后备力量。人口数量和素质对海权均为重要基础，海权国家不仅应有相当数量的从事航海事业人口，而其中直接参加海洋生活的人数更应占相当高的比例。国家平时的航海事业（包括航运和贸易）足以决定其海军在战争中的持久力。英国即为典型例证，它不仅是航海国家，而且也是造船和贸易国家，拥有发展海权的必要人力与技术资源。想向海洋发展的国家，不仅应有相当数量的人口，而且其直接或间接参加海洋活动的人数，也应占相当的比例。（五）民族性。面向海洋，具冒险犯难的性格，促进商机及航运发展。国民对海上贸易的意愿及航海生产能力的心理因素亦极重要。若国民以向海洋寻求财富为荣，航海事业自然蓬勃。海洋商业与海军的结合，再加上殖民地的开拓，终使英国成为海权霸主。（六）政府的性质和政策。政府的战略主张，影响海军武力的运用；政府必须明智而坚毅，始能对海权加以长期发展。英国的成功主因即在此。自詹姆斯一世开始，英国的国家政策即一直以追求海外殖民地、海上贸易和海军优势为目的。政府若明智而坚毅，培养人民对海洋的兴趣，则海权的发展也自然比较容易成功。英国之所以成就为空前的海洋强国，除了具备上述基本条件的优势外，其政府对海权运作的适切，实居关键。在海权运作方面，马汉认为英国若无海运贸易能力，无广大殖民地（资源、基地和市场），以及训练有素的海员和船舰，则虽有先天优越条件，亦将无能为力，尤其在战争工具运用上，即制海权争取上，英国通常均以在海上击灭敌国舰队或对敌港口建立封锁为一贯指导，而法国却热衷于领土的征服而未着眼于击灭英国舰队，于是结果便完全不同。①

---

① 参见〔美〕艾尔弗雷德·塞耶·马汉：《海权对历史的影响，1660—1783》，安常容、成忠勤译，解放军出版社2006年版，第四章："英国革命、1688—1697年奥格斯堡联盟战争、比奇角海战和拉乌格海战"。

　　马汉的海权理论最先得到响应的是刚刚取得国家统一的德意志帝国。老成持重的铁血宰相俾斯麦本来并不打算走对外殖民扩张的道路。虽然曾有人鼓吹应仿效英法争夺非洲的殖民地，但他对此断然拒绝。因为他深知，德国地处中欧，受到法国和俄国的两面夹击，当务之急是巩固帝国本土，而不是去争夺远在天边的殖民地。更何况，由于法俄在旁虎视眈眈，德国更须与英国联手，方可牵制法俄，所以决不能因争夺殖民地而与英国发生冲突。在这种审慎的国策指导下，德国乘着第二次工业革命的东风，顺利完成工业化转型，国家经济发展突飞猛进，大有直追老牌"世界工厂"英国之势。然而随着国家的快速崛起，德国人在获得自信心的同时，也开始按捺不住，希望在殖民地问题上为自己挣得一份"阳光下的土地"。1888年，年少气盛且贪慕虚荣的威廉二世（Wilhelm Ⅱ，1888—1918年在位）登基称帝后，原先的国策逐渐被放弃。老臣俾斯麦也于1890年辞归乡里。这个时期，马汉的海权理论及时降临，引导这个新兴帝国踏上长达二十余年的海权求索之路。

　　但是，在马汉所宣称的六个构成海权的要素当中，前三个属于先天性要素，属英国独有，其他国家无法轻易复制。例如，英国作为岛国，在和平时期无需维持庞大的陆军。自英法百年战争以后，英国已完全放弃在大陆争夺领土的野心，转而一心一意地拓展海洋事业。此外，英伦三岛不仅海岸线漫长，而且散布着为数众多的优良港口。英吉利海峡作为世界上最主要的贸易航道，更是被英国人牢牢控制。这些先天条件都使英国人避免在大陆上浪费金钱和精力，转而专心发展海外贸易，伸张海权事业。相比之下，德国发展海权的地理条件恶劣得多。由于地处中欧，德国处于法俄两大强国的夹击之中，迫使德国无时无刻都要关注陆地边界的安危。即使不再抱有更多的领土野心，也不得不时刻提防法国收复阿尔萨斯和洛林。这样的状况从根本上决定了德国无法像英国那样，专注于海外贸易和殖民。此外，德国虽然地跨北海和波罗的海，但出海口形势并不乐观。这不是拥有多少良港的问题，根本的困境在于，英吉利海峡和冰岛联合王国水道是其通往外部世界的两条必经之路，而这两条战略通道都掌握在英国的手中。这就意味着，如果英国愿意的话，它可以大大压缩德国海军的活动空间，将其限制在北海狭小的海域内。那德国又如何才能跨过辽阔的海洋，去建立属于自己的世界帝国？总之，无论是在自然地理条件方面，还是在经济形态和人文环境方面，德国都不具备马汉所宣称的发展海权的种种条件。

正是在这种先天不足的前提下，德意志帝国不得不在大体遵循马汉理论的前提下，努力寻求变通之道，走出一条符合自身实际条件的夺取海权之路。而具体带领德国探索这条道路的，就是当时德国海军部长阿尔弗雷德·冯·提尔皮茨（Alfred von Tirpitz）。提尔皮茨是德意志帝国海军发展的推动者，经常被人们称为"德国的马汉"，他本人也常以此身份自居。他与马汉一样，坚信海权是一个国家通向伟大的必由之路，进而认为海权强国就是德国从欧洲大陆强国发展为世界强权的必由之路。在海军战略问题上，提尔皮茨和马汉都鄙弃同时期法国海军新学派提倡的"巡洋战争理论"，因为这个学派所提出的针对商船的海上袭击战虽然能够给对手造成重大损失，但不足以置敌人于死地。指望通过针对商船战争的廉价胜利，获得制海权是不可能的。通往胜利的道路只有一条，即建设一支强大的舰队，坚决实施攻势作战，逼迫对手与自己决战，并且战而胜之，夺取制海权。在战术运用层面上，提尔皮茨也严格遵循马汉的教诲。按照后者的理论，如果实施攻势作战，进攻舰队应获得3:2的兵力优势，否则就无法保证胜利。日后在德意志帝国海军的发展过程中，所有这些教条都得到充分贯彻，并且产生深刻影响。无论在精神上与马汉多么保持一致，提尔皮茨必须面对德国的实际情况，并据此制定切实可行的海军发展政策。1894年，他起草了《军方第9号备忘录》，这是德国扩充海军，争夺海权的起点。在这份备忘录中，提尔皮茨遵循马汉所倡导的进攻精神，放弃传统的海上防御思想，转而要求建立一支以17艘战列舰为核心的攻势舰队。提尔皮茨的建设计划是以针对法国和俄国的战争为前提制订的。这支舰队预计将以波罗的海和北海作为战场。

但马汉理论不是为德国人服务的。他提出海权论的目的是希望美国建立强大的远洋舰队，控制加勒比海、中美洲地峡附近水域，再进一步控制其他海洋，以便与其他列强共同利用东南亚与中国的海洋利益。美国总统西奥多·罗斯福控制中美洲的"巨棒政策"就是以马汉理论为基础提出的。

在争夺海权方面，美国有很多接近英国的地方。美国具有地理位置上的优势，地处北美洲，北接加拿大，南接墨西哥。东西隔着两个大洋。这样的位置使美国远离地球传统的中心——欧亚大陆板块，非常类似于不列颠与西欧大陆隔海相望，并且由于其国家规模巨大，在美洲大陆处于绝对统治地位。所以，美国的国家安全要比传统的欧亚强国稳定得多。从军事上看，由于美国在陆地上几乎没有敌人，因此，美国可以毫无顾忌地率先发展海军，而不必在陆军建设上大规模投入。这是欧亚大陆的强国所没有的条件。美军在对外作战时历来不用考虑自己的国家安全，因为美国地处美洲，又拥有强大的海军，所以它能全力对付自己的敌人。这种战略上的优势，又是欧亚大陆的强国所没有的。这种优势是非常巨大的，特别是在现代战争中，对工业的需求巨大，不受攻击的工业体系所带来的战略优势将是决定性的。而一旦战争结束，美国没有受到任何伤害的工业体系就能够轻易地控制经济饱受战争摧残的国家。

美国北部的加拿大也是一个移民国家。虽然国土达到998万平方千米，但人口只有不到3500万。其军事实力弱小，总兵力仅5.91万人，不足美国的两个军团。所以加拿大对美国构不成威胁，只能唯美国马首是瞻。而且由于美国和加拿大都是移民国家，且都是以欧美移民为主，归属感很强，美加边界是世界上最长的不设防的边界。再看美国的东西两面。美国东部是大西洋，西部是太平洋，这两大洋的存在不仅是美国的天然屏障，还是美国发展经济和发展海军的天然宝库。"得海洋者得天下"，何况美国同时拥有两大洋。

19世纪，美国力图避免与欧洲大国发生冲突，致力于北美大陆的领土扩张。20世纪的美国则以争霸全球为目标，开始争夺海权，充当"世界领袖"，从孤立主义走向全球扩张主义。19世纪晚期，美国经济迅速发展，国家实力迅速膨胀，各种扩张主义理论和思潮层出不穷。在这一过程中，马汉提出"海权论"，发起反对孤立主义的宣传活动。麦金莱总统也在演讲中宣布："孤立主义已经不再是可行的和合乎希望的了。"①西奥多·罗斯福则一再表示：希望美国人能够有"远大眼光"，担负起"领导世界"的责任。与此同时，威廉·塔夫脱（William Taft）、伍德罗·威尔逊（Woodrow Wilson）、亨利·C.洛奇（Henry C. Lodge）以及当时政界绝大多数精英人物，基本上都反对孤立主义。与此同时，布鲁克斯·亚当斯（Brooks Adams）、安德鲁·卡内基（Andrew Carnegie）等学界和商界精英也积极参与其中。这些主张表明，尽管对美国外交的看法各异，但放弃孤立主义，转而谋求扩张主义和"世界领袖"地位，已经成为世纪之交美国精英分子的共识。

在一片狂热的叫嚣声中，美西战争爆发。本来在夺取海外领土问题上，美国国内历来阻力很大。即便在购买阿拉斯加问题上，威廉·西华德（William Siward）的行动也备受非议。"但是，通过发动美西战争，美国扩张主义者无视国内反对力量的存在，最终打败老牌殖民国家西班牙，从而控制加勒比海和通向中美地峡的通道，联通太平洋和大西洋，并通过吞并夏威夷，占领关岛、菲律宾等太平洋岛屿，铺平跨越太平洋向远东扩张的道路。这一行动意味着美国固守西半球的孤立主义传统被打破。

2.争夺金融霸权，实现对世界市场的货币控制

美国前国务卿亨利·基辛格曾经说："如果你控制了石油，你就控制住了所有国家；如果你控制了粮食，你就控制住了所有的人；如果你控制了货币，你就控制住了整个世界。"控制货币就是控制世界贸易的结算。

① 杨春龙："美西战争与美国作为世界大国的崛起"，《淮阴师范学院学报》2004年第6期。

我们先看英国"金本位"的确立。1774年，英国的货币重铸取消了银作为通货的地位。但是早在1717年，牛顿在货币报告中已经指出：英国当时的白银短缺是不可改变的事实。他分析欧洲各国以及中国、日本、东印度的金银价格情况，发现白银大量流入东方，黄金大量流入西方。在英国，人们开始拒绝使用银子进行支付。实际上，当时英国尚有很多银器，把这些银器拿来进行铸币也能解决白银短缺的问题。但是，既然存在金银利差，黄金仍然会持续不断地流入英国，因此牛顿不主张再用白银进行铸币，因为黄金事实上已经成为英国的本位币。牛顿将黄金价格定为每金衡盎司（纯度为0.9）3英镑17先令10便士。因此，金本位的形成不但依赖于黄金价格的固定，也有赖于白银地位的变化。不可否认，牛顿的改革为金本位制的形成奠定了基础。因此，1717年以后，英格兰事实上已经是一个实行金本位的国家。[①]

1815年拿破仑战败以后，英国在国际政治和经济格局中确立霸主地位。1816年6月22日，英国议会通过法案，从法律上正式实行金本位制，规定沙弗林金币用22开（11盎司或者91.67％的纯度）标准金铸造，重量为123.27447格令，含纯金113.0016格令。这个法案使得白银处于从属地位，法定银币只有2英镑，而且在铸造的时候有意让银币重量不足。虽然固有的金银兑换率不稳定问题依然存在，但是，以银作为辅币的金本位制运转良好，并且一直保持到1914—1918年的第一次世界大战，实际上还维持到战后。1821年，英国正式启用金本位制，英镑成为英国的标准货币单位。

在金本位制度下，各国政府开始以法律形式规定货币的含金量。这一制度的典型特点就是自由铸造、自由兑换以及黄金自由输出和输入。公民可以将持有的纸币按照货币含金量兑换为金币，各国之间不同的金铸币按各自含金量形成固定比较，建立比较稳定的国际货币联系，并允许黄金在国际间自由流动。金本位的确立，加上英

---

① 管清友："货币重铸、金本位和牛顿"，《文景》2006年第5期。

国在当时经济贸易的迅猛发展，很快也确立英镑的霸主地位，世界货币进入英镑世纪。

1844年，英国颁布《英格兰银行条例》，英格兰银行成为唯一能够发行英镑的银行。1872年，英格兰银行开始为其他银行在困难时提供资金支持，从而维护英国经济的稳定，此时的英格兰银行已经是作为中央银行在发挥作用，有效地维护英镑的坚挺地位。英镑在全世界的广泛使用，加上数百年英镑同黄金汇率的稳定，让伦敦成为当时世界金融中心和航运中心。凭借经济、军事优势，英国让葡萄牙、德国、丹麦、瑞典、挪威、法国、比利时、意大利、瑞士、荷兰、西班牙等国也先后过渡到金本位制，促成了国际金本位体系在19世纪70年代的最终形成，英镑成为世界货币，亦成为国际结算中的硬通货，与黄金一起发挥着世界货币的功能。由于英国在国际政治和经济当中的核心地位，1880年以后，主要工业国家都实行金本位制。当时各工业国的金本位略有差异，但外围国家则实行完全不同的制度。

随着伦敦成为世界金融中心，英格兰银行形成有伸缩性的再贴现政策和公开市场活动等调节措施，成为近代中央银行理论和业务的样板及基础。[①]英镑在金本位制度下占据霸主地位将近100年之后，也面临一些瓶颈，比如黄金生产量的增长幅度远远低于商品生产增长的幅度，导致黄金不能满足日益扩大的商品流通需要，这就极大地削弱了金铸币流通的基础。第一次世界大战的爆发更是导致金本位制度的崩溃，也导致英镑走向衰落。

第一次世界大战爆发前夕，各参战国为了准备这次战争，加紧对黄金的掠夺。战争爆发以后，由于军费开支猛增，各国纷纷停止金币铸造和纸币与黄金之间的兑换，也禁止黄金输出和输入，这就从根本上破坏了金本位制赖以存在的基础。第一次世界大战结束后，英国作为世界金融中心的地位受到动摇。因为，英国在战争过

---

① 张勇："英格兰银行的金本位政策研究（1918—1939年）"，南京大学2014年硕士论文。

程中受到很大创伤。其士兵伤亡约80万，军费开支近100亿英镑，国民财富损失约1/3。在对外贸易方面，1918年英国的出口总额达到13.16亿英镑，而出口额仅为进口的1/2。巨额的贸易逆差，迫使英国变卖海外投资的1/4即10亿英镑去补偿贸易的巨额逆差，使得英国变成一个债务国，只能通过举借外债解决财政困难和贸易逆差。就英美两国的债务来说，战前美国欠英国国债约30亿美元，而战后英国却倒欠美国47亿美元。同时，英国内债因战争而直线上升，战前内债为6.45亿英镑，战后猛增至66亿英镑。在这样一个背景下，"日不落帝国"经济出现衰退，英镑的强势地位遭到质疑。

第一次世界大战却给美国经济带来繁荣，大规模战争物资的采购极大促进了美国各行业的生产和服务。1929年，美国的工业产量至少占世界工业总产量的42.2%，相当于欧洲所有国家工业产量的总和。总之，世界经济因为"一战"而完全改变。但是，称霸世界一百年的英国人是不愿意看见金本位崩溃的，他们不断地做着努力。1925年，时任英国财政大臣丘吉尔曾经把英镑恢复到金本位制。然而，世界经济危机的到来迫使英国不得不再一次放弃。丘吉尔在回忆录里曾这样描述他参加雅尔塔会议时的心境："我的一边坐着巨大的北极熊，另一边坐着巨大的北美野牛。中间坐着的是一头可怜的英国小毛驴。"[①]"二战"之后，1945年随着布雷顿森林货币体系的确立，以美元为中心的国际货币体系正式建立。英镑作为世界结算货币的地位逐渐被美元所取代，世界货币开始进入美元世纪。

一个国家的货币能够作为世界货币，主要依靠它强大的国际贸易能力，尤其是拥有大量的黄金储备才行。这样，这个国家的货币在国际市场上才能获得足够的稳定性。通常，国际货币具有以下职

---

① "二战"后，英镑开始逐步贬值，1949年9月，英国宣布英镑贬值30.5%，将英镑兑美元汇率贬到2.80美元；1967年11月，英镑再次贬值，兑美元汇率降至2.40美元，英镑含金量也降为2.13281克。最终，英镑在20世纪70年代尾随美元进入有管理的浮动汇率时代。见Wind资讯金融情报所："美国债务上限发展史（二）——冷战霸权，从肯尼迪时代到里根时代"，2011年9月27日发布，https://wenku.baidu.com/view/a2dc2ce86294dd88d0d26b16.html，2011-9-29。

能：（一）能够进行国际清算。由于世界货币的稳定性，能够使持有者不受局部通货膨胀的影响，出口商和进口商都愿意用这种货币进行国际清算。（二）作为世界各国中央银行的储备货币。各国央行将世界货币视同黄金，而且又比存储和使用黄金方便，因而愿意储备世界货币。20世纪50年代，美国储备黄金达2万多吨，相当于当时欧洲各国储存黄金总量的五倍，相当于世界黄金储量的70%以上，美国具有左右世界黄金市场的实力。1944年，世界上主要的44个国家代表聚集在美国的布雷顿森林召开会议，规划第二次世界大战后世界经济的走向。时任美国财政大臣怀特（Harry Dexter White，1892—1948年）提出一项计划，核心是建立国际货币基金组织、世界银行和实行金本位制。通过设立"国际货币基金组织"，建立以美元为中心的世界货币体系。美国将允许世界各国中央银行持有美元，并按每35美元一盎司黄金的官方定价向美国兑换。简单地说，就是各国货币和美元挂钩，美元和黄金挂钩。各国中央银行都要依据协议维持本国货币对美元的固定比价，美元成为世界货币，美元金融霸主的地位逐渐确立。

1945—1970年，美元比较牢固地占据世界货币的地位，一直维持着35美元兑一盎司黄金的比价。然而，由于美国采取通货膨胀政策，滥发货币，以扩大资本输出，维持海外军事费用，导致美国从1946年至1971年间26个财政年度，年年财政赤字，累计达1156亿美元。1950—1971年，美国国际收支逆差达710亿美元，国际贸易状况急转直下，美国黄金储备也从1949年的246亿美元下降到1971年的102亿美元，黄金价格不断攀升，美元急剧贬值，美国无法继续维持美元兑黄金的政策，也无法维持美元兑西方货币的比价。1971年，美国总统尼克松宣布实行新经济政策，停止世界各国中央银行持有的美元向美国兑换黄金，同时各国中央银行也不再承担兑美元的固定比价。1972年6月，英国宣布英镑实行浮动汇率。1974年，英国正式宣布英镑不再与美元挂钩，随外汇市场浮动。欧洲经济共同体和日本、加拿大等国也纷纷宣布实行浮动汇率制，不再承担维持美元固定汇率的义务，美元不再成为各国货币围绕的中心，这标志着布雷顿森林体系的基础已全部丧失，该体系完全崩溃。1975年国际货币基金组织宣布废除黄金官价，准许各国中央银行在公开市场自由买卖黄金。1976年国际货币基金组织开始销售黄金2500万盎司，并将另外2500万盎司黄金退还其成员国，同时允许各国中央银行之间可以以市场价格买卖黄金。然而，战后长期的发展已经离不开美元的结算方式，而且美国作为全球第一大经济实体，仍然拥有强大的经济实力，能够维持汇率长期稳定。世界范围内又很难找到能够替代美元的国家货币，因而各国的外汇储备仍然是美元。[①]

由此我们看到，成为国际储备货币的道路不一定是水到渠成的。它不仅需要实力，还需要意志、技巧决策者严谨细致的规划并且持之以恒地实施。英国的国力早在19世纪末20世纪初就已走向衰落，在经济、军事实力已落后于美国、德国甚至法国等西方列强，但直到20世纪40年代英镑才最终被美元替代。在半个世纪的时间里，英镑的霸权是让英国维持大国地位最重要的支撑之一。美国自1946年以来因通货膨胀，纸币滥发，财政赤字急剧增加，1971年已停止各国央行对美国黄金的兑换。但因美国拥有强大经济实力和军事实力，美元至今仍保持世界货币的角色不变。事实上，英镑、美元为什么会成为硬通货，它们硬在哪里？正是它们国家在经济、政治、军事、外交、文化等方面的强大，凝聚在一张薄薄的纸币上，这张纸币硬度就可以媲美黄金。在维护市场经济核心区的其他方面，还有通过设立诸如国际货币基金组织、世界银行等跨国机构，控制资本的流通秩序；通过建设国际法、国际法庭，从法律建置上控制世界经济秩序。

"外围区"的生存法则：在"风雨飘摇"中谋求"跨代"生存

这里的外围区主要以大航海之际的东方地区为核心，包括亚、

---

① 金莉、黄芳泉："美元作为国际结算货币职能的变化及我国的对策"，《对外经贸实务》1995第12期。

非、拉地区在内的整个第三世界。通过全球国际分工，英美成为资本和技术的供给国，其他国家有的变成外围的依附型工业国家，有的变成农业国家，有的作为只保存原始资源的国家。他们都是殖民地或半殖民地国家。20世纪初，亚洲除日本外都沦为西方列强的殖民地或半殖民地，非洲的绝大部分成为殖民地，拉美除原有的殖民地外，其他宣布过独立的国家实际上也成为依附于英美等国的半殖民地。

工业文明兴起后，这些地区面临着更致命的从古代社会走向现代社会的大转型问题。旧的社会政治体制崩溃以后，旧体制下的社会管理人员被淘汰，出现与市场经济体制相适应的买办阶层和代理人阶层。但是，新的市场经济体制在这些地区不可能马上建立，新出现的政府体系或权力体系仅对外提供服务、不对内提供服务，因而必然变得不稳固。整个社会更多滑向市场经济发达地区的原料供应地和产品销售地。资本主义世界殖民体系的形成，一方面有利于世界经济的增长，世界贸易的提高，促进了生产力的发展；另一方面，资本主义的殖民扩张，打破了世界各地区间的封闭，把世界各地区连成一个有机整体。但是，这个体系的形成是与资本主义、帝国主义列强对世界各地区和各个国家的掠夺、奴役分不开的，由此形成的联系意味着西方列强对亚非拉地区在政治、经济、文化等方面的控制加强，是一种很不公正的现象，它长期影响亚非拉地区的发展。19世纪后半期至20世纪初，旨在建立资本主义政治体制的革命运动在世界范围内广泛开展，被殖民地区资本主义经济的发展及资产阶级政治思想的传播，资产阶级民族民主运动成为这一时期亚非拉革命运动的新内容。

当然，亚非拉地区真正的问题还是市场缺失。近年来，蓬勃兴起的新制度经济学、新经济史学和新发展经济学发现：在多数发展中国家，发展的最大难题并不在于市场经济的运行存在阻滞，而在于根本性的"市场缺失"，更进一步说，是保障市场经济运行的一系列"制度基础"的缺失。因而在这些国家，首要的任务是培育市场，而非调控市场。①从市场经济的角度看，外围区曾经只有市场经济的个别思维，没有市场经济的整体思维或相互联系的整合性思维。如东南亚地区生产只会孤立地发展橡胶种植，中东地区只会孤立地开发石油产品，而不会发展以市场经济为核心的整个工业体系和经济体系。

在货币使用方面，外围区也不存在金本位。1999 年诺贝尔经济学奖获得者罗伯特·蒙代尔（Robert A. Mundell）认为，当时世界经济的中心区域使用黄金货币，殖民地则使用母国银行发行的钞票，并实施货币局制度或银本位制。外围国家实行的是银币或不可兑换的纸币。但是基本可以判定，这一时期的国际货币体系是一种中心－外围构架。位于这一体系中心的国家担负着提供国际货币的职能，而中心国家向外围国家输出通货过程的对立面，就是外围国家向中心国家注入资源的过程。换句话说，外围国家以支付国际铸币税为代价，获得使用国际货币的便利。并且，国际货币体系的中心——外围构架具有动态演进的特征。②因此，市场经济的全球化出现以后，外围区只有努力寻求"跨代生存"，即在努力成为市场经济前提下的自生自灭。麦克阿瑟说，殖民地国家可以建立法律秩序，但代价是愚民，以及生活水平永远低下。

因市场经济强调的是竞争，而不是和谐，因此，市场经济的全球布局完成以后，内部矛盾必然变得更加激烈，终于引发其后出现的两次世界大战。欧洲成为世界战争的策源地，欧洲战场也延伸为世界战场。对东方民族来说，真正需要做的是如何将传统美德，即东方社会的古老文明，与西方文明的优秀成果，即市场经济的效益整合起来，实现美德与力量的结合，如此，在"弯道超车"和"弯道逆袭"之后，才能真正实现"凤凰涅槃"。

① 梁正："大陆文明、市场经济与资本主义"，《社会科学战线》2000 年第 2 期。
② 管清友："货币重铸、金本位和牛顿"，《文景》2006 年第 5 期。

四、全球化的不平衡与第一次世界大战

市场经济是一种竞争的经济，而不是一种共存的经济。市场经济全球化的局面刚刚出现，第一次世界大战随即爆发。这是对市场经济全球化的首次检验和调整。

战前的形势："中心区"的矛盾冲突达到顶点

世界性的战争是由市场经济中心区的矛盾引起的。19世纪后期，英国、德国已经是市场经济的核心国。两国都想争夺世界霸权地位，其相互之间的矛盾必然爆发。按照当初俾斯麦的想法：英德之间应该是联合，而不是对立。但是，德国作为后起的资本主义强国，其工业生产能力赶超英国，而殖民地却寥寥无几，其市场经济的发展受到阻碍。威廉二世登基以后，自信心盲目上涨，希望在殖民地问题上为德国赢得"阳光下的土地"，借此取得殖民霸主地位。当奥匈帝国的斐迪南大公在塞尔维亚被刺后，作为靠山的德国便抓住这一机遇，想借此发动大规模的战争以获取世界霸权。而英国也想通过一场大战消除德国对其已有霸主地位的威胁，由此第一次世界大战爆发。

战后的局面：世界格局重新调整

市场经济的中心区和外围区出现新的调整。

1.中心区的变动

战后的中心区出现三个方面的重大变化。第一，凡尔赛体系和华盛顿体系重新划分市场经济的中心区；第二，市场经济的中心区开始由大西洋向太平洋转移；第三，反市场经济的社会主义苏联出现。

战争结束之后，凡尔赛体系形成。德国、奥匈帝国作为战败国退出殖民体系。根据1919年巴黎和会的条款，德国被迫放弃"其对海外领地的一切权利和称号"；奥匈帝国则瓦解为多个民族国家。德

国等战败国的殖民地和势力范围作为"委任统治地"委托给战胜国治理，分为甲、乙、丙三类。对甲类地区实行行政"指导及帮助"，地域为奥斯曼帝国所属阿拉伯领土；对乙类地区担负地方行政责任，但经济上要对他国实行"门户开放"，地域为德国此前在中非的殖民地；对丙类地区则将其作为自己领土的组成部分加以治理，地域为德国在西南非的殖民地及太平洋上的岛屿属地。

英国和法国的殖民版图得到扩展，但工业能力和金融能力受到严重削弱，作为殖民体系的捍卫者已经力不从心。1918年，英国工业制成品的出口比例仅为1913年的一半；从战前的债权国变为债务国，伦敦国际金融中心的地位向纽约转移，海外投资直到1929年才超过1914年的水平。法国作为大战的主要战场，1919年的工业产量只及战前的57%，农产品的产量只及战前的60%，商船沉没一半以上，以"高利贷帝国主义"著称的法国反而欠美国160亿法郎，欠英国130亿法郎。工业和财政上的窘境使英法两国开始在外交上采取保守政策，即在确保自身全局性殖民利益的前提下，向美、日等新兴的市场经济中心国做有限让步，最终形成华盛顿体系。之后，对纳粹化的德国也不惜姑息养奸，实行绥靖政策，最终反而未能保全其殖民霸主的地位，引发第二次世界大战。

美国和日本认为分赃不均，向凡尔赛体系发起挑战。这两个新兴殖民宗主国发了战争财，重新分割殖民地的要求更为强烈。美国取代整个欧洲在世界经济中的领导地位，包括工业领域的地位和金融领域的地位。此时的美国已成为世界工厂和世界银行。日本依靠"宣而不战"的手法，不仅夺取德国在太平洋的殖民地，而且其对外贸易总额增加近三倍，成为欧洲国家的债权国。日本的贪婪引发美国和英国的不满，英国看到美国实力远超日本，便废除《英日同盟条约》，在与美国进行利益交换后，形成有利于美国的华盛顿体系。日本不愿接受美国在亚太地区的殖民优先权和英国的殖民霸权，在军国主义的泥潭中越陷越深，成为第二次世界大战的亚洲策源地。

　　与此同时，市场经济的中心区开始向太平洋移动。日俄战争爆发前，太平洋还是东方意义上的大洋，欧洲是市场经济全球化的中心，英国是这个中心的中心。但是，日俄战争之后，特别是第一次世界大战之后，太平洋的地位发生变化。因为，美国和日本开始抢夺世界市场经济的中心地位。日本学者稻垣满次郎最早发表关于"太平洋时代"（Pacific Age）的意见。① 稻垣认为，19世纪末20世纪初的人类文明已经是文明发展的一个新阶段，那就是"铁路加海洋"的阶段，其特点是打开了内陆地区的大规模商业贸易。② 因为美国的太平洋铁路已经建成，俄国的西伯利亚铁路正在兴建，加拿大跨越国境的太平洋铁路已修筑完成，覆盖中国的铁路网也在商讨之中；世界仅剩下一个仍可大规模扩张的区域——太平洋地区。1899年，麦金莱总统任内的美国国务卿海约翰（John Hay）针对中国市场提出门户开放政策，想借此阻止欧洲国家在中国境内划分势力范围，以保障美国商人可自由进出中国市场。当时的美国在经济上已经可以跟任何国家竞争，但军事上还是一个弱国，尤其美国海军在亚洲的力量比较微弱，要想对中国进行军事征伐存在困难。因为美西战争之后，美国已陷入由埃米利奥·阿奎纳多（Emilio Aguinaldo）所领导的大规模的菲律宾独立战争。欧洲国家极不情愿地接受海约翰的提议，"门户开放"便成了在中立国市场实行自由竞争的代名词。③ 1898年，罗斯福总统在论及兼并菲律宾以及1905年在关于日俄战争结束的演说上，提出"太平洋时代的黎明"（a dawning of Pacific era）这一修辞。马汉也提到太平洋将代替大西洋成为未来世界利益与斗争的中心。他还认为，日本是亚洲的一个例外。作为一个海上强国，日本与条顿国家意气相投，热衷海上贸易，并迅速吸收工业文明。因此，他把日本看成欧洲的一个旁支。

---

　　① 〔芬兰〕贝卡·科尔霍宁："世界史上的太平洋时代"，李庆新主编：《海洋史研究》（第九辑）。
　　② 同上。
　　③ 同上。

一千年前，条顿部落继承罗马文明，也同等适用于日本学习条顿文明。①总之，"一战"大举摧毁旧有的世界秩序。作为世界中心的欧洲成了一片废墟的中心，德意志帝国和奥匈帝国消失，俄国陷入内战，大不列颠和法国也被严重削弱。战争终结了欧洲的全球扩张。《西方的没落》的作者奥斯瓦尔德·斯宾格勒认为，"西方的没落"意味着人们对欧洲传统的想象幻灭，他们被自己发动的惨烈的战争拖垮。世界经济、政治和文化的中心将由大西洋地区转移至太平洋地区。欧洲作为边缘力量，对太平洋地区已经没有任何决定性的影响力。

此外，市场经济的对立面——"反市场经济"出现。工业革命之后，大机器生产给西方社会带来巨大的变动，整个社会分化为两大阶级——无产阶级和资产阶级，无产阶级受到资产阶级的剥削，由无产阶级组成的国际社会开始诞生。第一次世界大战前，列宁看到，在资产阶级统治最薄弱的国家或地区有可能建立无产阶级专政的社会。1917年，俄国十月革命爆发。1922年，苏联诞生。苏联实行社会经济制度。然而，俄国的传统主义和专制主义非常浓厚。尽管出现彼得大帝和叶卡捷琳娜这样崇尚西欧文明的改革者，但其市场经济的发育一直不够成熟。从内部条件看，俄国的农奴制直到1861年才被废除，社会改革的步伐十分缓慢。从外部条件看，俄国的发展严重缺乏海外市场，尽管拥有彼得堡、塞拉斯托坡尔和海参崴作为出海口，但国土过于辽阔，这些相隔遥远的出海口对俄国海外贸易的发展起不到根本性的作用。因此，俄国除了不断进行大规模的军事扩张之外，没有像大西洋沿岸国家那样致力于发展海外经济，导致其市场经济的发展基础比较弱。马克思的"科学社会主义"学说传播到俄国以后，列宁利用第一次世界大战带来的机会，成功地进行十月革命，布尔什维克掌握国家政权。为吸取市场经济的反面教训苏联推行计划经济，从而给市场经济全球化体系造成一个缺

---

① 〔芬兰〕贝卡·科尔霍宁："世界史上的太平洋时代"，李庆新主编：《海洋史研究》（第九辑）。

口。第二次世界大战之后，这个缺口还在继续扩大，几乎将东欧和东方广大地区都包括进去。因为反市场经济在很大程度上与民族自救或民族独立的目标是一致的。

2.外围区的变动

作为市场经济外围区的殖民地、半殖民地和附属国，第一次世界大战又带来民族解放运动的高潮。

"一战"打破了殖民宗主国无比强大的神话，鼓舞了殖民地、半殖民地和附属国人民的自尊心、自信心，为其冲破殖民体系奠定了基础。当时，最庞大的殖民帝国英国，在战争期间动员来自加拿大、澳大利亚、新西兰、爱尔兰、南非等白人自治领以及殖民地印度共约300万士兵参战。澳新军团作为先头部队，参加英法联合进攻土耳其的战斗。战后，五个白人自治领通过谈判，依据法律途径获得独立地位。印度在战后出现全民性"非暴力不合作运动"。这个运动以甘地为精神领袖，其不屈不挠、追求独立的精神冲击了英国的殖民统治。参加运动的人抵制英国法庭、学校和商店，放弃政府公职，拒绝纳税，不承认政府法令。甘地还发动手纺车运动和自制食盐运动，从经济上启发广大群众的自信心。这种"非暴力不合作"运动最终战胜英国维持殖民统治的信心，印度开始迈向独立。

"一战"还使被殖民地的民族工业得到发展的空隙，世界经济力量对比开始向殖民地、半殖民地和附属国倾斜，并促成新兴社会阶层的壮大。战争期间，宗主国之间相互摧毁对方的殖民经济网络，暂时无力控制被殖民地区的民族工业的发展。被殖民地区的民族资产阶级和无产阶级借机变得成熟、壮大，成为争取民族解放的新兴力量。例如，阿根廷和巴西向英国买不到机车零件和采矿机械，便开始在本国自己制造，阿根廷的产业工人数量从1907年的12万人增加到1920年的35万人，巴西产业工人的数量从1909年的3.5万人增长到1920年的27.5万多人。再比如印度的塔塔家族发展出众多的制造业企业，其中一家钢铁厂的规模超过英国的任何一家钢铁厂。在殖民地、半殖民地和附属国，依托民族经济力量提升，培养出新兴社会阶层，再依靠他们来争取民族解放事业的胜利，是一种较为惯常的路径。

"一战"又削弱了殖民宗主国的力量，缓解了民族解放运动面对的政治军事压力。英国在"一战"后的力量已大不如前。19世纪末，阿富汗在经历两次抗英战争后，沦为英国的半殖民地。1919年，具有民族独立思想的阿富汗新王即位，在加冕时宣称"不承认任何外国的统治权"。为此，英国第三次入侵阿富汗，企图用武力压服阿富汗。阿富汗军队在开伯尔山口、加兹尼和坎大哈三条战线迎击英军，并在东部战线突入英属印度西北边境省，包围然后迫使塞塔尔要塞的英军投降。此后，阿富汗、印度边境的普什图族的抗英起义此起彼伏，加上印度境内民族解放运动高涨，英国难以筹措到足够的军事力量应对挑战，只能于1921年承认阿富汗的独立。阿富汗成为亚洲第一个赢得政治独立的国家。

与此同时，受十月革命影响和共产国际的推动，世界许多地区成立反殖民统治的民族统一战线，如中国在20世纪20年代出现第一次国共合作。另外，"一战"后全球性民族解放运动的浪潮兴起与苏联的影响不无关系。

市场经济的新理论："凯恩斯主义"

由斯密、萨伊（Jean-Baptiste Say，1767—1832年）到马歇尔（Alfred Marshall，1842—1924年）、哈耶克（Friedrich August von Hayek，1899—1992年）所代表的经济自由主义或新古典经济学的传统。他们认为，市场经济是内在完满，具备自我均衡机制的完善体系，市场机制在本质上是没有缺陷的，市场本身的均衡调整机制足以保证经济长期均衡运行，并可以导致资源的最佳配置。周期性危机是非必然的，是可以避免的。第一次世界大战的爆发及其后的实践证明，亚当·斯密的经典资本主义理论并不完全适应扩张后的市场经济的发展要求，虽然劳动价值论和对私人企业一味地"自由放任"会带来财富的巨大增长，但是，因市场体系的不断扩大所导致的运转不灵也会带来危机的深度爆发。由此，约翰·梅纳德·凯恩斯（John Maynard Keynes，1883—1946年）的国家资本主义学说正式问世，取代亚当·斯密的自由资本主义理论。

1936年，英国经济学家凯恩斯在《就业、利息和货币通论》一书中，创立所谓现代宏观经济学理论体系。20世纪20年代英国出现的"英国病"在三个方面对《就业、利息和货币通论》的发表发挥了作用：第一，英国病使凯恩斯开始考虑到市场经济所存在的失业问题；第二，金本位制的恢复使凯恩斯清楚地看到通货紧缩与失业增加之间存在着联系；第三，公共工程问题使凯恩斯考虑到财政政策与失业之间也存在着联系。这些问题都不是增加劳动和私人企业可以解决的。

1929—1933年，资本主义世界爆发有史以来最严重的一次经济危机。这次危机的时间之长是资本主义历史上从未有过的，持续的时间长达近五年，以往的危机通常只有一两年。其造成的破坏也超过以往历次危机。1932年，世界工业生产比1920年下降三分之一以上，一下子倒退到1900—1908年的水平，英国甚至倒退到1897年的水平；世界总失业人数在五年时间里由1000万增加到3000万，加上半失业共达4000万至5000万人。其中美国失业人数由150万增加到1300多万，失业率接近25%。同时，它还不仅仅是一场生产危机，更是一场金融危机。危机的开端就是纽约股票市场的行情在1929年10月发生暴跌，此后，美国股票价格平均下跌79%，许多银行因持续而猛烈地挤提存款、抢购黄金风潮而走向破产和倒闭。更为严重的是，以往危机中所采用的旨在摆脱危机的金融货币政策也完全失灵。在资本主义国家当中，20世纪30年代晚期，英国利用其居于全球化经济的中心地位，按照自由贸易政策，发挥竞争优势，从其他地方进口食品和其他低价值商品，然后用节约出来的劳动制造高价值的商品用于出口。这一李嘉图式的比较优势理论的应用使英国达到帝国的巅峰，并控制了包括印度、埃及在内的广阔的殖民地以及英国在经济和军事上的不同盟国，如加拿大、澳大利亚。但是，除英国之外，不少国家的股票交易均宣告破产，经济出现大幅度滑坡。这一事件给经济学理论提出严峻考验。

根据古典主义经济理论，需求不足只是经济衰退和经济混乱的症状，而不是原因，在一个正常运行的市场中是不会出现的。该理论认为，在一个经济体系中达到充分就业的关键有两点：一是供给和需求的相互作用决定商品的价格，价格的不断变动再反过来促使供给和需求趋于平衡；二是这个系统创造的新的财富可能会被保存起来，用于将来消费或者用于投资再生产，同样有一个供求机制决定着这个选择。存款的利率遵循同价格一样的机制，即它是货币的价格。即使是在"大萧条"最严重的年份，这一理论仍然把经济的崩溃解释为缺乏有力的刺激生产的机制。所以合适的办法是将劳动的价格降低到维持生存的水平，导致价格下降，这样，购买力就会回升，就业就会回升。没有作为工资付出的资金将会转化为投资，也许出现在其他产业。关闭工厂和解雇工人也是必须采取的办法。其他关键的政策措施就是平衡国家预算，或者通过增加税率，或者通过削减财政支出。而凯恩斯的宏观经济学理论认为，生产和就业的水平取决于总需求的水平。总需求就是整个经济系统对商品和服务的需求总量。传统的微观经济理论认为，价格、工资和利率的自动调整会自动地使总需求趋向于充分就业。而凯恩斯指出，理论说得再好，要符合当前的现实，现实是生产和就业情况迅速恶化，说明这个自动调节机制没有起到作用，而问题的关键是存在"需求不足"。因此，凯恩斯主张采取赤字政策，通过国家投资拉动经济增长的政策，在短期内缓解资本主义大危机带来的灾难。20世纪30年代，凯恩斯发表一系列关于国家权力和整体经济运行趋势即效果的文章，越来越相信经济系统不会自动地沿着一个曲线即经济学中所谓的"最优生产水平"前进，因而发展了货币政策不仅仅是一个固定的参照物的理论，只是他没有找到证据。

经济危机爆发后，罗斯福新政与凯恩斯主义不谋而合。这两者都主张国家对经济进行干预，因而促成国家干预经济这一新模式的出现。罗斯福新政曾被媒体认为违背了资本主义的要求，是社会主义的做法，这也与当时苏联经济的成功有关。所以，在罗斯福新政所采取的措施中，尽量避免国家垄断经济的出现。凯恩斯主义同19世纪的福利经济学一样，属于资本主义世界体系内部变革时期的经济学说，都是在国内有效需求不足的大背景下产生的。在这里，凯恩斯提出乘数概念，为他日后的乘数理论奠定基础。该理论实现了经济学演进中的第三次革命，在西方经济学史上具有划时代的意义。"二战"之后，更多的国家采用凯恩斯主义，各主要资本主义国家纷纷进入国家垄断资本主义阶段。

小结

大航海之后，市场经济以英国为代表还只是在欧洲走向成年，其对世界其他地区的扩张还是初步的，世界经济仍保持着多元的存在。

但是，工业革命之后，西方市场经济的发展走向成熟，对世界其他地区的扩张是深入的、全面的，世界经济走向一体化——全球化的市场经济出现。世界经济开始变得一元化。马克思认为，近代的历史是由小市场经济走向大市场经济，即由民族市场走向世界市场经济的进程。这其实就是今天常讲的"全球化"。同时，马克思认为这个进程是不可阻挡的，在世界市场经济已统治全世界时，周期性的世界经济危机最终会产生破坏世界市场的力量，从而撕毁这一体制。他把这种全面危及世界统一市场的危机，称作"普遍危机"或"总危机"。凯恩斯最早信奉马歇尔的新古典经济学。新古典宏观经济学坚持市场的完善性，认为追求自身利益的经济主体对未来具有理性预期并据此行动，因而一切经济资源的价格会迅速调整，达到市场出清，经济自动趋向均衡。这样，政府对经济的一切干预都是不必要的，也是无效的。但20世纪30年代大萧条却使凯恩斯最终转向对自由市场经济危机机制的分析，并看到纯粹市场经济的不足。凯恩斯和马克思都认为市场机制本身是有缺陷的，但是凯恩斯和马克思的立场不同。马克思认为，市场体制中的危机机制是不可救的。而凯恩斯则相信，可以通过政府对经济做宏观干预的方法，补救市场机制的缺陷。

余　论

市场经济说到底是欧洲契约精神的产物。在契约因素的影响下，欧洲内部出现"反向市场"，外部出现"世界市场"。整个市场经济的发育发展经历萌芽、成长、成年和成熟的漫长过程。

8、9世纪，日耳曼人的契约精神带来封建主义，西欧出现领地制度，领地经济诞生。12、13世纪，大垦荒和十字军东征使领地经济走向兴盛。但兴盛的领地经济不是自给自足的农业经济，而是商业化的农业经济，这个时期的西欧农业在很大程度上是一种"实业"。这种商业化农业的发展以英格兰最典型。以坎贝尔、布里特纳尔为代表的西方学者认为，中世纪西欧经济是一种"商业化经济"。然而，我们的研究认为，中世纪盛期的西欧经济实际上是一种"前市场经济"，与现代市场经济并不存在完全的脱节，比如显性竞争、效益最大化、经济的周期性波动和"个体权利"等。

封建主义的领地经济发挥出最大效益后，至14世纪早期，自然走向衰落。当时，遍及西欧的大饥荒已经频繁出现。14世纪中叶，黑死病暴发，领地经济被彻底摧毁。但西欧的契约精神并没有熄灭。在领地经济走向"中农化"经济以后，虽然整个经济存在着"大萧条"，但是西欧的农业、手工业和商业都出现新气象。农业出现个体化，手工业出现原工业化，商业出现市场之外的"合同经营"，因此，这一时期的市场经济在西欧实际上处在成长阶段。

在封建领地整合为民族国家以后，欧洲出现国家意义上的重商主义，一时间，中世纪领地之间的竞争变成国家之间的竞争。这种竞争导致西欧在不面临生存困境的前提下出现大航海。大航海的意义在于它不仅给欧洲带来大量的金银财富，而且为欧洲开拓了几乎无穷无尽的海外市场，于是，整个欧洲的注意力，特别是大西洋国家的注意力开始从陆上转移到海上，即中世纪的"内部殖民"开始转向"外部殖民"，欧洲国家的海上竞争变得比以往任何时期都更加激烈。在这种背景下，欧洲的商业资本主义社会即资本型社会开始建构。在大西洋沿岸国家当中，这样的社会又以英国表现得最为典型。这个时期，西欧市场经济的发展开始进入成年时代。

早期海外市场的建立给欧洲带来商业资本主义。但是，这个时期的西欧虽然出现资本主义的农业和资本主义的制造业，却仍不能有效满足世界市场对交换商品的需求，对世界市场的满足只能处在一种"欠供给"状态。而东方国家特别是中国因小农经济的综合生产能力，向业已开通的世界市场提供大量的需求商品，致使欧洲的世界贸易长期处在逆差状态。世界白银大量流入东方，流入中国。这种状况与欧洲盛行的重商主义的贸易宗旨相违背。此外，欧洲国家的内部竞争也越来越激烈，每一个处在竞争中的国家都希望自己能够脱颖而出。随着英国通过激烈的角逐逐渐取得海洋霸权，并保有对世界市场的最大份额，18世纪中后期，英国进行了人类历史上堪比新石器时代农业革命的工业革命，导致其社会生产力呈爆发式增长。所有农业文明的生产力均不能望其项背。英国的市场经济开始打败中国的小农经济。那些接受英国工业革命成果最快的国家也是市场经济发展最快的国家。因此，国际大家庭在短期内出现两个阵营，一个是以市场经济为核心的帝国主义国家，主要是欧美国家；另一个是处于市场经济外围的非欧美国家。全球经济开始划分为市场经济的中心区和外围区。中心区的生存法则是谋求世界霸权，外围区的生存法则是谋求"边际生存"或"跨代生存"。中心区激烈的矛盾最终导致第一次世界大战爆发。

迄今为止，全世界绝大多数国家都纷纷走上市场经济的道路。这种经济体制的趋同，一方面表明市场经济具有极强的吸纳能力和兼容能力，另一方面也意味着经济模式的多样性和丰富性。1991年，经济合作与发展组织在《转换到市场经济》的研究报告中提出成功的市场经济的三种主要模式：美国的自由主义市场经济模式，德国和北欧一些国家的社会市场经济模式，法国、日本的行政管理导向型市场经济模式。美国、德国、日本市场经济体制是迄今世界各国中比较成熟的市场经济模式，各有特点。市场经济模式的多样性、差异性，既是各国市场经济体制的特殊内容，也是各国相关经济政策、国情和文化历史传统差异的折射。

应该说，商品经济是市场经济存在的前提和基础。市场经济是高度社会化和市场化的商品经济，是市场在资源配置中起决定性作用的经济。奴隶社会和封建社会就有商品经济，社会主义社会也要发展商品市场经济。

还需要强调，资本主义的产生和发展从来都离不开国家的作用。马克思在《资本论》中论及资本原始积累时就明确指出：英国资本积累的因素"在17世纪末系统地综合为殖民制度、国债制度、现代税收制度和保护关税制度。"纯粹的自由市场经济和自由资本主义其实从未真正存在过，现实存在的资本主义都与国家资本主义脱不了干系。历史上，美国是现代贸易保护主义的发源地和大本营，从建国到第二次世界大战结束，一直实行贸易保护政策。经济学说史上的"美国学派"就是以其鲜明的保护主义为特征。国有企业最早就出现在西方资本主义国家。第二次世界大战后，美国为了自身利益开始推进贸易自由化，但国家对经济的干预却有增无减，凯恩斯主义经济学更是成为美国经济学的主流，并一度主导国家经济政策的制定。美国虽然号称自由市场经济、自由资本主义的代表，但实际上，美国政府在经济发展中的作用也是十分明显和重要的。在2008年国际金融危机爆发和深化的过程中，西方国家更是将大量企业国有化，以应对金融危机带来的经济萧条，可见西方国家的国有企业也一定程度能够调节资本主义基本矛盾。2008年国际金融危机爆发之后，美国再次使用国家干预法宝，推出大规模金融救助计划和财政刺激计划，以稳定经济、促进增长。特朗普政府上台之后更是大肆实行贸易保护、移民限制、产业回流等国家干预政策，为了实现"美国优先"的目标不惜牺牲世界各国人民的利益。但美国等西方国家在工业革命的红利和掠夺红利耗尽的背景下，已经出现严重的危机。

社会主义市场经济是一种新型的市场经济，既有市场经济的一般特点，同时在所有制结构、分配制度和体制机制等方面又与资本主义市场经济存在着根本区别。计划经济在人类历史上也不是无源之水、无本之木。其最早的源头可以追溯到原始社会末期的公社制度。日耳曼人进入西欧以后，代表公社原则的马尔克从未断绝，中世纪时期，欧洲农村普遍存在村社制度，城市也存在公社组织。进入近代以后，市场经济占据主导地位，但与此同时，法国出现了圣西门和傅立叶，英国出现了欧文，他们都是空想社会主义的代表人物。欧文于1824年在北美建立"新和谐"公社。发展到1864年，马克思又成功地建立"第一国际"。1871年，普法战争结束，法国战败，巴黎人民举行起义，又一度建立具有现代意义的巴黎公社。所有这些思想和组织都是非市场经济的产物。人类的终极矛盾无非是"公"与"私"的矛盾。市场经济认为"私"合法，计划经济主张"公"合理。苏联成立后，在"公"的基础上进行大规模的计划经济的实践，整个社会以"公"为基础，在中央体制的计划统筹下，对全国人民的生产和消费实行"统配"和"统销"。应该说，这种政策的主观愿望是美好的，但限于当时历史条件的限制，如大数据和云计算尚未出现，计划推行的结果难免会出现平均主义和"一刀切"，最终导致个体积极性和集体积极性丧失，计划经济受到重大挫折。但中国的探索仍在继续，有中国特色的社会主义市场经济正在走向辉煌。

无论是资本主义市场经济还是社会主义市场经济，都离不开政府的有效调节，包括制定市场规则、提供公共产品、保持宏观经济稳定、完善社会保障体系、维护国家经济安全等。著名经济史学者尼尔·弗格森在《我们都是国家资本主义者》一文中就指出，将中美之间的竞争归结为国家资本主义与自由市场之间的全球制度竞争，过于简单化，也是错误的。

学界曾经从"自发性"与"嵌入性"两个层面，对市场经济的本质展开论战。自发性观点主张市场经济是一种自发秩序，能生成一种高效的资源配置机制，进而满足个人和社会的需求。这种视角突出个人权利、个体理性与自由，反对政府对市场行为的干预。嵌入性视角则主张市场经济嵌入在政治权力、社会制度和公民社会中，是国家和社会推动的结果，它应当积极为实现社会平等和公民的社会权利服务。两种视角由于固守自身的理论边界，形成对市场经济认知的碎片化和片面化现象，曲解了经济行为的本质。市场的无形之手即价格，价格决定资源分配，供需影响价格，市场参与者决定供需，参与者是大多数人，因此自由市场由多数人做决策；市场有形之手即政府或垄断企业，是少数人做决策。市场经济就是左右手互博，此消彼长，缺一不可。谁拥有话语权和定价权，谁就掌控市场有形之手。市场无形之手制造公平的不平等，垄断企业制造不公平的不平等，政府要制造公平的平等。因此市场经济中政府的职能应该是打压垄断，保护市场无形之手，并弥补它的缺陷。价格政策、利率政策、税收政策以及补贴政策是政府的通常手段。①

绝大多数人认为市场经济是最有效的资源配置手段，各种社会变革要实现自己的目标，一方面必须通过市场经济这个载体来实现，另一方面必须将自己的意志施加于市场经济并使其向符合自身目标的方向发生变革。20世纪下半叶以来频繁发生的伦理与制度变革，促使传统市场经济日益向生态市场经济蜕变，生态市场经济则强烈地改变现有世界，这种相互促进的变革是当今世界最显著的特征，对任何国家都是不可抗拒的趋势。无论是国内外环境还是国际义务，都要求我国加强生态市场经济制度的建设。

---

① 参见〔美〕N.格里高利·曼昆：《经济学原理》，梁小民、梁砾译，北京大学出版社2009年版。

参考文献

一、史料

Clapp, B. W., *Documents in English Economic History, England from 1000 to 1760,* London: G. Bell, 1976, Vol. 1.

Mitchell B. R, and Deane P., *Abstract of British Historical Statistics,* Cambridge: Cambridge University Press, 1962.

Myers, A. R., *English Historical Documents, 1327-1485*, London, 1969, Vol.4.

Prescott, Andrew, *English Historical Documents,* London: The British Library, 1988.

Rothwell, H., *English Historical Documents, 1189-1327*, London and New York: Routledge, 1996, Vol.3.

Woolgar, C. M., ed., *Household Accounts from Medieval England,* Oxford; New York: Oxford University Press, 1992-1993.

二、专著与论文

Abel, W., *Agricultural Fluctuations in England*, 3rd edn., trans. by Olive Ordish, New York: St. Martin's Press, 1980.

Arasaratnam, Sinnappah, *Merchants, Companies and Commerce on the Coromandel Coast,1650-1740*, Delhi, 1986.

Aston, Michael, *Interpreting the Landscape-Landscape Archaeology and Local History*, London and New York: Routledge, 1998.

Aston, T. H., ed., *The Brenner Debate: Agrarian Class Structure and Economic Development in Preindustrial Europe*, Cambridge: Cambridge University

Press, 1985.

Bailey, Mark, *A Marginal Economy? East Anglian Breckland in the later Middle Ages*, Cambridge: Cambridge University Press, 1989.

Bairoch, Paul, *Cities and Economic Development From the Dawn of History to the Present*, Chicago: Chicago University Press, 1988.

Baldwin, Summerfield, *Business in the Middle Ages*, New York: Cooper Square Publishers, 1937.

Barker, T. C. and Sutcliffe, A. eds., *Megalopolis: the giant city in history*, New York: St. Martin's Press, 1993.

Bennett, H. S., *Life on the English Manor: A Study of Peasant Conditions*, 1150–1400, Cambridge: Cambridge University Press, 1937.

——*The Pastons and their England: Studies in An Age of Transition*, London: Cambridge University Press, 1968.

Biddick, Kathleen, *The Other Economy: Pastoral Husbandry on a Medieval Estate*, Berkeley: University of California Press, 1989.

Bloch Marc, *Feudal Society: Social Classes and Political Organiztaion*, London: Routledge, 2005, Vol. 2.

Bolton, J. L., *The Medieval English Economy 1150–1500*, London: J M Dent & Sons Ltd. and New York: Rowman & Littlefield Totowa, 1980.

Britnell, R. H. & Bruce, M. S. Campbell,eds., *A Commercialising Economy: England 1086 to c.1300*, Manchester and New York: Manchester University Press, 1994.

Britnell, R. H., *The Commercialisation of English Society, 1000–1500*, 2nd edn., Manchester and New York: Manchester University Press, 1996.

Campbell, B. M. S., *English Seigniorial Agriculture 1250–1450*, New York: Cambridge University Press, 2000.

Carus-Wilson, E. M., *Medieval Merchant Venturers: Collected Studies*, London: Methuen, 1967.

——ed., *The Overseas Trade of Bristol in the Later Middle Ages*, London: Merlin Press, 1967.

Carus-Wilson, E. M. and O. Coleman, *England's Export Trade, 1275–1547*, Oxford and New York: Oxford University Press, 1963.

Chandhuri, *The Trading World of Asia and the English East India Company, 1660–1760*, London, 1978.

Chris Given-Wilson, *The English Nobility in the Later Middle Ages*, London and New York: Routledge, 1996.

Crafts, N. F. R., *British Economic Growth during the Industrial Revolution*, New York: The Clarendon Press, Oxford University Press, 1985.

Darby, H. C., ed., *A New Historical Geography of England before 1600*, Cambridge: Cambridge University Press, 1973.

——*Domesday England*, Cambridge; New York: Cambridge University Press, 1977.

Davenport, Frances G., *The Economic Development of a Norfolk Manor, 1086–1565*, New York: Kelley, 1967.

Day, John, *The Medieval Market Economy*, New York; Oxford: Basil Blackwell, 1987.

Deane, Filly, *The First Industrial Revolution*, Cambridge: Cambridge University Press, 1965.

Denholm-Young, N., *Seignorial Administration in England*, London: Oxford University Press, 1937.

Duby, G., *The Early Growth of the European Economy, Warriors and Peasants from the 7th to 12th century*, Translated by Howard B. Clarke, New York: Cornell University Press, 1974.

Dyer Christopher, *Making A Living in the Middle Ages—The People of Britain 850–1520*, New Haven and London:Yale University Press, 2003.

——*Lords and Peasants in a Changing Society:the Estates of the Bishopric of Worcester 680–1540*, Cambridge; New York: Cambridge University Press, 1980.

——*Standards of Living in the later Middle Ages, Social Change in England, 1200–1520*, Cambridge; New York: Cambridge University Press, 1989.

Epstein, S., *An Economic and Social History of Later Medieval Europe, 1000–1500*, Cambridge: Cambridge University Press, 2009.

——*Freedom And Growth: The Rise of States and Markets in Europe, 1300–1750*, Routledge, 2002.

Gras, N. S. B., *The Evolution of the English Corn Market from the Twelfth to the Eighteenth Century*, Cambridge: Harvard University Press; London: H. Milford, Oxford University Press, 1915.

——*The Economic and Social History of an English Village 909–1928*,

Cambridge: Harvard University Press, 1930.

Grigg, David, *Population Growth and Agrarian Change: An Historical Perspective*, Cambridge; New York : Cambridge University Press, 1980.

Hallam, H. E., *Rural England, 1066-1348*, Sussex: The Harvester Press; New Jersey: Humanities Press Inc., 1981.

——*The Agrarian History of England and Wales*, Cambridge: Cambridge University Press, 1988, Vol. 2.

Harvey, P. D. A., *The Peasant Land Market in Medieval England*, Oxford: Clarendon Press, 1984.

Hatcher, J. & Bailey, M., *Modelling the Middle Ages: The History and Theory of England's Economic Development*, Oxford: Oxford University Press, 2001.

Hatcher, John, *Plague, Population and the English Economy, 1348-1530*, London and New York: Macmillan Publishers LTD., 1984.

Hilton, R. H., *The English Peasantry in the later Middle Ages: the Ford lectures for 1973 and related studies*, Oxford : Clarendon Press, 1975.

——ed., *The Transition from Feudalism to Capitalism*, London: NLB; Atlantic Highlands〔N. J.〕: Humanities Press, 1976.

——*The Decline of Serfdom in Medieval England*, London; Melbourne: Macmillan; New York: St. Martin's Press, 1983.

——*A Medieval Society:the West Midlands at the end of the thirteenth Century*, Cambridge: Cambridge University Press, 1983.

——*English and French Towns in Feudal Society*, Cambridge; New York; Oakleigh: Cambridge University Press, 1992.

Hohenberg, Paul M.and Lees, Lynn H., *The Making of Urban Europe, 1000-1950*, Cambridge; Massachusetts and London: Harvard University Press, 1985.

Holland, A.J., *The Age of Industrial Expansion, British Economic and Social History since 1700*, London: Thomas Nelson and Sons Ltd., 1968.

Holmes, Colin ed., *Essays on the Industrial Revolution in Britain*, Aldershot: Ashgate Publishing Limited, 2000.

Holt, R. & Rosser, G., eds., *The Medieval Town, A Reader in England Urban History 1200-1540*, London and New York: Longman, 1990.

Holzer, Michael Mar, *Statistical Data Dictionary*, London: George Lauter Raiche and sens publishing company, 1892.

Hussey, W. D., *The British Empire and Commonwealth, 1500-1961*, Cambridge, 1963.

Kermode, J., *Medieval Merchants: York, Beverley and Hull in the Later Middle Ages*, Cambridge; New York and Oakleigh: Cambridge University Press, 1998.

Kerridge, E., *Agrarion Problems in the Sixteenth Century and After*, George Allen and Unwin Ltd., 1969.

Kim, Keechang, *Aliens in Medieval Law, the Origins of Modern Citizenship*, Cambridge: Cambridge University Press, 2004.

Kosminsky, E. A., *Studies in the Agrarian History of England in the Thirteenth Century*, Oxford: Basil Blackwell, 1956.

Kowaleski, M., *Local Markets and Regional Trade in Medieval Exeter*, Cambridge; New York and Oakleigh: Cambridge University Press, 1995.

Lane, F. C., *Venice and History: Collected Paper*, Baltimore: Johns Hopkins Press, 1966.

Lennard, R., *Rural England, 1086-1135: A Study of Social and Agrarian Conditions*, Oxford: Clarendon Press, 1959.

Levine, D., *Reproducing Families, the Political Economy of English Population History*, Cambridge: Cambridge University Press, 1986.

Lopez, Robert S., *The Shape of Medieval Monetary History*, London: Variorum Reprints, 1986.

Magnusson, L., *The Political Economy of Mercantilism*, New York: Routledge, 2015.

Marshall, P. J., *East Indian Fortunes: The British in Bengal in the Eighteenth Century*, Oxford, 1976.

Miller, E. & Hatcher, John, *Medieval England-Rural Society and Economic Change 1086-1348*, London and New York: Longman, 1978.

——ed., *The Agrarian History of England and Wales, 1348-1500*, Cambridge: Cambridge University Press, 1991, Vol.3.

Mitchell, S. K., *Studies in Taxation under John and Henry Ⅲ*, New Haven, 1914.

——*Medieval England: Towns, Commerce and Crafts, 1086-1348*, London and New York: Longman, 1995.

Moore, E. W., *The Fairs of Medieval England*, Toronto: Pontifical Institute of Medieval Studies, 1985.

Morison, S. E., *The European Discovery of America: The Southern Voyages*,

A.D.1492-1616, Oxford: Oxford University Press, 1974.

Mortimer, Richard, *Angevin England 1154-1258*, Oxford: Blackwell, 1994.

Muldrew, Craig, *The Economy of Obligation, The Culture of Credit and Social Relations in Early Modern England*, New York: Palgrave Publishers Ltd., 1998.

Nef, J. U., *The Rise of The British Coal Industry*, London, George Routledge & Sons, 1932.

Nicholas, David, *The Growth of the Medieval City: From Late Antiquity to the Early Fourteenth Century*, London; New York: Longman, 1997.

Pacione, M., *Historical Geography: Progress and Prospect*, London; New York: Croom Helm, 1987.

Platt. C., *The English Medieval Town*, London: Secker & Warburg, 1976.

Postan, M. M., eds. *The Cambridge Economic History of Europe*, Cambridge: Cambridge University Press, 1979, Vol. 1-3.

——*The Medieval Economy and Society:An Economic History of Britain in the Middle Ages*, Harmondsworth〔Eng.〕: Penguin, 1972.

——*Essays on Medieval Agriculture and General Problems of the Medieval Economy*, Cambridge: Cambridge University Press, 1973.

Pounds, N. J. G., *An Historical Geography of Europe, 450 B.C.-A.D.1330*, Cambridge: Cambridge University Press, 1973.

Prakash, O., *European Commercial Enterprise in Pro-colonial India*, Cambridge: Cambridge University Press, 1998.

Quinn, David B., Ryan, A.N., *England's Sea Empire, 1550-1642*, London: George Allen & Unwin, 1984.

Raftis, J.A., *The Estates of Ramsey Abbey: A Study in Economic Growth and Organization,* Toronto: Pontifical Institute of Medieval Studies, 1957.

Ramsay, James H., *A History of the Revenues of the Kings of England, 1066-1399*, Oxford: Clarendon Press, 1925.

Ramsay, Sir James, *The Dawn of the Constitution*, London: S. Sonnenschein & co., Ltd., 1908.

Razi, Zvi, *Life, Marriage and Death in a Medieval Parish, 1270-1400*, Cambridge; New York: Cambridge University Press, 1980.

Reynolds, S., *An Introduction to the History of English Medieval Towns*, Oxford: Clarendon Press, 1977.

Rogers, J. E. T., *A History of Agriculture and Prices in England: from the year after the Oxford parliament (1259) to the commencement of the continental war (1793)*, Oxford: Clarendon Press, 1866, Vol. 1.

Rosener, Werner, *Peasants in the Middle Ages*, trans. by Alexander Stutzer, Urbana and Chicago: University of Illinois Press, 1992.

Russel, J. C., *British Medieval Population,* New Mexico University Press, 1948.

Saul, Nigel ed., *The Oxford Illustrated History of Medieval England*, Oxford; New York: Oxford University Press, 1997.

Schofield R. S., Wrigley E. A., *Population and Economy: Population and History from the Traditional to the Modern World*, Cambridge, 1986.

Smith, R. M. ed., *Land, Kinship and Life-Cycle*, Cambridge: Cambridge University Press, 1984.

Smith, S. D., *Slavery, Family and Gentry Capitalism in the British Atlantic: The World of the Lascelles, 1648-1834*, Cambridge University Press, 2006.

Stenton, F. M., *The First Century of English Feudalism, 1066-1166*, Oxford: The Clarendon press, 1954.

Thirsk, Joan, general ed., *Agrarian History of England and Wales*, Cambridge: Camridge University Press, 1967, Vol. 4.

——*The Rural Economy of England, Collected Essays*, London: Hambledon Press, 1984.

Titow, J. Z., *English Rural Society, 1200-1350*, London: George Allen and Unwin; New York: Barnes and Noble, 1969.

——*Winchester Yields: A Study in Medieval Agricultural Productivity*, Cambridge: Cambridge University Press, 1972.

Van Bath, B. H. Slicher, *The Agrarian History of Western Europe, A. D.500-1850*, New York: St. Martin's, 1963.

Verbruggen, J. F., *The Art of Warfare in Western Europe During the Middle Ages,* Amsterdam: Boydell Press, 1977.

Verhulst, Adriaan E., *Rural and Urban Aspects of Early Medieval Northwest Europe*, Aldershot〔Hampshire〕: Variorum, 1992.

Vinogradoff, P. , *Villainage in England*, Oxford: Claredon Press, 1892 .

Weber, Max, *The City*, trans. and ed. by D. Martindale and G. Neuwirth, New York: The Free Press, 1958.

Wilkinson, B., *The High Middle Age in England, 1154-1377*, Cambridge:

Cambridge University Press, 1978.

Woolgar, C. M. ed., *Household Accounts from Medieval England*, part 1, Oxford: Oxford University Press, 1992.

Alsford, Stephen, "Ancient Usages and Customs of the Borough of Maldon", from <http://www.trytel.com/~tristan/towns/towns.html#menu>, 1998.

Ambler, John and Langdon, John, "Lordship and Peasant Consumerism in the Milling Industry of Early Fourteenth Century England", *Past and Present*, No. 145, 1994, p. 24.

Beveridge, W., "The Yield and Price of Corn in the Middle Ages", *The Economic Journal*, 1927, pp. 85−89.

Bowden, P. J., "Wool Supply and the Wollen Industry", *The Economic History Review*, Vol. 9, 1956, pp. 44−58.

Brenner, Y. S., "The Inflation of Prices in Sixteenth Century England", *The Economic History Review*, Vol.14, 1961, pp. 231−239.

Bridbury, A. R., "Before the Black Death", *The Economic History Review*, Vol. 30, 1977, p. 378.

Britnell, R. H., "Review to *Merchants, Peasants and Markets:Inland Trade in Medieval England, 1150−1350* (Masschaele, J.1997)", *The Economic History Review*, Vol. 52, 1999, p. 362.

——"English markets and royal administration before 1200", *The Economic History Review*, Vol. 34, 1978, pp. 189−192.

——"The Proliferation of Markets in England, 1200−1349", *The Economic History Review*, Vol. 34, 1981, pp. 209−221.

Carus-Wilson, E. M., "The First Half-Century of the Borough of Stratford-upon-Avon", *The Economic History Review*, Vol. 18, 1965, pp. 49−50.

Duby, G., "Market Towns and the Countryside in late Medieval England", *Canadian Journal of History*, Vol. 31, 1996, pp. 17−35.

Given, James, "Review to *Peasants, Merchants, and Markets: Inland Trade in Medieval England, 1150−1350*", *Journal of Interdisciplinary*, Vol. 30, 1999.

Harding, Vanessa, "Diversity and Success in the Medieval City", *Journal of Urban History*, Vol. 24, 1998, p. 629.

Harvey, P. D. A., "The English Inflation of 1180−1220", *Past and Present*, No. 61, 1973, pp. 3−30.

Hilton, R. H., "Lords, Burgesses and Huckers," *Past and Present*, No. 97, 1982, p. 5.

——"Small Town Society in England before the Black Death", *Past and Present*, No. 105, 1984, p. 63.

——"Medieval Market Towns and Simple Commodity Production", *Past and Present*, No.109, 1985, pp. 8-13.

James, Margery K., "The Fluctuations of the Anglo-Gascon Wine Trade during the Fourtheenth century", *Economic History Review*, Vol. 4, 1951, pp. 170-196.

Jones, Andrew, "Caddington, Kensworth, and Dunstable in 1297", *The Economic History Review*, Vol. 32, 1980, pp. 316-327.

Jones, Evan T., "River Navigation in Medieval England", *Journal of Historical Geography*, Vol. 26, 2000, pp. 60-75.

Langdon, John, "Inland Water Transport in Medieval England—the View from the Mills: A Response to Jones", *Journal of Historical Geography*, Vol. 26, 2000.

Lewis, P. S., "The Failure of the French Medieval Estates", *Past and Present*, No. 23, p. 3.

Masschaele, J., "The Multiplicity of Medieval Markets Reconsidered", *Journal of Historical Geography*, Vol. 20, 1994, pp. 255-271.

Mate, Mavis, "Profit and Productivity on the Estates of Isabella de Forz 1260-92", *Economic History Review*, Vol. 33, 1980, pp. 326-334.

——"Agrarian Economy After the Black Death: The Manors of Canterbury Cathedral Priory, 1348-91", *The Economic History Review*, Vol. 37, 1984, pp. 341-354.

Metcalf, D. M., "How Large was the Anglo-Saxon Currency?" *The Economic History Review*, Vol.18, 1965, pp. 476-482.

Miller, E., "The English economy in the thirteenth century: implications of recent research", *Past and Present*, No. 28, 1964, pp. 27-28.

Olson, Sherri, "Review to *Medieval Society and the Manor Cour*", *Speculum*, No.7, 1999.

Ormrod, David, "Review to *A Medieval Capital and its Grain Supply: Agrarian Production and Distribution in the London Region c.1300*", *Journal of Urban History*, Vol. 23, 1997, pp. 468-473.

Palliser, David, "On the earlier origins of English towns", *British Archaeology*, No. 24, 1997.

Postan, M. M., "The Rise of a Money Economy", *The Economic History Review*, Vol.14, 1944, pp. 128–131.

Scammell, G.V., "Review to *England's Export Trade, 1275–1547*", *Speculum*, No. 9, 1964.

Turville-Petre, Thorlac, "The Earliest English Manorial Survey", *Speculum*, Vol. 73, 1998, pp. 58–79.

Unwin, T., "Rural Marketing in Medieval Nottinghamshire", *Journal of Historical Geography*, Vol. 7, 1981, p. 243.

〔法〕阿利埃斯，菲利普、杜比，乔治主编：《私人生活史——中世纪》，洪庆明等译，北方文艺出版社2007年版。

〔英〕艾伦，罗伯特：《近代英国工业革命揭秘——放眼全球的深度透析》，毛立坤译，浙江大学出版社2012年版。

〔苏〕波德纳尔斯基编：《古代的地理学》，梁昭锡译，商务印书馆1997年版。

〔英〕波斯坦，M. M. 等主编：《剑桥欧洲经济史》（第一卷），王春法等译，经济科学出版社2002年版。

〔英〕波斯坦，M. M. 等主编：《剑桥欧洲经济史》（第二卷），钟和等译，经济科学出版社2004年版。

〔英〕波斯坦，M. M. 等主编：《剑桥欧洲经济史》（第三卷），周荣国等译，经济科学出版社2002年版。

〔美〕伯恩斯，爱德华·麦克诺尔、拉尔夫，菲利普·李：《世界文明史》，罗经国等译，商务印书馆1987年版。

〔美〕伯尔曼，哈罗德·J.：《法律与革命——西方法律传统的形成》，贺卫方等译，中国大百科全书出版社1993年版。

〔法〕布罗代尔，费尔南：《15至18世纪的物质文明、经济和资本主义》（第一、二卷），顾良、施康强译，生活·读书·新知三联书店1992年版。

——《法兰西的特性：人与物质》（上册），商务印书馆1997年版。

〔法〕布洛赫，马克：《法国农村史》，余中先等译，商务印书馆1991年版。

〔英〕戴尔，克里斯托弗：《转型的时代——中世纪晚期英格兰的经济与社会》，莫玉梅译，社会科学文献出版社2010年版。

〔英〕丹尼尔，克里斯托弗：《周末读完英国史》，侯艳等译，上海交通大学出版社2009年版。

〔美〕蒂尔尼，布莱恩、佩因特，西德尼：《西欧中世纪史》，袁传伟译，北京大学出版社2011年版。

〔德〕弗兰克，贡德：《白银资本——重视经济全球化中的东方》，刘北成译，中央编译出版社2000年版。

〔德〕哈德斯，海茵茨·笛特等：《市场经济与经济理论——针对现实问题的经济学》，刘军译，中国经济出版社1993年版。

〔美〕哈里斯，纳撒尼尔等：《图说世界探险史》，张帆、贾磊等译，山东画报出版社2006年版。

〔英〕霍斯金斯，W.G.：《英格兰景观的形成》，梅雪芹、刘梦霏译，商务印书馆2018年版。

〔英〕克拉潘，约翰：《简明不列颠经济史》，范定九译，上海译文出版社1980年版。

——《现代英国经济史》，姚曾廙译，商务印书馆1986年版。

〔美〕克里斯蒂安，大卫：《极简人类史——从宇宙大爆炸到21世纪》，王睿译，中信出版社2016年版。

〔德〕库钦斯基：《资本主义世界经济史研究》，生活·读书·新知三联书店1995年版。

〔英〕拉蒙德，伊、坎宁安编：《亨莱的田庄管理》，高小斯译，商务印书馆1995年版。

〔美〕兰德斯，戴维·S.：《国富国穷》，门洪华等译，新华出版社2010年版。

〔法〕勒鲁瓦·拉杜里，伊曼纽埃尔：《历史学家的思想和方法》，杨豫译，上海人民出版社2002年版。

〔德〕马克思，卡尔：《资本主义生产以前各形态》，人民出版社1956年版。

〔英〕马歇尔：《货币、信用与商业》，叶元龙、郭家麟译，商务印书馆1994年版。

〔印〕马宗达，R.C.、赖乔杜里，H.C.、达塔，卡利金卡尔：《高级印度史》，张澍霖等译，商务印书馆1986年版。

〔英〕麦迪森，安格斯：《世界经济千年史》，伍晓鹰等译，北京大学出版社2003年版。

——《世界经济千年统计》，伍晓鹰、施发启译，北京大学出版社2009年版。

〔法〕芒图，保尔：《十八世纪产业革命》，杨人楩等译，商务印书馆1997年版。

〔法〕孟德斯鸠：《论法的精神》，张雁深译，商务印书馆1976年版。

〔英〕密尔松，S.F.C.：《普通法的历史基础》，李显冬等译，中国大百科全书出版社1998年版。

〔美〕诺思，道格拉斯、罗伯斯·托马斯：《西方世界的兴起》，厉以平等译，华夏出版社 1999 年版。

〔美〕彭慕兰：《大分流——欧洲、中国及现代世界经济的发展》，史建云译，江苏人民出版社 2008 年版。

〔比〕皮朗，亨利：《中世纪欧洲经济社会史》，乐文译，商务印书馆 1964 年版。

——《中世纪的城市》，陈国樑译，上海人民出版社 1987 年版。

〔意〕奇波拉，卡洛·M.：《欧洲经济史》（第一卷），徐璇译，商务印书馆 1988 年版。

〔苏〕恰亚诺夫：《农民经济组织》，萧正洪译，中央编译出版社 1996 年版。

〔法〕赛代斯，G.：《东南亚的印度化国家》，蔡华、杨保筠译，商务印书馆 2008 年版。

〔英〕斯密，亚当：《国富论》，谢祖钧译，商务印书馆 2007 年版。

〔美〕汤普逊：《中世纪经济社会史》（上册），耿淡如译，商务印书馆 1962 年版。

——《中世纪经济社会史》（下册），耿淡如译，商务印书馆 1963 年版。

——《中世纪晚期欧洲经济社会史》，徐家玲等译，商务印书馆 1992 年版。

〔德〕韦伯，马克斯：《世界经济史纲》，胡长明译，人民日报出版社 2007 年版。

〔美〕沃勒斯坦，伊曼纽尔：《现代世界体系》，尤来寅等译，高等教育出版社 1998 年版。

〔英〕希克斯，约翰：《经济史理论》，厉以平译，商务印书馆 1987 年版。

〔英〕约翰·F.，乔恩：《货币史——从公元 800 年起》，李广乾译，商务印书馆 2002 年版。

北大历史学系世界古代史教研室编：《封建社会比较研究参考资料选辑》，1999 年版。

丁建弘编：《发达国家的现代化道路》，北京大学出版社 1999 年版。

丁长清编：《中国古代的市场与贸易》，商务印书馆 1997 年版。

侯建新：《转型时期的西欧与中国》，高等教育出版社 2006 年版。

——《现代化第一基石——农民个人力量与中世纪晚期社会变迁》，天津社会科学院出版社 1991 年版。

黄仁宇：《资本主义与二十一世纪》，生活·读书·新知三联书店 1997 年版。

黄宗智：《华北的小农经济与社会变迁》，中华书局 1986 年版。

李康华等：《中国对外贸易史简论》，对外贸易出版社 1981 年版。

梁小民、刘伟等主编：《经济学辞典》，团结出版社 1994 年版。

刘景华：《外来因素与英国的崛起》，人民出版社 2011 年版。

龙登高：《中国传统市场发展史》，人民出版社 1997 年版。

马克垚：《西欧封建经济形态研究》，人民出版社1985年版。

——《英国封建社会研究》，北京大学出版社1992年版。

——《中西封建社会比较研究》，学林出版社1997年版。

秦晖：《田园诗与狂想曲：关中模式与前近代社会的再认识》，中央编译出版社1996年版。

汪敬虞：《十九世纪西方资本主义对中国的经济侵略》，人民出版社1983年版。

魏杰编：《经济学》（上卷），高等教育出版社1995版。

吴承明：《中国资本主义与国内市场》，中国社会科学出版社1985年版。

吴慧：《中国历代粮食亩产研究》，农业出版社1985年版。

杨子慧主编：《中国历代人口统计资料研究》，改革出版社1996年版。

朱孝远：《近代欧洲的兴起》，学林出版社1997年版。

"清代十三行遗址"，http://hongmerchant.gzhu.edu.cn/info/1124/1463.htm，2013-07-09。

毕道村："论中古西欧垦荒运动的主要动因"，《湖北师范学院学报》1993年第1期。

崔之元："'商业化带来发展'命题适用于英国吗？"，《史学理论研究》1993年第2期。

顾銮斋："中西中古社会赋税结构演变的比较研究"，《世界历史》2003年第4期。

侯建新："英国'边疆运动'及其对旧庄园制度的冲击"，《天津师大学报》1998年第4期。

——"从新人口论、'均衡陷阱'到'过密化增长说'"，《史学理论研究》1998年第3期。

——"工业革命前英国农业生产与消费再评析"，《世界历史》2006年第4期。

黄春高："14——16世纪英国租地农场主的历史考察"，《历史研究》1999年第3期。

李伯重："明清易代与17世纪总危机"，生活·读书·新知三联书店举办大学公开课第九季第一讲，2017年1月13日。

刘景华："周围农村与中世纪西欧城市的兴衰"，《华南师范大学学报》1990年第1期。

——"经济社会史研究的创新者——庞兹和他的《中古欧洲经济史》、《中世纪城市》"，《世界历史》2008年第6期。

马克垚："关于中世纪英格兰农民生活状况的估算"，《历史研究》1983年第4期。

——"资本主义起源理论问题检讨"，《历史研究》1994年第1期。

——"说封建社会形态",《历史研究》2000年第2期。

宁可:"试论中国封建社会的人口问题",《历史研究》1980年第1期。

庞卓恒:"西欧封建社会延续时期短的根本原因",《历史研究》1983年第1期。

孙燕:"近代早期英国海外贸易的兴起",《史学集刊》2006年第5期。

孙毓棠、张寄谦:"人口压力与清中叶社会矛盾",《中国史研究》1992年第4期。

徐浩:"地主与英国农村现代化的启动",《历史研究》1999年第1期。

——"戴尔新说:'英格兰社会转型于13世纪'",侯建新主编:《经济-社会史评论》(第四辑)。

杨瑛:"20年代以来西方国家商业空间学理论研究进展",http://www.chinainfo.gov.cn/periodical/rddl/rddl2000/0001/000113.htm。

叶茂:"传统市场与市场经济述评",《中国经济史研究》1994年第4期。

——"中国古代经济史研究综述",《中国经济史研究》1996——1997年增刊。

叶秋华:"资本主义民商法的摇篮——西欧中世纪的城市法、商法与海商法",《中国人民大学学报》2000年第1期。

周友光:"'第二次工业革命'浅论",《武汉大学学报》1985年第5期。

索　引

后　记

　　我于2010年秋季开始接手研究和写作《欧洲文明进程·市场经济卷》。当年，我刚刚从安徽淮北煤炭师范学院（现为淮北师范大学）调到天津师范大学工作。侯建新先生正在计划组织"欧洲文明进程"这个大课题，决定由我写作"市场经济"问题，因为我的博士学位论文就是研究英国封建社会的市场问题，相对比较对口。2012年7月，"欧洲文明进程研究"获批成为天津师范大学第一个国家社科基金重大招标课题，我的研究工作正式走上正轨。当时，我对于历史地理解什么是市场经济？还不是特别清楚。自己边学习、边加深认识。2015年夏，我交了一份提纲给侯先生审阅，侯先生阅过之后，认为基本可行，只是提出一个重要意见：既然欧洲的市场经济自出现在历史上以来一直是不断向前发展的，为什么在黑死病之后的一段时间会走向倒退呢？不合逻辑！我认为侯先生提得有道理，做了改正。这里还是我对黑死病有夸大认识，没有看到欧洲历史存在"契约"这个主题。2017年8月，初稿完成后，交侯先生审读，侯先生认为："调子起得很好，但后面的调子没有跟上。"我又继续修改。在此，我对侯先生的谆谆教诲表示深深地感谢和敬仰！

　　写作是否成功？心里没有底。我将写作的主题修改为"欧洲市场经济的发育与演进"，实际上对后面的资料掌握不多，写作过程中主要由两个博士生即张琼和马晓丹提供了不少文献。他们两人的博士学位论文也是我在研究欧洲市场经济史的过程中分流出去的。我也要对他们提供的帮助表示感谢!

　　写作过程中,商务印书馆的杜廷广编辑、欧洲文明研究院的陈太宝老师一直在给予相关工作的指导和帮助,在此也一并表达感谢!